Treffpunkt

Deutsch

THIRD EDITION
Treffpunkt Deutsch

GRUNDSTUFE

E. Rosemarie Widmaier
McMaster University

Fritz T. Widmaier
McMaster University

Consultant:
Margaret Gonglewski
The George Washington University

PRENTICE HALL, Upper Saddle River, New Jersey 07458

Library of Congress Cataloging-in-Publication Data

Widmaier, E. Rosemarie, (date)
    Treffpunkt Deutsch : Grundstufe / E. Rosemarie Widmaier, Fritz T.
  Widmaier. – 3. ed.
       p.   cm.
    Includes index.
    ISBN 0-13-095344-X   (alk. paper)
     – ISBN 0-13-095345-8 (annotated instructor's ed.)
    1. German language — Grammar.   2. German language — Textbooks for
  foreign speakers–English. I. Widmaier, Fritz T., (date).
  II. Title.
  PF3112.W5   1999
  438.2'421–dc21   98-24592
                                              CIP

Editor in Chief: *Rosemary Bradley*
Executive Managing Editor: *Ann Marie McCarthy*
Developmental Editor: *Cynthia Hall Kouré*
Associate Editor: *Heather Finstuen*
Editorial Assistant: *Nadejda Rozeva*
Project Manager: *Claudia Dukeshire*
AVP, Director of Production and Manufacturing: *Barbara Kittle*
Editorial/Production Supervision: *York Production Services*
Manufacturing Manager: *Nick Sklitsis*
Prepress and Manufacturing Buyer: *Tricia Kenny*
Executive Marketing Manager: *Ilse Wolfe*
Marketing Coordinator: *Kathryn Sheehan*
Creative Design Director: *Leslie Osher*
Interior Design and Cover Design: *Kenny Beck*
Cover Art: *German National Tourist Office, Toronto*
Line Art Coordinator: *Guy Ruggiero*
Illustrations: *Michael Widmaier*
Director, Image Resource Center: *Lori Morris-Nantz*
Photo Research Supervisor: *Melinda Lee Reo*
Image Permission Supervisor: *Kay Dellosa*
Photo Research: *Beth Boyd*
Art Production: *Scott Garrison*

This book was set in 10/12 New Baskerville by York Graphic Services
and was printed and bound by R. R. Donnelley & Sons Company.
The cover and endpapers were printed by The Lehigh Press.

For permission to use copyrighted material, grateful acknowledgment
is made to the copyright holders listed on page A87, which is considered
an extension of this copyright page.

Printed in the United States of America
10 9 8 7 6 5 4 3 2 1

ISBN 0-13-095344-X

Prentice-Hall International (UK) Limited, *London*
Prentice-Hall of Australia Pty. Limited, *Sydney*
Prentice-Hall Canada Inc., *Toronto*
Prentice-Hall Hispanoamericana, S.A., *Mexico*
Prentice-Hall of India Private Limited, *New Delhi*
Prentice-Hall of Japan, Inc., *Tokyo*
Simon & Schuster Asia Pte. Ltd., *Singapore*
Editora Prentice-Hall do Brasil, Ltda., *Rio de Janeiro*

BRIEF CONTENTS

SCOPE & SEQUENCE

Kommunikationsziele, Hör- und Sprechsituationen	Strukturen

⊙ Kommunikationsziele, Hör- und Sprechsituationen	⊙ Strukturen

PREFACE

Willkommen to the *Third Edition* of **Treffpunkt Deutsch!** It is hard to believe that ten years have passed since the first edition appeared. Those ten years have seen the reunification of Germany, the addition of three more countries to the European Union, the introduction of the euro, and the standardization of German orthography for the German-speaking countries. The *Third Edition* continues to reflect the historical, cultural, and linguistic changes in the German-speaking countries.

We are honored to have had such a loyal following of instructors and students over the past two editions. Their kudos and constructive criticism have been a source of great inspiration to us. Many of their practical suggestions were incorporated into the *Second Edition,* and further suggestions have been implemented in the *Third Edition.* We hope that new users of the text will become equally committed to the pedagogy presented in this text.

Student-centered, communicative learning is the foundation upon which **Treffpunkt Deutsch** is built. The text has been carefully designed to encourage students to interact spontaneously and meaningfully in German. Using this text will transform the classroom into a **Treffpunkt,** a *meeting place,* where students will get to know one another better through the target language. All language models, grammatical examples, and communicative activities use good colloquial German that is characteristic of and suited to the particular settings in which they appear.

Linguistic competence is developed through skill-chaining, i.e., through cyclical practice in listening, speaking, reading, and writing:

- Listening comprehension is an integral part of the text, not an activity done in the isolation of the language lab. This signals to students that developing aural skills in the target language is the first step for successful communication. We are proud to have been pioneers in introducing in-text listening comprehension materials. Supplemental listening comprehension material is of course provided in the *Hörverständnis* section of the *Arbeitsbuch.*

- Speaking skills are developed by having students progress from controlled dialogue situations to open-ended conversation about topics that personally involve them and their interests. Speaking skills are further honed by role plays and activities that are spin-offs of the in-text listening material.

- Reading practice is introduced from the outset of the text. The *Leute* sections in each chapter present readings about famous and ordinary people in the German-speaking countries. From Chapter 9 on, the *Leute* readings are augmented by authentic reading texts that challenge but do not overwhelm beginning students. All readings have pre- and post-reading activities.

- Writing skills are developed by providing guided writing activities. These are introduced as early as Chapter 1. Themes for writing activities are centered on students' personal interests and are usually spin-offs of the in-text listening material.

The development of cultural competence continues to be a major goal of **Treffpunkt Deutsch.** The culture of the German-speaking countries is not relegated to the *Kultur* sections, but pervades all aspects of the text, including the line drawings. Many users have commented on the German "feel" that the artist, who lives in Germany, has projected into his work.

Vocabulary building takes a high priority. The two vocabulary lists in each chapter are organized according to parts of speech and, within these sections, in semantic groupings. The lists are followed by exercises *(Wörter im Kontext)* that help students internalize the lexical items. Vocabulary learning is further enhanced by the vocabulary-building activities in the unique *Wort, Sinn und Klang* sections, that conclude with fun pronunciation activities.

Martin Keller aus Mannheim

Claudia Berger aus Hamburg

Students will meet many characters of various ethnic backgrounds as they progress through **Treffpunkt Deutsch.** However, they will get to know two sets of characters better than others.

Stephanie Braun aus Chicago

Peter Ackermann aus Berlin

First, there are four friends who are all studying in München. As the book progresses, Claudia and Martin, and Stephanie and Peter become *special* friends.

Second, there are the Zieglers from Göttingen: Klaus and Brigitte, their sixteen-year-old daughter Nina, and their fourteen-year-old son Robert. Sibling rivalry plays a role in this family portrait.

Highlights of the *Third Edition*

The *Third Edition* incorporates the **Neue deutsche Rechtschreibung.** At the end of the *Preface* there is a short synopsis of changes as they affect this text. In addition, the designation **NdR!** in the marginal annotations will alert instructors to the changes in the orthography.

The basic organization of **Treffpunkt Deutsch** remains the same. However, input from users and reviewers and our own experiences in teaching with the program have resulted in the following changes:

- New to the *Third Edition* are the Information Gap activities, where student pairs give and get information on a variety of topics. These are frequently used as assimilation stage activities. On the advice of users, more attention has been paid to this stage.

- The in-text listening comprehension materials have been shortenend and simplified considerably.

- Creative writing activities have been greatly enhanced. Students receive much more guidance than they did in the *Second Edition.*

- The *Leute* sections now include pre-reading activities that relate the topic to the students' own experiences. The readings are followed by interesting post-reading activities.

- There are even more communicative activities than in the *Second Edition.* To reflect this increase, the head *Funktionen und Formen* has been changed to *Kommunikation und Formen.* Students also receive more guidance in preparing for role plays.

- The *Third Edition* contains more activities that ask students to negotiate with realia, such as advertising copy, traffic signs, and statistical graphs.

- On the suggestion of users, the culture readings from *Erste Kontakte* through *Chapter 8* are in English (with key words in German). In the last four chapters, when students feel more confident in the language, these readings are in German.

- All chapters are now of uniform length and weight, so that the text can be implemented equally well in both semester and trimester situations. To achieve this, the grammar load has been lightened, the grammar sequence has been adjusted, and the review materials from *Chapter 12* of the *Second Edition* have been moved to the **Arbeitsbuch.** Certain grammar topics have been eliminated entirely or relegated to a *Sprachnotiz*: the passive voice with modals, the past-time subjunctive with modals, some infinitive constructions, the past perfect tense, the verb **lassen.** *Chapter 2* of the *Second Edition* has been split, so that the nominative case is presented separately (*Chapter 2*) from the accusative case (*Chapter 3*). The two-case prepositions are introduced earlier, the early introduction of dependent clauses now includes more conjunctions, and optional topics like the genitive prepositions and the genitive relative pronoun have been moved to *Chapter 12.*

- Wherever possible, grammar explanations have been presented in chart form for a graphic, more easily remembered display.

- The marginal annotations for the Annotated Instructor's Edition are even more comprehensive.

- The grammar charts in the *Anhang* have been improved visually. Also included in the *Anhang* is a summary of the position of **nicht.**

- On the suggestion of users, a short review of the grammar topics in each chapter has been added. This practical reference for students appears at the beginning of each chapter of the **Arbeitsbuch.** The English to German translation exercises have been moved from the *Anhang* of the text to the **Arbeitsbuch.**

Chapter Organization

Treffpunkt Deutsch consists of an introduction entitled *Erste Kontakte* and twelve *Kapitel. Erste Kontakte* is the warm-up for the course. Its short exchanges give students the opportunity to practice greetings, introductions, and farewells. Students learn the alphabet, how to count, and are introduced to sounds and letters peculiar to German. The structure of the subsequent chapters is outlined below.

Chapter Opening Page.   Together with a theme-related opening photo, chapter objectives are clearly displayed at the beginning of each opening spread, drawing students' attention to the communicative, structural, and cultural goals of each chapter.

Vorschau

- **Language models.** The *Vorschau* introduces vocabulary and structures taught in the chapter in natural, idiomatic German through an array of language models such as dialogues, letters, brief narratives, realia pieces, and authentic literature. Follow-up activities, which expand on the texts and visuals, range from recognition and comprehension exercises to more open-ended, communicative activities that touch on the students' own lives. All *Vorschau* language models are recorded on the student audio cassettes that accompany the text. Full idiomatic translations of the language models for the first nine chapters are provided in the *Anhang*.

- **Kultur.** Included in the *Vorschau* is a major cultural reading which is related to the theme of the chapter. This reading is always followed by an activity that expands on the topic. Additional cultural information on a wide range of topics is provided in shorter readings entitled *Infobox*. These are placed throughout each chapter.

- **Wortschatz 1** and **Wörter im Kontext.** The development of a rich active and passive lexicon is one of the central goals of **Treffpunkt Deutsch.** Each chapter offers two active vocabulary lists. *Wortschatz 1* concludes the *Vorschau* and contains useful, high-frequency words and expressions that have appeared in this section. To facilitate retention of these items, the list is followed by *Wörter im Kontext* activities that provide students with the opportunity to apply the words in a variety of contexts.

Kommunikation und Formen

- **Structures and communicative activities.** The grammar sections focus on basic structures essential to communication. The grammar explanations are clear and concise, and they contrast English and German usage wherever possible. Grammatical proficiency is reinforced by spiralling in the presentation of the grammar topics, i.e., most topics are presented more than once, each time with an added degree of linguistic sophistication. Our innovative decision in the *Second Edition* to include the adjective endings with the introduction of each new case has met with overwhelming approval from instructors.

  The exercises that directly follow each grammar presentation move from contextualized practice to open-ended, creative expression. Many of the exercises are in the form of mini-conversations best done by pairs of students. They are designed to foster active, involved production of meaningful language rather than rote pattern practice: students must understand what they are saying to complete these activities. Picture-cued exercises continue to enhance **Treffpunkt Deutsch.** The open-ended, interactive activities that follow the controlled practice give students the opportunity to use the structures in real-life, personal situations. The illustrations, photographs, and realia pieces that appear in every chapter add variety and authenticity to the exercises and activities.

- **Zwischenspiel** and **Zusammenschau.** The *Zwischenspiel* and *Zusammenschau* sections provide focused skill development and synthesize in a non-grammatical fashion the vocabulary and structures learned in the chapter and in previous chapters. Central to these sections is audio material for which there is no in-text script. This material is included in the cassettes that accompany the text. Students are guided from a global understanding (*Globalverstehen*) to a more detailed understanding (*Detailverstehen*) of the listening texts. Further processing activities give them the opportunity to interact meaningfully on the topics at hand. An added feature in these sections is guided activities to develop writing skills.

- **Leute.** Development of reading skills is provided by the *Leute* sections, which spotlight famous as well as ordinary people in the German-speaking countries. These readings are preceded by *Vor dem Lesen* activities designed to pique students' interest in the topic and to provide them with key vocabulary. *Arbeit mit dem Text* activities then lead to a more in-depth understanding of the text.

Wort, Sinn und Klang

In keeping with its goal of providing a rich lexicon for students, the *Wort, Sinn und Klang* section takes a closer look at words by discussing cognates, words that change their meaning in different contexts, word families, compound words, suffixes that signal gender, and idiomatic expressions.

- **Zur Aussprache.** This subsection discusses and practices German sounds that may present problems for speakers of English. The *Zur Aussprache* section is included on the student audio cassettes accompanying the text.

- **Wortschatz 2** and **Wörter im Kontext.** This is a list of the most useful words and expressions that have occurred after the *Vorschau*. *Wörter im Kontext* activities again help students internalize vocabulary items.

Sprachnotizen. Strategically placed throughout each chapter, the *Sprach-notizen* briefly discuss idiomatic features of colloquial German as well as grammar points that do not warrant a full-blown discussion. They also present discourse strategies that will help students to better express themselves in German.

In-text Audio Program. This audio program is incorporated into the body of the text, a feature that facilitates cohesive four skills development. Recorded on the two "student cassettes" are the audio material for the *Vorschau, Zwischenspiel, Zusammenschau,* and *Zur Aussprache* sections of each chapter.

Icons

The various types of activities in **Treffpunkt Deutsch** are signaled by the following icons:

This icon signals that the material is recorded on tape.

This icon signals a personalized activity to be done by pairs of students.

This icon signals an activity to be done by groups of three or more students.

This icon signals an information gap activity.

This icon signals a role play, usually involving two students.

This icon signals a writing activity.

This icon signals reading activities.

Components for the *Treffpunkt Deutsch* Program

Student Text or Student Text/Cassette Package.   **Treffpunkt Deutsch** is available for purchase with or without two sixty-minute cassettes that contain recordings of the *Vorschau* language models, the listening texts for the *Zwischenspiel* and *Zusammenschau* sections, and the *Zur Aussprache* sections. A copy of these recordings is also available to language labs free of charge.

Arbeitsbuch.   The *Arbeitsbuch* consists of a workbook and a lab manual component. Each chapter of the workbook section of the *Arbeitsbuch* begins with a useful summary of the grammar points presented in the corresponding chapter of the student text. The workbook section features a variety of exercises including sentence-building/sentence-completion exercises, fill-ins, matching exercises, and realia-based and picture-cued activities. All exercises have been designed to enhance and reinforce the vocabulary, structures, and themes in the corresponding chapters of the student text. Answers to the exercises are available in a separate answer key.

The *Hörverständnis* or lab manual component of the *Arbeitsbuch* contains spin-offs of the *Vorschau, Zwischenspiel,* and *Zusammenschau* dialogues, with accompanying activities on cassette. This lab program also offers vocabulary practice, pattern-type drills that involve listening and responding orally, as well as additional pronunciation practice.

Audioprogram.   The complete audioprogram consists of ten cassettes: six cassettes to accompany the *Hörverstandnis* or lab manual component of the *Arbeitsbuch,* two vocabulary cassettes containing *Wortschatz 1* and *Wortschatz 2* for each chapter of the textbook, and the two student cassettes accompanying the textbook. This package of cassettes is available to language labs free of charge.

Tutorial Software.   Completely integrated with **Treffpunkt Deutsch** and available for both IBM and Macintosh® platforms, the new tutorial software provides a wealth of interactive exercises for students to practice the grammar and vocabulary in each chapter at their own pace.

Treffpunkt Deutsch Web Site   (*http://www.prenhall.com/treffpunkt*).
The new **Treffpunkt Deutsch** Web site is a springboard to German-language Web sites from Germany, Austria, Switzerland, and Liechtenstein that are related to the theme of each chapter. Students will explore these carefully selected Web sites and gather information to complete a variety of tasks. There are also self-correcting tutorial sections that practice the vocabulary and grammar of each chapter. The results of these self-tests can be e-mailed to the instructor. A separate professors' area provides extensive links to cultural and instructional web sites.

Treffpunkt Interactive CD-ROM.   Developed specifically to accompany **Treffpunkt Deutsch,** this new CD-ROM features interactive German practice through engaging vocabulary and grammar practice exercises, and fun activities focusing on speaking, listening, reading, and writing. Chapter topics are presented through audio, video, and other visual means, and students can practice their pronunciation through voice recording technology. Each chapter includes cultural activities and a link to the World Wide Web for additional cultural resources.

Annotated Instructor's Edition.   Based on the experiences of the authors and their teaching assistants over many years of class testing, the extensive marginal notes in the Annotated Instructor's Edition were written with the novice instructor in mind. They include warm-up activities, resource materials, cultural information, and suggestions for using and expanding the activities and materials in the textbook. They also include the scripts and answer keys for the *Zum Hören* sections as well as the scripts for the narration series.

Instructor's Resource Manual. The Instructor's Resource Manual includes course syllabi, detailed lesson plans for the whole program, a full Tapescript for the Audioprogram, tips for using video successfully in the foreign language classroom, strategies for integrating use of the Internet and CD-ROM in the course, and a bibliography of sources for additional cultural information.

Video. A sixty-minute video is available to departments adopting **Treffpunkt Deutsch.** Video clips are supported by an array of pre- and post-viewing activities in the Instructor's Resource Manual.

Testing Program. The Testing Program consists of alternate versions of hour-long tests for each chapter as well as mid-term exams and final examinations. Each test uses a variety of techniques to address the skill areas of listening, reading, writing, speaking, and culture.

Computerized Testing Program. The Testing Program is available electronically for Macintosh® and IBM platforms. With the electronic version, instructors can mix and match material according to their needs.

Transparencies. A new set of fifty transparencies of maps, illustrations, realia and photographs offers the instructor flexibility in creating activities, and in presenting vocabulary and cultural information.

Acknowledgments

We would like to express our gratitude to the many instructors and coordinators who took time from their busy schedules to assist us with comments and suggestions over the course of the development of all three editions of **Treffpunkt Deutsch.** We also extend our deepest thanks to the colleagues across North America who have used or reviewed the second edition and provided valuable input. We appreciate their participation and candor.

Keith Anderson, *St. Olaf College;* Reinhard Andress, *St. Louis University;* William Anthony, *Northwestern University;* John Austin, *Georgia State University;* Linda Austin, *Glendale Community College;* Thomas Bacon, *Texas Tech University;* Linda Daves Baldwin, *Washington College;* Katharina Barbe, *Northern Illinois University;* Claudia A. Becker, *University of Toronto;* Christel Bell, *University of Alabama;* John M. Brawner, *University of California, Irvine;* Brigitte Breitenbücher, *Elgin Community College;* Johannes Breustle, *Grossmont College;* Helga Bister-Broosen, *University of North Carolina;* Joan Keck Campbell, *Dartmouth College;* Esther Enns-Connolly, *University of Calgary;* Heidi Crabbes, *Fullerton College;* Rudolph Debernitz, *Golden West College;* Sharon M. DiFino, *University of Florida;* Christopher Dolmetsch, *Marshall University;* Catherine C. Fraser, *Indiana University;* Jurgen Froehlich, *Pomona College;* Harold P. Fry, *Kent State University;* Henry Fullenwider, *University of Kansas;* Margaret Gonglewski, *The George Washington University;* Peter Gölz, *University of Victoria;* Christian Hallstein, *Carnegie Mellon University;* Barbara Harding, *Georgetown University*; Frauke A. Harvey, *Baylor University;* Elizabeth Hasler, *University of Cincinnati;* Robert G. Hoeing, *SUNY Buffalo;* Deborah L. Horzen, *University of Central Florida;* Charles James, *University of Wisconsin, Madison;* William Keel, *University of Kansas;* George Koenig, *SUNY Oswego;* Arndt A. Krüger, *Trent University;* John A. Lalande II, *University of Illinois;* Betty Mason, *Valencia Community College;* Robert Mollenauer, *University of Texas;* Kamaksh P. Murti, *University of Arizona;* Margaret Peischle, *Virginia Commonwealth University;* Manfred Prokop, *University of Alberta;* Richard C. Reinholdt, *Orange Coast College;* Veronica Richel, *University of Vermont;* Roger Russi, *University of North Carolina–Charlotte;* Beverly Harris-Schenz, *University of Pittsburgh;* Gerd Schneider, *Syracuse University;* Carolyn Wolf

Spanier, *Mt. San Antonio College;* Gerhard Strasser, *Pennsylvania State University;* Michael L. Thompson, *University of Pennsylvania;* Suzanne Toliver, *University of Cincinnati;* Helga Van Iten, *Iowa State University;* Janet Van Valkenburg, *University of Michigan;* Wilfried Voge, *University of California, Los Angeles;* Morris Vos, *Western Illinois University;* Hendrik H. Winterstein, *University of Houston*

We are greatly indebted to the many people at Prentice Hall who participated in the development of the Third Edition of **Treffpunkt Deutsch.** We are very grateful to Rosemary Bradley, our Editor-in-Chief, for keeping us "in the loop" in all phases of this project. She is a perfectionist, and her deep commitment to the project is manifest throughout the text and its ancillaries. Many thanks also to the unflappable Claudia Dukeshire, our Project Manager. She had the unenviable task of bringing together all the elements of the text while still keeping the book on schedule. Our queries to her were always answered promptly and efficiently. Words cannot adequately express our gratitude to Cynthia Hall Kouré, our Developmental Editor. She inspired and expertly guided us throughout the revision stage, acted as a sounding board for our ideas, and provided tender loving care when we needed a shoulder to cry on. Her considerable expertise in production, her eagle eye, and her attention to detail proved invaluable throughout the production phase. Heartfelt thanks also to our Consulting Editor, Margaret Gonglewski. She reviewed the entire manuscript in the revision stage, and much of the fine-tuning in the text is a result of her cogent and insightful suggestions. We are very grateful that she has taken on the task of writing the Test Bank and the Web site, because her pedagogy is so in tune with ours and she knows the program so well. We are fortunate to have had Kenny Beck as designer for the text. His interior design, and especially his handsome cover design, have been greatly admired by all who have seen them, and his elegant solutions to layout problems further helped make the text the beautiful book that it is. Thanks to Guy Ruggiero, who coordinated the art and oversaw the production of the beautiful maps that grace the endpapers. Thanks also to Nadia Rozeva, Editorial Assistant, for coordinating the reviewing of the text and fielding calls from sales reps; to Heather Finstuen, who developed the CD-ROM and Web site; and to Kathryn Sheehan who coordinated the materials for the marketing campaign. Without the marketing team and sales staff, **Treffpunkt Deutsch** would never have attained such a long and distinguished roster of adopters. Hats off to them for their enthusiasm in promoting the text!

At York Production Services, Laura Horowitz was an absolute joy to work with. She and her team worked tirelessly to make the text as error-free as possible. Harriet Felscher did a superb job of copyediting the manuscript, Grace Skinger was absolutely meticulous in her reading of first and second page proof, and Nancy Whelan helped pull together all the pieces.

For keeping us abreast of the latest developments in the debates that raged in Germany in the summer of 1998 about the *Neue deutsche Rechtschreibung,* we thank Sylvia Schwaben at the law firm of Prof. Dr. Gunter Widmaier and Landrat Otto Widmaier. For their generous assistance in providing photos we gratefully acknowledge the German, Austrian, and Swiss National Tourist Offices in Toronto. For his enthusiasm and interest in the project we thank Ed Hilton from FedEx. He lifted our spirits whenever he rang the doorbell with yet another package in his hands.

Finally, our deepest appreciation again goes to our son, Michael, who took time that he really did not have to produce the wonderful new line drawings in the Third Edition, and to update some of the previous ones. Many colleagues and reviewers have commented on the authenticity and humor that Michael, who is an architect in Berlin, brings to his work.

Die neue deutsche Rechtschreibung

The following summary describes the changes in orthography as they affect **Treffpunkt Deutsch.**

1. ß and ss

The rules for the use of **ß** and **ss** have been greatly simplified. Long vowels (including diphthongs and **ie**) are *always* followed by **ß,** short vowels are *always* followed by **ss.**

AFTER LONG VOWELS		AFTER SHORT VOWELS	
OLD ORTHOGRAPHY	NEW ORTHOGRAPHY	OLD ORTHOGRAPHY	NEW ORTHOGRAPHY
Spaß	Spaß	Fluß	Fluss
Fuß	Fuß	Schnellimbiß	Schnellimbiss
groß	groß	Erdgeschoß	Erdgeschoss
Großmutter	Großmutter	naß	nass
Größe	Größe	daß	dass
regelmäßig	regelmäßig	ich muß, du mußt	ich muss, du musst
grüßen	grüßen	ihr müßt	ihr müsst
heißen	heißen	ihr wißt	ihr wisst
außer	außer	ein bißchen	ein bisschen
gießen	gießen	Eßzimmer	Esszimmer
		vergeßlich	vergesslich
		häßlich	hässlich
		Rußland	Russland

2. Time expressions

In time expressions, the nouns **Abend, Morgen, Vormittag, Mittag, Nachmittag, Nacht** are capitalized.

OLD ORTHOGRAPHY	NEW ORTHOGRAPHY
heute abend	heute Abend
morgen vormittag	morgen Vormittag
gestern morgen	gestern Morgen
heute nacht	heute Nacht

But **morgen früh** because **früh** is not a noun.

When combined with days of the week, the day and part of the day are written as one word: **am Dienstagmorgen, der Montagabend.**

But **Dienstag früh** because **früh** is not a noun.

3. wie viel

The components of this expression are written as two words in the singular as well as in the plural.

OLD ORTHOGRAPHY	NEW ORTHOGRAPHY
wieviel	wie viel
wie viele	wie viele

4. Verb-verb and adjective-verb combinations

All verb-verb and adjective-verb combinations are no longer considered separable-prefix verbs, but are consistently written as two words in the infinitive form and in the past participle. However, they still function like separable-prefix verbs.

OLD ORTHOGRAPHY	NEW ORTHOGRAPHY	OLD ORTHOGRAPHY	NEW ORTHOGRAPHY
kennenlernen	kennen lernen	kennengelernt	kennen gelernt
spazierengehen	spazieren gehen	spaziergegangen	spazieren gegangen
stehenbleiben	stehen bleiben	stehengeblieben	stehen geblieben
fertigschreiben	fertig schreiben	fertiggeschrieben	fertig geschrieben

5. *Rad fahren*

In the Old Orthography, this combination was considered a separable-prefix verb and it alternated between capitalization and non-capitalization for the prefix **Rad-**. Now **Rad** is considered a noun and the noun-verb combination is written as two words (like **Auto fahren, Motorrad fahren**).

OLD ORTHOGRAPHY:	radfahren, ich fahre Rad, ich bin radgefahren
NEW ORTHOGRAPHY:	Rad fahren, ich fahre Rad, ich bin Rad gefahren

6. *Du hast Recht; Das tut mir Leid*

Just as nouns like **Angst, Hunger, Durst** have always been capitalized in the expressions **Ich habe Angst (Hunger, Durst),** the noun **Recht** is capitalized in the expression **Du hast Recht.** Similarly the noun **Leid** is capitalized in the expression **Das tut mir Leid.**

OLD ORTHOGRAPHY	NEW ORTHOGRAPHY
Du hast recht.	Du hast Recht.
Das tut mir leid.	Das tut mir Leid.

7. Capitalization in dates

The basic rule: an ordinal that is not followed by a noun is capitalized.

OLD ORTHOGRAPHY	NEW ORTHOGRAPHY
der fünfzehnte Mai	der fünfzehnte Mai
der fünfzehnte	der Fünfzehnte
am fünfzehnten fünften	am fünfzehnten Fünften

Similarly:

am wievielten Mai?	am wievielten Mai?
am wievielten?	am Wievielten?

8. *noch mal*

The short form of **noch einmal** is written as two words.

OLD ORTHOGRAPHY	NEW ORTHOGRAPHY
nochmal	noch mal

Similarly:

sogenannt	so genannt

9. Three of the same consonant in compound words

In compound words where three of the same consonant follow each other, all are retained.

OLD ORTHOGRAPHY	NEW ORTHOGRAPHY
Ballettänzerin	Balletttänzerin
knallaut	knalllaut

10. Forms of address in letter writing

In letter writing only the formal forms of address **Sie, Ihnen,** and **Ihr** are capitalized. All others are written in lower case.

OLD ORTHOGRAPHY	NEW ORTHOGRAPHY
Ich danke Ihnen für Ihren Brief	Ich danke Ihnen für Ihren Brief
Ich danke Dir für Deinen Brief	Ich danke dir für deinen Brief
Ich danke Euch für Euren Brief	Ich danke euch für euren Brief

11. *irgendetwas, irgendjemand*

All compounds of **irgend-** are written as one word.

OLD ORTHOGRAPHY	NEW ORTHOGRAPHY
irgendwann	irgendwann
irgendwie	irgendwie
irgend etwas	irgendetwas
irgend jemand	irgendjemand

12. *Commas*

Generally no comma is set before **und** and **oder,** even when these conjunctions are followed by a clause with a subject.

OLD ORTHOGRAPHY	NEW ORTHOGRAPHY
Der Himmel ist grau, und es regnet.	Der Himmel ist grau und es regnet.
Regnet es, oder scheint die Sonne?	Regnet es oder scheint die Sonne?

ERSTE KONTAKTE

 Kommunikationsziele

Greeting someone and
 responding to greetings
Introducing yourself
Making phone calls
Addressing letters
Saying good-bye

 Strukturen

Du, ihr, and **Sie**
The numbers from 0–1000
The alphabet

 Kultur

Studying at a German university
Social implications of **du, ihr,**
 and **Sie**

Studenten in Freiburg

Beim Studentenwerk

*Christian Lohner and Asha Singh meet at the student center at the **Ludwig-Maximilians-Universität** in **München**. They are checking the bulletin board for rooms.*

– Hallo, ich heiße Christian, Christian Lohner.
– Und ich bin Asha Singh. Woher kommst du, Christian?
– Ich komme aus Hamburg. Und du, woher bist du?
– Ich bin aus Bombay.

E-1 Wir lernen einander kennen. *(Getting to know each other.)* Walk around the classroom and get to know as many of your classmates as possible. In the German-speaking countries, it is customary to shake hands when greeting someone.

Student 1: Hallo, ich heiße _____. Wie heißt du?

Student 2: Ich heiße _____.

Student 1: Ich komme aus _____. Woher kommst du?

Student 2: Ich komme aus _____. (Ich komme auch° aus _____.)   *too*

Im Studentenheim

Heike Fischer has already settled into her room in the dorm. Yvonne Harris, her new roommate, has just arrived.

– Entschuldigung, bist du Heike Fischer?
– Ja. Und du, wie heißt du?
– Ich bin Yvonne Harris aus Pittsburgh.
– Oh, grüß dich, Yvonne. Wie geht's?
– Danke, gut.

E-2 Wir lernen einander kennen. Now walk around the classroom again, and see how many of your classmates' names you remember.

S1: Entschuldigung, bist du _____?

S2: Ja, ich bin _____. (Nein, ich bin _____.) Und du, heißt du _____?

S1: Ja, ich heiße _____. (Nein, ich heiße _____.)

S2: Oh, grüß dich, _____. Wie geht's?

S1: Danke, gut.

In Germany the percentage of young people attending university (**Universität**) is much smaller than in North America. In order to be considered for university admission, students must successfully complete the **Abitur,** a series of exams given in the last year of a **Gymnasium,** a college-preparatory high school.

Students do not pay university tuition. If neither they nor their parents are able to pay for living expenses, the state helps with a loan. Parents are obligated to pay for their children's education if they can afford it and can be sued by their children for not doing so. The government subsidizes dormitory rooms and meals in the **Mensa,** making them very inexpensive.

Vor der Mensa

Im Hörsaal°

lecture hall

Peter knows Martin and Claudia, but he hasn't met Claudia's roommate Stephanie yet.

MARTIN: *(to Claudia and Stephanie)* Hallo, ihr zwei! Wie geht's?

CLAUDIA: Danke, gut. Du Peter, das ist Stephanie, meine Zimmerkollegin.

PETER: Grüß dich, Stephanie.

STEPHANIE: Hallo, Peter.

MARTIN: Geht ihr auch in die Mensa?

CLAUDIA: Nein, noch nicht.

MARTIN: Na, dann tschüs, ihr zwei.

- In German, all nouns are capitalized: **Studentenheim, Zimmerkollegin.**

- In addition to the letter **s,** German uses **ß** (called **Eszett**) to represent the **s**-sound: **Grüß dich!**

- The letter **ä** in **Universität** is called **a-Umlaut.** The letters **o** and **u** can also be umlauted: **Hörsaal, tschüs.**

- German verbs have endings that change, depending on the subject, e.g., **ich komm*e*, du komm*st*.**

E-3 Wir lernen einander kennen.   Walk up to two classmates and greet one by name. She/He will then introduce you to the other classmate.

S1: Grüß dich _____, wie geht's?

S1: *(to S3)* Grüß dich, _____.

S2: Danke, gut. *(introducing S3)* Das ist _____.

S3: *(to S2)* Hallo, _____.

E-4 Tschüs, ihr zwei.   You are going to the cafeteria, but your two friends aren't going just yet.

S1: *(to S2 and S3)* Hallo _____! Hallo _____! Geht ihr auch in die Mensa?

S1: Na, dann tschüs, ihr zwei.

S2: Nein, noch nicht.

S3: *(to S1)* Tschüs, _____.

Im Büro

Mrs. Ziegler is an executive in an electronics firm. She has been expecting a sales representative from Dublin.

– Guten Tag. Mein Name ist O'Brien.
– Wie bitte? Wie heißen Sie?
– Ich heiße O'Brien.
– Oh, Sie sind Herr O'Brien aus Dublin. Ich bin Brigitte Ziegler. Wie geht es Ihnen, Herr O'Brien?
– Danke, gut.

E-5 Wir lernen einander kennen.   You are meeting a German businessperson for the first time. Introduce yourself, using your last name. Address your partner with **Frau** or **Herr** and don't forget to shake hands!

S1: Guten Tag. Mein Name ist _____.

S1: Wie geht es Ihnen, Frau/Herr _____ ?

S2: Und ich heiße _____.

S2: Danke, gut.

How to say *you* in German

German has more than one way of saying *you*. The familiar **du** is used to address family members, close friends, children, and teenagers up to about age sixteen. It is also used among students even if they are not close friends. The plural form of **du** is **ihr.** The formal **Sie** is used for addressing adults who are not close friends. **Sie** is always capitalized and does not change in the plural.

	singular	plural
FAMILIAR	du	ihr
FORMAL	Sie	Sie

If you are in a German-speaking country and are unsure about which form of address to use, it is better to err on the side of caution and use **Sie.**

E-6 *Du, ihr* oder *Sie?* Indicate with a check mark how you would address the following people.

	du	ihr	Sie
1. your two cousins	____	____	____
2. your grandmother	____	____	____
3. your professor	____	____	____
4. your roommate	____	____	____
5. two classmates	____	____	____
6. your roommate's parents	____	____	____
7. the postman	____	____	____

Greetings and farewells

In the German-speaking countries, there are various ways of saying hello and good-bye. In North America it is customary for people to shake hands when they first meet each other. In the German-speaking countries, people usually shake hands whenever they meet or say good-bye.

	FORMAL	LESS FORMAL	
GREETINGS	**Guten Tag!**	**Tag!**	*Hello!*
	Guten Morgen!	**Morgen!**	*Good morning!*
	Guten Abend!	**'n Abend!**	*Good evening!*
		Hallo!	*Hello! Hi!*
		Grüß dich!	*Hello! Hi!*
		Grüß Gott! *(S. German)*	*Hello! Hi!*
		Grüezi! *(Swiss)*	*Hello! Hi!*
		Servus! *(Austrian)*	*Hello! Hi!*
FAREWELLS	**Auf Wiedersehen!**	**Wiedersehen!**	*Good-bye!*
		Tschüs!	*Good-bye! So long!*
		Servus! *(Austrian)*	*Good-bye! So long!*
	Gute Nacht!		*Good night!*

E-7 Grußformeln.   Find greetings that are used in the German-speaking countries. If you recognize any other non-English greetings, identify them and say them for your classmates.

Counting

The numbers from 0 to 1000

0	null		
1	ein**s**	11 elf	21 ei**n**undzwanzig	10 zehn

0 null			
1 ein**s**	11 elf	21 ei**n**undzwanzig	10 zehn
2 zwei	12 zwölf	22 zweiundzwanzig	20 zwanzig
3 drei	13 dreizehn	23 dreiundzwanzig	30 drei**ß**ig
4 vier	14 vierzehn	24 vierundzwanzig	40 vierzig
5 fünf	15 fünfzehn	25 fünfundzwanzig	50 fünfzig
6 sech**s**	16 se**chz**ehn	26 sech**s**undzwanzig	60 se**chz**ig
7 sieb**en**	17 sie**bz**ehn	27 sieb**en**undzwanzig	70 sie**bz**ig
8 acht	18 achtzehn	28 achtundzwanzig	80 achtzig
9 neun	19 neunzehn	29 neunundzwanzig	90 neunzig
10 zehn	20 zwanzig	30 drei**ß**ig	100 hundert

101 (ein)hunderteins	200 zweihundert	1000 (ein)tausend
102 (ein)hundertzwei	300 dreihundert	
usw.° (und so weiter)	usw.	*etc.*

Note the following:

1. The **-s** in **eins** is dropped in combination with **zwanzig, dreißig,** etc.: **einundzwanzig, einunddreißig,** etc.
2. The numbers from the twenties through the nineties are "turned around": **vierundzwanzig** *(four and twenty)*, **achtundsechzig** *(eight and sixty)*, etc.
3. **Dreißig** is the only one of the tens that ends in **-ßig** instead of **-zig.**
4. The final **-s** in **sechs** is dropped in **sechzehn** and **sechzig.**
5. The **-en** of **sieben** is dropped in **siebzehn** and **siebzig.**

E-8 Ohne Taschenrechner, bitte! *(Without a calculator, please!)*

▶ 2 + 2

how much **S1:** Wie viel° (Was) ist zwei plus zwei? **S2:** Zwei plus zwei ist vier.

▶ 2 − 2

S1: Wie viel (Was) ist zwei minus zwei? **S2:** Zwei minus zwei ist null.

1. 10 − 4	5. 44 + 11
2. 11 + 5	6. 71 − 10
3. 99 − 22	7. 9 + 3
4. 50 − 5	8. 14 + 3

E-9 Celsius und Fahrenheit.

For an American traveling in Europe, it is important to be familiar with the Celsius scale. With a partner, work on converting Celsius to Fahrenheit.

S1: Was (Wie viel) ist zwanzig Grad Celsius in Fahrenheit?

approximately **S2:** Zwanzig Grad Celsius ist ungefähr° achtundsechzig Grad Fahrenheit.

Making phone calls and addressing letters

Most German telephone numbers are in pairs of digits (e.g., 86 68 22). The area code is called **die Vorwahl.**

Telephone etiquette requires that the person answering the phone, as well as the caller, give her/his name. To say good-bye on the phone, many Germans use the phrase **auf Wiederhören,** a variant of **auf Wiedersehen.**

In the German-speaking countries, letters are addressed a bit differently than in North America. The house number follows the name of the street (e.g., **Lindenstraße 29**). The postal code **(die Postleitzahl)** in Germany consists of five digits and precedes the name of the city.

E-10 Ein Brief von Mutter. Peter Ackermann has just received a letter from his mother.

1. Peters Hausnummer ist _____.
2. Die Hausnummer von Peters Mutter ist _____.
3. Peters Postleitzahl ist _____.
4. Die Postleitzahl von Peters Mutter ist _____.
5. Ein Brief von Berlin nach München kostet _____ Pfennig.

Ackermann
Crellestr. 10
10827 Berlin

Peter Ackermann
Zennerstr. 16
81679 München

E-11 Schon wieder die falsche Nummer! It's just not your day. You keep dialing wrong numbers.

The name and number of the party you reach:	The number you think you dialed:
▶ Hartmann, 91 08 12	91 08 13

S1: Hier Hartmann.

S2: Hartmann? Ist da nicht einundneunzig null acht dreizehn?

S1: Nein, hier ist einundneunzig null acht zwölf.

S2: Oh, Entschuldigung. Auf Wiederhören.

PARTY YOU REACH	NUMBER YOU THINK YOU DIALED
1. Kurz, 58 44 23	58 44 32
2. Huber, 63 37 11	63 36 11
3. Strauß, 42 34 16	41 34 16
4. Yützel, 78 48 24	48 78 24
5. Fischer, 33 06 18	33 06 17

In der Telefonzelle

Spelling

The alphabet

The name of almost every letter in the German alphabet contains the sound represented by that letter. Learning the alphabet is therefore useful not only for purposes of spelling, but also for your pronunciation. Listen carefully to the cassette and to your instructor. Repeat what you hear.

Germans saying the alphabet do not include the three umlauted vowels **ä, ö, ü,** and the **Eszett (ß).**

E-12 Hören Sie gut zu, und wiederholen Sie! *(Listen carefully and repeat!)*

a	ah	**g**	geh	**m**	emm	**s**	ess	**y**	üppsilon
b	beh	**h**	hah	**n**	enn	**t**	teh	**z**	tsett
c	tseh	**i**	ee	**o**	oh	**u**	oo		
d	deh	**j**	yott	**p**	peh	**v**	fow		
e	eh	**k**	kah	**q**	coo	**w**	veh		
f	eff	**l**	ell	**r**	airr	**x**	iks		

E-13 Abkürzungen. Your instructor will read the names below. Find the appropriate abbreviations and spell them.

Bundesrepublik Deutschland	VW
Vereinigte Staaten von Amerika	ADAC
Volkswagen	CDU
Bayerische Motorenwerke	BRD
Allgemeiner Deutscher Automobilclub	DJH
Christlich-Demokratische Union	USA
Deutsches Jugendherbergswerk	BMW

E-14 Weißt du das? *(Do you know this?)* You (**S1**) and a friend (**S2**) are sharing some information about mutual acquaintances at the University of Munich. The information you have is on this page; the information your friend gives you is in the *Anhang*.

S1: Woher kommt Asha?   **S2:** Aus Bombay.
S2: Was ist Ashas Adresse?   **S1:** Bismarckstraße 17.
S2: Bismarck? Wie schreibt   **S1:** B-i-s-m-a-r-c-k
     man das?°
S1: Was ist Ashas Telefonnummer?   **S2:** 27 30 81.

How do you spell that?

	WOHER?	ADRESSE HIER IN MÜNCHEN	TELEFONNUMMER
Asha		Bismarckstraße 17	
Daniel	Lübeck		57 99 07
Heather		Kaiserstraße 67	
Philipp	Rostock		77 76 45
Sahika		Zeppelinstraße 176	

E-15 Beim Auslandsamt. You are the secretary at the foreign students' office responsible for creating a directory of foreign students. Your partner takes on the role of the students listed below.

> ▶ Lisa Fawcett
> Helmstraße 13, 10827 Berlin
> Tel. 6 33 25 17

S1: Wie heißen Sie, bitte?   **S2:** Lisa Fawcett.
S1: Fawcett. Wie schreibt man das?   **S2:** F-a-w-c-e-t-t
S1: Und die Adresse bitte, Frau   **S2:** Helmstraße 13, 10827 Berlin.
     Fawcett?
S1: Haben Sie Telefon?   **S2:** Ja, meine Nummer ist 6 33 25 17.

1. Josef Jaworsky
   Lessingstraße 25, 12169 Berlin
   Tel. 3 65 28 04
2. Sandra Ghanem
   Lindenstraße 95, 10969 Berlin
   Tel. 3 92 49 13

3. Roberto Vizzari
   Winterstraße 11, 13409 Berlin
   Tel. 7 91 79 38
4. Hoy Yip Quan
   Schillerstraße 30, 12207 Berlin
   Tel. 4 18 17 37

E-16 Wir lernen einander kennen. Use the model in the previous exercise to find out the last names, addresses, and telephone numbers of two of your classmates. Then report your findings to the class as in the following example.

Lindas Familienname ist Hall. H-a-l-l.
Lindas Adresse ist 89 Oak Street, Somerville.
Lindas Telefonnummer ist 589-4106.

E-17 Aus dem Telefonbuch. Look at the telephone book entries and answer the questions.

1. What types of businesses are listed here?
2. What does **str.** in **Silberburgstr.** stand for?
3. What is the **Vorwahl** for **München**?
4. What number would you call if you wanted to call the owner of **Schuh-Dorn** after hours?

München (089)	
Schuh-Center	**80 29 19**
Dr. F. Werner	
(K-M) Schwieberdingerstr. 120	
Schuh-Dorn	**62 43 84**
1 Rotebühlpl. 37	
Priv. 1 Rosen-	**42 51 17**
gartenstr. 87	
Schuh-Fischer	**62 49 39**
1 Silberburgstr. 93	
Schuh-Graf	
Julius Graf 50 Seelbergstr. 21	
Fil.	**33 47 00**
60 Widdersteinstr. 10	
Schuh-Grau	
Gustav Grau 1 Hirschstr. 14	

Zur Aussprache

Some sounds and letters that are quite different from those found in English are discussed here. Listen carefully and imitate the sounds that you hear.

The umlauted vowels ä, ö, and ü

The sounds represented by the letter **ä** are close to the sound represented by the letter *e* in English *let*.

Bäcker   Gärtner   Käse   Universität

The sounds represented by the letter **ö** have no equivalents in English.

zwölf   Göttingen   schön   hören

The sounds represented by the letter **ü** also have no equivalents in English.

fünf   Tschüs!   Grüß dich!   grün

The *Eszett*

The letter **ß,** which is called **Eszett,** is pronounced like an *s.*

heiß   heißen   dreißig

German *ch*

After **a, o,** and **u,** the sound represented by **ch** resembles a gentle gargling.

acht   noch   auch

After **i** and **e,** the sound represented by **ch** is pronounced like a loudly whispered *h* in *huge.*

ich   nicht   gleich

The suffix **-ig** is pronounced as if it were spelled like German **-ich.**

windig   zwanzig   dreißig

German *v*

The sound represented by the letter **v** is generally pronounced like English *f.*

vier   viel   Vater

German *w*

The sound represented by the letter **w** is always pronounced like English *v.*

woher   Wie geht's?   Wiedersehen!

German *z*

The sound represented by the letter **z** is pronounced like English *ts* in *hits.*

zehn   zwanzig   Zimmerkollegin

Informelle Situationen

Morgen!	Good morning!
Tag!	Hello!
'n Abend!	Good evening!
Grüß dich!	Hi! *(to greet one person)*
Hallo!	Hi!
Tschüs!	So long!
Entschuldigung!	Excuse me!
Wie heißt du?	What's your name?
Ich heiße ...	My name is . . .
Ich bin ...	I'm . . .
Woher kommst (bist) du?	Where are you from?
Ich komme (bin) aus ...	I'm from . . .
Wie geht's?	How are you?
Danke, gut.	Fine, thanks.
ja	yes
nein	no

Formelle Situationen

Guten Morgen!	Good morning!
Guten Tag!	Hello!
Guten Abend!	Good evening!
Auf Wiedersehen!	Good-bye!
Auf Wiederhören!	Good-bye! *(on the phone)*
Wie heißen Sie?	What is your name?
Ich heiße ...	My name is . . .
Mein Name ist ...	My name is . . .
Woher kommen (sind) Sie?	Where are you from?
Wie geht es Ihnen?	How are you?
Wie bitte?	Pardon?
Frau	Mrs., Ms.
Herr	Mr.

Wörter im Kontext

E-18 *Guten Tag* **oder** *Tag?* How could you greet the following people at the times given?

	YOUR PROFESSOR	YOUR COLLEAGUES AT WORK
9 A.M.	_____	_____
3 P.M.	_____	_____
7 P.M.	_____	_____

E-19 Was passt wo? *(What goes where?)* Supply the appropriate word or expression from the choices given.

wie geht's / Name / nein / Entschuldigung / danke / wie bitte

1.   PETER: Grüß dich, Stephanie. _____?
     STEPHANIE: _____, gut.
2.   MARTIN: _____, bist du Asha Singh?
       YVONNE: _____, ich bin Yvonne Harris.
3. HERR O'BRIEN: Guten Tag. Mein _____ ist O'Brien.
     FRAU ZIEGLER: _____? Wie heißen Sie?

KAPITEL 1

Jahreszeiten

Frühling auf der Insel Mainau

Vorschau

Badewetter

Claudia und Martin sind gute Freunde. Stephanie und Peter sind auch oft zusammen.

MARTIN: Mensch, das ist ja heiß!

PETER: Ja, fast dreißig Grad! – Sag mal, geht ihr auch schwimmen?

MARTIN: Klar, gleich nach Claudias Vorlesung.

PETER: Wir gehen gleich jetzt. Stephanie kommt in fünf Minuten.

MARTIN: Na, dann bis später.

Herbstwetter

Frau Ziegler steht am Fenster. Herr Ziegler ist noch im Bett.

HERR ZIEGLER: Wie ist das Wetter?

FRAU ZIEGLER: Gar nicht schön. Der Himmel ist grau und es regnet.

HERR ZIEGLER: Ist es kalt?

FRAU ZIEGLER: Das Thermometer zeigt zehn Grad.

HERR ZIEGLER: Nur zehn Grad! Was für ein Hundewetter!

Semesterbeginn

Stephanie und Claudia sitzen zusammen beim Frühstück.

CLAUDIA: Gehst du jetzt in die Vorlesung, Stephanie?

STEPHANIE: Ja, und dann zum Auslandsamt.

CLAUDIA: Meine Vorlesungen beginnen erst morgen.

STEPHANIE: Und was machst du heute?

CLAUDIA: Nicht viel. Zuerst schreibe ich ein paar Karten und heute Nachmittag kaufe ich meine Bücher.

STEPHANIE: Na, dann bis später.

CLAUDIA: Tschüs, Stephanie.

ZUM HÖREN

1-1 Richtig oder falsch? You will hear the conversations on page 13. Indicate whether the statements that follow each conversation are **richtig** (true) or **falsch** (false).

	BADEWETTER		HERBSTWETTER		SEMESTERBEGINN	
	RICHTIG	FALSCH	RICHTIG	FALSCH	RICHTIG	FALSCH
1.	___	___	___	___	___	___
2.	___	___	___	___	___	___
3.	___	___	___	___	___	___

1-2 Was passt zusammen? *(What goes together?)* Working with a partner, find the five sentences that describe each illustration.

Heute ist es gar nicht schön.

Heute ist es schön.

Die Sonne scheint.

Es regnet.

Der Himmel ist grau.

Der Himmel ist blau.

Es ist windig.

Es ist windstill.

Das ist Badewetter!

Was für ein Hundewetter!

Sprachnotizen	**Flavoring particles and discourse strategies**

Speakers of German often use *flavoring particles* to add spice to what they are saying. When **ja** is used as a flavoring particle, it often adds emphasis to an exclamation.

Mensch, das ist **ja** heiß!
Das ist **ja** Badewetter!

If a speaker uses certain words or phrases to influence the direction a conversation is taking, she/he is employing a *discourse strategy*. For example, when you want to change the subject, you can use a question introduced by **Sag mal.**

MARTIN: Hallo, Claudia. Kommst du jetzt?
CLAUDIA: Ja, gleich. – **Sag mal,** regnet es noch?

1-3 Wie ist das Wetter? Working with a partner, read through the following situations. Complete the conversations with appropriate questions and answers from the box.

SITUATION A

When your friend went to the library this morning, it was pouring rain. When you come to pick her/him up for lunch, your friend wants to know whether it is still raining. You tell her/him that it's nice out now. Your friend responds appropriately.

> **S1:** Hallo, _____. Kommst du jetzt?
> **S2:** Ja, gleich. – Sag mal, wie ist das Wetter? ...?
> **S1:** ...
> **S2:** ...

SITUATION B

When your friend went to the library this morning, the sun was shining. When you come to pick her/him up for lunch, your friend wants to know whether it's still so nice outside. You tell her/him that it's raining now. Your friend responds appropriately.

> **S1:** Hallo, _____. Kommst du jetzt?
> **S2:** Ja, gleich. – Sag mal, wie ist das Wetter? ...?
> **S1:** ...
> **S2:** ...

Ist es noch so schön?	Regnet es noch?
Nein, der Himmel ist grau und es regnet.	Nein, die Sonne scheint und der Himmel ist blau.
Toll°, das ist ja Badewetter!	Was für ein Hundewetter!

fantastic

1-4 Drei kleine Gespräche. With a partner, unscramble the exchanges in the following three mini-conversations by numbering appropriately. Then read the conversations for your classmates.

S1:

_____ Ja, aber erst heute Nachmittag.

__1__ Geht ihr heute schwimmen?

_____ Wann° geht ihr?

S2:

_____ Gleich jetzt. Und ihr, geht ihr auch?

_____ Na, dann bis später.

_____ Klar, das Thermometer zeigt fast dreißig Grad.

when

S1:

__1__ Was machst du jetzt?

_____ Und wann gehst du zum Auslandsamt?

_____ Und dann? Gehst du dann gleich zum Auslandsamt?

S2:

_____ Das mache ich heute Nachmittag.

_____ Nein, zuerst kaufe ich meine Bücher.

_____ Ich gehe in die Vorlesung.

S1:

_____ Was machst du dann heute?

_____ Und dann? Was machst du dann?

__1__ Gehst du jetzt in die Vorlesung?

S2:

_____ Dann gehe ich schwimmen.

_____ Zuerst schreibe ich ein paar Karten.

_____ Nein, meine Vorlesungen beginnen erst morgen.

Landscapes and climate of the German-speaking countries

The German-speaking countries are approximately one-fortieth the size of the United States and Canada. And yet, the topography and climate of **Deutschland, Österreich,** and **die Schweiz** are enormously varied.

It is about a day's journey from the coast of the **Nordsee** to the peaks of the German, Swiss, and Austrian Alps in the south. The Lowlands of northern Germany extend from the Dutch border in the west to the border of Poland in the east. Just south of the **Lüneburger Heide,** where you can hike through thousands of acres of purple heather, the Lowlands give way to the mountain ranges of central Germany. The most famous of these are the **Harz** mountains. To the southwest lies the **Rheintal,** and following the Rhine south, you reach the densely forested mountains of the **Schwarzwald.** From its highest point, you can see the snow-covered peaks of the Swiss Alps to the southwest.

It also takes about a day to drive from **Freiburg,** at the western edge of southern Germany, to the eastern border of Austria. You can follow the **Donau,** as it flows through a succession of culturally significant towns like **Regensburg, Passau,** and **Linz,** until you reach **Wien,** the capital of Austria.

The German-speaking countries show considerable climatic variation. In the north, the weather is influenced by the cool air currents off the **Nordsee** and the **Ostsee.** The summers are only moderately warm and the winters are mild, but often stormy and very wet.

In the central region, between the Northern Lowlands and the Alps in the south, the summers are usually much warmer and the winters much colder than in the north. The highest summer temperatures occur in the protected valleys of the **Rhein** and **Mosel** rivers, providing perfect growing conditions for the thousands of acres of vineyards that produce the famous white wines of Germany.

To the south, the climate of the Swiss and Austrian **Alpen** is characterized by high precipitation, shorter summers, and longer winters. But even in these small countries, the variation in climate from one area to the next is quite striking. In Switzerland, which is about half the size of the state of Maine, the climate is so varied that a sports enthusiast can go windsurfing and skiing in the space of one summer's day!

An der Nordsee ist es oft sehr windig.

Frühling im Voralpenland

Winter im Harz

In den Schweizer Alpen

Sommerwanderung in Österreich

1-5 Ein bisschen Geographie. Unscramble the following geographical names from the reading and check the appropriate category.

		REGION	CITY	RIVER OR SEA
1. ondua	————————	———	———	———
2. wachzwarlds	————————	———	———	———
3. enwi	————————	———	———	———
4. plane	————————	———	———	———
5. sneredo	————————	———	———	———
6. athlerin	————————	———	———	———
7. tesoes	————————	———	———	———
8. terröcheis	————————	———	———	———
9. olems	————————	———	———	———
10. wizechs	————————	———	———	———

Nomen (Nouns)

der Himmel	sky
die Sonne	sun
das Wetter	weather
der Freund, die Freunde	friend; boyfriend
die Freundin, die Freundinnen	friend; girlfriend
das Buch, die Bücher	book
die Karte, die Karten	card; postcard
die Mensa	university cafeteria (*for full meals*)
die Vorlesung, die Vorlesungen	lecture

Verben

beginnen	to begin
gehen	to go
kaufen	to buy
kommen	to come
machen	to do; to make
regnen	to rain
scheinen	to shine
schreiben	to write
studieren	to study

Andere Wörter (Other words)

schön	nice; beautiful
windig	windy
dann	then
gleich	right away
heute	today
morgen	tomorrow
heute Nachmittag	this afternoon
jetzt	now
oft	often
auch	also
fast	almost
nicht	not
gar nicht	not at all
noch	still
nur	only
viel	much; a lot
zuerst	first

Ausdrücke (Expressions)

Bis später!	See you later!
Das Thermometer zeigt zehn Grad.	The thermometer reads ten degrees.
Meine Vorlesungen beginnen erst morgen.	My lectures don't begin until tomorrow.
Klar!	Of course!
Mensch!	Wow!
Toll!	Fantastic!

Das Gegenteil (Opposites)

bitte ≠ danke	please ≠ thank you
heiß ≠ kalt	hot ≠ cold
richtig ≠ falsch	true; right ≠ false; wrong

Die Farben (Colors)

blau	blue
braun	brown
gelb	yellow
grau	gray
grün	green
violett	purple
rosarot	pink
rot	red
schwarz	black
weiß	white

Leicht zu verstehen (Easy to understand)

das Semester, die Semester
der Student, die Studenten
die Studentin, die Studentinnen
die Universität, die Universitäten (die Uni, die Unis)

Ländernamen

die Bundesrepublik Deutschland (die BRD)	the Federal Republic of Germany (the FRG)
Österreich	Austria
die Schweiz	Switzerland
die Vereinigten Staaten (die USA)	the United States (the USA)
Kanada	Canada

Die Nationalität

Er ist Amerikaner.	He's an American.
Sie ist Amerikanerin.	She's an American.
Er ist Deutscher.	He's a German.
Sie ist Deutsche.	She's a German.
Er ist Kanadier.	He's a Canadian.
Sie ist Kanadierin.	She's a Canadian.
Er ist Österreicher.	He's an Austrian.
Sie ist Österreicherin.	She's an Austrian.
Er ist Schweizer.	He's Swiss.
Sie ist Schweizerin.	She's Swiss.

Wörter im Kontext

1-6 Fragen und Antworten. Choose the appropriate response to your partner's questions.

S1:

1. Woher kommst du?
2. Was studierst du?
3. Beginnen die Vorlesungen heute?
4. Gehst du in die Mensa?
5. Was machst du heute Nachmittag?
6. Ich gehe nicht oft in die Disco.

S2:

a. Biologie und Chemie.
b. Ich auch nicht.
c. Nein, in die Vorlesung.
d. Nein, erst morgen.
e. Aus Österreich.
f. Nicht viel.

1-7 Fragen und Antworten. Choose the appropriate response to your partner's questions.

S1:

1. Wie ist das Wetter?
2. Regnet es noch?
3. Was zeigt das Thermometer?
4. Ist es heiß?
5. Was machst du morgen?
6. Kommst du jetzt?

S2:

a. Ja, fast dreißig Grad.
b. Nur zehn Grad.
c. Nein, jetzt scheint die Sonne.
d. Gar nicht schön.
e. Ja, gleich.
f. Zuerst schreibe ich ein paar Karten und dann gehe ich schwimmen.

1-8 Was sind die Farben?

1. Schokolade ist _____.
2. Gras ist _____.
3. Milch ist _____.
4. Butter ist _____.
5. Kohle° ist _____. *coal*
6. Blut ist _____.
7. Die Sonne scheint und der Himmel ist _____.
8. Der Himmel ist _____ und es regnet.

1-9 Die Nationalität, bitte!

1. Frau Bürgli ist aus Zürich. Sie ist _____.
2. Herr Karlhuber kommt aus Salzburg. Er ist _____.
3. Frau Kröger ist aus Hamburg. Sie ist _____.
4. Herr Chang ist aus San Franzisko. Er ist _____.
5. Frau Thomson kommt aus Vancouver. Sie ist _____.

Kommunikation und Formen

① Identifying people and things

Nouns: gender and definite articles

Nouns are the words used to name people and things. In English all nouns have the definite article *the*. In German every noun has *grammatical gender*, i.e., it is either masculine, neuter, or feminine. Nouns that are masculine have the definite article **der,** nouns that are neuter have the definite article **das,** and nouns that are feminine have the definite article **die.**

masculine	neuter	feminine
der	das	die
the	*the*	*the*

Although nouns referring to males are usually masculine (*der* **Mann,** *der* **Vater)** and nouns referring to females are usually feminine (*die* **Frau,** *die* **Mutter),** the gender of German nouns is not always logical:

der Winter	**das** Wetter	**die** Sonne
der Himmel	**das** Thermometer	**die** Minute

You should learn each noun with its definite article as *one unit.*

1-10 Wer ist das? Identify the members of the Ziegler family.

1. Das ist ...

2. Das ist ...

3. Das ist ...

4. Das ist ...

die Mutter	der Vater	die Tochter	der Sohn

1-11 Was passt zusammen? Read the names of the objects listed in the box, find each one in the illustration, and read the corresponding number.

S1: Der Computer ist Bild° Nummer vierzehn. Und der Fußball?
...

S2: Der Fußball ist Bild Nummer siebzehn. Und der Hammer?
...

picture

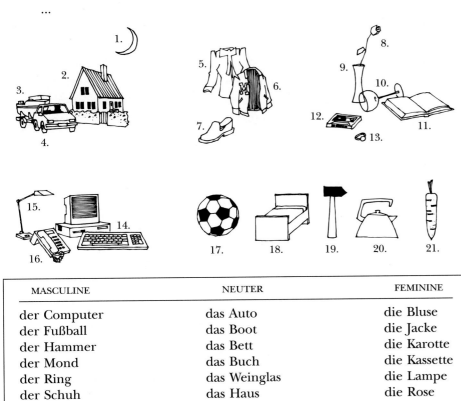

MASCULINE	NEUTER	FEMININE
der Computer	das Auto	die Bluse
der Fußball	das Boot	die Jacke
der Hammer	das Bett	die Karotte
der Mond	das Buch	die Kassette
der Ring	das Weinglas	die Lampe
der Schuh	das Haus	die Rose
der Teekessel	das Telefon	die Vase

Plural forms of nouns

Although a few English nouns have irregular plural forms (e.g., woman, wom*e*n; child, child*ren*; mouse, m*ice*), most English nouns form the plural by adding *-s* or *-es* (e.g., student, student*s*; class, class*es*).

German has a greater variety of plural forms than English, and you must therefore learn each noun not only with its definite article, but also with its plural form. In vocabulary lists, plurals of nouns are given in abbreviated form.

All three definite articles **(der, das, die)** have the same plural form: **die.**

singular	plural
der	
das	die
die	

abbreviation	listing	plural form
-	der Amerikaner, -	die Amerikaner
¨	die Mutter, ¨	die Mütter
-e	der Freund, -e	die Freunde
¨e	die Maus, ¨e	die Mäuse
-n	die Lampe, -n	die Lampen
-en	die Frau, -en	die Frauen
-er	das Kind°, -er	die Kinder
¨er	das Buch, ¨er	die Bücher
-s	das Auto, -s	die Autos
-nen	die Freundin, -nen	die Freundinnen

child

All nouns with the plural ending **-nen** are derived from masculine nouns, e.g., **der Student, die Student***in***, die Student***innen***; der Amerikaner, die Amerikaner***in***, die Amerikaner***innen***.

1-12 Was sind die Farben?   The plural forms below are listed as you would find them in a dictionary. Using the plural forms, say what colors the objects or animals are.

S1: Die Bälle sind gelb.
Und die Schuhe?
...

S2: Die Schuhe sind braun.
Und die Äpfel?
...

MASCULINE	NEUTER	FEMININE
der Ball, ¨e	das Auto, -s	die Banane, -n
der Schuh, -e	das Haus, ¨er	die Blume, -n
der Apfel, ¨	das Bett, -en	die Katze, -n
der Pullover, -	das Buch, ¨er	die Maus, ¨e

1.

2.

3.

4.

5.

6.

7.

8.

9.

10.

11.

12.

The indefinite articles *ein* and *kein*

The forms of the indefinite article that correspond to **der, das,** and **die** are **ein, ein,** and **eine** *(a, an).*

	masculine	neuter	feminine
DEFINITE	**der** Student	**das** Buch	**die** Studentin
INDEFINITE	**ein** Student	**ein** Buch	**eine** Studentin

If the numeral *one* (**eins**) precedes a noun, German uses the indefinite article instead.

Stephanie hat heute nur **eine** Vorlesung.
*Stephanie has only **one** lecture today.*

The negative form of the indefinite article is **kein** *(not a, not (any), no).* Note that **kein** has a plural form.

Das ist **kein** Bett, das ist eine Couch.
*That's **not a** bed, that's a couch.*

Das sind **keine** Orangen, das sind Mandarinen.
*Those **aren't** oranges, they're mandarins.*

> ### Infobox   Aspects of German university life
>
> Students at universities in the German-speaking countries receive much less guidance than students at North American universities and colleges. Attendance at lectures is not mandatory, and there are no semester finals. The first exams (**Zwischenprüfungen**) are taken after the fourth semester. Students must pass them in order to continue their studies. The **Wintersemester** begins in mid-October and ends in mid-February, and the **Sommersemester,** which begins in mid-April, ends in mid-July. German students talk about where they are in their studies according to semesters. (**Ich bin im vierten Semester.** *I am in my sophomore year.*)
>
>
>
> Semesterbeginn im April

1-13 Was für dumme Fragen! Correct your partner.

► Glas (n)

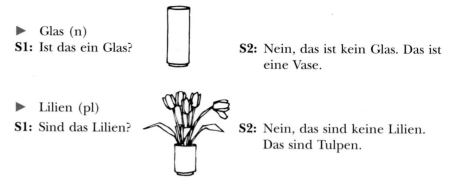

S1: Ist das ein Glas?

S2: Nein, das ist kein Glas. Das ist eine Vase.

► Lilien (pl)

S1: Sind das Lilien?

S2: Nein, das sind keine Lilien. Das sind Tulpen.

You'll find the right names of the items depicted in the box below.

1. Weingläser (pl)

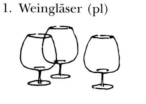

4. Pullover (m)

7. Mikroskop (n)

2. Kaffeekanne (f)

5. Barometer (n)

8. Disketten (pl)

3. Jacke (f)

6. Mäuse (pl)

Sweatshirt (n)	Ratten (pl)	Teekanne (f)	Teleskop (n)
Thermometer (n)	Kassetten (pl)	Kognakgläser (pl)	Bluse (f)

② Word order

Position of the verb in yes/no questions

In yes/no questions, the verb is always the *first element*.

Regnet es noch?   *Is it still **raining**?*
Scheint die Sonne?   *Is the sun **shining**?*

Position of the verb in information questions

In information questions, the verb immediately follows a question word or an interrogative expression.

Was zeigt das
Thermometer?

Wie **ist** das Wetter heute?	*How **is** the weather today?*
Was **zeigt** das Thermometer?	*What **does** the thermometer **read**?*
Wie kalt **ist** es heute?	*How cold **is** it today?*

In German all question words begin with the letter **w** (pronounced like English *v*).

wann?	*when?*
warum?	*why?*
was?	*what?*
wer?	*who?*
wie?	*how?*
wie viel?	*how much?*
wie viele?	*how many?*
wo?	*where? (in what place?)*
woher?	*where . . . from? (from what place?)*
wohin?	*where? (to what place?)*

Note that German uses three words for the word *where*, according to whether it means *in what place, from what place,* or *to what place.*

Wo ist Graz?	***Where** is Graz?*
Graz ist in Österreich.	*Graz is in Austria.*
Woher ist Martin?	***Where** is Martin **from**?*
Ich glaube, er ist aus Mannheim.	*I think he's from Mannheim.*
Wohin gehst du heute Abend?	***Where** are you going tonight?*
Heute Abend gehe ich ins Kino.	*Tonight I'm going to the movies.*

Be careful to distinguish between **wo** *(where)* and **wer** *(who)*. Don't let the English equivalents confuse you.

1-14 Fragen und Antworten. Choose the appropriate response to your partner's questions.

S1:

1. Wann beginnt der Winter?
2. Warum gehst du nicht schwimmen?
3. Was macht ihr heute Abend?
4. Wer ist Tom Cruise?
5. Woher kommt Stephanie?
6. Wo ist Chicago?
7. Wohin gehst du?
8. Wie viele Meter hat° ein Kilometer?

S2:

a. In Illinois.
b. Tausend.
c. Ein amerikanischer Filmstar.
d. Wir gehen ins Kino.
e. In die Mensa.
f. Im Dezember.
g. Aus Chicago.
h. Ich finde es zu kalt.

does . . . have

1-15 Weißt du das? *(Do you know this?)* Complete the following questions with **ist** or a question word. Your partner should know the answers.

► _____ Steffi Graf aus Österreich?

S1: Ist Steffi Graf aus Österreich?   **S2:** Nein, Steffi Graf ist aus Deutschland.

1. _____ kommt Wayne Gretzky, aus Polen oder aus Kanada?
2. _____ ist Innsbruck, in Deutschland oder in Österreich?
3. _____ Frankfurt in Österreich?
4. _____ singt besser, Sarah McLachlan oder Jewel?
5. _____ Sekunden hat eine Minute?
6. _____ ist das Wetter heute?
7. _____ beginnt der Herbst, im September oder im Oktober?
8. _____ ist einunddreißig plus sechs?
9. _____ sind so viele Deutsche im Winter in Florida?
10. _____ Arnold Schwarzenegger aus Österreich?

Position of the verb in statements

In English statements, the verb follows the subject. In German statements, the verb is *always the second element*. This basic difference is one of the most common sources of error for English-speaking students of German.

Die Sonne **scheint**.	*The sun **is shining**.*
Heute **scheint** die Sonne.	*Today the sun **is shining**.*

Ja, nein, and the conjunctions **und** *(and)*, **oder** *(or)*, **denn** *(because)*, **aber** *(but)*, and **sondern** *(but rather, on the contrary)* do not count as elements in a sentence.

Regnet es noch?	*Is it still raining?*
Nein, jetzt **scheint** die Sonne **und** der Himmel **ist** blau, **aber** es **ist** noch sehr windig.	*No, now the sun is shining and the sky is blue, but it's still very windy.*

1-16 Und, oder, denn, aber, sondern?

1. Ich gehe heute nicht schwimmen, _____ es ist kalt _____ es regnet.
2. Der Himmel ist grau, _____ es regnet nicht.
3. Dreißig Grad ist nicht warm, _____ es ist sehr heiß.
4. Regnet es _____ scheint die Sonne?

Note that the three forms of the English present tense have only one equivalent in German, i.e., forms like *it is raining* and *it does rain* do not exist.

it rains	
it is raining	**es regnet**
it does rain	

*How often **does** it **rain** in Hamburg?*	Wie oft **regnet** es in Hamburg?
*In Hamburg it **rains** very often.*	In Hamburg **regnet** es sehr oft.
*It's **raining** today.*	Es **regnet** heute.

1-17 Auf englisch, bitte!

1. CLAUDIA: Woher kommt Peter?
   MARTIN: Peter kommt aus Berlin.
2. PETER: Kommt Stephanie heute?
   CLAUDIA: Nein, Stephanie kommt nicht.
3. MARTIN: Beginnen die Vorlesungen morgen?
   PETER: Nein, die Vorlesungen beginnen heute.

1-18 Wie ist das Wetter?   Answer your partner's questions according to the illustration.

S1: Ist der Himmel blau oder grau?   **S2:** Der Himmel ist blau.

1. Regnet es oder scheint die Sonne?
2. Ist es heiß oder kalt?
3. Ist es windig oder windstill?
4. Zeigt das Thermometer zwanzig Grad oder dreißig Grad?
5. Ist das Regenwetter oder Badewetter?

1-19 Wie ist das Wetter heute?   Again, answer your partner's questions according to the illustration. Begin each answer with **heute.**

S1: Ist der Himmel heute grau oder blau?   **S2:** Heute ist der Himmel blau.

1. Ist es heute kalt oder heiß?
2. Zeigt das Thermometer heute zwanzig Grad oder dreißig Grad?
3. Ist es heute windig oder windstill?
4. Scheint heute die Sonne oder regnet es?

1-20 Das Wetter.   Look out the window and write a few lines describing what the weather is like today. Use the questions from the previous exercise and the additional vocabulary below as a guide. Begin your description with **Heute ...** Read your paragraph to your classmates.

es nieselt	*it's drizzling*	**es ist neblig**	*it's foggy*
es schneit	*it's snowing*	**es ist schwül**	*it's humid*
es donnert und blitzt	*it's thundering and lightning*	**es ist heiter**	*it's cloudy with some sun*

Expressions of time and place

In German expressions of time precede expressions of place. In English it is the reverse.

PETER: Gehst du **jetzt in die Bibliothek?**   *Are you going **to the library now?***

MARTIN: Nein, ich gehe **jetzt in die Kneipe.**   *No, I'm going **to the pub now.***

German:	time before place
English:	place before time

1-21 Wohin gehst du jetzt? Your partner isn't going where you expect her/him to go. Use the expressions of place from the box below.

▶ jetzt

S1: Gehst du jetzt in die Bibliothek?

S2: Nein, ich gehe jetzt in die Kneipe.

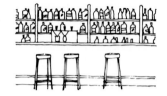

1. jetzt

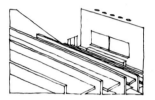

2. heute Abend

3. morgen Abend

4. am Sonntagabend

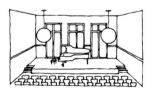

| ins Theater | in die Mensa | in die Kneipe | ins Bett |
| in die Disco | in die Bibliothek | ins Konzert | in die Vorlesung |

1-22 Was machst du heute Abend?   Move about the class, tell your classmates what you are doing tonight, and ask what they are doing.

S1: Ich gehe heute Abend ... Was machst du heute Abend?

...

S2: Ich gehe heute Abend ...

Position of *nicht*

Nicht precedes words or expressions that are specifically negated.

Peter kommt **nicht aus Hamburg.**
Es ist **nicht kalt.**
Es ist **nicht sehr** windig.
Ich gehe **nicht in die Disco.**
Ich gehe **nicht oft** in die Disco.
Ich gehe **nicht mit Bernd** in die Disco.
Claudia kommt **nicht heute Abend,** sondern morgen Abend.

If no word or expression is specifically negated, **nicht** stands at the end of the sentence.

Claudia kommt heute Abend **nicht.**
Martin kommt auch **nicht.**
Heute scheint die Sonne **nicht.**

Remember to use **kein** to negate:

- a noun preceded by **ein.**

- a noun without an article.

Ist das ein Restaurant?

Nein, das ist **kein** Restaurant, das ist eine Kneipe.

Sind das Weingläser?

Nein, das sind **keine** Weingläser, das sind Kognakgläser.

1-23 Total negativ!   Using **nicht** or **kein,** give a negative response to each of your partner's questions.

S1: Ist das Wetter schön?

S2: Nein, das Wetter ist nicht schön.

1. Ist es kalt?
2. Ist es sehr kalt?
3. Regnet es?
4. Kommt Martin aus Berlin?
5. Kommt Claudia?
6. Ist das eine Disco?
7. Kommt Stephanie gleich?
8. Geht Martin oft in die Disco?
9. Ist die Rockgruppe gut?
10. Hat Bettina eine Zimmerkollegin?

1-24 Wer kommt wann? Respond negatively according to the information given in the box. The check mark indicates when the people listed are coming.

	HEUTE ABEND	MORGEN ABEND
Claudia	_____	✓
Peter	_____	_____

S1: Kommt Claudia heute Abend?

Kommt Peter heute Abend?

Kommt er morgen Abend?

S2: Nein, Claudia kommt nicht heute Abend, sondern morgen Abend.

Nein, Peter kommt heute Abend nicht.

Nein, morgen Abend kommt er auch nicht.

	HEUTE ABEND	MORGEN ABEND
Stephanie	_____	✓
Martin	✓	_____
Sabine	_____	_____
Tom	_____	✓
Maria	_____	_____
Moritz	✓	_____

S1:	**S2:**
1. Kommt Stephanie heute Abend?	Nein, Stephanie ..., sondern ...
2. Kommt Martin morgen Abend?	Nein, Martin ..., sondern ...
3. Kommt Sabine heute Abend?	Nein, Sabine ...
Kommt sie morgen Abend?	Nein, morgen Abend ...
4. Kommt Tom heute Abend?	Nein, Tom ..., sondern ...
5. Kommt Maria heute Abend?	Nein, Maria ...
Kommt sie morgen Abend?	Nein, morgen Abend ...
6. Kommt Moritz morgen Abend?	Nein, Moritz ..., sondern ...

1-25 Hauptstadtwetter. The electronic billboard on the **Kurfürstendamm** in Berlin shows the temperatures and weather conditions of four European **Hauptstädte.**

1. What do you think the word **Hauptstadt** means?
2. Referring to the key in the weather map on the facing page, describe in English the weather for each city on the billboard. (Note: **bewölkt = bedeckt**).

1-26 Was zeigt die Wetterkarte? With a partner look at the weather map. Using the description of the weather in Hamburg as a model, make up weather reports for Tunis and Nizza. Read your reports to the class.

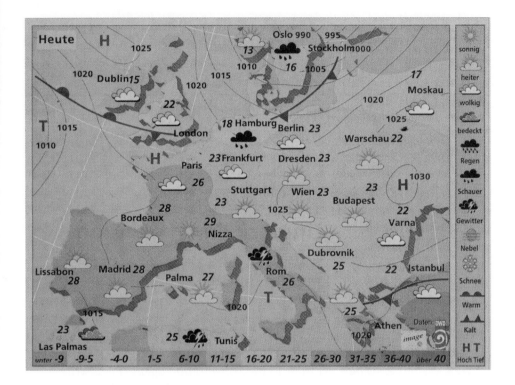

DAS WETTER IN HAMBURG

Heute ist das Wetter in Hamburg nicht sehr schön.
Der Himmel ist grau und es regnet.
Das Thermometer zeigt 18 Grad.
Das ist nicht kalt, aber es ist auch nicht sehr warm.

ZWISCHENSPIEL

ZUM HÖREN

Beim Auslandsamt

Claudia has accompanied Stephanie to a reception organized by the **Auslandsamt** of the **Ludwig-Maximilians-Universität.**

1-27 Globalverstehen. Listen to the conversation and choose the correct responses.

1. How many people are speaking?
   1   2   3   4
2. Which names do you hear?
   Tom   Martin   Stephanie   Claudia
3. Which of the following cities are mentioned in the conversation?
   Hamburg   Toronto   Frankfurt   Chicago
4. How many Americans are among the speakers?
   0   1   2   3
5. How many Canadians are among the speakers?
   0   1   2   3

1-28 Detailverstehen. Listen to the conversation again. Then write the answers to the following questions in German. Note the German spellings of physics and biology: **Physik, Biologie.**

1. Woher kommt Claudia?
2. Was ist Toms Nationalität? Ist er Amerikaner? *Nein, er ...*
3. Kommt Tom aus Vancouver? *Nein, er ...*
4. Was ist Stephanies Nationalität, und woher kommt sie?
5. Was studiert Stephanie?
6. Was studiert Tom?

 1-29 Wir lernen einander kennen. You are a student at a reception organized by the **Auslandsamt.** Walk around and . . .

1. introduce yourself to other students and ask what their names are.
2. say what nationality you are and ask where they come from.
3. say what you are majoring in (**Ich studiere ...**). Ask what their major is (**Was studierst du?**).

Kommunikation und Formen

3 Talking about people and things without naming them

Personal pronouns: subject forms

If you want to talk about people without repeating their names, you use personal pronouns. The personal pronouns are categorized under three "persons":

1st person:	I / we *(to talk about oneself)*
2nd person:	you / you *(to talk to a second party)*
3rd person:	he / it / she / they *(to talk about a third party)*

What facility does this sign point to?

		singular		plural
1ST PERSON	**ich**	*I*	**wir**	*we*
2ND PERSON	**du**	*you (familiar)*	**ihr**	*you (familiar)*
	Sie	*you (formal)*	**Sie**	*you (formal)*
	er	*he*		
3RD PERSON	**es**	*it*	**sie**	*they*
	sie	*she*		

German nouns are either masculine, neuter, or feminine, and the pronouns in the 3rd person singular (**er, es, sie**) are chosen according to the principle of *grammatical gender*, i.e., **er** for all nouns with the article **der, es** for all nouns with the article **das,** and **sie** for all nouns with the article **die.**

Ist **der** Student intelligent?	Ja, **er** ist sehr intelligent.
Ist **der** Film lang?	Ja, **er** ist sehr lang.

Ist **das** Baby süß°?	Ja, **es** ist sehr süß.	*sweet*
Ist **das** Wetter schön?	Ja, **es** ist sehr schön.	

Ist **die** Professorin gut?	Ja, **sie** ist sehr gut.
Ist **die** Suppe heiß?	Ja, **sie** ist sehr heiß.

In the 3rd person plural, the personal pronoun for all three genders is **sie:**

Sind **die** Studenten intelligent?	Ja, **sie** sind sehr intelligent.
Sind **die** Tomaten süß?	Ja, **sie** sind sehr süß.

1-30 *Ja* oder *nein*?

S1: Ist der Wein gut? S2: Ja, er ist sehr gut.
S2: Sind die Bananen süß? S1: Nein, sie sind nicht sehr süß.
 ... ...

	+ = Ja − = Nein
der Wein / gut	
die Bananen (pl) / süß	−
der Kaffee / heiß	−
die Butter / frisch	
die Äpfel (pl) / sauer	−
das Wetter / schön	
die Professorin / fair	+
die Vorlesungen (pl) / interessant	+
der Film / lang	
die Rockgruppe / gut	
das Buch / interessant	+

1-31 Welche Farbe hat Lisas Bluse? Your instructor will ask you the colors of your classmates' clothes. Sometimes you may want to add **hell** or **dunkel** to the basic color, e.g., **hellblau** *(light blue)*, **dunkelblau** *(dark blue)*.

LEHRER(IN): Welche Farbe hat STUDENT(IN): Lisas Bluse? Sie ist rot.
Lisas Bluse?

die Jacke   die Bluse   die Hose   das Kleid

der Pullover   das Hemd   der Rock   die Jeans

Expressing states and actions

The present tense of *sein*

The present tense forms of **sein** (*to be*) are as frequently used and as irregular as their English counterparts. They should be carefully learned.

singular		plural	
ich bin	*I am*	wir sind	*we are*
du bist	*you are*	ihr seid	*you are*
er/es/sie ist	*he/it/she is*	sie sind	*they are*
Sie sind	*you are*		

1-32 Ergänzen Sie! *(Complete!)* With a partner, take on the roles of the people below. Read the conversations, using the proper forms of **sein.**

1. Hallo!

    MARTIN: Hallo! Ich _____ Martin und das _____ Peter.
    HELGA: _____ ihr Brüder°?   *brothers*
    MARTIN: Nein, wir _____ Freunde.
    HELGA: Woher _____ ihr?
    MARTIN: Ich _____ aus Mannheim und Peter _____ aus Berlin.

2. Woher sind Stephanie und Tom?

    DAVID: _____ Stephanie Amerikanerin?
    MARTIN: Ja, sie _____ aus Chicago.
    DAVID: Und woher _____ Tom?
    MARTIN: Ich glaube, er _____ aus Kanada.

3. Wo sind Herr und Frau Ziegler?

    FRAU HOLZ: Entschuldigung, _____ Sie Herr und Frau Ziegler aus Göttingen?
    FRAU NAGLER: Nein, wir _____ nicht Herr und Frau Ziegler.
    FRAU HOLZ: Sie _____ nicht Herr und Frau Ziegler?
    FRAU NAGLER: Nein, und wir _____ auch nicht aus Göttingen.
    FRAU HOLZ: Aber wer _____ Sie dann?
    FRAU NAGLER: Ich _____ Beate Nagler aus Kassel und das _____ Herr Müger aus Frankfurt.
    FRAU HOLZ: Und wo _____ Herr und Frau Ziegler?
    FRAU NAGLER: Ich glaube, sie _____ noch im Hotel.

1-33 Kleine Gespräche. With a partner, take on the roles of the people below. Read the conversations, supplying the correct forms of **sein** and/or the correct personal pronouns.

1. LUKAS: Das sind Stephanie und Peter.
   _____ _____ gute Freunde.
   JULIA: Wie alt _____ Stephanie?
   LUKAS: _____ _____ neunzehn.
   JULIA: Und wie alt _____ Peter?
   LUKAS: _____ _____ einundzwanzig.

   Peter Stephanie
   21 J.   19 J.

2. FRAU ERB: Wie alt _____ _____, Brigitte?
   BRIGITTE: _____ _____ fünf.
   FRAU ERB: Und du, Holger, wie alt _____ _____?
   HOLGER: _____ _____ drei.
   FRAU ERB: Und woher _____ _____ zwei?
   BRIGITTE
   UND HOLGER: _____ _____ aus Stuttgart.

   Holger Brigitte

3. REPORTER: _____ _____ Amerikaner, Herr Smith?
   HERR SMITH: Nein, _____ _____ Kanadier.
   REPORTER: Und Sie, Frau Jones, _____ _____
   auch Kanadierin?
   FRAU JONES: Nein, _____ _____ Amerikanerin.

   Frau Jones

   Herr Smith

The verb: infinitive and present tense

The infinitive

In English the infinitive form of the verb is usually signaled by *to: to ask, to answer, to travel, to do.* German infinitives consist of a *verb stem* plus the ending **-en** or **-n.**

infinitive	stem	ending
fragen *(to ask)*	**frag**	-en
antworten *(to answer)*	**antwort**	-en
reisen *(to travel)*	**reis**	-en
tun *(to do)*	**tu**	-n

The present tense

In English only the 3rd person singular has an ending in the present tense: he ask*s*, she answer*s*, she do*es*, it work*s*. In German *all* the forms of the present tense have endings. These endings are attached to the verb stem.

singular		plural	
ich	frage	wir	fragen
du	fragst	ihr	fragt
er/es/sie	fragt	sie	fragen
	Sie	fragen	

singular		plural	
ich	antworte	wir	antworten
du	antwortest	ihr	antwortet
er/es/sie	antwortet	sie	antworten
	Sie	antworten	

singular	plural
ich reise	wir reisen
du reist	ihr reist
er/es/sie reist	sie reisen
Sie reisen	

- If a verb stem ends in **-t** or **-d** (**antwort-en, arbeit-en, find-en**) or in certain consonant combinations like the **-gn** in **regnen,** an **-e-** is inserted before the personal endings **-st** and **-t** (**du arbeit*e*st, er find*e*t, es regn*e*t**).

- If a verb stem ends in **-s, -ß,** or **-z,** the personal ending in the 2nd person singular is not an **-st** but only a **-t:** du reis**t,** du heiß**t,** du sitz**t°**.

  you sit

- Verbs with the infinitive ending **-n** also have the ending **-n** in the 1st and 3rd person plural and in the **Sie**-form: wir tu**n,** sie tu**n,** Sie tu**n.**

1-34 Wer macht das? First supply the verb ending that agrees with the subject given. Then replace the subject with the nouns and pronouns in parentheses, and supply the appropriate verb endings.

1. Warum antwort___ du nicht? (Sie, ihr, Robert)
2. Nina frag___ viel zu viel. (du, ihr, Sie)
3. Sitz___ du oft im Park? (ihr, Professor Denner, Sie)
4. Ich find___ die Musik toll. (wir, Thomas, Nina und Alexander)
5. Warum tanz___ ihr nicht? (du, Sabine und Thomas, Robert)
6. Jessica lern___ Deutsch. (ich, wir, ihr)
7. Warum tu___ ihr nichts°? (Sie, du, Peter)

   nothing
8. Wann reis___ Zieglers nach° Spanien? (ihr, du, Sie)

   to

Die Jahreszeiten

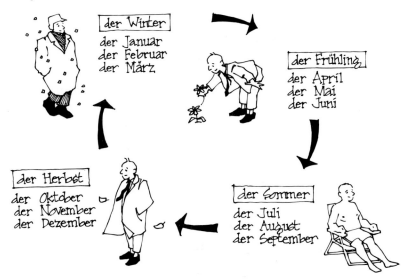

der Winter
der Januar
der Februar
der März

der Frühling
der April
der Mai
der Juni

der Herbst
der Oktober
der November
der Dezember

der Sommer
der Juli
der August
der September

1-35 Jahreszeiten. Complete the conversations with the correct forms of the verbs given in parentheses.

1. Frühling im Garten

FRAU ZIEGLER: Du, Robert, warum _____ du hier und _____ nichts? (sitzen, tun)
ROBERT: Warum _____ du? (fragen)
to work FRAU ZIEGLER: Vater und ich _____ im Garten. (arbeiten°)
ROBERT: Ich _____, ihr _____ zu viel. (glauben, arbeiten)
little FRAU ZIEGLER: Und du, du _____ zu wenig°. (arbeiten)

2. Rockfest im Sommer

SABINE: Ich _____ Sabine. Wie _____ du? (heißen, heißen)
THOMAS: Ich _____ Thomas. Wie _____ du die Band? (heißen, finden)
to play SABINE: Die Band _____ toll. _____ du? (spielen°, tanzen)
THOMAS: Klar! Komm, wir _____. (tanzen)

3. Schulbeginn im Herbst

HERR ZIEGLER: Morgen _____ die Schule. (beginnen)
NINA: Ja. Heute Nachmittag _____ ich meine Bücher. (kaufen)
HERR ZIEGLER: Und was _____ das? (kosten)
NINA: Viel. Bücher _____ viel. (kosten)
HERR ZIEGLER: Ja. Bücher und Kinder _____ viel zu viel! (kosten)

4. Ein kalter Winter

FRAU ZIEGLER: Tag, Frau Berg. Das _____ ja kalt! (sein)
FRAU BERG: Und wie! Das Thermometer _____ minus zehn! (zeigen)
FRAU ZIEGLER: Wann _____ Sie nach Spanien, Ende Dezember? (reisen)
FRAU BERG: Nein, wir _____ erst im Januar, da _____ es nicht so viel. (reisen, kosten)

The present tense to express future time

German uses the present tense to express future time more frequently than English. However, the context must show clearly that one is referring to the future.

Nächstes Jahr **fliege** ich nach München.	*Next year I'm flying to Munich.* *Next year I'll be flying to Munich.*
Was **machst** du dort?	*What will you be doing there?* *What are you going to do there?*
Ich **arbeite** im Hotel Vier Jahreszeiten.	*I'll be working at the Four Seasons Hotel.* *I'm going to be working at the Four Seasons Hotel.*

1-36 Pläne. Ask your partner what the people listed are doing at certain times.

S1: Was macht Tanja heute Abend?   S2: Heute Abend geht sie ...
S2: ...   S1: ...

S1: Was machst du heute Abend?   S2: Heute Abend ...
S2: ...   S1: ...

	HEUTE ABEND	MORGEN ABEND	AM FREITAG	NÄCHSTEN SOMMER
Tanja		schreibt Karten und Briefe	geht in die Bibliothek	
Bernd und Lukas	gehen in die Kneipe			arbeiten bei McDonald's
Florian		spielt Volleyball	geht schwimmen	
Lisa und Laura	spielen Tennis			fliegen nach Europa
Ich				
Mein(e) Partner(in)				

1-37 Klischees. With a partner, match the cities and activities according to the map.

Berlin	segeln° gehen	*sailing*
Innsbruck	zum Karneval gehen	
Kiel	auf die Messe° gehen	*trade fair*
Köln	Walzer tanzen	
Leipzig	viel Geld° investieren	*money*
München	ins Daimler-Benz-Museum gehen	
Norderney	Ski laufen	
Stuttgart	in die Philharmonie gehen	
Wien	aufs Oktoberfest gehen	
Zürich	am Strand° sitzen	*beach*

1-38 Reisepläne (1). Jennifer and her friends are traveling in the German-speaking countries. What do they do in the cities they visit?

▶ Januar   Innsbruck / Ski laufen

S1: Wo seid ihr im Januar?   **S2:** Da sind wir in Innsbruck.
S1: Was macht ihr dort?   **S2:** Dort laufen wir Ski.

1. Februar   Köln / zum Karneval gehen
2. März   Leipzig / auf die Messe gehen
3. April   Zürich / viel Geld investieren
4. Mai   Stuttgart / ins Daimler-Benz-Museum gehen

1-39 Reisepläne (2). From June to October Jennifer travels by herself.

▶ Juni   Berlin / in die Philharmonie gehen

S1: Wo bist du im Juni?   **S2:** Da bin ich in Berlin.
S1: Was machst du dort?   **S2:** Dort gehe ich in die Philharmonie.

1. Juli   Kiel / segeln gehen
2. August   Norderney / am Strand sitzen
3. September   München / aufs Oktoberfest gehen
4. Oktober   Wien / Walzer tanzen

ZUSAMMENSCHAU

ZUM HÖREN

Semesterbeginn in München

Peter Ackermann calls his mother to tell her that he has found a room.

NEUE VOKABELN

das Zimmer	*room*	**wieder**	*again*
übrigens	*by the way*	**Mach's gut!**	*Take care!*

1-40 Globalverstehen. Listen to the telephone conversation and choose the correct responses.

1. Who is speaking in this conversation?
   Martin   Peter   Peter's mother
2. What is Martin's last name?
   Ackermann   Zenner   Keller
3. Which cities do you hear?
   Mannheim   Frankfurt   Berlin   München
4. Who is working too much?
   Peter's mother   Martin   Peter's father
5. When will Peter see his family again?
   in mid-October   in mid-November   at the end of November

1-41 Detailverstehen. Listen to the conversation again and write the responses to the following questions.

1. Wie viel kostet Peters Zimmer?
2. Was ist Peters Adresse? (Straße und Hausnummer, Postleitzahl und Stadt°)   *city*
3. Was findet Peter in München so toll? *In München sind ...*
4. Was macht Peter am Nachmittag?
5. Woher kommt Martin?
6. Wo in Deutschland ist Peters Mutter?

1-42 Ein Interview: Was für Sport treibst du? Find out what types of outdoor sports your classmates do in summer and in winter. Move about the class and interview three classmates.

S1: Was für Sport treibst du   **S2:** Im Sommer ... (Im Winter ...)
im Sommer (im Winter)?

hiking   Im Sommer   gehe ich schwimmen (surfen, segeln, wandern°, ...).
               spiele ich Tennis (Fußball, Golf, ...).

ice skating   Im Winter   laufe ich Ski (Schlittschuh°).
               spiele ich Eishockey, ...

1-43 Ein bisschen Statistik. As a class find out how many of you do the sports listed above. Have a classmate with a calculator express the result as a percentage. Follow the example below.

Wie viele gehen schwimmen? Zwanzig von fünfundzwanzig.
Wie viel ist das in Prozent? Das sind 80 Prozent.

1-44 Das bin ich. Write a paragraph about yourself that answers the following questions.

Wie heißt du?
Woher kommst du?
Was ist deine° Adresse und Telefonnummer?   *your*
Wie alt bist du?
Was studierst du?
Was für Sport treibst du im Sommer? *(Im Sommer ...)*
Was für Sport treibst du im Winter? *(Im Winter ...)*

LEUTE

Eine Schweizerin, ein Österreicher und eine deutsche Familie

Vor dem Lesen

1-45 Leute. Look at the title of the readings and the accompanying photos. Then answer the following questions.

1. What is Kathrin Spyri's nationality? Approximately how old is she? Name one sport she likes to play.
2. The man in the red jacket is Arnold Karlhuber. What is his nationality? What is his winter occupation? Where do you think this picture was taken?
3. In which country do the Schürers live? What is Mr. Schürer's profession? How old do you judge his children to be?

Kathrin Spyri

Kathrin Spyri ist Schweizerin. Sie kommt aus Bern und studiert in Zürich Architektur. Sie ist im zehnten Semester und nächsten Herbst macht sie ihr Diplom. Kathrin jobbt oft für ein Züricher Architekturbüro, denn ihr Vater und ihre Mutter haben nicht viel Geld. Kathrin ist nicht sehr sportlich, aber sie spielt oft Federball, und im Sommer geht sie in die Alpen und wandert.

Das sind Sybille und Stefan Schürer aus Dresden. Sie haben zwei Kinder: Caroline und Moritz. Stefan ist Arzt[1] und Sybille ist Programmiererin. Sie arbeitet aber nur morgens[2], denn Moritz ist nur morgens im Kindergarten. Jeden[3] Winter gehen Sybille und Stefan vierzehn Tage zum Skilaufen in die Schweiz und die Kinder sind dann bei Oma[4] Schürer in Leipzig. Im Sommer

Familie Schürer

[1]*physician*   [2]*in the morning*   [3]*every*   [4]*grandma*

Arnold Karlhuber

gehen Stefan, Sybille und die Kinder drei oder vier Wochen[1] nach Österreich. Sie wandern, schwimmen, surfen und segeln, und sie haben alle viel Spaß[2].

Arnold Karlhuber ist aus Salzburg. Er ist Automechaniker, aber im Winter arbeitet er als Skilehrer[3] in Kitzbühel. Arnolds Vater hat in Salzburg eine Autofirma und Arnold arbeitet dort von April bis November. Arnolds Frau heißt Christa. Sie ist Buchhalterin,[4] und sie arbeitet auch für Arnolds Vater. Christa ist aus München, sie ist aber jetzt Österreicherin. Arnold und Christa haben noch keine Kinder.

[1]*weeks* [2]*fun* [3]*ski instructor* [4]*accountant*

Arbeit mit dem Text

1-46 Ergänzen Sie!   Fill in the missing information from the biographical sketches above. You should be able to guess the meanings of **Wohnort** and **Beruf.**

NAME	WOHNORT	BERUF	NATIONALITÄT
	Zürich		
Sybille Schürer			
		Automechaniker	
	Leipzig		
		Arzt	
			Österreicherin

Wort, Sinn und Klang

Wörter unter der Lupe

Cognates

In reading the dialogues in *Erste Kontakte* and in this chapter, you have seen that German and English are closely related languages. Many words are so close in sound and spelling to their English equivalents that you can easily guess their meanings. Words in different languages that are identical or similar in form and meaning are called *cognates*.

Why German and English are similar: The Angles and Saxons

Many of the similarities between English and German can be traced back 1600 years to the time when the Angles and Saxons, Germanic tribes from what is today northern Germany, invaded Britain and settled there. Around 200 A.D. the Roman Empire encompassed not only the countries around the Mediterranean, but also included present-day Austria, Switzerland, Southern Germany, France, and most of the British Isles. Beginning about the fourth century A.D., shiploads of Angle and Saxon warriors crossed the North Sea to England and attacked the increasingly vulnerable defenses of the Roman Empire. When the Romans finally retreated from Britain in the fifth century, the Angles and Saxons remained and settled the country. It was the Germanic languages of these tribes that became the foundation for present-day English.

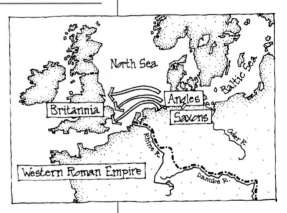

1-47 Leicht zu verstehen. Give the English cognates of the following sets of German words.

1. *Family:* die Mutter, der Vater, der Sohn, die Tochter, der Bruder, die Schwester
2. *Parts of the body:* das Haar, die Nase, die Lippe, die Schulter, der Arm, der Ellbogen, die Hand, der Finger, der Fingernagel, das Knie, der Fuß
3. *Descriptive words:* jung, alt, neu, hart, lang, laut, voll, frisch, sauer, dumm, gut, reich
4. *Animals:* der Fisch, die Ratte, die Maus, die Katze, die Laus, der Wurm, der Fuchs, der Bulle, die Kuh
5. *Food and drink:* die Butter, das Brot, der Käse, der Apfel, das Salz, der Pfeffer, das Wasser, das Bier, der Wein, die Milch

1-48 Wie heißt das Restaurant? In the German-speaking countries, many restaurants and hotels have ornate wrought-iron signs. Look at the sampling below and match them with the names in the box.

der Ochse	die Krone	die Sonne	das Lamm
der Schwan	das Kreuz	das Einhorn	die drei Könige

Zur Aussprache

German *ei* and *ie*

1-49 Hören Sie gut zu und wiederholen Sie!

Wein	Wien	sein	sie
dein	die	bei	Bier

Distinguish between **ei** and **ie** by reading the following sentences aloud.

1. **Wie** v**ie**l ist dr**ei** und v**ie**r?
   Dr**ei** und v**ie**r ist s**ie**ben.
2. **Wie** h**ei**ßen S**ie**?
   Ich h**ei**ße Z**ie**gler.
3. Das ist nicht m**ei**n B**ie**r.
4. **Die** Schw**ei**z ist **ei**ne Demokrat**ie**.
5. D**ie**ter und Melan**ie** r**ei**sen in d**ie** Schw**ei**z.

Nomen

der Tag, -e	day
die Woche, -n	week
der Monat, -e	month
das Jahr, -e	year
die Jahreszeit, -en	season
das Zimmer, -	room
der Zimmerkollege, -n	roommate
die Zimmerkollegin, -nen	

Verben

arbeiten	to work
finden	to find
fliegen	to fly
glauben	to believe; to think
kosten	to cost
lernen	to learn; to study
reisen	to travel
sitzen	to sit
spielen	to play
tanzen	to dance
tun	to do

Konjunktionen

und	and
oder	or
denn	because
aber	but
sondern	but; but rather; on the contrary

Andere Wörter

interessant	interesting
sportlich	athletic
nichts	nothing
übrigens	by the way
sehr	very
von ... bis	from . . . to
wieder	again
zusammen	together

Ausdrücke

ein bisschen	a bit
Ende Januar	at the end of January
Claudia kommt auch nicht.	Claudia isn't coming either.
Mach's gut!	Take care!
nach Claudias Vorlesung	after Claudia's lecture
nach Florida	to Florida
Was für Sport treibst du?	What sports do you do?

Das Gegenteil

die Frage, -n ≠ die Antwort, -en	question ≠ answer
fragen ≠ antworten	to ask ≠ to answer
gut ≠ schlecht	good ≠ bad
hell ≠ dunkel	light ≠ dark
hier ≠ dort	here ≠ there
süß ≠ sauer	sweet ≠ sour
viel ≠ wenig	much ≠ little

Wohin gehst du?

in die Bibliothek	to the library
in die Mensa	to the cafeteria
in die Disco	to the disco
in die Kneipe	to the pub
in die Vorlesung	to the lecture
ins Bett	to bed
ins Kino	to the movies
ins Konzert	to a concert
ins Theater	to the theater

PARKZEIT BEZAHLT BIS

1206

Bezahlt   Woche   Tag   Uhrzeit

00 75   930 FR 14 12

P Von aussen gut sichtbar hinter die Windschutzscheibe legen.

TICFAK 337 954 (4576) 914

On what day of the week was this ticket purchased?

Die Wochentage

		Leicht zu verstehen	
der Montag	der Freitag	der Januar	der Juli
der Dienstag	der Samstag	der Februar	der August
der Mittwoch	der Sonntag	der März	der September
der Donnerstag		der April	der Oktober
		der Mai	der November
		der Juni	der Dezember

Wörter im Kontext

1-50 Konjunktionen, bitte!

1. Claudia _____ Stephanie studieren in München.
2. Kommt Martin aus Berlin _____ aus Mannheim?
3. Martin kommt nicht aus Berlin, _____ aus Mannheim.
4. Ist es kalt?
   Ja, _____ nicht sehr.
5. Heute kaufe ich meine Bücher _____ morgen beginnen die Vorlesungen.

1-51 Fragen und Antworten. Choose the appropriate response to your partner's questions.

S1:

1. Wann reisen Sie nach Italien, Frau Erb?
2. Wohin fliegen viele Deutsche im Winter?
3. Wie lange seid ihr in Berlin?
4. Wie heißt Claudias Zimmerkollegin?
5. Spielt ihr heute wieder Eishockey?
6. Was tust du heute Abend?

S2:

a. Nach Florida.

b. Ja, gleich nach Peters Vorlesung.

c. Nichts.

d. Von Freitag bis Sonntag.

e. Im Herbst.

f. Stephanie.

1-52 Fragen und Antworten. Choose the appropriate response to your partner's questions.

S1:

1. Wie viele Monate hat ein Jahr?
2. Wie viel kostet Peters Zimmer?
3. Wie viele Tage hat eine Woche?
4. Wo arbeitet Frau Berger?
5. Was macht ihr heute Abend?
6. Wie tanzt Stephanie?

S2:

a. Dreihundert Mark.

b. Im Supermarkt.

c. Zwölf.

d. Sehr gut.

e. Sieben.

f. Ich glaube, wir gehen in die Bibliothek und lernen.

1-53 Was passt nicht? In each group cross out the word that doesn't belong.

1. der Tag
   der Monat
   die Kneipe
   die Woche
   das Jahr

2. interessant
   sportlich
   dunkel
   lernen
   gut

3. sitzen
   nichts
   tun
   reisen
   kosten

1-54 Ergänzen Sie!

1. Heute ist Montag und morgen ist _____.
2. Gestern war° Samstag und heute ist _____.
3. Heute ist Donnerstag und gestern war _____.
4. Heute ist Sonntag und morgen ist _____.
5. Gestern war Donnerstag und morgen ist _____.

was

1-55 Gegenteile.

1. Der Tag ist _____ und die Nacht ist _____.
2. Der Professor _____ und der Student _____.
3. Fünfhundert Mark sind _____ und fünf Mark sind _____.
4. Schokolade ist _____ und Sauerkraut ist _____.
5. Ein „A" ist _____ und ein „F" ist _____.

KAPITEL 2

Freunde

 Kommunikationsziele

Telling time
Talking about friends
Expressing likes, dislikes, and
 preferences
Talking about hobbies, clothing,
 and possessions

 Strukturen

The verb **haben**
Verb + **gern** or **lieber**
Nominative case:
- subject and subject
 completion
- **der**-words and **ein**-words
- adjective endings

 Kultur

The cuckoo clock
Liechtenstein
Ethnic diversity in Germany

Leute: **Fatma Yützel**

Freunde

Vorschau

Freundschaften

Nina sagt: Das ist mein Freund Alexander. Er ist groß und schlank, tanzt sehr gut und hat ein tolles Motorrad. Alex hat viele Hobbys: er spielt sehr gut Tennis und Squash, er schwimmt gern, er spielt ganz toll Gitarre, er sammelt Briefmarken und er kocht auch gern und gut. Übrigens ist Alex auch ein sehr guter Schüler.

Robert sagt: Ich finde Alexander doof. Er telefoniert oft stundenlang mit Nina und abends ist er oft bis zehn oder elf bei uns und spielt seine blöde Gitarre. Was findet meine Schwester denn so toll an Alex? Ich finde nur sein Motorrad toll!

Frau Ziegler sagt: Das ist Beverly Harper. Sie ist Journalistin und meine beste Freundin. Sie arbeitet für amerikanische Zeitungen und schreibt Artikel über die politische Szene in Europa. Beverly ist nicht nur sehr intelligent, sondern auch sehr sportlich, und montags von 19 bis 21 Uhr spielen wir immer Tennis miteinander. Übrigens ist Beverly auch sehr elegant und kauft gern schicke Kleider.

Herr Ziegler sagt: Ich spiele nicht gern Tennis mit Beverly, denn sie spielt viel besser als ich. Aber sie ist eine gute Journalistin und schreibt sehr interessante Artikel. Wir trinken oft ein Glas Wein hier bei uns und haben lange Diskussionen miteinander.

| **Sprachnotiz** | **The flavoring particle *denn*** |

The flavoring particle **denn** is frequently added to questions. It may express curiosity and interest, but also irritation. It does not change the basic meaning of the question. **Denn** usually follows the subject of the question.

Was für Artikel schreibt Beverly **denn?**	*What sort of articles does Beverly write?*
Was findet meine Schwester **denn** so toll an Alex?	*What does my sister find so great about Alex?*

ZUM HÖREN

2-1 Richtig oder falsch? You will hear the descriptions of **Alexander** and **Beverly Harper.** Indicate whether the statements about each set of descriptions are **richtig** or **falsch.**

	ALEXANDER			BEVERLY HARPER	
	RICHTIG	FALSCH		RICHTIG	FALSCH
1.	_____	_____	1.	_____	_____
2.	_____	_____	2.	_____	_____
3.	_____	_____	3.	_____	_____

2-2 Anders gesagt. With a partner, read *Freundschaften* again and find equivalents for the following statements.

Alexander ist sehr musikalisch.　＝　Alexander spielt ganz toll Gitarre.

1. Alexander ist sehr sportlich.
2. Alexander ist ein moderner Mann.
3. Alex ist auch sehr intelligent.
4. Alexander ist abends oft bis 22 Uhr oder 23 Uhr bei Zieglers.
5. Beverly Harper schreibt Zeitungsartikel.
6. Beverly Harper treibt viel Sport.
7. Montagabends von sieben bis neun spielen wir immer Tennis miteinander.
8. Wir diskutieren lange miteinander.

2-3 Meine beste Freundin/Mein bester Freund. Answer your partner's questions about your best friend.

S1: Wie heißt deine beste Freundin/dein bester Freund?　**S2:** Sie/Er heißt ...

S1: Wie alt ist sie/er?　**S2:** Sie/Er ist ...

S1: Wie ist sie/er?　**S2:** Sie/Er ist ...

plump	groß	mollig°	(nicht) sehr praktisch
short/nice	klein°	sehr nett°	(nicht) sehr sportlich
	schlank	sehr intelligent	(nicht) sehr musikalisch
			...

2-4 Hobbys. Now answer questions about your friend's hobbies.

S1: Was für Hobbys hat deine Freundin/dein Freund?

S2: Sie/Er ... gern.

	fotografiert	Sie/Er spielt gern ...
	kocht	Tennis
	tanzt	Golf
	schwimmt	Eishockey
travels / piano	reist°	Gitarre
	...	Klavier°
		...

Die Kuckucksuhr

Throughout the world, the **Schwarzwald** is synonymous with clocks, particularly the **Kuckucksuhr.** The first Black Forest clocks appeared in the 1650s. The fact that so many clocks were produced in this region is linked to the way family farms were handed down from one generation to the next. To keep the family farm intact, the entire farm was handed down to the youngest son. All other sons were granted a tiny acreage from the farm on which they could build a small cottage and keep a cow, a pig, some poultry, and a garden. To supplement their meager income, these cottagers began to produce inexpensive wooden clocks that ordinary townsfolk and farmers could afford to buy. Clockmaking was also a popular trade in the harsh, mountainous regions of Austria and Switzerland, but it was the clockmakers of the Black Forest who were the most successful in selling their clocks, particularly the cuckoo clock, around the world. In the mid-nineteenth century, 5000 people in the Black Forest were producing 600,000 clocks annually. For over 160 years, the **Kuckucksuhr** has remained one of the most popular and successful timepieces. In Black Forest resorts like **Triberg** and **Titisee,** tens of thousands of cuckoo clocks are purchased annually by tourists from all over the world.

Schwarzwälder Kuckucksuhr

2-5 Wann ist das? Read the questions and then find the times in the list of announcements. Try to figure out the North American equivalents of the times given.

1. When does a demonstration of musical instruments take place?
2. At what time does the bird and aquarium club meet?
3. When does the mountain bike club meet?
4. When does the Flamenco workshop take place?

Samstag, 1. Februar:

Vereine / Organisationen

Jugendmusikschule: Instrumentendemonstration , 14 bis 16 Uhr, Gottlieb-Daimler-Realschule im Schulzentrum Grauhalde.
Vogel- und Aquarienverein: Hauptversammlung, 20 Uhr, Vereinsheim.
Radfahrverein „Wanderer": Mountainbiker-Treff 14 Uhr, Gmünder Straße 49.

Kultur

Manufaktur: Flamenco-Workshop, 12 bis 15.30 Uhr; Schwof mit Musik aus den 70ern, ab 22 Uhr; Bilderwand – Neue Arbeiten von Gui Ripper, Foyer, 1. Stock.

Nomen

die Freundschaft, -en	friendship
der Lehrer, -	teacher
die Lehrerin, -nen	
die Schule, -n	school
der Schüler, -	pupil; student in a high
die Schülerin, -nen	school
die Briefmarke, -n	postage stamp
die Zeitung, -en	newspaper

Verben

haben	to have
kochen	to cook
sagen	to say
sammeln	to collect
telefonieren (mit)	to talk on the phone (with)

Andere Wörter

blöd doof }	stupid
nett	nice
bis	until
immer	always

Ausdrücke

bei uns	at our house
bei Zieglers	at the Zieglers
Ich koche gern.	I like to cook.

Das Gegenteil

groß ≠ klein	big; tall ≠ little, small; short
intelligent ≠ dumm	intelligent ≠ stupid
mollig ≠ schlank	plump ≠ slim

Zeit

die Zeit, -en	time
die Minute, -n	minute
die Sekunde, -n	second
die Stunde, -n	hour
stundenlang	for hours
die Uhr, -en	clock; watch
zehn Uhr	ten o'clock
um zehn Uhr	at ten o'clock

Getränke (Beverages)

das Bier	beer
die Cola	cola
der Kaffee	coffee
die Milch	milk
der Tee	tea
das Wasser	water
der Wein	wine

Sport

Eishockey spielen	to play hockey
Golf spielen	to play golf
schwimmen	to swim
segeln	to sail
Tennis spielen	to play tennis
wandern	to hike
windsurfen gehen	to go windsurfing

Was machen diese Leute?

Leicht zu verstehen

der Artikel, -	diskutieren
die Diskussion, -en	fotografieren
die Gitarre, -n	modern
das Hobby, -s	amerikanisch
der Journalist, -en	musikalisch
die Journalistin, -nen	politisch
die Szene, -n	praktisch

Wörter im Kontext

2-6 Was passt wo?   Complete the sentences with the correct form of the appropriate verb.

kochen / haben / telefonieren / sammeln / sagen

1. Heute Nachmittag _____ wir keine Schule.
2. _____ du Kaffee oder Tee?
3. Robert _____, er findet Alexanders Motorrad toll.
4. Warum _____ du immer so lang, Nina?
5. Alexander _____ Briefmarken.

2-7 Was passt wo?   One of the words in the list is to be used twice.

Zeit / stundenlang / Uhr / Stunde

1. Nina telefoniert oft _____ mit Alexander.
2. Für Alexander hat Nina immer _____.
3. Alexander ist abends oft bis elf _____ bei Zieglers.
4. Roberts neue Swatch ist eine sehr gute _____.
5. Eine _____ hat sechzig Minuten.

2-8 Was für Getränke passen hier?

1. In _____ und in _____ ist Koffein.
2. Babys trinken _____.
3. In _____ und _____ ist Alkohol.
4. _____ ist sehr süß.
5. In allen Getränken ist sehr viel _____.

2-9 Was passt wo?   Some of the words in the list are to be used twice.

mollig / schlank / groß / klein

1. Elefanten sind _____, und Mäuse sind _____.
2. Fotomodelle sind oft sehr _____ und sehr schick.
3. Balletttänzerinnen sind nicht _____, sondern schlank.
4. Basketballspieler sind oft sehr _____.
5. Jockeys sind _____.

2-10 Fragmente.   Reconstruct eight cognates by matching the fragments appropriately.

1. mo-   a. -tisch
2. fotogra-   b. -kalisch
3. ameri-   c. -tieren
4. prak-   d. -dern
5. po-   e. -nieren
6. telefo-   f. -litisch
7. musi-   g. -fieren
8. disku-   h. -kanisch

Kommunikation und Formen

1 Telling time

Wie viel Uhr ist es?

In German there are two ways of telling time. The one used in everyday conversation is similar to our system. The other system counts the day from 0 to 24 hours and is used for scheduling anything official, such as train schedules, radio announcements, and TV guides. Because Germans see and hear this way of telling time every day of their lives, it is common to use these official forms in colloquial German as well.

	OFFICIAL		COLLOQUIAL
	13.00 Uhr	dreizehn Uhr	eins (ein Uhr)
	13.05 Uhr	dreizehn Uhr fünf	fünf nach eins
	13.15 Uhr	dreizehn Uhr fünfzehn	Viertel nach eins
	13.20 Uhr	dreizehn Uhr zwanzig	zwanzig nach eins
	13.25 Uhr	dreizehn Uhr fünfundzwanzig	fünf vor halb zwei
	13.30 Uhr	dreizehn Uhr dreißig	halb zwei
	13.35 Uhr	dreizehn Uhr fünfunddreißig	fünf nach halb zwei
	13.40 Uhr	dreizehn Uhr vierzig	zwanzig vor zwei
	13.45 Uhr	dreizehn Uhr fünfundvierzig	Viertel vor zwei
	13.55 Uhr	dreizehn Uhr fünfundfünfzig	fünf vor zwei
	14.00 Uhr	vierzehn Uhr	zwei (zwei Uhr)

2-11 Wie viel Uhr ist es? Respond in colloquial time to your partner's questions.

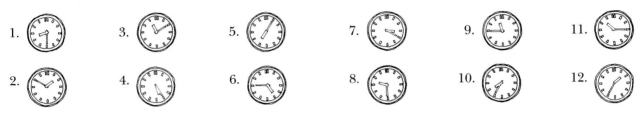

S1: Wie viel Uhr ist es?　　　　　**S2:** Jetzt ist es Viertel vor acht.

1. 　　　3. 　　　5. 　　　7. 　　　9. 　　　11.

2. 　　　4. 　　　6. 　　　8. 　　　10. 　　　12.

2-12 Wie spät ist es? Respond in colloquial time to your partner's questions.

▶　13.45 Uhr

S1: Wie spät ist es?　　　**S2:** Es ist Viertel vor zwei.

1. 16.30 Uhr	5. 9.35 Uhr
2. 14.15 Uhr	6. 20.40 Uhr
3. 15.55 Uhr	7. 6.25 Uhr
4. 17.20 Uhr	8. 22.45 Uhr

Expressions of time referring to parts of a day

German has no equivalents for the terms *A.M.* and *P.M.* In colloquial German, the following adverbs of time are used to refer to parts of a day without specifying a particular day. Note that all these adverbs of time end in **-s!**

morgens	*in the morning*	**nachmittags**	*in the afternoon*
vormittags	*in the morning*	**abends**	*in the evening*
mittags	*(at) noon*	**nachts**	*at night*

Was ist „werktags"?

2-13 Wie viel Uhr ist es?

▶　 (abends)

S1: Wie viel Uhr ist es?　　　　**S2:** Es ist fünf vor neun.
S1: Wie bitte? Wie spät ist es?　**S2:** Es ist zwanzig Uhr
　　　　　　　　　　　　　　　　fünfundfünfzig.

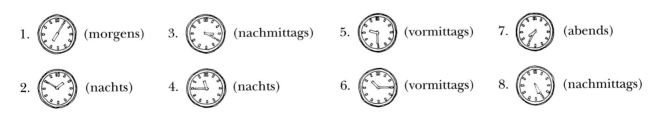

1. (morgens)　3. (nachmittags)　5. (vormittags)　7. (abends)

2. (nachts)　4. (nachts)　6. (vormittags)　8. (nachmittags)

Expressions of time referring to parts of a specific day

When referring to a part of a specific day, you must first specify the day (e.g., **gestern, heute, Montag**) and then mention the part of the day (this time without an **-s**).

gestern Mittag	*yesterday noon*	**morgen früh**	*tomorrow morning*
gestern Nacht	*last night*	**am Montagnachmittag**	*on Monday afternoon*
heute Morgen	*this morning*	**am Dienstagabend**	*on Tuesday evening*

There is a difference between time expressions such as **nachmittags** and **Nachmittag.** The adverb **nachmittags** is used to describe a repeated or habitual event:

Ich gehe **nachmittags** immer
schwimmen.

*I always go swimming in the
afternoon.*

The noun **Nachmittag,** in combination with words like **heute** and **morgen,** is used to describe a single event on a particular day:

Ich gehe **heute Nachmittag**
schwimmen.

I'm going swimming this afternoon.

The same distinction is made with days of the week.

freitags *every Friday, on Fridays*   **am Freitag** *on Friday, this Friday*

2-14 Um wie viel Uhr ...?

▶ 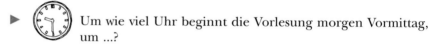 Um wie viel Uhr beginnt die Vorlesung morgen Vormittag, um ...?

S1: Um wie viel Uhr beginnt die Vorlesung morgen Vormittag, um halb zehn?
S2: Ja, um neun Uhr dreißig.

1. Um wie viel Uhr spielst du heute Nachmittag Tennis, um ...?

2. Um wie viel Uhr beginnt das Konzert am Sonntagabend, um ...?

3. Um wie viel Uhr kommt Peter heute Nachmittag, um ...?

4. Um wie viel Uhr gehen wir morgen früh joggen, um ...?

5. Um wie viel Uhr geht ihr heute Abend in die Disco, um ...?

over 6. Um wie viel Uhr ist die Vorlesung heute Nachmittag zu Ende°, um ...?

Expressing *to have*

The present tense of *haben*

Like English *to have*, the verb **haben** has many functions. For example, it is used to show possession or relationships, to describe the characteristics of people or things, to state amounts, and to express availability.

Peters Eltern **haben** ein schönes Haus.	*Peter's parents have a beautiful house.*
Robert **hat** noch keine Freundin.	*Robert doesn't have a girlfriend yet.*
Claudia **hat** braune Augen.	*Claudia has brown eyes.*
Eine Minute **hat** sechzig Sekunden.	*A minute has sixty seconds.*
Martin **hat** heute nur zwei Vorlesungen.	*Martin has only two lectures today.*
Martin **hat** heute viel Zeit.	*Martin has a lot of time today.*

In the present tense of **haben,** the **b** of the verb stem is dropped in the 2nd and 3rd person singular.

singular	plural
ich habe	wir haben
du **hast**	ihr habt
er/es/sie **hat**	sie haben
Sie haben	

2-15 Was passt zusammen?

1. Alexander
2. Zieglers
3. Du
4. Ich
5. Ihr

   a. habe heute nur Deutsch und Biologie.
   b. hast so schöne, braune Augen, Nina.
   c. habt ein schönes, großes Zimmer.
   d. hat ein tolles Motorrad.
   e. haben viele Freunde.

2-16 Fragen und Antworten. Supply the appropriate forms of **haben**.

S1:

1. _____ du heute Abend Zeit?
2. _____ Claudia blaue Augen?
3. _____ Peters Eltern ein Haus?
4. _____ ihr heute viele Vorlesungen?
5. _____ Sie ein Auto, Herr Berger?
6. Wie viele Stunden _____ ein Tag?
7. Wie viele Kinder _____ Zieglers?
8. _____ du eine Freundin, Robert?
9. Wie viel Geld _____ ihr noch?
10. Was _____ du jetzt, Physik oder Deutsch?

S2:

Nein, heute Abend _____ ich keine Zeit.
Nein, sie _____ braune Augen.
Ja, sie _____ ein sehr schönes Haus.
Nein, heute _____ wir nur zwei Vorlesungen.
Nein, aber ich _____ ein Motorrad.
Ein Tag _____ vierundzwanzig Stunden.
Sie _____ zwei Kinder.
Nein, ich _____ keine Freundin.
Wir _____ nur noch hundert Mark.
Zuerst _____ ich Deutsch und dann Physik.

math lab

2-17 Günters Stundenplan. You and your partner complete Günter's timetable. Take turns asking your questions.

S1: Was hat Günter montags von acht bis zehn?

S2: Da hat er eine Matheübung°.

S2: Was hat Günter montags von drei bis sechs?

S1: ...

1. Was hat Günter montags von acht bis zehn?
3. Was hat Günter dienstags von zehn bis zwölf?
5. Was macht Günter mittwochs von elf bis eins?
7. Was hat Günter mittwochs von eins bis drei?
9. Was hat Günter donnerstags von drei bis sechs?
11. Was hat Günter freitags von elf bis zwölf?
13. Was macht Günter sonntags?

	Mo	Di	Mi	Do	Fr	Sa	So
8.00				Bio-chemie	Genetik		
9.00			Mikro-biologie	Bio-chemie	Genetik		
10.00			Mikro-biologie				
11.00			Mikro-biologie				
12.00			Mikro-biologie		mit Tina Tennis	bei Helga	
13.00			Mikro-biologie		mit Tina Tennis	bei Helga	
14.00			Mikro-biologie			bei Helga	
15.00	Genetik-übung						
16.00	Genetik-übung						
17.00	Genetik-übung						

2-18 Stundenpläne. Write your partner's name on a blank timetable, and fill it in according to her/his responses. Follow the model below. Then read your partner's timetable to the class.

S1:
Was hast du am Montag?

S2:
Von neun bis zehn habe ich Geographie.
Von elf bis zwölf habe ich Deutsch.
Von vierzehn bis sechzehn Uhr habe ich eine Physikübung.

Was hast du am Dienstag?

Am Dienstag habe ich keine Vorlesungen.

...

...

3 Expressing likes, dislikes, and preferences

Verb + *gern* or *lieber*

In German the most common way of saying that you like to do something is to use a verb with **gern.** To say that you don't like to do something, use a verb with **nicht gern.**

Alexander kocht **gern.**	*Alexander **likes to** cook.*
Helga spielt **gern** Klavier.	*Helga **likes to** play the piano.*
Nina geht **gern** tanzen.	*Nina **likes to** go dancing.*
Robert lernt **nicht gern.**	*Robert **doesn't like** studying.*

To express a preference, Germans use a verb plus **lieber.**

Was spielst du **lieber,** Schach oder Dame?	*What **do** you **prefer to** play, chess or checkers? (What **would** you **rather play,** chess or checkers?)*

Gern, nicht gern, and **lieber** are usually placed directly after the verb.

2-19 Das mache ich gern. Working with a partner, tell each other what you like or don't like to do. Follow the model.

▶ spielen: Golf / Tennis / Fußball

S1: Ich spiele gern Golf.

S2: Ich auch.
Ich nicht, ich spiele lieber Tennis.

1. trinken: Kaffee / Tee / Milch
2. gehen: ins Konzert / ins Theater / in die Disco
3. hören: Rock / Jazz / Mozart
4. trinken: Wein / Bier / Cola
5. spielen: Schach / Karten / Dame
6. gehen: schwimmen / windsurfen / wandern

Ich gehe gern ins Theater.

2-20 Was machen diese Leute gern?

S1: Was für Sport treibt Anna gern? **S2:** Sie geht gern schwimmen.
S2: Was für Musik hört Anna gern? **S1:** Sie hört gern ...
S1: Was für Spiele spielt Anna gern? **S2:** Sie spielt gern ...
... ...
S1: Was für Sport treibst du gern? **S2:** Ich gehe (höre, spiele) gern ...
... ...

	SPORT	MUSIK	SPIELE
Anna		Jazz	
Peter			Karten
Maria	Tennis	Country and Western	
Moritz	windsurfen		Monopoly
Ich			
Mein(e) Partner(in)			

Sprachnotiz	*gern haben*

If you want to express that you like someone very much, but that your feeling for that person is not quite as strong as love, you can use **gern haben.**

STEFAN: Liebst du Maria? *Are you in love with Maria?*
LUKAS: Nein, aber ich **habe** sie sehr **gern.** *No, but I'm very fond of her.*

---

④ Answering *who* or *what*

Subject and subject completion

A simple sentence consists of a noun or pronoun *subject* and a *predicate*. The predicate expresses what is said about the subject and consists of a verb or a verb plus other parts of speech.

The boldfaced words in the following examples are the subjects of the verbs.

subject	predicate	
	VERB	OTHER PARTS OF SPEECH
Nina	tanzt	gern.
Nina und Alexander	gehen	oft in die Disco.
Sie	tanzen	dort oft bis zwölf Uhr nachts.

Sometimes the predicate contains a noun that further describes what the subject is or what the subject is called. This noun is called a *subject completion*.

The boldfaced words in the following examples are subject completions. The verbs **heißt** and **ist** function like equal signs, i.e., they show that the subject and the subject completion are one and the same person or thing.

subject	predicate	
	VERB	**SUBJECT COMPLETION**
Ninas Freund	heißt	**Alexander.**
Er	ist	**ein toller Tänzer.**

2-21 Alexander. Find the subjects and the subject completions. Not every sentence has a subject completion.

Nina sagt:

1. Mein Freund heißt Alexander.
2. Alex tanzt gern und kocht auch gern und gut.
3. Alex ist ein sehr guter Schüler.
4. Alex ist abends oft bei uns.

Robert sagt:

1. Alexander ist Ninas Freund.
2. Nina und Alexander telefonieren oft stundenlang miteinander.
3. Alex ist viel zu oft bei uns.
4. Alexanders Motorrad ist eine BMW.

The nominative case

As you progress through this text, you will learn that German grammar assigns every noun or pronoun to one of four cases. These cases signal the function of the noun or pronoun in a sentence.

In the following examples, the forms of the definite or indefinite articles show that the nouns are in the *nominative case* and that they are subjects or subject completions.

Der Rock, **das** Kleid, **die** Jacke und   *Altogether the skirt, the dress, the jacket,*
    die Schuhe kosten zusammen   *and the shoes cost almost 1000*
    fast 1000 Mark.   *marks.*
Ein Magazin ist **keine** Zeitung.   *A magazine is not a newspaper.*

	masculine		neuter		feminine		plural	
	der		das		die		die	
NOMINATIVE	ein	Rock	ein	Kleid	eine	Jacke	—	Schuhe
	kein		kein		keine		keine	

Note:

- Like *a* and *an* in English, **ein** and **eine** have no plural forms.

- **Kein** and **keine** do have a plural form.

2-22 Beverly Harper kauft gern Kleider.

▶ Mantel (m)

S1: Wie viel kostet der Mantel?　　**S2:** Der Mantel kostet 550 Mark.

1. Rock (m)
2. Bluse (f)
3. Kleid (n)
4. Schuhe (pl)

5. Sweatshirt (n)
6. Gürtel (m)
7. Socken (pl)
8. Jacke (f)

body part / fruit

2-23 Was ist das? Körperteil° (m), Musikinstrument (n), Frucht° (f)?

▶ Gitarre (f)

S1: Was ist eine Gitarre?　　**S2:** Eine Gitarre ist ein Musikinstrument.

1. Banane (f)
2. Arm (m)
3. Apfel (m)
4. Klarinette (f)
5. Finger (m)

6. Hand (f)
7. Klavier (n)
8. Nektarine (f)
9. Knie (n)
10. Trompete (f)

The interrogative pronouns *wer* and *was*

The nominative forms of the interrogative pronouns **wer** *(who)* and **was** *(what)* correspond closely to the definite article forms **der** and **das.**

	definite article	interrogative pronoun	definite article	interrogative pronoun
NOMINATIVE	**der**	**wer**	**das**	**was**

2-24 *Wer* oder *was*? Complete each question with **wer** or **was.** Your partner responds appropriately from the choices given.

▶ _____ ist Pavarotti?　　Tenor (m)

S1: Wer ist Pavarotti?　　**S2:** Pavarotti ist ein Tenor.

1. _____ ist Bier?
2. _____ sind Rosen?
3. _____ ist Michael Jackson?
4. _____ ist Afrika?
5. _____ ist Steffi Graf?
6. _____ ist Mexiko?
7. _____ sind Mozart und Beethoven?
8. _____ sind Moskitos?
9. _____ ist Agatha Christie?

Insekten (pl)
Land (n)
Komponisten (pl)
Getränk (n)
Autorin (f)
Kontinent (m)
Blumen (pl)
Tennisspielerin (f)
Rockstar (m)

ZWISCHENSPIEL

ZUM HÖREN

Jazzfans

David and Frank, students at the university in Linz, Austria, are good friends and avid jazz fans. David has just picked up the program for the **Internationale Jazzhaus-Festival.** Listen as they decide which concerts they are going to attend.

NEUE VOKABELN

das erste Konzert	*the first concert*	**die Karte, -n**	*ticket*
noch mal	*again*	**der Schilling**	*unit of Austrian currency*

2-25 Globalverstehen.   Listen to the conversation and choose the correct responses.

1. Which days of the week do you hear?
   Freitag   Samstag   Sonntag   Montag
2. On which days does Frank work?
   am Freitag   am Samstag   am Sonntag
3. When in the day does Frank work?
   vormittags   nachmittags   abends
4. How many artists are mentioned by name?
   1   2   3   4
5. What amounts are mentioned in connection with the tickets?
   100 Schilling   150 Schilling   200 Schilling   250 Schilling

2-26 Detailverstehen.   Listen to the conversation again, and write the responses to the following questions.

1. An welchem° Tag und um wie viel Uhr ist das erste Konzert?   *on which*
2. Welche Band spielt im ersten Konzert?
3. Was für eine Arbeit hat Frank im 17er Keller?
4. An welchem Tag arbeitet Frank nicht?
5. An welchem Tag und um wie viel Uhr singt Dianne Reeves?
6. Was kosten die Karten für das Konzert von Dianne Reeves?

INTERNATIONALES JAZZHAUS-FESTIVAL

2-27 Bist du auch Jazzfan? On a sheet of paper, write what type of music you are a fan of. Then walk about the class and collect signatures from those who share your enthusiasm. Follow the model below.

S1: Ich bin Jazzfan. Bist du auch Jazzfan?

S2: Nein, ich bin _____.

S1: Ich bin Jazzfan. Bist du auch Jazzfan?

S3: Ja, ich bin auch Jazzfan.

sign **S1:** Dann unterschreib° hier, bitte.

2-28 In welches Beisel gehen wir heute? Of the many pubs (**Beisel**) in Linz, David and Frank particularly favor the four that are circled. Study the advertising of these pubs and answer the questions below.

1. At what pub in the old part of Linz can David and Frank sit outdoors? To what age group does this pub cater?
2. Where would David and Frank cap an evening at the theater? In which style is this pub decorated?
3. At which pub can David and Frank join in with the musicians? In which part of town is this pub located?
4. Where can David and Frank hear live jazz performances in a pub located in a cellar? What does the name of the pub have to do with its address?

PUBS BEISEL

Nestroy
Traditionslokal seit 33 Jahren, im Herzen von Urfahr, gute Parkmöglichkeiten.
So-Fr 9-24 Uhr
Nestroystr. 4, Tel. 23 22 38 [B6]

Gin Gin
Sehr schön gelegenes Cafe-Pub am Alten Markt in der Altstadt, schöner Gastgarten, beliebter Treffpunkt für jede Altersgruppe
Hahnengasse 7, Tel. 77 41 20 [C11]

S'Kistl
25 verschiedene Biersorten, davon 6 vom Faß, 15 offene Weinspezialitäten, täglich Menüs und Vollwertküche.
Mo-Sa 10-2, So 18-2 Uhr
Altstadt 17, Tel. 78 45 45 [C12]

Musikcafe Cello
Das Musikcafé in zentraler Lage–machen Sie selbst Musik!
Mo-Sa 10-4, So 15-24 Uhr
Graben 17, Tel. 77 32 18 [D11]

PUBS BEISEL

1. Akt
Bar-Restauration in Theaternähe, schöne Bar im Stil der 30er Jahre, reiche Auswahl an erlesenen Getränken und pikanten Speisen.
So-Fr 17-2 Uhr
Klammstr. 20, Tel. 77 53 31 [B12]

Casino-Treff
Ein Casino-Treffpunkt beim Schillerpark! Angenehme, diskrete Atmosphäre, nette Bedienung, Spiel-Spaß-Unterhaltung durch aktuelle Spielautomaten, lange Öffnungszeiten, für Jugendliche unter 18 Jahren verboten!
Mo-Sa 10-24 Uhr, So ab 16 Uhr
Rainerstr. 12, Tel. 66 24 83 [D15/16]

17er Keller
Gepflegte Drinks, Jazz-Music, Live-Konzerte.
Mo-So 19-2 Uhr
Hauptplatz 17, Tel. 77 90 00 [C11]

Kommunikation und Formen

⑤ Describing people, places, and things

Der-words in the nominative case

The endings of words like **dieser** *(this)*, **jeder** *(each, every)*, and **welcher** *(which)* correspond closely to the forms of the definite article. For this reason these words, along with the definite article, are called **der**-words.

Welches deutschsprachige Land hat nur 31 000 Einwohner?	*Which German-speaking country has only 31,000 inhabitants?*
Ich glaube, **dieses** Land heißt Liechtenstein.	*I believe **this** country is called Liechtenstein.*
Diese Briefmarken kommen aus Liechtenstein.	***These** stamps are from Liechtenstein.*
In Liechtenstein kauft fast **jeder** Tourist Briefmarken.	*In Liechtenstein almost **every** tourist buys stamps.*

	masculine	neuter	feminine	plural
NOMINATIVE	dieser	dieses	diese	diese
	(der)	(das)	(die)	(die)

Infobox　　Liechtenstein

Nestled in the **Alpen** between Austria and Switzerland lies the principality of **Liechtenstein** (capital: **Vaduz**). With an area of only 61 square miles (15.6 miles long and 3.75 miles wide), it is the smallest of the German-speaking countries. Liechtenstein has its own government and constitution, but since 1920 it has been using Swiss currency, the Swiss postal system, and Swiss diplomatic services.

The 31,000 inhabitants of Liechtenstein enjoy a high standard of living, and taxes are so low that many foreign companies are located there. In fact, there are more companies registered in Liechtenstein than there are inhabitants.

Liechtenstein is well-known to anyone who collects **Briefmarken.** Its thriving philatelic industry does over 10 million dollars worth of business annually.

Hier wohnt der Fürst von Liechtenstein

2-29 Dies-, jed-, welch-?

smaller than
so ... wie: *as . . . as*

1. _____ deutschsprachige Land (n) ist kleiner als° die Schweiz?
2. Nicht _____ Land (n) hat so° schöne Briefmarken wie Liechtenstein.
3. Sind _____ Touristen (pl) Amerikaner oder Kanadier?
4. _____ Bus (m) ist das, der Bus nach Feldkirch oder der Bus nach Vaduz?
5. Woher sind _____ Briefmarken (pl)?
6. Woher kommt _____ Bier (n)?
7. Ist hier _____ Winter (m) so kalt wie _____ Winter?
8. _____ Wintermonat (m) hat nur achtundzwanzig Tage?

Ein-words in the nominative case: *ein, kein,* and the possessive adjectives

Both **ein** and **kein** belong to a group of words called **ein**-words. Also included in this group are the possessive adjectives, which are used to indicate possession or relationships, e.g., *my book, my friend.* The table below shows the personal pronouns with their corresponding possessive adjectives.

	personal pronouns		possessive adjectives	
SINGULAR	**ich**	*I*	**mein**	*my*
	du	*you*	**dein**	*your*
	er	*he*	**sein**	*his*
	sie	*she*	**ihr**	*her*
	es	*it*	**sein**	*its*
PLURAL	**wir**	*we*	**unser**	*our*
	ihr	*you*	**euer**	*your*
	sie	*they*	**ihr**	*their*
FORMAL	**Sie**	*you*	**Ihr**	*your*

Like the formal **Sie,** the formal **Ihr** is always capitalized. The possessive adjectives take the same endings as **ein** and **kein.**

Wo lebt **deine** Freundin jetzt, Kirsten?	*Where does **your** friend live now, Kirsten?*
Meine Freundin und **ihr** Mann leben in Köln.	***My** friend and **her** husband live in Köln.*
Wie alt sind **Ihre** Kinder, Frau Ziegler?	*How old are **your** children, Mrs. Ziegler?*
Unsere Tochter ist sechzehn und **unser** Sohn ist vierzehn.	***Our** daughter is sixteen and **our** son is fourteen.*

In the following chart, the possessive adjective **mein** is used to show the nominative forms of all possessive adjectives.

	masculine	neuter	feminine	plural
NOMINATIVE	mein Freund	mein Auto	meine Freundin	meine Eltern

When an ending is added to **euer,** the **e** before the **r** is dropped.

Ist **eure** Mensa gut?   *Is **your** cafeteria good?*

"Wir machen Eure Schuhe wieder fit."
Euer Schuhmacher

2-30 Günter. Supply the appropriate forms of **mein!**

Ich heiße Günter, bin zwanzig Jahre alt und studiere hier in Leipzig Genetik. _____ Eltern leben auch hier in Leipzig. _____ Vater ist Polizist und _____ Mutter ist Lehrerin. _____ Bruder Stefan ist siebzehn und geht noch in die Schule. _____ Schwester Melanie ist zweiundzwanzig und studiert in Hamburg Biochemie. _____ Freundinnen heißen Helga und Tina und sie studieren auch hier in Leipzig.

2-31 Ein kleines Gespräch. Supply the appropriate forms of **sein, ihr, Ihr,** and **unser.**

FRAU BENN: Wie alt sind _____ Kinder jetzt, Herr Haag?

HERR HAAG: _____ Tochter ist sechsundzwanzig und _____ beiden Söhne sind einundzwanzig und siebzehn.

FRAU BENN: Und wo lebt _____ Tochter?

HERR HAAG: Laura und _____ Mann leben in Hannover.

FRAU BENN: Und _____ Söhne?

HERR HAAG: Lukas studiert in Münster und _____ Bruder Daniel ist noch hier bei uns.

2-32 Ist das Ihr Hund? Your partner takes the roles of the people indicated. Ask whether she/he owns the items shown.

▶ Ist das ...? FRAU MEYER: Ja, das ...

S1: Ist das Ihr Hund? FRAU MEYER: Ja, das ist mein Hund.

1. Sind das ...? MARTIN: Ja, das ...

2. Ist das ...? ALEXANDER: Nein, das ...

3. Sind das ...? RALF UND BERND: Nein, das ...

| Socken (pl) | Fahrräder° (pl) | Hund (m) | Gitarre (f) |

bicycles

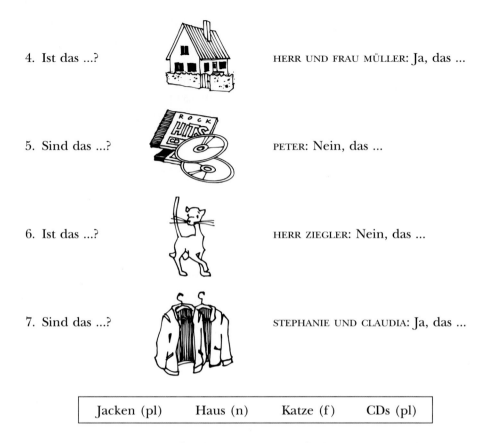

4. Ist das ...?

HERR UND FRAU MÜLLER: Ja, das ...

5. Sind das ...?

PETER: Nein, das ...

6. Ist das ...?

HERR ZIEGLER: Nein, das ...

7. Sind das ...?

STEPHANIE UND CLAUDIA: Ja, das ...

| Jacken (pl) | Haus (n) | Katze (f) | CDs (pl) |

Nominative endings of adjectives preceded by *der*-words

An adjective takes an ending when it comes directly before the noun it describes.

Diese eleganten Schuhe kosten nur 100 Mark.

These elegant shoes cost only 100 marks.

	masculine	neuter	feminine	plural
NOMINATIVE	der rote Rock	das blaue Hemd	die weiße Bluse	die braunen Schuhe

In the nominative, these same endings occur after *all* **der**-words, e.g., **der** rote Rock, **dieses** blaue Hemd, **jede** weiße Bluse, **welche** braunen Schuhe.

If two or more adjectives come directly before a noun, they all have the same ending:

Wie viel kosten diese beiden hübschen Blusen?

How much do these two pretty blouses cost?

An adjective takes an ending even if the noun to which it refers is not repeated:

Die rote Bluse kostet 90 Mark und
die gelbe kostet 110 Mark.

*The red blouse costs 90 marks and the
yellow one costs 110 marks.*

2-33 Bei Karstadt.

1. **S1:** Wie viel kosten dies__ beid__ hübsch__ Blusen?
   S2: D__ rot__ Bluse (f) kostet 70 Mark und d__ weiß__ kostet 65 Mark.
2. **S1:** Wie viel kosten dies__ beid__ sportlich__ Jacken?
   S2: D__ schwarz__ Jacke (f) kostet 250 Mark und d__ weiß__ kostet 300 Mark.
3. **S1:** Wie viel kosten dies__ beid__ lang__ Mäntel?
   S2: D__ braun__ Mantel (m) kostet 495 Mark und d__ dunkelblau__ kostet 725 Mark.
4. **S1:** Wie viel kosten dies__ beid__ schick__ Röcke?
   S2: D__ weiß__ Rock (m) kostet 115 Mark und d__ rot__ kostet 155 Mark.
5. **S1:** Wie viel kosten dies__ beid__ elegant__ Kleider?
   S2: D__ blau__ Kleid (f) kostet 200 Mark und d__ rot__ kostet 350 Mark.
6. **S1:** Wie viel kosten dies__ beid__ dick__ Pullover?
   S2: D__ dunkelblau__ Pullover (m) kostet 130 Mark und d__ grau__ kostet 145 Mark.
7. **S1:** Wie viel kosten dies__ beid__ schön__ Hemden?
   S2: D__ weiß__ Hemd (n) kostet 59 Mark und d__ hellblau__ kostet 65 Mark.
8. **S1:** Wie viel kosten dies__ beid__ grau__ Hosen?
   S2: D__ hellgrau__ Hose (f) kostet 165 Mark und d__ dunkelgrau__ kostet 149 Mark.
9. **S1:** Wie viel kosten dies__ beid__ dick__ Sweatshirts?
   S2: D__ hellgrün__ Sweatshirt (n) kostet 60 Mark und d__ dunkelgrün__ kostet 75 Mark.

Nominative endings of adjectives preceded by *ein*-words

	masculine	neuter	feminine	plural
NOMINATIVE	**ein** gut**er** Film	**ein** gut**es** Buch	**eine** gut**e** Oper	**keine** gut**en** Bücher

Adjectives preceded by an **ein**-word without an ending take the appropriate **der**-word ending: **ein** gut**er** Film, **ein** gut**es** Buch.

Ist *Shogun* **ein** gut**er** Film?
Nein, aber James Clavells Buch
   Shogun ist **ein** sehr gut**es** Buch.

Is Shogun a good movie?
*No, but James Clavell's book Shogun
   is a very good book.*

2-34 Wir spielen Trivial Pursuit. In each response, use the appropriate form of the indefinite article.

S1: Wer ist Tom Cruise?

S2: Tom Cruise ist ein amerikanischer Filmschauspieler.

...   ...

LEUTE (WER?)		GETRÄNKE (WAS?)		GEOGRAPHIE (WAS?)	
Tom Cruise		Löwenbräu	deutsches Bier	Angola	afrikanisches Land
Margaret Atwood		Chianti		Salzburg	
Tony Blair	englischer Politiker	Fanta		die Wolga	russischer Fluss
Maria Callas		Budweiser	amerikanisches Bier	Brandenburg	
Ludwig van Beethoven	deutscher Komponist	Benedictine		der Vesuv	italienischer Vulkan

Nominative endings of unpreceded adjectives

	masculine	neuter	feminine	plural
NOMINATIVE	gut**er** Kaffee	gut**es** Bier	gut**e** Salami	gut**e** Oliven

- Adjectives that are not preceded by a **der**-word or an **ein**-word take the appropriate **der**-word ending.

    Warum ist dieser Kaffee so teuer? *Why is this coffee so expensive?*
    Gut**er** Kaffee ist immer teuer. *Good coffee is always expensive.*

2-35 Herr Ziegler im Feinkostgeschäft° *fine foods store*

▶ dieser Kaffee

S1: Warum ist dieser Kaffee so teuer?

S2: Guter Kaffee ist immer teuer.

1. diese Salami
2. dieses Olivenöl
3. diese Pistazien (pl)
4. dieser Kaviar
5. diese Pralinen (pl)
6. dieser Kognak
7. diese Schokolade
8. dieses Bier
9. diese Oliven (pl)

ZUM HÖREN

Freundinnen

Listen to what Beate and Sabine will be doing between the completion of their **Abitur** and the beginning of their university studies.

NEUE VOKABELN

schon	*already*	**bald**	*soon*
seit	*since*	**durch**	*through*
die Radtour	*bicycle trip*	**der Koffer, -**	*suitcase*
suchen	*to look for*	**die Wohnung**	*apartment*

2-36 Globalverstehen. Listen to the narrative and choose the correct responses.

1. Which cities are mentioned?
   Köln   Göttingen   Schweinfurt   Schwerin
2. Which months of the year do you hear?
   Juni   Juli   August   September   Oktober
3. What types of stores do you hear?
   Feinkostgeschäft   Fotogeschäft   Schuhgeschäft   Sportgeschäft
4. Which countries are mentioned?
   Dänemark   Deutschland   Österreich   Schweden
   die Schweiz   Liechtenstein

2-37 Detailverstehen. Listen to the narrative again and write the responses to the following questions.

1. Wo leben Beate und Sabine im Juli und wo leben sie im Oktober?
2. Was planen Beate und Sabine für September?
3. Warum suchen sie für August Arbeit?
4. Was ist Beates Hobby?
5. Wer arbeitet im Fotogeschäft und wer im Sportgeschäft?
6. Ende September sind Beate und Sabine wieder in Schwerin. Was machen sie dann?

2-38 Ich und meine beste Freundin/mein bester Freund. Write a paragraph about your best friend using the following questions to guide you. You may want to refer to the list of study majors, professions, hobbies, and musical instruments in the reference section in the *Anhang*.

- Wie heißt deine beste Freundin/dein bester Freund?
- Wie alt ist sie/er?
- *at home* Wo wohnt sie/er? Im Studentenheim oder zu Hause°, oder hat sie/er ein Zimmer oder eine Wohnung?
- Was studiert sie/er oder wo arbeitet sie/er? *(Sie/Er arbeitet bei ...)*
- Was sind ihre/seine Hobbys?
- Was für Sport treibt sie/er gern?
- Spielt sie/er ein Instrument?
- Was macht ihr gern zusammen?

2-39 Du und deine beste Freundin/dein bester Freund. Using the questions from the previous activity, find out about your partner and her/his best friend. Fill in the information and report your findings to the class.

MEINE PARTNERIN/MEIN PARTNER

Name _____

subjects Studienfächer° _____

Wohnen _____

Hobbys _____

Sport _____

IHRE/SEINE BESTE FREUNDIN *ODER* IHR/SEIN BESTER FREUND

Name _____

Studienfächer _____

Wohnen _____

Hobbys _____

Sport _____

LEUTE

Fatma Yützel erzählt[1]: Freundschaft, türkisch und deutsch

Vor dem Lesen

2-40 Interkulturelle Freundschaften.

1. Do you have a friend of an ethnic background other than your own? Does your friend view friendship and interpersonal relationships differently than you do? In which way?
2. Look at the title of the reading and the accompanying photo. From the perspective of which nationality does the topic of friendship seem to be discussed?

2-41 Was ist das auf Englisch? Find the English equivalents for the German words in boldface.

1. Ein **Mietshaus** ist ein großes Haus mit vielen Wohnungen.
2. Yützels leben in Wohnung Nummer 15. In Nummer 16 wohnen Herr und Frau Gürlük. Yützels und Gürlüks sind **Nachbarn.**
3. Frau Yützel **besucht** Frau Gürlük fast jeden Tag.
4. Viele Türken **sprechen** nur sehr wenig Deutsch.
5. Morgen **heiratet** Stefan Müller Tansu Gürlük. Sie sind dann Herr und Frau Müller.

a. speak
b. is marrying
c. apartment building
d. visits
e. neighbors

Ich heiße Fatma Yützel und bin fünfzehn Jahre alt. Meine Eltern kommen aus der Türkei. Sie leben seit 1975 in Berlin und ich bin hier in Berlin geboren. Wir wohnen in einem großen Mietshaus und haben dort viele Nachbarn, Türken und Deutsche. Am Abend und am Wochenende besuchen wir oft unsere türkischen Nachbarn, oder die Nachbarn besuchen uns, denn unsere Nachbarn sind auch unsere Freunde. Unsere deutschen Nachbarn besuchen wir nie[2], und die Deutschen besuchen ihre deutschen Nachbarn auch fast nie. Meine Eltern denken[3], die Deutschen sind kalt und haben keine Freunde. Aber meine Schulfreundin Melanie sagt, das ist gar nicht so. Melanie ist Deutsche und sie sagt, ihre Eltern haben sehr gute Freunde. Diese Freunde sind aber nicht ihre Nachbarn, sondern Freunde aus der Schulzeit oder Arbeitskollegen. Also[4] sind die Deutschen gar nicht kalt, sondern nur anders als[5] wir Türken.

Meine Eltern sprechen fast kein Deutsch und sie haben deshalb[6] nur sehr wenig Kontakt mit Deutschen. Ich spreche und schreibe sehr gut Deutsch und ich bin oft bei Melanie, denn ich finde nicht nur sie, sondern auch ihren Bruder David sehr nett. Aber das sage ich zu Hause nicht, denn in der Türkei hat ein ordentliches[7] Mädchen keinen Freund, und die Eltern finden den Mann für ihre Tochter. Aber ich bin hier in Deutschland geboren, spreche viel besser Deutsch als Türkisch und vielleicht[8] heirate ich mal einen Deutschen.

[1] tells her story [2] never [3] think [4] so [5] different than [6] therefore [7] decent [8] perhaps

Arbeit mit dem Text

2-42 Sagen das Türken oder Deutsche? Write a T or a D in the space provided.

1. Unsere Nachbarn sind auch unsere Freunde. _____
2. Unsere Freunde sind Arbeitskollegen oder Freunde aus unserer Schulzeit. _____

where we come from

3. Bei uns° hat ein ordentliches Mädchen keinen Freund. _____
4. Bei uns finden die Eltern den Mann für ihre Tochter. _____
5. Unsere Töchter haben nicht nur Freundinnen, sondern auch Freunde. _____

themselves

6. Unsere Töchter finden ihre Männer selbst°. _____

2-43 Richtig oder falsch? Your instructor will read ten statements based on *Fatma Yützel erzählt: Freundschaft, türkisch und deutsch.* Decide whether these statements are **richtig** or **falsch.** Try to correct the statements that are **falsch.**

	RICHTIG	FALSCH		RICHTIG	FALSCH
1.	_____	_____	6.	_____	_____
2.	_____	_____	7.	_____	_____
3.	_____	_____	8.	_____	_____
4.	_____	_____	9.	_____	_____
5.	_____	_____	10.	_____	_____

Ethnic diversity in Germany

During the 1950s and 1960s, the period of reconstruction after World War II, the former West Germany experienced a period of remarkable economic growth known as the **Wirtschaftswunder** *(economic miracle).* To ease severe labor shortages, workers were recruited from countries like Italy, Yugoslavia, Greece, and Turkey. Currently, these workers and their families number between seven and eight million. By far the largest group is from Turkey.

These various ethnic groups have influenced the cultural life of Germany in many ways, but it is in the food industry that their influence is particularly noticeable. Turkish markets with colorful displays of exotic fruits and vegetables are common in larger towns and cities. Greek, Italian, Turkish, and Asian restaurants have enriched the cuisine of Germany, and they attract many German guests. Nowadays a town without a **Kebab** stand is unthinkable. Many towns have Islamic centers of worship or a mosque.

Most Germans recognize and are grateful for the economic and cultural contribution that the **Ausländer** have made and continue to make to the country and are supportive of their integration into German society.

Wort, Sinn und Klang

Wörter unter der Lupe

More on cognates

In *Kapitel 1* you saw that for cognates the use of a dictionary is often unnecessary. If you know the "code," you will be able to add many German words to your vocabulary simply by recognizing the patterns they follow. You should have no trouble guessing the meaning of the German words in each category below. Words followed by *(v)* are the infinitive forms of verbs.

- German **f** or **ff** is English *p*
  der A**ff**e   das Schi**ff**
  schar**f**   hel**f**en *(v)*
  die Har**f**e   o**ff**en
  rei**f**   ho**ff**en *(v)*

- German **b** is English *v* or *f*
  ha**b**en *(v)*   das Kal**b**
  das Gra**b**   une**b**en
  hal**b**   das Fie**b**er

- German **d, t,** or **tt** is English *th*
  das Ba**d**   der Bru**d**er
  danken *(v)* der Va**t**er
  das **D**ing   die Mu**tt**er
  dick   die Fe**d**er
  dünn   das Le**d**er
  tausend   das We**tt**er

The adjective suffixes *-ig, -lich,* and *-isch*

German and English create many adjectives by adding suffixes to other words. The German adjectives with the suffixes **-ig, -lich,** and **-isch** often have English equivalents with the suffixes *-y, -ly,* and *-ish*.

2-44 What are the English equivalents?

-ig *(-y)*		**-lich** *(ly)*	**-isch** *(-ish)*
sonnig	schlüpfrig	freundlich	kindisch
schattig	lausig	mütterlich	höllisch
windig	wurmig	väterlich	dänisch
eisig	haarig	täglich	irisch
wässerig	fettig	wöchentlich	polnisch
salzig	stinkig	monatlich	türkisch
rostig	sandig	jährlich	schwedisch
schleimig	buschig	kränklich	spanisch

Reichenau - Gemüse
täglich frisch und gut.....

Words as chameleons: *erst*

Just as a chameleon changes its color according to its environment, certain words change their meaning according to their context. One of these is **erst.**

- As an adverb, **erst** means *first, only,* or *not until:*

Lena trinkt **erst** eine Tasse Kaffee, und dann geht sie in die Vorlesung.	***First*** *Lena drinks a cup of coffee, and then she goes to her lecture.*
Es ist **erst** zehn Uhr.	*It's **only** ten o'clock.*
Morgen gehe ich **erst** am Nachmittag zur Uni.	*Tomorrow I'm **not** going to the university **until** the afternoon.*

- As an adjective, **erst** always means *first:*

Wie heißt Mozarts **erste** Oper?	*What is Mozart's **first** opera called?*

does . . . mean

2-45 Was bedeutet° erst?

1. Das Konzert beginnt **erst** um 21 Uhr.
   not until / first
2. Thomas ist **erst** siebzehn.
   only / first
3. Anita geht morgens **erst** joggen, und dann geht sie zur Uni.
   not until / first
4. Martin kommt heute **erst** um zehn.
   first / not until
5. Freitags beginnt meine **erste** Vorlesung schon um acht.
   not until / first

Zur Aussprache

In English the spelling of a word does not always indicate how it is pronounced (e.g., pl**ough**, thr**ough**, thor**ough**, en**ough**). English pronunciation is also a poor indicator of spelling (e.g., b**e**, s**ee**, b**elie**ve, rec**ei**ve). In German the reverse is true. Once you have mastered a few basic principles, you should have no trouble in pronouncing and spelling new words.

The vowels *a, e, i, o,* and *u*

In a stressed syllable, each of these five vowels is either long or short. Listen carefully to the pronunciation of the following words and sentences and, at the same time, note the spelling. You will see that certain orthographic markers indicate quite reliably whether a vowel in a stressed syllable is long or short.

- A doubled vowel is always long: **H**a**ar, T**ee**, B**oo**t.**

- A vowel followed by an **h** is always long: **J**a**hr, g**eh**t, S**oh**n, U**hr.** Note that the **h** is used as a length marker only and is therefore silent.

- **i** followed by an **e** or by an **eh** is always long: **B**ie**r, s**ie**ben, st**ieh**lt.**

- A vowel followed by one consonant plus another vowel is always long: **N**a**se, w**e**nig, K**i**no, M**o**nat, M**i**n**u**te.**

- A vowel followed by an **ß** is always long: **groß, süß, Straße.**
- A vowel followed by a doubled consonant is always short: **Wasser, Wetter, Lippe, Sommer, Suppe.**
- Usually, a vowel followed by two or more consonants is short: **Land, Mensa, trinken, Tochter, Stunde.**

2-46 Hören Sie gut zu und wiederholen Sie!

a (lang)	a (kurz)
Haar	hart
lahm	Lampe
Lama	Lamm
Mein Name ist Beate Mahler.	Tanja tanzt gern Tango.
Mein Vater ist aus Saalfeld.	Walter tanzt lieber Walzer.

e (lang)

Tee

gehen

leben

Peter geht im Regen segeln.

e (kurz)

Teddybär

gestern

lernen

Ein Student hat selten° Geld. *seldom*

i (lang)

Liebe

Miete

Kino

Dieter liebt Lisa.

i (kurz)

Lippe

Mitte

Kinder

Fischers Fritz fischt frische Fische.

o (lang)

doof

Sohn

Ton

Warum ist Thomas so doof?

o (kurz)

Donner

Sonne

toll

Am Sonntag kommt Onkel Otto.

u (lang)

Stuhl

Schule

super

Utes Pudel frisst° nur Nudeln.

u (kurz)

Stunde

Schulter

Suppe

In Ulm und um Ulm und um Ulm *eats*
   herum.

Nomen

die Arbeit	work
das Geld	money
die Radtour, -en	bicycle trip
das Wochenende, -n	weekend
das Haus, ⁻er	house
das Land, ⁻er	country
die Stadt, ⁻e	city; town
die Straße, -n	street
die Wohnung, -en	apartment
der Nachbar, -n	
die Nachbarin, -nen	neighbor

Universitätsleben

das Fach, ⁻er	
das Studienfach, ⁻er	} field of study, subject
das Studentenheim, -e	student residence
der Stundenplan, ⁻e	timetable
die Übung, -en	exercise; seminar; lab
zur Uni	to the university

Kleidungsstücke

das Kleidungsstück, ⁻e	article of clothing
der Anzug, ⁻e	(men's) suit
die Bluse, -n	blouse
der Gürtel, -	belt
das Hemd, -en	shirt
die Hose, -n	pants
die Jacke, -n	jacket
die Jeans (pl)	jeans
das Kleid, -er	dress
die Kleider (pl)	clothes
der Mantel, ⁻	coat
der Pullover, -	sweater
der Rock, ⁻e	skirt
der Schuh, -e	shoe
die Socken (pl)	socks
das Sweatshirt, -s	sweatshirt

Fahrzeuge

das Fahrzeug, -e	vehicle
das Auto, -s	
der Wagen, -	} car
der Bus, -se	bus
das Fahrrad, ⁻er	bicycle
das Rad, ⁻er	bike; wheel
das Motorrad, ⁻er	motorcycle
der Zug, ⁻e	train

Verben

besuchen	to visit
denken	to think
erzählen	to tell (a story)
hören	to hear
trinken	to drink
leben	to live (in a country or city)
wohnen	to live (in a building or a street)

Andere Wörter

beide	both
hübsch	pretty
schick	chic
bald	soon
deshalb	therefore
erst	first; only; not until
schon	already
vielleicht	perhaps

Ausdrücke

Wie viel Uhr ist es?	
Wie spät ist es?	} What time is it?
Um wie viel Uhr ...?	(At) what time . . . ?
morgen früh	tomorrow morning
besser als	better than
so ... wie	as . . . as
Heute ist es nicht so kalt wie gestern.	Today it's not as cold as yesterday.
zu Ende sein	to be over

Das Gegenteil

der Mann, ⁻er ≠ die Frau, -en	husband ≠ wife
suchen ≠ finden	to look for ≠ to find
immer ≠ nie	always ≠ never
dick ≠ dünn	thick ≠ thin
lang ≠ kurz	long ≠ short
teuer ≠ billig	expensive ≠ cheap

Leicht zu verstehen

der Film, -e	der Autor, -en
das Konzert, -e	die Autorin, -nen
die Oper, -n	elegant
das Magazin, -e	

Wörter im Kontext

2-47 Was passt nicht?

1. das Hemd
   die Hose
   die Bluse
   der Pullover

2. die Jeans
   der Rock
   die Hose
   die Bluse

3. die Jacke
   der Gürtel
   der Mantel
   das Kleid

4. die Schuhe
   der Pullover
   das Sweatshirt
   das Hemd

2-48 *Leben* oder *wohnen*?

1. Stephanie und Claudia _____ beide im Studentenheim.
2. Stephanies Eltern _____ in Chicago.
3. Maria ist aus Salzburg, aber sie _____ jetzt in Wien und _____ dort bei ihrer Großmutter.
4. Frau Ziegler _____ in Göttingen, aber sie reist oft nach Berlin und _____ dort im Hotel Kempinski.

2-49 Was passt wo?

Zug / Fahrräder / Fahrzeug / Motorräder / Autos / Wagen

1. Der BMW 735i ist ein sehr guter und sehr teurer _____.
2. _____ haben vier Räder.
3. _____ und _____ haben nur zwei Räder.
4. Ein Bus hat nicht so viele Räder wie ein _____.
5. Welches _____ hat keinen Motor?

2-50 Was passt wo?

dick ≠ dünn / sucht ≠ findet / immer ≠ nie / Mann ≠ Frau / lang ≠ kurz / billig ≠ teuer

1. Im Winter sind die Tage _____ und die Nächte _____.
2. Silber ist nicht _____, aber es ist nicht so _____ wie Gold.
3. Sweatshirts sind _____ und T-Shirts sind _____.
4. Warum hörst du _____ nur Rock und _____ Mozart oder Beethoven?
5. Stefan und Tansu heiraten morgen. Sie sind dann _____ und _____.
6. Lukas _____ eine Frau, aber er _____ keine.

2-51 Wo ist mein Freund? You want to reestablish contact with a friend who lives abroad. How would you go about finding where she or he lives? Sequence the following words from 1 to 5 to indicate how you would proceed.

_____ das Haus   _____ das Land

_____ die Stadt   _____ die Straße

_____ die Wohnung

KAPITEL 3

Familie

 Kommunikationsziele

Talking about . . .

- family
- shopping and other activities
- clothing and possessions

Describing people, places, and
things

 Strukturen

Accusative case:

- direct object
- **der**-words and **ein**-words
- adjective endings
- time phrases

Verbs with stem changes in the
present tense

Word order:
A review of negation

Kultur

Family life in the German-
speaking countries
Austria

Leute: **Familie Mozart**

Eine türkische Familie in Berlin

Vorschau

Verwandte

Oma Ziegler sagt: Das ist meine Tochter Bettina.
Sie ist nicht verheiratet und hat keine Kinder, aber
sie ist eine sehr gute Physiotherapeutin. Bettina
kauft gern teure Kleider, hat einen viel zu teuren
Wagen und sie fährt auch oft zu schnell. Und
warum reist Bettina denn immer so viel?

Nina sagt: Tante Bettina ist meine Lieblingstante.
Sie hat ein echt tolles Leben: viel Geld, schicke
Kleider, große Reisen (auch nach Nordamerika,
denn sie spricht sehr gut Englisch) und ein rotes
Sportcoupé.

Herr Ziegler sagt: Das ist mein Bruder Alfred. Er
ist Bankdirektor, verdient viel Geld und fährt einen
großen, grauen Mercedes. Er isst gern gut, trinkt
teure Weine und trägt sehr teure, graue Anzüge.

Robert sagt: Onkel Alfred ist nicht mein
Lieblingsonkel. Er lacht fast nie und seine Anzüge
sind so grau und so langweilig wie sein dicker,
grauer Mercedes. Und warum liest er denn immer
diese blöden Börsenberichte?

ZUM HÖREN

3-1 Richtig oder falsch? You will hear the descriptions of **Bettina
Ziegler** and **Onkel Alfred.** Indicate whether the statements following
each set of descriptions are **richtig** or **falsch.**

BETTINA ZIEGLER

	RICHTIG	FALSCH		RICHTIG	FALSCH
1.	____	____	3.	____	____
2.	____	____	4.	____	____

ONKEL ALFRED

	RICHTIG	FALSCH		RICHTIG	FALSCH
1.	____	____	3.	____	____
2.	____	____	4.	____	____

3-2 Anders gesagt.   With a partner, read *Verwandte* again, and find equivalents for the following statements:

Oma Ziegler ist Bettinas Mutter.   =   Oma Ziegler sagt: Das ist meine Tochter Bettina.

1. Bettina hat keinen Mann.
2. Bettinas Kleider kosten viel Geld.
3. Bettina macht zu viele Reisen.
4. Bettina hat einen sehr sportlichen Wagen.
5. Onkel Alfred arbeitet bei der Bank.
6. Onkel Alfred hat einen teuren Wagen.
7. Onkel Alfreds graue Anzüge kosten viel Geld.
8. Onkel Alfred hat keinen Humor.
9. Onkel Alfreds Anzüge und sein Wagen sind gar nicht sportlich.

3-3 Eine Familie
The following children's rhyme describes one family. Read the poem. Then study the family tree and answer the questions.

Ein Stammbaum

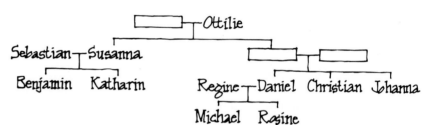

	Der Vater, der heißt Daniel,
	der kleine Sohn heißt Michael,
male cousin	die Mutter heißt Regine,
	die Tochter heißt Rosine,
	der Bruder, der heißt Christian,
know	der Onkel heißt Sebastian,

die Schwester heißt Johanna,
die Tante heißt Susanna,
der Vetter°, der heißt Benjamin,
die Kusine, die heißt Katharin,
die Oma heißt Ottilie –
jetzt kennst° du die Familie.

1. Wie heißen Johannas Brüder?
2. Wie heißen Susannas Kinder?
3. Wie heißt Michaels Schwester?
siblings 4. Wie heißen Daniels Geschwister°?
5. Wie heißen Katharins Vettern?

6. Wie heißt Ottilies Tochter?
7. Wie heißt Benjamins Kusine?
8. Wie heißt Rosines Tante?
9. Wie heißt Johannas Großmutter?
10. Wie heißen Katharins Eltern?

The noun **Liebling** means *darling* or *favorite*. With the addition of an **-s** (**Lieblings-**), it can be prefixed to many nouns to express that someone or something is one's favorite.

Tante Bettina ist meine **Lieblings**tante.

*Aunt Bettina is my **favorite** aunt.*

Was ist deine **Lieblings**farbe?

*What's your **favorite** color?*

3-4 Lieblingsverwandte. Answer your partner's questions about your favorite relative.

S1: Wer ist deine Lieblingsverwandte oder dein Lieblingsverwandter?

S2: Das ist mein Oma/Tante/Kusine *(name of relative).*
Das ist mein Opa/Onkel/Vetter *(name of relative).*

S1: Wie alt ist sie/er?

S2: Sie/Er ist ...

S1: Warum ist sie/er deine/dein Lieblings____?

S2: Sie/Er ...

ist immer freundlich	hat viel Fantasie	kocht gut	
ist immer optimistisch	hat viel Humor	bäckt° gut	*bakes*
ist so intelligent	versteht° meine Probleme	...	*understands*
ist so sportlich	lacht viel		

3-5 Lieblingsdinge. What are your partner's favorite things or activities? Write the information in the chart and report your findings to the class.

S1: Was ist deine/dein Lieblings____?

S2: Meine/Mein Lieblings____ ist ...

Lieblingsmusik (f) _____

Lieblingssport (m) _____

Lieblingsfarbe (f) _____

Lieblingsfilm (m) _____

Lieblingsband (f) _____

Lieblingsfach (n) _____

Lieblingsbuch (n) _____

Lieblingsgetränk (n) _____

Lieblingsauto (n) _____

...

Nomen

das Ding, -e	thing
das Leben	life
der Liebling, -e	darling; favorite
die Fantasie	imagination
die Reise, -n	trip

Die Familie

die Eltern *(pl)*	parents
die Mutter, ⸚	mother
die Stiefmutter, ⸚	stepmother
der Vater, ⸚	father
der Stiefvater, ⸚	stepfather
das Kind, -er	child
die Tochter, ⸚	daughter
der Sohn, ⸚e	son
die Geschwister *(pl)*	sisters and brothers
die Schwester, -n	sister
der Bruder, ⸚	brother
der/die Verwandte, -n	relative
die Großeltern *(pl)*	grandparents
die Großmutter, ⸚	grandmother
die Oma, -s	grandma
der Großvater, ⸚	grandfather
der Opa, -s	grandpa
der Enkel, -	grandson; grandchild
die Enkelin, -nen	granddaughter
die Tante, -n	aunt
der Onkel, -	uncle
die Kusine, -n	*(female)* cousin
der Vetter, -n	*(male)* cousin
die Katze, -n	cat
der Hund, -e	dog

Verben

kennen	to know; to be acquainted with
lachen	to laugh
verdienen	to earn
verstehen	to understand

Andere Wörter

freundlich	friendly
verheiratet	married

Ausdrücke

Das ist echt toll!	That's really fantastic!
viel zu viel	far too much
Was ist deine Lieblingsfarbe?	What's your favorite color?

Das Gegenteil

interessant ≠ langweilig	interesting ≠ boring
schnell ≠ langsam	fast ≠ slow

Leicht zu verstehen

die Bank, -en	das Problem, -e
der Direktor, -en	optimistisch
die Direktorin, -nen	pessimistisch
der Humor	

Wörter im Kontext

3-6 Die Familie. What are the male or female counterparts?

1. die Kusine
2. die Schwester
3. die Großmutter
4. die Tochter

5. der Onkel
6. der Opa
7. der Vater
8. der Verwandte

3-7 Generationen. Who belongs to which generation?

der Sohn / die Tante / der Vetter / der Vater / der Opa /
die Kusine / die Mutter / der Onkel / die Tochter

Generation 1: die Oma   der _____
Generation 2: die _____, die _____   der _____, der _____
Generation 3: die _____, die _____   der _____, der _____

3-8 Was passt wo?

interessant / langweilig / schnell / langsam / optimistisch / pessimistisch

1. Daniel ist immer sehr _____ und hat oft Depressionen.
2. Laura lacht gern und ist immer _____.
3. _____, bitte! Ich verstehe noch nicht so gut Deutsch.
4. Ist das Buch _____?
   Nein, ich finde es sehr _____.
5. Fahrräder fahren nicht so _____ wie Motorräder.

3-9 Was passt zusammen?

1. Verdient dein Onkel viel Geld?
2. Lacht Anna immer so viel?
3. Ist diese Bluse nicht schick?
4. Ist Herr Dobrowski verheiratet?
5. Kennst du die interessante Frau dort?
6. Verstehst du dieses Buch?

a. Ja, und er hat auch schon zwei Kinder.
b. Ja, aber ich finde es sehr langweilig.
c. Ja, sie ist meine neue Physikprofessorin.
d. Ja, er ist Bankdirektor.
e. Ja, aber sie kostet viel zu viel.
f. Ja, sie hat sehr viel Humor.

Family life in the German-speaking countries

Family life in the German-speaking countries is much like that in North America. In many families both parents work outside the home, single-parent families are increasing, and, as in all highly industrialized nations, the birthrate is declining. In Germany, for instance, nine million out of twenty-seven million marriages are childless, and the number of marriages with only one or two children is increasing steadily. This is a cause of concern to the government, which has passed legislation to make it easier for couples to establish a family and have more children. Some highlights of German family legislation:

- Expectant mothers working outside the home need not work for six weeks before and eight weeks after delivery **(Mutterschutz)**. They receive their full net pay during this time.

- Child-rearing leaves of absence **(Erziehungsurlaub)** are granted to either parent for three years after the birth of a child. During this time the parent is allowed to work 19 hours a week and is protected from dismissal at her/his place of employment.

- The government supports families with **Kindergeld,** starting at 220 DM per month for the first child and increasing to 350 DM per child from the fourth child on. This financial aid lasts until a child reaches age 18 and under certain circumstances even to age 27.

- Parents also receive 600 DM a month **Erziehungsgeld** for each newborn child for a period of two years. When the child is seven months old, this **Erziehungsgeld** is reduced for parents with an income above a certain amount.

3-10 Kindergeld und Erziehungsgeld. The following graphics show how the German government encourages families to have more children. Study the information to answer the questions below.

1. The Brunners have two children. How much **Kindergeld** do they receive every month?
2. The Bauers have four children. How much **Kindergeld** do they receive?
3. Frau Fischer is a single parent **(Alleinerziehende)** with two children under age two. She earns 27,000 DM. How much **Erziehungsgeld** does she receive per month?
4. What are the total monthly support payments **(Kindergeld** and **Erziehungsgeld)** that Frau Fischer receives?

KINDERGELD

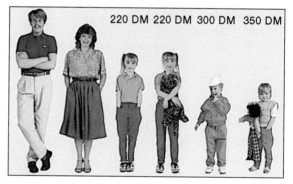

220 DM 220 DM 300 DM 350 DM

ERZIEHUNGSGELD

Einkommensgrenzen ab dem siebten Lebensmonat		
	Zahl der Kinder	Volles Erziehungsgeld (600 DM) bis
Ehepaar Alleinerziehende	1	29.400 DM 23.700 DM
Ehepaar Alleinerziehende	2	33.600 DM 27.900 DM
Ehepaar Alleinerziehende	3	37.800 DM 32.100 DM
Ehepaar Alleinerziehende	4	42.000 DM 36.300 DM

Kommunikation und Formen

① Answering *whom* or *what*

The direct object

You already know that a simple sentence consists of a noun or pronoun *subject* and a *predicate*. You also know that the predicate is whatever is said about the subject and that it consists of a verb or a verb plus other parts of speech.

One of the "other parts of speech" is often a noun or pronoun that is the target of what is expressed by the verb. This noun or pronoun is called the *direct object*. It answers the question *whom?* or *what?*

The boldfaced words in the following examples are the direct objects of the verbs.

subject	predicate		
	VERB	OTHER PARTS OF SPEECH	
Stephanie	is studying	in Munich this year.	
She	is having	**a wonderful time.**	(**What** is she having?)
She	meets	**Peter** there.	(**Whom** does she meet?)
Peter	calls	**her** every day.	(**Whom** does he call?)
Stephanie and Peter	study	together in the library.	
They	play	**tennis** together.	(**What** do they play?)

3-11 Onkel Alfred. Find the subjects and direct objects. Not every sentence has a direct object.

SUBJECT		DIRECT OBJECT
Mein Bruder Alfred	verdient	viel Geld.

Herr Ziegler sagt:
1. Kennen Sie meinen Bruder Alfred?
2. Er fährt einen großen Mercedes.
3. Er trägt teure Anzüge und er trinkt teure Weine.
4. Aber warum lacht mein Bruder fast nie?

Robert sagt:
1. Onkel Alfred hat keine Familie und keine Freunde.
2. Er liest immer nur Börsenberichte.
3. Er treibt keinen Sport und macht keine Reisen.
4. Ich finde Onkel Alfred doof und sein Leben stinklangweilig.

The accusative case

The masculine forms of both the definite article (**der**) and the indefinite article (**ein**) change when the nouns they precede are the direct object of the verb.

SUBJECT FORMS	**DIRECT OBJECT FORMS**
Der Pullover ist schön.	Ich kaufe **den** Pullover.
Ein Pullover ist teuer.	Ich brauche° **einen** Pullover.

need

The neuter and feminine forms of the definite article (**das, die**) and of the indefinite article (**ein, eine**) remain unchanged, regardless of whether the nouns they precede are subjects or direct objects.

Das Sweatshirt ist schön.	Ich kaufe **das** Sweatshirt.
Ein Sweatshirt ist teuer.	Ich brauche **ein** Sweatshirt.
Die Jacke ist schön.	Ich kaufe **die** Jacke.
Eine Jacke ist teuer.	Ich brauche **eine** Jacke.

The plural form of the definite article (**die**) also remains unchanged.

Die Schuhe sind schön.   Ich kaufe **die** Schuhe.

You already know that subjects and subject completions are in the *nominative case.* Direct objects are in the *accusative case.*

> nominative case = subject and subject completion
> accusative case = direct object

	masculine		neuter		feminine		plural	
NOMINATIVE	der		das		die		die	
	ein	Rock	ein	Kleid	eine	Jacke	—	Schuhe
	kein		kein		keine		keine	
ACCUSATIVE	den		das		die		die	
	ein**en**	Rock	ein	Kleid	eine	Jacke	—	Schuhe
	kein**en**		kein		keine		keine	

Note that the nominative and accusative forms of the articles differ only in the masculine singular.

3-12 Was kauft Claudia bei Karstadt, und was kauft sie bei Hertie?
Claudia needs the items listed, but she doesn't have much money. You know Karstadt's prices, and your partner knows Hertie's prices. Compare the prices for each item listed, and decide where Claudia will get the better buy.

S1: Wie viel kostet der Rock bei Hertie?

S2: Wie viel kostet der Rock bei Karstadt?

S2: Wo kauft Claudia den Rock?

S2: Wie viel kostet das Kleid ...

S2: Bei Hertie kostet der Rock 90 Mark.

S1: Bei Karstadt kostet der Rock 75 Mark.

S1: Claudia kauft den Rock bei Karstadt.

KLEIDUNGSSTÜCK	PREIS BEI HERTIE	WAS KAUFT CLAUDIA WO?
der Rock		den Rock bei _____
das Kleid		das Kleid bei _____
die Jacke		die Jacke bei _____
die Bluse		die Bluse bei _____
der Mantel		den Mantel bei _____
das Sweatshirt		das Sweatshirt bei _____
die Schuhe		die Schuhe bei _____
der Gürtel		den Gürtel bei _____
die Socken		die Socken bei _____

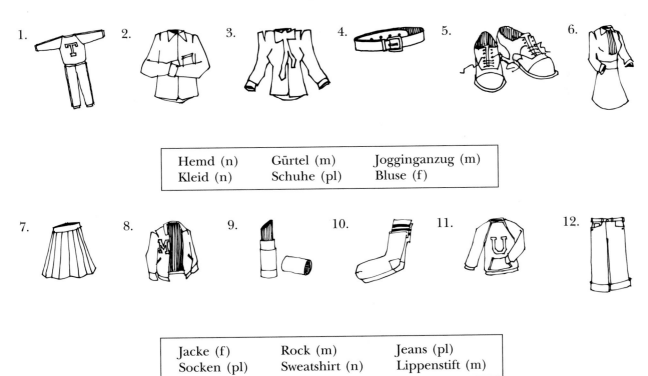

3-13 Brauchst du das?

►

S1: Brauchst du einen Pullover?　　　**S2:** Ja, ich brauche einen Pullover.
　　　　　　　　　　　　　　　　　　　Nein, ich brauche keinen Pullover.

1.　2.　3.　4.　5.　6.

Hemd (n)	Gürtel (m)	Jogginganzug (m)
Kleid (n)	Schuhe (pl)	Bluse (f)

7.　8.　9.　10.　11.　12.

Jacke (f)	Rock (m)	Jeans (pl)
Socken (pl)	Sweatshirt (n)	Lippenstift (m)

3-14 Was brauchst du und wo kaufst du es? Respond to your classmates'
questions according to the model. Then establish where most students in the
class shop for their clothes.

S1: Was für ein Kleidungsstück
brauchst du?

S2: Ich brauche eine Jacke.

S1: Und wo kaufst du die Jacke?

S2: Ich kaufe die Jacke bei Sears.

S2: Was für ein Kleidungsstück
brauchst du?

S3: Ich brauche ...

...

...

most Wo kaufen die meisten° Studenten in dieser Deutschklasse ihre Kleider?

The interrogative pronouns *wen* and *was*

Wen *(whom)* and **was** *(what)* are the accusative forms of the interrogative
pronoun.

Wen besuchst du heute Abend?   ***Whom*** *are you going to visit tonight?*
Was macht ihr heute Abend?   ***What*** *are you doing tonight?*

	definite article	interrogative pronoun	definite article	interrogative pronoun
NOMINATIVE	**der**	**wer**	**das**	**was**
ACCUSATIVE	**den**	**wen**	**das**	**was**

Note the close correspondence between the definite article and the
interrogative pronoun in both the nominative and the accusative case.

3-15 Was machst du? Complete each question with **wen** or **was.** Your
partner must choose an appropriate response.

S1:

1. _____ machst du am
   Wochenende?
   _____ besuchst du da?
   _____? Lukas Gradmann?
   _____ macht Lukas in Leipzig?

2. _____ machst du jetzt?
   _____ für eine Vorlesung? Biologie?
   Und _____ hast du für Physik?

S2:

Einen alten Freund.
Da fliege ich nach Leipzig.
Er studiert dort Geographie.
Ja, meinen Freund Lukas.

Nein, Physik.
Den alten Professor Seidlmeyer.
Ich habe jetzt eine Vorlesung.

Der-words in the accusative case

In the accusative case, as in the nominative, the endings of **dieser** *(this)*, **jeder** *(each, every)*, and **welcher** *(which)* correspond closely to the forms of the definite article.

Wie findest du **diese** Mäntel?	*What do you think of **these** coats?*
Ich finde fast **jeden** Mantel hier sehr elegant.	*I find almost **every** coat here very elegant.*
Und **welchen** Mantel kaufst du?	*And **which** coat are you going to buy?*
Ich glaube, ich kaufe **diesen** roten Mantel.	*I think I'm going to buy **this** red coat.*

	masculine	neuter	feminine	plural
NOMINATIVE	dieser	dieses	diese	diese
ACCUSATIVE	diesen	dieses	diese	diese

3-16 Dies-, jed-, welch-?

1. STEPHANIE: _____ Computer (m) kaufst du, _____ Macintosh (m) oder _____ IBM (m)?

   PETER: _____ Macintosh ist fantastisch, aber er kostet fast 3000 Mark.

   STEPHANIE: Du brauchst aber einen Computer. In Amerika hat fast _____ Student einen Computer.

2. MARTIN: _____ Kleid (n) kaufst du, Claudia?

   CLAUDIA: Ich glaube, ich kaufe _____ blaue Kleid hier.

3. HERR ZIEGLER: _____ Wein (m) trinken wir heute, _____ Rotwein oder _____ Weißwein?

   FRAU ZIEGLER: _____ Rotwein ist sehr gut, aber zu Fisch trinke ich lieber _____ Weißwein.

4. TOURIST: Entschuldigung, _____ Bus (m) hier fährt nach Charlottenburg?

   POLIZIST: Nach Charlottenburg fährt die Linie 145, das ist _____ Bus hier.

5. MARTIN: _____ Wagen (m) kaufst du, Bernd, _____ VW (m) oder _____ Ford (m)?

   BERND: _____ VW natürlich. _____ Ford ist viel zu alt.

6. HERR ZIEGLER: Ist _____ Chianti (m) für 7 Mark gut?

   VERKÄUFER°: Ja, nicht _____ billige Rotwein (m) ist so gut wie _____ Chianti.   *sales clerk*

Ein-words in the accusative case

You already know that the **ein**-words are **ein, kein,** and the possessive adjectives and that all **ein**-words take the same case endings. The possessive adjectives are:

mein	*my*	**unser**	*our*
dein	*your*	**euer**	*your*
sein	*his, its*		
ihr	*her*	**ihr**	*their*
	Ihr	*your*	

Remember that just like the formal **Sie,** the formal **Ihr** is always capitalized.

Warum verkaufen Sie denn **Ihren** Wagen, Herr Schulz?	*Why are you selling **your** car, Mr. Schulz?*
Ich brauche **meinen** Wagen nicht mehr, ich nehme jetzt den Bus.	*I don't need **my** car anymore, I take the bus now.*

In the following chart, the possessive adjective **mein** is used to show the nominative and accusative forms of *all* possessive adjectives.

	masculine	neuter	feminine	plural
NOMINATIVE	mein Freund	mein Auto	meine Freundin	meine Eltern
ACCUSATIVE	meinen Freund	mein Auto	meine Freundin	meine Eltern

Remember that when an ending is added to **euer** *(your)*, the **e** before the **r** is dropped: **eure, euren.**

Warum verkauft ihr **euren** Wagen?	*Why are you selling **your** car?*

3-17 Besuche. Complete the sentences with the correct forms of **sein, ihr,** and **unser.**

▶ Claudia am Wochenende   sie _____ Schwester

S1: Was macht Claudia am Wochenende?   **S2:** Da besucht sie ihre Schwester.

1. Nina heute Abend   sie _____ Lieblingstante
2. Robert morgen Nachmittag   er _____ langweiligen Onkel Alfred
3. Oma Ziegler am Wochenende   sie _____ Sohn Klaus
4. Alexander heute Abend   er _____ Freundin Nina
5. Kellers nächstes Wochenende   sie _____ Sohn Martin in München
6. ihr am Sonntag   wir _____ Großmutter
7. Krügers im August   sie _____ Freunde Helga und Markus
8. ihr im Sommer   wir _____ Onkel Karl

3-18 Wen besuchst du?   Ask whether your partner is planning to visit someone.

S1: Besuchst du jemand° heute Abend?

S2: Ja, da besuche ich mein ＿＿＿ ...   *someone*
(Nein, da besuche ich niemand°.)   *no one*
Und du? Besuchst du jemand heute Abend?

S1: ...

am Wochenende / an Thanksgiving / nächsten Sommer

3-19 Warum denn?   Why are these people selling the things mentioned? Complete the questions with the proper forms of **dein, euer,** or **Ihr** and respond appropriately.

S1:

1. Warum verkaufen Sie denn ＿＿＿ Kamera (f)?
2. Warum verkauft ihr denn ＿＿＿ Fahrräder (pl)?
3. Warum verkaufst du denn ＿＿＿ Keyboard (n)?
4. Warum verkaufen Sie denn ＿＿＿ großen Wagen (m)?
5. Warum verkauft ihr denn ＿＿＿ Haus (n)?
6. Warum verkaufst du denn ＿＿＿ Kassettenrecorder (m)?

S2:

Ich spiele viel lieber Gitarre.

Ich habe jetzt einen CD-Spieler.

Er braucht zu viel Benzin°.   *gas*

Wir haben jetzt einen Wagen.

Ich mache jetzt nur noch Videos.

Es ist viel zu klein für unsere große Familie.

Haben versus *sein*

Müllers haben **einen** Esel.   *The Müllers have a donkey.*

In the example above, the noun **Esel** answers the question *What do the Müllers have?* **Esel** is the direct object and is therefore in the accusative case. The verb **haben** always takes an accusative object.

Günter ist **ein** Esel.   *Günter is a nitwit.*

In this example, **Esel** also answers the question *what?* But here **Esel** is used to describe *what Günter is* and is therefore a subject completion that appears in the nominative case after the verb **sein.**

3-20 Immer negativ.

▶ haben / du / Wagen (m)

S1: Hast du einen Wagen?   **S2:** Nein, ich habe keinen Wagen.

1. sein / Daniel / guter Student (m)
2. haben / Monika / Freund (m)
3. sein / Daniel / Dummkopf° (m)   *nitwit*
4. haben / Müllers / Kinder (pl)
5. sein / Herr Müller / guter Automechaniker (m)
6. haben / Müllers / Mercedes (m)
7. sein / Frau Müller / gute Hausfrau (f)
8. haben / du / Motorrad (n)
9. sein / Müllers Hund / Foxterrier (m)
10. haben / ihr / Hund (m)

3-21 Was hast du alles? Working with a partner, ask questions as in the example.

S1: Hast du einen Wagen?   **S2:** Ja, ich habe einen Wagen.
                                    (Nein, ich habe keinen Wagen.)
S1: Was für einen Wagen hast du?   Ich habe einen ...
S1: Hast du ein Motorrad
       (ein Fahrrad, einen Hund,
       eine Katze)?
       ...

Sprachnotizen   **Omission of articles**

Omission of the indefinite article

When stating someone's membership in a specific group (e.g., nationality, place of residence, occupation, or religious affiliation), German does not use the indefinite article.

Ich bin **Berliner.**	*I am **a** Berliner.*
Meine Freundin ist **Österreicherin.**	*My girlfriend is **an** Austrian.*
Kurt ist **Koch.**	*Kurt is **a** cook.*
Melanie ist **Methodistin.**	*Melanie is **a** Methodist.*

For males nationality or place of residence can be expressed by adding **-er** to the name of the country or city: **Schweizer, Hamburger.**

For females the suffix **-in** is added to the masculine form: **Schweizerin, Hamburgerin.**

Omission of the definite article

When naming a musical instrument after **spielen,** German does not use the definite article before the name of the instrument:

Lutz spielt **Gitarre.**	*Lutz plays **the** guitar.*
Spielen Sie **Klavier?**	*Do you play **the** piano?*

ZWISCHENSPIEL

ZUM HÖREN

Jennifer Winklers Familie

Jennifer Winkler is an American student studying in Kiel. She is interviewed by a student reporter for the newsletter published by the **Auslandsamt** of the university.

NEUE VOKABELN

Norddeutschland	*Northern Germany*
mütterlicherseits	*on my mother's side*
Er ist Koch von Beruf.	*He is a cook by trade.*
Er wird Koch.	*He is going to be a cook.*

3-22 Globalverstehen. Listen to the interview and choose the correct responses.

1. Which names are mentioned?
   Karl   Oliver   Thomas   Kurt   Jennifer   Erika
2. What cities are mentioned?
   Salzburg   Flensburg   Kiel   Köln   East Lansing
3. Which words describing family relationships do you hear?
   Verwandte   Eltern   Mutter   Vater   Großeltern
   Großmutter   Geschwister   Schwester   Bruder   Tante
   Onkel   Kusine   Vetter
4. How many grandparents does Jennifer still have in Germany?
   1   2   3   4
5. How many children do Jennifer's parents have?
   1   2   3   4

3-23 Detailverstehen. Listen to the interview again and write the answers to the following questions.

1. Warum studiert Jennifer in Kiel?
2. Wo in Deutschland ist Flensburg?
3. Was machen Jennifers Eltern in Amerika?
4. Was wird Jennifers Bruder Kurt, und wo lernt er das?
5. Wer sind die drei Köche in Jennifers Familie?
6. Was macht Jennifers Bruder Thomas?

3-24 Meine Familie. Write a paragraph about your family using the following questions as a guide. For a list of professions you can consult the word sets in the *Anhang*.

Wie heißen deine Eltern?
Wie alt sind sie?
Wo wohnen sie?
Was sind sie von Beruf?

Wie viele Geschwister hast du?
Wie heißen sie?
Wie alt sind sie?
Wo wohnen sie?
Was machen sie?

 3-25 Deine Familie. Using the questions from the activity above, find out about your partner and her/his family. Write the information in the chart, and report your findings to the class.

	NAME	ALTER	WOHNORT	BERUF
Vater	_____	_____	_____	_____
Mutter	_____	_____	_____	_____
Schwestern	_____	_____	_____	_____
	_____	_____	_____	_____
Brüder	_____	_____	_____	_____
	_____	_____	_____	_____

Eine deutsche Familie

Kommunikation und Formen

② Describing people, places, and things

Accusative endings of adjectives preceded by *der*-words

	masculine	neuter	feminine	plural
NOMINATIVE	der rote Rock	das blaue Hemd	die weiße Bluse	die braunen Schuhe
ACCUSATIVE	den roten Rock	das blaue Hemd	die weiße Bluse	die braunen Schuhe

- In the masculine accusative singular, the ending of an adjective preceded by a **der**-word is **-en.**

- The other accusative endings are identical to those in the nominative.

CHRISTA: Welch**en** Rock kaufst du, **den** teur**en** oder **den** billig**en?**

ANNA: Ich glaube, ich kaufe **den** billig**en.**

Which skirt are you going to buy, the expensive one or the cheap one?

I think I'm going to buy the cheap one.

3-26 Im Kaufhaus.

▶ der Rock, teuer, billig

S1: Welchen Rock kaufst du, den teuren oder den billigen?

S2: Ich glaube, ich kaufe den billigen.

1. der Wein, kalifornisch, spanisch
2. das Armband°, golden, silbern
3. die Vase, groß, klein
4. die Schuhe (pl), braun, schwarz
5. der CD-Spieler, japanisch, deutsch
6. die Weingläser (pl), billig, teuer
7. das Fahrrad, amerikanisch, italienisch

bracelet

3-27 Im Kleidergeschäft. You need a few new items in your wardrobe, but you don't have a lot of money.

► der Rock, die Röcke

S1: Wie viel kosten diese beiden Röcke?

S1: Ja, dann nehme ich den violetten.

S2: Der violette Rock kostet neunzig Mark und der rote hundertfünfunddreißig.

1. das Kleid, die Kleider

2. die Jacke, die Jacken

3. der Mantel, die Mäntel

4. das Sweatshirt, die Sweatshirts

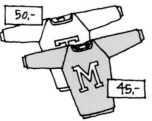

5. die Bluse, die Blusen

6. der Pullover, die Pullover

7. das Hemd, die Hemden

8. die Hose, die Hosen

Accusative endings of adjectives preceded by *ein*-words

	masculine	neuter	feminine	plural
NOMINATIVE	ein roter Rock	ein blaues Hemd	eine weiße Bluse	meine braunen Schuhe
ACCUSATIVE	einen roten Rock	ein blaues Hemd	eine weiße Bluse	meine braunen Schuhe

- In the masculine accusative singular, the ending of an adjective preceded by an **ein**-word is **-en.**

- The other accusative endings are identical to those in the nominative.

- Remember that wherever the **ein**-word has no ending, the adjective takes the appropriate **der**-word ending.

VERKÄUFER: Was für ein**en** Mantel möchten Sie, ein**en** kurz**en** oder ein**en** lang**en?**	*What kind of coat would you like, a short one or a long one?*
HERR KUHN: Ich möchte ein**en** lang**en.**	*I would like a long one.*

3-28 Im Kaufhaus.

▶ der Mantel, kurz, lang

S1: Was für einen Mantel möchten Sie, einen kurzen oder einen langen? **S2:** Ich möchte einen langen.

1. der Wein, spanisch, kalifornisch
2. das Armband, silbern, golden
3. die Vase, groß, klein
4. der CD-Spieler, japanisch, deutsch
5. das Fahrrad, amerikanisch, italienisch
6. der Teekessel, billig, teuer
7. die Kamera, deutsch, japanisch

3-29 Im Kleidergeschäft. You are in a department store and the salesperson shows you the wrong things.

▶ der Rock, schick, blau   blau, rot

S1: Hier ist ein schicker, blauer Rock. **S2:** Aber ich möchte keinen blauen Rock, ich möchte einen roten.

1. das Kleid, elegant, grün   grün, schwarz
2. die Jacke, wunderschön, braun   braun, grau
3. der Mantel, toll, rot   rot, blau
4. das Hemd, wunderbar, blau   blau, weiß
5. die Bluse, hübsch, weiß   weiß, rosarot
6. der Pullover, elegant, schwarz   schwarz, grau
7. das Sweatshirt, praktisch, grün   grün, violett
8. die Hose, schick, braun   braun, schwarz

3-30 Was trägt Lisa?   Using adjectives from each of the two groups below, write descriptions of what two of your classmates are wearing today. Then read your descriptions to the class. Express shades of color by adding **dunkel-** or **hell-**.

> **S:** Lisa trägt einen wunderschönen dunkelroten Pulli und einen langen schwarzen Rock. David trägt ...

elegant	schick	blau	rosarot
hübsch	schön	braun	rot
kurz	toll	gelb	violett
lang	wunderbar	grau	schwarz
praktisch	wunderschön	grün	weiß

Accusative endings of unpreceded adjectives

	masculine	neuter	feminine	plural
NOMINATIVE	gut**er** Kaffee	gut**es** Bier	gut**e** Salami	gut**e** Oliven
ACCUSATIVE	gut**en** Kaffee	gut**es** Bier	gut**e** Salami	gut**e** Oliven

- In the masculine accusative singular, the ending of an unpreceded adjective is **-en.**

- The other accusative endings are identical to those in the nominative.

waiter	KELLNER°: Möchten Sie lieber russisch**en** oder iranisch**en** Kaviar?	*Would you rather have Russian or Iranian caviar?*
guest	GAST°: Ich glaube, heute esse ich mal iranisch**en** Kaviar.	*I think today I'm going to eat Iranian caviar for a change.*

3-31 Im Hotel.   Use **essen** or **trinken** in the responses to the waiter's questions.

▶ Kaviar (m), russisch, iranisch

KELLNER: Möchten Sie lieber russischen oder iranischen Kaviar?

GAST: Ich glaube, heute esse ich mal iranischen Kaviar.

1. Wein (m), italienisch, französisch
2. Oliven (pl), griechisch, spanisch
3. Lachs (m), schottisch, kanadisch
4. Bier (n), holländisch, bayrisch
5. Salami (f), italienisch, ungarisch
6. Kaffee (m), arabisch, kolumbianisch
7. Schokolade (f), deutsch, belgisch

3-32 Im Feinkostgeschäft. Your shopping partner is very set in his ways.

▶   arabisch, Kaffee (m)   kolumbianisch

S1: Arabischer Kaffee ist sehr gut.   **S2:** Ich kaufe nur kolumbianischen Kaffee.

1. iranisch, Kaviar (m)   russisch
2. italienisch, Salami (f)   ungarisch
3. holländisch, Bier (n)   bayrisch
4. griechisch, Oliven (pl)   italienisch
5. schottisch, Lachs (m)   kanadisch
6. chinesisch, Tee (m)   indisch
7. belgisch, Schokolade (f)   deutsch

3-33 Lieblingsgetränke. Ask your partner about her/his preferences in some beverages.

S1: Ich trinke gern deutsches Bier.   **S2:** Ich trinke auch gern deutsches Und du?   Bier.

                                           Ich trinke lieber australisches Bier.

Bier (n)	italienisch	französisch
Wein (m)	arabisch	kolumbianisch
Kaffee (m)	indisch	chinesisch
Tee (m)	amerikanisch	kanadisch
Mineralwasser (n)	deutsch	australisch
	kalifornisch	...

③ Word order

A review of negation

In this chapter you have learned about the direct object. Negation in a sentence with a direct object follows the same rules you learned in *Kapitel 1*.

Nicht precedes words or expressions that are specifically negated.

> Ich finde den Pullover **nicht schön.**
> Ich möchte **nicht das blaue Sweatshirt,** sondern das rote.

If no word or expression is specifically negated, **nicht** stands at the end of the sentence.

> Ich kaufe den Pullover **nicht.**
> Ich kaufe auch die Jacke **nicht.**

Use **kein** to negate a noun preceded by the indefinite article **ein** or by a noun without an article.

> Ich kaufe auch **keinen** Mantel.

3-34 Immer negativ!

S1: Kaufst du das Hemd?　　　　　　**S2:** Nein, ich kaufe das Hemd nicht.

1. Findest du das Hemd schön?
2. Kennst du diese Jazzband?
3. Hat Maria ein schönes Zimmer?
4. Verstehst du diesen Artikel?
5. Findest du diesen Artikel interessant?
6. Haben Claudias Eltern viel Geld?
7. Haben Claudias Eltern ein großes Haus?
8. Besucht Robert seinen Onkel oft?
9. Verstehen Lisas Eltern ihre Probleme?
10. Hat Laura Probleme?

Sprachnotiz | **Expressing time with the accusative case**

To express definite points in time or duration of time, German often uses time phrases in the accusative case.

Ich gehe **jeden Morgen** schwimmen.	*I go swimming every morning.*
Nächstes Jahr fliegen wir nach Kanada.	*Next year we're flying to Canada.*
Wir bleiben **einen ganzen Monat** in Kanada.	*We're staying in Canada for a whole month.*

---

④ Expressing actions in the present and future

Verbs with stem-vowel changes in the present tense

Some German verbs have a stem-vowel change in the **du**-form and in the **er/es/sie**-form of the present tense. Note that the stem vowel changes *only* in the **du**-form and in the **er/es/sie**-form.

e → i		e → ie		a → ä		au → äu	
SPRECHEN		**LESEN**		**FAHREN**		**LAUFEN**	
ich	spreche	ich	lese	ich	fahre	ich	laufe
du	sprichst	du	liest	du	fährst	du	läufst
er/es/sie	spricht	er/es/sie	liest	er/es/sie	fährt	er/es/sie	läuft
wir	sprechen	wir	lesen	wir	fahren	wir	laufen
ihr	sprecht	ihr	lest	ihr	fahrt	ihr	lauft
sie/Sie	sprechen	sie/Sie	lesen	sie/Sie	fahren	sie/Sie	laufen

In vocabularies, verbs with these stem-vowel changes are usually listed as follows:

sprechen (spricht)	*to speak*
fahren (fährt)	*to drive*

Verbs with stem-vowel change from *e → i* or *ie*

essen	*to eat*	ich esse	du **isst**	er **isst**
geben	*to give*	ich gebe	du **gibst**	er **gibt**
lesen	*to read*	ich lese	du **liest**	er **liest**
nehmen	*to take*	ich nehme	du **nimmst**	er **nimmt**
sehen	*to see*	ich sehe	du **siehst**	er **sieht**
sprechen	*to speak*	ich spreche	du **sprichst**	er **spricht**
werden	*to get; to be; to become*	ich werde	du **wirst**	er **wird**

3-35 Was passt? In the chart above, find the appropriate verb for each sentence. Insert it in the correct form. Then read the sentence with the subjects in parentheses, changing the verb form accordingly.

1. Peter _____ morgen zweiundzwanzig. (ich, du, meine Zimmerkollegin)
2. Stephanie _____ sehr gut Deutsch. (ihr, Sie, du)
3. _____ du immer den Bus zur Uni? (ihr, Stephanie, Sie)
4. Ich _____ viel zu viel Schokolade. (du, ihr, Maria)
5. Mein Vater _____ jeden Morgen die Zeitung. (ich, wir, Frau Ziegler)
6. Claudia und Stephanie _____ morgen Abend eine Party. (ich, Günter, wir)
7. Welchen Film _____ ihr heute Abend? (wir, du, Martin und Claudia)

Sprachnotiz	The expression *es gibt*

From the verb **geben** comes the expression **es gibt.** Its English equivalent is *there is* or *there are*. **Es gibt** always takes an accusative object.

Heute **gibt es** Pudding zum Nachtisch.

*Today **there is** pudding for dessert.*

Wie viele McDonald's **gibt es** in München?

*How many McDonald's **are there** in Munich?*

Verbs with stem-vowel change from *a → ä* or *au → äu*

backen	*to bake*	ich backe	du **bäckst**	er **bäckt**
fahren	*to drive*	ich fahre	du **fährst**	er **fährt**
halten	*to hold; to stop*	ich halte	du **hältst**	er **hält**
lassen	*to let; to leave*	ich lasse	du **lässt**	er **lässt**
schlafen	*to sleep*	ich schlafe	du **schläfst**	er **schläft**
tragen	*to wear*	ich trage	du **trägst**	er **trägt**
waschen	*to wash*	ich wasche	du **wäschst**	er **wäscht**
laufen	*to run*	ich laufe	du **läufst**	er **läuft**

3-36 Was passt?   In the chart above find the appropriate verb for each sentence. Insert it in the correct form. Then read the sentence with the subjects in parentheses, changing the verb form accordingly.

1. Was für einen Wagen _____ du? (Sie, dein Vater, ihr)
2. In wie viel Sekunden _____ du die hundert Meter? (ihr, Sie, Stefan}
3. Warum _____ Müllers den Hund nicht ins Haus? (du, ihr, Sie)
cakes 4. Oma Ziegler _____ echt gute Kuchen°. (ihr, du, ich)
5. _____ du jeden Sonntagmorgen bis halb zwölf? (ihr, Sie, Lukas)
6. Warum _____ du denn schon wieder die Haare? (Laura, Sie, ihr)
7. _____ Sie lieber Pullover oder Sweatshirts? (du, ihr, Peter)
8. Warum _____ der Bus hier? (du, ihr, der Zug)

3-37 Ein Samstagnachmittag bei Zieglers.   Complete the sentences with the appropriate words from the list.

backen / fahren / waschen / essen / werden / schlafen / lesen

1. Nina _____ einen Apfel und _____ ein Buch.
2. Oma Ziegler _____ einen Kuchen, denn Nina _____ morgen siebzehn.
is lying 3. Frau Ziegler liegt° im Bett und _____.
4. Herr Ziegler und Robert _____ den Wagen.
5. Dann _____ Herr Ziegler in die Stadt.

3-38 Herr Ziegler kritisiert heute alles!

sprechen / laufen / nehmen / geben / lassen / tragen

1. Warum _____ du denn keine Brokkoli, Robert?
2. Warum _____ es denn heute keinen Nachtisch?
3. Warum _____ ihr denn nicht ein bisschen lauter, Kinder?
bathroom 4. Warum _____ denn das Wasser im Badezimmer°?
5. Warum _____ du denn immer dieses blöde T-Shirt, Nina?
window 6. Warum _____ ihr denn mitten im Winter das Fenster° offen, Kinder?

3-39 Was machen diese Leute?

S1: Was macht Tanja?   **S2:** Sie läuft Ski.

▶ ... Ski.

1. Was macht Helga?

... ein Bad.

2. Was macht Ralf?

... sein Motorrad.

3. Was macht Frau Schneider

... ein Buch.

4. Was macht Charlyce?

... mit Bernd.

5. Was macht Günter?

... alles doppelt.

6. Was macht Herr Lukasik?

... seinen Wagen.

7. Was macht Tina?

... einen Apfel.

8. Was macht Monika?

...

3-40 Was machen diese Leute gern? Was machen sie lieber?

S1: Isst Maria gern Spaghetti?
S2: Isst Thomas gern Nudeln?

S2: Nein, sie isst lieber Makkaroni.
S1: Ja, er isst sehr gern Nudeln.

	MARIA	THOMAS	TINA UND LISA
ESSEN	Spaghetti?		Hot dogs?
		Ja, ...	
LESEN		Zeitungen?	
	Nein, ... Krimis.		Ja, ...
SEHEN		Dokumentarfilme?	Sportreportagen?
	Nein, ... Komödien.		
SPRECHEN	Spanisch?		Deutsch?
		Nein, ... Englisch.	
FAHREN		Auto?	
	Ja, ...		Ja, ...
TRAGEN	Jeans?		
		Nein, ... Sweatshirts.	Nein, ... lange Hosen.

3-41 Ein Interview. Interview your partner and report your findings to the class.

Was isst du gern?
Wo isst du gern?
Was liest du gern?
TV programs Welche Fernsehprogramme° siehst du gern?
languages Wie viele Sprachen° sprichst du? Welche?
Was für einen Wagen fährst du?
Was für Kleider trägst du gern?
Wie lange schläfst du am Wochenende?

> ● **Nicht verpassen**
> **11.00, ZDF „Sport extra"**
> Tennis-World-Team-Cup in Düsseldorf: Finale
> **14.00, RTL „Formel 1: Das Rennen"**
> Großer Preis von Spanien in Barcelona. Schumi fuhr 1996 dort seinen ersten Sieg für Ferrari ein. Frentzen wurde Vierter. Ein gutes Omen?
> **17.45, RTL „Mord ist ihr Hobby"**
> Start der Krimi-Serie mit Angela Lansbury als Jessica Fletcher – 8. Staffel, 22 neue (!) Folgen
> **20.15, ARD „Tatort"**
> Kripo-Mann Roiter (Winfried Glatzeder) in Mordverdacht...

ZUSAMMENSCHAU

ZUM HÖREN

Wie erkennen wir einander?

Before Stephanie arrived in **München** in mid-October, she spent two weeks visiting relatives in **Köln.** In the conversation you are about to hear, Stephanie is calling from Chicago to make arrangements to have her cousins Michael and Martina, whom she has never met, pick her up at the international airport in **Düsseldorf.**

NEUE VOKABELN

mich	*me*	**die Flugnummer**	*flight number*
das Flugzeug	*airplane*	**ganz kurz**	*very short*
zum Flughafen	*to the airport*	**erkennen**	*to recognize*
übermorgen	*the day after tomorrow*		

3-42 Globalverstehen. In which sequence do you hear the following statements and questions?

_____ Nein, meine Haare sind jetzt kurz und blond.
_____ Na, dann tschüs bis übermorgen, Stephanie, und gute Reise.
_____ Dann bist du übermorgen in Deutschland.
_____ Martina! Was trägst du übermorgen?
_____ Hier spricht deine Kusine Stephanie aus Chicago.
_____ Ja, wie erkennen wir einander dann?

3-43 Detailverstehen. Listen to the telephone conversation again, and write the responses to the following questions.

1. Was ist Michaels Familienname?
2. Wann fahren Stephanie und ihr Vater zum Flughafen?
3. Wie kommen Michael und Martina zum Flughafen in Düsseldorf?
4. Wer ist blond und wer ist brünett?
5. Wer hat ganz kurze Haare und wer hat lange Haare?
6. Wer kommt übermorgen in Blau, wer in Weiß und wer in Schwarz?

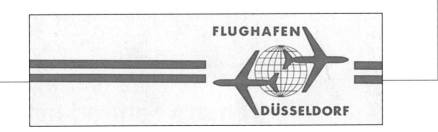

3-44 Wer ist das?   Describe one of your classmates. Write a few words about the style and color of her/his hair and clothing. Use the descriptive words and the colors given below, and attach appropriate adjective endings. Then read your description aloud and see if the class can guess who it is.

> **S:** Sie hat lange, blonde Haare. Sie trägt ein schönes, gelbes T-Shirt, einen langen, dunkelblauen Rock, weiße Socken und weiße Tennisschuhe. Wer ist das?

Sie/Er hat _____e, _____e Haare.

straight / curly • lang, kurz, glatt°, lockig°

  • blond, brünett, rot, schwarz ...

Sie/Er trägt   einen   _____en, _____en Pullover (Rock, Mantel, Gürtel)
           ein   _____es, _____es Kleid (Hemd, T-Shirt, Sweatshirt)
           eine   _____e, _____e Bluse (Hose, Jogginghose, Jacke)
                   _____e, _____e Jeans (Shorts, Socken, Schuhe,
                   Tennisschuhe, Sandalen)

  • lang, kurz, groß, klein, elegant, schick, schön, toll, hübsch

  • blau, braun, gelb, grün, rot, rosarot, schwarz, weiß, hellblau, dunkelblau ...

3-45 Eine Personenbeschreibung.   Write a paragraph describing a family member or a friend. Use as many adjectives as possible to describe her/his physical appearance and what she/he likes to wear. Use the questions below and the information in the previous activity to guide you.

Wie heißt die Person?
Wie alt ist sie/er?
Ist sie/er eine Verwandte/ein Verwandter oder eine gute Freundin/ein guter Freund?
Welche Farbe haben ihre/seine Augen? *Sie/Er hat ...*
Was für Haare hat sie/er?
Was für Kleider trägt sie/er gern?

Until World War I, **Österreich** was part of the vast multinational Austro-Hungarian Empire, which included not only Austrians and Hungarians, but also many Slavic peoples like the Czechs and Slovaks. After the war, the German-speaking part of the empire became the Republic of Austria. In 1938, however, the young republic was annexed by Nazi Germany. It is only since 1955 that Austria has again become an independent, democratic state. The country plays an active role in the peace-keeping efforts of the United Nations, and its capital, **Wien,** rivals Geneva as a center for international conferences and as the headquarters for international organizations. In 1995 Austria became a member of the European Union. Because of its

Konzert vor dem Rathaus in Wien

beautiful alpine landscapes, Austria attracts over 17 million vacationers annually. It provides 3,500 lifts for the ski enthusiasts that flock to its challenging slopes each winter, and it is a leader in alpine ski technology. In summer a network of thousands of kilometers of hiking trails attracts hikers and mountain climbers.

Austria also has a great cultural tradition. Haydn, Mozart, Schubert, and Johann Strauß were born there. Beethoven, although born in Germany, was attracted by the flourishing musical life of Vienna and lived and worked there until his death. Today Vienna's glittering **Staatsoper,** the **Burgtheater,** and in Salzburg, the **Festspiele** and the **Mozarteum** are synonymous with excellence to music and theater lovers throughout the world.

Eine musikalische Familie und ihr genialer[1] Sohn

Vor dem Lesen

3-46 Wolfgang Amadeus Mozart.

1. Have you ever listened to classical music?
2. Do you have a favorite composer of classical music?
3. What do you know about Mozart?

3-47 Was ist das auf Englisch? Find the English equivalents for the German words in boldface.

1. Leopold Mozart ist Violinist im Orchester **des Erzbischofs** von Salzburg.
2. Sein Sohn Wolfgang ist ein musikalisches **Wunderkind.**
3. In Salzburg ist Wolfgang nur ein **schlecht bezahlter** Musiker.
4. In Wien verdient Wolfgang viel Geld und lebt **wie ein König.**
5. Er braucht viel **mehr** Geld **als** er verdient.
6. Er macht **Schulden,** denn er braucht viel mehr Geld als er verdient.
7. Mozart arbeitet **fieberhaft** und verdient jedes Jahr mehr.

a. debts
b. like a king
c. feverishly
d. poorly paid
e. child prodigy
f. of the archbishop
g. more . . . than

In diesem Haus in Salzburg, Österreich, wohnt im achtzehnten Jahrhundert Leopold Mozart mit seiner Familie. Er ist Violinist im Orchester des Erzbischofs und auch Musiklehrer und Komponist. Seine Tochter Nannerl ist eine ausgezeichnete[2] Pianistin und sein Sohn Wolfgang schreibt schon mit vier Jahren die ersten Kompositionen. Im Jahr 1762 reist die ganze[3] Familie nach Wien. Dort spielen die beiden Wunderkinder – Nannerl ist jetzt elf und Wolfgang sechs – für die Kaiserin[4] und sie bekommen[5] schöne Kleider und viel Geld. Von 1763 bis 1767 – fast vier Jahre lang – reisen Mozarts dann in ihrer Kutsche[6] Tausende von Kilometern durch Deutschland, Belgien, Frankreich, England und Holland. Oft ist das Wetter schlecht und

die Kinder sind oft sehr krank[7], aber sie geben Hunderte von Konzerten. 1769 reist der jetzt 13-jährige Wolfgang mit seinem Vater nach Italien. Fünfzehn Monate lang ist der junge Pianist und Komponist auch dort die große Sensation. Dann ist Wolfgang wieder in Salzburg und wird sechzehn Jahre alt. Aber jetzt ist er kein Wunderkind und keine Sensation mehr, sondern nur ein schlecht bezahlter Musiker im Orchester des Erzbischofs. 1781 geht Mozart nach Wien und verdient dort als Pianist und Komponist viel Geld. 1782 heiratet er die Wienerin Konstanze Weber, lebt mit seiner Frau wie ein König und braucht viel mehr Geld als er verdient. Er macht Schulden und bezahlt[8] diese Schulden mit immer neuen Schulden.

Familie Mozart

Er arbeitet fieberhaft und verdient jedes Jahr mehr. Im Jahr 1791, seinem letzten[9] Lebensjahr, schreibt Mozart zwei Opern, ein Klavierkonzert, ein Klarinettenkonzert, ein Quintett und eine Kantate und arbeitet an einem Requiem. Aber im November wird er sehr krank und kann nicht mehr arbeiten. Am fünften Dezember ist Mozart tot.[10] Er ist fünfunddreißig Jahre alt.

[1]*genius* [2]*excellent* [3]*whole* [4]*empress* [5]*receive* [6]*carriage* [7]*ill* [8]*pays for* [9]*last* [10]*dead*

Arbeit mit dem Text

3-48 Daten.   In what year did the following events take place?

_____ Konstanze Weber wird Mozarts Frau.
_____ Die große Konzertreise durch halb Europa beginnt.
_____ Mozarts kurzes Leben ist zu Ende.
_____ Leopold Mozart fährt mit Wolfgang nach Italien.
_____ Wolfgang lebt jetzt nicht mehr in Salzburg, sondern in Wien.
_____ Nach fast vier Jahren ist Familie Mozart wieder in Salzburg.
_____ Wolfgang und Nannerl spielen für die Kaiserin in Wien.

3-49 Was ist die richtige Antwort? You will hear eight questions about *Eine musikalische Familie und ihr genialer Sohn.* Check the correct responses.

1. ___ Erzbischof.
   ___ Musiker.
2. ___ Klavier.
   ___ Violine.
3. ___ Für die Kaiserin.
   ___ Für den Erzbischof.
4. ___ Sie sind in Italien.
   ___ Sie reisen durch halb Europa.

5. ___ Er spielt nicht mehr so gut.
   ___ Er ist keine Sensation mehr.
6. ___ In Salzburg.
   ___ In Wien.
7. ___ Er lebt wie ein König.
   ___ Er verdient nicht viel.
8. ___ 53.
   ___ 35.

Wort, Sinn und Klang

Wörter unter der Lupe

More cognates

In *Kapitel 2* you saw that it is often quite simple to "decode" the English meanings of certain cognates. Below is another list with the "codes" that will help you figure out the English meanings. In some cases it helps to say the German words out loud. Words followed by (v) are verbs in their infinitive form.

- German **s, ss,** or **ß** is English *t* or *tt*

das Wasser	rasseln (v)	vergessen (v)	der Fuß	der Kessel
hassen (v)	besser	beißen (v)	die Nuss	was

- German **z** or **tz** is English *t* or *tt*

setzen (v)	die Hitze	grunzen (v)	zehn
sitzen (v)	die Katze	die Warze	zwölf
der Sitz	das Salz	zu	die Zunge
glitzern (v)	das Netz		

- German **pf** is English *p* or *pp*

der Apfel	der Pfennig	das Pfund	der Pfad (**d** → *th!*)
der Krampf	die Pflanze (**z** → *t!*)	der Pfeffer (**f** → *p!*)	die Pfeife (**f** → *p!*)
die Pfanne	der Pfosten		

Words as chameleons: *wie*

In different contexts, the word **wie** can take on a number of different meanings.

- **Wie** can mean *how:*

Wie alt sind Sie?	*How old are you?*
Wie geht's?	*How are you?*

- **Wie** can mean *what:*

Wie ist Ihr Name und Ihre Adresse?	*What is your name and your address?*
Wie heißt du?	*What's your name?*

- **Wie** can mean *what . . . like:*

Wie ist Ihre neue Wohnung?	*What is your new apartment **like**?*

- **Wie** can mean *like:*

Eine Wohnung **wie** meine kostet viel Geld.	*An apartment **like** mine costs a lot of money.*

- When comparing with **so ... wie, wie** means *as:*

Meine Wohnung kostet nicht so viel **wie** deine.	*My apartment doesn't cost as much **as** yours.*

3-50 Was bedeutet *wie*? Write the number given after each occurrence of **wie** beside the appropriate English equivalent.

1. LAURA: **Wie** (1) heißt Lenas neuer Freund und **wie** (2) alt ist er?
    MARIA: Er heißt Florian und er ist 22 Jahre alt.
    LAURA: Und **wie** (3) ist er? Ist er so doof **wie** (4) ihr letzter Freund?

    how _____ what _____ what . . . like _____ as _____

2. JULIA: **Wie** (1) ist das Wetter? Ist es immer noch so schön **wie** (2) heute Morgen?
    LUKAS: Nein, jetzt regnet es **wie** (3) verrückt°.   *crazy*

    what . . . like _____ like _____ as _____

3. PETER: **Wie** (1) geht's, Claudia? **Wie** (2) ist deine neue Zimmerkollegin? Ist sie so nett **wie** (3) die letzte?
    CLAUDIA: Klar. Wir sind schon fast **wie** (4) gute, alte Freundinnen.

    how _____ what . . . like _____ like _____ as _____

Zur Aussprache

The diphthongs

A diphthong is a combination of two vowel sounds. There are three diphthongs in German.

3-51 Hören Sie gut zu und wiederholen Sie!

The diphthong **ei** (also spelled **ey, ai, ay**) is pronounced like the *i* in *mine*.

eins	zw**ei**	dr**ei**
Herr M**ey**er	Herr S**ai**ler	Herr B**ay**er

H**ei**ke B**ay**er und H**ei**nz Fr**ey** h**ei**raten am zw**ei**ten M**ai**.

The diphthong **au** is pronounced like the *ou* in *house*.

br**au**chen	l**au**fen	k**au**fen
bl**au**	br**au**n	gr**au**

P**au**l, du bist zu l**au**t. Ich gl**au**be, du bist bl**au**.
Br**au**tkleid bleibt Br**au**tkleid, und Bl**au**kraut bleibt Bl**au**kraut.

The diphthong **eu** (also spelled **äu**) is pronounced like the *oy* in *boy*.

h**eu**te	t**eu**er	n**eu**
H**äu**ser	M**äu**se	Verk**äu**fer

Wer ist Frau B**äu**erles n**eu**er Fr**eu**nd?
Ein Verk**äu**fer aus Bayr**eu**th.

Nomen

der Familienname, -n	last name
der Vorname, -n	first name
der Flug, ⁻e	flight
der Flughafen, ⁻	airport
die Flugnummer, -n	flight number
das Flugzeug, -e	airplane
das Geschäft, -e	store; business
das Feinkostgeschäft, -e	fine foods store
das Kleidergeschäft, -e	clothing store
das Kaufhaus, ⁻er	department store
der Verkäufer, -	
die Verkäuferin, -nen	sales clerk
die Schulden (pl)	debts
die Sprache, -n	language

Verben

bekommen	to get; to receive
bezahlen	to pay
brauchen	to need
heiraten	to marry
essen (isst)	to eat
geben (gibt)	to give
lesen (liest)	to read
nehmen (nimmt)	to take
sehen (sieht)	to see
sprechen (spricht)	to speak
werden (wird)	to get; to be; to become
backen (bäckt)	to bake
fahren (fährt)	to drive
halten (hält)	to hold; to stop
lassen (lässt)	to let; to leave
laufen (läuft)	to run
schlafen (schläft)	to sleep
tragen (trägt)	to wear
waschen (wäscht)	to wash

Andere Wörter

ausgezeichnet	excellent
blond	blonde
brünett	brunette
glatt	straight (of hair)
lockig	curly
laut	loud
offen	open
tot	dead
wunderbar	wonderful
wunderschön	very beautiful
mehr	more
gestern	yesterday

Ausdrücke

es gibt (+ acc)	there is, there are
ganz kurz	very short
die ganze Familie	the whole family
nächstes Jahr	next year
Er arbeitet nicht mehr.	He's not working anymore.
Er ist kein Wunderkind mehr.	He's not a child prodigy anymore.
Sie wird einundzwanzig.	She is going to be twenty-one.
Was sind Sie von Beruf?	What is your occupation?

Das Gegenteil

die Hausfrau, -en ≠ der Hausmann, ⁻er	housewife ≠ house husband
kaufen ≠ verkaufen	buy ≠ sell
erst ≠ letzt	first ≠ last
krank ≠ gesund	sick ≠ healthy
neu ≠ alt	new ≠ old
vorgestern ≠ übermorgen	the day before yesterday ≠ the day after tomorrow
alles ≠ nichts	all ≠ nothing
jemand ≠ niemand	somebody ≠ nobody

Leicht zu verstehen

das Interview, -s	die Sandale, -n
die Klasse, -n	die Shorts
die Person, -en	das T-Shirt, -s
das Mountainbike, -s	kritisieren
der Preis, -e	

Wörter im Kontext

3-52 Jennifers Familie. Complete with words from the list.

nimmt / wird / von Beruf / nächste / niemand / Flughafen / gibt es /
bekommt / offen / Flugzeug / übermorgen

1. Jennifers Vater und ihr Bruder Kurt sind beide Koch _____.
2. Im Restaurant von Jennifers Eltern _____ oft deutsche Spezialitäten.
3. Montags ist das Restaurant nicht _____, denn montags isst fast _____ im Restaurant.
4. _____ fliegt Jennifers Mutter nach Deutschland, denn Jennifer _____ _____ Woche einundzwanzig.
5. Ihr _____ landet auf dem Hamburger _____, und von dort _____ sie dann den Zug nach Kiel.
6. Jennifer _____ von ihren Eltern fünfhundert Mark zum Geburtstag.

3-53 Was passt zusammen? For each sentence in the first column, find the most appropriate statement in the second column and complete it with a suitable verb from the following list.

essen / tragen / schlafen / waschen / sehen / fahren / lesen

1. Er ist Polizist.
2. Sie ist Studentin.
3. Er ist Bankdirektor.
4. Er ist ein Gourmet.
5. Das ist ein Bär.
6. Das ist eine Katze.
7. Er ist Hausmann.

a. Er kocht und bäckt und _____.
b. Er _____ fast den ganzen Winter.
c. Sie _____ jeden Morgen zur Uni.
d. Er _____ eine Uniform.
e. Er _____ oft Börsenberichte.
f. Er _____ gern Kaviar.
g. Sie _____ auch bei Nacht sehr gut.

3-54 Anders gesagt. Decide which two sentences in each group have approximately the same meaning.

1. a. Anna ist Verkäuferin.
   b. Anna kauft Schuhe.
   c. Anna verkauft Schuhe.
2. a. Wie viel Geld verdienst du?
   b. Wie viel Geld bekommst du?
   c. Wie viel Geld brauchst du?
3. a. Tom und Maria heiraten morgen.
   b. Maria wird morgen Toms Frau.
   c. Maria und Tom sind nicht mehr verheiratet.
4. a. Tom spricht viele Sprachen.
   b. Toms Muttersprache ist Englisch.
   c. Toms Englisch ist ausgezeichnet.
5. a. Mein Familienname ist Müller.
   b. Ich heiße Stefan Müller.
   c. Ich heiße Müller.
6. a. Morgen habe ich keine Schulden mehr.
   b. Morgen habe ich wieder viel mehr Geld.
   c. Morgen bezahle ich alle meine Schulden.

KAPITEL 4

Alltagsleben

Kommunikationsziele

Talking about daily routines
Talking about abilities,
  necessities, and obligations
Expressing permission, wishes,
  and likes
Telling someone what to do
Giving reasons and conditions

Strukturen

Present tense of modal verbs
Separable-prefix verbs
The imperative

Word order:
Position of the verb in
  dependent clauses

Kultur

Soccer
Railways in the German-
  speaking countries
Switzerland

Leute: **Nicolas Hayek**

Alltagsszene in Stuttgart

Vorschau

So bin ich eben

MARTIN: *(steht auf und gähnt)* Was?! Du bist schon auf? Wie spät ist es denn?

PETER: Fast acht Uhr. Ich muss mein Referat für Professor Weber fertig schreiben. Das Seminar fängt schon um elf an.

MARTIN: *(lacht)* Ja ja, du und deine Referate: viel Stress, viel Kaffee, kein Frühstück. Iss doch eine Scheibe Brot. Und hier ist auch Butter, Wurst und Käse dazu.

PETER: Ich kann nicht, ich muss schreiben.

MARTIN: Du bist echt doof, Peter. Warum fängst du immer so spät an?

PETER: Ich brauche den Stress, Martin. So bin ich eben.

Morgen, morgen, nur nicht heute ...

STEPHANIE: Unser Zimmer sieht ja wie ein Schweinestall aus! Kannst du nicht mal ein bisschen aufräumen, Claudia?

CLAUDIA: Klar! Nur nicht heute. Heute habe ich viel zu viel zu tun.

STEPHANIE: Das sagst du immer und dann muss ich aufräumen.

CLAUDIA: Das musst du gar nicht. Morgen habe ich viel Zeit.

STEPHANIE: Das sagst du auch immer.

CLAUDIA: Ja, aber diesmal stimmt's. Ich bin morgen den ganzen Vormittag zu Hause, stehe früh auf und um zwölf ist hier alles tipptopp.

STEPHANIE: Na ja, mal sehen.

Stephanie schreibt nach Hause

München, den 2. Dezember 1999

Liebe Eltern,

ich bin jetzt fast zwei Monate hier in München und alles ist immer noch echt super: die Uni, die Stadt und vor allem meine neuen Freunde. Claudia ist immer noch meine beste Freundin. Übrigens kocht sie ganz fabelhaft und macht echt leckere Gerichte mit viel Gemüse und Salat und wenig Fleisch (Fleisch ist hier sehr teuer). Sie mag aber auch meine gute Tomatensoße mit Nudeln oder Spaghetti. Zum Frühstück isst man hier übrigens oft Wurst und Käse. Ich esse aber meistens eine Schüssel Cornflakes, genau wie zu Hause, und manchmal mache ich auch mein Lieblingsfrühstück, meine Pancakes. Peter, ein Freund von Claudias Freund Martin, findet sie echt toll. Peter ist übrigens sehr nett. Er ist oft bei uns und er ruft auch oft an ...

ZUM HÖREN

4-1 Richtig oder falsch.   You will hear the conversations and the letter on pages 117 and 118. Indicate whether the statements that follow each conversation and the letter are **richtig** or **falsch**.

SO BIN ICH EBEN

	RICHTIG	FALSCH		RICHTIG	FALSCH		RICHTIG	FALSCH
1.	___	___	2.	___	___	3.	___	___

MORGEN, MORGEN, NUR NICHT HEUTE

	RICHTIG	FALSCH		RICHTIG	FALSCH		RICHTIG	FALSCH
1.	___	___	2.	___	___	3.	___	___

STEPHANIE SCHREIBT NACH HAUSE

	RICHTIG	FALSCH		RICHTIG	FALSCH		RICHTIG	FALSCH
1.	___	___	2.	___	___	3.	___	___

4-2 Was passt zusammen?

1. Warum ist Peter schon so früh auf?
2. Warum fängt Peter immer so spät an?
3. Was sieht wie ein Schweinestall aus?
4. Warum kann Claudia heute nicht aufräumen?
5. Wer mag Stephanies Tomatensoße?
6. Wer mag Stephanies Pancakes?
7. Wen ruft Peter oft an?

a. Claudia.
b. Sie hat zu viel zu tun.
c. Stephanie.
d. Stephanies und Claudias Zimmer.
e. Peter.
f. Er braucht den Stress.
g. Er muss sein Referat fertig schreiben.

4-3 Wann stehst du auf und was isst du zum Frühstück?

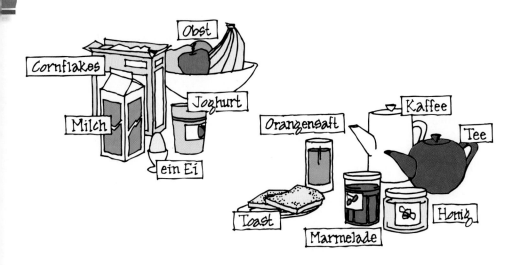

S1:

Wann stehst du an Wochentagen auf?

Und wann stehst du am Wochenende auf?

Was isst und trinkst du zum Frühstück?

S2:

An Wochentagen stehe ich meistens um _____ auf.

Am Wochenende stehe ich meistens erst um _____ auf.

Ich esse ... und ich trinke ...

Record what you find out and report your findings to the rest of the class.

S: An Wochentagen steht [Name] meistens um _____ auf und am Wochenende steht sie/er meistens um _____ auf.

Zum Frühstück isst sie/er ... und sie/er trinkt ...

Nomen

das Frühstück	breakfast
zum Frühstück	for breakfast
das Brot	bread; sandwich
die Scheibe, -n	slice
eine Scheibe Brot	a slice of bread
das Brötchen, -	roll
das Ei, -er	egg
der Honig	honey
der Jogurt	yogurt
der Becher, -	carton
ein Becher Jogurt	a carton of yogurt
der Kaffee	coffee
die Tasse, -n	cup
eine Tasse Kaffee	a cup of coffee
der Käse	cheese
die Marmelade	jam
das Müsli	muesli (cold, whole grain cereal with nuts and fruit)
die Schüssel, -n	bowl
eine Schüssel Müsli	a bowl of muesli
der Orangensaft	orange juice
das Glas, ¨er	glass
ein Glas Orangensaft	a glass of orange juice
der Zucker	sugar
das Mittagessen	noon meal, lunch
zum Mittagessen	for lunch
das Abendessen	evening meal
zum Abendessen	for supper, for dinner
das Fleisch	meat
das Gemüse *(sing)*	vegetables
die Kartoffel, -n	potato
die Pommes frites	French fries
die Wurst	sausage; cold cuts
der Nachtisch	dessert
zum Nachtisch	for dessert

das Eis	ice cream
das Obst *(sing)*	fruit
der Nachmittagskaffee	afternoon coffee
der Kuchen, -	cake
die Torte, -n	layer cake
das Stück, -e	piece
ein Stück Kuchen	a piece of cake

Verben

an·fangen (fängt an)	to begin
an·rufen	to call
auf·räumen	to tidy up
auf·stehen	to get up
aus·sehen (sieht aus)	to look like
frühstücken	to have breakfast

Andere Wörter

fabelhaft	fabulous
fertig	finished; ready
genau	exact; exactly
lieb	dear
diesmal	this time
meistens	usually

Ausdrücke

Wann isst du zu Mittag (zu Abend)?	When do you have lunch (supper)?
Was für ein Schweinestall!	What a pigsty!
So bin ich eben.	That's just the way I am.
Gehst du nach Hause?	Are you going home?
Bist du heute zu Hause?	Will you be at home today?
Wie macht man das?	How does one (you) do that?
vor allem	above all
Das stimmt.	That's right.

Das Gegenteil

früh ≠ spät	early ≠ late
manchmal ≠ oft	sometimes ≠ often

Leicht zu verstehen

die Butter	der Salat, -e
der Fisch, -e	der Pudding
die Nudel, -n	die Schokolade
der Reis	der Toast

... und zum Nachmittagskaffee ein Stück Kuchen.

Wörter im Kontext

4-4 Was passt nicht?

1. das Fleisch
   der Orangensaft
   der Käse
   die Wurst

2. die Nudel
   der Nachtisch
   die Kartoffel
   der Reis

3. der Becher
   das Glas
   die Scheibe
   die Tasse

4. der Pudding
   das Eis
   das Obst
   die Kartoffel

4-5 *Nach Hause* oder *zu Hause?*

Zieglers fahren nach Hause

Zieglers sind zu Hause

1. Wann kommt Stephanie heute Abend _____?
2. Ist Claudia immer noch nicht _____?
3. Ich gehe jetzt _____.

4. Ich muss um sieben _____ sein.
5. Fährst du am Wochenende _____?
6. Wohnt Stefan immer noch _____?
7. Geht ihr heute Abend aus oder esst ihr _____?

4-6 Was passt wo?

diesmal / manchmal / meistens

1. Müllers essen sonntags oft im Restaurant. Sie essen sehr gern italienisch und gehen deshalb _____ ins Ristorante Napoli. _____ essen sie aber auch gern chinesisch. Heute ist wieder Sonntag, aber _____ will Frau Müller nicht° italienisch und auch nicht chinesisch essen, sondern türkisch.

will ... nicht:
doesn't . . . want

zum Mittagessen / zum Frühstück / zum Nachtisch

2. _____ esse ich Obst oder italienisches Eis.
   _____ esse ich Brötchen oder eine Schüssel Müsli.
   _____ esse ich Fleisch und Gemüse.

Jogurt / Pommes frites / Käse / Kartoffelchips / Butter

3. _____, _____ und _____ macht man aus Milch.
   _____ und _____ macht man aus Kartoffeln.

eine Scheibe / eine Tasse / einen Becher / ein Glas / ein Stück

4. Zum Frühstück trinke ich meistens _____ eiskalten Orangensaft und _____ schwarzen Kaffee und esse _____ Toast dazu. Zum Nachmittagskaffee esse ich _____ Torte und abends esse ich zum Nachtisch oft _____ Fruchtjogurt.

Fußball: King of sports in the German-speaking countries

Meadowlands: Juli 1994

The history of **Fußball** goes back to the turn of the century. The game was originally imported from England, and in the early years it was considered to be a rather boorish pastime. Before World War II, Germany had only a lackluster national team, especially compared to its successful competitors in Austria, Hungary, and England. It was not until 1954, when the German national team won its first World Cup in Bern, Switzerland, that **Fußball** really came into its own in Germany. Nine years after the end of World War II, the German team's unexpected win over Hungary went a long way to giving Germans the feeling that they were once again a part of the world community. Since then Germany has won the World Cup again in 1974 and in 1990.

Today **Fußball** is a booming, multimillion mark business. Every weekend during the soccer season, an average of 27,000 fans flock to each of the country's nine stadiums to cheer on their favorite teams in the **Bundesliga** (Federal League) and an additional six or seven million follow the games on television. Now that commercial TV has arrived in Germany, sponsorships of televised games bring in millions of marks in advertising revenue. Top players enjoy tremendous popularity and draw huge salaries, and in playoff games each member of the winning team is paid a premium amounting to several hundred thousand marks. Once considered a working-class sport, **Fußball** has become a national passion.

Fußball is not just a spectator sport in the German-speaking countries. The game is played by young and old, males and females, mostly as a leisure-time activity. Just about every village in Germany has a soccer team, and each team belongs to the **Deutscher Fußball-Bund.** With 5.2 million members, this umbrella organization is the largest sporting association in the country.

Some rules of the game:

- games are 90 minutes long with a half-time break of 15 minutes

- 11 players make up a team

- the ball can be played with all body parts except the hands and arms

- only the goal keeper can use her/his arms inside the goal area

4-7 Was passt zusammen? Study the logos of these soccer clubs and match them to the names given.

Erster Fußballsportverein Mainz 05

Sportclub Freiburg

Fußballclub Schalke 04

Karlsruher Sportclub

Fußballclub Hansa Rostock

Erster Fußballclub Kaiserslautern

Kommunikation und Formen

① Modifying the meaning of verbs: modal verbs

Meaning and position

Modal verbs are a small group of verbs (six in German) that modify the meaning of other verbs. The verbs modified by the modals appear in the infinitive form at the very end of the sentence.

Ich **kann** bessere Zensuren bekommen.	*I **can** get better grades.*
Ich **muss** bessere Zensuren bekommen.	*I **have to** get better grades.*
Ich **will** bessere Zensuren bekommen.	*I **want to** get better grades.*

The modals *können, müssen,* and *wollen*

Below are the present tense forms of **können** *(to be able to, to know how to, can)*, **müssen** *(to have to, must)*, and **wollen** *(to want to)*.

können		müssen		wollen	
ich	kann	ich	muss	ich	will
du	kannst	du	musst	du	willst
er/es/sie	kann	er/es/sie	muss	er/es/sie	will
wir	können	wir	müssen	wir	wollen
ihr	könnt	ihr	müsst	ihr	wollt
sie/Sie	können	sie/Sie	müssen	sie/Sie	wollen

Note:

- These modals have a stem-vowel change in the **ich-, du-,** and **er/es/sie-** forms.

- Modals have no personal endings in the **ich-**form and the **er/es/sie-**form.

- When **können** is used to express mastery of a foreign language, it is not followed by an infinitive.

Können Sie Deutsch?	***Can** you speak German?*

4-8 Wer kann was?

1. Herr und Frau Ziegler _____ sehr gut Spanisch.
2. Nina _____ sehr gut Klavier spielen.
3. Robert _____ sehr gut kochen.

LEHRER/IN: Und Sie? Was können Sie?
STUDENT/IN: Ich _____ sehr gut ...

4-9 Was müssen Zieglers alles tun?

1. Herr und Frau Ziegler _____ beide arbeiten und Geld verdienen.
2. Nina und Robert _____ jeden Morgen in die Schule und jeden Abend _____ sie ihre Hausaufgaben° machen.

homework

3. Herr Ziegler _____ jeden Morgen das Frühstück machen und jeden Samstag das Haus putzen°.

clean

4. Frau Ziegler _____ jeden Abend kochen und jeden Samstag waschen.

LEHRER/IN: Und Sie? Was müssen Sie alles tun?
STUDENT/IN: Ich _____ ...

4-10 Was wollen Nina, Robert und Alexander werden?

1. Nina _____ Ingenieurin werden.
2. Robert _____ Journalist werden.
3. Alexander _____ Rockstar werden.

LEHRER/IN: Und Sie? Was wollen Sie werden?
STUDENT/IN: Ich _____ ...
LEHRER/IN: Und warum wollen Sie ... werden?
STUDENT/IN: Ich finde diesen Beruf sehr interessant.

animals

Ich arbeite gern mit Kindern / mit alten Leuten / mit Tieren°.
Ich will viel Geld verdienen.
...

The modals *dürfen*, *sollen*, and *mögen*

Below are the present tense forms of **dürfen** *(to be allowed to, to be permitted to, may)*, **sollen** *(to be supposed to, should)*, and **mögen** *(to like)*.

dürfen		sollen		mögen	
ich	darf	ich	soll	ich	mag
du	darfst	du	sollst	du	magst
er/es/sie	darf	er/es/sie	soll	er/es/sie	mag
wir	dürfen	wir	sollen	wir	mögen
ihr	dürft	ihr	sollt	ihr	mögt
sie/Sie	dürfen	sie/Sie	sollen	sie/Sie	mögen

Note:

- **Sollen** is the only modal that does not have a stem-vowel change in the **ich-**, **du-**, and **er/es/sie**-forms.

- **Mögen** is usually used without an infinitive.

Ich **mag** keinen Spinat.	*I don't **like** spinach.*
Warum **mögt** ihr Dieter nicht?	*Why don't you **like** Dieter?*

4-11 Was dürfen Zieglers alles nicht tun?

1. Herr und Frau Ziegler _____ keinen Kaffee trinken.
2. Ihre Tochter Nina ist erst sechzehn und _____ noch nicht Auto fahren.
3. Ihr Sohn Robert ist vierzehn und _____ nicht nach Mitternacht nach Hause kommen.

LEHRER/IN: Und Sie? Was dürfen Sie alles nicht tun?
STUDENT/IN: Ich _____ nicht ...

4-12 Was sollen Zieglers nächsten Samstag alles tun?

1. Frau Ziegler und Nina _____ nächsten Samstag Oma Ziegler besuchen.
2. Robert _____ nächsten Samstag Vaters Wagen waschen.
3. Herr Ziegler _____ nächsten Samstag die Waschmaschine reparieren.

LEHRER/IN: Und Sie? Was sollen Sie nächsten Samstag alles tun?
STUDENT/IN: Ich _____ nächsten Samstag ...

4-13 Was mögen Zieglers alles nicht?

1. Herr Ziegler _____ keine Kartoffeln und keine Nudeln.
2. Die beiden Teenager _____ kein Gemüse und keinen Salat.
3. Frau Ziegler _____ kein Fleisch.

LEHRER/IN: Und Sie? Was mögen Sie alles nicht?
STUDENT/IN: Ich _____ kein__ ...

4-14 Was magst du und was magst du nicht?   You and your partner
ask each other what you especially like to eat and what you don't like at all.

S1: Was magst du besonders gern?   S2: ... mag ich besonders gern.
    Was magst du gar nicht?   ... mag ich gar nicht.

Möchte versus *mögen*

Although the modal **möchte** is derived from **mögen,** it is not used to express what one likes or dislikes, but what one *would* like to have or to do. **Ich möchte** is therefore a more polite way of saying **ich will.**

Ich **mag** Käsekuchen.	*I **like** cheesecake.*
Ich **möchte** ein Stück Käsekuchen.	*I **would like** a piece of cheesecake.*

It would be impolite to say:

Ich **will** ein Stück Käsekuchen.	*I **want** a piece of cheesecake.*

Note the different conjugation of **möchte:**

singular		plural	
ich	möchte	wir	möchten
du	möchtest	ihr	möchtet
er/es/sie	möchte	sie	möchten
	Sie	möchten	

4-15 Wer möchte was?

trip around the world

1. Frau Ziegler _____ eine Weltreise° machen.
2. Herr Ziegler _____ einen Porsche.
3. Robert _____ ein Motorboot.
4. Nina _____ ein Jahr in Amerika studieren.

LEHRER/IN: Und Sie? Was möchten Sie?
STUDENT/IN: Ich _____ ...

Omission of the infinitive after modal verbs

If the meaning of a sentence containing a modal is clear without an infinitive, the infinitive is often omitted.

Ich muss jetzt nach Hause.   *I have to **go** home now.*

4-16 Welcher Infinitiv passt?

trinken / gehen / essen / fliegen / sprechen

1. Wir müssen jetzt in die Vorlesung.
2. Können deine Eltern Deutsch?
3. Möchten Sie ein Stück Kuchen?
4. Darf deine kleine Schwester immer noch nicht in die Disco?
5. Möchtest du auch nach Deutschland?
6. Wollt ihr lieber Bier oder Wein?
7. Magst du Sauerkraut?
8. Warum willst du denn nicht ins Kino?

Position of *nicht* in sentences with modal verbs

The rules you learned about the position of **nicht** still apply (see pages 29 and 101). In sentences with modal verbs, if no word or expression is specifically negated, **nicht** becomes the second-to-last element. It is placed directly before the infinitive since the infinitive must stand at the end of the sentence.

Warum kommt ihr **nicht?**   *Why aren't you coming?*
Warum könnt ihr **nicht** kommen?   *Why can't you come?*

4-17 Immer negativ.

S1: Möchte Florian studieren?   **S2:** Nein, er möchte nicht studieren.

1. Möchte Osman in München studieren?   Nein, er möchte ...
2. Müsst ihr jeden Samstag arbeiten?   Nein, wir müssen ...
3. Müsst ihr morgen arbeiten?   Nein, wir müssen ...

4. Können deine Eltern gut Deutsch?   Nein, sie können ...
5. Kann Peter heute Abend   Nein, er kann ...
   kommen?
6. Dürfen wir den Apfelkuchen   Nein, ihr dürft ...
   essen?

4-18 Ich und die Modalverben.   Write about yourself, using the modal verbs in the questions to guide you.

Was kannst du besonders gut (gar nicht gut)?
Wen magst du besonders gern? Warum?
Was magst du besonders gern (gar nicht gern)?
Was willst du nicht tun und musst es doch° tun?   *anyway*
Was möchtest du gern tun und darfst es nicht?
Was sollst du tun und tust es nicht?

② Modifying the meaning of verbs: prefixes

Meaning of separable-prefix verbs

The meaning of certain English verbs can be modified by adding a preposition or an adverb. In German this is achieved by adding a prefix to the verb.

*to go **out***	**aus**gehen	*to try **out***	**aus**probieren
*to go **away***	**weg**gehen	*to clean **up***	**auf**räumen
*to come **back***	**zurück**kommen	*to wake **up***	**auf**wachen
*to come **home***	**heim**kommen	*to stand **up**; to get **up***	**auf**stehen
*to try **on***	**an**probieren		

Note: In pronunciation the stress always falls on the separable prefix.

Separable-prefix verbs are not usually as similar to their English equivalents as the examples given above.

abfahren	*to depart, to leave*	**an**rufen	*to call (on the phone)*
ankommen	*to arrive*	**ein**schlafen	*to fall asleep*
anfangen	*to begin, to start*	**fern**sehen	*to watch TV*
aufhören	*to end, to stop*	**vor**haben	*to plan, to have planned*
anhören	*to listen to*		

> **Sprachnotiz**   **More about separable prefixes**
>
> By combining prefixes with verbs, German creates a host of new verbs. In each set look at the first example and its English equivalent. Then figure out the meaning of the other verbs.
>
> **mit**kommen *(to come **along**):* mitbringen, mitfahren, mitgehen, mitlesen
> **weg**gehen *(to go **away**):* wegfahren, wegfliegen, weglaufen, wegnehmen
> **weiter**lesen *(to **continue** reading):* weiterarbeiten, weiteressen, weiterfahren
> **zurück**rufen *(to call **back**):* zurückbringen, zurückfahren, zurückgeben

Position of the separable prefix

In the infinitive form, the prefix is attached to the front of the verb (**aus**gehen, **heim**kommen, etc.). In the present tense, the prefix is separated from the verb and is placed at the end of the sentence:

Gehst du heute Abend **aus?**	*Are you going out tonight?*
Warum **kommst** du immer so spät **heim?**	*Why do you always come home so late?*

When used with a modal, the separable-prefix verb appears in its infinitive form at the end of the sentence:

Wann **musst** du morgen früh **aufstehen?**	*When do you have to get up tomorrow morning?*

If no word or expression is specifically negated, **nicht** becomes the second-to-last element. It is placed directly before the separable prefix since the separable prefix must stand at the end of the sentence. If a modal is present, **nicht** stands directly before the infinitive.

Ich gehe heute Abend **nicht** aus.	*I'm **not** going out tonight.*
Ich will heute Abend **nicht** ausgehen.	*I don't want to go out tonight.*

4-19 Kleine Gespräche.

▶ vorhaben

Was _____ ihr heute Nachmittag _____?

S1: Was habt ihr heute Nachmittag vor?

fernsehen

Ich glaube, wir _____ _____.

S2: Ich glaube, wir sehen fern.

1. ausgehen
_____ du heute Abend mit uns _____?

aufräumen
Nein, heute Abend muss ich mein Zimmer _____.

2. aufstehen
Warum _____ du denn so früh _____?

anrufen
Ich muss meine Kusine in Deutschland _____.

3. anhören
Möchtest du meine neue CD _____?

ausprobieren
Nein, ich möchte lieber deinen neuen Computer _____.

4. vorhaben
Was _____ du morgen Nachmittag _____?

anprobieren
Morgen Nachmittag gehe ich zu Karstadt und _____ Kleider _____.

4-20 Was machst du heute Nachmittag?

▶ du heute Nachmittag

S1: Was machst du heute Nachmittag?

meine neue CD anhören

S2: Da höre ich meine neue CD an.

1. du am Samstagmorgen

3. du morgen Abend

2. du am Samstagabend

4. ihr am Sonntagabend

fernsehen	mit Claudia ausgehen
erst um elf aufstehen	mein Zimmer aufräumen

5. du heute Abend

7. du am Starnberger See°

lake south of Munich

6. ihr bei Karstadt

8. ihr am Freitagabend

noch nichts vorhaben	mein Surfbrett ausprobieren
sollen meine Eltern anrufen	wollen ein paar° Kleider anprobieren

 a few

4-21 Was machst du den ganzen Tag?

S1:	**S2:**
Wann wachst du morgens auf?	Ich _____ meistens um ... _____.
Wann stehst du morgens auf?	Ich _____ meistens um ... _____.
Wann fangen deine Vorlesungen an?	Meine Vorlesungen _____ meistens um ... _____.
Wann kommst du nachmittags heim?	Ich _____ nachmittags meistens um ... _____.
Gehst du abends oft aus?	Ja, ich _____ oft _____. / Nein, ich _____ nur sehr selten° _____.
Warum gehst du so oft/so selten aus?	Ich ...
Was hast du heute Abend vor?	Heute Abend ...

rarely

4-22 Verkehrszeichen. Ask each other what these German traffic signs mean.

S1: Was bedeutet Verkehrszeichen Nummer 1? **S2:** Hier kommt gleich eine scharfe Rechtskurve.

1.	2. Hier fängt die Autobahn an.	3.
4.	5. Hier geht es zur Autobahn nach Berlin.	6. Hier darf man nur nach rechts fahren.
7.	8. Hier darf man nicht halten.	9.
10. Autos und Motorräder dürfen hier nicht hineinfahren.	11. Hier darf man nur drei Minuten halten.	12.

Verb-noun and verb-verb combinations

Some verbs are so closely associated with a noun or another verb that they function like separable-prefix verbs.

With nouns this happens most frequently with the verbs **spielen, laufen,** and **fahren.**

Im Sommer **fährt** David fast jeden Nachmittag **Rad.**	*In summer David goes cycling almost every afternoon.*
Im Winter **läuft** er fast jedes Wochenende **Ski.**	*In winter he skis almost every weekend.*

With verbs this happens most frequently with the verb **gehen.**

Herr Meyer **geht** jeden Abend **spazieren.**	*Mr. Meyer goes for a walk every evening.*

If a modal is present, these combinations again function like separable-prefix verbs.

Kann dein Großvater noch **Auto fahren?**	*Can your grandfather still drive?*
Stephanie **möchte** Peter besser **kennen lernen.**	*Stephanie would like to get to know Peter better.*

As is the case with separable-prefix verbs, **nicht** precedes the noun or verb that stands at the end of the sentence. If a modal is present, **nicht** precedes the entire combination.

Claudia spielt heute **nicht Tennis.**	*Claudia isn't playing tennis today.*
Warum will Herr Meyer heute **nicht spazieren gehen?**	*Why doesn't Mr. Meyer want to go for a walk tonight?*

4-23 Was Tanja, Dieter und Laura können oder nicht können. Use the data in the chart to complete the statements.

	TANJA	DIETER	LAURA
Motorrad fahren	sehr gut	nein	nein
Gitarre spielen	nein	sehr gut	nein

1. Tanja fährt _____ _____, aber sie kann _____ _____.
2. Dieter fährt _____ _____, aber er kann _____ _____.
3. Laura fährt _____ _____, und sie kann auch _____ _____.

The German railway system **(Deutsche Bahn AG)** provides excellent passenger service with many types of trains. For long-distance travel:

- The **ICE (InterCityExpress)** connects major German cities at speeds averaging 250 km/h. Departing every hour, these trains feature audio modules at every seat, telephones on board, and conference rooms.

- The **IC/EC (InterCity/EuroCity)** runs not only between major cities in Germany, but also across national borders to over 200 European cities. Service attendants often speak several languages.

- The **IR (InterRegio)** links large cities with regional centers and vacation spots. They usually run every two hours and are equipped to transport bicycles.

For short-distance travel:

- The **RE (RegionalExpress)** is one of a fleet of commuter trains. Each day 32,000 such trains run throughout the country, serving 1.3 billion passengers annually. They connect both to long-distance trains and to the rapid transit trains within large urban areas.

- The **SE (StadtExpress)** assures frequent connections for commuters traveling from outlying areas to major urban centers.

- The **S-Bahn (Schnellbahn)** is a rapid transit train for commuters traveling within large urban areas.

EC 64 Mozart

Wien Westbf - Salzburg - München - Stuttgart - Karlsruhe - Kehl - Strasbourg - Paris-Est

Wien—Paris

Mozart — Wolfgang Amadeus, geb. 1756 in Salzburg, gest. 1791 in Wien. Komponist, Repräsentant der Wiener Klassik.

4-24 Frau Ziegler studiert den Fahrplan.

Brigitte Ziegler war zwei Tage bei Geschäftspartnern in Berlin. Jetzt sitzt sie im Hotel, isst zu Mittag und studiert den Fahrplan. Es ist fast 13 Uhr, um 20 Uhr geht sie mit Klaus ins Theater und sie möchte deshalb nicht nach 18.30 in Göttingen ankommen. Sie möchte aber auch nicht gleich abfahren, denn sie möchte noch in zwei oder drei Berliner Geschäfte gehen und ein paar Sachen° für Nina und Robert kaufen.

things

1. Wie viele Züge fahren nach 13 Uhr von Berlin Zoologischer Garten ab und kommen vor 18.30 Uhr in Göttingen an?
2. Mit wie vielen von diesen Zügen muss man in Hannover, oder in Magdeburg und in Hannover umsteigen?
3. Wann fährt der ICE 599 von Berlin ab und wann kommt er in Göttingen an?
4. Wann fährt der ICE 895 von Berlin ab und wann kommt er in Göttingen an?
5. Welchen Zug nimmt Brigitte?

Berlin Zoolg. Garten → **Göttingen**

ab	Zug		Umsteigen	an	ab	Zug			an	Verkehrstage	
9.02	ICE	795 ✕							11.53	täglich	
9.16	EC	46 ✕	Hannover Hbf	11.57	12.11	IR	2571	⑪	13.11	täglich	
9.40	RE	3504	Magdeburg Hbf	11.23	11.32	IC	605	✕		täglich	
			Hannover Hbf	12.57	13.17	RE	5517		**14.46**		
10.02	ICE	595 ✕							12.53	täglich	
11.02	ICE	797 ✕							13.53	täglich	
11.16	IC	503 ✕	Hannover Hbf	13.57	14.11	IR	2573	⑪	15.11	täglich	
12.02	ICE	597 ✕							14.53	täglich	
12.11	IR	2342 ⑪	Hannover Hbf	14.42	15.17	RE	5521		**16.46**	täglich	
13.02	ICE	799 ✕							15.53	täglich	
13.16	IC	507 ✕	Hannover Hbf	15.57	16.11	IR	2575	⑪	17.11	täglich	
13.40	RE	3508	Magdeburg Hbf	15.23	15.32	IC	607	✕		Mo - Fr, So	**03**
			Hannover Hbf	16.57	17.12	IR	2185	⑪	18.15		
14.02	ICE	599 ✕							16.53	täglich	
15.02	ICE	895 ✕							17.53	täglich	
15.16	IC	646 ✕	Hannover Hbf	17.57	18.11	IR	2577	⑪	19.11	täglich	**04**
16.02	ICE	695 ✕							18.53	täglich	
16.11	IR	2340 ⑪	Hannover Hbf	18.42	19.17	RE	5529		**20.46**	täglich	**05**

ZWISCHENSPIEL

ZUM HÖREN

Du musst dein Leben ändern

It's Saturday afternoon and Kurt Becker is sitting in front of the TV watching the soccer match between **Bayern München** and **Eintracht Frankfurt.** His wife Petra doesn't like that at all.

NEUE VOKABELN

ändern	*to change*	**von Montag ab**	*from Monday on*
nervös	*nervous*	**anders**	*different*
du hast Recht	*you are right*	**bestimmt**	*really, for sure*

4-25 Globalverstehen.   In which sequence do you hear the following statements?

_____ Du stehst jeden Morgen zu spät auf und hast nie Zeit für ein gutes Frühstück.
_____ Aber von Montag ab wird alles anders.
_____ Du wirst noch krank, so wie du lebst.
_____ Aber ich brauche mein Bier, nach so viel Stress im Büro!
_____ Und schon heute Abend gehen wir spazieren, Petra, du und ich.
_____ Bayern München – Eintracht Frankfurt! Und da willst du diskutieren?!

4-26 Detailverstehen.   Listen to the conversation again and write the responses to the following questions.

1. Warum soll Petra nicht so laut sein?
2. Was bekommt Kurt zu Hause zu essen?
3. Was bekommt Kurt im Büro zum Frühstück?
4. Was darf Kurt nicht mehr?
5. Was muss Kurt mehr tun?
6. Was will Kurt von Montag ab jeden Morgen tun?

4-27 Ich will mein Leben ändern.   Tell your classmates about three things you want to change in your life.

Ich will nicht mehr so viel
(so oft, so spät, so lange)

Ich will mehr ...

fernsehen	in die Kneipe gehen	Milch trinken
schlafen	Bier trinken	Gemüse essen
aufstehen	Junkfood essen	lernen
ausgehen	Kaffee trinken	Sport treiben
rauchen°		spazieren gehen

to smoke

Kommunikation und Formen

3 Expressing commands and requests

Imperatives

The imperative is a form of the verb used to express commands and requests. Since English has only one form of address *(you),* it has only one imperative form. German has three forms of address **(du, ihr, Sie),** and consequently it has three imperative forms. In written German, imperative sentences usually end with an exclamation mark.

> **Komm!**
> **Kommt!**   *Come!*
> **Kommen Sie!**

The *du*-imperative

The **du**-imperative is simply the stem of the verb.

> **Komm** schnell, Martin! Das Konzert   *Hurry up, Martin! The concert starts*
>   fängt in fünf Minuten an.   *in five minutes.*
> **Sei** doch nicht immer so   *Don't always be so sloppy, Peter!*
>   unordentlich, Peter!

Verbs that have a stem-vowel change from **e** to **i** or **ie** in the 2nd and 3rd person singular of the present tense (e.g., **ich spreche, du sprichst, er spricht**) use the changed stem in the **du**-imperative.

> **Nimm** doch nicht so viel Fleisch,   *Don't take so much meat, Robert!*
>   Robert!
> **Iss** ja nicht wieder den ganzen   *Don't eat all the cake again!*
>   Kuchen!

Verbs that have a stem-vowel change from **a** to **ä** (e.g., **ich fahre, du fährst, er fährt**) do *not* use the changed stem.

> **Fahr** doch bitte nicht so schnell!   *Please don't drive so fast!*
> **Lass** mich in Ruhe!   *Stop bothering me!*

Verbs with stems ending in **-d** or **-t** add an **-e** in the **du**-imperative.

> **Rede** doch nicht so viel!   *Don't talk so much.*
> **Antworte** bitte so bald wie möglich!   *Please answer as soon as possible.*

The prefix of a separable verb appears at the end of the imperative sentence.

> **Komm** ja nicht wieder so spät   *Don't come home so late*
>   **heim!**   *again!*

Flavoring particles in imperative sentences

Imperative sentences frequently contain the flavoring particles **doch** and/or **mal.** The particle **ja,** strongly stressed, gives the command an almost threatening note as if you were adding the words *or else!* The addition of **bitte** to an imperative sentence introduces a friendly note and transforms a command into a request.

4-28 Mach bitte, was ich sage! You and your partner are siblings. One tries to lord it over the other, but it isn't working.

▶ aufstehen

finally _____ doch endlich° _____!

sein, lassen

_____ still und _____ mich schlafen!

S1: Steh doch endlich auf!

S2: Sei still und lass mich schlafen!

1. essen
   _____ doch endlich mal deine Cornflakes!

   sein, trinken
   _____ still und _____ deinen Kaffee!

2. sitzen
   _____ doch nicht immer nur vor
   in front of the TV dem Fernseher°!

   lassen, lernen
   _____ mich in Ruhe und _____ deine Vokabeln!

3. aufräumen
   _____ bitte gleich dein Zimmer _____!

   sein, schreiben
   _____ still und _____ dein Referat fertig!

4. anrufen
   _____ deine Freundin doch nicht schon wieder _____!

   lassen, machen
   _____ mich in Ruhe und _____ deine Hausaufgaben!

5. nehmen
   _____ ja nur ein Stück Kuchen!

   sein, lesen
   _____ still und _____ dein Buch!

6. waschen
   yourself _____ bitte gleich meinen Wagen!

   waschen
   _____ deinen Wagen doch selbst°!

4-29 Du nervst mich! Does a member of your family or a friend do things that get on your nerves? Use the suggestions below to tell her/him not to do them.

▶ doch nicht immer den Hund auf mein Bett lassen

S: Lass doch nicht immer den Hund auf mein Bett!

doch nicht so schnell/langsam fahren
to snore doch nicht so laut schnarchen°
doch nicht immer nur Junkfood essen
doch nicht immer so lang telefonieren
doch nicht immer nur
   Computerspiele machen
doch nicht immer so viel reden
...

doch nicht so schnell/langsam sprechen
doch nicht so schnell/langsam essen
doch nicht immer nur deine doofen Comics lesen
doch nicht immer nur vor dem Fernseher sitzen

The *ihr*-imperative

The **ihr**-imperative is identical to the **ihr**-form of the present tense, but without the pronoun:

Kommt, Kinder! Wir gehen schwimmen.
Come on, children! We're going swimming.

Nehmt eure Badeanzüge **mit!**
Take your bathing suits along.

Seid doch bitte nicht so laut!
Please don't be so noisy.

4-30 Ein Picknick.   Your friends are so forgetful!

1. _____ genug° Bier _____! (mit·nehmen) — *enough*
2. _____ bitte nicht zu viel! (trinken)
3. _____ genug Brote _____! (ein·packen)
4. _____ das Frisbee nicht! (vergessen°) — *to forget*
5. _____ auch eure Badeanzüge _____! (mit·nehmen)
6. _____ genug Sonnencreme _____! (ein·packen)
7. _____ auch ein paar schöne Fotos! (machen)
8. _____ bitte nicht zu schnell! (fahren)
9. _____ bitte vor neun wieder zurück! (sein)
10. _____ doch endlich _____! (ab·fahren)

The *Sie*-imperative

The **Sie**-imperative is the infinitive of the verb followed directly by the pronoun **Sie:**

Wiederholen Sie bitte, was ich sage!
Please repeat what I say!

Hören Sie bitte gut **zu!**
Please listen carefully.

The verb **sein** is slightly irregular in the **Sie**-imperative:

Sei en Sie doch nicht so nervös!
Don't be so nervous.

4-31 In Professor Kuhls Deutschklasse.

1. _____ dieses Wort bitte, Kevin! (buchstabieren°) — *to spell*
2. _____ es jetzt bitte an die Tafel°! (schreiben) — *board*
3. _____ bitte _____, Andrea! (weiter·lesen)
4. _____ doch bitte ein bisschen lauter! (sprechen)
5. _____ doch nicht so nervös! (sein)
6. _____ jetzt bitte gut _____! (zu·hören)
7. _____ diese Übung bitte schriftlich°! (machen) — *in writing*
8. _____ bitte _____, Michael! (auf·wachen)
9. _____ diesen Dialog bis morgen genau _____! (durch·lesen)
10. Michael! _____ doch nicht schon wieder _____! (ein·schlafen)

4-32 Guter Rat. One of you assumes the role of the people indicated. The other gives advice in the **du-, ihr-,** or **Sie-**imperative.

▶ einen Audi

| | FRAU FISCHER: | Was soll ich kaufen, einen VW oder einen Audi? | **S2:** Kaufen Sie lieber einen Audi. |

doctor
1. FRAU SPOHN: Wen soll ich anrufen, die Polizei oder einen Arzt? — einen Arzt°
2. EVA UND TANJA: Wo sollen wir studieren, in Freiburg oder in Berlin? — in Freiburg
3. FRAU BRAUN: Wann soll ich fliegen, am Donnerstag oder am Freitag? — am Freitag
4. BERND: Was soll ich lesen, ein Buch oder die Zeitung? — ein Buch
5. TIM UND SILKE: Wann sollen wir kommen, um zwei oder um drei? — schon um zwei
a restaurant chain specializing in chicken
6. TOURIST: Wo soll ich essen, im Wienerwald° oder bei McDonald's? — im Wienerwald
7. RALF: Was soll ich trinken, Bier oder Wein? — ein Glas Wein
8. KURT UND JAN: Wann sollen wir morgen aufstehen, um sieben oder um acht? — schon um sieben

 Word order

Position of the verb in independent and dependent clauses

You already know the following conjunctions.

und	*and*	**aber**	*but*
denn	*because, for*	**sondern**	*but rather*
oder	*or*		

These conjunctions are called coordinating conjunctions. They connect independent clauses, i.e., clauses that can stand alone as complete sentences. Coordinating conjunctions do not affect the position of the verb.

independent clause	conjunction	independent clause
Bernd hat endlich ein Zimmer	**und**	es kostet nur 250 Mark im Monat.

Note: • The conjunctions **aber** and **sondern** are always preceded by a comma.
• **Sondern** is used when the first clause is negative.

4-33 Bernd hat ein Problem.   Make Bernd's story smoother by connecting the clauses with the appropriate coordinating conjunction.

1. Ich habe endlich ein Zimmer!   Es kostet nur 250 Mark im Monat!
2. Das Zimmer ist sehr schön.   Von hier zur Uni ist es sehr weit.°   *far*
3. Der Bus braucht nicht nur   Er braucht eine volle Stunde.
   ein paar Minuten.
4. Ich brauche also einen Wagen.   Ich muss jeden Tag zur Uni.
5. Soll ich jetzt einen Wagen kaufen? Soll ich ein anderes Zimmer suchen?

The following conjunctions are called subordinating conjunctions:

bis	*until*	**sobald**	*as soon as*
bevor	*before*	**weil**	*because*
damit	*so that*	**wenn**	*if; when*
obwohl	*although, even though*		

Subordinating conjunctions introduce dependent clauses, i.e., clauses that make sense only in connection with an independent clause. After a subordinating conjunction, the verb stands at the end of the clause. A dependent clause is always separated from the independent clause by a comma.

independent clause	dependent clause
Bernd möchte einen Wagen,	**damit** er nicht stundenlang Bus fahren **muss.**
Bernd ruft seine Eltern an,	**weil** er Geld für einen Wagen **braucht.**

4-34 Wie löst Bernd sein Problem?   Describe how Bernd solves his problem by connecting the clauses in each set with the subordinating conjunction provided.

1. Bernd ruft seine Eltern an.   bevor   Er nimmt das Zimmer.
2. Er möchte einen Wagen.   damit   Er muss nicht stundenlang
                                                Bus fahren.
3. Er ruft seine Eltern an.   weil   Er braucht Geld für einen
                                                Wagen.
4. Es braucht fast eine halbe   bis   Seine Eltern sagen endlich ja.
   Stunde.
5. Peter geht zu Auto-Müller.   sobald   Er hat das Geld.
6. Er möchte gern ein   wenn   Es kostet nicht zu viel.
   Sportcoupé.
7. Aber dann kauft er einen   obwohl   Dieser Wagen sieht gar nicht
   alten VW Polo.   sehr sportlich aus.

In clauses introduced by a subordinating conjunction, modal verbs appear at the end of the clause and separable-prefix verbs are not separated.

independent clause	dependent clause
Peter steht früh auf,	**weil** er sein Referat fertig schreiben **muss.**
Claudia steht früh auf,	**weil** ihre erste Vorlesung um halb neun **anfängt.**

4-35 Warum steht Peter heute so früh auf? Describe Peter's morning by connecting the clauses with the conjunctions provided.

1. Peter steht heute schon um fünf auf.   weil   Er muss sein Referat fertig schreiben.
2. Es sind nur noch wenige Stunden.   bis   Das Seminar bei Professor Weber fängt an.
3. Martin macht heute das Frühstück.   damit   Peter kann länger schreiben.
4. Um halb neun muss Martin weg.   weil   Seine Vorlesungen fangen um neun an.
5. Peter will das Referat noch genau durchlesen.   bevor   Er muss wegfahren.
6. Aber er kommt zu spät zur Uni.   wenn   Er liest es zu Hause durch.
7. Peter nimmt ein Taxi.   obwohl   Das kostet viel Geld.
8. Er nimmt das Taxi.   damit   Er kann das Referat im Taxi noch schnell durchlesen.

4-36 Fragen, Fragen, Fragen. Begin the responses to your partner's requests for information with the conjunctions provided.

S1: Warum geht Florian nicht ins Kino?
S2: Warum geht Kathrin nicht ins Kino?

S2: Weil er ein Referat schreiben muss.
S1: Weil ...

		KATHRIN	FLORIAN	FRAU ÖZAL
Warum geht ... nicht ins Kino?	weil	Sie muss Briefe schreiben.		Sie kann keine Babysitterin finden.
Geht ... heute schwimmen?	wenn		Es wird sehr heiß.	
Wann geht ... nach Hause?	sobald	Der Regen hört auf.	Seine Vorlesungen sind zu Ende.	
Wie lange schläft ... sonntags?	bis			Ihre Kinder wachen auf.
Wann sieht ... gern fern?	bevor	Sie steht auf.		
Warum arbeitet ...?	damit	Sie kann weiterstudieren.	Er kann einen Wagen kaufen.	

4-37 Lebst du gesund oder ungesund? Respond appropriately to your partner's questions.

S1: Trinkst du Kaffee?

S2: Nein, ich trinke keinen Kaffee./Ja, ich trinke Kaffee.

S1: Warum nicht?/Warum?

S2: Weil ...

1. Trinkst du Kaffee?
2. Trinkst du Alkohol?
3. Rauchst du?
4. Trinkst du viel Milch?
5. Frühstückst du jeden Morgen?
6. Isst du viel Fleisch?
7. Treibst du Sport?
8. Nimmst du Vitamine?

Ich will fit bleiben°.   *stay*
Ich bin sowieso° viel zu nervös.   *anyway*
Ich will nicht krank werden.
Ich kann dann besser denken.
Ich habe keine Zeit.
Ich kann ohne° Kaffee/Zigaretten   *without*
   nicht leben.
Ich bin Vegetarier/in.

4-38 Martin hat Geburtstag. Tell the story of Martin's birthday party by connecting the clauses with the conjunctions provided.

1. Martin lädt° immer viele Freunde ein.	wenn	Er hat Geburtstag.	**lädt ... ein:** *invites*
2. Heute ist Samstag, der siebte Juli.	und	Martin wird heute einundzwanzig.	
3. Das ist ein wichtiger° Geburtstag.	aber	Martin lädt diesmal nur Claudia und Stephanie ein.	*important*
4. Peter muss er nicht extra einladen.	denn	Peter ist ja sein Zimmerkollege.	
5. Heute geht Martin gleich nach Hause.	sobald	Seine letzte Vorlesung ist zu Ende.	
6. Zu Hause bäckt er dann einen Apfelkuchen.	weil	Claudia mag seinen Apfelkuchen so gern.	
7. Peter räumt das Zimmer auf.	bevor	Claudia und Stephanie kommen.	
8. Dann hören Martin und Peter eine CD an.	bis	Claudia und Stephanie kommen endlich.	
9. Stephanie kommt zuerst.	und	Sie muss dann gleich Kaffee kochen.	
10. Claudia kommt zuletzt°.	weil	Sie muss samstags immer bis vier Uhr arbeiten.	*last*

„Warum haben die Franzosen so lange Brote?"

„Damit Sie die französische Käsevielfalt genießen können!"

Dependent clause preceding independent clause

If the dependent clause precedes the independent clause, the entire dependent clause becomes the first element in the sentence. The independent clause then begins with the conjugated verb (i.e., the verb with personal endings). The conjugated verbs of both clauses thus appear side by side, separated by a comma.

dependent clause	independent clause
Wenn du fit bleiben **willst,**	**musst** du viel mehr Sport treiben.
Bevor ich **aufstehe,**	**sehe** ich meistens eine halbe Stunde **fern.**

4-39 Lauras Tag. In each set, combine the dependent clauses with the independent clauses so that the resulting sentences make good sense.

S: Bevor Laura frühstückt, geht sie eine halbe Stunde joggen.

1. Bevor Laura frühstückt,
   Bevor Laura joggen geht,

   Sie trinkt ein Glas Milch.
   Sie geht eine halbe Stunde joggen.

2. Bis Laura zurückkommt,
   Bis Laura zur Uni muss,

   Ihre Mutter macht das Frühstück.
   Sie liest dann noch die Zeitung.

3. Sobald Lauras letzte Vorlesung zu Ende ist,
   Sobald Laura zu Hause ist,

   Sie macht das Abendessen.

   Sie fährt nach Hause.

4. Weil ihre Mutter oft sehr lange arbeiten muss,
   does the dishes
   Weil Laura oft noch Hausaufgaben machen muss,

   Laura macht meistens das Abendessen.

   Ihre Mutter wäscht° dann ab.

5. Wenn Laura ihre Hausaufgaben fertig hat,
   Wenn Laura im Bett ist,

   Sie schläft immer gleich ein.

   Sie geht meistens bald ins Bett.

4-40 Was machst du, ... ?

S1:

Was machst du, bevor du zur Uni gehst?

Was machst du, sobald deine letzte Vorlesung zu Ende ist?

Was machst du, wenn du deine Hausaufgaben fertig hast?

S2:

Bevor ich ...

Sobald meine ...

Wenn ich meine ...

ZUM HÖREN

Ein typischer Tag in Lisas Leben

Listen as Lisa describes a typical day in her life.

NEUE VOKABELN

bleiben	*to stay*	**eineinhalb**	*one and a half*
Punkt halb sieben	*six thirty on the dot*	**auf·passen**	*to pay attention*
die Dusche	*shower*	**mit·schreiben**	*to take notes*
dazu	*with it*		

4-41 Globalverstehen. Check off which words or expressions you hear in the three categories below.

ESSEN UND TRINKEN	TÄTIGKEITEN°	TAGESZEITEN	
___ Müsli	___ ausgehen	___ Viertel vor acht	*activities*
___ Jogurt	___ aufstehen	___ halb acht	
___ Milch	___ mitgehen	___ Viertel nach acht	
___ Kaffee	___ mitschreiben	___ halb elf	
___ Apfel	___ lesen	___ Viertel vor zwölf	
___ Käse	___ kochen	___ halb fünf	

4-42 Detailverstehen. Listen to the narrative again and write the responses to the following questions.

1. Warum geht Lisa jeden Morgen um halb sieben joggen? *Weil ...*
2. Was isst und trinkt Lisa zum Frühstück?
3. Wann fängt Lisas erste Vorlesung an?
4. Warum geht Lisa um halb elf eine Stunde lang schwimmen? *Damit ...*
5. Was macht Lisa, bevor sie zu Mittag isst?
6. Warum kommt Lisa erst um fünf nach Hause? *Weil ...*
7. Warum kocht Lisa ein gutes Abendessen, bevor sie ihre Hausaufgaben macht? *Weil ...*

4-43 Ein Interview. You and your partner take on the roles of an interviewer and Lisa. The illustrations show Lisa how to respond to the interviewer's questions.

1. Wann stehst du morgens auf, Lisa, und was machst du dann zuerst?

2. Joggen, das macht hungrig. Was isst und trinkst du zum Frühstück?

3. Wann beginnt deine erste Vorlesung und wann ist sie zu Ende?

4. Was machst du dann?

5. Was isst und trinkst du dort?

6. Hast du dann wieder eine Vorlesung?

7. Joggen um halb sieben, Schwimmen um halb elf. Warum treibst du denn so viel Sport?

8. Gehst du dann zum Mittagessen?

9. Von wann bis wann hast du nachmittags Vorlesungen?

10. Um wieviel Uhr kommst du nach Hause?

4-44 Das ist mein Tag. Write a paragraph about a typical day in your life. If you use the questions below to guide you, you will be using both modal verbs and separable-prefix verbs. To answer the question **Warum?**, use **weil** or **damit** with a dependent clause.

Wann stehen Sie auf? Warum so früh/so spät?
Was essen und trinken Sie zum Frühstück?
Wann müssen Sie zur Uni?
Was sind Ihre Lieblingsvorlesungen? Warum?
Wann und was essen Sie zu Mittag?
Treiben Sie Sport? Warum?/Warum nicht? Wann machen Sie das?
Haben Sie einen Job? Wann und wo arbeiten Sie?
Gehen Sie abends oft aus? Wohin gehen Sie?

Infobox   **Die Schweiz**

Die Schweiz is a country of four distinct cultures and it has four official languages: **Deutsch, Französisch, Italienisch,** and **Rätoromanisch.** It has one of the highest standards of living in the world, even though over 70 percent of this tiny country consists of rugged mountains, with no natural resources apart from hydroelectric power. In order to survive, the Swiss have had to be very inventive. They have built a prosperous food industry on milk, the only product that mountain pastures have enabled them to produce in large quantities. Swiss cheeses, milk chocolate, and baby foods are known the world over. Switzerland also has a highly sophisticated machine industry that produces everything from enormous diesel engines to watches and other precision instruments. The Swiss are also leaders in chemicals and high-fashion textiles. In addition Switzerland has a flourishing tourist trade and world-wide services in the banking and insurance industries. The Swiss constitution requires that all important decisions must be reached by plebiscite, for example, all changes to the Constitution are subject to a compulsory referendum.

Switzerland has been internationally recognized as a permanently neutral country since 1815. This allows it to play a unique role in international politics. Geneva has long been the headquarters for many international organizations and has also been the neutral site for dialogue between opposing ideologies. The International Red Cross was founded in Geneva.

Zürich

Nicolas Hayek, die Swatch und der Smart

Vor dem Lesen

4-45 Uhren und Autos.

1. Have you ever owned a Swatch? Can you describe it? Do you know what Swatch stands for?
2. What do you think of the car in the photo? Would you like to own such a car? Why?/Why not?

4-46 Was ist das auf Englisch?
Find the English equivalents for the German words in boldface.

1. 1983 ist der Schweizer **Anteil** am Weltuhrenmarkt nur noch 15 Prozent.
2. Die Swatch ist ein Symbol für einen modernen, **jugendlichen** Lebensstil.
3. Der Smart ist ein Auto im Minikompaktformat und braucht nur sehr wenig **Platz** zum Parken.
4. Der Smart ist nur 2,50 Meter lang, aber er hat einen großen **Kofferraum.**
5. Weil der Smart so klein ist, braucht er nur sehr wenig **Benzin.**
6. Das neue Europa ist ein Europa **ohne Grenzen.**

a. gas
b. without borders
c. youthful
d. room
e. share
f. trunk

Nicolas Hayek ist der Direktor von SMH[1], einer großen Schweizer Mikroelektronik-und Uhrenfirma und ein Mann mit revolutionären Ideen.

Weil die Japaner so billige Uhren produzieren, sinkt der Schweizer Anteil am Weltuhrenmarkt von 1974 bis 1983 auf unter 15 Prozent. Da hat Nicolas Hayek die Idee für ein ganz neues Uhrenkonzept: die Swatch. Diese Uhr ist nicht nur ein typisches Schweizer Präzisionsinstrument, sondern auch ein billiges Massenprodukt und vor allem ein Symbol für einen modernen, jugendlichen Lebensstil. Swatchfans brauchen zu jedem Outfit eine andere[2] Swatch, und sie kaufen jedes Jahr die neuesten Modelle. Bald ist der Schweizer Anteil am Weltuhrenmarkt 53 Prozent, und auch Millionen Japaner und Chinesen kaufen jetzt Swatches aus der Schweiz.

Nicolas Hayeks neueste Idee ist der Smart, ein Stadtauto im Mikrokompaktformat und eine ganz neue Fahrzeugklasse. Der kleine Zweisitzer ist nur 2,50 Meter lang und braucht deshalb nur wenig Platz zum Parken. Der Smart ist aber fast so komfortabel wie ein großer Wagen, hat einen großen Kofferraum und braucht nur sehr wenig Benzin. Er fährt 130 km/h, hat Bremsen[3] mit Antiblockiersystem, zwei Airbags und andere technische Neuerungen[4]. Produzent ist die MCC (Micro Compact Car), ein Joint Venture von Mercedes-Benz und SMH. Diese Firma kombiniert Schweizer Innovation mit deutscher Autotechnik, und sie produziert den Smart in einem brandneuen Werk[5] in Frankreich. Der kleine Mikrokompakt ist deshalb auch ein Symbol für das neue Europa, ein Europa ohne Grenzen.

[1]*Société de Microéléctronique et Horlogerie*   [2]*different*   [3]*brakes*   [4]*innovations*   [5]*plant*

Arbeit mit dem Text

4-47 Die Swatch: Fragen und Antworten.   Find the appropriate response for each question.

1. Was ist die SMH?
2. Wann sinkt der Schweizer Anteil am Weltuhrenmarkt auf unter 15 Prozent?
3. Warum sinkt der Schweizer Anteil am Weltuhrenmarkt auf unter 15 Prozent?
4. Was ist die Swatch vor allem?
5. Was brauchen Swatchfans zu jedem Outfit?
6. Wer kauft jetzt auch Swatches aus der Schweiz?

a. Millionen Japaner und Chinesen.
b. Ein Symbol für einen modernen, jugendlichen Lebensstil.
c. Eine große Schweizer Mikroelektronik- und Uhrenfirma.
d. Von 1974 bis 1983.
e. Weil die Japaner so billige Uhren produzieren.
f. Eine andere Swatch.

4-48 Der Smart: Fragen und Antworten.   Find the appropriate response for each question.

1. Was für ein Auto ist der Smart?
2. Wie viele Personen haben im Smart Platz?
3. Wie schnell fährt der Smart?
4. Warum braucht der Smart so wenig Platz zum Parken?
5. Was für eine Firma ist die MCC?
6. Was kombiniert die MCC?
7. Wo produziert die MCC den Smart?

a. 130 km/h.
b. In Frankreich.
c. Ein Stadtauto im Mikrokompaktformat.
d. Ein Joint Venture von Mercedes-Benz und SMH.
e. Schweizer Innovation mit deutscher Autotechnik.
f. Zwei.
g. Weil er nur 2,50 Meter lang ist.

Wort, Sinn und Klang

Denn versus *dann*

The words **denn** and **dann** occur very frequently in German. Because these words are so similar in sound and appearance and because **denn** has two very different meanings, they deserve a closer look.

- The flavoring particle **denn** occurs only in questions. It expresses curiosity and interest and sometimes irritation.

  Wann stehst du **denn** endlich auf?   *When are you finally going to get up?*

- The coordinating conjunction **denn** introduces a clause that states the reason for something. Its English equivalents are *because* and *for*. Like **und, oder, aber,** and **sondern,** this **denn** does not count as an element in the sentence and therefore does not affect the position of the verb.

  Frau Berger fährt oft nach Leipzig, **denn** sie hat dort viele Freunde und Verwandte.   *Mrs. Berger often goes to Leipzig **because** she has many friends and relatives there.*

- The adverb **dann** is an equivalent of English *then*. It expresses that a certain thing or action follows another thing or action. **Dann** does count as an element in the sentence and therefore affects the position of the verb.

  Zuerst sind wir ein paar Tage in Paris und **dann** fliegen wir nach Berlin.   *First we'll be in Paris for a few days and **then** we're flying to Berlin.*

4-49 *Denn* or *dann?*

1. HEIKE: Was schreibst du _____ da?
    SYLVIA: Einen Brief an meine Eltern.
    HEIKE: Und _____? Was machst du _____?
    SYLVIA: _____ rufe ich Holger an, _____ wir wollen heute Abend zusammen ins Kino gehen.
2. MARTIN: Was möchtest du _____ essen, Claudia?
    CLAUDIA: Lasagne. Im Ristorante Napoli esse ich immer Lasagne, _____ hier sind sie am besten.
3. SONJA: Wann rufst du _____ endlich deine Eltern an?
    LAURA: Erst heute Abend, _____ _____ sind sie bestimmt zu Hause.

Zur Aussprache

The vowels *ä, ö,* and *ü*

The vowels **a, o,** and **u** can be umlauted: **ä, ö,** and **ü.** These umlauted vowels can also be long or short. Listen carefully and you will hear the difference between **a, o, u,** and their umlauted equivalents.

4-50 Hören Sie gut zu und wiederholen Sie!

a (lang)	ä (lang)	a (kurz)	ä (kurz)
Glas	Gläser	alt	älter
Rad	Räder	kalt	kälter
Vater	Väter	lang	länger

o (lang)	ö (lang)	o (kurz)	ö (kurz)
Ton	Töne	oft	öfter
Sohn	Söhne	Tochter	Töchter
groß	größer	Wort	Wörter

If you have trouble producing the sound **ö**, round your lips to say a German **o** (as in **O**ma), hold your lips in that position and try to say a German **e** (as in **E**sel).

u (lang)	ü (lang)	u (kurz)	ü (kurz)
Buch	Bücher	Mutter	Mütter
Bruder	Brüder	jung	jünger
Fuß	Füße	dumm	dümmer

If you have trouble producing the sound **ü,** round your lips to say a German **u** (as in Br**u**der), hold your lips in that position and try to say a German **i** (as in d**ie**).

4-51 Das Rübenziehen. In the following story about pulling out a turnip, long and short vowels, including umlauts, stand in sharp contrast to one another. Listen carefully and try to imitate the speaker.

Väterchen hat Rüben gesät°. Er will eine dicke Rübe herausziehen; er packt° sie beim Schopf°, er zieht und zieht und kann sie nicht herausziehen. Väterchen ruft Mütterchen: Mütterchen zieht Väterchen, Väterchen zieht die Rübe, sie ziehen und ziehen und können sie nicht herausziehen.

sown
grabs / by the top

Kommt das Söhnchen: Söhnchen zieht Mütterchen, Mütterchen zieht Väterchen, Väterchen zieht die Rübe, sie ziehen und ziehen und können sie nicht herausziehen.

Kommt das Hündchen: Hündchen zieht Söhnchen, Söhnchen zieht Mütterchen, Mütterchen zieht Väterchen, Väterchen zieht die Rübe, sie ziehen und ziehen und können sie nicht herausziehen.

Kommt das Hühnchen: Hühnchen zieht Hündchen, Hündchen zieht Söhnchen, Söhnchen zieht Mütterchen, Mütterchen zieht Väterchen, Väterchen zieht die Rübe, sie ziehen und ziehen und können sie nicht herausziehen.

Kommt das Hähnchen: Hähnchen zieht Hühnchen, Hühnchen zieht Hündchen, Hündchen zieht Söhnchen, Söhnchen zieht Mütterchen, Mütterchen zieht Väterchen, Väterchen zieht die Rübe: sie ziehen und ziehen— schwupps°, ist die Rübe heraus, und das Märchen° ist aus.

whoops
fairytale

Nomen

die Autobahn, -en	freeway
das Benzin	gas
die Bremse, -n	brake
der Parkplatz, ⁻e	parking lot
der Bahnhof, ⁻e	train station
der Fahrplan, ⁻e	train or bus schedule
die Hausaufgabe, -n	homework assignment
das Referat, -e	report; paper
das Seminar, -e	seminar
die Tafel, -n	blackboard
die Zensur, -en	grade
der Fernseher, -	television set
der Geburtstag, -e	birthday

Verben

bleiben	to stay, to remain
rauchen	to smoke
vergessen (vergisst)	to forget
ab·fahren (fährt ab)	to leave, to depart
an·kommen	to arrive
an·hören	to listen to
an·probieren	to try on
aus·probieren	to try out
aus·gehen	go out
auf·hören	to end; to stop
auf·passen	to pay attention
auf·wachen	to wake up
ein·schlafen (schläft ein)	to fall asleep
ein·laden (lädt ein)	to invite
fern·sehen (sieht fern)	to watch TV
heim·kommen	to come home
mit·kommen	to come along
vor·haben	to plan, to have planned
weg·fahren (fährt weg)	to drive away
zurück·kommen	to come back
kennen lernen	to get to know
spazieren gehen	to go for a walk
Rad fahren (fährt Rad)	to ride a bike, to go cycling

Konjunktionen

bevor	before
bis	until
damit	so that
obwohl	although, even though
sobald	as soon as
weil	because
wenn	if; when

Andere Wörter

anders	different; differently
besonders	especially
endlich	finally, at last
genug	enough

Ausdrücke

du hast Recht	you're right
ein paar	a couple of, a few
Lass mich in Ruhe!	Stop bothering me!
von Montag ab	from Monday on
vor dem Fernseher	in front of the TV

Das Gegenteil

gesund ≠ ungesund	healthy ≠ unhealthy
möglich ≠ unmöglich	possible ≠ impossible
ordentlich ≠ unordentlich	neat ≠ messy
oft ≠ selten	often ≠ seldom
rechts ≠ links	right; to the right ≠ left; to the left
zuerst ≠ zuletzt	first ≠ last

Leicht zu verstehen

der Alkohol	joggen
das Foto, -s	fantastisch
die Idee, -n	brandneu
der Stress	nervös
die Zigarette, -n	typisch

Wörter im Kontext

4-52 Welches Präfix passt hier?

weg / auf / ein / vor / heim

1. Wachst du immer so früh _____?
2. Wann fährst du morgens _____ und wann kommst du abends _____?
3. Was hast du heute Nachmittag _____?
4. Schläfst du in Professor Altmanns Vorlesung auch immer _____?

fern / an / mit / weiter / aus / ab

5. Heute Abend gehen wir alle _____. Kommst du _____?
6. Siehst du immer so viel _____?
7. Warum studiert Matthias denn nicht _____?
8. Wann fährt euer Zug in Frankfurt _____ und wann kommt er in Hannover _____?

4-53 Was macht hier Sinn?   Match the dependent and independent clauses appropriately.

1. Bevor du das Kleid kaufst,
2. Bevor du dieses Auto kaufst,
3. Obwohl Karl Asthma hat,
4. Obwohl Bergers nie genug Geld haben,
5. Sobald der Regen aufhört,
6. Sobald seine Eltern wegfahren,
7. Wenn Maria Geburtstag hat,
8. Wenn du Professor Ports Vorlesungen verstehen willst,

a. gehen sie sehr oft aus.
b. musst du es anprobieren.
c. sitzt Robert vor dem Fernseher.
d. lädt sie immer alle ihre Freunde ein.
e. musst du es ausprobieren.
f. musst du sehr gut aufpassen.
g. gehen wir spazieren.
h. raucht er jeden Tag ein paar Zigaretten.

4-54 Was passt wo?

unordentlich / zuerst / endlich / genug / besonders / anders

1. Schweizer Schokolade mag ich _____ gern.
2. Hast du noch _____ Geld?
3. Bist du immer so _____? Dein Zimmer sieht ja wie ein Schweinestall aus!
4. Von Montag ab wird alles _____.
5. Wann bist du denn _____ fertig? Der Bus kommt in fünf Minuten!
6. Was sollen wir _____ machen, unsere Hausaufgaben oder fernsehen?

4-55 Gegenteile.

selten / ungesund / möglich / rechts / oft / links / gesund / unmöglich

1. Sport treiben ist _____. Rauchen ist _____.
2. In England regnet es _____. In Arizona regnet es nur sehr _____.
3. In England fährt man _____. In Nordamerika fährt man _____.
4. Heute Abend kann ich _____ kommen, aber morgen Abend ist es _____.

KAPITEL 5

Freizeit – Ferienzeit

Kommunikationsziele

Making plans for a day off
Planning a vacation
Expressing personal opinions
    and tastes
Comparing qualities and
    characteristics
Talking about whom and what
    you know
Talking about events in the past

Strukturen

More on the accusative:
    personal pronouns and
    prepositions
The comparative and
    superlative
Wissen and **kennen**
Simple past tense of **haben,**
    sein, and the modals

Word order:
Position of the verb in
    object clauses

Kultur

Munich
Vacationing on a shoestring
Lake Constance

Leute: **Ludwig II. von Bayern**

Ferienzeit – Fahrradzeit

Vorschau

Ein freier Tag

Claudia erzählt Stephanie, was sie morgen vorhat.

STEPHANIE: Was machst du morgen, Claudia?

CLAUDIA: Zuerst schlafe ich mal bis elf oder halb zwölf und dann rufe ich Martin an.

STEPHANIE: Und er holt dich ab und schleppt dich wieder ins Deutsche Museum.

CLAUDIA: Ja denkste! Dort waren wir jetzt oft genug. Morgen machen wir mal, was ich will.

STEPHANIE: Und das ist?

CLAUDIA: Erst gehen wir Weißwürste essen beim Donisl am Marienplatz ...

STEPHANIE: Mmm, die sind echt lecker dort.

CLAUDIA: Dann gehen wir in die Alte Pinakothek und schauen Bilder von Rembrandt an.

STEPHANIE: Armer Martin!

CLAUDIA: Und dann fahren wir zum Englischen Garten.

STEPHANIE: Geht ihr dort baden?

CLAUDIA: Nein, wir gehen spazieren. Der Eisbach ist noch viel zu kalt.

STEPHANIE: Und wo esst ihr zu Abend?

CLAUDIA: Morgen geben wir mal viel Geld aus und gehen ins Mövenpick.

Hier gibt's echt leckere Weißwürste.

Ferienpläne

Frau Ziegler will nicht, was ihre Kinder wollen, aber Herr Ziegler findet eine gute Lösung.

NINA: Mitte Juli beginnen die Sommerferien, Vati. Fahren wir wieder zum Grundlsee? Der Campingplatz dort war echt toll.

VATER: Aber du weißt doch, dass Mutti nicht mehr campen gehen will. Sie wollte schon letztes Jahr nicht mehr.

ROBERT: Aber wir hatten doch so viel Spaß dort.

MUTTER: Spaß? Fast jeden Tag Regen und alles nass im Zelt. Und diese primitive Kocherei! Weißt du, Robert, das ist kein Urlaub für mich.

NINA: Aber wir hatten so gute Freunde, Robert und ich. Sie sind dieses Jahr bestimmt wieder dort.

MUTTER: Ich weiß, ich weiß, aber ich brauche auch mal Urlaub und möchte am liebsten in ein Hotel. Und bitte nicht in das billigste, Klaus.

VATER: Auch am Grundlsee?

MUTTER: Wenn es schön ist, auch am Grundlsee.

VATER: Ich kenne da nämlich ein kleines aber sehr komfortables Hotel, nicht weiter als einen halben Kilometer vom Campingplatz. Dann haben die Kinder ihre Freunde, ich kann zum See und angeln gehen ...

MUTTER: Und ich habe endlich auch mal nichts zu tun.

ZUM HÖREN

5-1 Richtig oder falsch? You will hear the conversations on pages 153 and 154. Indicate whether the statements that follow each conversation are **richtig** or **falsch.**

	EIN FREIER TAG			FERIENPLÄNE	
---	RICHTIG	FALSCH	---	RICHTIG	FALSCH
1.	_____	_____	1.	_____	_____
2.	_____	_____	2.	_____	_____
3.	_____	_____	3.	_____	_____
4.	_____	_____	4.	_____	_____

5-2 Fragen und Antworten. Choose the appropriate response to your partner's questions.

1. Warum will Claudia beim Donisl zu Mittag essen?
2. Warum will sie nicht ins Deutsche Museum?
3. Warum will Claudia in die Alte Pinakothek?
4. Warum will sie nicht im Eisbach baden gehen?

a. Weil sie schon viel zu oft dort war.
b. Weil sie gern schöne Bilder anschaut.
c. Weil das Wasser noch viel zu kalt ist.
d. Weil die Weißwürste dort so lecker sind.

München, the capital of **Bayern** (Bavaria), is one of Germany's major cultural centers. It boasts over 70 theaters and six orchestras. The most famous of its many art galleries are the **Alte Pinakothek** and the **Neue Pinakothek. München** is also the home of the largest technical museum in the world, the **Deutsche Museum.**

With 60,000 students, the **Ludwig-Maximilians-Universität** in **München** is the largest in the Federal Republic. Adjoining the university is the **Englische Garten,** a 925-acre park in the heart of the city. The park is a favorite playground for students, who spend their leisure time strolling, cycling, sunbathing, or swimming in the chilly waters of the **Eisbach.**

München, the home of **BMW (Bayerische Motorenwerke),** is also an important industrial center.

The end of September marks the beginning of **München**'s 16-day **Oktoberfest,** which each year attracts close to seven million visitors from around the world.

München: Maibaum auf dem Viktualienmarkt

5-3 Was ist die richtige Antwort?   Indicate whether the responses below answer question 1 or question 2 by writing the appropriate number in the spaces provided.

1. Warum wollen Nina und Robert diesen Sommer wieder zum Grundlsee?
2. Warum will Frau Ziegler nicht mehr campen gehen?

_____ Weil sie die primitive Kocherei nicht mag.

_____ Weil der Campingplatz dort echt toll war.

_____ Weil sie dort so gute Freunde hatten.

_____ Weil im Zelt alles nass wird, wenn es zu viel regnet.

_____ Weil das für sie kein Urlaub ist.

_____ Weil sie dort so viel Spaß hatten.

5-4 Eine Umfrage.   Move about the classroom and survey 3 or 4 classmates about their vacation preferences. Fill in the questionnaire as you do so. Then report to the class.

S1: Wann machst du am liebsten Ferien?

Wo machst du am liebsten Ferien?

Warum machst du dort am liebsten Ferien?

S2: Ich mache am liebsten ... Ferien.

Ich mache am liebsten ... Ferien.

Weil ich ...

PERSON	WANN?	WO?	WARUM?
Lisa	im Winter	in Whistler, B.C.	Weil sie gern Ski läuft.

Vacationing on a shoestring

Vacationing in the German-speaking countries need not be expensive. Although regular train travel can be quite costly, the **Deutsche Bahn** has come up with a real winner for inexpensive travel, the **Schönes-Wochenende-Ticket.** For **DM 35** up to five people can travel to any destination in Germany between midnight Friday and 2 A.M. Monday.

Many young people experience the landscapes of the German-speaking countries by hiking or biking; hiking trails and bike paths can be found everywhere. A network of over 1000 **Jugendherbergen** *(youth hostels)* in Germany, Austria, and Switzerland provides reasonably priced, clean overnight accommodation, and meals. Accommodation is dorm-like but much cheaper than a room in a hotel, and many **Jugendherbergen** are housed in interesting old buildings such as medieval castles. They are a good place to get to know other young people from all over the world.

There are also thousands of **Campingplätze** *(campgrounds)* in the German-speaking countries.

Camping im Schwarzwald

Just as in North America, they are usually situated in areas that offer lots of recreational activities and are a favorite way of vacationing for families with children.

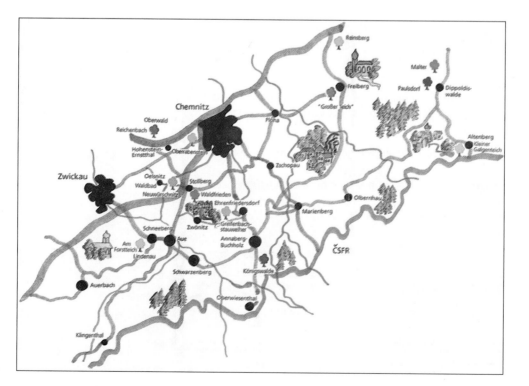

5-5 Camping im Erzgebirge. Lisa und Ralf leben in Zwickau in Sachsen. Sie haben bald vierzehn Tage Urlaub, wollen campen gehen und studieren deshalb eine Broschüre von Campingplätzen im Erzgebirge. Sie gehen beide gern baden und sie möchten auch ein paar kleine Radtouren machen. Ralf ist ein Fitnessfreak und denkt, dass er auch beim Campen ohne Fitnesscenter und ohne Sauna nicht leben kann. Lisas Lieblingssport ist Segeln und weil Lisa und Ralf passionierte Angler sind, suchen sie einen Campingplatz, wo sie auch angeln gehen können.

Finden Sie den idealen Campingplatz für Lisa und Ralf!

- Suchen Sie zuerst die vier Campingplätze, wo die beiden angeln gehen können, und schreiben Sie die Namen von diesen Campingplätzen in die vier ersten Lücken[1].

- Haken[2] Sie dann ab, welche von diesen vier Campingplätzen auch Bademöglichkeit[3], Fahrradverleih[4], Fitnesscenter, Sauna und Segeln haben.

[1]*spaces*   [2]*check . . . off*   [3]*swimming facilities*   [4]*bike rental*

Angeln	1. _____	2. _____	3. _____	4. _____
Bademöglichkeit				
Fahrradverleih				
Fitnesscenter				
Sauna				
Segeln				

	Bademöglichkeit	Tankstelle	Einkaufsmöglichkeit	Sportgeräteausleih/Fahrradverleih	Bootsverleih	Haustiere möglich	Gaststätte	Surfen/Segeln	Wasch-, Trockenautomat	Fitnesscenter	Sauna	Duschen, Waschraum, WC	Kinderspielplatz	Angeln	Einrichtungen für Behinderte
Altenberg	●	●	●		●		●	●	●	●		●	●		
Freiberg	●	●	●		●		●			●	●		●		●
Königswalde		●	●	●							●	●			
Lindenau	●	●		●		●					●	●			
Malter	●	●	●	●	●		●	●	●	●	●	●		●	●
Oberrabenstein	●	●	●	●	●			●		●	●				
Paulsdorf	●	●		●				●			●	●		●	●
Reichenbach	●	●	●	●	●		●		●	●		●		●	●
Stollberg	●	●		●	●		●		●		●	●	●		

Legend:

- Bademöglichkeit
- Tankstelle
- Einkaufsmöglichkeit
- Sportgeräteausleih/Fahrradverleih
- Bootsverleih
- Haustiere möglich
- Gaststätte
- Surfen/Segeln
- Wasch-, Trockenautomat
- Fitnesscenter
- Sauna
- Duschen, Waschraum, WC
- Kinderspielplatz
- Angeln
- Einrichtungen für Behinderte

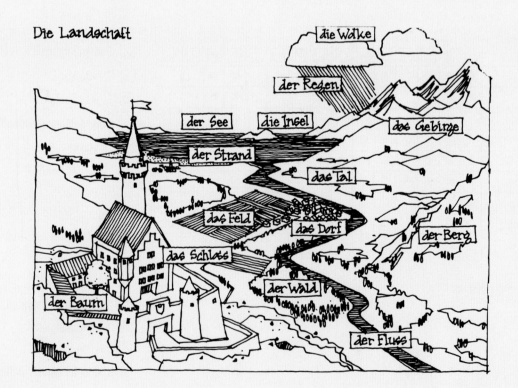

Wortschatz 1

Nomen

die Freizeit	leisure time
die Ferien (*pl*)	vacation (*generally of students*)
der Urlaub	vacation (*generally of people in the work-force*)
die Bademöglichkeit	swimming facilities
der Campingplatz, ⁼e	campground
der Fahrradverleih	bike rental
die Jugendherberge, -n	youth hostel
das Zelt, -e	tent
der Baum, ⁼e	tree
der Berg, -e	mountain
das Dorf, ⁼er	village
das Feld, -er	field
der Fluss, ⁼e	river
das Gebirge, -	mountain range
die Insel, -n	island
die Landschaft, -en	landscape
der Regen	rain

das Schloss, ⁼er	castle
der See, -n	lake
der Strand, ⁼e	beach
das Tal, ⁼er	valley
der Wald, ⁼er	woods; forest
die Wolke, -n	cloud
das Bild, -er	picture
die Broschüre, -n	brochure
die Lösung, -en	solution
der Marktplatz, ⁼e	market square

Verben

ab·holen	to pick up
angeln	to fish
an·schauen	to look at
aus·geben (gibt aus)	to spend (*money*)
baden	to swim; to bathe
schleppen	to drag
wissen (weiß)	to know

Die Landschaft

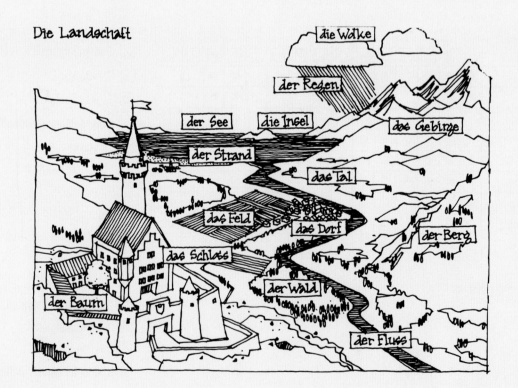

Andere Wörter

bestimmt	definite(ly); for sure
halb	half
frei	free
lecker	delicious

Ausdrücke

Wo machst du am liebsten Ferien?	Where's your favorite vacation spot?
Anfang Juli	(at) the beginning of July
Mitte Juli	(in) mid-July
Ende Juli	(at) the end of July
vierzehn Tage	two weeks
Ferien (Urlaub) machen	to go on vacation
eine Reise machen	to go on a trip, to take a trip
Spaß haben	to have fun

Das Gegenteil

arm ≠ reich	poor ≠ rich
alt ≠ jung	old ≠ young
nass ≠ trocken	wet ≠ dry
weit ≠ nah	far ≠ near

Leicht zu verstehen

der Angler, -	**die Sauna, -s**
die Anglerin, -nen	**campen**
das Fitnesscenter, -s	**ideal**
der Garten, ⸚	**komfortabel**
das Hotel, -s	**passioniert**
das Museum, die Museen	**primitiv**
der Plan, ⸚e	

Wörter im Kontext

5-6 Was passt zusammen? Match appropriately in each set.

1. Bilder   a. angelt man.
2. Lösungen   b. gibt man aus.
3. Fische   c. schaut man an.
4. Geld   d. sucht man.

5. Wenn man im Regen steht,   e. ist man arm.
6. Wenn die Sonne scheint,   f. ist man reich.
7. Wenn man viel Geld hat,   g. wird man nass.
8. Wenn man wenig Geld hat,   h. bleibt man trocken.

5-7 Was passt zusammen?

1. Obwohl Martin am liebsten ins Deutsche Museum geht,
2. Claudia will morgen mal viel Geld ausgeben
3. Herr und Frau Ziegler nehmen ihren Urlaub immer dann,
4. Weil es im Zelt immer so primitiv war,
5. Nina und Robert möchten wieder zum Grundlsee,
6. Herr Ziegler braucht einen See,
7. Wenn man eine Radtour machen will und kein Rad hat,

a. möchte Frau Ziegler diesen Sommer mal in ein komfortables Hotel.
b. weil sie dort so viel Spaß hatten.
c. weil er ein passionierter Angler ist.
d. will Claudia ihn morgen in die Alte Pinakothek schleppen.
e. geht man zum Fahrradverleih.
f. wenn ihre Kinder Schulferien haben.
g. und im Mövenpick zu Abend essen.

Kommunikation und Formen

1 Talking about people or things without naming them

Personal pronouns in the accusative case

In English the object forms of the personal pronouns are often different from the subject forms, e.g., *I love **him** and he loves **me** too.*

Similarly, in German the accusative forms of the personal pronouns are often different from the nominative forms:

Ich liebe **ihn,** und er liebt **mich** auch.   *I love **him** and he loves **me** too.*

Remember that *things* also have gender in German and that this is reflected in the pronoun forms.

Warum liest du **den Roman** nicht?   *Why don't you read **the novel**?*
Ich finde **ihn** langweilig.   *I find **it** boring.*

personal pronouns							
NOMINATIVE				**ACCUSATIVE**			
ich	*I*	**wir**	*we*	**mich**	*me*	**uns**	*us*
du	*you*	**ihr**	*you*	**dich**	*you*	**euch**	*you*
er	*he, it*			**ihn**	*him, it*		
es	*it*	**sie**	*they*	**es**	*it*	**sie**	*them*
sie	*she, it*			**sie**	*her, it*		
		Sie	*you*			**Sie**	*you*

5-8 Nomen und Pronomen. Respond to your partner's questions using the appropriate pronouns.

    S1: Kennst du den Mann?   **S2:** Ja, ich kenne ihn.

1. Kennst du den Mann? (die Frau, das Kind, die Studenten)
2. Kaufst du den Wagen? (die Uhr, das Fahrrad, die Schuhe)
3. Magst du den Jogurt? (die Marmelade, das Müsli, die Brötchen)
4. Besuchst du deinen Vetter? (deine Kusine, deinen Onkel, deine Eltern)

5-9 *Lieben* und *mögen.* Supply the appropriate personal pronouns.

1. Philipp loves Vanessa and, although she is fond of him, she doesn't love him.

    PHILIPP: Ich liebe dich, Vanessa, liebst du _____ auch?
    VANESSA: Ich mag _____, Philipp, aber ich liebe _____ nicht.

2. Sarah quizzes Philipp about his feelings for Vanessa.

> SARAH: Liebst du Vanessa?
> PHILIPP: Ja, ich liebe _____, ich liebe _____ sehr.
> SARAH: Und Vanessa? Liebt sie _____ auch?
> PHILIPP: Sie sagt, sie mag _____, aber sie liebt _____ nicht.

3. Sarah quizzes Vanessa about her feelings for Philipp.

> SARAH: Liebst du Philipp?
> VANESSA: Ich mag _____, aber ich liebe _____ nicht.
> SARAH: Und Philipp? Liebt er _____?
> VANESSA: Er sagt, er liebt _____ sehr.

5-10 Die Geschmäcker sind verschieden. Maria and Moritz have different tastes. Find out what they think about the hairstyles and jewelry of some of their acquaintances.

Some of the expressions Maria and Moritz use are new to you: **flott = schick; todschick = sehr schick; bescheuert = doof; altmodisch ≠ modern.**

S1: Wie findet Maria Toms Schnurrbart?

S2: Sie findet ihn echt flott.

S2: Wie findet Moritz Toms Schnurrbart?

S1: Er ...

	MARIA	MORITZ
Toms Schnurrbart (m)		total bescheuert
Annas Frisur (f)	ein bisschen blöd	
Julias Armband (n)		echt cool
Philipps Haarschnitt (m)	ein bisschen altmodisch	
Sophias Ohrringe (pl)		ein bisschen zu massiv
Florians Bart (m)	gar nicht so schlecht	

5-11 Wie findest du Lisas Pulli? Look at your fellow students. How do you like their clothes, their hairdos, their beards, their glasses, their jewelry?

S1: Wie findest du Lisas Pulli?　　**S2:** Ich finde ihn todschick.
S2: Wie findest du ...?　　**S3:** Ich finde ...
...

die Bluse	die Frisur	sehr schön	sehr hübsch
der Rock	der Haarschnitt	sehr elegant	echt cool
tasteful das Kleid	der Bart	echt flott	sehr geschmackvoll°
der Pulli	der Schnurrbart	sehr schick	gar nicht schlecht
(eye)glasses der Pullover	die Brille°	todschick	
das Hemd	der Ring, -e		
das Sweatshirt	der Ohrring, -e		
die Jeans	das Armband, ¨er		
die Hose	die Halskette		
die Schuhe			

② Phrases expressing direction, destination, time, manner, and place

Accusative prepositions

A preposition is a word that combines with a noun or pronoun to form a phrase:

> *For whom* are these travel brochures, *for David* or *for me?*

The noun or pronoun in the prepositional phrase is called the object of the preposition. After the following German prepositions, the noun or pronoun object appears in the accusative case.

durch	*through*	Nächsten Sommer möchte ich **durch die BRD** reisen.
für	*for*	**Für wen** sind diese Reisebroschüren, **für mich?**
gegen	*against*	Meine Eltern haben nichts **gegen diese Reise.**
	around	Morgen planen wir die Reise. Ich komme **gegen zwei.**
ohne	*without*	Mach ja keine Pläne **ohne mich!**
um	*at*	**Um acht** läuft beim Studentenwerk ein Dokumentarfilm über die BRD.
corner	*around*	Das Studentenwerk ist gleich **um die Ecke°.**

In the example sentences, there are two German equivalents for *around:*

gegen	*around (in a temporal sense)*	**gegen** zwei
um	*around (in a spatial sense)*	**um** die Ecke

In colloquial German, the prepositions **durch, für,** and **um** are often contracted with the article **das: durchs, fürs, ums.**

Buchst du den Flug **durchs** Reisebüro im Studentenwerk?	*Are you booking your flight through the travel agency in the student center?*
In deutschen Hotels muss man **fürs** Frühstück nicht extra bezahlen.	*In German hotels you don't have to pay extra for breakfast.*
Ums Parkhotel stehen viele alte Bäume.	*There are many old trees around the Park Hotel.*

5-12 Durch, für, gegen, ohne, um? Supply the appropriate prepositions.

1. Sind deine Eltern _____ oder _____ diese Reise?
2. Wie willst du in Deutschland Arbeit finden?
   _____ meinen Onkel.
3. Hier ist ein Brief _____ dich.
4. Heute müsst ihr mal _____ mich baden gehen.
5. Wo wohnt Bernd?
   Gleich _____ die nächste Ecke.
6. Trinkst du deinen Kaffee immer _____ Milch und Zucker?
7. _____ dich mache ich diese Radtour nicht.
8. Spielt Eintracht Frankfurt morgen _____ Hansa Rostock oder _____ Mainz?
9. Fährt der Zug nach München _____ 17.35 Uhr oder _____ 18.35 Uhr?
10. _____ sieben ist nicht Punkt° sieben. Es ist ein bisschen vor oder nach sieben.

on the dot

5-13 Kleine Gespräche.

▶ Für wen kaufst du das Bild? Für dein__ Bruder?	mein__ Schwester
S1: Für wen kaufst du das Bild? Für deinen Bruder?	**S2:** Nein, für meine Schwester.
1. Durch wen bekommt ihr die Theaterkarten? Durch d__ Sekretärin?	unser__ Professor
2. Für wen reservieren Sie das Zimmer? Für Ihr__ Chef° (m)?	sein__ Frau *boss*
3. Gegen wen spielt ihr nächsten Samstag? Gegen d__ VfB (m)?	d__ Stuttgarter Kickers (pl)
4. Durch wen bekommst du den Ferienjob? Durch dein__ Onkel?	mein__ Vetter
5. Für wen ist diese Broschüre? Für dein__ Freund?	mein__ Zimmerkollegin

5-14 Ich reise nie ohne ein gutes Buch. Form a circle with your classmates. Your instructor will ask one of you to state one thing you never travel without. When you have made your statement, call another student by name. That student makes a statement and calls on another student, and so on.

S1: Ich reise nie ohne ein gutes Buch. Und du, David?

S2: Ich reise nie ohne ...

eine Packung Aspirin	meinen Pass
toothbrush meinen Regenmantel	meine Zahnbürste°
umbrella Reiseschecks	meinen Regenschirm°
bottle meine Kreditkarte	eine Flasche° Wasser
student I.D. eine warme Jacke	meinen Studentenausweis°
...	

Making comparisons

The comparative of adjectives and adverbs

The comparative forms of adjectives and adverbs are used to compare characteristics and qualities. In contrast to English, German has only one way of forming the comparative: by adding **-er** to the adjective or adverb. Note that the German equivalent of *than* is **als.**

Die Sommerferien sind viel **länger als** die Weihnachtsferien.	*The summer holidays are much **longer than** the Christmas holidays.*
Robert und Nina finden den Campingplatz **interessanter als** ein Hotel.	*Robert and Nina find the campground **more interesting than** a hotel.*
In Hamburg regnet es **öfter als** in Zürich.	*In Hamburg it rains **more often than** in Zürich.*

Most German one-syllable adjectives or adverbs with the vowels **a, o,** or **u** are umlauted in the comparative:

warm – w**ä**rmer
groß – gr**ö**ßer
jung – j**ü**nger

As in English, a few adjectives and adverbs have irregular comparative forms:

gut – **besser**
viel – **mehr**
high   hoch° – **höher**
gern – **lieber**

Adjectives that end in **-er** or **-el** drop the **e** in the comparative:

teuer – **teurer**
dunkel – **dunkler**

When an adjective in the comparative precedes a noun, an adjective ending is added to the comparative ending.

Florian hat einen viel schneller**en** Wagen als Stefan.	*Florian has a much faster car than Stefan.*

5-15 Wie alt und wie groß bist du? Move about the classroom and find out the age and height of your classmates. Use the scale to convert feet and inches to metric measure.

S1: Wie alt bist du? **S2:** Ich bin …

S1: Dann bist du | so alt wie ich.
| älter als ich.
| jünger als ich.

S1: Und wie groß bist du? **S2:** Ich bin …

S1: Dann bist du | so groß wie ich.
| größer als ich.
| kleiner als ich.

5-16 Weißt du das? In your questions and responses, use the comparative of the adjectives given and **als**.

S1: Ist der Rhein länger als die Donau? **S2:** Nein, der Rhein ist kürzer als die Donau.

FRAGEN	ANTWORTEN
lang: Ist der Rhein … die Donau?	
groß: Ist die Schweiz … Österreich?	
	warm: Nein, in Island ist es … in Grönland.
groß: Ist Deutschland … Kalifornien?	
wenig: Leben in Deutschland … Menschen° … in Kalifornien?	
	wenig: Nein, in Zürich regnet es … in Hamburg.
	warm: Nein, In Holland ist der Winter … in Schweden.
hell: Ist der Mars … die Venus?	
	nah: Nein, zum Mars ist es … zum Jupiter.
	wenig: Nein, der Mars hat … Monde … der Jupiter.

people

```
ft  cm
7 ┬ ┬ 210
  │ ┤ 200
  │ ┤ 190
6 ┤ ┤ 180
  │ ┤ 170
  │ ┤ 160
5 ┤ ┤ 150
  │ ┤ 140
  │ ┤ 130
4 ┤ ┤ 120
  │ ┤ 110
  │ ┤ 100
3 ┴ ┴ 90
```

5-17 Entscheidungen. The arrows show **S2** which decision to make.

► Welches Fahrrad kaufst du,
d__ teurer__ oder d__ billiger__?

S1: Welches Fahrrad
kaufst du, das teurere
oder das billigere?

S2: Ich kaufe das teurere.

1. Welchen Apfel möchtest du,
   d__ kleiner__ oder d__ größer__?

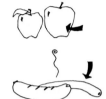

2. Welche Wurst möchtest du,
   d__ dicker__ oder d__ dünner__?

3. Welches Stück Kuchen möchtest du,
   d__ kleiner__ oder d__ größer__?

4. Welchen Wagen kaufst du,
   d__ älter__ oder d__ neuer__?

5. Welchen Mantel nimmst du,
   d__ heller__ oder d__ dunkler__?

6. Welche Jacke nimmst du,
   d__ länger__ oder d__ kürzer__?

7. Welche Wanderschuhe kaufst du,
   d__ leichter__ oder d__ schwerer__?

8. Welchen ICE nimmst du,
   d__ früher__ oder d__ später__?

```
Ab    Zug
9.43  ICE 591  ◄
9.50  IR  2475
10.43 ICE 791
```

Sprachnotiz | *Immer* **and the comparative**

Immer is used with the comparative form of adjectives and adverbs to express ideas like *more and more, better and better.*

Ich lerne **immer mehr** Deutsch. | *I'm learning **more and more** German.*

Meine Zensuren werden **immer besser.** | *My grades are getting **better and better.***

5-18 Wie heißt die Stadt? Think of a large American or Canadian city. Your partner asks the following questions to find out which city you have in mind. When your partner guesses the name of the city, reverse roles. Remember that the adjectives must be in the comparative.

1. Ist die Stadt in Amerika oder in Kanada?
2. Ist der Staat/die Provinz _____ oder _____ als dieser Staat/diese Provinz hier? (groß, klein)
3. Ist der Sommer dort _____ oder _____ als hier? (heiß, kühl°)   *cool*
4. Ist der Winter dort _____ oder _____ als hier? (kalt, warm)
5. Regnet es dort _____ oder _____ als hier? (viel, wenig)
6. Schneit° es dort _____ oder _____ als hier? (viel, wenig)   *does it snow*
7. Heißt der Staat/die Provinz _____?
8. Ist die Stadt _____ oder _____ als diese Stadt hier? (groß, klein)
9. Heißt die Stadt _____?

The superlative

The superlative of adjectives and adverbs is used to compare the qualities and characteristics of more than two persons or things. In German there is only one way of forming the superlative: by adding the ending **-(e)st**. Adjectives in the superlative that precede nouns take adjective endings.

Liechtenstein ist das **kleinste** deutschsprachige Land.	*Liechtenstein is the **smallest** German-speaking country.*
Das Deutsche Museum ist das **berühmteste** technische Museum in ganz Deutschland.	*The Deutsche Museum is the **most famous** technical museum in all of Germany.*

The superlative of adverbs is formed by using the pattern **am -(e)sten**.

Können Sie mir sagen, wie ich **am schnellsten** nach München komme?	*Can you tell me how to get to Munich **the fastest?***
Da nehmen Sie **am besten** den Intercity.	*You'd do **best** to take the Intercity.*

Note that the **e** before **st** is added if the adjective or adverb ends in **-d, -t,** an **s**-sound or a vowel (e.g., **der kälteste Tag, am heißesten, am neuesten**). Most one-syllable adjectives or adverbs with the stem vowels **a, o,** or **u** are umlauted in the superlative (e.g., der **wä**rmste Tag, am j**ü**ngsten).

A few adjectives and adverbs have irregular superlative forms.

gut	besser	**best-**
viel	mehr	**meist-**
groß	größer	**größt-**
gern	lieber	**liebst-**
hoch	höher	**höchst-**

Ihre schönsten Ferien
auf Deutschlands
größter und schönster Insel

Rügen

Note that superlative forms always take adjective endings.

5-19 Deutsche Flughäfen im Vergleich. The chart compares ten German airports in the following categories: distance from the airport to the city, time it takes to drive this distance with different means of transportation, price charged by taxis, and price for parking. Study the chart with your partner and answer the questions below.

1. Welche Stadt hat die meisten Flughäfen?
2. Wo ist ein Taxi zur City am teuersten?
3. Wo ist ein Taxi zur City am billigsten?
4. Wo bezahlt man für eine Stunde Parkzeit am meisten?
distance 5. Welcher Flughafen hat den kürzesten Weg° zur City?
6. Von wo ist es weiter zum Flughafen, von Köln oder von Bonn?
7. Wie kommt man von Düsseldorf schneller zum Flughafen, per Taxi oder per S-Bahn?

		Frankfurt	München	Düsseldorf	Berlin-Tegel	Hamburg	Köln / Bonn	Berlin-Schönefeld	Dresden	Bremen	Berlin-Tempelhof
Entfernung zur City (in km)		15	35	9	8	15	K:18 B:28	20	18	4,5	6
Fahrtdauer (in Minuten)	U-Bahn, S-Bahn	10	41	12	--	--	--	35	--	17	10
	Bus	--	45	30	20	30	K:20 B:30	--	30	--	--
	Taxi	20	45	30	20	30	K:20 B:30	35	30	25	15
Taxipreis (in Mark)		40	95	38	23	35	K:40 B:50	50	25	17	20
Parkpreis (pro Stunde)		4	4	1-4	6	2	4	3	4	2	4

5-20 Ein paar persönliche Fragen. Use superlatives in all questions.

▶ Welche Sprache sprichst du am _____? (gut)

S1: Welche Sprache sprichst du am besten?   **S2:** Englisch.

1. Welches Fach findest du am _____? (interessant)
2. Für welches Fach musst du am _____ lernen? (viel)   Für _____.
3. Was für einen Wagen möchtest du am _____? (gern)
4. Was isst du am _____? (gern)
5. Was trinkst du am _____? (gern)
6. Was für Musik findest du am _____? (schön)
7. Wohin möchtest du am _____ reisen? (gern)   Nach _____.

5-21 Superlative. Supply the appropriate superlatives with the proper endings.

▶ Welche Vase findest du
   am _____? (schön)

   Die _____.
   klein

S1: Welche Vase findest du
      am schönsten?

S2: Die kleinste.

1. Welcher Wein kostet am _____? (viel)   Der _____.

2. Welches Hemd findest du am _____? (schick)   Das _____.

3. Welches Messer ist am _____? (scharf)   Das _____.

4. Welche Wurst möchtest du am _____? (gern)   Die _____.

dick	klein	teuer	alt

5. Welcher Junge ist am _____? (nett)   Der _____.

6. Welche Sängerin singt am _____? (schön)   Die _____.

7. Welche Jacke ist am _____? (warm)   Die_____.

8. Welchen Wagen möchtest du am _____? (gern)   Den _____.

dick	billig	modern	jung

ZWISCHENSPIEL

ZUM HÖREN

Auch Martin macht Pläne

Martin's plans for his day off are quite different from Claudia's. Listen as he discusses them with Peter.

NEUE VOKABELN
der Schnellimbiss *fast food stand* **verrückt** *crazy*

5-22 Globalverstehen. In which sequence do you hear the following statements and questions?

_____ Dann fahren wir zum Englischen Garten und gehen baden.
_____ Glaubst du, dass sie die alten Maschinen dort interessant findet?
_____ Und zuletzt will Claudia bestimmt noch tanzen gehen.
_____ Esst doch mal wieder beim Donisl!
_____ Was machst du morgen den ganzen Tag?
_____ Claudia geht bestimmt gern ins Mövenpick.
_____ Wir essen beim Schnellimbiss eine Knackwurst und gehen dann gleich ins Deutsche Museum.

5-23 Detailverstehen. Listen to the conversation again and write the responses to the following questions.

1. Wie lange will Martin morgen schlafen?
2. Warum will er nicht beim Donisl zu Mittag essen? *Weil ...*
3. Wo will er mit Claudia eine Knackwurst essen?
4. Warum geht Claudia nicht gern ins Deutsche Museum? *Weil ...*
5. Warum denkt Peter, dass Martin verrückt ist, wenn er im Englischen Garten baden gehen will? *Weil ...*
6. Warum will Martin zu Hause zu Abend essen? *Weil ...*
7. Was will Martin zuletzt noch machen?

Discourse strategies

If you want to find out more about the plans of the person you are talking to, the question **Und dann?** will encourage her/him to give more information. You can use it by itself or as an introduction to a more exact question.

Und dann? Was machst du **dann?**
Und dann? Wohin geht ihr **dann?**

5-24 Morgen machen wir mal, was ich will. With a partner, look at the drawings and then take turns narrating what Claudia and Martin have planned for tomorrow.

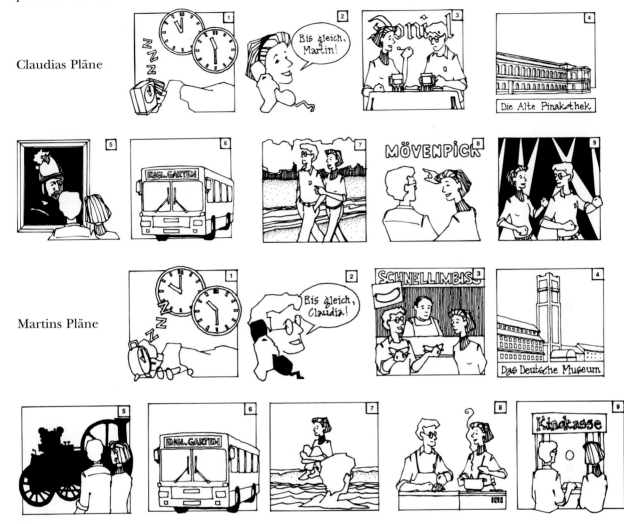

Claudias Pläne

Martins Pläne

5-25 Heute habe ich frei. Write a paragraph about what you are going to do on a day off. You could begin your first sentence with **Zuerst ...** and the last one with **Zuletzt ...** In between, try to avoid beginning each sentence with **Dann ...** You could use **Am Vormittag ..., Am Nachmittag ..., Am Abend ...**

bis _____ Uhr schlafen	fernsehen (Meine Lieblingsprogramme sind ...)	
ein gutes Buch lesen		
meine Lieblings-CDs anhören	Seifenopern° anschauen	*soap operas*
Briefe schreiben	Computerspiele machen	
Freunde besuchen	mein Rad putzen (reparieren)	
einkaufen gehen°	Tennis (Fußball, Squash usw.) spielen	*to go shopping*
eine kleine Radtour machen	ins Kino (ins Konzert usw.) gehen	
	...	

5-26 Freizeitpläne. Now that you have written about your plans for a day off, tell your classmates about them.

Kommunikation und Formen

(4) Word order

Object clauses introduced by *dass*

The object of a verb is often not a noun or a pronoun, but a clause.

Ich hoffe, **du findest bald einen guten Job.**	*I hope **you find a good job soon.***

If an object clause is introduced by the conjunction **dass** *(that)*, it is a dependent clause and the conjugated verb appears at the end of the clause.

Ich hoffe, ***dass* du bald einen guten Job *findest.***	*I hope **that you find a good job soon.***

5-27 Meine kritische Freundin.

▶ Ich komme immer zu spät. sein / ein bisschen pünktlicher

S1: Meine Freundin mag es gar nicht, dass ich immer zu spät komme.

S2: Dann sei doch mal ein bisschen pünktlicher!

1. Ich gebe so viel Geld aus.

thriftier

  sein / doch mal ein bisschen sparsamer°

2. Ich bin so dünn. essen / doch mal ein bisschen mehr

smell

3. Ich rieche° so nach Tabak. rauchen / doch mal ein bisschen weniger

tired

4. Ich bin immer so müde°. gehen / doch mal ein bisschen früher ins Bett

hair stylist

5. Ich habe so lange Haare. gehen / doch mal zum Friseur°
6. Ich kann nicht kochen. nehmen / doch mal einen Kochkurs
7. Ich bin immer so nervös. trinken / doch mal ein bisschen weniger Kaffee

8. Ich habe nie Zeit für sie. arbeiten / doch mal ein bisschen weniger

5-28 Ratschläge geben. Tell your classmates about something you do that annoys members of your family or your friends. Your classmates should have some advice for you.

S1: Meine Eltern mögen es gar nicht, dass ich so viel vor dem Fernseher sitze.

S2: Dann lies doch mal ein gutes Buch.
S3: Dann treib doch mal ein bisschen mehr Sport.
S4: Dann besuch doch mal deine Freunde.

S5: Mein Bruder mag es gar nicht, dass ...

S6: ...

Information questions as object clauses

Information questions are often introduced by polite phrases like **Könnten Sie mir bitte sagen, ...** *(Could you please tell me . . .).*

Wie viel **müssen** wir bis morgen lesen?	*How much do we have to read for tomorrow?*
Könnten Sie mir bitte sagen, wie viel wir bis morgen lesen **müssen?**	*Could you please tell me how much we have to read for tomorrow?*

Note that an introduced question is a dependent clause and that the conjugated verb appears at the end of the clause.

5-29 Höfliche Fragen. You are a stranger in town. Politely ask a passerby for directions and information.

▶ Wie komme ich zum Bahnhof?　　　nehmen / die Buslinie 10

S1: Könnten Sie mir bitte sagen, wie ich zum Bahnhof komme?　　**S2:** Da nehmen Sie am besten die Buslinie 10.

1. Wie komme ich zum Flughafen?　　　nehmen / die S-Bahn
2. Wie komme ich zum Fußballstadion?　　　nehmen / ein Taxi
3. Wann beginnt das Fußballspiel?　　　fragen / den Taxifahrer
4. Wo kann man hier gut italienisch essen?　　　gehen / ins Ristorante Napoli
5. Wo kann man hier billig übernachten°?　　　gehen / in die Jugendherberge

spend the night

Yes/no questions as object clauses

If a yes/no question is the object of an introductory phrase, it will begin with the conjunction **ob** *(whether),* and the conjugated verb will again appear at the end of the clause.

Schreiben wir morgen eine Klausur?	*Will we be writing a test tomorrow?*
Weißt du, ob wir morgen eine Klausur **schreiben?**	*Do you know **whether** we'll be writing a test tomorrow?*

5-30 Weißt du das?

▶ Ist Professor Weber noch hier?　　　Ja, er ...

S1: Weißt du, ob Professor Weber noch hier ist?　　**S2:** Ja, er ist noch hier.

1. Müssen wir diese Wörter lernen?　　　Nein, wir ...
2. Ist die Bibliothek noch offen?　　　Ja, sie ...
3. Ist dieser Artikel interessant?　　　Nein, er ...
4. Hat Florian einen Wagen?　　　Ja, er ...
5. Ist Maria zu Hause?　　　Nein, sie ...

5-31 Höfliche Fragen.

▶ Fährt dieser Bus zum
Bahnhof?

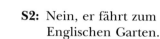

Nein, er fährt zum ...

S1: Könnten Sie mir bitte sagen,
ob dieser Bus zum Bahnhof
fährt?

S2: Nein, er fährt zum
Englischen Garten.

1. Wohin fährt dieser Bus?

Er fährt zum ...

2. Ist das die Alte Pinakothek?

Das Deutsche Museum.

Nein, das ist ...

3. Wann fängt das Konzert heute
abend an?

W.A. MOZART
Violinkonzert Nr I
Konzertbeginn: 20.30

Ich glaube, es beginnt ...

4. Ist das das Deutsche Museum?

Die Alte Pinakothek.

Nein, das ist ...

5. Wohin fährt dieser Zug?

Gleis 1 IC 522 Hannover
Abfahrt 15 20

Das ist der Intercity ...

6. Wann fährt der Intercity
nach Hannover ab?

Um ...

7. Ist der Intercity nach Hannover
schon weg?

Nein, es ist doch erst ...

track 8. Von wo fährt der Intercity nach
Hannover ab?

Ich glaube, von Gleis° ...

5 Talking about what and whom you know

Object clauses after the verb *wissen*

The present tense of **wissen** *(to know)* is irregular in the singular:

singular		plural	
ich	**weiß**	wir	wissen
du	**weißt**	ihr	wisst
er/es/sie	**weiß**	sie	wissen
		Sie	wissen

The object of the verb **wissen** is usually a clause or the pronoun **das** or **es**.

Weißt du, **wie viele Menschen**
   gestern im Fußballstadion waren?
Nein, **das** weiß ich nicht.

*Do you know **how many people were in
the soccer stadium yesterday?***
*No, I don't know **that.***

5-32 Wer weiß das? Supply the appropriate forms of **wissen**.

1.   KURT: _____ deine Eltern, wie schlecht deine Zensuren sind?
   GÜNTER: Meine Mutter _____ es, aber mein Vater _____ es noch nicht.
2. TOURISTIN: Entschuldigung, _____ Sie vielleicht, wohin dieser Bus fährt?
   TOURIST: Nein, das _____ ich leider° auch nicht.   *unfortunately*
3.   BERND: _____ ihr, wo Peter ist?
   MARTIN: Nein, das _____ wir auch nicht.
   CLAUDIA: Frag doch Stephanie! Sie _____ es bestimmt.
4. FRAU KOHL: Warum _____ du denn nicht, wie man Sauerkraut kocht?
   HERR KOHL: Ich kann doch nicht alles _____.

Wissen versus *kennen*

Whereas **wissen** means *to know something as a fact*, **kennen** means *to know* in the sense of *to be acquainted with someone* or *to be familiar with something*. **Kennen** is always followed by a direct object. It cannot be followed by an object clause.

Kennst du Günters neue Freundin?
Ja, ich **kenne** sie sehr gut.
Weißt du, wie alt sie ist?
Nein, das **weiß** ich nicht.

*Do you **know** Günter's new girlfriend?*
*Yes, I **know** her very well.*
*Do you **know** how old she is?*
*No, I don't **know** that.*

5-33 *Wissen* oder *kennen?*

1. FRAU LANG: _____ Sie Frau Ziegler?
   FRAU KUNZ: Ja, ich _____ sie sehr gut.
2. FRAU HOFER: _____ Sie vielleicht, wie viel Uhr es ist?
   FRAU KUHN: Genau _____ ich es nicht, aber ich glaube, es ist fast fünf.
3. GÜNTER: _____ du Monika?
   ANNA: Ja, natürlich _____ ich sie.
   GÜNTER: Und _____ du, wo sie wohnt?
   ANNA: Nein, das _____ ich nicht.
4. TOURISTIN: _____ Sie Berlin?
   FRAU GÜRLÜK: Ja, ich _____ Berlin sehr gut.
   TOURISTIN: Dann _____ Sie doch sicher°, wo die Grimmstraße ist.
   FRAU GÜRLÜK: Nein, das _____ ich leider nicht.
5. DAVID: _____ du den Mann dort?
   TOM: Ja, ich _____ ihn, aber ich _____ nicht, wie er heißt.
6. HOLGER: _____ du diese Oper?
   THOMAS: Ich glaube, sie ist von Mozart, aber ich _____ nicht, wie sie heißt.
7. SYLVIA: _____ ihr, wo Günter ist?
   MARKUS: Ich glaube, er ist bei Eva.
   SYLVIA: Bei Eva?! Ja, woher _____ er sie denn?
   THOMAS: Das _____ wir auch nicht.

I'm sure

Talking about events in the past

The simple past of *sein, haben,* and the modals

In conversational situations, German refers to events in the past by using the perfect tense. You will learn how to use this tense in the next chapter.

Gestern Nachmittag **habe** ich mit Lisa Tennis **gespielt.**	Yesterday afternoon I **played** tennis with Lisa.

However, with the verbs **sein, haben,** and the modals, most Germans use the simple past tense.

Warum **warst** du gestern Abend nicht auf Lisas Party?	*Why **weren't** you at Lisa's party last night?*
Ich **hatte** keine Zeit. Ich **musste** für eine Klausur lernen.	*I **didn't have** time. I **had to** study for a test.*

The simple past of *sein*

The simple past stem of **sein** is **war.** Note that there are no personal endings in the 1st and 3rd person singular.

singular		plural	
ich	war	wir	waren
du	warst	ihr	wart
er/es/sie	war	sie	waren
	Sie	waren	

5-34 Kleine Gespräche. Use the simple past of **sein** in the following mini-conversations.

▶ ihr gestern Abend
der Film gut

im Kino
Nein, ... viel zu sentimental.

S1: Wo wart ihr gestern Abend?
War der Film gut?

S2: Da waren wir im Kino.
Nein, er war viel zu sentimental.

1. ihr letztes Wochenende
das Wasser warm

Nein, ... noch ziemlich° kalt.   *quite*

2. Sie letzten Sommer
es heiß

Ja, ... sehr heiß.

3. du am Sonntagnachmittag
es interessant

Ja, ... sehr interessant.

4. ihr am Samstagnachmittag
das Bier gut

Ja, ... sehr gut.

5. du am Sonntagabend
der Geiger° gut

Ja, ... ganz fabelhaft.   *violinist*

6. Sie letzten Sommer
das Wetter schön

Ja, ... fast immer warm und schön.

| im Biergarten | im Konzert | am Starnberger See |
| in Österreich | in Italien | im Deutschen Museum |

The simple past of *haben*

The simple past stem of **haben** is **hatt-**.

singular		plural	
ich	hatte	wir	hatten
du	hattest	ihr	hattet
er/es/sie	hatte	sie	hatten
	Sie	hatten	

5-35 Warum? In the questions use the simple past of **sein,** and in the responses the simple past of **haben.**

▶ ihr nicht auf Lisas Party   wir / zu viel zu tun

S1: Warum wart ihr nicht auf   **S2:** Wir hatten zu viel zu tun.
Lisas Party?

1. du gestern Nachmittag nicht zu   ich / Vorlesungen
   Hause
2. Meyers letzten Sommer nicht in   sie / kein Geld
   Italien
3. Stephanie nicht mit euch am   sie / eine Klausur
   Starnberger See
4. Martin nicht beim Mittagessen   er / keinen Hunger
5. ihr gestern nicht im Biergarten   wir / keine Zeit
6. ihr am Samstag nicht beim   wir / zu viel Hausaufgaben
   Fußballspiel
7. Stephanie und Peter gestern   sie / keine Karten
   Abend nicht im Konzert

The simple past of modal verbs

The modals form the simple past by adding the past tense marker **-t-** to the verb stem. For the modals **dürfen, können, mögen,** and **müssen,** the umlaut of the infinitive form is dropped in the simple past. Note that the **g** of **mögen** becomes **ch.**

dürfen	können	mögen	müssen	sollen	wollen
ich **durfte**	ich **konnte**	ich **mochte**	ich **musste**	ich **sollte**	ich **wollte**

In the simple past, all modals follow the pattern shown in the table below.

singular		plural	
ich	konnte	wir	konnten
du	konntest	ihr	konntet
er/es/sie	konnte	sie	konnten
	Sie	konnten	

5-36 Ich wollte, aber ich konnte oder durfte nicht.

► ich / letzten Sommer nach Europa / können
arbeiten und Geld verdienen

S1: Ich wollte letzten Sommer nach Europa, aber ich konnte nicht.

S2: Und warum konntest du nicht?

S1: Ich musste arbeiten und Geld verdienen.

1. wir / gestern Abend in die Disco / können
deutsche Vokabeln lernen
2. meine kleine Schwester / gestern Abend tanzen gehen / dürfen
ihr Zimmer aufräumen und ihre Hausaufgaben machen
3. wir / letztes Wochenende zum Starnberger See / können
unser Projekt für Biologie fertig machen
4. mein kleiner Bruder / letzten Samstag Fußball spielen / dürfen
im Garten arbeiten
5. Peter / gestern Abend mit uns ins Kino / können
einen wichtigen° Brief schreiben   *important*
6. ich / gestern Nachmittag mit Martin baden gehen / können
meine Wäsche waschen

5-37 Weißt du das noch? Ask three of your classmates about their childhood. Note down their responses in the chart below. Then report your findings to the class.

S1:

1. Was wolltest du als Kind werden?
2. Was wolltest du als Kind immer gern tun, aber durftest es nie?
3. Was konntest du als Kind besser als andere Kinder?
4. Was mochtest du als Kind nicht essen?
5. Musstest du das dann trotzdem° essen?

S2:

Ich wollte ... werden.
Ich wollte immer gern ..., aber ich durfte es nie.
Ich konnte besser ...

Ich mochte kein___ ...

Ja, das musste ich. / Nein, das musste ich nicht.   *anyway*

	PARTNER 1	PARTNER 2	PARTNER 3
wollte werden			
wollte gern tun, aber durfte nie			
konnte besser			
mochte nicht essen			
musste es trotzdem/ musste es nicht?			

Situated between Germany, Switzerland, and Austria, the **Bodensee** (Lake Constance) is the largest lake in the German-speaking area of Europe. Its English name comes from the city of **Konstanz** on the border between Germany and Switzerland. The **Bodensee** is a busy lake, with frequent passenger and ferry service between the towns and cities on its shores.

The **Bodensee** is a mecca for tourists and vacationers. The area around the lake is one of the oldest and richest cultural regions in the German-speaking countries with many churches, monasteries, and other monuments to medieval culture. For vacationers the lake offers sailing and windsurfing, and the surrounding countryside has an abundance of hiking and bicycle paths.

The largest area of the lake belongs to Germany. The water from the **Bodensee** supplies large population centers like **Stuttgart,** some 100 kilometers to the north. The southern part of the lake falls under the jurisdiction of Switzerland, and a small section in the east belongs to Austria. All three countries work together to keep the lake clean.

Der Hafen von Lindau

ZUM HÖREN

Zwei Telefongespräche

It's Sunday afternoon, and Monika Pohl receives two phone calls within a few minutes of one another. The first is from Günter, who wants to go to the movie *Himmel über Berlin* with her tomorrow. The second is from Patrick who would like her to go sailing tomorrow.

NEUE VOKABELN

die Wahrheit	*truth*	**die Chorprobe**	*choir practice*
die Ausrede	*excuse*		

5-38 Globalverstehen. As you listen to the first telephone conversation, compare what you hear with the entries in Monika's calendar. Check off for which days she is telling the truth and for which she is making excuses.

Wahrheit   Ausrede

_____   _____   Mo
_____   _____   Di
_____   _____   Mi
_____   _____   Do
_____   _____   Fr

Juli   196. - 202. Tag 29. Woche

15 Montag 19.30 Chorprobe

16 Dienstag 10.30 H 303 Klausur in Physik

17 Mittwoch 19.00 Tennis mit Sylvia

18 Donnerstag 20.00 Kino mit David „Himmel über Berlin"

19 Freitag 21.30 Disco mit David

20 Samstag nach Hause fahren

21 Sonntag

5-39 Detailverstehen. Listen to the second telephone conversation and write the responses to the following questions.

1. Was machen Patrick und Thomas morgen?
2. Was für ein Wochentag ist heute?
3. Warum konnten Patrick und Thomas heute nicht segeln gehen? *Weil heute …*
4. Warum will Monika nicht mitgehen? *Weil sie …*
5. Wann will Patrick morgen Abend wieder zurück sein?
6. Warum denkt er, dass Monika dann noch für ihre Klausur lernen kann? *Er weiß nicht, dass …*
7. Wer holt morgen wen ab?

5-40 Gehst du mit? In this role play you try to persuade a friend to join you and some other friends for a movie and a beer. Feel free to add your own ideas to your role. Your friend's responses are in the *Anhang*.

Rolle 1-1: Zuerst sagen Sie, dass Sie heute Abend mit Lisa und David ins Kino gehen und später noch in eine Kneipe. Dann fragen Sie Ihre Freundin/Ihren Freund, ob sie/er mitgeht.

R 1-2: Sie fragen, wann die Klausur ist.

R 1-3: Sie sagen, dann kann sie/er doch morgen lernen.

R 1-4: Sie finden, Ihre Freundin/Ihr Freund lernt zu viel. Warum will sie/er denn immer die/der Beste sein? Sie denken, sie/er braucht auch mal ein bisschen Spaß.

5-41 Mein Kalender. Draw up a weekly calendar and write about some of the things you do in a typical week. Follow the example below.

Montag		
	9 – 10	*Cafeteria: mit Lisa deutsche Vokabeln lernen*
	12 – 13	*Squash mit Florian*
	19 – 21	*Fitnesscenter mit Lisa*
Dienstag	...	

LEUTE

Ludwig II. von Bayern: ein Märchenkönig und seine Schlösser

Vor dem Lesen

5-42 Touristenattraktionen.

1. Have you ever visited a castle? Tell your classmates what you found interesting.
2. Can you give examples of extravagant buildings or monuments that have become major tourist attractions?

5-43 Was ist das auf Englisch? Find the English equivalents for the German words in boldface.

1. Kinder hören gern **Märchen.**
2. *Hänsel und Gretel* ist ein **berühmtes** deutsches Märchen.
3. **Könige** leben in Schlössern.
4. Könige **bauen** gern Schlösser.
5. Weißt du **etwas** von König Ludwig II. von Bayern?
6. München ist die **Hauptstadt** von Bayern.

a. famous
b. build
c. something
d. capital
e. fairy tales
f. kings

Die größte Touristenattraktion in Bayern sind die Schlösser von König Ludwig II. (1845–1886). Jedes Jahr kommen Tausende von Touristen aus aller Welt, marschieren in Gruppen durch eine fantastische Märchenwelt und hören von Ludwigs extravagantem Lebensstil und von seinem mysteriösen Tod.

Neuschwanstein

In seiner Jugend[1] ist Ludwig am liebsten auf Schloss Hohenschwangau in den bayerischen Bergen. Er wandert durch die wundervolle Bergwelt, er liebt Kunst[2], Musik und Literatur, aber von Finanzen und Politik versteht er fast nichts.

Im Jahr 1864 wird der 18-jährige Ludwig König. Er hat große Pläne für seine Hauptstadt: München soll ein Zentrum für Kunst und Musik werden. Und weil er die romantischen Opern von Richard Wagner so liebt, holt[3] er den berühmten Komponisten nach München und finanziert Wagners verschwenderischen[4] Lebensstil.

Für Ludwigs konservative Minister ist Richard Wagner aber nicht die richtige Gesellschaft[5] für den jungen König. Der Komponist muss gehen und Ludwig ist so verbittert, dass er immer weniger in München ist und immer mehr in seinen geliebten bayerischen Bergen. Wenn er aus München keine Märchenstadt machen darf, so will er jetzt hier eine Märchenwelt bauen: die Schlösser Neuschwanstein, Linderhof und Herrenchiemsee.

Schlösser kosten Geld, viel Geld, und im Jahr 1886 hat der König so viel Schulden, dass die Minister in München etwas tun müssen. Vier Ärzte[6] müssen den König für verrückt erklären[7] und am 12. Juni 1886 bringt man ihn ins Schloss Berg am Starnberger See. Dort gehen Ludwig und ein Arzt am nächsten Abend spazieren und wenige Stunden später findet man sie beide tot im See.

[1]*youth* [2]*art* [3]*summons* [4]*lavish* [5]*company* [6]*physicians* [7]*declare insane*

Arbeit mit dem Text

5-44 Anders gesagt. Find the equivalents for the following statements in *Ludwig II. von Bayern.*

1. Schlösser sind sehr teuer.
2. Ludwig ist kein guter Finanzier und kein guter Politiker.
3. Richard Wagner darf nicht in München bleiben.
4. Vier Ärzte müssen sagen, dass Ludwig nicht normal ist.
5. Ludwig schaut gern schöne Bilder an, hört gern Musik und liest gern.
6. In Bayern schauen die meisten Touristen die Schlösser von Ludwig II. an.
7. Ludwig bezahlt für Wagners extravagantes Leben.
8. Ludwig will, dass München eine berühmte Kunst- und Musikstadt wird.

Wort, Sinn und Klang

Predicting Gender

The gender of many German nouns is indicated by their suffixes. Here are some examples.

- Nouns with the suffixes **-or** and **-ent** are masculine.

  der Profess**or**   **der** Stud**ent**

- Nouns with the suffix **-er** that are derived from verbs are always masculine. These nouns can refer to people as well as things.

  arbeiten   **der** Arbeit**er**   fernsehen   **der** Fernseh**er**

- Nouns with the suffix **-in** added to a masculine noun are feminine.

  die Professor**in**   **die** Arbeiter**in**

- Nouns with the suffix **-ur** are almost always feminine.

  die Temperat**ur**   **die** Zens**ur**

- Nouns with the suffix **-ment** are almost always neuter.

  das Instru**ment**   **das** Experi**ment**   **das** Argu**ment**

- Nouns with the diminutive suffixes **-chen** and **-lein** are neuter. These two suffixes (compare English *-let* in star*let,* book*let,* and pig*let*) can be affixed to virtually every German noun to express smallness. This also explains why both **Mädchen** *(girl)* and **Fräulein** *(Miss; young lady)* are neuter. The vowels **a, o, u,** and the diphthong **au** are umlauted when a diminutive suffix is added to the noun.

der Tisch	*table*	**das** Tisch**lein**	*little table*
die Schwester	*sister*	**das** Schwester**chen**	*little sister*
das Haus	*house*	**das** Häus**chen**	*little house*

5-45 *Der, das,* oder, *die?* Say the following nouns with their definite articles. If a noun has a corresponding feminine form, give that form and the corresponding article.

1. Präsident
2. Element
3. Mäuschen
4. Motor
5. Verkäufer
6. Frisur
7. Assistent
8. Fahrer
9. Kompliment
10. Fischlein
11. Kätzchen
12. Besucher
13. Dokument
14. Agent
15. Autor
16. Projektor
17. Patient
18. Ornament
19. Diktatur
20. Lautsprecher

Words as chameleons: *ganz*

The word **ganz** occurs very frequently, especially in conversational German. Depending on the context, it can have any one of the following meanings: *all, all of, whole, very, quite,* or *completely.*

5-46 Was bedeutet *ganz*?   What is the correct English equivalent of **ganz** in each of the sentences below?

1. Meine Eltern haben nur ein ganz kleines Haus. (*whole / very / all*)
2. Ich glaube, du musst diesen Mann ganz vergessen. (*all of / very / completely*)
3. Nächsten Sommer reise ich durch ganz Europa. (*all of / quite / very*)
4. Machst du diese Reise ganz allein? (*quite / all / whole*)
5. Keinen Zucker, bitte, und nur ganz wenig Milch. (*completely / all / very*)
6. Ich glaube, du verstehst das nicht ganz. (*quite / very / whole*)
7. Iss bitte nicht wieder den ganzen Kuchen. (*completely / whole / quite*)
8. Ralf spricht viel zu viel, aber sonst ist er ganz nett. (*all / quite / completely*)
9. Die Suppe ist schon ganz kalt. (*whole / all of / completely*)

Zur Aussprache

German *ch*

German **ch** is one of the few consonant sounds that has no equivalent in English.

- **ch** after **a, o, u,** and **au**

  When **ch** follows the vowels **a, o, u,** or **au,** it resembles the sound of a gentle gargling.

  Frau Ba**ch** kommt Punkt a**ch**t.
  Am Wo**ch**enende ko**ch**t immer meine To**ch**ter.
  Warum su**ch**st du denn das Ko**ch**buch?
  Ich will versu**ch**en°, einen Ku**ch**en zu backen.   *try*
  Hat Herr Rau**ch** au**ch** so einen Bierbau**ch**° wie Herr Strau**ch**?   *beer belly*

- **ch** after all other vowels and after consonants

  The sound of **ch** after all other vowels and after consonants is similar to the sound of the loudly whispered *h* in *huge* or *Hugh.*

  Mi**ch**aels Kät**z**chen möchte ein Teller**ch**en° Mil**ch**.   *little dish*

  The ending **-ig** is pronounced as if it were spelled **-ich,** unless it is followed by a vowel.

  Es ist sonn**ig,** aber sehr wind**ig.**

  The two types of **ch** sounds are often found in the singular and plural forms of the same noun.

die Na**ch**t	die Nä**ch**te	das Bu**ch**	die Bü**ch**er
die To**ch**ter	die Tö**ch**ter	der Bierbau**ch**	die Bierbäu**ch**e

- The combination **-chs** is pronounced like English *x.*

  das Wa**chs**   se**chs**   der O**chs**e   der Fu**chs**

Nomen

der Bart, ¨e	beard
der Schnurrbart, ¨e	moustache
der Friseur, -e	
die Friseurin, -nen	hair stylist; hairdresser
die Frisur, -en	hair style; hairdo
der Haarschnitt, -e	haircut
die Brille, -n	(eye)glasses
die Kontaktlinse, -n	contact lense
das Armband, ¨er	bracelet
die Halskette, -n	necklace
der Ohrring, -e	earring
das Reisebüro, -s	travel agency
der Reisescheck, -s	traveller's check
der Pass, ¨e	passport
der Studentenausweis, -e	student ID
der Arzt, ¨e	
die Ärztin, -nen	physician, doctor
die Ausrede, -n	excuse
der Chef, -s	
die Chefin, -nen	boss
die Ecke, -n	corner
die Flasche, -n	bottle
die Hauptstadt, ¨e	capital (city)
die Klausur, -en	test
die Kunst, ¨e	art
der Mensch, -en	human being; person; (pl) people
der Roman, -e	novel
die Seifenoper, -n	soap opera
der Schnellimbiss, -e	fast food stand
die Wahrheit, -en	truth
die Welt, -en	world

Verben

buchen	to book
ein·kaufen	to shop
lieben	to love
schneien	to snow
übernachten	to spend the night; to stay overnight
versuchen	to try

Andere Wörter

berühmt	famous
flott	chic
hoch	high
kühl	cool
müde	tired
pünktlich	punctual
verrückt	crazy; insane
wahr	true
wichtig	important
leider	unfortunately
trotzdem	anyway; nevertheless
ziemlich	quite; rather

Ausdrücke

als Kind	as a child
Ich habe Hunger.	I'm hungry.
Ich habe Durst.	I'm thirsty.
Punkt halb zwei	at two thirty on the dot

Das Gegenteil

der Junge, -n ≠ das Mädchen, -	boy ≠ girl
altmodisch ≠ modern	old fashioned ≠ modern
geschmackvoll ≠ geschmacklos	tasteful ≠ tasteless
etwas ≠ nichts	something ≠ nothing
mit ≠ ohne	with ≠ without

Leicht zu verstehen

das Experiment, -e	der Tourist, -en
der Job, -s	die Touristin, -nen
der Kalender, -	finanzieren
das Kompliment, -e	arrogant
die Kreditkarte, -n	konservativ
der Kurs, -e	romantisch
die Literatur, -en	sentimental

Wörter im Kontext

5-47 Was passt zusammen?

1. Wenn man einen Haarschnitt braucht,
2. Wenn man sehr teure Ohrringe kaufen will,
3. Wenn man eine Kreditkarte braucht,
4. Wenn man krank ist,
5. Wenn man eine Reise buchen will,
6. Wenn man wenig Zeit zum Essen hat,
7. Wenn man billig übernachten will,
8. Wenn man eine Brille oder Kontaktlinsen braucht,

a. geht man zum Reisebüro.
b. geht man in die Jugendherberge.
c. geht man zum Optiker.
d. geht man zum Juwelier.
e. geht man zum Friseur.
f. geht man zum Arzt.
g. geht man zur Bank.
h. geht man zum Schnellimbiss.

5-48 Was passt zusammen? Match appropriately in each set.

1. der Reisescheck
2. die Seifenoper
3. die Kunst
4. die Flasche

a. die Galerie
b. der Wein
c. das Geld
d. der Fernseher

5. der Pass
6. der Kalender
7. die Literatur
8. der Kurs

e. das Jahr
f. der Roman
g. die Klausur
h. die Weltreise

5-49 Kleine Gespräche.

leider / wichtig / Durst / trotzdem / ziemlich / etwas / wahr

1. STEFAN: Ich habe _____. Hast du _____ zu trinken für mich?
   HORST: Nein, _____ nicht.
2. ANNA: Ist es _____, dass Ludwig II. verrückt war?
   JULIA: Ja, aber seine Schlösser sind _____ schön.
3. MARIA: Für Laura sind schöne Kleider sehr _____.
   LUKAS: Ich finde Lauras Kleider trotzdem _____ geschmacklos.

KAPITEL 6

Unsere Vorfahren

Deutsche Auswanderer in Bremerhaven

Vorschau

Ein deutscher Auswanderer

Hans Keilhau ist im Sommer 1930 nach Amerika ausgewandert und hat kurz vorher diesen Pass bekommen. Schauen Sie den Pass genau an.

1. Wann hat Herr Keilhau diesen Pass bekommen? 2. Was war Hans Keilhau von Beruf? 3. Wo ist er geboren? 4. Wann ist er geboren? 5. Wo in Deutschland hat Herr Keilhau im Juni 1930 gewohnt? 6. Ist er groß, klein oder mittelgroß? 7. Welche Form hat sein Gesicht? 8. Welche Farbe haben seine Augen? 9. Welche Farbe hat sein Haar? 10. Wie heißt der Ringfinger in Hans Keilhaus Pass?

Ein bisschen Familiengeschichte

Es ist Anfang Oktober, Stephanie ist gestern in München angekommen und Claudia möchte wissen, warum ihre amerikanische Zimmerkollegin einen deutschen Namen hat.

CLAUDIA: *(schreibt und liest)* „... Brief folgt bald. Liebe Grüße, Claudia" – So! Fertig ist die Postkarte! – Sag mal, Stephanie, hast du schon nach Hause geschrieben?

STEPHANIE: Aber Claudia, ich habe ja noch nicht mal meine Koffer ausgepackt!

CLAUDIA: Eine Postkarte mit „Bin gut angekommen, Brief folgt bald" braucht doch keine fünf Minuten.

STEPHANIE: Meine Eltern wollen keine Postkarte, sondern einen langen Brief. Sie wollen wissen, wo und wie ich wohne, wie meine Zimmerkollegin heißt und wie alt, woher und wie sie ist. Und das weiß ich ja alles noch gar nicht.

CLAUDIA: Kein Problem, Stephanie. Du weißt, ich heiße Claudia, Claudia Maria Berger. Ich komme aus Hamburg und bin sehr, sehr nett. – Weißt du, du bist eigentlich viel interessanter, Stephanie: Amerikanerin aus Chicago, jung, schön, schlank ...

STEPHANIE: Ach Quatsch!

CLAUDIA: Und dann dieser Name, „Stephanie Braun"! So typisch amerikanisch! – Sag mal, ist dein Vater Deutscher? Ist er ausgewandert?

STEPHANIE: Nein, mein Vater ist in Amerika geboren. Aber mein Großvater ist aus Deutschland und ist 1930 nach Amerika ausgewandert. Wie du weißt, hat es damals in Deutschland viele Millionen Arbeitslose gegeben. Mein Großvater war auch arbeitslos und deshalb ist er dann nach Amerika gekommen.

ZUM HÖREN

6-1 Richtig oder falsch?   You will hear the conversation between Stephanie and Claudia. Indicate whether the statements that follow this conversation are **richtig** or **falsch.**

	RICHTIG	FALSCH		RICHTIG	FALSCH
1.	_____	_____	4.	_____	_____
2.	_____	_____	5.	_____	_____
3.	_____	_____	6.	_____	_____

6-2 Stephanies Stammbaum

1. Wo ist Stephanies Mutter geboren?
2. Wie heißt Stephanies Großvater mütterlicherseits?
3. Wo ist er geboren?
4. Wie heißt Stephanies Großmutter mütterlicherseits?
5. Woher kommen Sophia Castellos Eltern?
6. Wie heißt Stephanies Großmutter väterlicherseits?
7. Woher sind Christa Bauers Eltern?

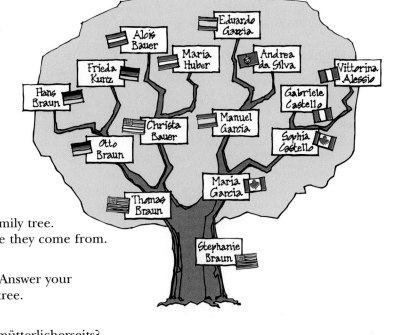

6-3 Meine Vorfahren.   Draw your family tree.
Write your ancestors' names and where they come from.

6-4 Woher sind deine Vorfahren?   Answer your
partner's questions about your family tree.

1. Wo sind deine Eltern geboren?
2. Woher kommen deine Großeltern mütterlicherseits?
3. Woher kommen deine Großeltern väterlicherseits?
4. Woher sind deine beiden Urgroßväter° mütterlicherseits?   *great-grandfathers*
5. Woher ...

6-5 Was steht in Lauras Pass?   You want to know what Laura and Philipp
look like and your partner wants information about Thomas and Bettina.

S1: Ist Laura groß oder klein?
Was für eine Form hat ihr/sein Gesicht?
Was für Augen hat sie/er?
Was für Haar hat sie/er?

S2: Sie/Er ist ...
Sie/Er hat ein _____es Gesicht.
Sie/Er hat _____e Augen.
Sie/Er hat _____es, _____es Haar.

	LAURA	THOMAS	BETTINA	PHILIPP
Größe		ziemlich groß	ziemlich klein	
Gesichtsform		schmal°	rund	
Augen		dunkelbraun	blau	
Haar		hellbraun, kurz	blond, lockig	

thin

6-6 Wer ist das?   In small groups, take turns describing someone in the
class. The rest of the group guesses who that person is.

Größe: Sie/Er ist ...
Gesichtsform: Sie/Er hat ein _____es Gesicht.
Augen: Sie/Er hat _____e Augen.
Haar: Sie/Er hat _____es, _____es Haar.
Kleidung: Sie/Er trägt heute (oft, gern) ...

Immigration to North America from the German-speaking countries

Hundreds of towns in North America are named after the German, Swiss, or Austrian birthplaces of their founders. The United States has 26 Berlins, and place names like Baden, Frankfort, Hamburg, Hanover, Heidelberg, Saltsburg, or Zurich can be found across the continent. The first German settlers, 13 Pietist families from Northern Germany, came to America in 1683 seeking freedom from religious persecution. They came at the invitation of William Penn, the Quaker who had founded Pennsylvania. These first settlers built a community which they named Germantown. Other such immigrants followed, among them the Mennonites, who also settled in Pennsylvania and later branched out into Canada. From these beginnings to the end of the nineteenth century over seven million immigrants from the German-speaking countries reached the shores of North America.

The twentieth century saw far fewer immigrants from the German-speaking countries. In the 1920s and 1930s quotas were established. Many of the people who immigrated in the 1930s were fleeing Hitler's totalitarian and antisemitic regime, and their emigration was an immeasurable loss to Germany. Among those who came at this time were **Albert Einstein,** writers like **Thomas Mann** and **Bertolt Brecht,** the composers **Arnold Schoenberg** and **Paul Hindemith,** and the architects **Walter Gropius** and **Ludwig Mies van der Rohe** whose work influenced a whole generation of architects.

The last big wave of immigration came after World War II, when over 800,000 refugees from former German territories in eastern Europe and other disillusioned Germans crossed the Atlantic.

Immigranten in den USA 1850 – 1980

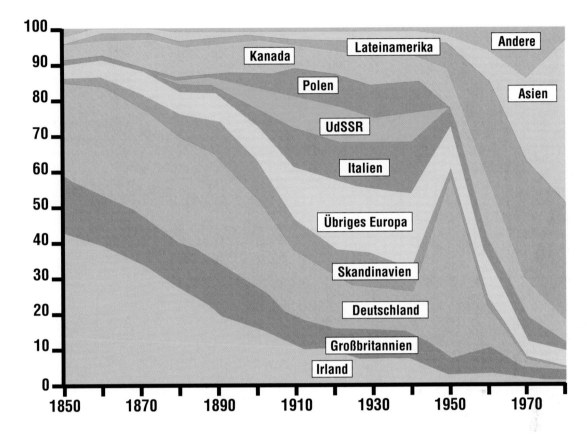

6-7 Einwanderung in die USA von 1850 bis 1980.

1. Aus welchen zwei Ländern kommen im Jahr 1850 die meisten Einwanderer?
2. Woher kommen zwischen° 1945 und 1960 die meisten Einwanderer? *between*
3. Von welchen zwei Regionen kommen im Jahr 1980 die meisten Einwanderer?

Wortschatz 1

Nomen

das Land, ⸚	country; state
der Ort, -e	place
der Geburtsort, -e	place of birth
der Wohnort, -e	place of residence
die Geschichte, -n	history; story
der Stammbaum, ⸚e	family tree
die Vorfahren	ancestors

Die Körperteile

der Körper, -	body
der Körperteil, -e	part of the body
der Kopf, ⸚e	head
der Hals, ⸚e	neck
die Schulter, -n	shoulder
die Brust, ⸚e	chest; breast
der Bauch, ⸚e	stomach; belly
der Rücken, -	back
der Arm, -e	arm
die Hand, ⸚e	hand
der Daumen, -	thumb
der Finger, -	finger
das Knie, -	knee
das Bein, -e	leg
der Fuß, ⸚e	foot
die Zehe, -n	toe

das Gesicht, -er	face
das Haar, -e	hair
die Stirn	forehead
das Auge, -n	eye
das Ohr, -en	ear
die Nase, -n	nose
der Mund, ⸚er	mouth
der Zahn, ⸚e	tooth
das Kinn	chin

der/die Arbeitslose, -n	unemployed person
die Größe, -n	height; size
der Koffer, -	suitcase
der Brief, -e	letter
die Postkarte, -n	post card

Verben

aus·packen	to unpack
beschreiben	to describe
folgen	to follow

Andere Wörter

arbeitslos	unemployed
damals	then, at that time
eigentlich	actually

Ausdrücke

Wann bist du geboren?	When were you born?
Am ersten Mai 1979.	On the first of May 1979.
Quatsch!	Nonsense!

Das Gegenteil

der Auswanderer, - ≠ der Einwanderer, -	emigrant ≠ immigrant
der Urgroßvater, ⸚ ≠ die Urgroßmutter, ⸚	great-grandfather ≠ great-grandmother
aus·wandern ≠ ein·wandern	to emigrate ≠ to immigrate
väterlicherseits ≠ mütterlicherseits	paternal ≠ maternal
vorher ≠ nachher	before ≠ after

Leicht zu verstehen

der Emigrant, -en die Emigrantin, -nen	die Region, -en die Form, -en
der Immigrant, -en die Immigrantin, -nen	packen exotisch

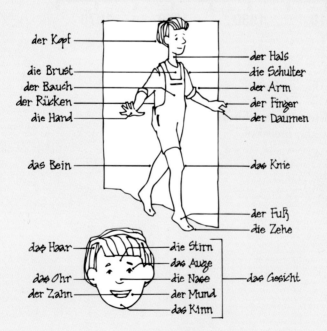

der Kopf — der Hals — die Schulter — die Brust — der Arm — der Bauch — der Finger — der Rücken — der Daumen — die Hand — das Bein — das Knie — der Fuß — die Zehe

das Haar — die Stirn — das Ohr — das Auge — die Nase — das Gesicht — der Zahn — der Mund — das Kinn

Wörter im Kontext

6-8 Was passt wo?

Koffer / arbeitslos / Postkarte / Geburtsort / Wohnort

1. Wenn ich keine Arbeit finden kann, bin ich _____.
2. Wenn ich eine Reise machen und viele Kleider mitnehmen will, brauche ich einen _____.
3. Wenn ich in Boston geboren bin, dann ist Boston mein _____.
4. Wenn ich in Hamburg lebe und wohne, dann ist diese Stadt mein _____.
5. Wenn ich keine Zeit für einen Brief habe, schreibe ich eine _____.

6-9 Sylvias Vorfahren.

ausgewandert / Stammbaum / eigentlich / Vorfahren / Familiengeschichte / väterlicherseits

Sylvia schreibt ihre _____ und als Illustration macht sie einen schönen, großen _____. Ihre _____ mütterlicherseits kommen aus Italien. Ihre Vorfahren _____ sind im neunzehnten Jahrhundert aus Russland nach Amerika _____, waren aber _____ Deutsche.

6-10 Was passt zusammen? Match appropriately in each set.

1. der Kopf	a. sehen	7. der Fuß	g. die Brille
2. das Auge	b. denken	8. der Finger	h. die Zahnbürste
3. das Ohr	c. schreiben	9. der Hals	i. die Frisur
4. die Hand	d. hören	10. die Augen	j. der Schuh
5. das Bein	e. sprechen	11. das Haar	k. die Kette
6. der Mund	f. gehen	12. die Zähne	l. der Ring

6-11 Was steht in Hans Keilhaus Pass? What does it say in Hans Keilhau's passport?

wohnt / Beruf / Haar / Augen / geboren / Gesicht

In Hans Keilhaus Pass steht, ...

1. was er von _____ ist.
2. wo und wann er _____ ist und wo er _____.
3. wie groß er ist und was für eine Form sein _____ hat.
4. was für eine Farbe seine _____ und sein _____ haben.

Kommunikation und Formen

① Talking about events in the past

The perfect tense

In German the perfect tense is used to talk about past events in conversational situations. In English we normally use the simple past for this purpose.

Was **hast** du gestern Nachmittag **gemacht?**	*What **did** you **do** yesterday afternoon?*
Ich **habe** mit Peter Tennis **gespielt.**	*I **played** tennis with Peter.*

The perfect tense consists of an auxiliary verb (usually **haben**) that takes personal endings, and a past participle that remains unchanged.

singular		plural	
ich	habe gespielt	wir	haben gespielt
du	hast gespielt	ihr	habt gespielt
er/es/sie	hat gespielt	sie	haben gespielt
	Sie	haben gespielt	

The German perfect tense can correspond to the following English verb forms:

	I played
	I have played
ich habe gespielt	I have been playing
	I was playing
	I did play

Position of auxiliary verb and past participle

In a main clause, the auxiliary verb takes the regular position of the verb (i.e., second position). The past participle is at the end of the clause.

Gestern **hat** Robert den ganzen Nachmittag Fußball **gespielt.**	*Yesterday Robert **played** soccer all afternoon.*

In a dependent clause, the auxiliary verb appears at the end of the clause, and the past participle precedes it.

Robert hat seine Hausaufgaben erst spät abends gemacht, weil er so lang Fußball **gespielt hat.**	*Robert didn't do his homework until late at night because he **played** soccer so long.*

The past participle of regular verbs

Most German verbs form the past participle by adding the prefix **ge-** and the ending **-t** or **-et** to the verb stem. The ending **-et** is used if the verb stem ends in **-d, -t,** or certain consonant combinations.

	prefix	verb stem	ending
machen	ge	mach	t
arbeiten	ge	arbeit	et
baden	ge	bad	et
regnen	ge	regn	et

Past participles of verbs ending in **-ieren** do not have the prefix **ge-**.

	prefix	verb stem	ending
reparieren		reparier	t

6-12 Was haben Yusuf, Maria und Jennifer gestern gemacht?

S1: Was hat Yusuf gestern Vormittag gemacht?

S2: Gestern Vormittag hat er sein Motorrad repariert.

	MARIA	YUSUF	JENNIFER
gestern Vormittag	stundenlang mit Julia telefoniert		ihren Flug nach Deutschland gebucht
gestern Nachmittag			einen großen Koffer gekauft
gestern Abend	ihre Hausaufgaben gemacht	bei McDonald's gearbeitet	

6-13 Morgen, morgen, nur nicht heute ...

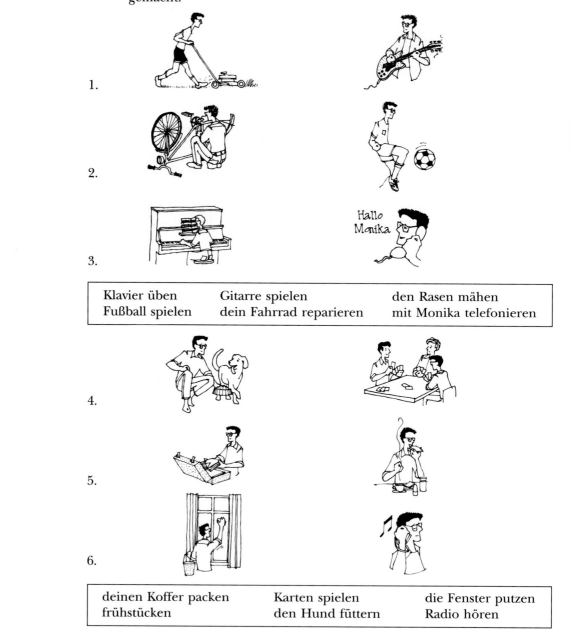

▶

deine deutschen Vokabeln
lernen

Tennis spielen

S1: Hast du deine deutschen
Vokabeln gelernt?
Ja, was hast du denn
gemacht?

S2: Nein, noch nicht.

Ich habe Tennis gespielt.

1.

2.

3.

| Klavier üben | Gitarre spielen | den Rasen mähen |
| Fußball spielen | dein Fahrrad reparieren | mit Monika telefonieren |

4.

5.

6.

| deinen Koffer packen | Karten spielen | die Fenster putzen |
| frühstücken | den Hund füttern | Radio hören |

Position of *nicht* in sentences in the perfect tense

The rules you learned about the position of **nicht** still apply (see pages 29 and 101). However, if no word or expression is specifically negated, **nicht** becomes the second-to-last element and is placed directly before the past participle.

Heute hat Robert **nicht** Fußball gespielt.	*Today Robert did**n't** play football.*
Er hat auch seine Hausaufgaben **nicht** gemacht.	*He did**n't** do his homework either.*

6-14 Warum Zieglers so vieles nicht gemacht haben.

Complete the questions with the past participles of the verbs given. Your partner responds with a dependent clause beginning with **weil.**

MUTTER: Warum hast du das Frühstück noch nicht _____? (machen)
Warum hast du das Frühstück noch nicht gemacht?
VATER: Du hast mich zu spät geweckt°.   *woke*
Weil du mich zu spät geweckt hast.

1. ROBERT: Warum hast du gestern nicht Tennis _____? (spielen)
NINA: Es hat den ganzen Tag geregnet.
2. MUTTER: Warum hast du den Rasen nicht _____? (mähen)   *lawnmower*
ROBERT: Vati hat den Rasenmäher° nicht repariert.
3. VATER: Warum hast du deine Hausaufgaben nicht _____? (machen)
NINA: Ich habe mit Alexander telefoniert.
4. VATER: Warum hast du heute kein Abendessen _____? (kochen)
MUTTER: Ich habe genau wie du den ganzen Tag gearbeitet.
5. MUTTER: Warum hast du den Hund nicht _____? (füttern)
NINA: Ihr habt kein Hundefutter gekauft.
6. VATER: Warum hat Nina heute nicht Klavier _____? (üben)
MUTTER: Sie und ich haben heute alle Fenster geputzt.

The perfect tense of irregular verbs

Irregular verbs are a small but frequently used group of verbs. Past participles of these verbs end in **-en.** The verb stem often undergoes a vowel change and sometimes a consonant change as well.

	prefix	verb stem	ending
finden	ge	fund	en
nehmen	ge	nomm	en
schlafen	ge	schlaf	en

The list below shows the past participles of some common irregular verbs.

backen	**gebacken**	nehmen	**genommen**	sprechen	**gesprochen**	
essen	**gegessen**	schlafen	**geschlafen**	streichen°	**gestrichen**	*to paint*
finden	**gefunden**	schneiden°	**geschnitten**	trinken	**getrunken**	*to cut*
gießen°	**gegossen**	schreiben	**geschrieben**	waschen	**gewaschen**	*to water*
lesen	**gelesen**	singen	**gesungen**			
liegen°	**gelegen**	sitzen	**gesessen**			*to lie*

6-15 Was haben Julia, Moritz und Lisa gestern gemacht?

S1: Was hat Julia gestern Vormittag gemacht?

S2: Gestern Vormittag hat sie eine Torte gebacken.

	JULIA	MORITZ	LISA
gestern Vormittag			Bernds Haare geschnitten
gestern Nachmittag	mit Sophia Kaffee getrunken	Briefe geschrieben	
gestern Abend			ein heißes Bad genommen

6-16 Morgen, morgen, nur nicht heute ...

▶

die Zimmerpflanzen gießen

mit Eva vor dem Fernseher sitzen

S1: Hast du die Zimmerpflanzen gegossen?

Ja, was hast du denn gemacht?

S2: Nein, noch nicht.

Ich habe mit Eva vor dem Fernseher gesessen.

1.

2.

3.

| dein Referat schreiben | die Zeitung lesen | ein Stück Torte essen |
| mit Professor Berg sprechen | deinen Wagen waschen | mit Eva Kaffee trinken |

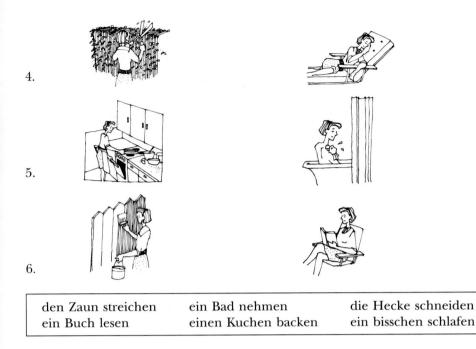

4.

5.

6.

| den Zaun streichen | ein Bad nehmen | die Hecke schneiden |
| ein Buch lesen | einen Kuchen backen | ein bisschen schlafen |

6-17 Was Eva gestern alles gemacht hat. Listen as your instructor narrates what Eva did yesterday. Then take turns telling the story with a partner. Remember to begin each sentence with the words given below.

1. Um ...
2. Um ...
3. Um ...
4. Dann ...
5. Später ...
6. Um ...

7. Um ...
8. Am Nachmittag ...
9. Nachher ...
10. Später ...
11. Und am Abend ...

Kapitel 6 Unsere Vorfahren

6-18 Ein paar persönliche Fragen.

S1:	**S2:**
Wie lange hast du heute Morgen geschlafen?	Heute Morgen habe ich bis ...
Was hast du zum Frühstück (zum Mittagessen) gegessen?	Zum Frühstück (Zum Mittagessen) habe ich ...
Welche interessanten Bücher hast du in letzter Zeit° gelesen?	Ich habe ...
Was hast du in letzter Zeit im Fernsehen gesehen?	Ich habe ...

recently (marginal gloss for °letzter Zeit)

The verb *sein* as auxiliary in the perfect tense

English always uses the verb *to have* as the auxiliary in the perfect tense. German usually uses **haben,** but for verbs that express a change of location or a change of condition the auxiliary is **sein.**

Change of location:

Ist Sabine schon nach Hause **gegangen?**	*Has Sabine gone home already?*

Some common verbs that express a change of location:

fahren	**ist gefahren**	kommen	**ist gekommen**
fliegen	**ist geflogen**	reisen	**ist gereist**
gehen	**ist gegangen**		

singular		plural	
ich	bin gekommen	wir	sind gekommen
du	bist gekommen	ihr	seid gekommen
er/es/sie	ist gekommen	sie	sind gekommen
	Sie sind gekommen		

Change of condition:

Was **ist** denn **passiert?**	*What **happened?***
Opa Ziegler **ist gestorben.**	*Grandpa Ziegler **died.***

Some common verbs that express a change of condition:

passieren	**ist passiert**	*to happen*
sterben	**ist gestorben**	*to die*
werden	**ist geworden**	*to become*

Two very common verbs use **sein** as an auxiliary although they express neither a change of location nor a change of condition:

bleiben	**ist geblieben**	sein	**ist gewesen**

Warum **ist** Sylvia zu Hause **geblieben?**	*Why **did** Sylvia **stay** at home?*
Wo **bist** du **gewesen,** Sylvia?	*Where **have** you **been,** Sylvia?*

In Austria, Southern Germany, and Switzerland, the perfect tense of **sein** is used quite frequently in conversational situations.

Wo **bist** du gestern Abend **gewesen?**   *Where **were** you last night?*

In Northern Germany, the simple past is more common.

Wo **warst** du gestern Abend?   *Where **were** you last night?*

6-19 Opa Ziegler ist gestorben. Brigitte Ziegler calls her friend Beverly and tells her why she and Klaus can't come for dinner tonight. Supply the appropriate perfect forms.

ist ... geworden / ist ... passiert / ist ... gefahren / ist ... gestorben /
ist ... gekommen

BRIGITTE: Du Beverly, wir können leider nicht zum Abendessen kommen. Klaus
musste ganz schnell zu seinen Eltern nach Hamburg.
BEVERLY: Was _____ denn _____?
BRIGITTE: Opa Ziegler _____ plötzlich° sehr krank _____.   *suddenly*
BEVERLY: Ist er im Krankenhaus?
BRIGITTE: Ja, und dort _____ er heute Morgen um zehn _____.
BEVERLY: Hoffentlich° _____ Klaus nicht zu spät _____.   *I hope*
BRIGITTE: Nein. Er _____ vom Bahnhof direkt ins Krankenhaus _____ und
konnte noch ein paar Worte mit Opa sprechen.

6-20 Eine Urlaubsreise nach Spanien. Beverly Harper asks Brigitte Ziegler about the vacation Brigitte and Klaus had last summer at the Costa Brava in Spain. Supply the appropriate forms of **haben** or **sein.**

1. BEVERLY: _____ ihr letzten Sommer wieder campen **gegangen?**
   BRIGITTE: Nein, letzten Sommer _____ wir mal ohne Kinder an die Costa
   Brava **gereist.**
2. BEVERLY: _____ ihr **gefahren** oder **geflogen?**
   BRIGITTE: Wir _____ von Frankfurt direkt nach Barcelona **geflogen.**
3. BEVERLY: Wie lang _____ ihr in Barcelona **geblieben?**
   BRIGITTE: Nur einen Tag. Aber wir _____ trotzdem viel **gesehen.**
4. BEVERLY: Wie _____ ihr zur Costa Brava **gekommen?**
   BRIGITTE: Wir _____ einen Wagen **gemietet°.**   *rented*
5. BEVERLY: _____ es sehr heiß **gewesen?**
   BRIGITTE: Ja, nachmittags _____ es immer sehr heiß **geworden.**
6. BEVERLY: Was _____ ihr denn den ganzen Tag **gemacht?**
   BRIGITTE: Wir _____ jeden Tag zwei- oder dreimal schwimmen **gegangen,**
   _____ viel Tennis **gespielt** und sehr gut **gegessen.**

hard   **6-21 „Claudias Mittwoch" oder „Das Studentenleben ist schwer°!"**
Listen as your instructor tells what Claudia did on Wednesday. Then take
turns with a partner retelling the story. Begin each sentence with the words
given below.

1. Am Mittwoch hat Claudia bis neun geschlafen.

2. Dann ...	7. Um ...	12. Später ...
3. Ein bisschen später ...	8. Dann ...	13. Dann ...
4. Dann ...	9. Um ...	14. Zu Hause ...
5. Dann ...	10. Um ...	15. Um ...
6. Von ... bis ...	11. Nachher ...	

ZUM HÖREN

Ein deutscher Einwanderer sucht Arbeit

Hans Keilhau ist 1930 nach Amerika ausgewandert. Sein Freund Paul kommt auch aus Deutschland. Er arbeitet bei *Hutton Machine and Tool* und er erzählt Hans, dass seine Firma einen Schlosser sucht. Weil der Personalchef dort aus Österreich kommt, spricht er Deutsch. Hören Sie, was er und Hans Keilhau miteinander sprechen.

NEUE VOKABELN

die Firma	*company*	**der Gärtner**	*gardener*
Aufträge	*orders*	**schicken**	*to send*

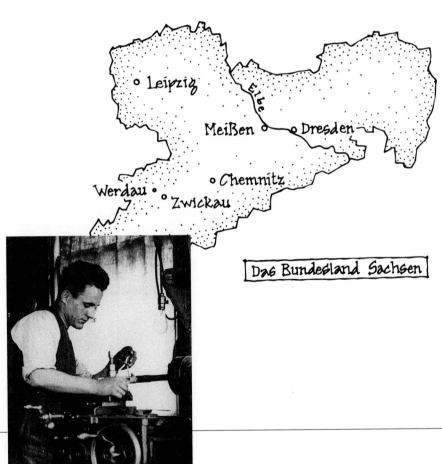

Das Bundesland Sachsen

Hans Keilhau ist Schlosser von
Beruf.

6-22 Globalverstehen. In what order do you hear the following questions and statements?

_____ Haben Sie hier Arbeit gefunden?
_____ Wenn Paul Richter Sie geschickt hat, sind Sie bestimmt auch gut.
_____ Wer hat Sie zu *Hutton Machine and Tool* geschickt?
_____ Und wo haben Sie zuletzt gearbeitet?
_____ Warum sind Sie Schlosser geworden?
_____ Escher hatte immer weniger Aufträge.

6-23 Detailverstehen. Listen to the conversation again, and write the responses to the following questions.

1. Was ist Hans Keilhau von Beruf?
2. Wo hat er seinen Beruf gelernt?
3. Warum ist Hans Keilhau arbeitslos geworden? *Weil ...*
4. Warum ist er nach Amerika ausgewandert? *Weil ...*
5. Wo und als was arbeitet Hans Keilhau jetzt?
6. Warum hat er Schlosser gelernt?
7. Warum denkt der Personalchef, dass Hans Keilhau ein guter Arbeiter ist? *Weil ...*

6-24 Das deutsche Schulsystem. Refer to the information and the illustration in the *Infobox* on the next page to complete the following statements.

der Abschluss: *diploma*

1. Alle Kinder müssen vier Jahre in die _____.
2. Den Hauptschulabschluss° bekommt man, wenn man _____ oder _____ Jahre alt ist.
3. Die mittlere Reife bekommt man, wenn man _____ ist.
4. Das Abitur bekommt man, wenn man _____ ist.
5. Wenn man zur Uni will, braucht man das _____.
6. Wenn man zur Fachoberschule will, braucht man die _____.

at least 7. Wenn man eine Lehre machen will, braucht man mindestens° einen _____.
8. Wenn man eine Lehre gemacht hat, ist man _____ oder _____ Jahre alt.

6-25 Unser Schulsystem.

1. Was ist unser Äquivalent von Grundschule?

does . . . attend 2. Wie lange besucht° man diese Schule?
3. Kann man bei uns eine Lehre machen?

does . . . last 4. Wenn ja, wie lange dauert° diese Lehre?
5. Wie lange geht man bei uns in die *high school*?

Infobox   **Vocational training in the German-speaking countries**

Skilled tradespeople from the German-speaking countries played an important role in the development of industry and technology in North America. This was in large part due to the quality of the vocational training they received in their native countries. Today vocational training is still a very important part of the educational system in the German-speaking countries. The majority of students graduating from a **Hauptschule** and many graduating from a **Realschule** serve an apprenticeship **(Lehre).** An apprentice **(der Lehrling, der/die Auszubildende)** alternates on-the-job training with classes in a vocational school **(das duale System).** An apprenticeship usually takes three years.

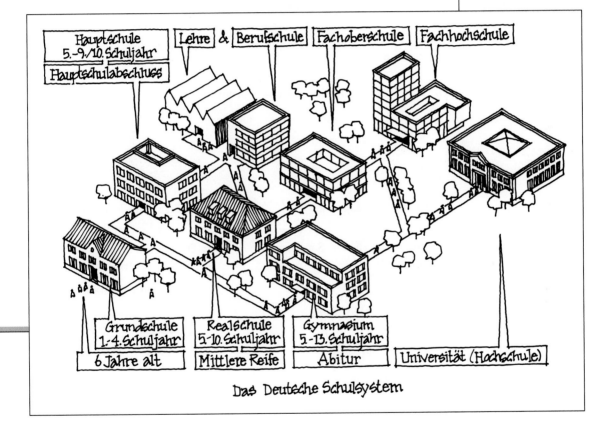

Das Deutsche Schulsystem

Kommunikation und Formen

Verbs with separable prefixes in the perfect tense

Separable-prefix verbs can be regular or irregular. The prefix is not separated in the past participle. It is affixed to the past participle of the base verb.

infinitive	perfect tense
anhören	hat **an**gehört
ausprobieren	hat **aus**probiert
aufstehen	ist **auf**gestanden

6-26 Was hast du letzte Woche gemacht?

▶

du am Samstag

mein neues Surfbrett
ausprobieren

S1: Was hast du am Samstag
gemacht?

S2: Da habe ich mein neues
Surfbrett ausprobiert.

1. du am Sonntagvormittag

3. ihr am Sonntagabend

2. ihr am Sonntagnachmittag

4. du am Montag früh

bis nachts um eins fernsehen erst um elf aufstehen	Bilder von Rembrandt anschauen mein Zimmer aufräumen

5. ihr am Dienstagabend

7. du am Donnerstagabend

6. ihr am Mittwochnachmittag

8. ihr am Freitagabend

alle zusammen ausgehen   im Studentenchor mitsingen
bei Karstadt Kleider anprobieren   meine neuen CDs anhören

The perfect tense of verbs with inseparable prefixes

Many regular and irregular verbs have inseparable prefixes. The three most common inseparable prefixes are **be-, er-,** and **ver-.** The past participle of verbs with inseparable prefixes does not add **ge-.** Whereas separable prefixes are *stressed* in pronunciation, inseparable prefixes are *unstressed*.

infinitive	perfect tense
bekommen	hat **bekommen**
erzählen	hat **erzählt**
verstehen	hat **verstanden**

6-27 Kleine Gespräche.   Complete the mini-dialogues with the perfect tense of the verbs given in parentheses.

1. STEFAN: _____ Professor Kluge die Relativitätstheorie gut _____?
    (erklären°)   *to explain*

    MATTHIAS: Ja, aber ich _____ trotzdem nicht alles _____. (verstehen)

2. MICHAEL: _____ du letzten Sommer gut _____? (verdienen)

    VERONIKA: Ja, mein Chef _____ mich sehr gut _____. (bezahlen)

3. FRAU FELL: Für wie viel _____ Bergers ihr Haus _____? (verkaufen)

    FRAU HOLZ: Ich glaube, sie _____ fast eine Million _____. (bekommen)

4. KATHRIN: Was _____ euer Reiseleiter° von König Ludwig _____? (erzählen)   *tour guide*

    SYLVIA: Dass er im Starnberger See _____ _____. (ertrinken°)   *to drown*

5. HORST: _____ du in Berlin auch deine Kusine Sophia _____? (besuchen)

    INGRID: Ich _____ es _____. Aber sie war nie zu Hause. (versuchen)

The perfect tense of mixed verbs

There is a small group of verbs that have characteristics of both the regular and the irregular verbs. The past participle of these mixed verbs has a stem change like an irregular verb, and it ends in **-t** like a regular verb. Six common verbs in this group are:

infinitive	perfect tense	
bringen	hat **gebracht**	to bring
denken	hat **gedacht**	to think
kennen	hat **gekannt**	to know (be acquainted with)
nennen	hat **genannt**	to name, to call
rennen	ist **gerannt**	to run
wissen	hat **gewusst**	to know (a fact)

6-28 Kleine Gespräche. Complete the mini-dialogues with the perfect tense of the verbs given in parentheses.

1. HOLGER: Warum _____ Paul denn plötzlich _____? (wegrennen)
   KARL: Weil du ihn einen Esel _____ _____. (nennen)
2. KATHRIN: Warum _____ du Tina Blumen _____? (bringen)
   GERHARD: Ich _____ _____, sie hat heute Geburtstag. (denken)
3. HERR KRUG: _____ Sie Frau Merck gut _____? (kennen)
   FRAU FELL: Ja, aber dass sie so plötzlich gestorben ist, _____ ich nicht _____. (wissen)

6-29 Der falsche Monat. Complete with the appropriate past participles.

gedacht / gekannt / gebracht / gewusst / gerannt

Tina und ich haben einander schon im Gymnasium gut _____ und ich habe
her ihr° jedes Jahr Blumen zum Geburtstag _____.
   Heute Morgen habe ich beim Frühstück meinen Kalender angeschaut und gesehen, dass heute der erste Juni ist. „Der erste Juni?!" habe ich _____, „das ist doch Tinas Geburtstag!" Ich bin schnell zum nächsten Blumengeschäft _____ und weil Tina dieses Jahr einundzwanzig wird, habe ich einundzwanzig rote Rosen gekauft. Tina hat die einundzwanzig Rosen zuerst nur verwundert°
astonished angeschaut. Dann hat sie gelacht und gesagt: „Den Tag hast du richtig _____, aber der Monat ist falsch. Mein Geburtstag ist nämlich nicht am ersten Juni, sondern am ersten Juli."

6-30 Aus meinem Tagebuch. Write a diary entry about what you did last Saturday. The expressions below will give you some ideas. Remember that you will be using the perfect tense. Avoid beginning each sentence with **Dann ...** by using expressions like **Am Nachmittag ..., Nachher ..., Später ..., Um _____ Uhr ..., Am Abend ...**

erst um _____ Uhr aufstehen
zum Frühstück ... essen und ... trinken
mein Zimmer aufräumen
in den Waschsalon° gehen und meine Wäsche waschen   *laundromat*
für die ganze nächste Woche einkaufen
mein Fahrrad (mein Auto) putzen (reparieren)
meine Eltern (meine Freundin, meinen Freund) besuchen
im Fernsehen ein Eishockeymatch (Fußballmatch) anschauen
mit _____ in die Stadt gehen
mit _____ ins Kino (ins Konzert, in die Disco) gehen
...

6-31 Das habe ich letzten Samstag gemacht. For homework you wrote about what you did last Saturday. Now share your experiences with your classmates.

③ Ranking people and things

Ordinal numbers

Ordinal numbers are used to indicate the position of people and things in a sequence (e.g., the first, the second).

Der **erste** Zug fährt um sieben.   *The **first** train leaves at seven.*
Dann nehme ich lieber den   *Then I'd rather take the **second** one.*
  zweiten.

For the numbers 1 through 19, the ordinal numbers are formed by adding **-t-** and an adjective ending to the cardinal numbers. In the chart below, irregular forms are indicated in boldface.

der **erste**	der **siebte**	der dreizehnte
der zweite	der **achte**	der vierzehnte
der **dritte**	der neunte	der fünfzehnte
der vierte	der zehnte	der sechzehnte
der fünfte	der elfte	der siebzehnte
der sechste	der zwölfte	der achtzehnte
		der neunzehnte

From the number 20 on, the ordinal numbers are formed by adding **-st-** and an adjective ending to the cardinal numbers.

der zwanzigste
der einundzwanzigste
der zweiundzwanzigste
der dreißigste
usw.

DAS SCHÖNSTE AM 20. GEBURTSTAGSFEST

...SIND KORKEN DIE MAN KNALLEN LÄSST !!!

Dates

The following expressions are used to ask for and give the date:

Der Wievielte ist heute?	*What's the date today?*
Heute ist der Fünfzehnte.	*Today is the fifteenth.*
Den Wievielten haben wir heute?	*What's the date today?*
Heute haben wir den Fünfzehnten.	*Today is the fifteenth.*
Am wievielten Mai ist dein Geburtstag?	*On which day in May is your birthday?*

When written as a number, an ordinal number is indicated by a period. Note that the day always precedes the month.

> Heute ist der 23. (der dreiundzwanzigste) Mai.

The month is also frequently written as an ordinal number.

> Lisa ist am 23. 5. (am dreiundzwanzigsten Fünften) 1979 geboren.

6-32 Daten. You and your partner take turns asking each other and responding to the following questions.

S1:

1. Den Wievielten haben wir heute?
2. Der Wievielte ist morgen?
3. Der Wievielte ist nächsten Sonntag?
4. Den Wievielten hatten wir letzten Sonntag?
5. Am Wievielten ist unsere nächste Deutschstunde?
6. Am Wievielten war unsere letzte Deutschstunde?
7. Wann ist Neujahr?

S2:

Heute haben wir den _____.
Morgen ist der _____.
Nächsten Sonntag ist der _____.
Letzten Sonntag hatten wir den _____.
Unsere nächste Deutschstunde ist am _____.
Unsere letzte Deutschstunde war am _____.
Neujahr ist am _____.

6-33 Wann hast du Geburtstag? Tell your classmates when your birthday is.

S1: Ich habe am zehnten Siebten Geburtstag.
S2: Mein Geburtstag ist am einundzwanzigsten Fünften.
S3: Ich habe ...

④ Writing personal letters

There are certain conventions in writing letters. In German, dates are written as follows: **München, den 5. Oktober 1998.** Note that the article appears in the accusative case and that there is no comma between the month and the year.

Writing a personal letter is considered a conversational situation. The writer can therefore use the perfect tense to relate past events. (But remember that the modals and **haben** and **sein** are typically used in the simple past tense.)

6-34 Stephanie schreibt nach Hause. Complete Stephanie's letter using participles and the simple past forms of **haben, sein, können,** and **müssen!**

> *München, den 5. Oktober 1998*
>
> Liebe Eltern und lieber Opa,
>
> heute früh kurz vor acht ist mein Flugzeug in München _____ (landen). Ich _____ (müssen) nur wenige Minuten auf meine Koffer warten°, aber weil ich nicht gleich ein Taxi bekommen _____ (können), _____ (sein) ich erst kurz nach zehn im Studentenheim. Meine Zimmerkollegin heißt Claudia. Sie ist vier Jahre älter als ich, kommt aus Hamburg und ist sehr nett. Sie hat viel _____ (fragen) und ich habe meine Koffer _____ (auspacken) und _____ (erzählen). Um eins _____ (haben) wir beide Hunger und sind in die Stadt _____ (gehen). Wir haben gut zu Mittag _____ (essen) und sind erst am späten Nachmittag ins Studentenheim _____ (zurückkommen). München ist eine tolle Stadt und es gibt schon so viel zu erzählen. Aber jetzt müssen wir zum Abendessen in die Cafeteria, denn wir haben noch gar nichts _____ (einkaufen). Morgen oder übermorgen bekommt ihr einen viel längeren Brief und du, Mutti, bekommst einen Extrabrief auf Englisch.
>
> Viele liebe Grüße
> Stephanie

wait

5 Indicating direction away from and toward

Hin and *her* as directional suffixes and prefixes

You already know that **hin** and **her** are used as suffixes with the question word **wo.**

Wo bist du?	*Where are you?*
Wohin gehst du?	*Where are you going (to)?*
Woher kommst du?	*Where are you coming from?*

> **Hin** indicates motion or direction *away from* the speaker.
> **Her** indicates motion or direction *toward* the speaker.

The question words **wohin** and **woher** are often split. The question then begins with **wo** and ends with **hin** or **her.**

Wo gehst du **hin?**   **Wo** kommst du **her?**

So darf man nicht in ein Restaurant.

Hin and **her** are also used as separable prefixes or as parts of separable prefixes.

LISA: Nimmst du ein Taxi zum Flughafen?	*Are you taking a taxi to the airport?*
TINA: Nein, Ralf **fährt** mich **hin.**	*No, Ralf **is driving** me **(there).***
GABI: Wie bist du denn so schnell heimgekommen?	*How did you get home so fast?*
ANNA: David hat mich **hergefahren.**	*David **drove** me **(here).***
KURT: Sollen wir **hineingehen?**	*Should we **go in?***
EVA: Nein, wir warten lieber, bis Dieter **herauskommt.**	*No, we'd better wait until Dieter **comes out.***

6-35 Was sagen diese Leute?   Look at the drawings to decide which prefix is correct.

► hinunter / herunter
Passen Sie auf, dass Sie nicht _____fallen!
Passen Sie auf, dass Sie nicht herunterfallen!

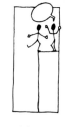

1. hinunter / herunter
Passen Sie auf, dass Sie nicht _____fallen!

2. hinauf / herauf
Keine Angst! Wir ziehen Sie gleich _____.

3.

hinüber / herüber
Warum springen Sie denn
   nicht _____?

6.

hinaus / heraus
Gehen Sie sofort° _____!   *immediately*

4.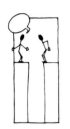

hinüber / herüber
Warum springen Sie denn
   nicht _____?

7.

hinein / herein
Sollen wir _____gehen?

5.

hinein / herein
Kommen Sie doch _____, bitte!

8.

hinaus / heraus
Kommen Sie sofort _____!

Sprachnotiz	**Expressing *away from* and *toward* in colloquial German**

In colloquial German, prefixes like **hinaus-, herein-, hinauf-, herunter-**
are (somewhat illogically) abbreviated to **raus-, rein-, rauf-, runter-,** etc.

> Sollen wir **hineingehen** oder sollen wir warten, bis Dieter
>   **herauskommt?**
> Sollen wir **reingehen** oder sollen wir warten, bis Dieter
>   **rauskommt?**

ZUSAMMENSCHAU

ZUM HÖREN

Martin sucht einen Ferienjob

Es ist Mitte Juli. Martin hat heute Vormittag seine letzte Klausur geschrieben und sucht jetzt einen Ferienjob. Er geht deshalb zum Studentenwerk und spricht dort mit Frau Borg.

NEUE VOKABELN

zum Beispiel	*for example*	**die Hecke schneiden**	*to clip the hedge*
den Rasen mähen	*to cut the lawn*	**die Arbeitserfahrung**	*work experience*
den Zaun streichen	*to paint the fence*	**der Maler**	*painter*

6-36 Globalverstehen. Who says this, Martin or Frau Borg? Write M for Martin and B for Frau Borg.

_____ Interessiert Sie das?
_____ Ich habe heute Vormittag noch meine letzte Klausur geschrieben.
_____ Ich rufe gleich dort an.
_____ Vielleicht können Sie mich dann jeden Tag kurz anrufen, ja?
_____ Was für Arbeitserfahrung haben Sie?
_____ Auch keine Tagesjobs?

6-37 Detailverstehen. Listen to the conversation again and write the responses to the following questions.

1. Warum ist Martin nicht früher zum Studentenwerk gegangen?
2. Was für eine Arbeit hat Frau Borg für Martin am Donnerstag und Freitag? Was muss er da alles tun?
3. Wie viel kann er da verdienen?
4. Wen will Martin gleich anrufen und was ist die Telefonnummer?
5. Warum findet Frau Borg es so gut, dass Martin schon als Maler gearbeitet hat? *Weil ...*
6. Was soll Martin von jetzt ab jeden Tag tun? *Er soll ...*

Sprachnotiz	**The expression *Bitte schön!***

Bitte schön! or just **Bitte!** is used as a response to **Danke!** or **Vielen Dank!** to mean *You're welcome!* or *Don't mention it!*

Vielen Dank für Ihre Hilfe!	*Thanks a lot for your help!*
Bitte schön!	*You're welcome!*

6-38 Peter Ackermann sucht einen Ferienjob. In this role play you are Ms. Borg, a counselor at the employment office of the **Studentenwerk,** and you are going to help Peter Ackermann find a summer job. Feel free to add your own ideas to your role. Peter Ackermann's role description is in the *Anhang.*

Rolle 1-1: Sie hören, dass jemand klopft, und sagen „Herein.“

R 1-2: Sie sagen „Guten Tag“ und fragen „Was kann ich für Sie tun?“

R 1-3: Sie sagen, dass Sie zuerst mal den Namen, die Adresse und die Telefonnummer brauchen.

R 1-4: Sie fragen, was für Arbeitserfahrung Herr Ackermann hat.

R 1-5: Sie fragen, ob er noch andere Kenntnisse° hat.   *experience*

R 1-6: Sie schauen Ihre Jobliste an, finden zwei interessante Jobs und beschreiben sie.

R 1-7: Sie sagen „Bitte schön.“

JOB:	Gitarrist bei Rodeo Rock
ORT:	München-Schwabing
ZEIT:	Jeden Freitag und Samstag, Mitte Juli bis Mitte Oktober
BEZAHLUNG:	DM 200,00 pro Abend

JOB:	Bürohilfe[1] bei Kühne Export Gutes Englisch und EDV-Kenntnisse[2] sind ein Plus
ORT:	München City
ZEIT:	August und September, 40 Stunden pro Woche
BEZAHLUNG:	DM 15,00 die Stunde

[1] *office help* [2] *computer experience*

6-39 Liebe Lisa, ... You had an interesting summer job last year. Write a short letter to a friend telling about this job. Use the questions and the photo to give you ideas.

- Was für einen Ferienjob haben Sie gefunden?

- Wo war der Job?

- Wie haben Sie den Job gefunden?

  - durch eine Freundin/einen Freund?

  - am schwarzen Brett°?   *bulletin board*

  - durch das Studentenwerk?

- Was mussten Sie tun?

- Wie viele Stunden am Tag haben Sie gearbeitet?

- Wie viel haben Sie verdient?

Als Statue kann man gut verdienen.

LEUTE

Aus Christian Köchlings Tagebuch

Vor dem Lesen

6-40 Auswanderer.

1. Many immigrants to North America began their lives here doing hard physical labor. What is the occupation of the men in the photo? Describe how you imagine life to have been like in such a camp.
2. If you were to emigrate, which country would you want to go to? Why? What sorts of hardship can you imagine encountering?

6-41 Wo war Christian Köchling am ...?   Scan the reading text, find out where each diary entry was written, and number the locations accordingly.

> **S1:** Wo war Christian Köchling am achtundzwanzigsten Sechsten neunzehnhundertdreißig?
>
> **S2:** Da war er ...

1. 28. 6. 1930
2. 4. 7. 1930
3. 16. 7. 1930
4. 7. 8. 1930
5. 15. 12. 1930

_____ in Watford
_____ an Bord der Karlruhe
_____ in Bremen
_____ in Kenora
_____ im Zug von Montreal nach Toronto.

6-42   Was ist das auf Englisch?

1. Ich schreibe jeden Abend etwas in mein **Tagebuch.**
2. Wir lesen nicht den ganzen Artikel, sondern nur ein paar **Auszüge.**
3. Seid ihr **über** Hannover nach Bremen gefahren?
4. In Bremen waren Auswanderer aus ganz Europa, aber die **Mehrzahl** waren Deutsche.
5. Ein **Holzfäller** arbeitet im Wald und fällt dort Bäume.
6. Wenn du jeden Monat hundert Mark **sparst,** kannst du bald einen Computer kaufen.
7. Sollen wir ein Haus kaufen oder eine Wohnung **mieten?**

a. via
b. lumberjack
c. diary
d. rent
e. save
f. excerpts
g. majority

Christian Köchling (ganz rechts) als Holzfäller

Christian Köchling, ein junger deutscher Goldschmied, ist im Sommer 1930 nach Kanada ausgewandert. Die folgenden Auszüge aus Christians Tagebuch zeigen[1], was für ein schweres Leben viele Auswanderer hatten.

Bremen, d. 28. 6. 1930

Nach langer schöner Bahnfahrt[2] durch den Harz[3] über Hannover endlich in Bremen angekommen. Ganz Europa ist hier vertreten[4], doch die Mehrzahl sind Deutsche.

An Bord d. Karlsruhe[5], d. 4. 7. 1930

Sind am 1. 7. in Bremerhaven aufs Schiff gegangen. Zuerst wunderbares Wetter, aber im Englischen Kanal ist es stürmisch geworden. Waren alle seekrank.

Im Zug von Montreal nach Toronto, d. 16. 7. 1930

Sind am 11. 7. in Halifax angekommen und waren nach 29-stündiger Bahnfahrt in Montreal. Haben da aber nur gehört: „Was wollt ihr denn hier? Wir haben doch selbst[6] keine Arbeit!" Sind deshalb heute weitergefahren. Habe nur noch 25 Dollar, denn Montreal war sehr teuer: $1,– für eine Übernachtung mit Frühstück!

Watford, d. 7. 8. 1930, bei Farmer Robertson

War fast zwei Wochen in Toronto, habe aber keine Arbeit gefunden. Habe gehört, dass Farmer im Sommer Hilfe brauchen. Bin deshalb hierher gefahren und habe gleich Arbeit gefunden. Aber was für eine Arbeit für einen Goldschmied! Mist laden[7] von morgens bis abends und nur fürs Essen und ein schlechtes Bett!

Kenora, d. 15. 12. 1930

Bin jetzt Holzfäller hier im Norden[8] von Kanada. Es ist sehr kalt und die Arbeit ist schwer, aber ich verdiene endlich ein bisschen Geld. Und wenn die anderen abends Karten spielen, wasche ich ihre Socken (10 Cent für ein Paar Socken). Möchte bis zum Frühling so viel sparen, dass ich in Toronto eine kleine Werkstatt[9] mieten und endlich wieder als Goldschmied arbeiten kann.

[1]*show* [2]*train trip* [3]*the Harz mountains* [4]*represented* [5]*name of the ship* [6]*ourselves* [7]*loading manure* [8]*north* [9]*workshop*

Arbeit mit dem Text

6-43 Anders gesagt. Find the equivalents for the following statements in *Aus Christian Köchlings Tagebuch.*

1. Hier sind Menschen aus ganz Europa, aber die meisten kommen aus Deutschland.
2. Am Anfang war das Wetter sehr schön ...
3. Am 11. 7. ist unser Schiff in Halifax gelandet ...
4. ... und haben dann bis Montreal noch 29 Stunden im Zug gesessen.
5. Wir sind doch auch alle arbeitslos!
6. ... dass es auf Farmen im Juli und im August Arbeit gibt.
7. ... und ich bekomme kein Geld, aber darf hier essen und schlafen.

Wort, Sinn und Klang

Wohin geht dieses Kind?

Predicting gender

All nouns with the suffix **-ung** are feminine. Like most English nouns with the suffix *-ing*, most of these nouns are derived from verbs.

| warnen | *to warn* | **die** Warn**ung** | *warning* |
| landen | *to land* | **die** Land**ung** | *landing* |

However, many English equivalents of German nouns with the suffix **-ung** do not have the suffix *-ing*.

üben	*to practice*	**die** Üb**ung**	*exercise*
wohnen	*to live*	**die** Wohn**ung**	*apartment*
erzählen	*to tell*	**die** Erzähl**ung**	*story*
sammeln	*to collect*	**die** Samml**ung**	*collection*

6-44 Was ist das? Form nouns from the following verbs and give their English equivalents.

1. erklären	*to explain*	6. übersetzen	*to translate*
2. ausbilden	*to train*	7. bedeuten	*to mean*
3. beschreiben	*to describe*	8. verbessern	*to correct*
4. lösen	*to solve*	9. einladen	*to invite*
5. bezahlen	*to pay*	10. übernachten	*to stay over night*

Giving language color

Like other languages, German uses the names of parts of the body in many colorful expressions. Below is a sampling.

Er ist nicht auf den Kopf gefallen.	*He's no fool.*
kein Auge zutun	*not to sleep a wink*
die Nase zu tief ins Glas stecken	*to drink too much*
den Mund voll nehmen	*to talk big*
Hals- und Beinbruch!	*Good luck!*
Hand und Fuß haben	*to make good sense*

6-45 Was passt zusammen?

1. Warum magst du Günter nicht?
2. Warum lässt du mich denn nicht fahren?
3. Warum bist du denn so müde?
4. Warum bekommt Maria für ihre Referate immer so gute Zensuren?
5. Ich muss jetzt gehen. Wir schreiben gleich eine Klausur.
6. Ist es wirklich wahr, dass Paul die Lösung für dieses Problem gefunden hat?

a. Na, dann Hals- und Beinbruch!
b. Weil alles, was sie schreibt, Hand und Fuß hat.
c. Klar. Er ist doch nicht auf den 4. Warum bekommt Maria für ihre Kopf gefallen.
d. Weil du wieder mal die Nase zu tief ins Glas gesteckt hast.
e. Weil er den Mund immer so voll nimmt.
f. Weil ich die ganze Nacht kein Auge zugetan habe.

German *l*

In English the sound represented by the letter *l* varies according to the vowels and consonants surrounding it. (Compare the *l* sound in *leaf* and *feel*.) In German the sound represented by the letter l never varies and it is very close to the *l* in English *leaf*. Try to maintain the sound quality of the *l* in *leaf* throughout the exercise below.

6-46 Hören Sie gut zu und wiederholen Sie!

Lilo lernt **Latein°**.   *Latin*
Latein ist manchmal langweilig.
Lilo lernt Philipp kennen.
Philipp **hilft°** Lilo Latein lernen.   *helps*
Philipp bleibt lange bei Lilo.
Lilo lernt viel.
Lilo lernt Philipp lieben.

Nomen

die Arbeitserfahrung, -en	work experience
die Ausbildung, -en	training; education
die Bezahlung	pay; wages
die EDV-Kenntnisse *(pl)*	computer experience
der Ferienjob, -s	summer job
der Personalchef, -s	personnel manager
das Studentenwerk	student center
die Grundschule, -n	elementary school; primary school
das Gymnasium, die Gymnasien	*(academic)* high school
die Hochschule, -n	university
die Fachhochschule, -n	technical college
die Blume, -n	flower
die Hecke, -n	hedge
der Rasen, -	lawn
der Rasenmäher, -	lawnmower
der Zaun, ⸚e	fence
die Zimmerpflanze, -n	house plant
das Krankenhaus, ⸚er	hospital
das Tagebuch, ⸚er	diary
der Waschsalon, -s	laundromat

Verben

bedeuten	to mean
bringen, hat gebracht	to bring
erklären	to explain
füttern	to feed
gießen, hat gegossen	to water
liegen, hat gelegen	to lie; to be situated
mähen	to mow
mieten	to rent
passieren, ist passiert	to happen
putzen	to clean
rennen, ist gerannt	to run
schicken	to send
schneiden, hat geschnitten	to cut
sparen	to save
sterben (stirbt), ist gestorben	to die
streichen, hat gestrichen	to paint
üben	to practice
übersetzen	to translate
verbessern	to correct
warten	to wait
wecken	to wake *(someone)* up

Andere Wörter

hoffentlich	hopefully, I hope so
mindestens	at least
plötzlich	suddenly
selbst	myself, yourself, herself, etc.
sofort	immediately

Ausdrücke

am schwarzen Brett	on the bulletin board
Bitte schön!	You're welcome!
Den Wievielten haben wir heute? / Der Wievielte ist heute?	What's the date today?
Hals- und Beinbruch!	Break a leg! Good luck!
zum Beispiel (z.B.)	for example (e.g.)

Das Gegenteil

starten ≠ landen	to take off ≠ to land
schwer ≠ leicht	hard; heavy ≠ easy; light

Leicht zu verstehen

die Firma, die Firmen	warnen
das System, -e	an Bord
die Warnung, -en	

Ein typischer deutscher Gartenzaun

Wörter im Kontext

6-47 Was passt zusammen?

1. Hast du die Zimmerpflanzen
2. Hast du den Zaun
3. Hast du die Hecke
4. Hast du die Wohnung
5. Hast du den Rasen
6. Hast du den Hund
7. Hast du die Postkarte

a. weggeschickt?
b. gemietet?
c. gemäht?
d. geschnitten?
e. gegossen?
f. gestrichen?
g. gefüttert?

6-48 Daniel hat heute den Bus genommen.

geweckt / gewartet / gerannt / gebracht

Weil Daniels Wagen kaputt ist, hat er ihn vorgestern zur Reparatur _____. Gestern hat sein Vater ihn dann nicht um sieben, sondern schon um halb sieben _____, und um halb acht ist Daniel zur Bushaltestelle° _____. Aber leider war der Bus schon weg und Daniel hat dann fast eine halbe Stunde auf den nächsten Bus _____.

bus stop

6-49 Was ist hier identisch?   Read the following sets of sentences aloud and decide which two in each set convey approximately the same meaning.

1. Was bedeutet dieses Wort?
   Ich verstehe dieses Wort nicht.
   Hast du dieses Wort verbessert?

2. Opa Ziegler ist im Krankenhaus.
   Opa Ziegler lebt nicht mehr.
   Opa Ziegler ist gestorben.

3. Wie ist die Bezahlung?
   Wie viel musst du bezahlen?
   Wie viel verdienst du?

4. Eva hat eine gute Ausbildung.
   Eva hat gute EDV-Kenntnisse.
   Eva kennt viele
      Computerprogramme.

6-50 Der ideale Ferienjob.

schwer / sparen / hoffentlich / Tagebuch / selbst / sofort / mindestens

Aus Annas _____:

Mein idealer Ferienjob muss _____ am ersten Ferientag beginnen und ich möchte bis zum letzten Ferientag arbeiten. Die Firma muss _____ 15 Mark die Stunde bezahlen, damit ich viel Geld _____ kann und mein nächstes Studienjahr fast ganz _____ bezahlen kann. Die Arbeit soll interessant und nicht zu _____ sein.

_____ kann ich bald so einen Job finden.

KAPITEL 7

Feste und Feiertage

Fronleichnam im Schwarzwald

Vorschau

Das Geburtstagsgeschenk

NICOLE: Du, Maria, was soll ich denn meinem kleinen Bruder zum
Geburtstag schenken?

MARIA: Schenk ihm doch eine Armbanduhr. Oder eine CD. Was hört er
denn gern? Oder kauf ihm ein Computerspiel. Ja! Einem
Dreizehnjährigen schenkt man heutzutage Computerspiele!

NICOLE: Das hat David alles schon und außerdem ist mir ein gutes
Computerspiel viel zu teuer.

MARIA: Dann fahren wir doch zum KaDeWe! Wenn wir sehen, was es
alles gibt, fällt uns bestimmt etwas ein.

NICOLE: Gute Idee, Maria!

Beim KaDeWe

Beim KaDeWe hat gerade der Winterschlussverkauf begonnen und alle
Preise sind stark reduziert. Die beiden Freundinnen gehen deshalb noch
schnell in die Damenabteilung, bevor sie ein Geschenk für David suchen.
Maria kauft dort eine schicke, warme Winterjacke und Nicole gibt fast
ihr ganzes Geld für einen eleganten, schwarzen Pulli aus. Dann schaut sie ein
bisschen beschämt in ihre Geldtasche und sagt: „Wie soll ich denn mit den
paar Mark meinem Bruder ein Geburtstagsgeschenk kaufen?" Aber Maria hat
eine gute Idee: „Kauf ihm doch eine lustige Geburtstagskarte, und zusammen
mit dieser Karte schickst du ihm einen Schuldschein mit den Worten: ‚Lieber
David, ich schulde dir ein Geburtstagsgeschenk. Du bekommst es, sobald ich
wieder Geld habe.'"

ZUM HÖREN

7-1 Richtig oder falsch?   Sie hören die beiden Texte und nach jedem
Text ein paar Aussagen°. Sind diese Aussagen **richtig** oder **falsch?**

statements

DAS GEBURTSTAGSGESCHENK		BEIM KADEWE	
RICHTIG	FALSCH	RICHTIG	FALSCH
1. _____	_____	1. _____	_____
2. _____	_____	2. _____	_____
3. _____	_____	3. _____	_____
4. _____	_____	4. _____	_____

Typisch für Berlin: ein
Drehorgelmann

Reihenfolge: *sequence*

Infobox   Berlin

Berlin, the capital of Germany, was reduced to a heap of rubble at the end of World War II. Like the rest of Germany, it was divided into four occupation zones **(Besatzungszonen)** under American, British, French, and Soviet control. From 1949 to 1990, only **Ost-Berlin** had capital city status – as capital of the former **Deutsche Demokratische Republik (DDR).** In 1961, the communist government of the **DDR** built the Berlin Wall **(die Berliner Mauer)** to stop the mass exodus of its citizens to the West. On November 9, 1989, the city was again the center of world attention when the Wall came down and with it the Soviet empire. Berlin again became the capital of Germany, and in 1999 the German Parliament **(der Bundestag)** officially moved from Bonn to the **Reichstag** building.

7-2 Nicoles Bruder hat Geburtstag.   Was ist die richtige Reihenfolge°?

_____ Nicole kauft ihrem Bruder eine lustige Geburtstagskarte.

_____ Maria hat ihre erste gute Idee.

_____ Nicole kauft einen eleganten, schwarzen Pulli.

_____ Maria hat ihre zweite gute Idee.

_____ Nicole und Maria fahren zum KaDeWe.

__1__ Nicole fragt Maria, was sie ihrem Bruder zum Geburtstag schenken soll.

_____ Nicole soll David eine Geburtstagskarte und einen Schuldschein schicken.

_____ Nicole ist ein bisschen beschämt, weil sie ihrem Bruder jetzt kein Geburtstagsgeschenk mehr kaufen kann.

7-3 Was kann man dir zum Geburtstag schenken?

S1: Ich trinke viel Kaffee.   **S2:** Dann kann man dir eine Kaffeemaschine schenken.

1. Ich fahre immer mit dem Rad zur Uni.
2. Mein Zimmer muss wie ein Garten aussehen.
3. Ich möchte nächsten Sommer durch den Schwarzwald wandern.
4. Ich komme morgens oft zu spät zur Vorlesung.
5. Ich kann nicht kochen.
6. Die UV-Strahlen machen meine Augen kaputt.
7. Ich möchte mein Deutsch verbessern.
8. Ich möchte fit werden.
9. Ich höre gern Musik.

7-4 Helfen statt° Kaufen. Schauen Sie die Geburtstagskarte an und beantworten Sie die Fragen.

instead of

1. Wer hat diese Geburtstagskarte geschrieben?
2. Wer hat Geburtstag?
3. Wann hat Peter diese Karte geschrieben?
4. Wann will Peter seiner Mutter helfen?
5. Was will er alles für sie tun?

zum **GEBURTSTAG**
eine **ÜBERRASCHUNG**

GUTSCHEIN
für meine Mutter:

Ich übernehme am ...3. 4...

und am ..3. 5... oder am ..8. 6...

⊗ *Kochen*
O *Frühstück*
O *Tisch decken*
⊗ *Abwasch*
O *Schuhe putzen*
O *Großeinkauf*
⊗ *Betten machen*
O *Mülleimer leeren*
⊗ *Fenster putzen*
O ....

Datum ...2. 4...

Unterschrift ...Peter...

7-5 Warum machen Sie's nicht mal wie Peter? Denken Sie an drei Personen aus Ihrer Familie und/oder aus Ihrem Freundeskreis°! Fragen Sie einander, wer die drei Personen sind und was Sie zum Geburtstag für sie tun!

circle of friends

S1: Wer sind deine drei Personen?
S2: Mein(e) _____, mein(e) _____ und mein(e) _____.

S1: Was tust du für deine(n) _____?
...
S2: Für meine(n) ...
...

- eine Woche lang das Frühstück machen
- eine Woche lang das Mittagessen (das Abendessen) kochen
- eine Woche lang den Tisch decken°
- eine Woche lang den Abwasch° (die Betten) machen
- den Mülleimer leeren°
- das ganze Haus (die ganze Wohnung, alle Fenster) putzen
- die Wäsche (den Wagen) waschen
- die Garage aufräumen
- den Rasen mähen
- ...

set the table
dishes
empty the garbage pail

Feste und Feiertage

Weihnachtsmarkt in Stuttgart

The German-speaking countries enjoy a wider array of public holidays than the United States or Canada. Many of these holidays have their roots in Christian traditions, although an increasingly secular society celebrates them without giving much thought to their religious origin. As in North America, **Weihnachten** is still the biggest and most important holiday and preparation begins four weeks in advance. Beginning on December 1, many children count down the 24 days to Christmas Eve **(der Heilige Abend)** with the help of an **Adventskalender.** Each day they open a door or window on the calendar, behind which are motifs related to **Weihnachten.** On the eve of **Nikolaustag** (December 6), children put their shoes outside their bedroom door for **St. Nikolaus** (the patron saint of children) to fill with candy, chocolate, and nuts. As in other countries, **Weihnachten** is associated with a Christmas tree **(der Weihnachtsbaum)** and gift-giving **(die Bescherung).** In the German-speaking countries, the **Weihnachtsbaum** is not put up until December 24, and it is **am Heiligen Abend** that the **Bescherung** takes place. On December 25 **(der erste Weihnachtsfeiertag),** families gather for a traditional dinner that often centers around a Christmas goose **(die Weihnachtsgans).** On

December 26 **(der zweite Weihnachtsfeiertag),** it is customary to visit relatives and friends. New Year's Eve **(Silvester)** is an evening of parties and revelry culminating at midnight with spectacular displays of fireworks even in smaller towns.

Spring brings Easter **(Ostern).** Businesses are closed on Good Friday **(Karfreitag)** and on **Ostermontag.** On **Ostersonntag** children receive colored eggs and chocolate goodies from the **Osterhase.** The week before and after **Ostern** are school holidays. Pentecost **(Pfingsten)** is celebrated on the seventh Sunday and Monday after Easter and brings with it another week of vacation from school.

Secular holidays in the German-speaking countries include the **Tag der Arbeit** or **Maifeiertag** on May 1 as well as national holidays for each country. On October 3 Germany celebrates the **Tag der deutschen Einheit** to commemorate the reunification in 1990 of the **BRD** and the former **DDR.** Austria has set aside October 26 **(Tag der Fahne)** to celebrate the day in 1955 when it became a non-aligned state. On August 1 Switzerland celebrates the beginning of the Swiss confederation **(Confoederatio Helvetica)** which took place in 1291.

7-6 Was sind Ihre Feste und Feiertage?

1. Feiern Sie auch Weihnachten? Wenn ja, wann packen Sie die Geschenke aus? Wenn nein, wie heißt Ihr wichtigster Feiertag?
2. Wann ist der Tag der Arbeit in Ihrem Land?
3. Haben Sie einen Nationalfeiertag? Wie heißt er, und wann ist er?

7-7 Wie Familie Zillich Pfingsten feiert.

Herr und Frau Zillich, ihre Tochter Heike (9) und ihr Sohn Lukas (7) verbringen° die beiden Pfingstfeiertage im Residence Hotel in Potsdam.   *spend*

1. Wie viel müssen Zillichs für den Familienbrunch am Pfingstsonntag bezahlen?
2. Heike hat schon zwei Jahre lang Flötenstunden°. Was möchte sie deshalb hören? An welchem Tag, wo und um wie viel Uhr ist das?   *flute lessons*
3. Zillichs essen alle gern Kuchen, haben aber am Montagnachmittag einen Spaziergang nach Schloss Sanssouci geplant. Wann können sie trotzdem Kuchen essen und woher wissen sie, dass es da viele verschiedene° Kuchen gibt?   *different*

Nomen

die Abteilung, -en	department
die Damenabteilung	women's department
die Herrenabteilung	men's department
der Kunde, -n	customer
die Kundin, -nen	
der Sommerschluss- verkauf, ̈e	summer sale
der Winterschluss- verkauf, ̈e	winter sale
der Feiertag, -e	holiday
das Fest, -e	special day; holiday
Ostern	Easter
der Osterhase, -n	Easter bunny

Silvester	New Year's Eve
Weihnachten	Christmas
der Weihnachtsbaum, ̈e	Christmas tree
das Geschenk, -e	present
die Überraschung, -en	surprise
die Armbanduhr, -en	wrist watch
der Fahrradhelm, -e	cycling helmet
die Geldtasche, -n	wallet
der Gutschein, -e	voucher
der Heimtrainer, -	exercise bike
der Rucksack, ̈e	backpack
die Sonnenbrille	sunglasses
der Wecker, -	alarm clock

Verben

feiern	to celebrate
kaputt·machen	to ruin; to break
schauen	to look
schenken	to give (a gift)
schulden	to owe
verbringen, hat verbracht	to spend (time)

Andere Wörter

lustig	funny, humorous; happy
verschieden	different
außerdem	besides; in addition
gerade	just, just now
heutzutage	nowadays

Ausdrücke

den Tisch decken	to set the table
den Abwasch machen	to do the dishes
den Mülleimer leeren	to empty the garbage pail
eine Frage beantworten	to answer a question
stark reduziert	sharply reduced
zu Weihnachten	for Christmas
Frohe Weihnachten!	Merry Christmas!
Einen guten Rutsch ins neue Jahr!	Happy New Year!
zum Geburtstag	for one's birthday
Herzliche Glückwünsche zum Geburtstag!	Happy Birthday!

Das Gegenteil

leer ≠ voll	empty ≠ full

Leicht zu verstehen

der Brunch, -es	die Kaffeemaschine, -n
die CD, -s	das Kochbuch, ̈er
der CD-Spieler, -	das Wort, ̈er
das Computerspiel, -e	das Wörterbuch, ̈er

Wörter im Kontext

7-8 Was ist die richtige Reihenfolge?

_____ das Essen kochen   _____ den Abwasch machen   _____ einkaufen

_____ essen   _____ den Tisch decken

7-9 Was passt zusammen?

1. Wenn es dunkel ist,   a. braucht man keinen Wecker.
2. Wenn man von selbst aufwacht,   b. braucht man keinen Fahrradhelm.
3. Wenn man fit ist,   c. braucht man kein Kochbuch.
4. Wenn man immer nur Auto fährt,   d. braucht man keine Sonnenbrille.
5. Wenn man immer in der Mensa   e. braucht man keinen CD-Spieler.
   isst,   f. braucht man keinen Heimtrainer.
6. Wenn man nicht gern Musik hört,

7-10 Was ich tue, wenn ...

1. Wenn meine Geldtasche leer ist,   a. muss ich ihn leeren.
2. Wenn ich nicht weiß, wie spät es ist,   b. gehe ich zum
3. Wenn der Mülleimer voll ist,   Winterschlussverkauf.
4. Wenn ich ein Sommerkleid   c. gehe ich in die Damenabteilung.
   kaufen will,   d. bezahle ich mit meiner
5. Wenn ich einen warmen Pullover   Kreditkarte.
   kaufen und nicht viel Geld   e. schaue ich auf meine
   ausgeben will,   Armbanduhr.

7-11 Was brauche ich da?   Beginnen Sie alle Antworten mit _Da brauche ich_ ...

1. Ich möchte wandern gehen.   a. ein Wörterbuch.
2. Ich muss das Frühstück machen.   b. ein Geschenk.
3. Ich verbringe meine Ferien in   c. eine Sonnenbrille.
   Australien.   d. eine Kaffeemaschine.
4. Ich weiß nicht, wie man Wiener   e. einen Rucksack.
   Schnitzel macht.   f. ein Kochbuch.
5. Meine beste Freundin hat
   Geburtstag.
6. Ich weiß nicht, wie man auf
   Deutsch _Happy Birthday!_ sagt.

7-12 Bettina Zieglers Geburtstag.

gerade / Überraschung / lustig / feiert / außerdem / Fest / geschenkt

Bettina Ziegler _____ heute ihren fünfunddreißigsten Geburtstag und hat zu
diesem _____ die ganze Familie und alle ihre Freunde eingeladen. Sie haben
_____ ein paar Flaschen Champagner getrunken und sind deshalb alle sehr
_____. Als _____ haben Bettinas Freunde ihr eine Reise nach Kalifornien
_____ und von ihrer Familie hat sie _____ noch fünfhundert Mark bekommen.

Kommunikation und Formen

1 Indicating the person *to whom* or *for whom* something is done

The dative case: the indirect object

In *Kapitel 2* you learned that many verbs take direct objects and that the direct object is signaled by the accusative case:

Klaus Ziegler möchte **einen Heimtrainer.**	*Klaus Ziegler would like **an exercise bike.***

Some verbs take not only a direct object, but also an *indirect object*. The indirect object indicates *to whom* or *for whom* something is done and is therefore almost always a *person*. In German the indirect object is signaled by the *dative case*.

Brigitte Ziegler kauft **ihrem Mann** einen Heimtrainer.	*Brigitte Ziegler buys **her husband** an exercise bike.* *(Brigitte Ziegler buys an exercise bike **for her husband.**)*
Sie schenkt **ihrem Mann** den Heimtrainer zum Geburtstag.	*She gives **her husband** the exercise bike for his birthday.* *(She gives the exercise bike **to her husband** for his birthday.)*

It is important to remember that German signals the indirect object with the dative case, never with the preposition **zu** (*to*).

	masculine		neuter		feminine		plural	
NOMINATIVE	der mein	Vater	das mein	Kind	die meine	Mutter	die meine	Kinder
ACCUSATIVE	den meinen	Vater	das mein	Kind	die meine	Mutter	die meine	Kinder
DATIVE	**dem** **meinem**	Vater	**dem** **meinem**	Kind	**der** **meiner**	Mutter	**den** **meinen**	Kinder**n**

In the dative plural, all nouns take the ending **-n** unless the plural form already ends in **-n (die Freundinnen, den Freundinnen)** or if it ends in **-s (die Chefs, den Chefs).**

7-13 Ein bisschen Grammatik.   Sagen Sie, welche von den fett gedruckten°   *bold-faced*
Wörtern Subjekte, direkte Objekte oder indirekte Objekte sind!

Brigitte Ziegler schenkt **ihrem Mann einen Heimtrainer.**

> S: **Brigitte Ziegler** ist das Subjekt.
> **Einen Heimtrainer** ist das direkte Objekt.
> **Ihrem Mann** ist das indirekte Objekt.

1. **Stephanie** feiert dieses Jahr **Weihnachten** nicht zu Hause in Chicago,
   sondern in München, und **sie** schickt deshalb **ihrer Familie ein großes
   Paket. Ihrem Großvater** schickt **sie ein gutes Buch, ihrem Vater einen
   Bierstein** und **ihrer Mutter einen Kalender mit Bildern von München.**
2. Und **was** schenkt **Stephanie ihren Freunden** in München? **Ihrem Freund
   Peter** schenkt **sie ein Sweatshirt, ihrer Zimmerkollegin Claudia** kauft **sie ein
   Paar Ohrringe,** und **Claudias Freund Martin** schenkt **sie eine tolle CD.**

7-14 Weihnachtsgeschenke.

S1: Was schenkt Laura ihren
Eltern?

S2: Ihren Eltern schenkt sie ein
schönes Bild.

	LAURA	FLORIAN	MARIA UND STEFAN
ihren/seinen Eltern		eine neue Kaffeemaschine	einen besseren CD-Spieler
ihrer/seiner Schwester		ein teures Parfüm	
ihrem/seinem Bruder	ein flottes Sweatshirt		einen neuen Fahrradhelm

S1: Was schenkst du deinen Eltern
(deiner Schwester, deinem
Bruder)?

S2: Meinen Eltern (Meiner
Schwester, Meinem Bruder)
schenke ich ...

The interrogative pronoun in the dative case

The dative form of the interrogative pronoun **wer** has the same ending as the
dative form of the masculine definite article:

	interrogative pronoun	definite article
NOMINATIVE	wer	der
ACCUSATIVE	wen	den
DATIVE	**wem**	**dem**

Wer ist der Mann dort?	*Who is that man there?*
Der Briefträger.	*The mailman.*
Wen hat Müllers Hund gebissen?	*Whom did the Müllers' dog bite?*
Den Briefträger.	*The mailman.*
Wem schenken Müllers die Flasche Kognak?	***To whom** are the Müllers giving the bottle of cognac?*
Dem Briefträger.	***To the** mailman.*

7-15 Wem schenkst du das alles? Ihre Partnerin/Ihr Partner hat schon alle Weihnachtsgeschenke gekauft. Fragen Sie, wem sie/er diese Dinge schenkt.

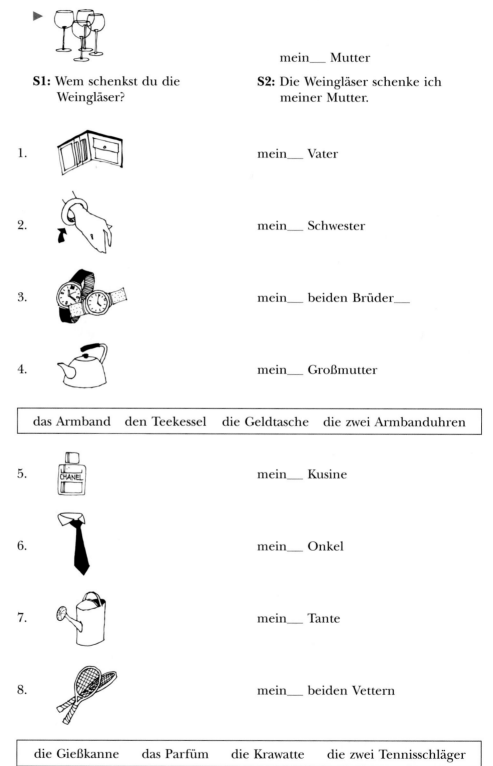

▶

mein___ Mutter

S1: Wem schenkst du die
Weingläser?

S2: Die Weingläser schenke ich
meiner Mutter.

1.
mein___ Vater

2.
mein___ Schwester

3.
mein___ beiden Brüder___

4.
mein___ Großmutter

| das Armband   den Teekessel   die Geldtasche   die zwei Armbanduhren |

5.
mein___ Kusine

6.
mein___ Onkel

7.
mein___ Tante

8.
mein___ beiden Vettern

| die Gießkanne   das Parfüm   die Krawatte   die zwei Tennisschläger |

Personal pronouns in the dative case

English personal pronouns have only one object form. This one form can function as a direct object and as an indirect object. German personal pronouns have two object forms: an *accusative form* for the *direct object,* and a *dative form* for the *indirect object.*

Warum habt ihr **mich** nicht eingeladen?	*Why didn't you invite **me?***
Kannst du **mir** deinen Kassettenrecorder leihen?	*Can you lend **me** your cassette recorder?*
	*(Can you lend your cassette recorder **to me?**)*
Kannst du **mir** eine Tasse Kaffee machen?	*Can you make **me** a cup of coffee?*
	*(Can you make a cup of coffee **for me?**)*

nominative	accusative	dative
ich	mich	**mir**
du	dich	**dir**
er	ihn	**ihm**
es	es	**ihm**
sie	sie	**ihr**
wir	uns	**uns**
ihr	euch	**euch**
sie	sie	**ihnen**
Sie	Sie	**Ihnen**

7-16 Weihnachtsgeschenke.

S1: Weißt du, was Sophia ihren Eltern schenkt?

S2: Ich glaube, sie schenkt ihnen einen neuen Toaster.

	SOPHIA	DANIEL	JULIA UND PAUL
ihren/seinen Eltern		ihnen ein schnelleres Modem	ihnen einen ganz teuren Heimtrainer
ihrer/seiner Schwester	ihr ein Paar goldene Ohrringe		
ihrem/seinem Bruder		ihm seinen alten Computer	

7-17 Was soll ich diesen Leuten schenken?

▶ mein___ Mutter

S1: Was soll ich meiner Mutter schenken?

S2: Schenk ihr doch ein Paar warme Hausschuhe.

1. mein___ Vater

2. mein___ Großeltern

3. mein___ besten Freundin

4. mein___ kleinen Bruder

einen Hockeyschläger	ein Paar Ohrringe
einen schönen Pullover	einen neuen Toaster

5. mein___ besten Freund

6. mein___ alten Klavierlehrerin

7. unser___ Nachbarn

8. unser___ Briefträger

ein paar Flaschen Wein	eine Flasche Kognak
ein Paar Handschuhe	einen schönen Kugelschreiber

Ein Paar means *a pair,* i.e., *two* of something.

Stephanie hat ihrer Zimmerkollegin Claudia **ein Paar** Ohrringe gekauft.	*Stephanie bought her roommate Claudia **a pair** of earrings.*

Ein paar means *a couple of* in the sense of *a few.*

Ich muss noch **ein paar** Geschenke kaufen.	*I still have to buy **a couple of** presents.*

7-18 Vorschläge.   Sagen Sie einander, was Ihre Freunde und Verwandten gern tun, und machen Sie einander dann Vorschläge° für passende° Geschenke.

suggestions / appropriate

S1: Meine Freundin spielt gern Tennis.

S2: Dann schenk ihr doch einen Tennisschläger.

Mein Freund (Mein Bruder, Meine Schwester, Meine Kusine, Mein Vetter)...

hört gern klassische Musik	trägt gern schönen Schmuck°
sammelt Briefmarken	trägt gern elegante Kleider
spielt gern Eishockey	liebt Pflanzen
arbeitet gern im Garten	...

jewelry

Word order: sequence of objects

The following examples show the normal sequence of the direct and indirect object in German.

If both objects are nouns, the indirect object (the dative) precedes the direct object (the accusative):

Peter schickt **seiner Mutter Rosen** zum Muttertag.	*Peter sends **his mother roses** for Mother's Day.*

If both objects are pronouns, the direct object (the accusative) precedes the indirect object (the dative).

Er schickt **sie ihr** durch Fleurop.	*He sends **them to her** via Fleurop.*

If one object is a noun and the other a pronoun, the pronoun always precedes the noun:

Er schickt **ihr rote Rosen.**	*He sends **her red roses.***
Er schickt **sie seiner Mutter.**	*He sends **them to his mother.***

noun + noun:	indirect object (dative)	direct object (accusative)
pronoun + pronoun:	direct object (accusative)	indirect object (dative)
pronoun + noun:	pronoun	noun

supply **7-19 Kleine Gespräche.** Ergänzen Sie° die direkten und indirekten Objekte in der richtigen Reihenfolge!

1.	KIND:	Kaufst du _____ _____, Vati?	das Fahrrad	mir
	VATER:	Ja, ich kaufe _____ _____.	dir	es
2.	MUTTER:	Kaufen wir _____ _____?	unserem Sohn	die Kamera
	VATER:	Ja, ich glaube, wir kaufen _____ _____.	ihm	sie
3.	BERND:	Kannst du _____ _____ leihen, Eva?	dein Chemiebuch	mir
	EVA:	Wenn du _____ _____ morgen früh zurückgibst.	es	mir
4.	PETER:	Hat Bernd _____ _____ zurückgegeben?	dir	die hundert Mark
	MARTIN:	Nein, er schuldet _____ _____ immer noch.	mir	sie
5.	MUTTER:	Hast du _____ _____ gezeigt°? (*shown*)	deine Zensuren	Vati
	KIND:	Nein, ich zeige _____ _____ lieber erst morgen.	sie	ihm
6.	TOM:	Kannst du _____ _____ bitte noch einmal° erklären? (*again*)	den Dativ	mir
	MARIA:	Nein, jetzt habe ich _____ _____ oft genug erklärt.	dir	ihn
7.	LISA:	Wann gibst du _____ _____?	deiner Freundin	den Ring
	STEFAN:	Ich glaube, ich gebe _____ _____ an Silvester.	ihr	ihn

Dative verbs

There are a few German verbs that take only a dative object.

antworten	Warum antwortest du **mir** nicht?	*Why don't you answer **me?***
danken	Ich danke **dir** für deine Hilfe.	*I thank **you** for your help.*
gehören	Gehört dieser Wagen **dir?**	*Does this car belong **to you?***
gratulieren	Ich gratuliere **Ihnen** zu Ihrem Erfolg!	*I congratulate **you** on your success!*
helfen	Kannst du **mir** bitte helfen?	*Can you help **me** please?*

7-20 Kleine Gespräche. Ergänzen Sie passende Dativverben!

1. ALEXANDER: Wem _____ denn dieser tolle Wagen?
   SEBASTIAN: Meiner Freundin.
2. MARIA: Warum schreibst du denn deinem Bruder nie?
   NICOLE: Weil er mir ja doch nicht _____.
3. STEFAN: Warum kommst du nicht zu unserer Party?
   ROBERT: Weil ich meinem Vater _____ muss.
4. HELGA: Warum rufst du Claudia an?
   SABINE: Sie hat heute Geburtstag und ich möchte ihr _____.
5. FRAU BERG: Aber Frau Borg! Warum bringen Sie mir denn Blumen?
   FRAU BORG: Weil ich Ihnen für Ihre Hilfe _____ möchte.

7-21 Kleine Gespräche. Ergänzen Sie **mir, mich, dir** oder **dich**!

1. LUKAS: Warum antwortest du _____ nicht?
   HORST: Du hast _____ doch gar nichts gefragt.
2. BEATE: Heute früh hat Markus _____ besucht. Er hat _____ zum Geburtstag gratuliert und hat _____ diese wunderschönen roten Rosen gebracht. Glaubst du, dass er _____ liebt?
   SOPHIA: Wenn er _____ rote Rosen bringt, liebt er _____ bestimmt.
3. PAUL: Gehört dieses tolle Fahrrad _____?
   LISA: Ja, meine Eltern haben es _____ gekauft.
4. STEFAN: Ich danke _____, dass du _____ bei meinem Referat so viel geholfen hast.
   MARIA: Wenn du _____ jetzt zum Essen einlädst und _____ nachher nach Hause fährst, helfe ich _____ das nächste Mal° gern wieder.   *time*

The dative case with adjectives

The dative case is often used with adjectives to express a personal opinion, taste, or conviction.

Das ist **mir** sehr wichtig.   *That's very important **to me**.*
Rockmusik ist **meiner Oma** zu laut.   *Rock music is too loud **for my grandma**.*

7-22 Warum? Ergänzen Sie passende Personalpronomen im Dativ.

▶ Weil sie _____ zu laut ist.

S1: Warum mögen deine Eltern keine Rockmusik?   S2: Weil sie ihnen zu laut ist.

1. Warum liest du den Roman nicht fertig?   Weil er _____ zu langweilig ist.
2. Warum verkaufen Müllers ihr Haus?   Weil es _____ zu groß ist.
3. Warum trinkt Ingrid ihren Wein nicht?   Weil er _____ zu sauer ist.
4. Warum geht Robert nicht mit uns schwimmen?   Weil es _____ zu kalt ist.
5. Warum macht° ihr denn alle Fenster auf?   Weil es _____ zu heiß ist.   **macht ... auf:** *are . . . opening*
6. Warum nimmt Maria die Wohnung nicht?   Weil sie _____ zu klein ist.
7. Warum kauft Peter den Wagen nicht?   Weil er _____ zu teuer ist.

7-23 Die Geschmäcker sind verschieden.
Schauen Sie Ihre Mitstudenten an und sagen Sie, was für ein Kleidungsstück Sie ihnen zum Geburtstag schenken wollen, und warum.

S1: Lisa schenke ich ein Sweatshirt. Ihr Sweatshirt ist mir ein bisschen zu verrückt.

S2: David schenke ich ...

ein bisschen zu verrückt	ein bisschen zu exotisch
ein bisschen zu konservativ	ein bisschen zu altmodisch
nicht sportlich genug	nicht flott genug

The dative case in idiomatic expressions

The dative case also appears in the following common expressions:

Wie geht es **Ihnen?**	*How are you?*
Es tut **mir** Leid.	*I'm sorry.*
Das ist **mir** egal.	*I don't care.*
Mir fällt nichts ein.	*I can't think of anything.*
Wie gefällt **dir** mein Mantel?	*How do you like my coat?*
Diese Jacke steht **dir.**	*This jacket looks good on you.*

7-24 Was passt zusammen?

1. Wie gefällt dir meine neue Jacke?
2. Kennst du die Frau dort?
3. Ist Lisa immer noch so krank?
4. Warum schreibst du den Brief nicht fertig?
5. Mir geht es heute gar nicht gut.
6. Weiß Florian, dass du einen neuen Freund hast?
7. Die Jacke steht dir. Warum nimmst du sie nicht?

a. Ja, aber ihr Name fällt mir nicht ein.
b. Ja, aber ich glaube, es ist ihm egal.
c. Weil sie mir zu teuer ist.
d. Sie steht dir sehr gut.
e. Nein, es geht ihr schon wieder viel besser.
f. Weil mir nichts mehr einfällt.
g. Das tut mir aber Leid.

7-25 Was gefällt Ihnen an° Ihren Mitstudenten?

about

S1: An Lisa gefällt mir, dass sie so natürlich ist.

S2: An David gefällt mir, dass ...

natürlich	lustig	pünktlich	witzig°
freundlich	optimistisch	ordentlich	sportlich
höflich°	spontan	praktisch	...

witty (witzig°)
polite (höflich°)

Sprachnotiz | **The flavoring particle *aber***

In colloquial German, **aber** is often used to add emphasis to a statement.

Das tut mir **aber** Leid!	*I'm **so** sorry.*
Jetzt habe ich **aber** Hunger!	*I'm **really** hungry now.*

ZWISCHENSPIEL

ZUM HÖREN

Blumen zum Geburtstag

Stephanie hat morgen Geburtstag. Peter möchte ihr Blumen schenken und ist deshalb im Blumenhaus Dietrich.

NEUE VOKABELN

Sie wünschen?	*May I help you?*
fünf Mark	*five marks*
das Stück	*apiece*
ein·schlagen	*to wrap*

7-26 Globalverstehen. Hören Sie was Peter und die Verkäuferin miteinander sprechen. Haken° Sie die richtigen Antworten ab!

check off

1. Welche Farben hören Sie?
   - _____ gelb _____ rosarot
   - _____ blau _____ rot
   - _____ weiß _____ violett
2. Welche Zahlen hören Sie?
   - _____ 2 _____ 5
   - _____ 15 _____ 25
   - _____ 4 _____ 10
   - _____ 20 _____ 30
3. Welche Imperativformen hören Sie?
   - _____ Kommen Sie! _____ Geben Sie! _____ Schenken Sie!
   - _____ Zeigen Sie! _____ Schicken Sie! _____ Warten Sie!

Hier gibt es schöne Blumen.

7-27 Detailverstehen. Hören Sie Peters Gespräch mit der Verkäuferin noch einmal an und schreiben Sie die Antworten zu den folgenden Fragen!

1. Warum möchte Peter seiner Freundin Blumen schenken? *Weil ...*
2. Warum sagt die Verkäuferin, Peter soll seiner Freundin Rosen schenken? *Weil ...*
3. Was für Rosen will Peter seiner Freundin schenken?
4. Was kosten die roten Rosen?
5. Warum schenkt Peter seiner Freundin nicht zehn oder fünfzehn Rosen? *Weil ...*
6. Wie viele rote Rosen kauft er?
7. Warum soll die Verkäuferin Peters Freundin die Rosen nicht schicken? *Weil ...*
8. Warum soll Peter noch einen Moment warten? *Weil ...*

Mitbringsel

If you are invited for a meal (**zum Essen**) or to **Kaffee und Kuchen** in a German-speaking country, it is customary to bring a small gift (**ein Mitbringsel**) for your hostess or host. The most common gifts are chocolates, a bottle of wine, or flowers. A small bouquet of flowers should contain an odd number.

In the German-speaking countries, the person celebrating a birthday is expected to organize and host her/his own party (**die Fete, die Party**). Guests of course bring gifts.

Baby showers are unknown; in fact it is considered unlucky to give an expectant mother a gift before the baby is born.

Kaffee und Kuchen

7-28 Im Blumengeschäft. Sie möchten Ihrer Freundin Blumen zum Geburtstag schenken. Sie gehen deshalb in ein Blumengeschäft und sprechen mit der Verkäuferin. Sie können Ihre Rolle auch gern variieren. Die Rollenbeschreibung für die Verkäuferin ist im *Anhang*.

R 1-1: Sie gehen in ein Blumengeschäft und sagen „Guten Tag!"

R 1-2: Sie sagen, Sie möchten Ihrer Freundin Blumen zum Geburtstag schenken.

R 1-3: Sie fragen, was die roten Rosen denn kosten.

R 1-4: Sie sagen ganz schockiert „Fünf Mark!" und dass Sie das sehr teuer finden.

R 1-5: Sie sagen ganz schockiert „Nein nein!" und dass Sie nicht so viel Geld haben. Dann sagen Sie, dass die Verkäuferin Ihnen fünf Rosen geben soll. Zeigen Sie ihr auch genau, welche Rosen sie Ihnen geben soll.

R 1-6: Sie sagen, Sie geben sie ihr lieber selbst. Dann geben Sie der Verkäuferin fünfundzwanzig Mark und wollen gehen.

R 1-7: Sie sagen „Ach ja, natürlich" und warten einen Moment.

R 1-8: Sie sagen auch „Auf Wiedersehen!" und gehen hinaus.

7-29 Aus der Zeitung. Schauen Sie die Glückwunschanzeigen° an und beantworten Sie die folgenden Fragen!

congratulatory ads

1. Wann wird die Mutter von Maja und Waltraut achtzig? Wann feiert die Familie ihren Geburtstag?
2. Wie nennt Jörg seine Freundin? Was wünscht er ihr vor allem?
3. Wie viele Generationen feiern Uropa Hermanns achtzigsten Geburtstag?
4. Wer hat vor vierzig Jahren geheiratet?

7-30 Für die Zeitung. Schreiben Sie eine kleine Glückwunschanzeige für jemand aus Ihrer Familie oder für eine Freundin/einen Freund. Nehmen sie als Modell die Anzeigen aus der Zeitung.

Sprachnotiz | **Adjectives after *alles*, *etwas*, and *nichts***

Adjectives following **alles, etwas,** and **nichts** are capitalized and take endings.

Alles Gute zum Geburtstag!	*Happy Birthday!*
Ich muss dir **etwas Wichtiges** sagen.	*I have to tell you something important.*
Weißt du denn gar **nichts Neues?**	*Don't you know anything new at all?*

Kommunikation und Formen

2 Phrases expressing origin, destination, time, manner, and place

The dative prepositions

In *Kapitel 4* you learned the prepositions that are followed by an object in the accusative case: **durch, für, gegen, ohne, um.** There are other prepositions that are always followed by an object in the *dative case*: **aus, außer, bei, mit, nach, seit, von, zu.**

aus	*out of*	Nimm den Champagner **aus dem Kühlschrank°!**
	from	Diese Schokolade ist **aus der Schweiz.**
außer	*except for*	**Außer meinem Bruder** ist heute die ganze Familie hier.
bei	*for*	Mein Bruder arbeitet **bei der Post.**
	at the home of	Dieses Jahr feiern wir Omas Geburtstag **bei meiner Schwester** in Potsdam.
	near	Potsdam ist **bei Berlin.**
mit	*with*	Der Kuchen **mit den 64 Kerzen°** ist von Tante Bettina.
	by	Dieses Jahr bin ich **mit dem Zug** nach Potsdam gefahren.
nach	*after*	**Nach dem Geburtstagsessen** haben wir einen Spaziergang gemacht.
	to	Morgen früh fahre ich **nach Dortmund** zurück.
seit	*since*	Ich lebe **seit dem letzten Frühjahr** in Dortmund.
	for	Meine Schwester lebt **seit zehn Jahren** in Potsdam.
von	*from*	**Von meiner Schwester** hat Oma ein gutes Buch bekommen.
	of	Eine Freundin **von Oma** hat ihr ein goldenes Armband geschenkt.
zu	*to*	An Omas 65. Geburtstag kommt die ganze Familie **zu meinem Bruder.**
	for	**Zu ihrem 65. Geburtstag** bekommt Oma von uns allen eine Reise nach Hawaii.

refrigerator

candles

7-31 Was weißt du von diesen Leuten? Sie stellen° Fragen über Sabine *ask* und Osman, und Ihre Partnerin/Ihr Partner möchte Information über Wendy und Jan.

S1: Woher kommt Sabine? **S2:** Aus der Schweiz.
  Wo arbeitet sie? ...

	SABINE	WENDY	OSMAN	JAN
Woher kommt _____?		Aus den USA.		Aus den Niederlanden.
Wo arbeitet sie/er?		Bei einer Computerfirma.		Bei einem Gärtner.
Seit wann arbeitet sie/er dort?		Seit drei Jahren.		Seit einem Dreivierteljahr.
Wie kommt sie/er zur Arbeit?		Mit ihrem neuen BMW.		Mit der S-Bahn.
Wohin geht sie/er im nächsten Urlaub?		Zu ihren Eltern nach New York.		Zu seiner Freundin nach Amsterdam.
Woher weißt du das alles?		Von ihrem Freund.		Von seinem Chef.

Stellen Sie diese Fragen jetzt Ihrer Partnerin/Ihrem Partner!

S1: Woher kommt deine **S2:** Aus ...
  Mutter/dein Vater?
  Wo arbeitet sie/er? Bei ...
  ...

| **Sprachnotiz** | **Word order: time/manner/place** |

You have already learned that expressions of time precede expressions of place.

  Claudia und Stephanie fahren **morgen nach Hamburg.**

When an expression of manner is added, the order is *time/manner/place.*

  Claudia und Stephanie fahren **morgen mit dem Zug nach Hamburg.**

7-32 Ein Brief aus Hamburg.   Ergänzen Sie **aus, außer, bei, mit** oder **nach.**

Hamburg, den 24. Dezember 1998

Liebe Eltern und lieber Opa,

herzliche Grüße _____ der Hansestadt Hamburg. Claudias Eltern wollten, dass ich an Weihnachten _____ Hamburg komme, damit ich mal sehe, wie man _____ einer deutschen Familie Weihnachten feiert. Die ganze Familie ist hier, _____ Claudias Schwester Maria. Sie studiert in Berkeley und verbringt Weihnachten _____ Freunden in San Franzisko. Heute Abend gibt es _____ Bergers wie _____ den meisten deutschen Familien nur ein ganz *simple* einfaches° Essen, und _____ dem Essen ist dann gleich die Bescherung. Ich schenke Claudias Eltern einen Kalender _____ vielen schönen Farbfotos von Amerika.

Ich habe euch _____ München ein Paket _____ ein paar Geschenken geschickt. Für Opa sind übrigens auch ein paar Münchener Zeitungen im Paket.

Euch allen einen guten Rutsch ins neue Jahr!

Stephanie

7-33 Meine Weihnachtsferien.   Stellen Sie einander die folgenden Fragen!

S1: Bei wem verbringst du die Weihnachtsferien?

S2: Bei ...

S1: Was machst du da?

S2: Da ...

S2: Bei wem ...

S3: Bei ...

...

Nach versus *zu*

Nach and **zu** can both mean *to.* **Nach** is used to indicate that the point of destination is a city or a country. **Zu** is used to indicate that the point of destination is a building, an institution, someone's business, or a place of residence.

inter City Express

Von Hamburg über Frankfurt/Main nach München und zurück. Der ICE mit Technik von AEG. Schnell, sicher und komfortabel.

7-34 Kleine Gespräche. Ergänzen Sie **nach** oder **zu** und Dativendungen!

1. HERR BERG: Wie weit ist es von hier _____ Ihr__ Ferienhaus bei
   Salzburg?

   FRAU KOCH: Von hier _____ Salzburg sind es etwa 500 Kilometer und von
   dort _____ unser__ Häuschen fährt man noch eine halbe
   Stunde.

2. FRAU ROTH: Was soll ich denn tun, Frau Klein? Ich habe solche
   Zahnschmerzen° und unser Zahnarzt ist über Weihnachten
   _____ Spanien geflogen. *toothache*

   FRAU KLEIN: Gehen Sie doch _____ unser__ Zahnarzt.

3. FRAU WOLF: Warum fährt Herr Meyer denn so oft _____ Wien?

   FRAU KUNZ: Ich glaube, er geht dort _____ ein__ Psychiater.

4. CLAUDIA: Fährst du in den Semesterferien wieder _____ Köln _____
   dein__ Onkel?

   STEPHANIE: Nein, diesmal fahre ich mit Peter _____ Berlin.

Aus versus *von*

Aus and **von** can both mean *from*. **Aus** is used to indicate that the point of
origin is a city or a country. **Von** is used to indicate that the point of origin is
a person, a building, or an institution. **Von** is also used to indicate a point of
departure as in **von Berlin nach Hamburg.**

7-35 Kleine Gespräche. Ergänzen Sie **aus** oder **von** und Dativendungen!

1. SEBASTIAN: Weißt du vielleicht, wie lange der Bus _____ New York nach San
   Franzisko braucht?

   PETER: Frag doch Stephanie. Sie ist _____ d__ USA und weiß es
   bestimmt.

2. CLAUDIA: Hier ist ein Brief _____ Chicago, Stephanie.

   STEPHANIE: _____ mein__ Eltern?

   CLAUDIA: Nein, ich glaube, er kommt _____ dein__ Uni.

3. ANNETTE: _____ wem hast du diese Armbanduhr?

   CHRISTINE: _____ mein__ Freund. Er hat sie mir _____ d__ Schweiz
   mitgebracht.

7-36 Von wem hast du das? Schauen Sie, welche von Ihren Mitstudenten
besonders schönen Schmuck tragen, und fragen Sie, von wem sie ihn haben.

S1: Von wem hast du den schönen   **S2:** Von ...
Ring, Lisa?

S2: Von wem hast du ...?   **S3:** Von ...

die schöne Halskette   die tollen Ohrringe
das schöne Armband   die hübsche Brosche

Beispiel geben
Bei Rot stehen
Bei Grün gehen

7-37 Immer negativ. Ergänzen Sie **aus, außer, bei, mit, nach, seit, von** oder **zu** in den Fragen und Antworten.

S1:

1. Fährt dieser Zug _____ Bremen?
2. Ist Stephanie _____ Kanada?
3. _____ w__ hast du die schönen Ohrringe? _____ dein__ Freund?
4. Wo verbringst du die Feiertage? _____ dein__ Eltern?
5. _____ w__ fliegst du nach Europa? _____ dein__ Eltern?
6. _____ wann lernst du Deutsch? _____ ein__ Jahr?
7. _____ welch__ Zahnarzt gehst du? _____ Dr. Haag?
8. Sind _____ David alle hier?

S2:

Nein, er fährt _____ Hamburg.
Nein, sie ist _____ d__ USA.
Nein, _____ mein__ Eltern.

Nein, _____ mein__ Großeltern.

Nein, _____ ein paar Freunde__.

Nein, erst _____ vier Monate__.

Nein, ich gehe _____ Dr. Meyer.

Nein, alle _____ David und Florian!

7-38 Eine Platzreservierung. Herr und Frau Baumeister leben in Schorndorf bei Stuttgart und fliegen morgen zu Freunden nach New York. Weil der ICE von Stuttgart nach Frankfurt oft sehr voll ist, haben sie zwei Sitzplätze reserviert. Beantworten Sie mit Ihrer Partnerin/Ihrem Partner zusammen die Fragen zu der Platzkarte.

1. Wann hat Herr Baumeister diese Platzkarte in Schorndorf gekauft? Finden Sie das Datum und die Uhrzeit!
2. Welche Zugnummer hat der ICE?
3. Wann fährt der ICE in Stuttgart ab und wann kommt er in Frankfurt an? (Datum und Uhrzeit.)
4. In welchem Wagen sind die reservierten Plätze? Finden Sie die Wagennummer!
5. Was dürfen Baumeisters in diesem Wagen nicht tun?
6. Welche beiden Sitzplätze sind für Baumeisters reserviert? Finden Sie die Platznummern!
7. Wie viel hat Herr Baumeister für diese Platzkarte bezahlt?

```
DB                RESERVIERUNG
CIV 80
                  InterCityExpress                    2 Sitzplätze

 ┌──────┬──────┬─────────────────────────────────┬──────┬──────┬──────┐
 │  30  │  ⏱  │ VON              ->NACH           │  30  │  ⏱  │ KI/CI│
 │ 2.10 │ 7:51 │ STUTTGRT HBF    ->FRANKFURT M    │ 2.10 │ 9:11 │  2   │

 ZUG   694 ICE    Wagen    4    Sitzplätze   101 102

 Abteilwagen
 Nichtraucher                              2 Gang

   2 Res-Entgelt
                                                    PREIS   DM ****3,00

 852183032                  804840174817
 85218303-14          BARZAHLUNG        295253062 Schorndorf
                                        01.10.97              16:09
```

The preposition *seit*

When **seit** refers to a *point in time,* its English equivalent is *since;* when it refers to a *period in time,* its English equivalent is *for.* Note the difference in the tense of the verbs between the German examples and their English equivalents.

Frau Stermann hat ihren BMW erst **seit** Montag.	*Mrs. Stermann has had her BMW only **since** Monday.*
Herr Schwarz hat seinen Ford schon **seit** einem Jahr.	*Mr. Schwarz has had his Ford **for** a year already.*

7-39 Seit wann?

▶ haben / du dieses tolle Fahrrad

mein Geburtstag

S1: Seit wann hast du dieses tolle Fahrrad?

S2: Seit meinem Geburtstag.

1. sein / Sandra und Holger so gute Freunde   die Silvesterparty bei Sylvia
2. trinken / Stephanie so gern deutsches Bier   ihr Jahr in München
3. haben / du einen CD-Spieler   vierzehn Tage
4. spielen / du Saxophon   meine Schulzeit
5. sein / Karin und Kurt verheiratet   eine Woche

7-40 Seit wann machst oder hast du das?   Stellen Sie einander die folgenden Fragen und berichten° Sie dann, was Sie herausgefunden haben!   *report*

S1: Spielst du ein Instrument?   **S2:** Ja, ich spiele _____.
S1: Seit wann?   **S2:** Seit _____ Monaten/Jahren.

Hast du einen Job? Wo? Seit wann?
Hast du eine Freundin/einen Freund? Seit wann? Wie heißt sie/er?
Hast du einen Computer? Was für einen? Seit wann?
Hast du einen Wagen? Was für einen? Seit wann?

Contractions

The following contractions of prepositions and definite articles are commonly used.

bei + dem = **beim**	Brigitte ist heute Vormittag **beim** Zahnarzt.
von + dem = **vom**	Sind diese Eier wirklich **vom** Osterhasen?
zu + dem = **zum**	Fährt dieser Bus **zum** Bahnhof?
zu + der = **zur**	Seit wann fährst du denn mit dem Fahrrad **zur** Uni?

7-41 Wo? Woher? Wohin? Die Fragen beginnen mit **wo, woher** oder **wohin** und die Antworten mit den Kontraktionen **beim, vom, zum** oder **zur**.

▶ _____ gehst du?

S1: Wohin gehst du?   **S2:** Zur Bäckerei.

1. _____ ist Brigitte?

2. _____ kommst du?

3. _____ fährst du?

4. _____ ist Silke?

5. _____ rennst du?

6. _____ kommt ihr?

7. _____ gehst du?

8. _____ sind Bernd und Sabine?

Zahnarzt (m)	Supermarkt (m)	Arzt (m)	Friseur (m)
Fleischerei (f)	Bus (m)	Baden (n)	Mittagessen (n)

③ Describing people, places, and things

Dative endings of preceded adjectives

Adjectives that are preceded by a **der**-word or an **ein**-word in the dative case always take the ending **-en**.

Wer ist der Typ mit dem gold**en**
Ohrring und den lang**en**
blond**en** Haaren?

*Who's the guy with the gold earring
and the long blond hair?*

	masculine	neuter	feminine	plural
DATIVE	dem einem jung**en** Mann	dem einem klein**en** Kind	der einer jung**en** Frau	den keinen klein**en** Kindern

7-42 Ein Familienbild.
Fragen Sie einander, wer diese Leute sind.
Verwenden° Sie die richtigen Farben!   *use*

▶ die Frau mit dem _____ Kleid   Das ist ...
und den _____ Haaren

S1: Wer ist die Frau mit dem   **S2:** Das ist meine
grünen Kleid und den   Mutter.
braunen Haaren?

1. der Mann mit der _____ Jacke und der _____ Krawatte
2. der Junge mit den _____ Haaren und dem _____ Hemd
3. die Frau mit der _____ Hose und der _____ Bluse
4. der Mann mit der _____ Brille und dem _____ Pullover
5. das Mädchen mit dem _____ Kleid und den _____ Schuhen
6. die Frau mit dem _____ Hut und dem _____ Kleid

Dative endings of unpreceded adjectives

As you know, adjectives that are not preceded by a **der**-word or an **ein**-word
take **der**-word endings. This also holds true for the dative case.

Russischer Kaviar ist sehr teuer.
Aber an meinem Geburtstag gibt
es immer russischen Kaviar
mit echt**em** französisch**em**
Champagner.

*Russian caviar is very expensive.
But on my birthday we always
have Russian caviar with real
French champagne.*

	masculine	neuter	feminine	plural
NOMINATIVE	guter Kaffee	gutes Bier	gute Salami	gute Äpfel
ACCUSATIVE	guten Kaffee	gutes Bier	gute Salami	gute Äpfel
DATIVE	gutem Kaffee	gutem Bier	guter Salami	guten Äpfeln

7-43 Ein Feinschmecker.
Onkel Alfred isst gern international.

1. Zu französisch__ Weißbrot (n) isst er nur holländisch__ Käse (m).
2. Zu italienisch__ Lasagne (pl) trinkt er nur griechisch__ Wein (m).
3. Zu polnisch__ Wurst (f) isst er nur französisch__ Senf° (m).   *mustard*
4. Zu englisch__ Cheddar (m) isst er nur neuseeländisch__ Äpfel (pl).
5. Zu deutsch__ Schwarzbrot (n) isst er nur irisch__ Butter (f).
6. Zu italienisch__ Eis (n) trinkt er nur türkisch__ Kaffee (m).
7. Zu belgisch__ Schokolade (f) isst er nur israelisch__ Mandarinen (pl).
8. Zu amerikanisch__ Kartoffelchips (pl) trinkt er nur deutsch__ Bier (n).

ZUSAMMENSCHAU

ZUM HÖREN

Im Kaufhaus ist der Kunde König

Claudia hat im Winterschlußverkauf bei Karstadt einen Pullover gekauft. Am nächsten Tag ist sie schon wieder bei Karstadt und spricht dort mit der Verkäuferin. Hören Sie, warum Claudia zu Karstadt zurückgegangen ist.

NEUE VOKABELN

zum ersten Mal	*for the first time*	**das Loch**	*hole*
an·ziehen,	*to put on*	**schauen**	*to look*
hat angezogen		**die Größe**	*size*
der Ärmel	*sleeve*	**flicken**	*to mend*

7-44 Globalverstehen. In welcher Reihenfolge hören Sie das?

_____ Zwanzig Mark. Das ist nicht schlecht!

_____ Aber sagen Sie, können Sie flicken?

_____ So einen schönen Pullover für nur sechzig Mark!

_____ Welche Größe war das doch wieder?

_____ Das tut mir aber Leid.

_____ Nur zehn Mark? Na, hören Sie mal!

7-45 Detailverstehen. Hören Sie Claudias Gespräch mit der Verkäuferin noch einmal an und beantworten Sie die folgenden Fragen!

1. Wann hat Claudia den Pullover gekauft und wann hat sie ihn zum ersten Mal angezogen?
2. Warum ist Claudia zu Karstadt zurückgegangen? *Weil ...*
3. Was für eine Größe braucht Claudia?
4. In welchen Farben gibt es diesen Pullover noch?
5. Wie viel hat Claudia gestern für den Pullover bezahlt?
6. Was muss sie tun, damit sie den Pullover billiger bekommt?
7. Wie viel billiger bekommt Claudia den Pullover?

7-46 Im Kaufhaus.   Ihre Tante hat Ihnen bei Karstadt eine Jacke zum Geburtstag gekauft. Sie gefällt Ihnen aber gar nicht und Sie gehen deshalb mit der Jacke und dem Kassenzettel° zu Karstadt und möchten sie umtauschen°. Sie können Ihre Rolle auch gern variieren. Die Rollenbeschreibung für die Verkäuferin ist im *Anhang*.

sales slip
exchange

R 1-1: Sie sagen „Guten Tag!" Dann sagen Sie, dass Ihre Tante Ihnen diese Jacke zum Geburtstag geschenkt hat, dass die Jacke Ihnen aber gar nicht gefällt.

R 1-2: Sie antworten „Ja, das hat sie" und geben der Verkäuferin den Kassenzettel.

R 1-3: Sie sagen „Größe achtunddreißig" und dass Ihnen Blau besonders gut steht.

R 1-4: Sie sagen, ja, die Jacke gefällt Ihnen und fragen, ob Sie sie anprobieren dürfen.

R 1-5: Sie sagen, dass Sie das auch finden, aber dass die Ärmel leider ein bisschen zu lang sind.

R 1-6: Sie sagen, dass Ihnen die Jacke sehr gefällt, dass Sie sie nehmen, und Sie fragen, was sie kostet.

R 1-7: Sie sagen *(ein bisschen schockiert)* „195 Mark!" und dass das ja 25 Mark teurer ist als die Jacke von Ihrer Tante.

R 1-8: Sie sagen „Da haben Sie Recht" und dass die Jacke wirklich sehr schön ist. Dann geben Sie der Verkäuferin 25 Mark und fragen, wann Sie die Jacke abholen können.

R 1-9: Sie sagen, dass sie morgen Nachmittag kommen und die Jacke abholen. Dann sagen Sie „Auf Wiedersehen!"

7-47 Herzlichen Dank!   Sie haben von Ihrer altmodischen Tante Luise ein Geburtstagsgeschenk bekommen. Das Geschenk gefällt Ihnen gar nicht, aber Sie müssen der Tante trotzdem einen lieben Dankesbrief schreiben. Die folgenden Ausdrücke könnten Ihnen helfen. Erzählen Sie auch ein bisschen von Ihrem Leben.

Ihre Stadt, den ...

Liebe Tante Luise,

...

vielen herzlichen Dank	für d__ wunderschön__ _____
ich kann ihn/es/sie so gut brauchen	Was für eine Überraschung!
er/es/sie ist genau mein Geschmack	so ein großzügiges° Geschenk
ich denke oft an dich	hoffentlich geht es dir gut
mir geht es gut	ich habe immer sehr viel zu tun
Herzliche Grüße	Mit lieben Grüßen

generous

Margarete Steiff und der Teddybär

Vor dem Lesen

7-48 Spekulieren Sie! Schauen Sie die beiden Fotos an und lesen Sie den Titel! Beantworten Sie dann die folgenden Fragen!

1. Aus welchem Jahr ist das Foto von Margarete Steiff, 1755, 1898 oder 1983?
2. Frau Steiff sitzt in einem Rollstuhl, weil sie als Kind sehr krank war. Was für eine Krankheit hat sie wohl° gehabt?
3. Was könnten Frau Steiff und der Teddybär miteinander zu tun haben?

probably

7-49 Was ist das auf Englisch?

1. Kinder mögen Teddybären, weil sie so **kuschelig** sind.
2. Teddybären sind **Stofftiere.**
3. Wenn Kinder Teddybären bekommen, sind sie **glücklich.**
4. Margarete hatte **Kinderlähmung** und sitzt jetzt im Rollstuhl.
5. **Schneiderinnen** machen Kleider.
6. Die Tochter von meiner Schwester ist meine **Nichte.**
7. Mit einer Pistole **schießt** man.
8. **Jäger** schießen auf Tiere.

a. happy
b. seamstresses
c. polio
d. hunters
e. cuddly
f. shoots
g. niece
h. stuffed toy animals

Im Jahr 2003 wird der Teddybär hundert Jahre alt. Sein Geburtsort ist die kleine süddeutsche Stadt Giengen und seine Vorfahren sind Tausende von Stofftieren aus der Spielwarenfabrik[1] von Margarete Steiff.

Margarete Steiff ist 1847 geboren, hat mit achtzehn Monaten Kinderlähmung und muss ihr ganzes Leben im Rollstuhl verbringen. Sie lernt Schneiderin und weil sie ihre kleinen Nichten und Neffen sehr mag, macht sie ihnen oft hübsche, kleine Stofftiere. Die kuscheligen Tierchen gefallen auch anderen Kindern und Margarete beginnt, ihre Stofftiere zu verkaufen. Nach ein paar Jahren baut sie eine kleine Spielwarenfabrik und ihre Stoffbären erobern[2] als „Teddybären" bald die ganze Welt. Allein[3] im Jahr 1907 kommen aus Margarete Steiffs neuer und viel größerer Spielwarenfabrik 975 000 Bären, und die Frau im Rollstuhl ist jetzt Chefin von über 2000 Arbeiterinnen und Arbeitern.

Aber wie haben die kleinen deutschen Bären den Namen „Teddybär" bekommen? – Der amerikanische Präsident Theodore Roosevelt war ein passionierter, aber humaner Jäger, und im November 1902 zeigt eine Karikatur von Clifford Berryman in der *Washington Post,* wie Roosevelt es ablehnt[4], auf einen hilflosen kleinen Bären zu schießen. Die Karikatur gefällt den Lesern so gut, dass Berryman von jetzt ab alle seine Karikaturen von „Teddy" Roosevelt mit einem kleinen „*Teddybear*" signiert. Und als dann die ersten Importe von Margarete Steiffs Stoffbären in amerikanischen Spielwarengeschäften zu sehen sind, nennen die Leute sie sofort „*Teddybears*". Ein Teddybär-Fieber erfasst[5] die USA und sogar[6] der Präsident selbst schenkt seinen Gästen manchmal deutsche Teddybären.

Als Margarete Steiff 1909 im Alter von 62 Jahren stirbt, hinterlässt[7] sie eine Weltfirma mit Arbeitsplätzen für Tausende von Menschen, und ihre Teddys haben Millionen von Kindern glücklich gemacht. Aber vielleicht das Wichtigste: sie hat der Welt gezeigt, was eine Frau im Rollstuhl alles leisten[8] kann.

[1]*toy factory* [2]*conquer* [3]*alone* [4]*refuses* [5]*grips* [6]*even* [7]*leaves behind* [8]*achieve*

Arbeit mit dem Text

7-50 Die Frau im Rollstuhl.   Was passt zusammen?

1. Margarete Steiff ist als Kind so krank,
2. Weil sie ihre Nichten und Neffen so gern hat,
3. Bald möchten viele Eltern ihren Kindern die kuscheligen Tierchen schenken,
4. Sie verkauft bald so viele Stofftiere,
5. Nach ein paar Jahren muss sie eine viel größere Fabrik bauen,
6. Obwohl Margarete Steiff ihr ganzes Leben im Rollstuhl verbringen musste,

a. dass sie eine kleine Fabrik bauen muss.
b. und Margarete beginnt, ihre Stofftiere auch zu verkaufen.
c. hat sie Millionen Kinder glücklich gemacht.
d. dass sie ihr ganzes Leben lang nicht mehr gehen kann.
e. macht sie ihnen oft kleine Stofftiere.
f. weil jetzt Kinder aus aller Welt ihre Stofftiere haben möchten.

7-51 Warum man Stoffbären „Teddybären" nennt.   Finden Sie die richtigen Verben!

verkaufen / schenken / zeigt / assoziieren / nennt / bekommt / gefällt

1. Clifford Berrymans Karikatur in der *Washington Post* _____, dass der amerikanische Präsident Theodore Roosevelt nicht auf hilflose kleine Bären schießt.
2. Berrymans Karikatur _____ den *Washington Post*-Lesern so gut, dass Berryman alle seine Roosevelt-Karikaturen mit einem kleinen Bären signiert.
3. Der Bär von Berrymans Teddy Roosevelt-Karikaturen _____ den Namen *Teddybear*.
4. Amerikanische Spielwarengeschäfte _____ die ersten Stoffbären von Margarete Steiff.
5. Die Amerikaner _____ die deutschen Stoffbären mit Clifford Berrymans *Teddybear* und nennen sie *Teddybears*.
6. Tausende von amerikanischen Eltern _____ ihren Kindern Teddybären von Margarete Steiff.
7. Heute _____ man alle Stoffbären Teddybären.

7-52 Meine Stofftiere.   Stellen Sie einander die folgenden Fragen und berichten Sie, was Sie herausgefunden haben.

Hast du als Kind Stofftiere gehabt? Was für Tiere waren das? Was war dein Lieblingsstofftier und wie hat es geheißen?

Wort, Sinn und Klang

Predicting gender

Infinitive forms of verbs are often used as nouns. Such nouns are always neuter and they are, of course, capitalized. Their English equivalents usually end in *-ing*.

> Wann gibst du endlich **das Rauchen** auf?   *When are you finally going to give up **smoking?***

When the contraction **beim** is followed by such a noun, it often means *while*.

> Opa ist **beim Fernsehen** eingeschlafen.   *Grandpa fell asleep **while watching TV.***

7-53 Was passt wo?

Schwimmen / Wissen / Leben / Einkaufen / Trinken / Schreiben

lazy
1. Dieses faule° _____ gefällt mir.
2. Gestern haben wir beim _____ fast fünfhundert Mark ausgegeben.
3. Fang doch endlich mit deinem Referat an! Vielleicht fällt dir beim _____ etwas ein.
4. Das viele _____ hat diesen Mann krank gemacht.
5. Helga ist gestern Abend ohne Günters _____ mit Holger ausgegangen.
6. _____ ist sehr gesund.

Giving language color

In *Kapitel 6* you saw how the names of body parts can be used metaphorically. As the expressions below show, the names of common food items can also be used in this way. Expressions marked with an asterisk are quite colloquial and should not be used in more formal situations.

Er gleicht seinem Bruder wie ein Ei dem anderen.

Es ist alles in Butter.*	*Everything is A-okay.*
Das ist mir Wurst.*	*I could care less.*
Er will immer eine Extrawurst.*	*He always wants special treatment.*
Das ist doch alles Käse.*	*That's all baloney!*
Der Apfel fällt nicht weit vom Stamm.	*Like father, like son.*
Er gleicht seinem Bruder wie ein Ei dem anderen.	*He and his brother are as alike as two peas in a pod.*

7-54 Was passt zusammen?

1. Wie sieht Claudias Schwester aus?
2. Hast du immer noch Probleme mit deinem Freund?
3. Dein neues Kleid gefällt mir gar nicht.
4. Günter sagt, dass du ihn liebst.
5. Alle anderen kommen zu Fuß°, aber Lisa sollen wir mit dem Auto abholen.
6. Ralf ist wie sein Vater. Er fängt alles an und macht nichts fertig.

a. Das ist doch alles Käse, was er sagt.
b. Das ist mir Wurst.
c. Sie will doch immer eine Extrawurst.
d. Der Apfel fällt nicht weit vom Stamm.   *on foot*
e. Sie gleicht ihr wie ein Ei dem anderen.
f. Nein, jetzt ist alles wieder in Butter.

Zur Aussprache

German *r*

A good pronunciation of the German **r** will go a long way to making you sound like a native speaker. Don't let the tip of the tongue curl upward and backward as it does when pronouncing an English *r*, but keep it down behind the lower teeth. When followed by a vowel, the German **r** is not unlike the sound of **ch** in **auch.** When it is not followed by a vowel, the German **r** takes on a vowel-like quality.

7-55 Hören Sie gut zu und wiederholen Sie!

1. **R**ita und **R**ichard sitzen immer im Zimme**r**.
   Rita und **R**ichard sehen gern fern.
2. **R**obert und **R**osi spielen Karten im Garten.
   Robert und **R**osi trinken Bier für vier.
3. Gestern war **R**alf hier und dort,
   morgen fährt er wieder fort.
4. Horst ist hier,
   · Horst will Wurst,
   Horst will Bier
   für seinen Durst.

Nomen

das Fieber	fever
die Hilfe	help
die Krankheit, -en	illness
der Rollstuhl, ⁻e	wheelchair
der Zahnarzt, ⁻e	dentist
die Zahnärztin, -nen	
die Zahnschmerzen *(pl)*	toothache
die Fete, -n	party
der Gast, ⁻e	guest
das Mitbringsel, -	small gift *(for a host)*
der Muttertag, -e	Mother's Day
die Gießkanne, -n	watering can
der Handschuh, -e	glove
der Hausschuh, -e	slipper
der Hut, ⁻e	hat
der Hockeyschläger, -	hockey stick
die Kerze, -n	candle
die Krawatte, -en	tie
der Kugelschreiber, -	ballpoint pen
das Stofftier, -e	stuffed toy animal
der Schmuck	jewelry
der Tennisschläger, -	tennis racquet
die Anzeige, -n	newspaper ad
der Briefträger, -	letter carrier
die Briefträgerin, -nen	
die Fabrik, -en	factory
das Ferienhaus, ⁻er	summer cottage
das Loch, ⁻er	hole
der Neffe, -n	nephew
die Nichte, -n	niece
das Paket, -e	parcel
der Typ, -en	guy

Verben

an·ziehen, hat angezogen	to put on
danken *(+ dat)*	to thank
flicken	to mend
gehören *(+ dat)*	to belong to
gratulieren *(+ dat)*	to congratulate
helfen (hilft), hat geholfen *(+ dat)*	to help
leihen, hat geliehen	to lend
um·tauschen	to exchange
zeigen	to show

Andere Wörter

einfach	simple
kuschelig	cuddly
witzig	witty; funny
allein	alone
einmal	once
noch einmal, noch mal	once more; (over) again
sogar	even
wohl	probably; perhaps

Ausdrücke

Das ist mir egal.	I don't care.
Diese Jacke gefällt mir.	I like this jacket.
Diese Jacke steht dir.	This jacket looks good on you.
Es tut mir Leid.	I'm sorry.
Mir fällt nichts ein.	I can't think of anything.
Sie wünschen?	May I help you?
eine Frage stellen	to ask a question
zu Fuß gehen	to go on foot
zum ersten Mal	for the first time

Das Gegenteil

auf·machen ≠ zu·machen	to open ≠ to close
faul ≠ fleißig	lazy ≠ hard-working
glücklich ≠ unglücklich	happy ≠ unhappy
höflich ≠ unhöflich	polite ≠ impolite

Leicht zu verstehen

die Bäckerei, -en
die Kartoffelchips
das Parfüm, -s
die Party, -s
der Ring, -e
die Rose, -n
der Supermarkt, ⁻e
der Teekessel, -
der Titel, -
schockiert

Wörter im Kontext

7-56 Was schenkst du diesen Leuten? Antworten Sie mit „Ich schenke ihr/ihm ...“

1. Maria hat immer kalte Hände.
2. Stefan hat viele Zimmerpflanzen.
3. Melanie hat viele Brieffreunde.
4. Paul trägt immer nur Anzüge.
5. Laura hat nur sehr wenig Schmuck.
6. Mein Neffe Kurt treibt viel Sport.
7. Meine Nichte Anna wird morgen ein Jahr alt.
8. Meine Oma hat immer kalte Füße.

a. eine schicke Krawatte
b. ein Paar warme Hausschuhe
c. ein goldenes Armband
d. ein kuscheliges Stofftier
e. einen guten Kugelschreiber
f. ein Paar warme Handschuhe
g. eine hübsche, kleine Gießkanne
h. einen Tennisschläger und einen Hockeyschläger

7-57 Was ich für Lisa alles tue.

1. Wenn Lisa Geburtstag hat,
2. Wenn Lisa zu viel zu tun hat,
3. Wenn Lisa etwas für mich getan hat,
4. Wenn Lisa Zahnschmerzen hat,
5. Wenn Lisas Pullover ein Loch hat,
6. Wenn ich bei Lisa eingeladen bin,
7. Wenn Lisa bankrott ist,

a. schicke ich sie zum Zahnarzt.
b. leihe ich ihr sogar Geld.
c. gratuliere ich ihr.
d. helfe ich ihr.
e. danke ich ihr.
f. flicke ich ihn für sie.
g. kaufe ich als Mitbringsel immer Blumen.

7-58 Mit anderen Worten. Welche Sätze° bedeuten dasselbe°?   *sentences / the same*

1. Diese Jacke gefällt mir.
2. Diese Jacke steht mir.
3. Sie wünschen?
4. Diese Jacke gehört mir nicht.
5. Sind Sie immer so faul?
6. Tun Sie das zum ersten Mal?

a. Tun Sie immer so wenig?
b. Das ist nicht meine Jacke.
c. Ich finde diese Jacke schön.
d. Haben Sie das noch nie gemacht?
e. Was kann ich für Sie tun?
f. In dieser Jacke sehe ich gut aus.

KAPITEL 8

Wohnen

 Kommunikationsziele

Talking about how and where
  you live
Talking about location and
  destination
Negotiating with a
  landlady/landlord
Talking about possessions and
  relationships
Describing people, places, and
  things

 Strukturen

Two-case prepositions
**Stellen/stehen; legen/liegen;
  hängen**
The genitive case

Word order:
  Infinitive phrases

 Kultur

Student housing
Owning a home in the German-
  speaking countries
Schrebergärten

Leute: **Walter Gropius**

Ein deutsches Einfamilienhaus

Vorschau

Die möblierte Wohnung

Frau Wild fliegt auf ein Jahr zu ihrem Sohn nach Texas. Martin und Peter haben ihre Wohnung gemietet und sind gerade eingezogen. Claudia kommt zu Besuch, um zu sehen, wie die beiden Freunde jetzt wohnen.

MARTIN: Nun, Claudia, wie gefällt dir die Wohnung? Vollständig möbliert für nur 800 Mark im Monat!

CLAUDIA: Nicht schlecht, nur – die Möbel stehen alle am falschen Platz.

MARTIN: Tut mir Leid, aber wir haben versprochen, sie nicht umzustellen.

CLAUDIA: Ist Frau Wild nicht schon weggeflogen?

PETER: Ja, ich glaube, gestern Nachmittag um halb drei.

CLAUDIA: Na, dann können wir ja anfangen. Ihr dürft nur nicht vergessen, wie alles gestanden hat.

PETER: Kein Problem, ich vergesse nie etwas.

CLAUDIA: Dann nimm doch mal die Stehlampe, Peter, und stell sie hinter den Sessel. Und du Martin, du nimmst den Teppich hier und legst ihn vor die Couch! Und die hässliche alte Uhr dort auf dem Schreibtisch, die trägst du in die Küche, Peter, und stellst sie auf den Kühlschrank. – So, das sieht schon viel besser aus.

MARTIN: Komm, jetzt gehen wir mal auf unseren Balkon raus, Claudia.

CLAUDIA: *(auf dem Balkon)* Du, das sind aber tolle Geranien hier nebenan.

PETER: Sie gehören Pleikes. Das sind richtig nette Nachbarn, sagt Frau Wild.

MARTIN: Du Peter, wer ist denn die Frau dort unten? Sie sieht fast wie Frau Wild aus.

PETER: Du, das gibt's doch nicht! Das *ist* Frau Wild und sie kommt zu uns! Stellt schnell die Uhr wieder auf den Schreibtisch und die Stehlampe in die Ecke! Und ich lege den Teppich wieder ...

Das sind aber tolle Geranien hier nebenan.

8-1 Richtig oder falsch?   Sie hören das Gespräch auf Seite 261 und nach diesem Gespräch ein paar Aussagen. Sind diese Aussagen **richtig** oder **falsch?**

	RICHTIG	FALSCH		RICHTIG	FALSCH
1.	___	___	4.	___	___
2.	___	___	5.	___	___
3.	___	___	6.	___	___

Infobox   Student housing

Finding a place to live in a **Universitätsstadt** in the German-speaking countries is always a challenge for a student. Very few universities are situated on a campus. University buildings are scattered all over town, and the few **Studentenwohnheime** that do exist do not nearly meet students' housing needs. It has happened that students have had to withdraw from their studies because they could not find a place to live.

Wohngemeinschaften or WGs are a popular and economical type of living accommodation: students rent an apartment jointly and share responsibility for meals and household chores. Others rent a room in a **Privathaus,** with or without **Küchenbenutzung** *(kitchen privileges).*

Ein Studentenwohnheim

8-2 Wo und wie wohnen diese Studenten?

S1: Wo wohnt Magda? **S2:** Sie wohnt im Studentenheim.
Wie gefällt es ihr dort? ...

	MAGDA	CINDY	PIETRO	KEVIN
Wo wohnt _____?		Sie wohnt in einer WG.		Er hat ein Zimmer in einem Privathaus.
Wie gefällt es ihr/ihm dort?		Es gefällt ihr sehr gut.		Nicht so besonders.
Warum gefällt es ihr/ihm dort (nicht)?		Weil dort alle so nett sind.		Weil er keine Küchenbenutzung hat.
Wie kommt sie/er zur Uni?		Mit dem Bus.		Zu Fuß oder mit dem Fahrrad.

8-3 Wo und wie wohnst du?   Stellen Sie einander die folgenden Fragen und berichten Sie, was Sie herausgefunden haben.

S1: Wo wohnst du?   **S2:** Ich wohne | im Studentenheim.
noch zu Hause.
mit ein paar anderen Studenten zusammen in einem Haus/einer WG.

Ich habe | ein Zimmer in einem Privathaus.
(mit einer Freundin/einem Freund zusammen) eine kleine Wohnung.

S1: Gefällt es dir dort?   **S2:** Ja, weil | meine Mitbewohner° alle sehr nett sind.   *housemates*
es dort sehr ruhig° ist.   *quiet*
das Zimmer (die Wohnung) groß und hell ist.
ich dort selbst kochen und viel Geld sparen kann.
...

Nein, weil | meine Mitbewohner so unordentlich sind.
es mir dort zu laut ist.
ich meine Freunde nicht einladen darf.
ich keine Küchenbenutzung habe.
...

Owning a home in the German-speaking countries

Together, the German-speaking countries almost fit into the state of California, but their total population (close to 100 million) is more than three times that of this most populous state in the United States. Owning a home with a yard is the dream of many families, but all too often it remains just that. The density of the population coupled with strict laws for the preservation of green space put real estate at a premium. Because buildings are much more solidly constructed than in North America, construction costs are very high. The combination of these factors makes owning a house (**ein Einfamilienhaus**) or a condominium apartment (**eine Eigentumswohnung**) impossible for about 70 percent of the population. There is a saying in Swabian, a Southern German dialect, that aptly expresses the hardship involved in acquiring a home: **Schaffe, spare, Häusle baue, – verrecke!** *(Work, save, build your house, – croak!).*

For the many apartment dwellers in Germany, Austria, and Switzerland, the longing for some private green space is fulfilled by buying or leasing a **Schrebergarten,** a small plot of land at the edge of town where they can grow a few flowers or vegetables, or just relax on the weekends. The concept of **Schrebergärten** dates back to the nineteenth century. **Daniel Schreber,** a doctor and professor from **Leipzig,** was concerned that the children of factory workers living in the polluted cities weren't getting enough fresh air and sunshine. On the outskirts of **Leipzig** he created playgrounds for these children with adjoining garden plots for their parents. Today there are **Schrebergärten,** each with a little **Gartenhäuschen,** on the outskirts of almost every town.

Zweifamilienhaus in Merzhausen

Schrebergärten in Thüringen

8-4 Ein Neubau-Einfamilienhaus. Schauen Sie die Reklametafel° für ein *billboard* neues Einfamilienhaus genau an und beantworten Sie die folgenden Fragen!

1. Wie viele Quadratmeter hat dieses Haus? Was ist das in Quadratfuß? ($1\,m^2 = 10\frac{3}{4}\,ft^2$)
2. Welches Wort sagt uns, dass das Wohn-/Esszimmer ziemlich groß ist?
3. Welches Wort sagt uns, dass die Gartenterrasse auf der Südseite vom Haus ist?
4. Wo ist die Garage und was ist zwischen der Garage und dem Wohnhaus?
5. Welcher Architekt hat das Haus geplant und entworfen°? *designed*
6. Welche Firma hat das Haus gebaut?
7. Welche Nummer rufen Sie an, wenn Sie dieses Haus vielleicht kaufen wollen?
8. Welche zwei Personen können Ihre Fragen am besten beantworten?

⟦cassette icon⟧ Wortschatz 1

Nomen

der Flur, -e	hall
die Treppe, -n	staircase
die Tür, -en	door
die Garderobe, -n	front hall closet
das Bad, ̈er	bathroom
das Badezimmer, -	
die Badewanne, -n	bathtub
die Dusche, -n	shower
das Waschbecken, -	wash basin
die Toilette, -n	lavatory
das Klo, -s	toilet
die Küche, -n	kitchen
die Geschirrspülmaschine, -n	
	dishwasher
der Herd, -e	stove
der Kühlschrank, ̈e	refrigerator
der Mikrowellenherd, -e	microwave oven
die Mikrowelle	
das Spülbecken, -	sink
der Stuhl, ̈e	chair
der Tisch, -e	table
das Schlafzimmer, -	bedroom
die Möbel (pl)	furniture
das Bett, -en	bed
das Bild, -er	picture
die Kommode, -n	dresser
der Nachttisch, -e	night table
der Schrank, ̈e	closet
der Teppich, -e	carpet
das Esszimmer, -	dining room
das Wohnzimmer, -	living room
das Bücherregal, -e	bookcase
der Couchtisch, -e	coffee table
der Fernseher, -	television set
der Papierkorb, ̈e	wastepaper basket
der Sessel, -	armchair
der Schreibtisch, -e	desk
die Stehlampe, -n	floor lamp
die Stereoanlage, -n	stereo
die Decke, -n	ceiling
der Fußboden, ̈	floor
das Fenster, -	window
die Wand, ̈e	wall

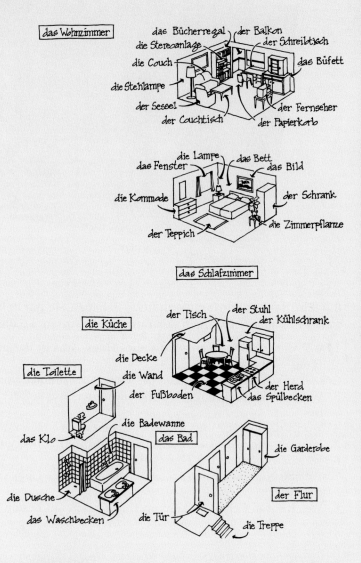

Verben

aus·ziehen,	to move out
ist ausgezogen	
ein·ziehen	to move in
um·ziehen	to move
bauen	to build
legen	to lay (down)
stehen, hat gestanden	to stand; to be standing
stellen	to stand; to put
um·stellen	to rearrange
versprechen,	to promise
hat versprochen	

Andere Wörter

möbliert — furnished
nebenan — next door

Ausdrücke

Das gibt's doch nicht! — That's impossible!
zu Besuch kommen — to visit

Das Gegenteil

hässlich ≠ schön — ugly ≠ beautiful
ruhig ≠ laut — quiet ≠ loud

Leicht zu verstehen

der Balkon, -e
das Büfett, -s
die Couch, -es
die Lampe, -n

die Garage, -n
die Terrasse, -n
planen

Wörter im Kontext

8-5 Wie heißen diese Räume°?

rooms

1. Hier duscht und badet man.
2. Hier kocht und bäckt man.
3. Hier sitzt man am Abend und sieht fern.
4. Hier schläft man.
5. Von hier geht man in alle Zimmer.
6. Hier isst man, wenn man Besuch hat.

8-6 Was passt in jeder Gruppe zusammen?

1. die Küche
2. die Toilette
3. der Flur
4. das Schlafzimmer

a. die Garderobe
b. die Kommode
c. der Herd
d. das Klo

9. der Fußboden
10. die Wand
11. die Badewanne
12. die Garderobe

i. das Bild
j. der Teppich
k. Jacken und Mäntel
l. das Wasser

5. der Stuhl
6. das Bett
7. der Herd
8. die Zimmerpflanze

e. gießen
f. liegen
g. kochen
h. sitzen

13. die Stereoanlage
14. die Lampe
15. der Kühlschrank
16. die Mikrowelle

m. schnell
n. kalt
o. laut
p. hell

8-7 Ausgezogen, eingezogen, umgezogen?

Martin und Peter haben im ersten Semester in einem Zimmer in der Zennerstraße gewohnt. Dann haben sie eine sehr billige möblierte Wohnung in der Silcherstraße gefunden, sind aus ihrem Zimmer _____ und in die Silcherstraße _____. Sie sind gerade in die neue Wohnung _____ und sie sind ganz glücklich, dass sie hier so viel Platz haben.

8-8 Was passt wo?

ruhige / Spülbecken / möblierte / Nachttisch / nebenan / hässlich / Dusche / Geschirrspülmaschine

1. Ich finde dieses Bild ziemlich _____.
2. Eine Wohnung mit Möbeln ist eine _____ Wohnung.
3. Den Abwasch macht man am _____.
4. Wenn man eine _____ hat, macht sie den Abwasch.
5. Neben meinem Bett steht ein _____.
6. Die Leute von _____ sind sehr gute und _____ Nachbarn.
7. Nach dem Joggen gehe ich gleich unter die _____.

Kommunikation und Formen

1 Talking about location and destination

Wohin and *wo:* a review

In *Kapitel 2* you learned that the English question word *where* has three equivalents in German: **wohin** *(to what place),* **wo** *(in what place),* and **woher** *(from what place).* Since **wohin** and **wo** will play an important role in subsequent sections of this chapter, you will have to fine-tune your feeling for the difference between them.

The use of **wohin** or **wo** is obvious in the following questions.

Wohin gehst du?	*Where are you going? (to what place?)*
Wohin geht diese Straße?	*Where does this street go? (to what place?)*
Wo ist mein Mantel?	*Where is my coat? (in what place?)*

For speakers of English it is less obvious whether to use **wohin** or **wo** in the following example.

Where should I hang my coat?	(*to* what place? or *in* what place?)

Here a speaker of German thinks in terms of moving the coat from point A to point B. The German equivalent for *where* is therefore **wohin**.

Wohin soll ich meinen Mantel hängen?	*Where (to what place) should I hang my coat?*

8-9 *Wohin* oder *wo*?

1. _____ gehst du?
2. _____ wohnst du?
3. _____ sind denn meine Handschuhe?
4. _____ habe ich denn meine Handschuhe gelegt?
5. _____ soll ich den Brief schicken?
6. _____ hast du dieses schöne Kleid gekauft?
7. _____ arbeitet Tina?
8. _____ geht diese Tür?
9. _____ soll ich meine Jacke hängen?
10. _____ fährt dieser Bus?

Wohin geht es nach rechts, nach links und geradeaus?

Two-case prepositions

You have already learned that there are prepositions followed by the accusative and prepositions followed by the dative.

accusative prepositions		dative prepositions	
durch	ohne	aus	nach
für	um	außer	seit
gegen		bei	von
		mit	zu

A third group of prepositions may be followed by either the accusative case or the dative case. When one of these two-case prepositions is preceded by a verb signaling *movement toward a destination,* the preposition answers the question **wohin?** and is followed by the accusative case. When a two-case preposition is preceded by a verb signaling a *fixed location,* the preposition answers the question **wo?** and is followed by the dative case.

		wohin?	wo?
		TOWARD A DESTINATION	FIXED LOCATION
		PREPOSITION + ACCUSATIVE	PREPOSITION + DATIVE
an	on *(a vertical surface)* to *(the side of)* at *(the side of)*	Lisa hängt das Bild **an die** Wand. Kurt geht **an die** Tür.	Das Bild hängt **an der** Wand. Kurt steht **an der** Tür.
auf	on *(a horizontal surface)* to at	Lisa legt das Buch **auf den** Tisch. Kurt geht **auf die** Post.	Das Buch liegt **auf dem** Tisch. Kurt ist **auf der** Post.
hinter	behind	Die Kinder laufen **hinter das** Haus.	Die Kinder sind **hinter dem** Haus.
in	in, into, to	Kurt geht **in die** Küche.	Kurt ist **in der** Küche.
neben	beside	Kurt stellt den Sessel **neben die** Couch.	Der Sessel steht **neben der** Couch.
über	over, above	Kurt hängt die Lampe **über den** Tisch.	Die Lampe hängt **über dem** Tisch.
unter	under, below	Lisa stellt die Hausschuhe **unter das** Bett.	Die Hausschuhe stehen **unter dem** Bett.
vor	in front of	Kurt stellt den Wagen **vor die** Garage.	Der Wagen steht **vor der** Garage.
zwischen	between	Lisa stellt die Stehlampe **zwischen die** Couch und **den** Sessel.	Die Stehlampe steht **zwischen der** Couch und **dem** Sessel.

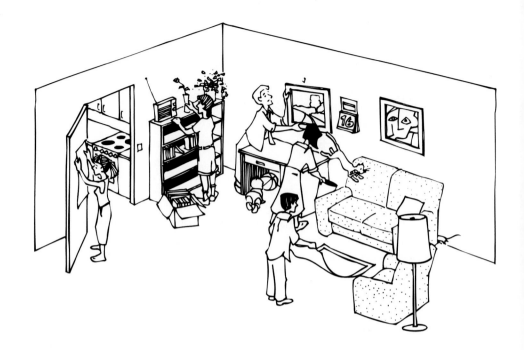

8-10 In der neuen Wohnung. Ergänzen Sie die Fragen mit **wohin** oder **wo** und die Antworten mit der passenden Präposition und mit Akkusativ oder Dativ!

▶ _____ steht die Zimmerpflanze?   _____ _____ Bücherregal. (m)

S1: Wo steht die Zimmerpflanze?   **S2:** Auf dem Bücherregal.

1. _____ springt die Katze?   _____ _____ Couch (f).
2. _____ hängt Antje das Poster?   _____ _____ Küchentür (f).
3. _____ steht der Herd?   _____ _____ Küche (f).
4. _____ geht die offene Tür?   _____ _____ Küche.
5. _____ steht der Karton mit den   _____ _____ Bücherregal (n).
   Büchern?
6. _____ legt Kurt den Teppich?   _____ _____ Couch (f).
7. _____ steht die Stehlampe?   _____ _____ Sessel (m).
8. _____ läuft die Maus?   _____ _____ Couch (f).
9. _____ hängt Uli das   _____ _____ Schreibtisch (m).
   Landschaftsbild?
10. _____ hängt der Picasso?   _____ _____ Couch (f).
11. _____ liegt der Ball?   _____ _____ Schreibtisch (m).
is crawling 12. _____ krabbelt° das Baby?   _____ _____ Schreibtisch.
13. _____ stellt Helga den   _____ _____ Schreibtisch.
    Papierkorb?
14. _____ stellt Thomas die Vase?   _____ _____ Zimmerpflanze (f)
                                          und _____ Radio (n).
15. _____ hängt der Kalender?   _____ _____ Picasso (m) und _____
                                          Landschaftsbild (n).

Contractions

The prepositions **an** and **in** normally contract with the articles **das** and **dem.**

an + das = **ans**	Hast du unseren Poster **ans** schwarze Brett gehängt?
an + dem = **am**	Hängt unser Poster schon **am** schwarzen Brett?
in + das = **ins**	Heute Abend gehen wir **ins** Konzert.
in + dem = **im**	Gestern Abend waren wir **im** Kino.

Did you hang our poster on the bulletin board?

Is our poster hanging on the bulletin board yet?

Tonight we're going to a concert.

Last night we were at the movies.

In colloquial German, the article **das** also contracts with other two-case prepositions: **aufs, hinters, übers, unters, vors.**

8-11 *Am, ans, im* **oder** *ins?*   Beginnen Sie die Fragen mit **wohin** oder **wo!**

▶ _____ geht diese Tür?

S1: Wohin geht diese Tür?

Sie geht _____ Schlafzimmer.

S2: Sie geht ins Schlafzimmer.

1. _____ soll ich die Zimmerpflanze stellen?

   Stell sie _____ Fenster.

2. _____ ist Claudia?

   Sie ist _____ Telefon.

3. _____ wart ihr gestern Abend?

   Wir waren _____ Kino.

4. _____ gehst du heute Abend?

   Heute Abend gehe ich mal ganz früh _____ Bett.

5. _____ soll ich dieses Poster hängen?

   Häng es bitte gleich _____ schwarze Brett.

6. _____ ist Andrea?

   Sie sitzt _____ Klavier und übt.

7. _____ essen wir heute, bei dir?

   Nein, heute gehen wir mal _____ Gasthaus°.   *restaurant*

8. _____ ist Peter?

   Ich glaube, er liegt noch _____ Bett.

German *an, auf, in,* and English *to*

In *Kapitel 7* you learned that both **zu** and **nach** can mean *to.* The prepositions **an, auf,** and **in** can also mean *to* if they answer the question **wohin.**

- **An** is used to indicate that your point of destination is next to something, such as a door, a telephone, or a body of water.

  Geh bitte **an** die Tür.

  Warum gehst du denn nicht **ans** Telefon?

  Wir fahren jeden Sommer **ans** Meer.

  *Go **to** the door, please.*

  *Why don't you go **to** the phone?*

  *We go **to** the ocean every summer.*

- **In** is generally used if your point of destination is within a place, such as a room, a concert hall, or a mountain range.

Geht doch bitte **ins** Wohnzimmer.	*Please go **to** the living room.*
Heute Abend gehen wir **in** die Oper.	*Tonight we're going **to** the opera.*
Warum fahren wir nicht mal **in** die Berge?	*Why don't we go **to** the mountains for a change?*

- **In** is used instead of **nach** to express that you are going to a country if the name of the country is masculine, feminine, or plural.

Morgen fliegen wir **in** die USA.	*Tomorrow we're flying **to** the USA.*

- **Auf** is often used instead of **zu** to express that you are going to a building or an institution like the bank, the post office, the city hall, especially to do business.

Ich muss heute Nachmittag **aufs** Rathaus.	*I have to go **to** the city hall this afternoon.*

8-12 Was passt zusammen? Beginnen Sie Ihre Fragen mit **Wohin geht man, wenn ...** und die Antworten mit **an, auf** oder **in.**

▶ Man will Schwyzerdütsch hören.   die Schweiz

S1: Wohin geht man, wenn man Schwyzerdütsch hören will?   **S2:** Da geht man in die Schweiz.

1. Man braucht Geld.
2. Man braucht Briefmarken.
3. Man will ein Sinfonieorchester hören.
4. Man will in Salzwasser schwimmen.
5. Man will schlafen.
6. Man will Shakespeares Hamlet sehen.

das Bett	die Bank	das Theater
die Post	das Konzert	das Meer

7. Man möchte Mozarts Don Giovanni sehen.
8. Man möchte aus dem Zimmer auf die Straße hinunterschauen.
9. Man will mal nicht kochen.
10. Man will ganz frisches Gemüse kaufen.
11. Man will Ski laufen.
12. Man möchte amerikanisches Englisch hören.

das Gasthaus	die USA	das Fenster
die Alpen	die Oper	der Wochenmarkt

8-13 Eine Umfrage.

Stellen Sie zwei Mitstudentinnen/Mitstudenten die folgenden Fragen. Schreiben Sie die Antworten in die Tabelle und berichten Sie dann, was Sie herausgefunden haben.

- Gehst du oft ins Theater (ins Konzert, in die Oper, ins Kino, ins Gasthaus)?
- Was ist dein Lieblingstheaterstück (deine Lieblingsmusik, deine Lieblingsoper, dein Lieblingsfilm, dein Lieblingsessen)?

	S1	S2
Lieblingstheaterstück		
Lieblingsmusik		
Lieblingsoper		
Lieblingsfilm		
Lieblingsessen		

Ein Modell für Ihren Bericht:

Lisa geht oft ins Konzert und ihre Lieblingsmusik ist ... Sie geht auch oft ins Kino und ihr Lieblingsfilm ist ... Sie geht nicht oft ins Gasthaus, aber ihr Lieblingsessen ist ... Ins Theater und in die Oper geht sie nie.

The verbs *stellen*, *legen*, and *hängen*

In English the verb *to put* can mean *to put something in a vertical, a horizontal,* or *a hanging position.*

Put the wine glasses on the table.
Put your coats on the bed.
Put your jacket in the closet.

German uses three different verbs to describe the different actions conveyed by the English *to put.*

stellen	*to put in an upright position, to stand*	**Stell** die Weingläser auf **den** Tisch!
legen	*to put in a horizontal position, to lay (down)*	**Legt** eure Mäntel auf**s** Bett!
hängen	*to hang (up)*	**Häng** deine Jacke in **die** Garderobe!

When these verbs are followed by a two-case preposition, the object of the preposition appears in the *accusative case.*

things **8-14 Wohin soll ich diese Sachen°** *stellen, legen* **oder** *hängen?*

▶ die Stehlampe   der Sessel

S1: Wohin soll ich die Stehlampe   **S2:** Stell sie hinter den Sessel!
stellen?

1. der Kalender   der Schreibtisch

2. der Schaukelstuhl   das Fenster

3. der Teppich   die Couch

4. der Papierkorb   der Schreibtisch

5. die Zimmerpflanze   die Ecke

6. das Landschaftsbild   die beiden Fenster

7. der Beistelltisch   der Sessel

8. der Fernseher   das Bücherregal

The verbs *stehen*, *liegen*, and *hängen*

German tends to be more exact than English when describing the location of things:

stehen	*to be standing*	Die Weingläser **stehen** auf **dem** Tisch.
liegen	*to be lying*	Eure Mäntel **liegen** auf **dem** Bett.
hängen	*to be hanging*	Deine Jacke **hängt** in **der** Garderobe.

When these verbs are followed by one of the two-case prepositions, the object of the preposition appears in the *dative case.*

8-15 Wo *stehen*, *liegen* oder *hängen* diese Sachen?

▶ die Stehlampe  der Sessel

S1: Wo steht die Stehlampe? **S2:** Sie steht hinter dem Sessel.

1. der Kalender der Schreibtisch

2. der Schaukelstuhl das Fenster

3. der Teppich  die Couch

4. der Papierkorb der Schreibtisch

5. die Zimmerpflanze die Ecke

6. das Landschaftsbild die beiden Fenster

7. der Beistelltisch  der Sessel

8. der Fernseher 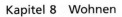 das Bücherregal

ZUM HÖREN

Zimmersuche

Stephanie findet es im Studentenheim oft zu laut zum Lernen und sucht fürs Sommersemester ein Zimmer in einem Privathaus. Sie hat in der Zeitung ein Zimmer gefunden und hat gleich angerufen. Sie ist dann in die Ebersbergerstraße gefahren und spricht jetzt mit der Vermieterin°. Hören Sie, was Stephanie und Frau Kuhn miteinander sprechen.

landlady

NEUE VOKABELN

benutzen	*to use*	**stören**	*to disturb*
gegenüber	*across (the hall)*		

8-16 Globalverstehen. Was ist die richtige Antwort?

1. Was ist groß und hell? — das Zimmer / der Balkon
2. Wo kann Stephanie Kaffee oder Tee machen? — in der Küche / in der Mikrowelle
3. Wo ist die Mikrowelle? — in der Küche / in dem freien Zimmer
4. Was benutzt Frau Kuhn im Bad? — die Badewanne / die Dusche
5. Wie viele Personen wohnen jetzt in diesem Haus? — eine / zwei
6. Nimmt Stephanie das Zimmer? — ja / vielleicht

8-17 Detailverstehen. Hören Sie das Gespräch noch einmal und schreiben Sie die Antworten zu den folgenden Fragen!

1. Warum gefällt Stephanie das Zimmer so gut? *Weil ...*
2. Was darf Stephanie bei Frau Kuhn nicht?
3. Für wen ist die Badewanne und für wen ist die Dusche?
4. Wie viel kostet das Zimmer?
5. Wie findet Stephanie diesen Preis?
6. Warum fragt Stephanie, ob es hier auch wirklich ruhig ist? *Weil ...*
7. Wann möchte Frau Kuhn wissen, ob Stephanie das Zimmer nimmt?

rent (out)
vicinity

8-18 Zimmer zu vermieten°. Sie sind Frau Häusermann und wohnen in der Nähe° der TU (Technischen Universität) in Berlin. Sie haben ein Zimmer zu vermieten, haben eine Anzeige in die BZ (Berliner Zeitung) gesetzt und warten jetzt auf Anrufe. Sie können Ihre Rolle auch gern variieren. Die Rollenbeschreibung für die Anruferin/den Anrufer ist im *Anhang*.

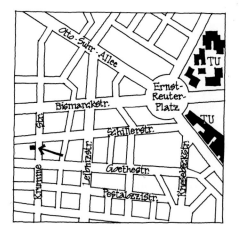

Nähe TU, vermiete Zimmer, groß, hell, ruhig, Küchen- und Badbenutzung, an Nichtraucher/in. DM 400,- warm. Tel. 7 23 34 68

rings / receiver

R 1-1: Ihr Telefon klingelt°. Sie nehmen den Hörer° ab und sagen „Häusermann."

R 1-2: Sie sagen, dass es noch frei ist. Dann sagen Sie „Sie heißen Wilson?" und fragen, ob Frau/Herr Wilson aus England oder aus Amerika kommt.

R 1-3: Sie fragen, wo Frau/Herr Wilson jetzt wohnt.

R 1-4: Sie sagen, dass es bei Ihnen sehr ruhig ist und dass Sie ganz allein in dieser Wohnung sind. Dann fragen Sie, ob Frau/Herr Wilson auch ganz bestimmt nicht raucht.

R 1-5: Sie sagen, Sie möchten in Ihrer Wohnung auch keine großen Partys und keine laute Rockmusik.

R 1-6: Sie sagen, dass es gar nicht weit ist, zu Fuß sind es 10 Minuten. Dann fragen Sie, ob Frau/Herr Wilson das Zimmer anschauen möchte.

R 1-7: Sie sagen: „Gehen Sie von der TU auf der Schillerstraße bis zur Krumme Straße."

R 1-8: Sie sagen, dass Frau/Herr Wilson dort nach links gehen soll. Ihre Wohnung ist dann gleich im zweiten Haus rechts.

R 1-9: Sie sagen: „Also dann, bis gleich" und legen den Hörer auf.

8-19 Ich und mein Zimmer. Zeichnen° Sie einen Plan von Ihrem Zimmer mit allen Möbeln, Türen und Fenstern. Beschreiben Sie das Zimmer dann in Worten. Die folgenden Skelettsätze° können Ihnen helfen.

draw

skeleton sentences

An der Nordwand (der Südwand, der Ostwand, der Westwand) steht (hängt) ...
Links neben ... steht ...
Rechts neben ... steht ...
Zwischen ... und ... steht ...
...
Was gefällt Ihnen an Ihrem Zimmer besonders gut? Was gibt Ihrem Zimmer eine persönliche Note? Haben Sie ein Lieblingsposter, ein Lieblingsbild ...?

8-20 Mein Zimmer. Zeichnen Sie einen Plan von Ihrem Zimmer mit allen Türen und Fenstern, aber ohne Möbel. Vergessen Sie nicht zu zeigen, wo Norden, Süden, Osten und Westen sind. Geben Sie Ihrer Partnerin/Ihrem Partner diesen Plan und beschreiben Sie, wo Ihre Sachen stehen, liegen oder hängen. Ihre Partnerin/Ihr Partner zeichnet dann alles ein.

Kommunikation und Formen

② <u>Saying when something occurs</u>

The two-case prepositions *an, in, vor,* and *zwischen* in time phrases

Phrases with the prepositions **an, in, vor,** and **zwischen** often answer the question **wann.** The objects of these prepositions are then always in the dative case.

Wann sind Sie geboren?	**When** *were you born?*
Am ersten April 1969.	**(On)** *April first 1969.*
Wann fliegst du nach Deutschland?	**When** *are you flying to Germany?*
Im September.	**In** *September.*
Wann sprichst du mit Professor Kurz?	**When** *are you going to talk to Professor Kurz?*
Vor der Vorlesung.	**Before** *the lecture.*
Wann hast du mit Monika gesprochen?	**When** *did you talk to Monika?*
Vor einer Viertelstunde.	*Fifteen minutes* **ago.**
Wann kommt Tante Esther?	**When** *is Aunt Esther coming?*
Irgendwann **zwischen dem** ersten und **dem** fünften Mai.	*Sometime* **between** *the first and the fifth of May.*

Note: In time expressions **vor** can mean *before* or *ago.*

8-21 *Wann?*

▶ Wann warst du in Berlin?　　　Vor ein___ Jahr (n).

S1: Wann warst du in Berlin?　　**S2:** Vor einem Jahr.

1. Wann hast du das Fahrrad gekauft?　Vor ein___ Woche (f).
2. Wann beginnt das Wintersemester in Deutschland?　I___ Oktober (m).
3. Wann besuchst du deine Eltern?　A___ Wochenende (n).
4. Wann gehst du auf die Post?　Vor d___ Mittagessen (n).
5. Wann hast du Lisa zum letzten Mal gesehen?　An ihr___ neunzehnten Geburtstag (m).
6. Wann gehst du in die Bibliothek?　Zwischen d___ Mathevorlesung (f) und d___ Mittagessen (n).
7. Wann fliegst du nach Europa?　In d___ Sommerferien (pl).
8. Wann kommst du wieder zurück?　Irgendwann zwischen d___ ersten und d___ siebten September (m).

8-22 Wo warst du vor der Deutschstunde? Fragen Sie zwei oder drei Mitstudentinnen/Mitstudenten,

- wo sie vor der Deutschstunde waren.
- wohin sie nach der Deutschstunde gehen.

Berichten Sie der Klasse, was Sie herausgefunden haben.

Ein Modell für Ihren Bericht:
Vor der Deutschstunde war Lisa in ihrer Biologievorlesung. Nach der Deuschstunde geht sie in die Bibliothek.

3 Word order

Infinitive phrases

Infinitive phrases are phrases that contain an infinitive preceded by **zu.** These phrases are introduced by verbs or expressions like **versuchen, vergessen, versprechen, anfangen, vorhaben, Zeit haben.**

Paul versucht, **seinen Wagen** *zu verkaufen.*	*Paul is trying* **to sell** **his car.**
Hast du Zeit, **mich morgen** *zu besuchen?*	*Do you have time* **to visit** me **tomorrow?**

Note:

- In German, **zu** and the infinitive stand at the end of the phrase.
- In English, *to* and the infinitive stand at the beginning of the phrase.
- The German infinitive phrase is often marked off by a comma.

With separable-prefix verbs, **zu** is inserted between the prefix and the verb.

Peter hat versprochen, **mich gleich** *anzurufen.*	*Peter promised* **to call** me **right away.**
Vergiß nicht, **das Licht** *auszumachen.*	*Don't forget* **to turn off** the **light.**

If there is more than one infinitive at the end of the phrase, **zu** precedes the last infinitive.

Habt ihr vor, **heute Nachmittag** *schwimmen zu gehen?*	*Do you plan* **to go swimming** **this afternoon?**

Wir bitten den Platz von Zigarrettenkippen und dergleichen sauber zu halten!

8-23 Was fehlt hier? Ergänzen Sie zu-Infinitive!

1. Peter hat versprochen, mir bei meinem Referat _____. (helfen)
2. Hast du versucht, mit Professor Weber _____? (sprechen)
3. Hat Frau Wild wieder angefangen, von ihrer Amerikareise _____?
   (erzählen)
4. Hast du Zeit, die Fotos von meiner Europareise _____? (anschauen)
5. Vergiß nicht, Lisa und Florian _____. (einladen)
6. Habt ihr vor, heute Nachmittag _____? (schwimmen gehen)

Sometimes the English equivalent of the **zu**-infinitive is the *-ing* form of the verb.

Macht es dir Spaß, **Deutsch *zu lernen?***	*Do you enjoy **learning** German.*
Ich habe es satt, **so früh *aufzustehen.***	*I'm sick of **getting up** so early.*
Hast du Lust, **mit uns *tanzen zu gehen?***	*Do you feel like **going dancing** with us?*

8-24 Kleine Gespräche. Ergänzen Sie zu-Infinitive!

1. JUTTA: Macht es dir Spaß, jeden Morgen drei Kilometer _____? (joggen)
   SYLVIA: Nicht immer, aber es hilft mir, fit _____. (bleiben)
2. LAURA: Hast du wirklich vor, einen Wagen _____? (kaufen)
   MARKUS: Klar! Ich habe es satt, immer mit dem Bus _____. (fahren)
3. JENS: Hast du vergessen, Günter _____? (anrufen)
   JULIA: Nein, ich hatte heute keine Zeit, mit ihm _____. (sprechen)
4. LUKAS: Hast du Lust, heute Abend mit uns _____? (ausgehen)
   BERND: Klar! Habt ihr vor _____? (tanzen gehen)
   LUKAS: Nein, wir haben vor, einen guten Film _____ und nachher noch
   ein Glas Bier _____. (anschauen / trinken)

8-25 Ein paar persönliche Fragen. Stellen Sie einander die folgenden Fragen. Berichten Sie, was Sie herausgefunden haben.

S1: Was hast du heute Abend vor?	**S2:** Heute Abend habe ich vor, ...
Was hast du am Wochenende vor?	Am Wochenende habe ich vor, ...
Was macht dir am meisten Spaß?	Am meisten Spaß macht mir, ...

Infinitive phrases introduced by *um*

An infinitive phrase introduced by **um** expresses purpose or intention. The English equivalent of **um ... zu** is *in order to*. English often uses only *to* instead of *in order to*. In German the word **um** is rarely omitted.

Warum war Pietro hier?	*Why was Pietro here?*
Um mir beim Umziehen **zu helfen.**	*(In order) to **help** me move.*
Wozu brauchst du denn einen Nagel?	*What do you need a nail for?*
Um meinen Picasso **aufzuhängen.**	*(In order) to **hang up** my Picasso.*

8-26 In der WG. Sie wohnen in einer WG und fragen einander, was Ihre Mitbewohner mit diesen Dingen machen wollen.

S1: Wozu° braucht Benedikt den Staubsauger?

S2: Um in unserem Wohnzimmer den Fußboden sauber° zu machen.

what . . . for
clean

	SABRINA	BENEDIKT
 der Staubsauger	ihr Zimmer putzen	
 der Dosenöffner		eine Dose Sardinen aufmachen
 das Bügeleisen		seine schwarze Hose bügeln
 die Nähmaschine	ihren neuen Rock kürzer machen	
 die Kaffeemaschine	für ihre Freundinnen Kaffee kochen	
 der Korkenzieher		eine Flasche Sherry aufmachen
 die Waschmaschine		seine weißen Hemden waschen

---

Sprachnotiz	**Infinitive phrases introduced by *ohne* and (an)statt**

When an infinitive phrase begins with **ohne** *(without)* or **(an)statt** *(instead of)*, its English equivalent uses a verb form ending in *-ing*.

Wie kannst du meinen Wagen nehmen, **ohne** mich **zu fragen?**

*How can you take my car **without asking** me?*

Florian hat den ganzen Abend ferngesehen, **statt** seine Hausaufgaben **zu machen.**

*Florian watched TV all evening **instead of doing** his homework.*

4 Indicating possession or relationships

The genitive case

The genitive case is used to express the idea of possession or belonging together. You have already seen one form of the genitive.

Claudia**s** Fahrrad	*Claudia's bicycle*
Frau Meyer**s** Kinder	*Ms. Meyer's children*

In German this form of the genitive is used only with proper names. Note that the ending **-s** is not preceded by an apostrophe.

For nouns other than proper names a different form of the genitive must be used. Note that this form of the genitive follows the noun it modifies.

der Wagen **des** Lehrer**s**	*the teacher's car*
das Fahrrad mein**er** Schwester	*my sister's bicycle*
der IQ dies**es** Kind**es**	*this child's IQ*
die Freunde mein**er** Eltern	*my parents' friends*

English generally uses the possessive *'s* only for persons. To show that things belong together, it uses the preposition *of*. German uses the genitive for persons and things.

das Dach dies**es** Haus**es**	*the roof **of** this house*
die Fenster unser**er** Küche	*the windows **of** our kitchen*

	masculine		neuter		feminine		plural	
NOMINATIVE	der	Vater	das	Kind	die	Mutter	die	Kinder
	mein		mein		meine		meine	
ACCUSATIVE	den	Vater	das	Kind	die	Mutter	die	Kinder
	meinen		mein		meine		meine	
DATIVE	dem	Vater	dem	Kind	der	Mutter	den	Kindern
	meinem		meinem		meiner		meinen	
GENITIVE	**des**	Vater**s**	**des**	Kind**es**	**der**	Mutter	**der**	Kinder
	meines		**meines**		**meiner**		**meiner**	

Most one-syllable masculine and neuter nouns add **-es** in the genitive singular (**Kindes**). Masculine and neuter nouns with more than one syllable add **-s** in the genitive singular (**Vaters**). Feminine nouns and the plural forms of all nouns have no genitive ending.

The genitive form of the interrogative pronoun **wer** is **wessen**.

Wessen Jacke ist das?	*Whose jacket is that?*

8-27 Wessen Handschuhe sind das?

Handschuhe (pl)   Monika___

S1: Wessen Handschuhe sind das?   **S2:** Das sind Monikas Handschuhe.

1.
Frau María Moser
Mariahilferstr. 52
A- 1070 Wien   mein___ Tante in Österreich

2.

                                   Manfred___

3.

                                   mein___ Bruder___

4.
Michael
Tel: 782 7778   Michael___

Bücher (pl)   Adresse (f)   Fahrrad (n)   Telefonnummer (f)

5.   unser___ Professor___

6.   Brigitte___

7.   mein___ Onkel___

8.   mein___ Eltern

Schal (m)   Wagen (m)   Brille (f)   Koffer (pl)

8-28 Das Familienalbum. Sie sind Frau Kuhn und Ihre Partnerin/Ihr Partner ist Frau Stolz. Zeigen Sie Frau Stolz Ihr Familienalbum.

▶ mein Großvater
mein__ Vater__

der Vater Ihr__ Mutter?

FRAU KUHN: Das ist mein Großvater. Nein, der Vater meines Vaters.

FRAU STOLZ: Der Vater Ihrer Mutter?

1. meine Tante
mein__ Mutter

die Schwester Ihr__ Vater__?

2. mein Neffe
mein__ Bruder__

der Sohn Ihr__ Schwester?

3. meine Nichte
mein__ Schwester

die Tochter Ihr__ Bruder__?

4. meine Enkelkinder
mein__ Sohn__

die Kinder Ihr__ Tochter?

acquaintances

8-29 Beruf und Wohnung. Erzählen Sie Ihren Mitstudenten, was zwei oder drei von Ihren Verwandten oder Bekannten° tun und wie sie wohnen.

S: Die Schwester meines Vaters ist Lehrerin und wohnt in einer Eigentumswohnung.

Der Bruder meiner Freundin ist Student und wohnt im Studentenheim.

Sprachnotiz | **Expressing possession or belonging together in colloquial German**

In colloquial German, the idea of possession or of belonging together is often expressed by **von** with a dative object instead of the genitive case.

Ist das der neue Wagen **von** dein**em** Bruder?	=	Ist das der neue Wagen deines Bruders?
Herr Koch ist ein Kollege **von** mein**em** Vater.	=	Herr Koch ist ein Kollege meines Vaters

---

5 Describing people, places, and things

Genitive endings of preceded adjectives

Adjectives that are preceded by a **der**-word or an **ein**-word in the genitive case always take the ending **-en**.

	masculine		neuter		feminine		plural	
GENITIVE	des	jung**en** Mannes	des	klein**en** Kindes	der	jung**en** Frau	der	klein**en** Kinder
	eines		eines		einer		meiner	

8-30 Was ist das?

▶

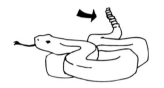

die Klapper einer nordamerikanisch___ Klapperschlange

Das ist die Klapper einer nordamerikanischen Klapperschlange.

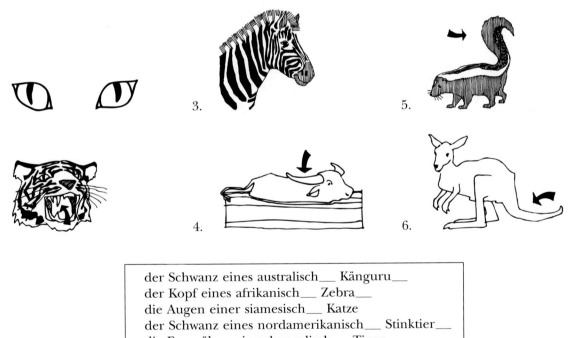

1.

2.

3.

4.

5.

6.

der Schwanz eines australisch___ Känguru___
der Kopf eines afrikanisch___ Zebra___
die Augen einer siamesisch___ Katze
der Schwanz eines nordamerikanisch___ Stinktier___
die Fangzähne eines bengalisch___ Tiger___
die Hörner eines asiatisch___ Wasserbüffel___

ZUSAMMENSCHAU

ZUM HÖREN

Privathaus oder WG?

Im ersten Semester hatten Stephanie und Claudia im Studentenheim viele Feten und nie genug Zeit zum Lernen. Sie sind deshalb beide auf Zimmersuche und sie finden auch beide etwas, was ihnen sehr gefällt. Hören Sie, was Stephanie und Claudia miteinander sprechen.

NEUE VOKABELN

Was ist denn los?	*What's up?*	**wenigstens**	*at least*
aufgeregt	*excited*	**wiederholen**	*to repeat*
eigen	*own*	**nur zu viert**	*just the four of us*
sicher	*sure*		

8-31 Globalverstehen. In welcher Reihenfolge hören Sie das?

_____ Hast du wenigstens Küchenbenutzung?
_____ Nur drei. Na, das geht ja noch.
_____ Aber wir haben da jede unser eigenes Zimmer.
_____ Du bist ja ganz aufgeregt.
_____ Da kommst du doch lieber zu uns.
_____ Aber vielleicht nehme ich doch lieber das Zimmer bei Frau Kuhn.

8-32 Detailverstehen. Hören Sie das Gespräch zwischen Claudia und Stephanie noch einmal an, und beantworten Sie die folgenden Fragen!

1. Warum ist Claudia so aufgeregt?
2. Was hat Stephanie gegen WGs?
3. Wo können die Studenten in dieser WG ihre Wäsche waschen?
4. Was kostet ein Zimmer in der WG und was kostet das Zimmer bei Frau Kuhn?
5. Was kann Stephanie nicht riskieren?
6. Warum soll Stephanie lieber in Claudias WG kommen?

8-33 Vorteile und Nachteile meiner Unterkunft. *(Advantages and disadvantages of my accommodation.)* Wo und wie wohnen Sie? Was finden Sie dort gut/nicht so gut? Die folgenden Vokabeln könnten Ihnen helfen.

VORTEILE	NACHTEILE
in der Nähe der Uni (wie nah?)	weit weg von der Uni (wie weit?)
billig / groß / hell / ruhig	teuer / klein / dunkel / laut
kann dort selbst kochen	kann dort nicht kochen
die Möbel sind schön	die Möbel sind alt und hässlich
kann dort tolle Feten geben	darf dort keine Feten geben
...	...

8-34 Eine kleine Diskussion. Diskutieren Sie in kleinen Gruppen die Vorteile und Nachteile der verschiedenen Unterkünfte.

	STUDENTENHEIM	WG	WOHNUNG	ZIMMER	ZU HAUSE
VORTEILE	———	———	———	———	———
	———	———	———	———	———
NACHTEILE	———	———	———	———	———
	———	———	———	———	———

8-35 Aus der Zeitung. Berlin hat drei Universitäten: die Humboldt-Universität in Mitte, die Freie Universität in Zehlendorf und die Technische Universität in Charlottenburg.

- Suchen Sie auf dem Stadtplan die Berliner Bezirke° Mitte, Zehlendorf und Charlottenburg.   *districts*

- Die Anzeigen sprechen von drei weiteren° Bezirken: Prenzlauer Berg, Friedrichshain und Steglitz. Suchen Sie auch diese drei Bezirke.   *further*

- Suchen Sie in den Anzeigen passende Unterkünfte für die folgenden drei Studenten. Alle drei möchten in der Nähe ihrer Uni wohnen.

  1. Studentin an der Freien Universität, mag Kinder und Garten, aber ist allergisch gegen Katzen. Preis bis DM 500,– warm.
  2. Amerikanischer Student an der Humboldt-Universität, muss sehr viel lernen, weil er gute Zensuren braucht, hat nicht viel Geld, kann aber mit wenig Luxus leben.
  3. Architekturstudentin an der Technischen Universität, Individualistin, braucht großes, helles Zimmer. Preis maximal DM 450,– warm.

Friedrichshain Wohnung, 38 qm, 1 Zimmer, Küche, WC, kein Bad, Gasheizung, DM 150,- kalt. Chiffre 11/236

Prenzl. Berg Zimmer, 30 qm, Kü- Badbenutzung, hell u. ruhig, nur DM 250,- Aber: suche Amerikaner/in, um aktiv Englisch lernen zu können. Anna Tel. 6 79 20 43.

FU-Nähe Zimmer (20 qm), Tel, Kabel, Garten, eig. Dusche/WC, bei F (35) + K (7) + Katze. 500,- warm. Chiffre 11/321

WG in Steglitz 3 Stud. (1 F, 2M) + 1 K (2 J.) sucht nette Studentin für helles Zi., 12 qm, 450,- warm. Chiffre 11/377

Nähe TU F (30) ernst, depressiv, sucht ruhige Studentin, f. gr. Zimmer (ca. 25 qm), hell, m. Balkon, Kü-Benutz., 400,- DM warm. Chiffre 11/79

WG Charlottenbg 4 nette TU-Stud. (2 F, 2 M) bieten Student/in kleines, aber schönes Zi. + Benutzung von groß. gemeinschaftl. Arbeitsraum. DM 450,- warm. Tel. 7 88 34 09

BERLINER BEZIRKE

Weißensee 51.746 E.
Pankow 106.615 E.
Hohenschönhausen 119.549 E.
Reinickendorf 253.641 E.
Marzahn 164.907 E.
Spandau 218.896 E.
Wedding 167.095 E.
Tiergarten 95.539 E.
Prenzlauer Berg 145.082 E.
Charlottenburg 183.989 E.
Mitte 81.988 E.
Friedrichshain 105.781 E.
Hellersdorf 133.091 E.
Kreuzberg 156.178 E.
Wilmersdorf 145.502 E.
Lichtenberg 166.412 E.
Schöneberg 155.966 E.
Zehlendorf 99.503 E.
Steglitz 189.418 E.
Tempelhof 189.604 E.
Treptow 105.154 E.
Neukölln 312.977 E.
Köpenick 108.258 E.

Walter Gropius und das Bauhaus

Vor dem Lesen

buildings

8-36 Gebäude° und Architekten.

1. Welches Gebäude auf Ihrem Campus oder in Ihrer Stadt gefällt Ihnen am besten? Warum?
2. Gefällt Ihnen das Bauhaus in Dessau (siehe Foto)? Warum oder warum nicht?
3. Kennen Sie den Namen eines berühmten Architekten/einer berühmten Architektin? Was hat er/sie gebaut und was wissen Sie sonst° von ihm/ihr?

else

8-37 Was ist das auf Englisch?

1. Musiker, Balletttänzer, Filmstars usw. sind **Künstler.**
2. Auf einer **Ausstellung** zeigt man Bilder, Skulpturen, Fotografien usw.
3. Der Architekt Walter Gropius hat das Schulgebäude in Dessau selbst **entworfen.**
4. Die Fassaden von modernen Gebäuden sind oft ganz aus **Stahl** und Glas.
5. Die Ideen des Bauhauses hatten einen enormen **Einfluss** auf nordamerikanische Architekten und Designer.
6. Nach 1933 **verlassen** Gropius und viele andere Bauhauslehrer und -schüler das nationalsozialistische Deutschland.
7. Die meisten Bauhauslehrer finden in den USA eine neue **Heimat.**

a. designed
b. influence
c. artists
d. home
e. leave
f. exhibition
g. steel

Walter Gropius

Im Jahr 1919 gründet[1] der Architekt Walter Gropius in Weimar das Bauhaus, eine Schule, wo Künstler, Architekten, Handwerker[2] und Studenten zusammen leben und lernen und zusammen versuchen, für eine industrialisierte Welt neue Formen zu finden. Auf dem Lehrplan[3] stehen Malerei[4], Skulptur, Architektur, Theater, Fotografie und das Design von Handwerks- und Industrieprodukten. Typisch für die neuen Formen – von der Teekanne bis zum größten Gebäude – sind klare geometrische Linien. Auf der großen Bauhaus-Ausstellung von 1923 charakterisiert Gropius den Bauhausstil mit den folgenden Worten: Kunst und Technik eine neue Einheit[5].

1925 zieht das Bauhaus von Weimar nach Dessau. Das Schulgebäude, das berühmte Dessauer Bauhaus, hat Walter Gropius selbst entworfen und seine Stahl- und Glasfassade wird zur Ikone der Architektur des 20. Jahrhunderts.

Aber schon 1933 kommt mit Adolf Hitler das Ende des Bauhauses, denn Gropius' Ideen sind für die Nazis „undeutsch" und zu international. 1934 geht Gropius nach England und arbeitet dort als Architekt und Designer. 1937 emigriert er dann in die USA und wird dort an der Harvard Universität *Chairman* des *Department of Architecture*. Seine größten Projekte in den USA sind das Harvard Graduate Center, das Pan Am Building in New York und das John F. Kennedy Federal Building in Boston.

Der enorme Einfluss des Bauhauses auf nordamerikanische Architekten und Designers geht aber nicht nur auf Walter Gropius zurück, denn auch viele andere Bauhauslehrer und -schüler verlassen damals Hitler-Deutschland und finden in den USA eine neue Heimat: László Moholy-Nagy gründet 1937 das *New Bauhaus* in Chicago, Josef Albers lehrt am Black Mountain College in North Carolina und später an der Yale Universität, und Ludwig Mies van der Rohe am Institute of Technology in Illinois.

[1]*founds* [2]*craftsmen* [3]*curriculum* [4]*painting* [5]*A new unity of art and technology*

Das Bauhaus in Dessau

Arbeit mit dem Text

8-38 Wann war das?   Finden Sie im Text die richtigen Jahreszahlen!

_____ Der Bauhauslehrer László Moholy-Nagy gründet in Chicago das *New Bauhaus*.

_____ Auf einer großen Ausstellung präsentiert das Weimarer Bauhaus seine Ideen und seine Produkte.

_____ Walter Gropius geht nach England und arbeitet dort als Architekt und Designer.

_____ Walter Gropius gründet in Weimar eine Schule für Architektur, Kunst und Handwerk und nennt sie Bauhaus.

_____ Ende des Dessauer Bauhauses, weil die Nazis die Bauhausideen undeutsch und zu international finden.

_____ Das Bauhaus zieht von Weimar in das neue Schulgebäude in Dessau.

Wort, Sinn und Klang

Compound nouns

A compound noun can be a combination of:

- two or more nouns (**der Nachttisch** *night table*, **die Nachttischlampe** *bedside lamp*).

- an adjective and a noun (**der Rotwein** *red wine*).

- a verb and a noun (**der Schreibtisch** *desk*).

- a preposition and a noun (**der Vorname** *first name*).

In German these combinations are almost always written as one word. The last element of a compound noun is the base word and determines the gender of the compound noun. All preceding elements are modifiers that define the base word more closely.

> der Kaffee + **die** Tasse = **die** Kaffeetasse
> der Fuß + der Ball + **das** Spiel = **das** Fußballspiel

8-39 Was passt zusammen? Ergänzen Sie auch die bestimmten Artikel!

1. _____ Wochenendhaus
2. _____ Hausschuh
3. _____ Krankenhaus
4. _____ Hausmeister
5. _____ Hochhaus
6. _____ Hausarzt
7. _____ Reformhaus
8. _____ Hausmann
9. _____ Einfamilienhaus
10. _____ Kaufhaus

a. family doctor
b. house husband
c. cottage
d. single-family dwelling
e. janitor
f. department store
g. hospital
h. slipper
i. high-rise
j. health food store

Giving language color

In this chapter you have learned vocabulary that deals with housing and furnishings. The names of house parts and pieces of furniture are the source of many idiomatic expressions. The expression marked with an asterisk is very colloquial and should be used only in an informal setting.

Lisa ist ganz aus dem Häuschen.	*Lisa is all excited.*
Du hast wohl nicht alle Tassen im Schrank.*	*You must be crazy!*
Setz ihm doch den Stuhl vor die Tür!	*Throw him out!*
Mal den Teufel nicht an die Wand!	*Don't speak of the devil!*
Lukas hat vom Chef eins aufs Dach gekriegt.	*Lukas was bawled out by his boss.*
Auf Robert kannst du Häuser bauen.	*Robert is absolutely dependable.*

8-40 Was passt zusammen?

1. Unser Sohn will sich einfach keine Arbeit suchen.
2. Anne hat eine Reise nach Hawaii gewonnen.
3. Onkel Alfred hat uns schon lang nicht mehr besucht.
4. Warum ist Kurt denn plötzlich so fleißig?
5. Ist Sven auch wirklich ein guter Babysitter?
6. Ich habe mir gestern einen Porsche gekauft.

a. Ich glaube, er hat vom Chef eins aufs Dach gekriegt.
b. Aber natürlich. Auf diesen jungen Mann können Sie Häuser bauen.
c. Ja, dann setzen Sie ihm doch den Stuhl vor die Tür!
d. Du hast wohl nicht alle Tassen im Schrank!
e. Ja, dann ist sie sicher ganz aus dem Häuschen.
f. Mal bitte den Teufel nicht an die Wand!

Zur Aussprache

German s-sounds: *st* and *sp*

At the beginning of a word or word stem, **s** in the combinations **st** and **sp** is pronounced like English *sh*. Otherwise it is pronounced like English *s* in *list* and *lisp*.

8-41 Hören Sie gut zu und wiederholen Sie!

1. **St**efan ist **St**udent.
   Stefan **st**udiert in **St**uttgart.
   Stefan findet das **St**udentenleben **st**ressig.
2. Ha**st** du Lu**st** auf eine Wur**st**
   und auf Mo**st**° für deinen Dur**st**?   *cider*
3. Herr **Sp**ielberg **sp**richt gut **Sp**anisch.
4. Worauf° **sp**art Frau **Sp**ohn?   *what . . . for*
   Auf einen **Sp**ortwagen.
   Die **sp**innt° ja!   *is crazy*
5. Unser Ka**sp**ar li**sp**elt ein bisschen.

Nomen

das Gebäude, -	building
das Einfamilienhaus, ⸚er	single-family dwelling
das Dach, ⸚er	roof
der Keller, -	basement, cellar
das Hochhaus, ⸚er	high-rise
die Eigentumswohnung, -en	condominium
die Wohngemeinschaft, -en	
die WG, -s	shared housing
der Mitbewohner, -	
die Mitbewohnerin, -nen	housemate
der Mitstudent, -en	
die Mitstudentin, -nen	classmate; fellow student
die Küchenbenutzung	kitchen privileges
das Rathaus, ⸚er	city hall
die Post	post office; mail
der Stadtplan, ⸚e	map of the city
der Wochenmarkt, ⸚e	open air market
der Schaukelstuhl, ⸚e	rocking chair
das Bügeleisen, -	iron
die Dose, -n	can
der Dosenöffner, -	can opener
der Korkenzieher, -	corkscrew
die Nähmaschine, -n	sewing machine
der Staubsauger, -	vacuum cleaner
die Ausstellung, -en	exhibition
der Künstler, -	
die Künstlerin, -nen	artist
die/der Bekannte, -n	acquaintance
die Heimat	home (country)

Verben

benutzen	to use
bügeln	to iron
klingeln	to ring
stören	to disturb
zeichnen	to draw

Andere Wörter

aufgeregt	excited
eigen	own
sicher	sure
statt, anstatt	instead of
wenigstens	at least
wozu	what . . . for

Ausdrücke

das schwarze Brett	bulletin board
Es macht mir Spaß.	I enjoy it.
Ich habe es satt.	I'm sick of it.
Ich habe keine Lust.	I don't feel like it.
in der Nähe der Uni	near the university
Was ist denn los?	What's up?

Das Gegenteil

der Vorteil ≠ der Nachteil	advantage ≠ disadvantage
mieten ≠ vermieten	to rent ≠ to rent (out)
sauber ≠ schmutzig	clean ≠ dirty

Leicht zu verstehen

die Dekoration, -en	die Skulptur
der Designer, -	die Technik
die Designerin, -nen	enorm
der Luxus	maximal
das Poster, -	

Wörter im Kontext

8-42 Was passt in jeder Gruppe zusammen?

1. die Post   a. die Mitbewohner
2. die WG   b. der Brief
3. der Keller   c. die Skulptur
4. die Künstlerin   d. der Wein

5. der Staubsauger   e. zeichnen
6. das Telefon   f. einkaufen
7. der Plan   g. putzen
8. der Wochenmarkt   h. klingeln

8-43 Was ist die richtige Antwort?

1. Warum bist du denn so aufgeregt?
2. Warum stehst du denn vor dem schwarzen Brett?
3. Warum suchst du ein Zimmer mit Küchenbenutzung?
4. Warum gehst heute Abend nicht mit uns tanzen?
5. Warum gehst du auf die Post?

a. Weil ich Briefmarken brauche.
b. Weil ich es satt habe, immer in der Mensa zu essen.
c. Weil ich ein Zimmer in der Nähe der Uni suche.
d. Weil ich ein Zimmer in einer ganz tollen WG gefunden habe.
e. Weil ich keine Lust habe.

8-44 Wozu brauchst du das alles?

1. Wozu brauchst du einen Staubsauger?
2. Wozu brauchst du eine Nähmaschine?
3. Wozu brauchst du einen Korkenzieher?
4. Wozu brauchst du einen Dosenöffner?
5. Wozu brauchst du ein Bügeleisen?
6. Wozu brauchst du denn einen Stadtplan?

a. Um diese Weinflasche aufzumachen.
b. Um mein Kleid zu bügeln.
c. Um mein Zimmer sauber zu machen.
d. Um zu sehen, wo die Kleiststraße ist.
e. Um diesen Rock kürzer zu machen.
f. Um diese Sardinen essen zu können.

8-45 Was passt zusammen?

1. Herr Ertem ist ein guter Bekannter von mir.
2. Frau Berg hat eine große Eigentumswohnung in einem Hochhaus.
3. Ich habe mir einen Schaukelstuhl gekauft.
4. Im Keller von unserem Einfamilienhaus machen wir oft laute Musik.
5. Ich schaue gern Bilder und Skulpturen an.
6. Stefan gefällt es sehr gut in seiner WG.

a. Ich sitze dort immer, wenn ich lese.
b. Ein Nachteil ist aber, dass seine Mitbewohner oft sehr laut sind.
c. Ich kenne ihn seit vielen Jahren.
d. Ich gehe deshalb oft auf Kunstausstellungen.
e. Sie vermietet zwei von ihren Zimmern an Studenten.
f. Ein großer Vorteil ist, dass wir dort niemand stören.

KAPITEL 9

Andere Länder ...

Kommunikationsziele

Ordering a meal in a German restaurant
Talking about cultural differences
Describing people, places, and things
Talking about personal grooming
Expressing determination

Strukturen

Relative pronouns and relative clauses
N-nouns
Reflexive pronouns and reflexive verbs
The future tense

Kultur

Im Gasthaus
Beim Schnellimbiss
Einkaufsgewohnheiten

Leute: **Ida Jobe**

Ein süddeutsches Gasthaus

Vorschau

Im Gasthaus

Beverly Harpers Nichte Shauna ist Austauschschülerin und wohnt bei Zieglers. Shauna und Nina stehen vor einem Gasthaus und schauen sich die Speisekarte an, die außen in einem kleinen Kasten hängt.

SHAUNA: Ich habe Lust auf etwas typisch Deutsches. Hier, Sauerbraten mit Rotkohl und Kartoffelknödeln. Das werde ich bestellen.

NINA: Gut, dann gehen wir hinein.

SHAUNA: Du, das ist ja ganz voll. Da ist kein einziger Tisch mehr frei.

NINA: Bei dem Ehepaar mit dem kleinen Jungen und dem Hund sind noch zwei freie Plätze.

SHAUNA: Kennst du die Leute?

NINA: Nein, aber das macht doch nichts. Komm, sonst setzt sich jemand anders dorthin. – Entschuldigung, sind diese beiden Plätze noch frei?

HERR: Ja, bitte, setzen Sie sich nur zu uns. Unser Hund tut Ihnen nichts.

FRAU: Hier ist auch gleich die Speisekarte. Dann können Sie sich schon etwas Gutes aussuchen, bis der Kellner kommt.

Im Supermarkt

Nach dem Essen müssen Nina und Shauna ein paar Lebensmittel kaufen.

NINA: Hol doch mal den Einkaufswagen, der dort drüben steht. *(Liest ihre Einkaufsliste)* Milch, Kartoffeln, Kopfsalat, Tomaten.

SHAUNA: Warum hast du eigentlich diese Einkaufstasche mitgebracht, Nina?

NINA: Weil ich nicht für eine Plastiktasche bezahlen will.

SHAUNA: Was?! Ihr müsst für die Plastiktaschen bezahlen?

NINA: Klar. Die Plastiktaschen, die man im Supermarkt bekommt, kosten zehn Pfennig das Stück. – Hier sind die Kartoffeln, der Salat und die Tomaten. So, jetzt brauchen wir nur noch zwei Flaschen Fitmilch.

SHAUNA: Milch in Glasflaschen? Warum denn das?

NINA: Weil man sie zurückbringen und wieder verwenden kann.

SHAUNA: *(an der Kasse)* Warum packst du denn alles selbst ein? Bei uns macht das die Kassiererin.

NINA: Andere Länder, andere Sitten.

ZUM HÖREN

9-1 Richtig oder falsch?   Sie hören die Gespräche auf Seite 295 und nach jedem Gespräch ein paar Aussagen. Sind diese Aussagen **richtig** oder **falsch?**

IM GASTHAUS

	RICHTIG	FALSCH		RICHTIG	FALSCH
1.	_____	_____	3.	_____	_____
2.	_____	_____	4.	_____	_____

IM SUPERMARKT

	RICHTIG	FALSCH		RICHTIG	FALSCH
1.	_____	_____	3.	_____	_____
2.	_____	_____	4.	_____	_____

9-2 Im Gasthaus.   Lesen Sie die Sätze in der richtigen Reihenfolge!

_____ Aber Nina sieht zwei freie Plätze und fragt, ob sie sich da hinsetzen dürfen.

_____ Weil Shauna Lust auf etwas typisch Deutsches hat und weil es hier Sauerbraten gibt, gehen sie hinein.

_____ Bevor Nina und Shauna in das Gasthaus gehen, schauen sie sich die Speisekarte an, die außen in einem kleinen Kasten hängt.

_____ Weil kein einziger Tisch mehr frei ist, will Shauna gleich wieder gehen.

9-3 Im Supermarkt.   Was passt zusammen?

while

1. Während° Shauna den Einkaufswagen holt,
2. Weil Nina kein Geld für eine Plastiktasche ausgeben will,
3. Weil man Glasflaschen sehr oft wieder verwenden kann,
4. Weil deutsche Kassiererinnen für die Kunden nichts einpacken,

a. muss Nina das selbst tun.
b. kaufen Zieglers ihre Milch immer in Flaschen statt in Milchkartons.
c. hat sie eine Einkaufstasche mitgebracht.
d. liest Nina ihre Einkaufsliste.

9-4 Andere Länder, andere Sitten.   Finden Sie heraus, wer in Ihrer Klasse aus einem anderen Land (einem anderen Staat, einer anderen Provinz) kommt oder wer schon mal eine Reise in eine anderes Land (einen anderen Staat, eine andere Provinz) gemacht hat. Stellen Sie dann passende Fragen.

STUDENTEN, DIE NICHT VON HIER SIND

- Woher bist du?
- Seit wann bist du hier?
- Was ist hier anders als zu Hause?
- Was gefällt dir hier besonders gut (nicht so gut)?
- Was hat dir zu Hause besser gefallen?

STUDENTEN, DIE EINE REISE GEMACHT HABEN

- Wo warst du?
- Wann war das?
- Wie lange warst du dort?
- Was war dort anders als hier?
- Was hat dir dort besonders gut (nicht so gut) gefallen?

Im Gasthaus

In den deutschsprachigen Ländern ist die Gastronomie sehr international und die Gasthäuser sind oft in den Händen von Italienern, Griechen, Türken und vielen anderen Nationalitäten. Bevor man in ein Gasthaus hineingeht, schaut man sich die Speisekarte an, die außen in einem kleinen Kasten hängt.

Eiswasser bekommt man im Gasthaus nie und auch Limonade[1] trinkt man nie mit Eis. Wenn man Wasser trinken will, bestellt man Mineralwasser und bezahlt drei oder vier Mark für ein Glas oder ein kleines Fläschchen. Auch Brötchen und Butter muss man extra bestellen und bezahlen. Eine Tasse Kaffee kostet DM 3,50 und wenn sie leer ist, füllt der Kellner sie nicht nach. Wenn man mehr als nur eine Tasse Kaffee trinken will, bestellt man für fünf oder sechs Mark ein Kännchen (das sind zwei bis zweieinhalb Tassen). Die Preise sind aber alle inklusive Bedienungsgeld[2]. Wenn man die Rechnung[3] bezahlt, rundet man nur noch ein bisschen auf, d.h.[4], man gibt noch ein bisschen Trinkgeld[5].

Bevor man in den deutschsprachigen Ländern zu essen beginnt, sagt man meistens „Guten Appetit!" Beim Essen hat man das Messer[6] immer in der rechten und die Gabel[7] in der linken Hand und es gilt[8] als unkultiviert, das Messer auf den Tisch und eine Hand in den Schoß[9] zu legen.

[1] soft drinks   [2] service charge   [3] bill   [4] i.e.
[5] tip   [6] knife   [7] fork   [8] is considered   [9] lap

So hält man in Deutschland Messer und Gabel

9-5 Aus dem Kochbuch.   Lesen Sie das Rezept für die Apfelringe in Bierteig (*apple rings in beer batter*). Das nächste Mal, wenn Sie Gäste einladen, können Sie ihnen diese Apfelringe servieren.

Versuchen Sie, die englischen Äquivalente für die folgenden Wörter und Ausdrücke zu erraten°.   *to guess*

EL (Esslöffel)	_____
TL (Teelöffel)	_____
Zucker und Zimt	_____
Mehl	_____
mit Zucker bestreuen	_____
mit Rum beträufeln	_____
Eiweiß steif schlagen	_____
in den Teig eintauchen	_____

(200 Gramm = ca. 1¹/₃ cups; ¹/₄ Liter = ca. 1 cup)

Apfelringe in Bierteig

5–6 Äpfel
ein bisschen Zucker
3 EL Rum

3 EL Zucker und Zimt

Teig: 200 Gr. Mehl
3 EL Zucker
¹/₄ L helles Bier
2 TL Öl
2 Eiweiß

Die Äpfel in dicke Ringe schneiden. Die Ringe mit Zucker bestreuen und mit Rum beträufeln.

Aus Mehl, Zucker, Bier und Öl einen dünnen Teig machen. Eiweiß steif schlagen und in den Teig geben.

Die Apfelringe in den Teig eintauchen und in sehr heißem Fett auf beiden Seiten hellgelb backen. Mit Zucker und Zimt bestreuen und mit Vanillesoße oder Vanilleeis servieren.

▣ *Wortschatz 1*

Nomen

das Gasthaus, ⸚er	restaurant
der Kellner, -	server, waiter
die Kellnerin, -nen	server, waitress
die Speisekarte, -n	menu
die Rechnung, -en	bill
das Bedienungsgeld	service charge
das Trinkgeld, -er	tip
die Einkaufstasche, -n	shopping bag
der Einkaufswagen, -	shopping cart
die Einkaufsliste, -n	shopping list
die Kasse, -n	checkout
der Kassierer, -	
die Kassiererin, -nen	cashier
die Lebensmittel *(pl)*	food; groceries
das Geschirr *(sing)*	dishes
der Teller, -	plate
die Tasse, -n	cup
die Untertasse, -n	saucer
das Glas, ⸚er	glass
die Schüssel, -n	bowl
die Kaffeekanne, -n	coffeepot
die Teekanne, -n	teapot
die Pfanne, -n	pan
der Topf, ⸚e	pot
das Besteck	silverware
das Messer, -	knife
die Gabel, -n	fork
der Löffel, -	spoon

der Esslöffel, -	tablespoon
der Teelöffel, -	teaspoon
die Serviette, -n	napkin; serviette
der Braten, -	roast
die Soße, -n	sauce
der Knödel, -	dumpling
das Mehl	flour
der Teig	dough; batter
der Austauschschüler, -	
die Austauschschülerin, -nen	exchange student *(high school)*
das Ehepaar, -e	married couple
die Limonade, -n	soft drink
der Platz, ⸚e	place; seat
das Rezept, -e	recipe

Verben

aus·suchen	to choose; to pick out
bedienen	to serve *(guests in a restaurant)*
bestellen	to order
erraten (errät), hat erraten	to guess
füllen	to fill
holen	to get; to fetch
schlagen (schlägt), hat geschlagen	to beat; to hit
verwenden	to use

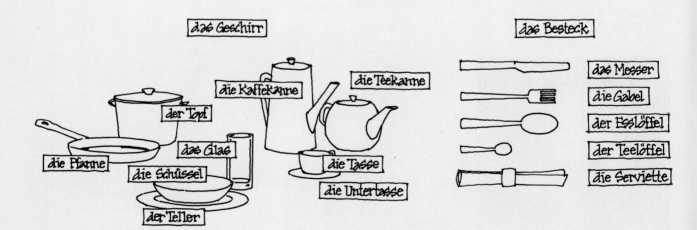

das Geschirr   das Besteck

die Kaffekanne   die Teekanne   das Messer

der Topf   die Gabel

die Pfanne   das Glas   die Tasse   der Esslöffel

die Schüssel   der Teelöffel

der Teller   die Untertasse   die Serviette

Andere Wörter

deutschsprachig	German-speaking
einzig	single; only
steif	stiff
während	while

Ausdrücke

das heißt (d.h.)	that is (i.e.)
Er tut dir nichts.	He won't hurt you.
Das macht nichts.	That doesn't matter.
dort drüben	over there

Guten Appetit!	Enjoy your meal!
jemand anders	someone else

Das Gegenteil

außen ≠ innen	outside ≠ inside

Leicht zu verstehen

die Gastronomie	der Liter
das Mineralwasser	das Plastik
der Rum	servieren
das Gramm	international

Wörter im Kontext

9-6 Was brauche ich da? Beginnen Sie alle Antworten mit „Da brauche ich ...“!

1. Ich bin im Gasthaus und möchte etwas zu essen bestellen.
2. Ich möchte die Suppe essen, die der Kellner mir gebracht hat.
3. Ich möchte mein Steak essen.
4. Ich möchte nicht vergessen, was ich alles kaufen soll.
5. Ich bin im Supermarkt und möchte die Sachen, die ich kaufe, nicht tragen.
6. Ich möchte das Sauerkraut, das ich gekocht habe, nicht im Topf auf den Tisch stellen.

einen Einkaufswagen	eine Schüssel	ein Messer und eine Gabel
eine Einkaufsliste	einen Löffel	eine Speisekarte

9-7 Was passt in jeder Gruppe zusammen?

1. die Limonade
2. die Pfanne
3. das Gasthaus
4. der Supermarkt

a. der Kellner
b. die Lebensmittel
c. das Glas
d. das Steak

5. das Eiweiß
6. das Essen
7. die Gäste
8. die Gläser

e. servieren
f. schlagen
g. füllen
h. bedienen

9-8 Was ist hier identisch? Welche zwei Sätze in jeder Gruppe bedeuten ungefähr dasselbe°? *the same*

1. Das macht nichts.
   Das ist egal.
   Das tut mir Leid.

2. Der Hund tut dir nichts.
   Der Hund tut mir Leid.
   Der Hund beißt nicht.

3. Diese Jacke gehört mir.
   Diese Jacke gehört jemand anders.
   Diese Jacke gehört mir nicht.

4. Kein einziger von meinen Freunden war da.
   Keiner von meinen Freunden war da.
   Nur ein einziger von meinen Freunden war da.

Kommunikation und Formen

① Describing people, places, and things

Relative clauses and relative pronouns

Like adjectives, relative clauses describe people, places, and things.

	ADJECTIVE	NOUN	
This	*expensive*	wine	is not very good.

	NOUN	RELATIVE CLAUSE	
The	wine	*that cost you so much*	is not very good.

Relative clauses are introduced by relative pronouns. The noun to which a relative pronoun refers is called its *antecedent*.

		RELATIVE CLAUSE	
ANTECEDENT	RELATIVE PRONOUN		
The wine	*that*	*you bought*	is not very good.
The friend	*to whom*	*you want to give it*	is a wine connoisseur.

Most forms of the German relative pronoun are identical to those of the definite article.

EUROCARD.
Für Leute, die auch sonst gute Karten haben.

		RELATIVE CLAUSE	
ANTECEDENT	RELATIVE PRONOUN		
Der Wein,	**der**	**dich so viel gekostet hat,**	ist nicht sehr gut.
Der Wein,	**den**	**du gekauft hast,**	ist nicht sehr gut.
Der Freund,	**dem**	**du ihn schenken willst,**	ist ein Weinkenner.
Die Freunde,	**die**	**uns eingeladen haben,**	sind Weinkenner.

The gender and number of the antecedent determine whether a relative pronoun is masculine, feminine, or neuter and whether it is singular or plural. The case of the relative pronoun reflects its function within the relative clause.

Der Wein, **den** du gekauft hast, ist nicht sehr gut.   *The wine **that** you bought is not very good.*

The relative pronoun **den,** like its antecedent **Wein,** is masculine and singular. It is in the accusative case because it is the direct object of the verb within the relative clause. Relative clauses are dependent clauses. They are marked off by commas, and the conjugated verb appears at the end of the clause.

In contrast to English, the German relative pronoun can never be omitted.

Der Wein, **den** du gekauft hast, ist nicht sehr gut.   *The wine you bought is not very good.*

forms of the relative pronoun				
	MASCULINE	NEUTER	FEMININE	PLURAL
NOMINATIVE	der	das	die	die
ACCUSATIVE	den	das	die	die
DATIVE	dem	dem	der	**denen**

Note the form **denen** in the dative plural.

Die Freunde, **denen** ich den Wein
schenken will, sind Weinkenner.

*The friends **to whom** I want to give
the wine are wine connoisseurs.*

9-9 Der erste Tag. Heute ist Ihr erster Tag als Kellner/in und Sie sind oft
noch ein bisschen verwirrt°. Ergänzen Sie die Relativpronomen!   *confused*

1. Wo ist denn der Mann, _____ dieses Bier bestellt hat?
2. Wo ist denn der Mann, _____ ich besonders schnell bedienen soll?
3. Wo ist denn der Mann, _____ ich dieses Schnitzel bringen soll?
4. Wo ist denn das Ehepaar, _____ diesen Gulasch bestellt hat?
5. Wo ist denn das Ehepaar, _____ ich besonders schnell bedienen soll?
6. Wo ist denn das Ehepaar, _____ ich diesen Rotwein bringen soll?
7. Wo ist denn die Frau, _____ diese Tasse Kaffee bestellt hat?
8. Wo ist denn die Frau, _____ ich besonders schnell bedienen soll?
9. Wo ist denn die Frau, _____ ich die Speisekarte bringen soll?
10. Wo sind denn die beiden alten Leute, _____ diese Suppe bestellt haben?
11. Wo sind denn die beiden alten Leute, _____ ich besonders schnell
    bedienen soll?
12. Wo sind denn die beiden alten Leute, _____ ich diesen Tee bringen soll?

9-10 Wer ist das? Sie und Ihre Freundin/Ihr Freund sind in eine neue
Wohnung gezogen. Sie stehen vor den Namensschildern° am Hauseingang°   *name plates / entrance*
und fragen einander, was für Menschen zu diesen Namen gehören.

S1: Wer ist denn dieser Ergül
Ertem?

S2: Wer sind denn diese Paul und
Lisa Borg?

S2: Das ist der Mann, dem der tolle
BMW dort gehört.

S1: Das sind die Leute, ...

Ergül Ertem 🔔	
Paul u. Lisa Borg 🔔	die immer mit dem Tandem zur Arbeit fahren
Maria Schulz 🔔	die jeden Morgen um sieben joggen geht
Manuel Lima 🔔	

Monika Strinska 🔔	der der Briefträger immer so viel Post bringt
Hans Maier 🔔	
Karl u. Anna Weiler 🔔	denen ich gestern unseren Staubsauger geliehen habe
Teresa Venitelli 🔔	

9-11 Definitionen.

▶ Ein Flaschner ist ein Handwerker (m), ...

_____ man braucht, wenn das Klo kaputt ist.

Ein Flaschner ist ein Handwerker, den man braucht, wenn das Klo kaputt ist.

1. Ein Tausendfüßler ist ein Tier (n), ...

5. Ein Staubsauger ist ein elektrischer Apparat (m), ...

2. Hühner sind Tiere, ...

6. Eine Schnecke ist ein Tier, ...

3. Ein Psychiater ist ein Arzt, ...

7. Kunden sind Leute, ...

4. Ein Hocker ist ein Stuhl (m), ...

8. Eine Verkehrsampel ist eine Lampe, ...

back

_____ keine Lehne° hat.	_____ Eier legen.
_____ man zum Putzen braucht.	_____ man alles erzählen kann.
_____ man etwas verkauft.	_____ sein Haus auf dem Rücken trägt.
_____ zeigt, ob man fahren darf oder halten muss.	_____ sehr viele Beine hat.

9-12 Was ist das? Beschreiben Sie mit einem Relativsatz ein Tier oder einen Beruf! Ihre Partnerin/Ihr Partner soll dann erraten, was das ist.

► Es hat einen sehr langen Hals.   eine Giraffe

S1: Was ist das? Ein Tier, das einen   **S2:** Das ist eine Giraffe.
sehr langen Hals hat.

► Sie repariert Zähne.   eine Zahnärztin

S1: Was ist das? Eine Frau, die   **S2:** Das ist eine Zahnärztin.
Zähne repariert.

TIERE

1. Es legt Eier.	ein Fisch
2. Es lebt im Wasser.	eine Katze
3. Es schläft den ganzen Winter.	ein Hund
4. Es sagt „wauwau".	eine Kuh
5. Es hat sehr lange Ohren.	ein Huhn
6. Es sagt „miau".	ein Bär
7. Es sagt „muh" und gibt Milch.	ein Hase

BERUFE

1. Sie/Er baut Häuser.	eine Tierärztin/ein Tierarzt
2. Sie/Er hält Vorlesungen.	eine Architektin/ein Architekt
3. Sie/Er verkauft Medikamente.	eine Professorin/ein Professor
4. Sie/Er serviert im Gasthaus das Essen.	eine Briefträgerin/ein Briefträger
5. Sie/Er trägt die Post aus.	eine Autorin/ein Autor
6. Sie/Er schreibt Bücher.	eine Kellnerin/ein Kellner
7. Sie/Er macht kranke Tiere wieder gesund.	eine Apothekerin/ein Apotheker

② N-nouns

N-nouns are a group of masculine nouns that take the ending **-n** or **-en** in all cases except the nominative singular.

	singular		plural	
NOMINATIVE	der	Student	die	Studenten
ACCUSATIVE	den	Studenten	die	Studenten
DATIVE	dem	Studenten	den	Studenten
GENITIVE	des	Studenten	der	Studenten

9-13 *Student* oder *Studenten*?

1. Wo wohnt dieser _____?
2. Kennen Sie diesen _____?
3. Was wissen Sie von diesem _____?
4. Das Deutsch dieses _____ ist sehr gut.

Most German dictionaries show the nominative singular of a noun followed by the changes (if any) that occur in the genitive singular and in the plural:

nominative singular	genitive singular	plural
der Mann	-es	¨er
die Frau	-	-en

This convention clearly identifies **n-nouns**:

nominative singular	genitive singular	plural
der Student	-en	-en
der Kunde	-n	-n

Some common **n**-nouns:

der Athlet, -en, -en	**der Nachbar, -n, -n**
der Herr, -n, -en	**der Polizist, -en, -en**
der Junge, -n, -n	**der Tourist, -en, -en**
der Kollege, -n, -n	**der Bär, -en, -en**
der Kunde, -n, -n	**der Hase, -n, -n**
der Mensch, -en, -en	**der Elefant, -en, -en**

Note that the singular forms of **Herr** end in **-n** (except for the nominative). The plural forms end in **-en.**

note **9-14 Was ist das?** Achtung°: Ein Elefant hat keine Nase, sondern einen Rüssel, ein Bär hat keine Füße, sondern Pfoten, und ein Kamel hat zwei Höcker auf dem Rücken.

die Ohren / ein Hase

S1: Weißt du, was das ist?   **S2:** Das sind die Ohren eines Hasen.

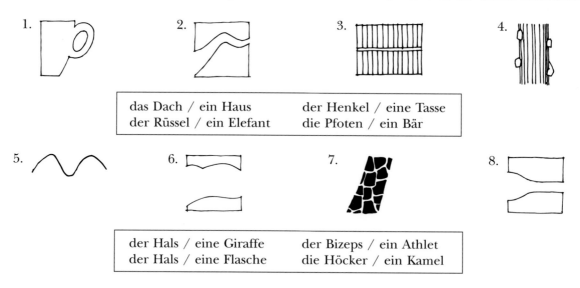

1. 2. 3. 4.

das Dach / ein Haus   der Henkel / eine Tasse
der Rüssel / ein Elefant   die Pfoten / ein Bär

5. 6. 7. 8.

der Hals / eine Giraffe   der Bizeps / ein Athlet
der Hals / eine Flasche   die Höcker / ein Kamel

ZWISCHENSPIEL

ZUM HÖREN

Wandern macht hungrig

Martin und Peter sind übers Wochenende in die Alpen gefahren, sind seit dem frühen Morgen gewandert und sitzen jetzt im Gasthof Fraundorfer in Garmisch-Partenkirchen. Hören Sie, was Peter, Martin und der Kellner miteinander sprechen.

NEUE VOKABELN

Herr Ober!	*Waiter!*	**Die Kartoffeln**	*The potatoes are*
Kassler	*smoked pork*	**sind nicht gar.**	*not done.*
	chop	**getrennt**	*separate*
wirklich	*really*		
Alles in	*Is everything*		
Ordnung?	*OK?*		

9-15 Globalverstehen. In welcher Reihenfolge hören Sie das?

_____ Alles in Ordnung, meine Herren?
_____ Sollen wir etwas sagen?
_____ Die Speisekarte, bitte.
_____ Möchten Sie vielleicht ein paar Knödel?
_____ Machen Sie's dreißig Mark.
_____ Du, was machen wir denn nach dem Essen?
_____ Und zu trinken?

9-16 Detailverstehen. Hören Sie das Gespräch noch einmal an und schreiben Sie die Antworten zu den folgenden Fragen!

1. Warum essen Martin und Peter beide Kassler? *Weil ...*
2. Was trinken die beiden?
3. Was machen Martin und Peter nach dem Essen?
4. Was ist mit den Kartoffeln, die der Kellner gebracht hat, nicht in Ordnung?
5. Warum will Peter nichts sagen? *Weil ...*
6. Wie viel kostet alles zusammen, und auf wie viel rundet Peter auf?

9-17 Da ist ein Haar in der Suppe! Sie sitzen mit einer Freundin/einem Freund im Gasthof Fraundorfer und schauen die Speisekarte an. Dann rufen Sie die Kellnerin („Bedienung!") oder den Kellner („Herr Ober!") und bestellen. Nachdem° Sie das Essen und die Getränke bekommen haben, merken° Sie, dass etwas nicht in Ordnung ist. Sie rufen die Kellnerin/den Kellner zurück. Die Rollenbeschreibung für die Kellnerin/den Kellner ist im *Anhang*.

after
notice

Was alles nicht in Ordnung sein könnte:

- Da ist ein Haar in der Suppe.
- Die Suppe (die Soße, das Gemüse) ist versalzen°.
- Der Schweinebraten (die Wurst) ist viel zu fett.
- Der Rotwein ist viel zu kalt.
- Der Weißwein (das Bier) ist viel zu warm.
- Der Kaffee (der Tee) ist ganz kalt.
- Da ist Lippenstift an der Tasse.
- Diese Gabel (dieser Löffel, dieses Messer) ist nicht sauber.
- ...

oversalted

SPEISEKARTE

TAGESMENÜ I	DM 10,80
Tagessuppe	
Wiener Schnitzel mit Kartoffelsalat	
Vanilleeis	
TAGESMENÜ II	DM 12,—
Tagessuppe	
Sauerbraten mit Kartoffelpüree und Salat	
Vanilleeis	
SUPPEN	
Tagessuppe	DM 3,—
Nudelsuppe	DM 3,30
HAUPTGERICHTE	
1. Bratwurst mit Sauerkraut und Bratkartoffeln	DM 8,—
2. Ungarisches Gulasch, Eiernudeln und gemischter Salat	DM 9,30
3. Schweinebraten mit Rotkraut und Salzkartoffeln	DM 10,50
4. Hühnchen mit Weinsoße, Reis und Tomatensalat	DM 12,40
5. Filetsteak gegrillt mit Champignons, Pommes frites und Gurkensalat	DM 18,40
ZUM NACHTISCH	
Schokoladenpudding	DM 2,80
Fruchtsalat mit frischen Früchten	DM 3,30
Apfelstrudel	DM 3,40
Schwarzwälder Kirschtorte	DM 4,—
GETRÄNKE	
Limonade	DM 3,50
Apfelsaft	DM 3,—
Kaffee, Tasse	DM 3,50
Kaffee, Kännchen	DM 5,—
Tee, Kännchen	DM 5,—
Bier, vom Faß (0,33 l)	DM 3,50
Weißwein, Mosel (0,2 l)	DM 3,—
Rotwein, Beaujolais (0,2 l)	DM 3,10

9-18 Essen Sie gern international? Was für ethnische Restaurants gibt es in Ihrer Stadt? Warum essen Sie dort so gern?

Ich esse gern   chinesisch   deutsch   französisch
              griechisch   indisch   italienisch
              japanisch   mexikanisch   ...

Das beste chinesische (deutsche, usw.) Restaurant heißt ...
Ich esse dort so gern, *weil* ...

- ich scharfe° Sachen mag.
- alles immer so frisch ist.
- das Essen so billig ist.
- der Nachtisch so gut ist.

- der Koch mit viel Fantasie kocht.
- die Portionen so groß sind.
- die Bedienung so freundlich ist.
- ...

spicy

Infobox   **Beim Schnellimbiss**

Für hungrige Leute, die keine Zeit haben, in ein Gasthaus zu gehen, gibt es in den Fußgängerzonen und beim Bahnhof verschiedene Möglichkeiten, schnell im Stehen etwas zu essen:

- Würstchenstände verkaufen Bockwurst, Knackwurst oder Currywurst mit Senf[1] und Brötchen,

- beim Schnellimbiss gibt es außer Wurst mit Brötchen auch noch Hamburger und heiße Gulaschsuppe,

- beim Kebabstand kaufen nicht nur türkische Mitbürger[2] ihren Döner Kebab, sondern auch viele Deutsche.

Wenn man ein bisschen mehr Zeit hat und lieber sitzen möchte, kann man in eine von den vielen Pizzerias gehen oder in den größeren Städten auch zu McDonald's.

[1] *mustard*   [2] *fellow citizens*

Ein Berliner Schnellimbiss

Kommunikation und Formen

③ Talking about actions one does to or for oneself

Reflexive pronouns

...wer sich gut anzieht, zieht andere an!

To express the idea that one does an action to oneself or for oneself, English and German use reflexive pronouns. In German the reflexive pronoun can appear in the accusative case or the dative case. If a sentence starts with the subject, the reflexive pronoun follows the conjugated verb directly.

Accusative:	Ich habe **mich** geschnitten.	*I cut **myself**.*
Dative:	Ich hole **mir** ein Pflaster.	*I'm getting **myself** a Band-Aid.*

Reflexive pronouns in the accusative case

Ich habe **mich** geschnitten.	*I cut **myself**.*
Tina hat **sich** geschnitten.	***Tina** cut **herself**.*
Haben **Sie sich** geschnitten?	*Did **you** cut **yourself**?*

The accusative reflexive pronoun is identical in form to the accusative personal pronoun, except in the 3rd person singular and plural and in the **Sie**-form, where it is **sich.** Note that in the **Sie**-form **sich** is not capitalized.

personal pronouns		reflexive pronouns
NOMINATIVE	ACCUSATIVE	ACCUSATIVE
ich	mich	**mich**
du	dich	**dich**
er	ihn	
es	es	*sich*
sie	sie	
wir	uns	**uns**
ihr	euch	**euch**
sie	sie	*sich*
Sie	Sie	*sich*

Reflexive pronouns are used much more frequently in German than in English. Compare the following examples, where the English equivalents do not use reflexive pronouns at all.

Ich habe **mich** noch nicht rasiert.	*I haven't shaved yet.*
Kurt muss **sich** noch duschen.	*Kurt still has to shower.*

In sentences and clauses that do not begin with the subject, the reflexive pronoun usually precedes noun subjects, but always follows pronoun subjects.

Warum hat **sich Holger** denn nicht rasiert?	*Why didn't Holger shave?*
Ich verstehe nicht, warum **er sich** nicht rasiert hat.	*I don't understand why he didn't shave.*

Below are some verbs that use reflexive pronouns in the accusative case. Note that the infinitive forms are preceded by **sich.**

sich waschen	*to wash*	**sich schminken**	*to put on makeup*
sich baden	*to take a bath*	**sich anziehen**	*to get dressed*
sich duschen	*to take a shower*	**sich ausziehen**	*to get undressed*
sich kämmen	*to comb one's hair*	**sich umziehen**	*to change (one's clothes)*
sich rasieren	*to shave*		

9-19 Was macht Otilia um sieben Uhr zehn?

S1: Was macht Otilia um sieben Uhr zehn?

S2: Da schminkt sie sich.

	OTILIA	BERND	MORITZ UND JENS
7.10		Da duscht er sich.	
7.25	Da kämmt sie sich.		Da ziehen sie sich an.
20.30	Da zieht sie sich um.		

9-20 Kannst du nicht ein bisschen schneller machen?

▶

FRANK: Warum duschst du dich denn nicht endlich?

BERND: Ich muss mich doch erst rasieren.

1.

2.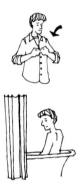

3.

9-21 Wir sind schneller, als du denkst!

▶

MUTTER: Warum duscht ihr euch denn nicht endlich?

KINDER: Wir haben uns schon längst geduscht.

1.

3.

5.

2.

4.

6.

9-22 Was ich alles mache, bevor ich zur Uni gehe. Schreiben Sie, was Sie alles machen, bevor Sie morgens zur Uni gehen. Verwenden Sie so viele reflexive Verben wie möglich!

Ich stehe meistens um _____ auf. Vor dem Frühstück ... Nach dem
   Frühstück ...

joggen gehen	sich waschen
sich duschen	sich baden
sich anziehen	sich rasieren
sich kämmen	sich schminken
frühstücken	meine Freundin/meinen Freund
ein bisschen lesen	anrufen
mein Bett machen	mein Zimmer aufräumen
meine Katze/meinen Hund füttern	...

9-23 Bevor ich zur Uni gehe, ... Erzählen Sie einander, was sie alles machen, bevor Sie zur Uni gehen. Ihre Partnerin/Ihr Partner macht Notizen und berichtet dann der Klasse.

Reflexive pronouns in the dative case

In the examples below, the reflexive pronouns are indirect objects and are therefore in the dative case. A reflexive pronoun in the dative case often indicates that a person is doing something in her/his own interest.

Ich kaufe **mir** einen Computer zum Geburtstag.	*I'm going to buy **myself** a computer for my birthday.*

Note the difference in the way German and English refer to actions that involve one's own body.

Oliver wäscht **sich** jeden Tag **die** Haare.	*Oliver washes **his** hair every day.*

Where English uses the possessive adjective (***his hair***), German uses the dative reflexive pronoun and the definite article (**sich die Haare**).

The dative reflexive pronoun is identical in form to the dative personal pronoun except in the 3rd person singular and plural and in the **Sie**-form, where it is again **sich.**

personal pronouns		reflexive pronouns
NOMINATIVE	DATIVE	DATIVE
ich	mir	**mir**
du	dir	**dir**
er	ihm	
es	ihm	*sich*
sie	ihr	
wir	uns	**uns**
ihr	euch	**euch**
sie	ihnen	*sich*
Sie	Ihnen	*sich*

9-24 Was machen diese Leute?

▶ Anita sich die Haare bürsten

Anita bürstet sich die Haare.

1. Peter

3. ich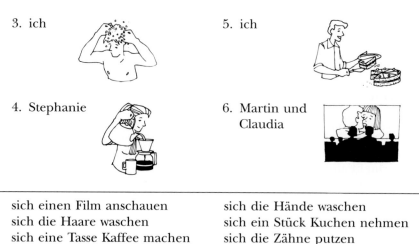

5. ich

2. wir

4. Stephanie

6. Martin und Claudia

sich einen Film anschauen	sich die Hände waschen
sich die Haare waschen	sich ein Stück Kuchen nehmen
sich eine Tasse Kaffee machen	sich die Zähne putzen

9-25 Kleine Gespräche. Ergänzen Sie die Reflexivpronomen!

1. CLAUDIA: Warum nimmst du _____ nicht ein Stück von meinem Kuchen, bevor du ins Bett gehst?
    STEPHANIE: Weil ich _____ die Zähne schon geputzt habe.

2. CLAUDIA: Warum sucht ihr _____ denn kein größeres Zimmer oder sogar eine kleine Wohnung?
    MARTIN: Weil wir _____ nichts mehr zu essen kaufen können, wenn wir noch mehr Miete zahlen müssen.

3. HERR KOCH: Warum kaufen _____ Müllers denn keinen zweiten Wagen?
   FRAU KOCH: Ich glaube, sie wollen _____ zuerst ein Haus kaufen.

4. FRAU HAAG: Warum soll ich _____ denn einen Videorecorder kaufen?
   HERR MERZ: Damit Sie _____ zu Hause Filme anschauen können.

9-26 Was kaufst du dir mit diesem Geld? Ihre Partnerin/Ihr Partner hat 500 Dollar gewonnen und soll sich mit diesem Geld drei Dinge kaufen. Fragen Sie sie/ihn, was die drei Dinge sind, und wieviel Geld sie/er für jedes ausgeben will. Berichten Sie dann, was Sie herausgefunden haben.

about

S1: Was kaufst du _____ zuerst?

Was kaufst du _____ dann?
Und was kaufst du _____ zuletzt?

S2: Zuerst kaufe ich _____ für etwa° _____ Dollar ...

Dann kaufe ich _____ für ...
Zuletzt kaufe ich _____ für ...

S1: Zuerst kauft _____ Lisa/David für etwa _____ Dollar ...
Dann kauft sie/er _____ für etwa _____ Dollar ...
Und zuletzt kauft sie/er _____ für etwa _____ Dollar ...

9-27 Morgentoilette. Stellen Sie einander ein paar Fragen über Ihre Morgentoilette°. Berichten Sie dann Ihren Mitstudenten, was Sie herausgefunden haben.

morning rituals

1. Badest du dich morgens oder duschst du dich lieber?
2. Wie oft wäschst du dir die Haare?
3. Mit was für einem Shampoo wäschst du dir die Haare?
4. Ziehst du dich vor oder nach dem Frühstück an?
5. Putzt du dir vor oder nach dem Frühstück die Zähne?
6. Mit was für einer Zahnpasta putzt du dir die Zähne?
7. Was machst du dir alles zum Frühstück?

Reflexive pronouns used to express *each other*

German commonly uses the plural reflexive pronoun as a reciprocal pronoun corresponding to English *each other*. Note that the pronoun is not always expressed in English.

Wie habt ihr **euch** kennen gelernt? *How did you get to know **each other**?*
Wo sollen wir **uns** treffen? *Where should we meet?*

9-28 Was passt zusammen? Ergänzen Sie die Reflexivpronomen in den Fragen und beantworten Sie die Fragen! Ein paar Antworten passen mehr als einmal.

S1:

1. Seit wann kennen _____ Claudia und Martin?
2. Wie haben Sie _____ kennen gelernt?
3. Wie oft rufen _____ die beiden an?
4. Wann trefft ihr _____ heute Abend?
5. Wo sollen wir _____ morgen Abend treffen?
6. Wann sehen wir _____ wieder?
7. Wie oft schreibt ihr _____?
8. Seit wann grüßen _____ Müllers und Maiers nicht mehr?

S2:

Durch Freunde.
Hoffentlich sehr bald.
Um acht.
Am besten wieder bei mir.
Seit einem halben Jahr.
Fast jeden Tag.

BITTE nicht so nahe! Wir kennen uns ja kaum!

Reflexive verbs

Many German verbs are always or almost always accompanied by a reflexive pronoun even though their English equivalents are rarely reflexive. Here are some important ones.

sich auf·regen	*to get excited; to get upset*
sich beeilen	*to hurry (up)*
sich benehmen	*to behave*
sich entschuldigen	*to apologize*
sich erkälten	*to catch a cold*
sich setzen	*to sit down*
sich verspäten	*to be late*
sich wohl fühlen	*to feel well*

speech bubbles **9-29 Was passt in die Sprechblasen°?**

1.

2.

3.

4.

Ich habe mich erkältet.	Reg dich doch nicht so auf!
Sie haben sich verspätet.	Beeil dich doch ein bisschen!

5.

6.

7.

8.

Komm, setz dich zu mir!	Du benimmst dich schlecht.
Ich fühle mich nicht wohl.	Können Sie sich nicht wenigstens entschuldigen?

9-30 Was passt? Finden Sie zu jeder Situation die passende Reaktion!

Situationen

1. Stefan hat den Fußball beim Nachbarn durchs Fenster gekickt. Sein Vater sagt:
2. Monika will ausgehen und zieht den neuen Pulli von ihrer Schwester an. Als° ihre Schwester plötzlich zu Tür hereinkommt, sagt Monika: *when*
3. Holger ist mit Anna auf einer Party. Er isst und trinkt zu viel, steht dann plötzlich auf und will gehen. Anna fragt, warum er denn schon gehen will. Holger antwortet:
4. Günter ist mit Tina auf einer Party. Er trinkt zu viel und fängt an, ziemlich laut zu werden. Tina sagt:

Reaktionen

a. Benimm dich doch nicht so schlecht!
b. Bitte, reg dich nicht auf!
c. Jetzt gehst du sofort zu Schneiders und entschuldigst dich.
d. Weil ich mich nicht wohl fühle.

9-31 Was passt? Finden Sie zu jeder Situation die passende Reaktion!

Situationen

1. Frau Gürlük braucht 15 000 Mark für einen neuen Wagen. Als sie zum Bankdirektor kommt, sagt er:
2. Markus und Charlyce fahren um 18.32 Uhr nach Berlin. Markus erklärt der Amerikanerin, dass die Züge in Deutschland sehr pünktlich sind, und sagt:
3. Obwohl das Wasser noch eiskalt war, ist Patrick gestern schwimmen gegangen. Heute morgen fühlt er sich gar nicht wohl und denkt:
4. Das Konzert beginnt um 20 Uhr, und um 19.35 Uhr ist Herr Kemp immer noch in der Dusche. Seine Frau ruft:

Reaktionen

a. Bitte, sei rechtzeitig° fertig! Wir dürfen uns nicht verspäten.   *on time*
b. Guten Tag! Bitte setzen Sie sich!
c. Beeil dich doch bitte ein bisschen, Dieter!
d. Ich glaube, ich habe mich gestern erkältet.

9-32 Was passt wo? Ergänzen Sie die passenden reflexiven Verben!

▶ Weil er _____ oft schlecht _____.

sich benehmen

S1: Warum ladet ihr Günter nicht ein?

S2: Weil er sich oft schlecht benimmt.

1. Warum war Stephanie heute nicht in der Vorlesung?

   Weil sie _____ _____ hat und im Bett liegt.

2. Ich will mit Stefan nichts mehr zu tun haben.

   Auch nicht, wenn er _____ _____?

3. Warum denkst du denn, dass Holger mich liebt?

   Weil er _____ in der Vorlesung immer neben dich _____.

4. Warum kann ich denn meinen Kaffee nicht austrinken?

   Weil wir _____ nicht _____ dürfen.

sich verspäten	sich erkälten	sich setzen	sich entschuldigen

5. Warum hast du Vater von dieser schlechten Zensur nichts gesagt?

   Damit er _____ nicht _____.

6. Dürfen wir mit euch ins Konzert, Mutti?

   Wenn ihr _____ gut _____.

7. Warum darf ich denn mein Bier nicht austrinken?

   Weil wir _____ _____ müssen.

8. Warum willst du denn nicht mit uns tanzen gehen?

   Weil ich _____ nicht _____.

sich benehmen	sich beeilen	sich aufregen	sich wohl fühlen

form  **9-33 Persönliche Fragen.** Bilden° Sie kleine Gruppen und stellen Sie einander die folgenden Fragen.

- In was für Situationen regst du dich auf?

  Ich rege mich auf, wenn ...

- Was für Medikamente nimmst du, wenn du dich erkältest hast?

  Wenn ich mich erkältet habe, nehme ich ...

- Verspätest du dich manchmal? Warum?

  Ich verspäte mich manchmal, weil ...

④ Expressing actions in the future

The future tense

In *Kapitel 1* you learned that future ideas are usually expressed with the present tense if the context clearly refers to future time.

Nächste Woche **besucht** Stephanie ihre Verwandten in Köln.

*Next week Stephanie **will be visiting** her relatives in Cologne.*

German also has a future tense. It consists of the auxiliary verb **werden** and an infinitive.

singular			plural		
ich	**werde**	kommen	wir	**werden**	kommen
du	**wirst**	kommen	ihr	**werdet**	kommen
er/es/sie	**wird**	kommen	sie	**werden**	kommen
			Sie	**werden**	kommen

As with other German tenses, the future tense has more than one English equivalent.

	he will come
er wird kommen	*he will be coming*
	he is going to come

The future tense is used to express a future event if the context does not clearly refer to future time.

Present time:	Du **siehst,** dass ich Recht habe.	*You **see** that I'm right.*
Future time:	Du **wirst sehen,** dass ich Recht habe.	*You **will see** that I'm right.*

The future tense is also used to emphasize that something is going to happen in the future.

Von heute ab **werde** ich keine einzige Zigarette mehr **rauchen.**	*From today on I **will** not **smoke** a single cigarette anymore.*

Note that the position of the auxiliary and the infinitive parallels the position of modals and infinitives that you learned in *Kapitel 4.*

9-34 Von morgen ab ... Osman wird morgen einundzwanzig und möchte ein ganz neues und viel besseres Leben beginnen. Was wird er von morgen ab alles tun oder nicht mehr tun?

Der alte Osman
Er steht morgens immer viel zu spät auf.

Der neue Osman
Von morgen ab wird er immer rechtzeitig aufstehen.

1. Er duscht sich viel zu lang.
2. Er fährt immer mit dem Wagen zur Uni.
3. Er geht oft nicht in die Vorlesungen.
4. Er treibt keinen Sport.
5. Er isst zu viel Junkfood.
6. Er geht immer ohne Einkaufstaschen zum Supermarkt.
7. Er kauft seine Milch immer in Milchkartons.
8. Er geht immer viel zu spät ins Bett.

... er sich nie mehr so lang _____.
... er nur noch mit dem Fahrrad zur Uni _____.
... er in jede Vorlesung _____.

... er jeden Tag Sport _____.
... er nur noch Naturprodukte _____.
... er nie mehr ohne Einkaufstaschen zum Supermarkt _____.
... er seine Milch nur noch in Glasflaschen _____.
... er immer rechtzeitig ins Bett _____.

intentions

9-35 Gute Vorsätze° Sagen Sie Ihren Mitstudenten, was Sie von morgen ab tun oder nicht mehr tun werden.

S1: Von morgen ab werde ich keine einzige Zigarette mehr rauchen.
S2: Von morgen ab werde ich jeden Tag zehn deutsche Vokabeln lernen.
S3: Von morgen ab werde ich ...

Werden versus *wollen*

Do not confuse the auxiliary verb **werden** with the modal verb **wollen,** which expresses a desire or a wish.

Ralf **wird** mich nach Hause fahren.	*Ralf **will** drive me home.*
Ralf **will** mich nach Hause fahren.	*Ralf **wants to** drive me home.*

Remember also that when it is not used as an auxiliary verb, the verb **werden** means *to get* or *to be* in the sense of *to become*.

Im Winter **wird** es schon sehr früh dunkel.	*In winter it **gets** dark very early.*
Wie alt **wird** Bernd morgen?	*How old **is** Bernd **going to be** tomorrow?*

9-36 Robert Ziegler hat Geburtstag. Ergänzen Sie die passenden Formen von **werden** oder **wollen.**

NINA: Mein Bruder _____ morgen fünfzehn und _____ einen Computer zum Geburtstag.

ALEX: So wie ich deinen Vater kenne, _____ er ihn auch bekommen.

NINA: Klar! Vati denkt, Robert soll Programmierer _____, denn als Programmierer _____ er bestimmt sehr gut verdienen.

ALEX: Und was denkt deine Mutter?

NINA: Sie meint, Robert soll _____, was er _____, und nicht, was sein Vater _____. Aber den Computer _____ er natürlich bekommen.

ZUSAMMENSCHAU

ZUM HÖREN

Einkaufsprobleme

Von Montag bis Freitag machen die Geschäfte um 18.30 Uhr zu und am Samstag schließen sie schon um 14 Uhr. Weil Herr und Frau Ziegler erst um sechs von der Arbeit kommen und weil Brot, Wurst, Obst und Gemüse nur wenige Tage frisch bleiben, müssen Nina oder Robert jeden Mittwoch Nachmittag ein paar Einkäufe machen. Hören Sie, was Zieglers beim Frühstück miteinander sprechen.

NEUE VOKABELN

der Fleischer	*butcher*	**Kommt gar**	*That's out of*
Heute bist	*Today it's*	**nicht in**	*the question!*
du dran.	*your turn.*	**Frage!**	
die Schinkenwurst	*ham sausage*	**genauso gut**	*just as good*
die Brezel, -n	*(large, soft)*	**schmecken**	*to taste*
	pretzel		

9-37 Globalverstehen. Wer sagt das? Schreiben Sie HZ (Herr Ziegler), FZ (Frau Ziegler), N (Nina) oder R (Robert)!

_____ Nina! Warum kommst du denn nicht zum Frühstück?
_____ Du musst gleich nach der Schule zum Supermarkt, zum Bäcker und zum Fleischer.
_____ Ich hab' doch letzten Mittwoch eingekauft.
_____ Na, dann gib mir eben die Liste.
_____ Kommt gar nicht in Frage, Nina!
_____ Im Supermarkt ist doch alles genauso gut.
_____ Ja, besonders die Brezeln.
_____ Und vergiss nicht, die Einkaufstaschen mitzunehmen, Nina!

9-38 Detailverstehen.

1. Warum kommt Robert ungekämmt zum Frühstück? *Weil ...*
2. Warum will Robert heute nicht einkaufen gehen? *Weil ...*
3. Warum will Nina alles im Supermarkt kaufen? *Weil ...*
4. Wo soll Nina das Brot, die Brezeln und die Wurst kaufen?
5. Warum soll Nina das Brot, die Brezeln und die Wurst nicht im Supermarkt kaufen? *Weil ...*
6. Wann werden Herr und Frau Ziegler heute Abend zurück sein?

hors d'oeuvres / main course

9-39 Freunde kommen zu Besuch. Planen Sie mit einer Partnerin/einem Partner ein Essen für acht Personen. Machen Sie eine Einkaufsliste für eine kleine Vorspeise°, ein Hauptgericht° und einen guten Nachtisch. Vergessen Sie nicht, dass Sie auch Getränke kaufen müssen, und schreiben Sie genau auf, wie viel Gramm, Scheiben, Flaschen, Dosen, Becher, Stück oder Packungen Sie bei Bolle kaufen wollen.

Einkaufsgewohnheiten[1]

In den deutschsprachigen Ländern gibt es in jeder Stadt viele Bäcker und Fleischer, obwohl man Brot, Brötchen, Fleisch und Wurst auch im Supermarkt kaufen kann. Viele Leute kaufen ihr Brot und ihre Wurst aber immer noch bei ihrem Lieblingsbäcker oder -fleischer, weil sie glauben, dass kein anderer Bäcker oder Fleischer so gut ist wie ihrer.

Reformhäuser gibt es in den deutschsprachigen Ländern schon viel länger als in Nordamerika und viele Leute kaufen dort chemiefreie Lebensmittel, Vitamine und viele andere Dinge, die besonders gesund sein sollen.

Eine Drogerie ist nicht ganz dasselbe wie ein nordamerikanischer *drugstore*, denn rezeptpflichtige[2] Medikamente und sogar rezeptfreie Medikamente wie Aspirin kann man in den deutschsprachigen Ländern nur in der Apotheke kaufen.

[1] *shopping habits*
[2] *prescription*

Apotheke am Kirchplatz
465
Werner Horn
Inhaber Michael Knüttel
7063 Welzheim
Telefon 0 71 82 / 88 19
Kaufe Arzneimittel nur in der Apotheke!

Derselbe, dasselbe, dieselbe

The English equivalent of **derselbe, dasselbe,** and **dieselbe** is *the same.* Note that both parts of this German compound word take case endings.

Ich wohne in **derselben** Straße wie Peter.	*I live on **the same** street as Peter.*
Sag doch nicht immer **dasselbe!**	*Don't always say **the same** thing!*
Hat Ann immer noch **denselben** Freund?	*Does Ann still have **the same** boyfriend?*

If the definite article is contracted with a preposition, **selb-** is written as a separate word.

Peter und ich wohnen **im selben** Haus.	*Peter and I live in **the same** house.*

LEUTE

Ida Jobe

Vor dem Lesen

9-40 Kulturschock

1. Was ist ein Kulturschock?
2. Haben Sie schon einmal einen Kulturschock erlebt°? Erzählen Sie!

experienced

9-41 Was ist das auf Englisch?

1. In der Sowjetunion hatten die **Bauern** kein eigenes Land.
2. Sie mussten auf **Kolchosen** arbeiten.
3. Sie sollten sonntags auch nicht mehr in die **Kirche** gehen.
4. Von 1941 bis 1945 war **Krieg** zwischen Deutschland und der Sowjetunion.
5. Deutschland **hat** diesen Krieg **verloren.**
6. Nach dem Krieg **haben** die Sowjets viele Russlanddeutsche nach Sibirien oder Kasachstan **umgesiedelt.**
7. Von 1978 ab haben immer mehr Russlanddeutsche die **Erlaubnis** zur Ausreise in die BRD bekommen.
8. In Deutschland mussten sie oft lang in **Lagern** leben, bevor sie Wohnungen finden konnten.

a. resettled
b. permission
c. war
d. church
e. camps
f. peasants; farmers
g. collective farms
h. lost

Eine Russlanddeutsche aus Kasachstan erzählt vom Kulturschock nach der Ankunft[1] in Deutschland.

Im Jahr 1763 hat die russische Zarin Katharina II. deutsche Kolonisten nach Russland gerufen. So sind meine Vorfahren in die Ukraine gekommen und sie haben dort fast 200 Jahre lang in einem Dorf gelebt, das eine deutsche Schule und eine deutsche Kirche hatte. Aber unter Stalin haben sie wie alle Bauern in der Sowjetunion ihr Land verloren und mussten auf einer Kolchose arbeiten. Ihre Kinder mussten in russische Schulen gehen und haben bald kein Deutsch mehr gesprochen.

1941 ist dann die deutsche Armee in die Sowjetunion einmarschiert und meine Großeltern haben gehofft[2], ihr Land und ihre Schulen wieder zurückzubekommen. Aber 1945 hat Deutschland den Krieg verloren und die Sowjets haben uns Deutsche weit nach Osten umgesiedelt. Ich bin deshalb nicht in der Ukraine geboren, sondern in der Sowjetrepublik Kasachstan. Dort habe ich auch studiert und bin Mathematiklehrerin geworden. Wir haben aber nie vergessen, dass wir Deutsche sind, und von 1978 ab haben wir immer wieder versucht, die Erlaubnis zur Ausreise nach Deutschland zu bekommen. Als wir dann 1985 endlich ausreisen durften, waren wir ganz glücklich.

Es war nicht leicht für uns, hier in Deutschland Deutsch zu lernen und lang in Lagern zu leben, bevor wir endlich Arbeit und eine Wohnung finden konnten. Das größte Problem aber war, dass Deutschland für uns noch das Land war, das unsere Vorfahren vor über 200 Jahren verlassen[3] hatten: ein Land, wo die Menschen sonntags in die Kirche gehen, wo sie Volkslieder[4] singen und an Feiertagen Trachten[5] tragen und Volkstänze tanzen. Das moderne Deutschland war deshalb ein großer Schock für uns: ein hochindustrialisiertes Land, wo die Kirchen oft fast leer sind, wo die jungen Leute in Rockkonzerte und in die Disco gehen und wo Drogen und Aids uns Angst um[6] unsere Kinder machen.

Ich habe 1986 angefangen, noch einmal zu studieren, und seit 1990 bin ich Lehrerin an einer Hauptschule in Ulm. Viele von meinen Schülern sind Kinder von Ausländern und ich verstehe ihre Probleme oft viel besser als die Kolleginnen und Kollegen, die in Deutschland geboren und aufgewachsen[7] sind.

[1]*arrival* [2]*hoped* [3]*left* [4]*folksongs* [5]*traditional costumes* [6]*afraid for* [7]*grown up*

Arbeit mit dem Text

9-42 Wann war das?   Suchen Sie die richtigen Jahreszahlen.

_____ Ida Jobe beginnt ihr zweites Studium.
_____ Einmarsch der deutschen Armee in die Sowjetunion.
_____ Ida Jobes Vorfahren verlassen Deutschland und gehen in die Ukraine.
_____ Umsiedlung der Familie Jobe von der Ukraine nach Kasachstan.
_____ Familie Jobe versucht zum ersten Mal, die Ausreiseerlaubnis nach Deutschland zu bekommen.
_____ Deutschland verliert den Krieg.
_____ Ankunft der Jobes in Deutschland.

9-43 Richtig oder falsch?   Sie hören acht Aussagen zu *Ida Jobe.* Sind diese Fragen **richtig** oder **falsch?**

	RICHTIG	FALSCH		RICHTIG	FALSCH
1.	_____	_____	5.	_____	_____
2.	_____	_____	6.	_____	_____
3.	_____	_____	7.	_____	_____
4.	_____	_____	8.	_____	_____

Wort, Sinn und Klang

Predicting gender

In German and in English the suffix **-er** is used to form *agent nouns,* i.e., nouns that show who or what does the action described by the verb. An agent noun with the suffix **-er** is always masculine even though it can refer to things as well as males. Some of these nouns take an umlaut.

kaufen	*to buy*	**der** Käu**fer**	*buyer*
wecken	*to wake (someone) up*	**der** Weck**er**	*alarm clock*

If an agent noun refers to a female, the suffix **-in** is added to the masculine suffix **-er.**

der Käufer	*(male) buyer*	**die** Käufer**in**	*(female) buyer*

9-44 Was passt wo? Choosing appropriate infinitives, create German equivalents of the English nouns listed below. The articles indicate whether the nouns are to refer to a male or a thing (**der**) or to a female (**die**). Note that there are three compound nouns.

vermieten / einwandern / verkaufen / hören / übersetzen / Korken + ziehen
anfangen (Umlaut!) / besuchen / Arbeit + geben / Anruf + beantworten

1. beginner   der _____
2. translator   die _____
3. corkscrew   der _____
4. immigrant   der _____
5. answering machine   der _____
6. visitor   die _____
7. sales clerk   der _____
8. employer   der _____
9. landlady   die _____
10. (telephone) receiver   der _____

Giving language color

There are so many expressions based on the names of the parts of the body that another sampling is added here. The endings given for **jemand** are a dictionary convention that shows whether the verb takes an object in the dative or in the accusative.

hit

Mir raucht der Kopf.	*I can't think straight anymore.*
ein Haar in der Suppe finden	*to find fault with something*
unter vier Augen	*in private*
jemandem auf der Nase herumtanzen	*to walk all over someone*
jemanden übers Ohr hauen°	*to cheat someone*
sich die Beine in den Bauch stehen	*to stand until one is ready to drop*

9-45 Was passt zusammen?

1. Warum hörst du denn schon auf zu lernen?
2. Warum soll ich denn nicht Lehrerin werden?
3. Warum soll ich weggehen, wenn Günter kommt?
4. Warum kaufst du Günters Wagen nicht?
5. Warum willst du mich dein Referat nicht lesen lassen?
6. Warum soll *ich* denn die Karten für das Fußballmatch kaufen?

a. Weil ich unter vier Augen mit ihm sprechen muss.
b. Weil du immer ein Haar in der Suppe findest.
c. Weil mir der Kopf raucht.
d. Weil du dir auch mal die Beine in den Bauch stehen kannst.
e. Weil dir die Schüler alle auf der Nase herumtanzen werden.
f. Weil ich Angst habe, dass er mich übers Ohr haut.

Zur Aussprache

German *s*-sounds: voiced *s* and voiceless *s*

Before vowels the sound represented by the letter **s** is *voiced,* i.e., it is pronounced like English *z* in *zip.*

1. Wohin reisen **S**use und **S**abine? – Auf eine **s**onnige **S**üd**s**eein**s**el.
2. **S**o ein **S**auwetter! **S**eit **S**onntag keine **S**onne!

Before consonants and at the end of a word, the sound represented by the letter **s** is *voiceless,* i.e., it is pronounced like English *s* in *sip.* The sounds represented by **ss** and **ß** (Eszett) are also *voiceless.*

1. Der Mensch ist, was er isst.
2. Ist das alles, was du weißt?
3. Wo ist hier das beste Restaurant?

The sound represented by the letter **z** is pronounced like English *ts* in *hits.*

1. Der **Z**ug nach **Z**ürich fährt um **z**ehn.
2. Wann kommt Hein**z** aus Main**z** **z**urück?
3. **Z**ahnär**z**te **z**iehen **Z**ähne.

Contrasting German *s*-sounds

so	Zoo	Gras	Graz°	an Austrian city
seit	Zeit	Schweiß°	Schweiz	*sweat*
Saal	Zahl	Kurs	kurz	
selten	zelten	heißen	heizen	
Sieh!	Zieh!	beißen	beizen°	*to stain (wood)*

Nomen

der Fön	blow-dryer
die Haarbürste, -n	hairbrush
der Kamm, ̈e	comb
der Lippenstift, -e	lipstick
der Rasierapparat, -e	shaver
die Seife, -n	soap
das Shampoo, -s	shampoo
der Spiegel, -	mirror
die Zahnbürste, -n	toothbrush
die Zahnpasta	toothpaste
das Handtuch, ̈er	towel
der Waschlappen, -	washcloth
die Apotheke, -n	pharmacy
die Drogerie, -n	drugstore
das Reformhaus, ̈er	health food store
die Fußgängerzone, -n	pedestrian zone
die Verkehrsampel, -n	traffic light
die Vorspeise, -n	hors d'oeuvre
das Hauptgericht, -e	main course
der Pfeffer	pepper
das Salz	salt
der Essig	vinegar
das Öl	oil
der Senf	mustard
der Herr, -n, -en	gentleman; Mr.
der Kollege, -n, -n	colleague
die Kollegin, -nen	
der Polizist, -en, -en	policeman
die Polizistin, -nen	policewoman
der Mitbürger, -	fellow citizen
die Mitbürgerin, -nen	

Verben

sich an·ziehen, hat sich angezogen	to dress
sich aus·ziehen, hat sich ausgezogen	to undress
sich um·ziehen, hat sich umgezogen	to change one's clothes
sich baden	to take a bath
sich duschen	to take a shower
sich kämmen	to comb one's hair
sich rasieren	to shave
sich schminken	to put on make-up
sich auf·regen	to get excited; to get upset
sich beeilen	to hurry
sich benehmen (benimmt sich), hat sich benommen	to behave
sich entschuldigen	to apologize
sich erkälten	to catch a cold
sich setzen	to sit down
sich verspäten	to be late
sich wohl fühlen	to feel well
erleben	to experience
hoffen	to hope
reden	to talk; to speak
schmecken	to taste
treffen (trifft), hat getroffen	to meet
verlieren, hat verloren	to lose

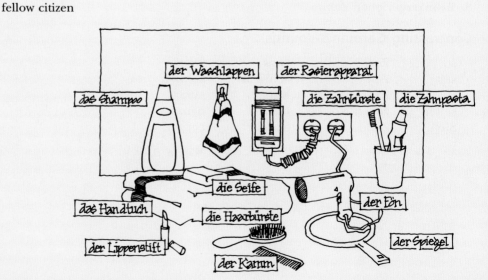

Andere Wörter

derselbe, dasselbe, dieselbe	the same
versalzen	oversalted
etwa	approximately
wirklich	really
rechtzeitig	on time

Ausdrücke

Alles in Ordnung?	Is everything okay?
Angst haben um	to be afraid for
Das kommt nicht in Frage!	That's out of the question!
genauso gut	just as good
Jetzt bist du dran.	Now it's your turn.

Das Gegenteil

bevor ≠ nachdem	before ≠ after	*(conj)*

Leicht zu verstehen

der Bär, -en, -en	der Athlet, -en, -en
der Elefant, -en, -en	die Athletin, -nen
der Fisch, -e	die Droge, -n
das Kamel, -e	
die Armee, -n	

Wörter im Kontext

9-46 Was passt zusammen? Beginnen Sie jede Frage mit **Was brauche ich, ...**

1. um mir die Haare zu waschen?
2. um mir die Haare zu trocknen?
3. um mir die Zähne zu putzen?
4. um mir die Hände zu waschen?
5. um mich zu kämmen?
6. um mich zu schminken?
7. um mich zu rasieren?

a. Einen Lippenstift.
b. Einen Kamm und einen Spiegel.
c. Einen Rasierapparat.
d. Wasser und Seife.
e. Ein Handtuch und einen Fön.
f. Wasser und Shampoo.
g. Eine Zahnbürste und Zahnpasta.

9-47 Was passt wo?

sich umziehen / sich anziehen / sich ausziehen / sich beeilen / sich erkälten / sich wohl fühlen / sich entschuldigen

1. Bevor man sich duscht oder sich badet, _____ man _____ _____.
2. Nachdem man sich geduscht oder sich gebadet hat, _____ man _____ wieder _____.
3. Bevor man in die Oper geht, _____ man _____ _____.
4. Wenn man im Winter mit nassen Haaren aus dem Haus geht, kann man _____ _____.
5. Wenn man morgens zu spät aufgestanden ist, sollte man _____ _____.
6. Wenn man sich verspätet hat oder wenn man sich schlecht benommen hat, sollte man _____ _____.
7. Wenn man _____ nicht _____ _____, sollte man zu Hause bleiben.

9-48 Was ist hier identisch? Welche zwei Sätze in jeder Gruppe bedeuten etwa dasselbe?

1. Diese Suppe schmeckt mir nicht.
   Ich mag diese Suppe nicht.
   Ich habe keine Lust auf Suppe.

2. Jetzt bist du dran.
   Das darfst du nicht.
   Das kommt nicht in Frage!

3. Ich fühle mich nicht wohl.
   Es tut mir Leid.
   Mir geht es nicht gut.

4. Kommt ja rechtzeitig!
   Verspätet euch nicht!
   Regt euch nicht auf!

KAPITEL 10

Aus Büchern und Zeitungen

 Kommunikationsziele

Telling stories
Giving opinions
Talking about the past
Describing people, places, and
   things

 Strukturen

Simple past tense
Past perfect tense
Principal parts of verbs
Wann, als, wenn
More on relative pronouns
Summary of adjective endings

 Kultur

**Der Beginn des
   Informationszeitalters**
Zeitungen und Magazine

Leute: **Die Brüder Grimm**

Lesen in der Mittagspause

Der schlaue Student vom Paradies

nach Hans Sachs

Im sechzehnten Jahrhundert studierte einmal ein deutscher Student in Paris. Im Juli war das Sommersemester zu Ende und der Student wollte zu seinen Eltern nach Deutschland zurück. Weil er aber sehr arm war, konnte er kein Pferd kaufen, sondern musste zu Fuß nach
5 Deutschland wandern. (Busse und Züge gab es damals natürlich noch nicht.)

Als der Student nach einer Woche zum ersten deutschen Dorf kam, war es gerade Mittag, und weil er heute noch nichts gegessen hatte, war er sehr hungrig. Er blieb deshalb bei einer Bäuerin stehen, die vor
10 ihrem Haus im Garten arbeitete, und sagte: „Guten Tag, liebe Frau. Haben Sie vielleicht etwas zu essen für mich? Ich bin heute schon weit gewandert und habe noch nicht mal gefrühstückt."

Die Bäuerin schaute von ihrer Arbeit auf und fragte: „Wer sind Sie denn und woher kommen Sie?"

15 „Ich bin ein armer Student", antwortete er, „und ich komme von Paris."

Nun war die gute Frau zwar sehr fromm, aber nicht sehr intelligent. Sie ging jeden Sonntag in die Kirche und sie hörte dort viel vom Paradies, aber von Paris hatte sie noch nie etwas gehört. Und so
20 verstand sie nicht *Paris*, sondern *Paradies*, und rief: „Was, Sie kommen vom Paradies?! Ja, dann kennen Sie doch sicher meinen ersten Mann. Er war gut und fromm und ist jetzt bestimmt im Paradies."

„Wie heißt er denn?" fragte der schlaue Student.

„Hans", antwortete die Bäuerin, „Hans Krüger."

25 „Oh, der Hans!" rief der Student. „Aber natürlich kenne ich ihn. Er ist sogar ein guter Freund von mir."

„Wie geht es ihm im Paradies?" fragte die Frau.

„Leider nicht sehr gut", antwortete der Student. „Hans ist sehr arm. Er hat kein Geld, ist in Lumpen gekleidet und hat oft nicht mal genug zu
30 essen."

„Oh, du mein armer Hans", weinte da die gute Frau, „du hast kein Geld und keine Kleider und musst oft hungern und frieren. Aber vielleicht kann ich dir helfen. Mein zweiter Mann ist reich und gut." Dann fragte sie den Studenten: „Wann gehen Sie denn ins Paradies
35 zurück, junger Mann?"

Da rief der Bauer: „Oh, Frau!"

„Meine Ferien sind übermorgen zu Ende", antwortete er, „und ich gehe morgen wieder ins Paradies zurück."

„Können Sie vielleicht für meinen armen Hans ein bisschen Geld und ein paar gute Kleider mitnehmen?" fragte die Frau.

40 „Aber natürlich", antwortete der Student, „das mache ich gern. Holen Sie nur das Geld und die Kleider, dann muss Ihr Hans bald nicht mehr hungern und frieren."

Da war die gute Frau sehr glücklich. Sie lief ins Haus und bald kam sie mit einem Bündel Kleider, mit zehn Goldstücken und mit einem
45 großen Stück Brot wieder zurück. Das Brot gab sie dem Studenten und die Goldstücke steckte sie in das Bündel. „Bitte, geben Sie meinem Hans dieses Bündel", sagte sie, „und grüßen Sie ihn von mir. Ich habe zwar wieder geheiratet, aber meinen Hans werde ich nie vergessen."

50 Der Student dankte der Bäuerin für das Brot, nahm das Bündel und wanderte so schnell wie möglich weiter.

Nach einer halben Stunde kam der Bauer vom Feld und die glückliche Frau erzählte ihm alles. Da rief er: „Oh, Frau!" lief schnell in den Stall, sattelte sein Pferd und galoppierte dem Studenten nach.

55 Der Student war mit seinem Bündel schon weit gewandert. Als er plötzlich ein Pferd galoppieren hörte, nahm er das Bündel schnell vom Rücken und versteckte es in einem Busch.

Der Bauer kam, hielt sein Pferd an, und fragte: „Haben Sie vielleicht einen Studenten mit einem Bündel auf dem Rücken gesehen?"

60 „Ja", log der schlaue Student, „das ist sicher der Mann, mit dem ich gerade gewandert bin. Als er Ihr Pferd hörte, hat er Angst gekriegt und ist schnell in den Wald gerannt."

„Halten Sie doch bitte mein Pferd!" rief da der Bauer. „Ich muss diesen Studenten fangen." Und er stieg schnell vom Pferd und lief in
65 den Wald. Der Student aber holte das Bündel aus dem Busch, stieg auf das Pferd und ritt schnell weg.

Der Bauer fand niemand im Wald und als er wieder zurückkam, fand er auch den Studenten und das Pferd nicht mehr. Da wurde ihm alles klar und er ging langsam zu Fuß nach Hause zurück.

70 Zu Hause fragte ihn seine Frau: „Warum kommst du zu Fuß zurück? Wo ist denn dein Pferd?"

„Ich habe es dem Studenten gegeben", antwortete der Bauer. „Mit dem Pferd kommt er schneller ins Paradies."

10-1 Wahrheit oder Lüge°?   Sie hören *Der schlaue Student vom Paradies* *lie*
und dann acht Aussagen. Haken Sie nach jeder Aussage ab,

a. wer das sagt (der Student, die Bäuerin, der Bauer)
b. ob diese Leute glauben, was sie sagen (Wahrheit) oder ob sie lügen
   (Lüge).

A. DER STUDENT	DIE BÄUERIN	DER BAUER	B. WAHRHEIT	LÜGE
1. _____	_____	_____	_____	_____
2. _____	_____	_____	_____	_____
3. _____	_____	_____	_____	_____
4. _____	_____	_____	_____	_____
5. _____	_____	_____	_____	_____
6. _____	_____	_____	_____	_____
7. _____	_____	_____	_____	_____
8. _____	_____	_____	_____	_____

10-2 Was passt wo?

arbeitete / kam / sah

1. Als der Student durch das erste deutsche Dorf _____, _____ er dort eine
   Bäuerin, die vor ihrem Haus im Garten _____.

hatte / fragte / war / sagte

2. Weil es gerade Mittag _____ und weil er Hunger _____, _____ er „Guten
   Tag!" und _____: „Haben Sie vielleicht etwas zu essen für mich?"

hörte / fragte / verstand / antwortete

3. Die Frau _____: „Woher kommen Sie?" und der Student _____: „Von Paris."
   Und weil die Frau jeden Sonntag vom Paradies _____, _____ sie nicht Paris,
   sondern Paradies.

hörte / holte / zurückging / war

4. Als die Frau _____, dass der Student morgen wieder ins Paradies _____,
   _____ sie ganz glücklich und _____ Geld, Kleider und ein Stück Brot.

galoppierte / sattelte / erzählte / lief

5. Als die Frau dem Bauern von dem Studenten und dem Bündel _____,
   _____ er schnell in den Stall, _____ sein Pferd und _____ dem Studenten
   nach.

fragte / hörte / schickte / versteckte

6. Als der Student ein Pferd galoppieren _____, _____ er das Bündel schnell
   in einem Busch. Als der Bauer ihn nach dem Studenten _____, _____ er
   ihn in den Wald.

stieg / fand / ritt / holte

7. Der Bauer _____ natürlich niemand. Der Student aber _____ das Bündel
   aus dem Busch, _____ auf das Pferd und _____ schnell weg.

10-3 Der schlaue Student vom Paradies. Bilden Sie Dreiergruppen. Jede Gruppe bringt die Fragen und Aussagen in einer Szene in die richtige Reihenfolge und übt die Szene. Dann spielt die Klasse den ganzen Sketch.

Szene 1: Erzähler(in), Bäuerin, Student

Ein deutscher Student wanderte einmal in den Ferien von Paris nach Deutschland zurück. Als er durch das erste deutsche Dorf kam, sah er vor einem großen Bauernhaus eine Frau im Garten arbeiten. Weil er heute noch nichts gegessen hatte, blieb er stehen und sagte:

__1__ Guten Tag, liebe Frau. Haben Sie vielleicht etwas zu essen für mich?

_____ Hans heißt er, Hans Krüger.

_____ Ich bin ein armer Student und komme von Paris.

_____ Etwas zu essen? Ja, wer sind Sie denn und woher kommen Sie?

_____ Was?! Vom Paradies?! Ja, dann kennen Sie doch sicher meinen ersten Mann!

_____ Oh, der Hans! Ja, natürlich kenne ich ihn. Er ist sogar ein guter Freund von mir.

_____ Wie heißt er denn?

Szene 3: Erzähler(in), Bäuerin, Student

Die Bäuerin lief ins Haus und als sie wieder zurückkam, sagte sie:

__1__ Also, hier ist erst mal ein großes Stück Brot für Sie.

_____ Grüßen Sie meinen Hans von mir und sagen Sie ihm, dass ich ihn nie vergessen werde.

_____ Und das hier sind die Sachen für meinen Hans.

_____ Oh, vielen Dank, liebe Frau.

_____ Das mache ich gern. Und nochmal vielen Dank für das Brot, liebe Frau. Auf Wiedersehen!

_____ Mm, was für ein großes Bündel! Was schicken Sie ihm denn alles?

_____ Zehn Goldstücke! Da wird er ja glücklich sein, der gute Hans!

_____ Schöne warme Kleider, und in die Hosentaschen habe ich zehn Goldstücke gesteckt.

Szene 5: Erzähler(in), Bauer, Student

Der Student war mit seinem Bündel schon weit gewandert. Da hörte er plötzlich ein Pferd galoppieren und rief:

__1__ Das ist bestimmt der Bauer! Also weg mit dem Bündel! Hier, hinter den großen Busch!

_____ Ja, das ist sicher der Mann, mit dem ich gerade gewandert bin. Als er Ihr Pferd hörte, ist er aber schnell in den Wald gerannt.

_____ Haben Sie vielleicht einen Studenten mit einem Bündel auf dem Rücken gesehen?

_____ Aber gern. Und viel Glück im Wald!

_____ Ich muss diesen Studenten fangen. Können Sie vielleicht solange mein Pferd halten?

Szene 2: Erzähler(in), Bäuerin, Student

Als die Frau hörte, dass der Student ihren ersten Mann so gut kannte, war sie ganz glücklich und fragte:

__1__ Wie geht es meinem Hans im Paradies?

_____ Meine Ferien sind übermorgen zu Ende.

_____ Ja, das mache ich sehr gern.

_____ Leider nicht sehr gut. Er hat kein Geld und keine Kleider.

_____ Können Sie meinem Hans vielleicht ein bisschen Geld und ein paar Kleider bringen?

_____ Ach, du armer Hans! Aber vielleicht kann ich dir helfen. Wann gehen Sie denn ins Paradies zurück, junger Mann?

Szene 4: Erzähler(in), Bäuerin, Bauer

Nach einer halben Stunde kam der Bauer vom Feld und weil die Frau so glücklich war, fing sie gleich an zu erzählen:

__1__ Oh, Hermann, ich bin ja so glücklich!

_____ Ja, weißt du, da war dieser Student vom Paradies ...

_____ Warum? Warum geht es ihm schlecht im Paradies?

_____ Was, ein Student vom Paradies?!

_____ Er hat kein Geld und keine Kleider. Aber der Student geht übermorgen ins Paradies zurück und ich habe ihm für Hans ein großes Bündel Kleider und zehn Goldstücke mitgegeben.

_____ Ja, und denk dir nur, er kennt den Hans, und er hat mir erzählt, wie schlecht es ihm geht.

_____ Zehn Goldstücke! Oh, Frau!

_____ Glücklich? Warum?

Szene 6: Erzähler(in), Bäuerin, Bauer

Der Bauer fand niemand im Wald und als er wieder zurückkam, fand er auch den Studenten und das Pferd nicht mehr. Als er dann am Abend nach Hause kam, fragte seine Frau:

__1__ Warum bist du so schnell weggeritten, Hermann?

_____ Ich habe es dem Studenten gegeben. Mit dem Pferd kommt er schneller ins Paradies.

_____ Ja, das habe ich.

_____ Hast du ihn gefunden und hast du mein schönes Bündel gesehen?

_____ Aber sag mal, warum kommst du zu Fuß zurück? Wo ist denn dein Pferd?

_____ Ich wollte mit dem Studenten sprechen.

Der Beginn des Informationszeitalters

Wenn wir heute vom Informationszeitalter[1] sprechen, denken wir an Fernsehen, Computer, Fax und Internet, und wir vergessen, dass dieses Zeitalter eigentlich vor etwa 550 Jahren mit Johannes Gutenberg und der Erfindung[2] des Buchdrucks[3] begonnen hat. Vor Gutenberg brauchte ein Schreiber zwei volle Jahre, um eine einzige Bibel zu kopieren. Nach Gutenberg gab es bald Tausende von Druckereien[4] in Europa, die Millionen von Büchern und anderen Schriften[5] produzierten.

Genauso wichtig wie die Erfindung des Buchdrucks war für die deutschsprachigen Länder Martin Luthers Bibelübersetzung. Die deutschen Dialekte waren so verschieden, dass die Menschen aus dem Norden ihre Nachbarn im Süden oft nicht verstanden, und die wenigen Gebildeten[6] schrieben und sprachen Latein. Luther übersetzte nun die Bibel in ein Deutsch, das auch einfache[7]

Menschen in allen deutschsprachigen Ländern verstehen konnten. Seine Übersetzungstechnik beschreibt er so: „... man muss die Mutter im Haus, die Kinder auf der Straße und den gemeinen[8] Mann auf dem Markt fragen und ihnen auf den Mund sehen, wie sie reden, und danach[9] übersetzen ..."

Durch Gutenbergs Erfindung des Buchdrucks und Luthers Bibelübersetzung konnten immer mehr Menschen die Bibel und viele andere Schriften lesen, und manche[10] von ihnen begannen sogar selbst zu schreiben. So schrieb der Schuhmacher Hans Sachs aus Nürnberg in seiner Freizeit Tausende von Gedichten[11] und Dramen. In *Der farend Schüler im Paradeiß* zeigte er mit viel Humor, was passieren kann, wenn man so schlecht informiert ist, dass man noch nie etwas von Paris gehört hat und deshalb Paradies versteht.

[1]*information age* [2]*invention* [3]*printing* [4]*print shops* [5]*writings* [6]*educated people*
[7]*ordinary* [8]*ordinary* [9]*accordingly* [10]*some* [11]*poems*

10-4 Wo steht das im Text? Finden Sie die Antworten zu den folgenden Fragen und unterstreichen° Sie sie!   *underline*

1. Wann hat das Informationszeitalter begonnen?
2. Wie lange brauchte man vor Gutenberg, um eine einzige Bibel zu kopieren?
3. Welche Sprache schrieben und sprachen die Gebildeten.
4. In was für ein Deutsch übersetzte Luther die Bibel?
5. Was war Hans Sachs von Beruf?
6. Wann schrieb Hans Sachs seine vielen Tausend Gedichte und Dramen?

Nomen

der Bauer, -n, -n	farmer
die Bäuerin, -nen	
das Pferd, -e	horse
der Stall, ⁼e	stable
das Informationszeitalter	Information Age
die Erfindung, -en	invention
der Erzähler, -	narrator
die Erzählerin, -nen	
das Gedicht, -e	poem
der Sketch, -es	skit
die Übersetzung, -en	translation
die Angst	fear
das Glück	luck
das Jahrhundert, -e	century
die Kirche, -n	church

Verben

an·halten (hält an), hielt an, hat angehalten	to stop
drucken	to print
fangen (fängt), fing, hat gefangen	to catch
frieren, fror, hat gefroren	to be cold
grüßen	to greet; to say hello
lügen, log, hat gelogen	to lie
reiten, ritt, ist geritten	to ride *(a horse)*
rufen, rief, hat gerufen	to call
stecken	to put; to stick
stehen bleiben, blieb stehen, ist stehen geblieben	to stop *(walking)*
steigen, stieg, ist gestiegen	to climb
verstecken	to hide
weinen	to cry

Power to the Bauer

Andere Wörter

mancher, manches, manche	many a; *(pl)* some
einfach	simple; ordinary
fromm	pious
gekleidet	dressed
schlau	crafty
als	when *(conj)*
natürlich	of course

Ausdrücke

Angst kriegen	to get scared
Viel Glück!	Lots of luck!

Das Gegenteil

die Lüge, -n ≠ die Wahrheit	lie ≠ truth
einfach ≠ kompliziert	simple ≠ complicated

Leicht zu verstehen

die Bibel, -n	das Paradies
das Bündel, -	der Schuhmacher, -
der Busch, ⁼e	galoppieren
das Drama, Dramen	kopieren
der Dialekt, -e	satteln
das Fax, -e	hungrig
das Internet	

Wörter im Kontext

10-5 Was passt in jeder Gruppe zusammen?

1. der Erzähler	a. der Reiter
2. die Kirche	b. der Christ
3. das Jahrhundert	c. die Zeit
4. das Pferd	d. die Geschichte

5. fangen	e. der Winter
6. galoppieren	f. der Ball
7. frieren	g. das Buch
8. drucken	h. das Pferd

9. der Stall	i. die Szene
10. das Drama	j. die Sprache
11. der Bauer	k. das Pferd
12. der Dialekt	l. das Feld

10-6 Mit anderen Worten.   Welche zwei Sätze in jeder Gruppe bedeuten etwa dasselbe?

1. Mir ist kalt.
   Ich friere.
   Heute ist es kalt.

2. Er sagt immer die Wahrheit.
   Er sagt nie die Wahrheit.
   Er lügt immer.

3. Warum bleibst du stehen?
   Warum bleibst du nicht stehen?
   Warum gehst du nicht weiter?

4. Ann hat viele Kleider.
   Ann ist sehr gut gekleidet.
   Anns Kleider sind sehr schön.

10-7 Assoziationen. Was passt wo?

die Kirche / die Szene / reiten / der Autor / satteln / die Bibel /
der Sketch / der Stall / das Paradies / die Rolle / fromm / galoppieren

10-8 Was passt zusammen?

1. Leute, _____, grüßen einander.
2. Katzen, _____, fangen keine Mäuse.
3. Ein Mann, _____, ist ein Bauer.
4. Ein Mensch, _____, ist ein Lügner.
5. Menschen, _____, sind Autoren.
6. Ein Mensch, _____, ist fromm.

a. der im Stall und auf dem Feld arbeitet
b. der sehr religiös ist
c. der nicht die Wahrheit sagt
d. die nicht hungrig sind
e. die sich kennen
f. die Romane, Dramen und Gedichte schreiben

Kommunikation und Formen

1 Narrating past events

The simple past tense

The simple past is used mainly in written German to describe a series of connected events in the past. It is found mostly in narratives, novels, newspaper reports, and newscasts, and is therefore sometimes called *the narrative past.*

In German the simple past is formed in a similar way to the simple past in English.

For regular verbs, a past tense marker is added to the verb stem.

German	English
lernen: ich lernte	*to learn: I learned*

For irregular verbs, the simple past is signaled by a stem change.

German	English
kommen: ich kam	*to come: I came*

The simple past of regular verbs

In German the simple past of regular verbs is formed by inserting the past tense marker **-t-** between the verb stem and the personal endings.

singular		plural	
ich	lernte	wir	lernten
du	lerntest	ihr	lerntet
er/es/sie	lernte	sie	lernten
	Sie	lernten	

The German simple past has more than one English equivalent.

	I learned
ich lernte	*I did learn*
	I was learning

Verb stems that end in **-d, -t, (lan*d*-en, arbei*t*-en),** or certain consonant combinations (**reg*n*-en**) add an **e** before the past tense marker **-t-**.

singular		plural	
ich	arbeitete	wir	arbeiteten
du	arbeitetest	ihr	arbeitetet
er/es/sie	arbeitete	sie	arbeiteten
	Sie	arbeiteten	

The simple past of irregular verbs

The simple past of German irregular verbs is always signaled by a stem change. Note that there is no personal ending in the 1st and 3rd person singular.

singular		plural	
ich	kam	wir	kamen
du	kamst	ihr	kamt
er/es/sie	kam	sie	kamen
	Sie	kamen	

You will find a list of the irregular verbs used in this book in the *Anhang*.

The simple past of separable-prefix verbs

In the simple past, the prefix of separable-prefix verbs functions just as it does in the present tense.

In a main clause, the prefix is separated and appears at the end of the clause.

Der Bauer sattelte sein Pferd und **galoppierte** dem Studenten **nach.**	*The farmer saddled his horse and **galloped after** the student.*

In a dependent clause, the unseparated verb appears at the end of the clause.

Als der Bauer wieder **zurückkam,** war der Student weg.	*When the farmer **returned,** the student was gone.*

simple past irregular

10-9 Warum Staatskassen immer leer sind. Lesen Sie die Geschichte, und setzen Sie alle fett gedruckten Verben ins Präteritum°. Das Präteritum der unregelmäßigen° Verben sind vor der Geschichte gegeben.

geben – gab	haben – hatte	lassen – ließ	sein – war
gehen – ging	kommen – kam	rufen – rief	sitzen – saß

one day

Obwohl der gute König Otto ein großes, reiches Land mit vielen fleißigen Menschen **hat, ist** seine Staatskasse immer leer. Deshalb **ruft** er eines Tages° seine Generäle und Minister zusammen und als sie dann alle um den Tisch **herumsitzen, fragt** er sie: „Wo bleibt denn nur das ganze Geld?" Er **bekommt**

shake

aber keine Antwort. Die Generäle **schütteln**° nur den Kopf und die Minister **machen** ein dummes Gesicht.

Da **sagt** der König: „Wenn ihr alle so dumm seid, dann muss ich meinen

court jester

Narren° rufen und ihn fragen."

Der Narr **kommt,** und der König **fragt:** „Narr, wo bleibt denn nur das ganze Geld?" „Wenn du das wirklich wissen willst", **antwortet** der Narr, „dann

lump

gib mir einen Klumpen° Butter."

Der Narr **bekommt** die Butter und es **ist** ein großer Klumpen. Er **gibt** ihn dem Ministerpräsidenten in die Hand und **sagt:** „Geben Sie den Klumpen bitte weiter, Exzellenz!" Und so **geht** nun der Butterklumpen von Minister zu Minister und von General zu General um den ganzen Tisch herum. Als der Klumpen dann endlich wieder beim Narren **ankommt,** da **ist** das kein großer Klumpen mehr, sondern nur noch ein ganz miserables Klümpchen. Fast die

sticks

ganze Butter **klebt**° an den großen, warmen Händen der Minister und der Generäle!

Da **sagt** der Narr zum guten König Otto: „Siehst du jetzt, wo dein Geld ist? – Es ist dort, wo auch die Butter ist."

The simple past of mixed verbs

In the simple past, mixed verbs have the stem change of the irregular verbs and the past tense marker **-t-** and personal endings of the regular verbs. Six common verbs in this group are:

bringen	**brachte**	nennen	**nannte**
denken	**dachte**	rennen	**rannte**
kennen	**kannte**	wissen	**wusste**

10-10 Mein erstes Semester. Ergänzen Sie die passenden Verbformen! Vergessen Sie nicht, dass nach **kennen** ein direktes Objekt und nach **wissen**

dependent clause

ein Nebensatz° steht.

kannte / wussten / brachte / dachten / rannten / nannten

Anfang September _____ mein Vater mich zu meiner Uni. Obwohl ich dort keinen Menschen _____, hatte ich bald viele Freunde. Wir _____ von einer

of

Party zur anderen, hatten viel Spaß, aber _____ nur selten an° unser Studium. Meine armen Eltern _____ bald nicht mehr, was sie mit mir tun sollten und

good-for-nothing

_____ mich einen richtigen Nichtsnutz°.

10-11 Die mysteriösen Rosen. Lesen Sie die Geschichte, und setzen Sie alle fett gedruckten Verben ins Präteritum.

Am Morgen meines zwanzigsten Geburtstags **kommt** ein Mann vom Blumengeschäft an der nächsten Ecke und **bringt** mir fünf rote Rosen. „Sie können nur von Florian sein", **denke** ich. Aber die Glückwunschkarte, die in den Rosen **steckt, nennt** keinen Namen, und ich **kenne** auch die Handschrift° nicht. „Von wem sind denn diese Rosen?" **frage** ich den Mann, aber er **weiß** es auch nicht. Als ich dann später die Treppe **hinunterrenne, kommt** Florian zur Haustür herein und **bringt** mir fünf rote Rosen. Von wem die ersten fünf waren, habe ich bis heute noch nicht herausgefunden.

handwriting

10-12 Manchmal sollte man gar nicht erst aufstehen.
Suchen Sie die passenden Sätze zu diesen Bildern und lesen Sie dann die Geschichte vor!

	_1_	Als Martin gestern aufwachte, schien ihm die Sonne ins Gesicht.
neither/nor	____	Da blieb zu nichts Zeit, weder° zum Duschen noch° zum Frühstück.
	____	Es war schon halb zehn und um zehn hatte er eine wichtige Klausur!
hardly	____	Und als er auf seinen Wecker schaute, konnte er kaum° glauben, was er da sah.
	____	Er sprang aus dem Bett und zog schnell Hemd und Hose an.

	____	Aber er kam zu spät: der Bus fuhr gerade um die Ecke.
bus stop	____	Wie verrückt rannte er zur Bushaltestelle°.
finally	____	Schließlich° stoppte er ein Taxi.
	____	„Was jetzt?" dachte Martin.
	____	Er versuchte, ein Auto anzuhalten, aber niemand hielt.

	____	Punkt zehn hielt das Taxi vor der Uni und der Fahrer sagte: „Zehn Mark, bitte."
	____	„Schnell zur Uni, bitte!" rief er, als er in das Taxi stieg.
Darn it!	____	„Verflixt°! Sie steckt zu Hause in meiner anderen Jacke!"
	____	Aber da sah Martin auch schon die Lösung seines Problems: das war doch Claudia dort vor der Eingangstür!
raced	____	Und als das Taxi dann zur Uni raste°, wollte Martin seine Geldtasche aus der Jacke holen.

_____ Und Gott sei Dank hörte sie ihn und hatte auch zehn Mark bei sich.

_____ Aber obwohl es schon fünf nach zehn war, war der Hörsaal leer!

_____ Schnell steckte er den Kopf durchs Fenster und rief: „Claudia!"

_____ Und an der Tafel stand: Mikrobiologie II: Klausur auf nächste Woche verschoben°.   *postponed*

_____ Dann rannten sie zusammen die Treppe zum Hörsaal hinauf.

| **Sprachnotiz** | **The past perfect tense** |

Like the English past perfect, the German past perfect is used to refer to an event that precedes another event in the past. It is formed with the simple past of the auxiliaries **haben** or **sein** and the past participle.

Der Student war sehr hungrig, denn er **war** weit **gewandert** und **hatte** noch nichts **gegessen**.

*The student was very hungry, because he **had walked** a long way and **had** not **eaten** anything yet.*

 ## Expressing action in different time frames

The principal parts of irregular verbs

In German and in English, all tenses of regular verbs are derived from the stem of the infinitive. They are completely predictable.

infinitive			tenses	
	PRESENT	SIMPLE PAST	PERFECT	PAST PERFECT
lernen	er *lernt*	er *lernte*	er hat ge*lernt*	er hatte ge*lernt*
to *learn*	he *learns*	he *learned*	he has *learned*	he had *learned*

In both German and English, all tenses of irregular and mixed verbs are derived from a set of *principal parts.* These principal parts are not derived from the infinitive and sometimes look quite different from the infinitive. Below are the principal parts of **gehen** and the tenses derived from them.

	infinitive	simple past	past participle	
PRINCIPAL PARTS	**gehen** *to go*	**ging** *went*	**gegangen** *gone*	

	present	simple past	perfect	past perfect
TENSES	**er geht** *he goes*	**er ging** *he went*	**er ist gegangen** *he has gone*	**er war gegangen** *he had gone*

German verbs that are irregular in the present tense have an additional principal part that reflects this irregularity.

infinitive	present tense irregularity	simple past	past participle
geben	**er gibt**	**gab**	**gegeben**
fahren	**er fährt**	**fuhr**	**gefahren**

Mixed verbs show the **-t-** marker of regular verbs and the stem change of irregular verbs.

infinitive		simple past	past participle
bringen		**brachte**	**gebracht**

The verb **werden** has characteristics of a mixed verb and an irregular verb.

infinitive	present tense irregularity	simple past	past participle
werden	**er wird**	**wurde**	**geworden**

You will find a list of the principal parts of the irregular and mixed verbs used in this book in the *Anhang*.

 Expressing *when* in German

Wann, als, and *wenn*

Although **wann, als,** and **wenn** all correspond to English *when*, they are not interchangeable.

Wann is a question word that introduces direct and indirect questions.

Wann macht Nina ihren Führerschein?	***When** is Nina getting her driver's license?*
Weißt du, **wann** Nina ihren Führerschein macht?	*Do you know **when** Nina is getting her driver's license?*

Als is a conjunction that introduces dependent clauses referring to a *single* event in the past or a block of time in the past. The verb in an **als**-clause is often in the simple past tense, even in conversation.

Als ich zur Tür hereinkam, klingelte das Telefon.	*When I walked in the door, the phone rang.*
Als ich sieben war, zogen meine Eltern nach Bremen.	*When I was seven, my parents moved to Bremen.*

Als Gott den Mann schuf hat sie bloß geübt

Wenn is a conjunction that introduces dependent clauses referring to events in the present or future or to *repeated* events.

Ruf uns bitte gleich an, **wenn** du in Frankfurt ankommst.	*Please call us right away **when** you arrive in Frankfurt.*
Wenn Tante Emma uns besuchte, brachte sie immer einen Kuchen mit.	*When (whenever) Aunt Emma visited us, she always brought a cake.*

wann?	als	wenn
• questions	• single event in the past	• events in the present or future
	• block of time in the past	• repeated events (all time frames)

10-13 Wann war das? Wann wird das sein?

S1: Wann hat Maria Rad fahren gelernt?   **S2:** Als sie fünf war.

	MARIA	BERND
hat Rad fahren gelernt		Als er sechs war.
hat schwimmen gelernt	Als sie acht war.	
macht ihren/seinen Führerschein	Wenn sie mit dem Studium fertig ist.	
hat ihren Freund/seine Freundin kennen gelernt		Als er ein Semester in Göttingen studierte.
will heiraten		Wenn seine Freundin mit dem Studium fertig ist.
hat so gut Englisch gelernt	Als sie den Ferienjob in England hatte.	

10-14 Ein paar persönliche Fragen. Stellen Sie einander die folgenden Fragen!

- Wann hast du Rad fahren gelernt? *Als ich ...*
- Wann hast du schwimmen gelernt? *Als ich ...*
- Wann hast du deinen Freund kennen gelernt? *Als ich ...*
- Wann willst du heiraten? *Wenn ich ...*

10-15 *Als* oder *wenn?*

S1:

1. Wann sind Stephanies Eltern nach Chicago gezogen?
2. Wann fliegt Stephanie nach Hause?
3. Wann hat Stephanie Peter kennen gelernt?
4. Weißt du, wann Maria bei IBM anfängt?
5. Wann hast du Maria angerufen?
6. Wann hast du dich denn so erkältet?
7. Wann machst du deinen Führerschein?

S2:

_____ sie fünf Jahre alt war.

_____ das Sommersemester zu Ende ist.

_____ sie in München studierte.

_____ sie aus Florida zurückkommt.

_____ ich gestern abend nach Hause kam.

_____ ich gestern im Regen joggen ging.

_____ ich achtzehn bin.

10-16 Ein toller Reiter. Ergänzen Sie **als** oder **wenn**!

_____ ich zwölf war, lebten wir in Berlin. Im Sommer 1988 besuchten wir meinen Großvater in Schleswig-Holstein. Er war Bauer und hatte ein wunderschönes Pferd. Jeden Morgen, _____ wir im Stall fertig waren, durfte ich auf diesem Pferd reiten. Mein kleiner Bruder hatte Angst vor° Pferden. Jedes Mal _____ Großvater das Pferd aus dem Stall holte, rannte er ins Haus. Aber _____ wir wieder in Berlin waren, sagte er zu seinen Freunden: „_____ ich bei meinem Opa in Schleswig-Holstein war, habe ich sogar reiten gelernt."

was afraid of

10-17 Als ich klein war, ... Schreiben Sie eine kleine Geschichte im Präteritum!

Was machten Sie in den Sommerferien, als Sie klein waren?
Wohin reisten Sie mit Ihrer Familie?
Was spielten Sie mit den Nachbarskindern?

hopscotch
hide-and-seek

- Himmel und Hölle°
- Verstecken°
- Hockey
- ...

- Baseball
- mit Barbie-Puppen
- Computerspiele

ZUM HÖREN

Fantastische Angebote

Sie hören eine Durchsage° im Kaufhaus Hertie.

announcement

NEUE VOKABELN

das Angebot	*special offer*	**das Erdgeschoss**	*ground floor*
der Stock,	*floor; story*	**der Wühltisch**	*bargain table*
die Stockwerke		**modisch**	*fashionable*
die Auswahl	*choice*	**empfehlen (empfiehlt)**	*to recommend*
pflegeleicht	*easy to care for*	**die Bohne**	*bean*
etwas Passendes	*something suitable*		

10-18 Globalverstehen. Haken Sie in jeder Kategorie ab, was Sie in der Durchsage hören!

1. Stockwerke
   - _____ im Erdgeschoss
   - _____ im ersten Stock
   - _____ im zweiten Stock
   - _____ im dritten Stock
   - _____ im vierten Stock

2. Abteilungen
   - _____ Damenabteilung
   - _____ Kinderabteilung
   - _____ Herrenabteilung
   - _____ Sportabteilung

3. Kleidungsstücke
   - _____ Hemden
   - _____ Blusen
   - _____ Jacke
   - _____ Hose
   - _____ Handschuhe
   - _____ Rock

4. Kombinationen mit dem Wort Tennis
   - _____ Tennisbälle
   - _____ Tennisschläger
   - _____ Tennismatch
   - _____ Tennisschuhe
   - _____ Tennisklub
   - _____ Tennisspieler

5. Gemüse
   - _____ Spinat
   - _____ Karotten
   - _____ Bohnen
   - _____ Brokkoli

10-19 Detailverstehen. Hören Sie die Durchsage noch einmal und schreiben Sie die Antworten zu den folgenden Fragen!

1. In welchem Stock ist die Damenabteilung?
2. Welche Kleidungsstücke für Damen gibt es heute zu stark reduzierten Preisen?
3. Wo ist die Sportabteilung?
4. Was gibt es auf den Wühltischen?
5. Von wann bis wann kann man im Feinschmecker-Restaurant zu Mittag essen?
6. Was ist heute das Tagesmenü?
7. Wie viel kostet ein Seniorenteller?

poll

10-20 Im Kaufhaus ist der Kunde König (?) Lesen Sie die Umfrage° aus der Planitzer Zeitung über den Service in deutschen Kaufhäusern und ergänzen Sie dann die Tabelle.

Sarah Vogel, Lehrerin: Letzte Woche war ich im Kaufhaus, um mich nach einem neuen Wintermantel umzuschauen. Wie immer, keine Hilfe! Die Verkäuferinnen unterhielten[1] sich über ihre Liebesprobleme und schauten mich nicht mal an. Deshalb kaufe ich lieber in kleinen Geschäften, auch wenn es dort ein bisschen mehr kostet.

Dieter Schnabel, Architekt: Als ich das letzte Mal im Kaufhaus war, konnte ich mir in aller Ruhe[2] die Computer anschauen. Kein Verkäufer störte mich und ich konnte mich anhand[3] der vielen Broschüren bestens informieren. Ich kam sehr zufrieden[4] nach Hause!

Kirsten Ast, Schülerin: Ich kaufe meine Klamotten[5] nur im Kaufhaus. Gerade gestern war ich nach der Schule bei Hertie, um ein Paar Jeans zu kaufen. Die Auswahl war fantastisch und die Jeans kosteten auch nicht die Welt.

Benedikt Frey, Student: Vor etwa vierzehn Tagen wollte ich einen defekten Rasierapparat zurückbringen, den ich eine Woche zuvor[6] gekauft hatte. Was für ein Theater! Der Verkäufer versuchte sogar, mich zu beschuldigen[7]. Und da soll der Kunde König sein?!

[1]talked [2]in peace and quiet [3]with [4]satisfied [5]clothes [6]before [7]blame

experience

NAME	BERUF	ERFAHRUNG° IM KAUFHAUS	WAS WOLLTE SIE/ER KAUFEN ODER ZURÜCKBRINGEN?
Kirsten Ast		positiv	
			Rasierapparat
	Architekt		
		negativ	

10-21 Meine Erfahrung im Kaufhaus. Schreiben Sie im Stil der Umfrage aus der Planitzer Zeitung von einer guten oder schlechten Erfahrung im Kaufhaus.

- Wie war die Verkäuferin/der Verkäufer? (freundlich, unfreundlich, *helpful* hilfsbereit°, konnte keine(n) finden)
- Wie war die Auswahl? (gut, schlecht, fantastisch)
- Wollten Sie schon mal etwas Defektes zurückbringen? Was war das? Wie *treated* behandelte° man Sie?

Kommunikation und Formen

 4 ## Giving information about people, places, and things

The relative pronoun as object of a preposition

In *Kapitel 9* you learned that except for the dative plural, the forms of the relative pronoun are identical to those of the definite article.

forms of the relative pronoun				
	MASCULINE	NEUTER	FEMININE	PLURAL
NOMINATIVE	der	das	die	die
ACCUSATIVE	den	das	die	die
DATIVE	dem	dem	der	denen

If a relative pronoun is the object of a preposition, its case is determined by that preposition.

Kennst du den Typ, **mit dem** Monika morgen zum Starnberger See fährt?

*Do you know the guy **with whom** Monika is going to Lake Starnberg tomorrow?*

Ist das der CD-Spieler, **für den** du nur 250 Mark bezahlt hast?

*Is that the CD player **for which** you paid only 250 marks?*

Relative pronouns never contract with prepositions.

Preposition + definite article:

Meine Oma wohnt **im** Seniorenheim in der Herderstraße.

*My grandma lives **in the** senior citizens' home on Herder Street.*

Preposition + relative pronoun:

Das Seniorenheim, **in dem** meine Oma wohnt, ist in der Herderstraße.

*The senior citizens' home **in which** my grandma lives is on Herder Street.*

10-22 Definitionen. Ergänzen Sie die Relativpronomen!

▶ Was ist ein Hai?

Ein Hai ist ein Fisch, ...

vor dem alle Schwimmer große Angst haben.

S1: Was ist ein Hai?

S2: Ein Hai ist ein Fisch, vor dem alle Schwimmer große Angst haben.

1. Was ist ein Lkw?

Ein Lkw ist ein Fahrzeug, ...

2. Was ist ein Bücherregal?

Ein Bücherregal ist ein Möbelstück, ...

3. Was sind Bienen?

Bienen sind Insekten, ...

4. Was ist ein Spiegel?

Ein Spiegel ist ein Stück Glas, ...

---

in das man seine Bücher stellt.	in dem man sich selbst sehen kann.
von denen wir Honig bekommen.	mit dem man schwere Sachen transportiert.

---

5. Was ist eine Waage?

device; appliance Eine Waage ist ein Gerät°, ...

6. Was ist eine Untertasse?

Eine Untertasse ist ein kleiner Teller, ...

7. Was sind Schafe?

Schafe sind Tiere, ...

8. Was ist eine Säge?

Eine Säge ist ein Werkzeug, ...

---

auf den man seine Tasse stellt.	von denen wir Wolle bekommen.
mit dem man Bäume fällen kann.	mit dem man herausfindet, wie schwer etwas ist.

10-23 Was ist das?   Beschreiben Sie mit einem Relativsatz ein Gebäude oder ein Gerät! Ihre Partnerin/Ihr Partner sagt dann, was für ein Gebäude oder was für ein Gerät das ist.

▶ In diesem Gebäude kauft man Lebensmittel.

ein Supermarkt

S1: Was ist das? Ein Gebäude, in dem man Lebensmittel kauft.

S2: Das ist ein Supermarkt.

▶ Mit diesem Gerät hält man Lebensmittel frisch.

ein Kühlschrank

S1: Was ist das? Ein Gerät, mit dem man Lebensmittel frisch hält.

S2: Das ist ein Kühlschrank.

GEBÄUDE

1. In diesem Gebäude sind Tausende von Büchern.
2. In diesem Gebäude kauft man Briefmarken.
3. In diesem Gebäude sind viele Ärzte und Patienten.
4. In dieses Gebäude geht man, wenn man Geld braucht.
5. In dieses Gebäude geht man, wenn man sich einen Film anschauen will.
6. In dieses Gebäude geht man, wenn man tanzen will.

a. eine Bank
b. eine Bibliothek
c. ein Kino
d. eine Disco
e. ein Krankenhaus
f. ein Postamt

GERÄTE

1. Mit diesem Gerät macht man Dosen auf.
2. Mit diesem Gerät kann man sehr kleine Dinge viel größer sehen.
3. Mit diesem Gerät kann man sehr schnell etwas kochen.
4. Mit diesem Gerät schaut man Filme an.
5. Mit diesem Gerät macht man Weinflaschen auf.
6. Mit diesem Gerät macht man Filme.
7. Mit diesem Gerät kann man zu Hause die schönsten Konzerte anhören.

a. eine Mikrowelle
b. ein Korkenzieher
c. ein Dosenöffner
d. eine Videokamera
e. ein Mikroskop
f. ein CD-Spieler
g. ein Videorecorder

⑤ A review of adjective endings

Adjectives preceded by *der*-words

Adjectives preceded by **der**-words (such as **der, dieser, jeder, welcher**) take one of two endings: **-e** or **-en.**

	masculine	neuter	feminine	plural
NOMINATIVE	der junge Mann	das kleine Kind	die junge Frau	die kleinen Kinder
ACCUSATIVE	den jungen Mann	das kleine Kind	die junge Frau	die kleinen Kinder
DATIVE	dem jungen Mann	dem kleinen Kind	der jungen Frau	den kleinen Kindern
GENITIVE	des jungen Mannes	des kleinen Kindes	der jungen Frau	der kleinen Kinder

10-24 Die reichen Müllers. Ergänzen Sie die Adjektivendungen!

1. Dieser reich___, alt___ Mann heißt Müller.

showy

2. Dieses groß___, protzig___° Haus gehört dem reich___, alt___ Müller.

3. Das ist die einzig___ Tochter dieses reich___, alt___ Mannes.

4. Diese beid___ weiß___ Pudel gehören der einzig___ Tochter des reich___, alt___ Müller.

5. Das ist der klein___ Sohn der einzig___ Tochter dieses reich___, alt___ Mannes.

6. Diese beid___ süß___ Hamster gehören dem klein___ Sohn der einzig___ Tochter des reich___, alt___ Müller.

7. Das ist der schön___, neu___ Käfig der beid___ süß___ Hamster des klein___ Sohnes der einzig___ Tochter dieses reich___, alt___ Mannes.

10-25 Was?! Du kennst die reichen Müllers nicht? Ergänzen Sie die Adjektivendungen!

S1:

1. Kennst du den alt__ Mann dort?

   Den alt__ Mann mit der groß__ Nase und der dick__ Zigarre.
2. Wem gehört denn das groß__ Haus dort?

   Das groß__ Haus mit der protzig__ Fassade.
3. Wer ist denn die jung__ Frau dort?

   Die jung__ Frau mit der lang__ Nase und den kurz__ Haaren.
4. Wem gehören denn die beid__ Pudel dort?

   Die beid__ weiß__ Pudel vor dem groß__ Haus mit der protzig__ Fassade.

S2:

Welchen alt__ Mann?

Ja klar, das ist doch der reich__, alt__ Müller.

Welches groß__ Haus?

Das gehört dem reich__, alt__ Müller.

Welche jung__ Frau?

Ja klar, das ist doch die einzig__ Tochter des reich__, alt__ Müller.

Welche beid__ Pudel?

Das sind die beid__ Pudel der einzig__ Tochter des reich__, alt__ Müller.

Adjectives preceded by *ein*-words

An adjective preceded by an **ein**-word without an ending takes the ending of the corresponding **der**-word.

	masculine	neuter
NOMINATIVE	ein jung**er** Mann	ein klein**es** Kind
ACCUSATIVE		ein klein**es** Kind

All other adjectives after **ein**-words are identical to those after **der**-words.

	masculine	neuter	feminine	plural
NOM.	ein junger Mann	ein kleines Kind	eine junge Frau	meine kleinen Kinder
ACC.	einen jungen Mann	ein kleines Kind	eine junge Frau	meine kleinen Kinder
DAT.	einem jungen Mann	einem kleinen Kind	einer jungen Frau	meinen kleinen Kindern
GEN.	eines jungen Mannes	eines kleinen Kindes	einer jungen Frau	meiner kleinen Kinder

10-26 Lieschen Maiers Hund. Ergänzen Sie!

Lieschen Maier hat einen klein__, weiß__ Hund. Es ist ein sehr schön__, weiß__ Hund und Lieschen liebt ihn sehr. Jeden Morgen gibt sie ihm eine klein__ Dose Hundefutter und geht dann in die Schule. Wenn Lieschen nach der Schule mit ihrem klein__, weiß__ Hund im Park spazieren geht, hat sie ihn immer an einer lang__ Leine. Und in Lieschens Schlafzimmer steht neben ihrem eigen__ Bett das Bettchen ihres klein__, weiß__ Hundes.

10-27 Fritzchen Müllers Katze

Fritzchen Müller hat eine groß___, schwarz___ Katze. Es ist
eine sehr schön___, schwarz___ Katze und Fritzchen liebt
sie sehr. Jeden Morgen gibt er ihr eine groß___ Dose
Katzenfutter und geht dann in die Schule. Wenn Fritzchen
nach der Schule mit seiner groß___, schwarz___ Katze im
Park spazieren geht, hat er sie immer an einer lang___
Leine. Und in Fritzchens Schlafzimmer steht neben seinem
eigen___ Bett das Bettchen seiner groß___, schwarz___ Katze.

10-28 Unser Krokodil

huge Wir haben ein riesig___°, grün___ Krokodil. Es ist ein sehr schön___, grün___
Krokodil und wir lieben es sehr. Jeden Morgen geben wir ihm eine riesig___
Dose Krokodilfutter und gehen dann in die Schule.
Wenn wir nach der Schule mit unserem riesig___,
grün___ Krokodil im Park spazieren gehen, haben
wir es immer an einer lang___ Leine. Und in unserem
Schlafzimmer steht neben unserem eigen___ Bett das
Bettchen unseres riesig___, grün___ Krokodils.

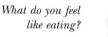

What do you feel like eating?

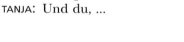

10-29 Worauf hast du Lust°? Beschreiben Sie mit ein oder zwei passenden
Adjektiven, worauf Sie Lust haben!

LISA: Worauf hast du Lust, David?
juicy DAVID: Ich habe Lust auf einen großen, saftigen°
Apfel.
DAVID: Und du, Tanja, worauf hast du Lust?
TANJA: Ich habe Lust auf ein riesiges Glas
Orangensaft.
TANJA: Und du, ...

groß / riesig / eiskalt / heiß / saftig / ...

	ZUM TRINKEN	ZUM ESSEN	ZUM NACHTISCH
bar	ein _____ Glas Orangensaft	einen _____ Teller Spaghetti	eine _____ Tafel° Schokolade
	ein _____ Glas Mineralwasser	eine _____ Portion Pommes frites	einen _____ Becher Fruchtjogurt
	eine _____ Cola		einen _____ Becher Schokoladeneis
	ein _____ Bier	einen _____ Hamburger	ein _____ Stück Apfelkuchen
	...	ein _____ Steak	ein _____ Stück Schwarzwälder Kirschtorte
		ein _____ Schnitzel	
		ein _____ Stück Pizza	einen _____ Becher Softeis
		...	...

Unpreceded adjectives

An adjective that is not preceded by a **der**-word or an **ein**-word takes **der**-word endings. The genitive forms are not listed here because they rarely appear in modern German.

	masculine	neuter	feminine	plural
NOMINATIVE	guter Kaffee	gutes Bier	gute Salami	gute Äpfel
ACCUSATIVE	guten Kaffee	gutes Bier	gute Salami	gute Äpfel
DATIVE	gutem Kaffee	gutem Bier	guter Salami	guten Äpfeln

10-30 Essen und Trinken. Ohne **der**-Wörter oder **ein**-Wörter, bitte!

▶   **Dieser** französische Käse ist sehr gut.
S: Französisch**er** Käse ist sehr gut.

1. Mögen Sie **dieses** deutsche Bier?
2. Mit **einem** echten italienischen Mozzarella schmeckt die Pizza viel besser.
3. So **eine** gute Leberwurst habe ich noch nie gegessen.
4. Möchten Sie **den** kalifornischen Wein oder **den** französischen?
5. Mit **einem** trockenen Wein schmeckt **dieser** französische Camembert besonders gut.
6. **Diese** spanischen Mandarinen sind sehr süß.

10-31 Internationaler Geschmack. Erzählen Sie einander, was für ausländische° Produkte Sie besonders gern haben.   *foreign*

- Ich trinke gern ...
- Ich esse gern ...
- Ich fahre gern ...
- Ich sehe gern ...
- Ich lese gern ...

amerikanisch   Bier (n)
deutsch   Wein (m)
französisch   Brot (n)
italienisch   Käse (m)
japanisch   Wurst (f)
kanadisch   Autos (pl)
polnisch   Motorräder (pl)
russisch   Filme (pl)
schweizerisch   Literatur (f)
...   ...

ZUSAMMENSCHAU

Der Hase und der Igel

nach einem Märchen der Brüder Grimm

Vor dem Lesen

10-32 Geschichten für Kinder

1. Welche Geschichten haben Sie als Kind gehört oder gelesen?
2. Welche von diesen Geschichten haben Ihnen besonders gut gefallen und welche haben Ihnen nicht gefallen?
3. In welchen von diesen Geschichten haben Tiere eine Rolle gespielt? Was für Tiere waren das?
4. Die Illustration auf dieser Seite zeigt einen kleinen, dicken Igel und einen langen, dünnen Hasen. In Nordamerika gibt es keine Igel, aber es gibt ein größeres Tier, das mit dem europäischen Igel verwandt ist. Wie heißt es?

10-33 Was ist das auf Englisch?

1. Ein Igel ist ein Tier, das kurze, **krumme** Beine hat.
2. Dass der Hase über seine kurzen, krummen Beine lachte, **ärgerte** den Igel sehr.
3. Er wollte deshalb mit dem Hasen **einen Wettlauf machen.**
4. Ich **wette,** der Hase kann schneller laufen als der Igel.
5. Sie wollten vom **oberen** bis zum **unteren** Ende eines Feldes laufen.
6. Der Hase war **außer sich,** als der Igel vor ihm am unteren Ende des Feldes ankam.
7. Der Igel gewann die Wette, und ging **vergnügt** nach Hause.

a. run a race
b. happily
c. crooked
d. made angry
e. beside himself
f. upper / lower
g. bet

Es war an einem Sonntagmorgen zur Sommerzeit. Die Sonne schien hell vom blauen Himmel, der Morgenwind ging warm über die Felder und die Leute gingen in ihren Sonntagskleidern zur Kirche.

Der Igel aber stand vor seiner Tür und schaute in den schönen
5 Morgen hinaus. Als er so stand, dachte er: „Warum gehe ich nicht schnell aufs Feld und schaue meine Rüben[1] an, solange meine Frau die Kinder anzieht und das Frühstück macht."

Als der Igel zum Rübenfeld kam, traf[2] er dort seinen Nachbarn, den Hasen, der auch einen Spaziergang machte. Der Igel sagte freundlich
10 guten Morgen. Aber der Hase grüßte nicht zurück, sondern sagte: „Wie kommt es denn, dass du hier am frühen Morgen auf dem Feld herumläufst?" „Ich gehe spazieren", sagte der Igel. „Spazieren?" lachte der Hase. „Du, mit deinen kurzen, krummen Beinen?"

Diese Antwort ärgerte den Igel sehr, denn für einen Igel hatte er
15 sehr schöne Beine, obwohl sie von Natur kurz und krumm waren. „Denkst du vielleicht", sagte er zum Hasen, „dass du mit deinen langen, dünnen Beinen schneller laufen kannst als ich?" „Das denke ich wohl", lachte der Hase, „willst du wetten?" „Ja, ein Goldstück und eine Flasche Schnaps", sagte der Igel. „Gut", rief der Hase, „fangen wir
20 an!" „Nein, so große Eile[3] hat es nicht", meinte der Igel, „ich will erst noch nach Hause gehen und ein bisschen frühstücken. In einer halben Stunde bin ich wieder zurück."

Auf dem Heimweg dachte der Igel: „Der Hase kann zwar schneller laufen, aber die Wette gewinne ich, denn er hat die langen Beine, aber
25 ich habe den klugen[4] Kopf." Als er zu Hause ankam, sagte er zu seiner Frau: „Frau, zieh schnell eine von meinen Hosen an, du musst mit mir aufs Feld." „Eine von deinen Hosen? Ja, was ist denn los?" fragte seine Frau. „Ich habe mit dem Hasen um ein Goldstück und eine Flasche Schnaps gewettet. Ich will mit ihm einen Wettlauf machen und da
30 brauche ich dich." „Oh, Mann", rief da die Frau ganz aufgeregt, „bist du nicht ganz recht im Kopf? Wie kannst du mit dem Hasen um die Wette laufen?" „Lass das mal meine Sache sein", sagte der Igel. „Zieh jetzt die Hose an und komm mit."

Unterwegs[5] sagte der Igel zu seiner Frau: „Nun pass mal auf, was ich
35 dir sage. Siehst du, auf dem langen Feld dort wollen wir unseren Wettlauf machen. Der Hase läuft in der einen Furche[6] und ich in der anderen, und dort oben fangen wir an. Du aber sitzt hier unten in meiner Furche und wenn der Hase hier ankommt, springst du auf und rufst: „Ich bin schon da."

40 Als der Igel am oberen Ende des Feldes ankam, wartete der Hase dort schon. „Können wir endlich anfangen?" fragte er. „Jawohl", sagte der Igel. Dann ging jeder zu seiner Furche. Der Hase zählte: „Eins, zwei, drei" und rannte wie ein Sturmwind über das Feld. Der Igel aber blieb ruhig auf seinem Platz.

45 Als der Hase am unteren Ende des Feldes ankam, sprang die Frau des Igels auf und rief: „Ich bin schon da!" Der Hase konnte es kaum glauben. Aber weil die Frau des Igels genauso aussah wie ihr Mann,

[1]*turnips* [2]*met* [3]*hurry* [4]*clever* [5]*on the way* [6]*furrow*

rief er: „Einmal ist nicht genug!" Und zurück raste er, dass ihm die
Ohren am Kopf flogen. Die Frau des Igels aber blieb ruhig auf ihrem
50 Platz. Als der Hase am oberen Ende des Feldes ankam, sprang der Igel
auf und rief: „Ich bin schon da!" Der Hase war ganz außer sich und
schrie[1]: „Noch einmal!" „Sooft du Lust hast", lachte der Igel. So lief
der Hase noch dreiundsiebzigmal, und jedes Mal, wenn er oben oder
unten ankam, riefen der Igel oder seine Frau: „Ich bin schon da!"
55   Das letzte Mal aber kam der Hase nicht mehr bis zum Ende,
sondern stürzte[2] mitten auf dem Feld tot zur Erde[3]. Der Igel aber
nahm das Goldstück und die Schnapsflasche, rief seine Frau, und
beide gingen vergnügt nach Hause. Und wenn sie nicht gestorben
sind, so leben sie noch heute.

[1]*screamed* [2]*dropped* [3]*ground*

Arbeit mit dem Text

10-34 Wer war das?   Sie hören zwölf Fragen zu *Der Hase und der Igel,* die
alle mit „Wer" beginnen. Haken Sie nach jeder Frage die richtige „Person"
oder „Personen" ab!

	IGEL	FRAU IGEL	IGEL UND FRAU	HASE	HASE UND IGEL
1.	____	____	____	____	____
2.	____	____	____	____	____
3.	____	____	____	____	____
4.	____	____	____	____	____
5.	____	____	____	____	____
6.	____	____	____	____	____
7.	____	____	____	____	____
8.	____	____	____	____	____
9.	____	____	____	____	____
10.	____	____	____	____	____
11.	____	____	____	____	____
12.	____	____	____	____	____

Trying to please everybody

tailor

10-35 Es allen recht machen°.   Die neun Bilder auf der nächsten
Seite illustrieren eine Fabel von Äsop. Die Personen in dieser Fabel sind
ein Vater, sein Sohn, ein Esel, ein Bäcker, ein Fleischer, ein Schneider°
und ein Bauer. Schauen Sie die Bilder an und ergänzen Sie die folgende
Tabelle.

	WER REITET?	WER GEHT ZU FUSS?		WER SPRICHT?
Bild 1:	der Vater		Bild 2:	
Bild 3:			Bild 4:	
Bild 5:			Bild 6:	
Bild 7:			Bild 8:	

ZUM HÖREN

10-36 Es allen recht machen. Hören Sie jetzt die Fabel und schreiben Sie, wie Vater und Sohn auf das, was die vier Männer aus ihrem Dorf sagten, reagierten.

NEUE VOKABELN

sie trafen	*they met*	**sie banden**	*they tied*
kurz danach	*shortly afterwards*	**der Stock**	*stick*

1. Der Bäcker sagte: „Ich finde es nicht recht, dass du reitest und dass dein kleiner Sohn zu Fuß geht. Du bist doch viel stärker als er." *Da stieg ...*
2. Der Fleischer sagte: „Was, Junge, du reitest und lässt deinen Vater zu Fuß gehen? Das ist nicht recht!" *Da stieg ...*
3. Der Schneider sagte: „Zwei Menschen auf einem kleinen Esel! Das ist nicht recht!" *Da stiegen ...*
4. Der Bauer sagte: „Warum reitet denn nicht einer von euch?" *Weil nun aber nur der Esel noch nicht geritten hatte, banden ...*

10-37 Wir erzählen. Schauen Sie sich die Bilder noch einmal an und erzählen Sie, was auf jedem Bild passiert.

Die Brüder Grimm

Vor dem Lesen

10-38 Märchen

1. Die bekanntesten Märchen der Brüder Grimm sind *Rotkäppchen, Schneewittchen, Hänsel und Gretel, Dornröschen, Rumpelstilzchen* und *Aschenputtel.* Welche von diesen Märchen kennen Sie und wie heißen sie auf Englisch?
2. Jacob und Wilhelm Grimm begannen im Jahr 1807, diese Märchen zu sammeln. Schauen Sie das Foto von den beiden Grabsteinen° an und finden Sie heraus, wie alt die Brüder in diesem Jahr waren.

gravestones

10-39 Was ist das auf Englisch?

1. Die Märchen der Brüder Grimm sind eine Sammlung von **uralten** Geschichten, die einfache Leute einander erzählten.
2. Das **Ziel** der Brüder war, diese Geschichten aufzuschreiben, bevor sie für immer verloren gingen.
3. Viele Ausdrücke und Szenen in diesen Geschichten waren für Kinder nicht **geeignet.**
4. Die Brüder haben diese Ausdrücke und Szenen **sorgfältig** eliminiert.
5. Trotzdem gibt es Leute, die manche Szenen in den Grimmschen Märchen immer noch zu **grausam** finden.
6. Aber sind die Situationen, die wir heutzutage täglich auf dem **Bildschirm** sehen, nicht oft viel grausamer?

a. suitable
b. carefully
c. ancient
d. goal
e. TV screen
f. cruel

Im Jahr 1807 begannen die Brüder Jacob und Wilhelm Grimm, die uralten Geschichten zu sammeln, die einfache Leute einander erzählten. Ihr Ziel war, diese Geschichten aufzuschreiben, bevor sie für immer verloren gingen. Viele von den schönsten Geschichten hörten sie von Dorothea Viemann, einer älteren Frau, die ihnen ein paar Mal in der Woche Lebensmittel ins Haus brachte. Den bezaubernden[1] Märchenstil verdanken[2] wir aber nicht dieser Erzählerin, sondern dem poetischen Talent von Wilhelm Grimm.

Wenn wir heute von Märchen sprechen, denken wir an wunderbare Erzählungen für Kinder. Die meisten von diesen Geschichten waren aber ursprünglich[3] für Erwachsene[4] gedacht, und viele Ausdrücke und Szenen waren für Kinder nicht geeignet. „Deshalb haben wir", so schreibt Wilhelm

Grimm, „jeden für das Kindesalter nicht passenden Ausdruck sorgfältig gelöscht[5].“ Trotzdem gibt es Kritiker, denen manche Szenen in diesen Märchen immer noch zu grausam sind. Aber sind diese Szenen wirklich so grausam, wenn wir sie mit den Grausamkeiten vergleichen[6], die wir heutzutage täglich auf dem Bildschirm sehen?

Die *Kinder-und Hausmärchen* der Brüder Grimm sind heute in über 140 Sprachen übersetzt, und die Grimmschen Märchen sind nach der Bibel das meistgedruckte Buch in der Geschichte der Menschheit[7]. Ein Grund[8], warum diese Märchensammlung in aller Welt so beliebt geworden ist, ist wohl, dass ihre Themen oft auch in den Geschichten von vielen anderen Ländern und Kulturen erscheinen[9].

[1]*enchanting* [2]*owe* [3]*originally* [4]*adults* [5]*deleted* [6]*compare* [7]*mankind* [8]*reason* [9]*appear*

Auch heute noch stehen Blumen auf den Gräbern der Brüder Grimm.

Arbeit mit dem Text

10-40 Richtig oder falsch?

1. _____ Aus Märchen für Kinder machten die Brüder Grimm Geschichten für Erwachsene.
2. _____ Die Geschichten von anderen Ländern und Kulturen haben oft dieselben Themen wie die Märchen der Brüder Grimm.
3. _____ Die Grimmschen Märchen sind das meistgedruckte Buch in der Geschichte der Menschheit.
4. _____ Den bezaubernden Märchenstil haben wir Dorothea Viemann zu verdanken.
5. _____ Was wir heutzutage auf dem Bildschirm sehen, ist oft grausamer als die grausamen Szenen in den Grimmschen Märchen.
6. _____ Die Brüder haben jeden Ausdruck, der für Kinder nicht geeignet ist, sorgfältig gelöscht.
7. _____ Es gibt immer noch Kritiker, die manche Szenen in den Grimmschen Märchen zu grausam finden.

Wort, Sinn und Klang

Words as chameleons: als

You have learned that **als** has a variety of meanings.

- *than*   after the comparative form of an adjective or adverb

  Herr Fischer ist acht Jahre älter **als** seine Frau.
  *Mr. Fischer is eight years older **than** his wife.*

- *when*   as a conjunction

  Bernd war noch im Bett, **als** ich kam.
  *Bernd was still in bed **when** I came.*

- *as*   in expressions like **als Kind**

  Als Kind bin ich hier oft schwimmen gegangen.
  ***As** a child I often went swimming here.*

- *but*   after **nichts**

  Wir hatten nichts **als** Ärger mit diesem Wagen.
  *We had nothing **but** trouble with this car.*

10-41 Was bedeutet *als* hier?   *Than, when, as,* or *but?*

1. Als Mensch ist Professor Huber sehr nett.
2. Professor Huber ist viel netter, als ich dachte.
3. Gestern habe ich den ganzen Tag nichts als gelesen.
4. Als Maria nach Hause kam, hatte ich das Buch gerade fertig gelesen.
5. Kathrin war schon als kleines Mädchen sehr sportlich.
6. In Hamburg hatten wir leider nichts als Regenwetter.
7. Als wir in Hamburg waren, regnete es fast jeden Tag.
8. Diesen Juni hat es in Hamburg mehr geregnet als letztes Jahr im ganzen Sommer.

Giving language color

Hundreds of colorful expressions make use of the names of animals. Below is a small sampling.

Da lachen ja die Hühner!	*What a joke!*
Da hast du Schwein gehabt!	*You were lucky!*
Ich habe einen Bärenhunger.	*I'm hungry as a bear.*
Es ist alles für die Katz.	*It's all for nothing.*
Da bringen mich keine zehn Pferde hin!	*Wild horses couldn't drag me there!*
Du musst dir Eselsbrücken bauen.	*You'll have to find some tricks to help you remember.*
Mein Name ist Hase, ich weiß von nichts.	*Don't ask me. I don't know anything about it.*

10-42 Was passt zusammen?

1. Gehst du mit zum Fußballspiel?
2. Günter denkt, er kriegt eine Eins in dieser Klausur.
3. Warum hörst du denn schon auf zu lernen?
4. Wer hat denn die ganzen Bierflaschen ausgetrunken?
5. Wie soll ich denn alle diese Wörter lernen?
6. Sollen wir essen gehen?
7. Ich habe eine Eins in Physik!

a. Du musst dir Eselsbrücken bauen.
b. Mein Name ist Hase. Ich weiß von nichts.
c. Da hast du aber Schwein gehabt!
d. Der eine Eins?! Da lachen ja die Hühner!
e. Klar! Ich habe einen Bärenhunger.
f. Es ist ja doch alles für die Katz!
g. Bei dem Wetter bringen mich da keine zehn Pferde hin!

Zur Aussprache

German *f*, *v*, and *w*

In German the sound represented by the letter **f** is pronounced like English *f* and the sound represented by the letter **v** is generally also pronounced like English *f*.

10-43 Hören Sie gut zu und wiederholen Sie!

für	**vier**
Form	**vor**
folgen	**Volk**

Familie Feldmann fährt in den Ferien nach Finnland.
Volkmars Vorlesung ist um Viertel vor vier vorbei.
Volker ist Verkäufer für Farbfernseher.

However, when the letter **v** appears in a word of foreign origin, it is pronounced like English *v:* **Vase, Ventilator, Variation.**

In German the sound represented by the letter **w** is always pronounced like English *v:* **wann, wie, wo.**

10-44 Hören Sie gut zu und wiederholen Sie!

Wolfgang und Veronika wohnen in einer Villa am Wannsee.
Walter und David waren im November in Venedig.
Oliver ist Vegetarier und will keine Wurst.

In the following word pairs, distinguish clearly between German **f** and **w** sounds.

Vetter	**Wetter**	**Farm**	**warm**
vier	**wir**	**fein**	**Wein**
viel	**will**	**Fest**	**West**
voll	**Wolle**	**Felder**	**Wälder**

Felder und Wälder

Nomen

das Gebäude, -	building
das Erdgeschoss	ground floor
der Stock, die Stockwerke	floor; story
die Bushaltestelle, -n	bus stop
der Führerschein, -e	driver's license
der Lkw, -s (Lastkraftwagen) / der Lastwagen, -	truck
der Pkw, -s (Personenkraftwagen) / der Personenwagen, -	car
der Bildschirm, -e	TV screen
der Einfluss, ⸚e	influence
die Erde	earth; ground
der Grund, ⸚e	reason
das Märchen, -	fairy tale
die Menschheit	mankind; humanity
das Tier, -e	animal
die Umfrage, -n	poll
das Werkzeug, -e	tool
das Ziel, -e	goal; aim

Verben

empfehlen (empfiehlt), empfahl, hat empfohlen	to recommend
gewinnen, gewann, hat gewonnen	to win
schreien, schrie, hat geschrieen	to scream; to shout
sich unterhalten (unterhält sich), unterhielt sich, hat sich unterhalten	to talk; to converse
vergleichen, verglich, hat verglichen	to compare
verschieben, verschob, hat verschoben	to postpone
wetten	to bet

Andere Wörter

bekannt	well-known
grausam	cruel
krumm	crooked
modisch	fashionable
saftig	juicy
sorgfältig	careful
kaum	scarcely; hardly
unterwegs	on the way
weder ... noch	neither . . . nor

Ausdrücke

Angst haben vor *(+ dat)*	to be afraid of
Sie war außer sich.	She was beside herself.
eines Tages	one day
im Durchschnitt	on average
im Erdgeschoss	on the first (ground) floor
Gott sei Dank!	Thank God!
den Kopf schütteln	to shake one's head
Ich habe Lust auf eine Tafel Schokolade.	I feel like having a chocolate bar.
Verflixt!	Darn it!

Das Gegenteil

der/die Erwachsene, -n ≠ das Kind, -er	adult ≠ child
oben ≠ unten	above ≠ below
riesig ≠ winzig	huge ≠ tiny
zufrieden ≠ unzufrieden	satisfied ≠ dissatisfied

Leicht zu verstehen

der Hamburger, -	das Talent, -e
das Steak, -s	das Thema, die Themen
das Insekt, -en	der Service
das Mikroskop, -e	der Vegetarier, -
das Produkt, -e	die Vegetarierin, -nen
die Tabelle, -n	

Synonyme

die Erzählung, -en	=	die Geschichte, -n
das Gerät, -e	=	der Apparat, -e
die Klamotten *(pl)*	=	die Kleider
das Seniorenheim, -e	=	das Altenheim, -e
kriegen	=	bekommen
defekt	=	kaputt
miserabel	=	schlecht
klug	=	intelligent
beliebt	=	populär
schließlich	=	endlich

Wörter im Kontext

10-45 Was passt zusammen?

1. Ein Lkw ist ein Fahrzeug,
2. Ein Pkw ist ein Fahrzeug,
3. Ein Führerschein ist ein Dokument,
4. Die Erde ist der Planet,
5. Die Menschheit sind alle Menschen,
6. Ein Märchen ist eine wunderbare Geschichte,

a. auf dem wir leben.
b. die auf der Erde leben.
c. die man Kindern erzählt.
d. in dem nur wenige Personen Platz haben.
e. mit dem man schwere Sachen transportiert.
f. ohne das man weder einen Pkw noch einen Lkw fahren darf.

10-46 Was passt wo?

riesiges / beliebter / winziges / unzufriedener / defektes / sorgfältige / modisches

1. Ein Professor, den alle Studenten gern haben, ist ein _____ Professor.
2. Ein Kleidungsstück, das vielen Leuten gefällt, ist ein _____ Kleidungsstück.
3. Ein Gerät, das nicht funktioniert, ist ein _____ Gerät.
4. Ein Insekt, das sehr klein ist, ist ein _____ Insekt.
5. Ein Gebäude, das hundert Stockwerke hat, ist ein _____ Gebäude.
6. Ein Mensch, dem nichts recht ist und der nie genug kriegen kann, ist ein _____ Mensch.
7. Eine Arbeit, die sehr gut und genau gemacht ist, ist eine _____ Arbeit.

10-47 Was ist hier identisch? Welche zwei Sätze in jeder Gruppe bedeuten etwa dasselbe?

1. Stefan hat den Kopf geschüttelt.
   Stefan hat sich sehr aufgeregt.
   Stefan war außer sich.

2. Ann ist nicht hier, sondern in ihrem Zimmer.
   Ann ist weder hier noch in ihrem Zimmer.
   Ann ist nicht hier, und in ihrem Zimmer ist sie auch nicht.

3. Ich habe mich lang mit Kurt unterhalten.
   Mit Kurt habe ich nicht lang gesprochen.
   Ich habe lang mit Kurt gesprochen.

4. Ich habe Lust auf eine Tafel Schokolade.
   Ich mag Schokolade sehr gern.
   Ich möchte jetzt am liebsten eine Tafel Schokolade essen.

KAPITEL 11

Geschichte und Gegenwart

Kommunikationsziele

Talking about recent German history and current events
Focusing on actions
Making resolutions
Describing people, places, and things
Expressing feelings and emotions

Strukturen

Passive voice
Participles used as adjectives
Verb-preposition combinations
Wo-compounds and **da-**compounds

Kultur

Kleine deutsche Chronik: 1918 bis 1990
Die europäische Union und der Euro

Leute: **Ulrike und Matthias Sperber**

Berlin: November 1989

Vorschau

Ein Traum ging in Erfüllung

Der folgende Text stammt aus einem Schreibwettbewerb für Kinder aus dem Jahr 1991, also kurz nach der Wiedervereinigung der beiden deutschen Staaten.

Niemals werde ich den Tag vergessen, an dem wir alle zum ersten Mal in die BRD reisen durften. Am Sonntag, dem 12. November 1989, bin ich mit Vati zur Polizei gefahren, um das Visum für meine Eltern abzuholen. Um 11 Uhr gab der RSH bekannt, dass ab 13 Uhr ein neuer Grenzübergang in Mustin in der Nähe von Ratzeburg geöffnet wird. Ratzeburg kannte ich überhaupt nicht. Nach dem Mittagessen fuhren wir mit unserem Trabi los. Wir wollten pünktlich zur Grenzöffnung dort sein.

Aber bereits einen Kilometer vor Roggendorf begann der Stau. Zwei Armeefahrzeuge kamen uns mit Lichthupe entgegen. Sie waren mit Stacheldraht von der Grenze beladen. Alle winkten den Fahrzeugen zu.

Dann setzten sich die Fahrzeuge vor uns in Bewegung, und so fuhren wir Stück für Stück durch das ehemalige Sperrgebiet in Richtung Grenze. Gegen 17 Uhr wurden wir herzlich am Übergang empfangen. Das war ein unvergessliches Erlebnis, als wir durch die Grenze fuhren! Ein Traum ging in Erfüllung.

Manuela Ide, 13 Jahre
Schwerin (Mecklenburg-Vorpommern)

Sechs Jahre danach: Was Kinder von der Mauer noch wissen

Sechs Jahre nach der Wiedervereinigung wurden Erstklässler im ehemaligen Ost-Berliner Bezirk Hohenschönhausen gefragt, was sie von der Mauer und der DDR noch wissen. Die folgenden Antworten sind Zitate aus einem Bericht von Vera Gaserow in der Wochenzeitung „Die Zeit".

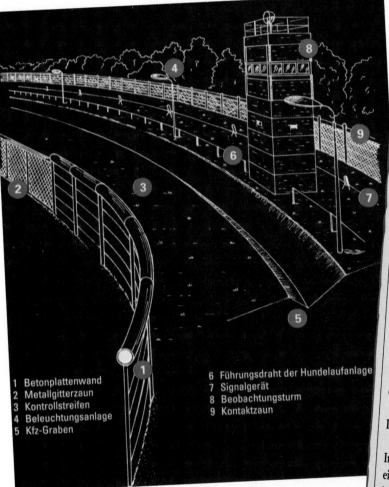

1 Betonplattenwand
2 Metallgitterzaun
3 Kontrollstreifen
4 Beleuchtungsanlage
5 Kfz-Graben
6 Führungsdraht der Hundelaufanlage
7 Signalgerät
8 Beobachtungsturm
9 Kontaktzaun

Die Berliner Mauer

Meine Mama hat erzählt, dass früher hier so 'ne Mauer war, da konnte keiner wegfahren. Da mussten die Leute immer zu Hause bleiben.

Ich glaub', die Mauer war zum Schutz vor Hunden.

Nee, damit die wussten, wo DDR war.

Auf der einen Seite von der Mauer hatten sie schöne Sachen und auf der anderen nicht so schöne. Aber das ist schon lange her.

... die Leute durften sich nicht besuchen und ich konnte nicht zu meiner Oma Helga. Die Leute durften nur winken.

Ich glaub', die konnten nicht mal winken.

Irgendwann hat dann einer gesagt, jetzt muss eigentlich die Mauer mal weg sein, weil wir wollen ja auch mal wegfahren, und dann haben sie die Mauer abgerissen.

Da ist die Polizei gekommen und hat sie weggemacht, bloß ein bisschen haben sie stehen gelassen, dass man weiß, wo DDR war. Aber jetzt ist alles Deutschland und Berlin.

ZUM HÖREN

11-1 Richtig oder falsch? Sie hören die Texte auf Seiten 365 und 366. Sind die Aussagen danach **richtig** oder **falsch?**

EIN TRAUM GING IN ERFÜLLUNG

	RICHTIG	FALSCH		RICHTIG	FALSCH		RICHTIG	FALSCH
1.	____	____	3.	____	____	5.	____	____
2.	____	____	4.	____	____	6.	____	____

SECHS JAHRE DANACH ...

Sind die Aussagen *faktisch°* richtig oder *faktisch* falsch? *factually*

	RICHTIG	FALSCH		RICHTIG	FALSCH		RICHTIG	FALSCH
1.	____	____	3.	____	____	5.	____	____
2.	____	____	4.	____	____	6.	____	____

11-2 1949–1990: Das geteilte° Deutschland. Schauen Sie die Karte Deutschland Bundesländer an. Das Gebiet° von Mecklenburg-Vorpommern, Brandenburg, Sachsen-Anhalt, Thüringen, Sachsen und der östliche Teil des Bundeslandes Berlin waren von 1949 bis 1990 die Deutsche Demokratische Republik. Zeichnen Sie den „Eisernen Vorhang"° zwischen der BRD und der DDR ein. Wie heißen die Länder der BRD, die an die DDR grenzten?

divided
area

Iron Curtain

11-3 Das geteilte Berlin. Seit 1961 trennte° die Mauer Westberlin von Ostberlin und von der DDR. Die Ostberliner Bezirke, die an Westberlin grenzten waren Treptow, Friedrichshain, Mitte, Prenzlauer Berg und Pankow. Zeichnen Sie die Mauer ein: a. die mitten durch die Stadt ging; b. die Westberlin von der DDR trennte.

BERLINER BEZIRKE
separated

Reinickendorf
253.641 E.

Pankow
106.615 E.

Weißensee
51.746 E.

Hohenschönhausen
119.549 E.

Marzahn
164.907 E.

Spandau
218.896 E.

Wedding
167.095 E.

Tiergarten
95.539 E.

Prenzlauer Berg
145.082 E.

Charlottenburg
183.989 E.

Mitte
81.988 E.

Friedrichshain
105.781 E.

Hellersdorf
133.091 E.

Kreuzberg
156.178 E.

Lichtenberg
166.412 E.

Wilmersdorf
145.502 E.

Schöneberg
155.966 E.

Treptow
105.154 E.

Zehlendorf
99.503 E.

Steglitz
189.418 E.

Tempelhof
189.604 E.

Neukölln
312.977 E.

Köpenick
108.258 E.

KULTUR

Kleine deutsche Chronik: 1918 bis 1990

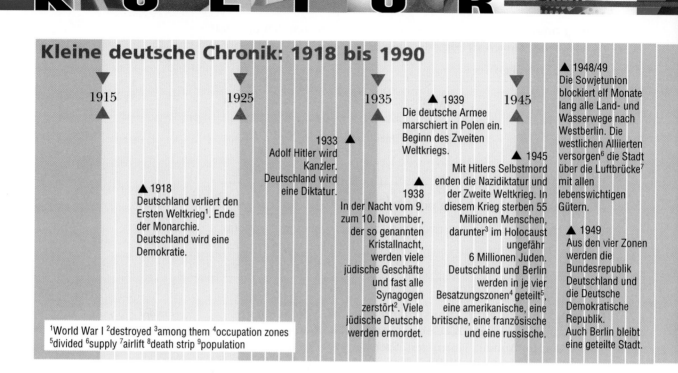

▼ 1915   ▼ 1925   ▼ 1935   ▲ 1939   ▼ 1945

▲ 1918
Deutschland verliert den Ersten Weltkrieg[1]. Ende der Monarchie. Deutschland wird eine Demokratie.

1933 ▲
Adolf Hitler wird Kanzler. Deutschland wird eine Diktatur.

▲ 1938
In der Nacht vom 9. zum 10. November, der so genannten Kristallnacht, werden viele jüdische Geschäfte und fast alle Synagogen zerstört[2]. Viele jüdische Deutsche werden ermordet.

▲ 1939
Die deutsche Armee marschiert in Polen ein. Beginn des Zweiten Weltkriegs.

▲ 1945
Mit Hitlers Selbstmord enden die Nazidiktatur und der Zweite Weltkrieg. In diesem Krieg sterben 55 Millionen Menschen, darunter[3] im Holocaust ungefähr 6 Millionen Juden. Deutschland und Berlin werden in je vier Besatzungszonen[4] geteilt[5], eine amerikanische, eine britische, eine französische und eine russische.

▲ 1948/49
Die Sowjetunion blockiert elf Monate lang alle Land- und Wasserwege nach Westberlin. Die westlichen Alliierten versorgen[6] die Stadt über die Luftbrücke[7] mit allen lebenswichtigen Gütern.

▲ 1949
Aus den vier Zonen werden die Bundesrepublik Deutschland und die Deutsche Demokratische Republik. Auch Berlin bleibt eine geteilte Stadt.

[1]World War I [2]destroyed [3]among them [4]occupation zones
[5]divided [6]supply [7]airlift [8]death strip [9]population

 11-4 Die Berliner Luftbrücke. Beantworten Sie die Fragen zu diesem Schaubild!

1. Wie heißen die drei Flugplätze, auf denen die alliierten Transportflugzeuge landeten?
2. Wie viele Transportflugzeuge landeten auf diesen Flugplätzen von Juli 1948 bis Mai 1949?
3. In welchem Monat wurden die meisten Lebensmittel und in welchem die meiste Kohle nach Berlin geflogen?
4. Wie viel Prozent (vH) aller Luftbrückengüter waren Kohle?

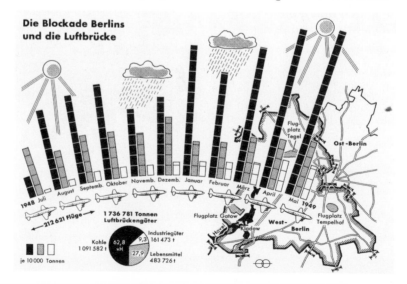

Die Blockade Berlins und die Luftbrücke

1948 Juli, August, Septemb., Oktober, Novemb., Dezemb., Januar, Februar, März, April, Mai 1949

← 212 621 Flüge →   1 736 781 Tonnen Luftbrückengüter

Kohle 1 091 582 t — 62,8 vH — Industriegüter 161 473 t 9,3 — Lebensmittel 483 726 t 27,9

je 10 000 Tonnen

Flugplatz Tegel — Ost-Berlin — Flugplatz Gatow — West-Berlin — Flugplatz Tempelhof — Havel — Kladow

1955

1965

1975

1985

1995

1961 ▲
Der Bau der
Berliner Mauer
und des
Todesstreifens[8]
entlang der
westlichen
Grenze der DDR
stoppt die
Abwanderung
der
ostdeutschen
Bevölkerung[9] in
die BRD.

▲ 1963
John F. Kennedy besucht Berlin.
Er beendet seine Rede vor dem
Rathaus in Berlin-Schöneberg
mit den berühmten Worten: „Ich
bin ein Berliner."

▲ 1989
Im Januar proklamiert der Staatschef
der DDR, Erich Honecker, dass die
Mauer in hundert Jahren noch stehen
wird.
Am 9. November öffnet die DDR die
Berliner Mauer und die Grenze zur
BRD.

▲ 1990
Ost- und
Westdeutschland
werden wieder
ein Land.

19___

Wann
war das?
19___

19___

5. September 1866   5. September 1966

Diese Synagoge ist 100 Jahre alt
und wurde am 9. November 1938
IN DER KRISTALLNACHT
von den Nazis in Brand gesteckt!

Während des II. Weltkrieges 1939-1945
wurde sie im Jahre 1943
durch Bombenangriff zerstört!

Die Vorderfront dieses Gotteshauses
soll für alle Zeiten eine Stätte
der Mahnung und Erinnerung bleiben

VERGESST ES NIE

Jüdische Gemeinde von Groß-Berlin
Der Vorstand

September 1966

Nomen

der Krieg, -e	war
der Weltkrieg, -e	world war
der Eiserne Vorhang	Iron Curtain
die Grenze, -n	border
die Mauer, -n	wall
der Stacheldraht	barbed wire
die Wiedervereinigung	reunification
die Bevölkerung	population
der Bundeskanzler	federal chancellor
die Rede, -n	speech; talk
die Brücke, -n	bridge
die Luft	air
das Erlebnis, Erlebnisse	experience
die Richtung, -en	direction
der Selbstmord, -e	suicide
der Stau, -s	traffic jam
der Traum, ⸚e	dream
der Wettbewerb, -e	contest

Verben

entgegen·kommen (+ dat) kam entgegen, ist entgegengekommen	to come towards
ermorden	to murder
grenzen an (+ acc)	to border on
teilen	to divide
trennen	to separate
winken	to wave

Andere Wörter

ehemalig	former
so genannt	so-called
unvergesslich	unforgettable
irgendwann	some time or other

Ausdrücke

Das ist schon lange her.	That's a long time ago.
in Erfüllung gehen	to be fulfilled
eine Rede halten	to give a speech

Das Gegenteil

beenden ≠ beginnen, an·fangen	to end ≠ to begin
danach ≠ vorher	afterwards ≠ before (adv)

Synonyme

der Flugplatz, ⸚e	=	der Flughafen, ⸚
stammen aus	=	kommen aus
zerstören	=	kaputt·machen
bereits	=	schon
bloß	=	nur
danach	=	nachher
niemals	=	nie
überhaupt nicht(s)	=	gar nicht(s)

Leicht zu verstehen

die Alliierten (pl)	der Staatschef, -s
die Blockade, -n	die Tonne, -n
die Demokratie, -n	das Visum, Visen
die Diktatur, -en	blockieren
die Monarchie, -n	proklamieren
die Republik, -en	

Sprachnotiz **Irgend**

To express *some . . . or other,* German affixes **irgend** to the beginning of many words.

irgendwo	*somewhere or other*	**irgendjemand**	*someone or other*
irgendwann	*sometime or other*	**irgendein Mann**	*some man or other*
irgendwie	*somehow or other*	**irgendeine Frau**	*some woman or other*
irgendetwas	*something or other*		

Wörter im Kontext

11-5 Was passt wo?

Erlebnis / Stau / trennt / winkt / halten / Selbstmord / Erfüllung / Brücken / Fotowettbewerb

1. Eine Grenze ist eine Linie, die zwei Länder voneinander _____.
2. Etwas, was man niemals vergessen kann, ist ein unvergessliches _____.
3. Wenn ein Traum Wirklichkeit wird, dann ist dieser Traum in _____ gegangen.
4. Der Bundeskanzler wird morgen eine wichtige Rede _____.
5. Hamburg ist eine Stadt mit vielen Wasserwegen und vielen _____.
6. Wenn auf einer Straße zu viele Pkws und Lkws fahren, gibt es einen _____.
7. Wenn Frau Heller morgens zur Arbeit fährt, steht ihr kleiner Sohn immer vor der Haustür und _____.
8. In einem _____ findet man heraus, wer am besten fotografieren kann.
9. Wenn man sich das Leben nimmt, begeht man _____.

11-6 Was passt wo?

geteiltes / zerstört / blockierten / überhaupt nichts / ermordet / Alliierten / Wiedervereinigung / Mauer

1. In der Kristallnacht wurden in Deutschland alle Synagogen _____ und viele jüdische Deutsche _____.
2. Von 1949 bis zur _____ im Jahr 1990 war Deutschland ein _____ Land.
3. Ende Juni 1948 _____ die Sowjets alle Land- und Wasserwege nach Westberlin.
4. Die _____ brachten deshalb fast ein Jahr lang alle lebenswichtigen Güter über eine Luftbrücke nach Berlin.
5. 1961 baute die DDR mitten durch Berlin eine _____.
6. Ein Staat, in dem die Bevölkerung _____ zu sagen hat, ist eine Diktatur.

Kommunikation und Formen

① Focusing on the receiver of an action

The passive voice

In grammatical terms, the doer of an action is usually the subject of the sentence.

> **Peter** holt mich um sieben ab.   *Peter is picking me up at seven.*

A sentence in which the doer of an action functions as the subject of the sentence is said to be in the *active voice*.

If, however, you find it unnecessary or unimportant to mention the doer of the action, you can make the receiver of the action the subject of the sentence.

> **Ich** *werde* um sieben *abgeholt*.   **I**'m being picked up *at seven.*

A sentence in which the receiver of the action functions as subject is said to be in the *passive voice*. Note that in the passive voice:

- the receiver of the action appears in the nominative case;
- the verb appears as a past participle with a form of **werden** as auxiliary.

The most commonly used tenses in the passive voice are the present and the simple past. The tense is indicated by the auxiliary **werden.**

PRESENT	ich **werde** abgeholt	*I'm being picked up*
SIMPLE PAST	ich **wurde** abgeholt	*I was picked up*

Use of the passive voice

In the passive voice, the attention is focused on the receiver of the action and on the action itself. In the examples below, what happens to the receiver of the action is more important than who does it. The passive voice is therefore the more natural mode of expression.

passive	active
Mein Wagen **wird repariert.**	Der Automechaniker **repariert** meinen Wagen.
My car is being repaired.	*The mechanic is repairing my car.*
Herr Müller **wurde verhaftet.**	Die Polizei **hat** Herrn Müller **verhaftet.**
Mr. Müller was arrested.	*The police arrested Mr. Müller.*

11-7 Was weißt du von Mario und Ann?

S1: Warum will Mario ein Handy°
kaufen?

S2: Weil er so oft angerufen wird.

cell phone

MARIO		ANN	
Warum will Mario ein Handy kaufen?		Warum arbeitet Ann schon so lange bei IBM?	
	Weil seine Wohnung renoviert wird.		Weil dort ein neuer Teppich gelegt wird.
	Damit sein Mercedes nicht gestohlen wird.	Warum ist Ann heute mit dem Bus gekommen?	
Warum ist Mario abends nie zu Hause?			Weil sie gleich abgeholt wird.

11-8 Was wird hier gemacht?

▶

ein Haus / bauen

S1: Was wird hier gemacht?

S2: Hier wird ein Haus gebaut.

1.

2.

3.

4.

5.

6.

Blumen / gießen	ein Auto / reparieren	Eis / verkaufen
ein Rasen / mähen	Kleider / anprobieren	Bier / trinken

11-9 Was wurde hier gemacht?

▶

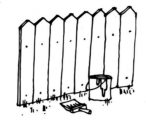

ein Zaun / streichen

S1: Was wurde hier gemacht?

S2: Hier wurde ein Zaun gestrichen.

1.

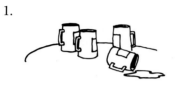

3.

2.

4.

Äpfel / pflücken	Schnee / schaufeln
Fenster (pl) / putzen	Bier / trinken

5.

7.

6.

8.

wood

ein Baum / fällen	Brot / backen
ein Feld / pflügen	Holz° / spalten

The impersonal passive

In German the passive voice is sometimes used to focus attention on an activity as such. This construction is called the impersonal passive. It does not exist in English. Note that in these sentences there is no subject, and the verb is always in the 3rd person singular.

Warum wird hier **gestreikt?**   *Why are they on strike here?*

11-10 Was wird hier gemacht?

►

laut lachen

S1: Was wird hier gemacht?   **S2:** Hier wird laut gelacht.

baden	putzen
tanzen	singen

fernsehen	zu viel rauchen
kochen	essen und trinken

11-11 Gute Vorsätze fürs neue Jahr. Sie sind auf einer Neujahrsparty und es ist drei Minuten vor Mitternacht. Schreiben Sie in diesen drei Minuten drei gute Vorsätze, d.h., drei Dinge, die Sie im neuen Jahr besser oder anders machen wollen als im alten. Lesen Sie Ihren Mitstudenten vor, was Sie geschrieben haben.

S: Von heute ab wird jeden Morgen rechtzeitig aufgestanden.

Von heute ab wird	jeden Morgen rechtzeitig	geraucht.
	regelmäßig° Sport	getrunken.
	jeden Tag eine Stunde lang Deutsch	gegessen.
	viel mehr Obst und Gemüse	aufgestanden.
	viel weniger Schokolade	gegangen.
	viel weniger Bier	getrieben.
	keine einzige Zigarette mehr	gelernt.
	viel weniger Kaffee	ferngesehen.
	täglich nur noch eine Stunde lang	...
	jeden Abend rechtzeitig ins Bett	
	...	

regularly

Mentioning the agent in a passive sentence

In most passive sentences, the agent (the doer of the action) is omitted. However, if the agent is mentioned, it appears in the dative case after the preposition **von.**

Berlin wurde elf Monate lang **von der Sowjetunion** blockiert.

Berlin was blockaded for eleven months by the Soviet Union.

11-12 Wie ist das alles passiert?

▶ Er wurde ... überfahren.
von einem Lkw

S1: Was ist eigentlich mit Müllers Hund passiert?

S2: Er wurde von einem Lkw überfahren.

1. Was ist eigentlich mit Frau Pleikes Kanarienvogel passiert?

Er wurde ... gefressen.

2. Warum ist Herr Metzger denn so deprimiert°?

Er wurde ... entlassen°.

3. Wie ist dieser Diplomat ums Leben gekommen°?

Er wurde ... ermordet.

4. Wie konnte die Polizei den Bankräuber so schnell kriegen?

Er wurde ... fotografiert.

5. Warum ist Frau Sommer eigentlich im Krankenhaus?

Sie wurde ... angefahren.

6. Warum will Tina sich diesen miserablen Film anschauen?

Er wurde ihr ... empfohlen.

fired
depressed

did . . . lose his life

von seiner Firma	von Frau Wilds Katze	von einer versteckten Kamera
von einem Pkw	von einer Freundin	von einem Terroristen

In *Kapitel 6* you learned that **eigentlich** means *actually*.

    Da hast du **eigentlich** Recht.   ***Actually,*** *you're right.*

Eigentlich can also be used as a flavoring particle. Like **denn** it is used in questions to express curiosity and interest. It has no English equivalent.

    Was ist **eigentlich** mit Müllers   *What happened to the Müllers' dog?*
    Hund passiert?

2   Describing people, places, and things

The past participle used as an adjective

In your reading, you have frequently seen past participles used as adjectives. Before a noun, the past participle takes the same endings as other adjectives.

    Von 1945 bis 1989 war Berlin   *From 1945 to 1989 Berlin was a*
    eine **geteilte** Stadt.   ***divided*** *city.*

11-13 Was ist das?

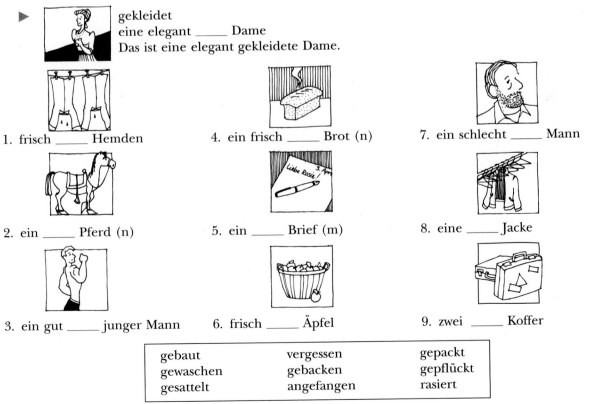

▶ gekleidet
eine elegant _____ Dame
Das ist eine elegant gekleidete Dame.

1. frisch _____ Hemden

2. ein _____ Pferd (n)

3. ein gut _____ junger Mann

4. ein frisch _____ Brot (n)

5. ein _____ Brief (m)

6. frisch _____ Äpfel

7. ein schlecht _____ Mann

8. eine _____ Jacke

9. zwei _____ Koffer

gebaut	vergessen	gepackt
gewaschen	gebacken	gepflückt
gesattelt	angefangen	rasiert

11-14 Modenschau in der Deutschklasse.   Beschreiben Sie, was Ihre Mitstudentinnen und Mitstudenten tragen.

S: Lisa trägt eine hochelegante, gestreifte Bluse.
David trägt ein frisch gebügeltes, schneeweißes Hemd.

hochelegant	braun	geblümt	*flowered*
todschick	blau	gestreift	*striped*
supermodern	gelb	handgestrickt	*hand-knit*
wunderbar	grün	kariert	*plaid*
wunderschön	rot	gebügelt	*ironed*
ganz toll	schwarz	geschlitzt	*slit*
…	…	…	

The present participle used as an adjective

In English the present participle has the ending *-ing: flying.* The German present participle is formed by adding **-d** to the infinitive: **fliegend.** Before a noun, the present participle takes the same endings as other adjectives.

Hast du schon mal eine **fliegende**   *Have you ever seen a **flying** saucer?*
Untertasse gesehen?

11-15 Was ist das?

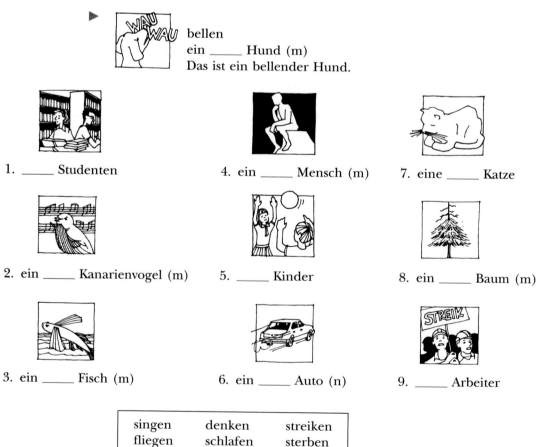

▶
bellen
ein _____ Hund (m)
Das ist ein bellender Hund.

1. _____ Studenten

2. ein _____ Kanarienvogel (m)

3. ein _____ Fisch (m)

4. ein _____ Mensch (m)

5. _____ Kinder

6. ein _____ Auto (n)

7. eine _____ Katze

8. ein _____ Baum (m)

9. _____ Arbeiter

singen	denken	streiken
fliegen	schlafen	sterben
fahren	spielen	lernen

ZUM HÖREN

Eine Radtour in Nordostdeutschland

Es ist Mitte Juli, und Stephanie, Claudia, Martin und Peter sitzen bei einem Glas Bier im Englischen Garten. Hören Sie was die vier Freunde miteinander sprechen!

NEUE VOKABELN

die Gegend	*area*	**der Schlafsack, ⁻e**	*sleeping bag*
nördlich von	*north of*	**sich um·schauen nach**	*to look around for*
geradezu	*absolutely*	**günstig**	*reasonably priced*
jederzeit	*anytime*	**an·bieten, angeboten**	*to offer*
sowieso	*anyway*	**der Radwanderführer**	*cycling tour*
Einverstanden?	*Agreed?*		*guidebook*

11-16 Globalverstehen. Wer sagt das? Schreiben Sie C (Claudia), S (Stephanie), M (Martin) oder P (Peter).

_____ Ja, und dabei kenne ich außer München, Berlin, Hamburg und Köln nur sehr wenig von Deutschland.

_____ Brandenburg und Mecklenburg-Vorpommern sind für eine Radtour geradezu ideal.

_____ Wenn's uns da mal zu heiß wird, können wir jederzeit baden gehen.

_____ Sie möchten Stephanie sowieso noch mal sehen.

_____ Aber planen müssen wir gleich jetzt.

_____ Und dann setzen wir uns wieder zusammen und schauen, was es dort oben alles zu tun und zu sehen gibt.

11-17 Detailverstehen.

1. Wie lange ist Stephanie noch in Deutschland?
2. Welchen Teil von Deutschland kennt Stephanie überhaupt nicht?
3. Warum finden Claudia und Martin Brandenburg und Mecklenburg-Vorpommern so ideal für eine Radtour?

   CLAUDIA: *Weil es dort ...*
   MARTIN: *Weil es dort ...*

4. Was war auf den schönen Bildern, die Stephanie gesehen hat?
5. Wer bekommt die folgenden Aufgaben°?   *tasks*
   a. Sich nach Zelten umschauen.
   b. Berlin anrufen.
   c. Zum Bahnhof gehen und nach einer günstigen Gruppenreise fragen.
   d. Einen Radwanderführer und eine gute Karte von Nordostdeutschland kaufen.

11-18 Aus dem Radwanderführer für Mecklenburg-Vorpommern.

location

Schauen Sie die Karte und die Informationen an und ergänzen Sie zu jedem Ortsnamen die Lage° und die Attraktion.

Lage:
An der Ostseeküste. (3 x)
Östlich von Heiligendamm.

3 km südlich von Kühlungsborn.
3 km südlich vom Conventer See.

Attraktion:
Hundert Jahre alte Kleinbahn.
Herrlicher Buchenwald.
4 km langer Sandstrand.

Zugvögel.
Weiße Häuser und Gebäude.
Wunderbare Aussicht.

	LAGE	ATTRAKTION
Kühlungsborn	An der Ostseeküste.	4 km langer Sandstrand.
Diedrichshäger Berg		
Heiligendamm		
Conventer See		
Nienhägener Holz		
Bad Doberan		

① Kühlungsborn mit seinem vier Kilometer langen Sandstrand ist der größte Badeort an der mecklenburgischen Ostseeküste[1]. Drei Kilometer südlich davon liegt der Diedrichshäger Berg, von dem man eine wunderbare Aussicht[2] über die Küste und die mecklenburgische Landschaft hat.

② Heiligendamm mit seinen weißen Häusern und Gebäuden wird oft „die weiße Stadt am Meer"[3] genannt. Das Hinterland liegt hier tiefer[4] als die Ostsee, und ein hoher Damm verhindert, dass es überflutet wird.

③ Am Conventer See machen Tausende von Zugvögeln[5] Rast[6], wenn sie im Herbst nach Süden fliegen und im Frühjahr wieder nach Skandinavien zurückkehren. Von diesem See ist es nicht weit zum Nienhägener Holz, einem herrlichen Buchenwald[7], der direkt hinter dem Strand beginnt.

④ In Bad Doberan ist die Hauptattraktion die hundert Jahre alte Kleinbahn mit der Dampflokomotive „Molli". Eine Fahrt von hier nach Kühlungsborn dauert nur 40 Minuten, und für ein paar Mark transportiert die Bahn auch Fahrräder.

[1]coast of the Baltic Sea [2]view [3]by the sea
[4]lower [5]migrating birds [6]rest [7]beech forest

11-19 Ein paar Fragen zur Information im Radwanderführer.

1. Von wo aus hat man eine wunderbare Aussicht über die Ostseeküste?
2. Warum wird Heiligendamm oft „die weiße Stadt am Meer" genannt?
3. Warum ist bei Heiligendamm ein hoher Damm?
4. Wie nennt man Vögel, die den Sommer im Norden verbringen und im Winter nach Süden fliegen?
5. Wie alt ist die Doberaner Kleinbahn und was für eine Lokomotive hat sie?

Die Dampflokomotive Molli

11-20 Ein paar Fragen zur Radwanderkarte.

1. Wo ist die Jugendherberge von Bad Doberan?
2. Wie hoch ist der Diedrichshäger Berg?
3. Wie viele Kirchen können Sie finden?
4. Wie viele Campingplätze gibt es?
5. Wie lang ist die Fahrradroute 2?

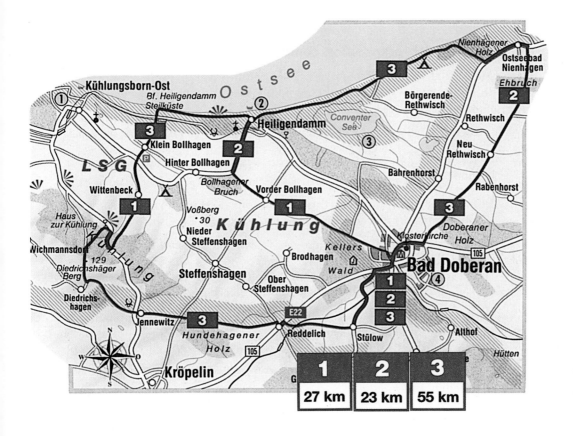

11-21 Ein Erlebnis in der Natur.
Haben Sie schon mal eine Radtour oder eine Wanderung zu Fuß gemacht? Oder sind Sie mit Ihrer Familie oder mit Freunden mal campen gegangen? Beschreiben Sie in drei kurzen Absätzen°   *paragraphs*

- wann, wo und mit wem das war;
- was Sie alles gesehen und erlebt haben;
- was Sie nie vergessen werden.

Kommunikation und Formen

③ Expanding the meaning of some verbs

Special verb-preposition combinations

Many English and German verbs are used in combination with prepositions. In the examples below, the prepositions used in both languages are direct equivalents.

Stefan arbeitet jetzt **für** seinen Onkel.	*Stefan is working **for** his uncle now.*
Wie lange hast du **an** diesem Projekt gearbeitet?	*How long did you work **on** this project?*

In most instances, however, the prepositions used in German verb-preposition combinations do not correspond to those used in English.

Interessierst du dich **für** diese Stellung?	*Are you interested **in** this position?*
Ich warte **auf** einen Scheck von meinen Eltern.	*I'm waiting **for** a check from my parents.*

Below are two groups of commonly used verb-preposition combinations. Note that for the two-case prepositions, the test of **wohin/wo** does not apply, and the correct case is therefore given in parentheses.

Angst haben vor *(+ dative)*	*to be afraid of*
arbeiten an *(+ dative)*	*to work on*
denken an *(+ accusative)*	*to think of, about*
erzählen von	*to tell about*
warten auf *(+ accusative)*	*to wait for*
wissen von	*to know about*

11-22 Was passt zusammen?   Ergänzen Sie die passenden Präpositionen.

S1:

1. Was weißt du _____ der ehemaligen DDR?
2. Wann erzählst du uns _____ deiner Europareise?
3. Wie lange hast du _____ diesem Referat gearbeitet?
4. Ich habe Angst _____ dieser Klausur.
5. Wo soll ich _____ dich warten, Peter?
6. Denkst du auch manchmal _____ mich?

S2:

a. Klar.
b. Ich auch.
c. Morgen Abend.
d. Eine ganze Woche.
e. Überhaupt nichts.
f. Vor der Bibliothek.

11-23 Was machen diese Leute? Ergänzen Sie die Präpositionen und die passenden Objekte!

1. Tanja hat Angst
   _____ _____.

2. Kevin wartet _____ _____
   von seiner Freundin.

3. Frau Kemp denkt
   oft _____ _____.

4. Matthias weiß noch
   nichts _____ _____.

5. Nicole arbeitet
   _____ _____.

6. Holger erzählt
   _____ _____

ihrem Referat	Mäusen	seiner Geburtstagsparty	
seinem Autounfall°	ihren alten Vater	einen Anruf	*car accident*

Verbs that occur in verb-preposition combinations are often reflexive.

sich ärgern über (+ *accusative*)	*to be annoyed with*
sich aufregen über (+ *accusative*)	*to get upset about*
sich freuen auf (+ *accusative*)	*to look forward to*
sich freuen über (+ *accusative*)	*to be happy about; to be pleased with*
sich interessieren für	*to be interested in*
sich verlieben in (+ *accusative*)	*to fall in love with*

11-24 Was passt zusammen? Ergänzen Sie die passenden Präpositionen!

S1:

1. Warum interessiert sich Paul so sehr _____ polnische Geschichte?
2. Warum freut sich David nicht _____ seine gute Zensur?
3. Warum ärgerst du dich denn so _____ Müllers Hund?
4. Warum freust du dich denn nicht _____ die Ferien?
5. Warum regst du dich denn _____ Lauras neue Frisur so auf?
6. Warum hat sich Maria denn _____ so einen komischen Typ verliebt?

S2:

a. Weil er eine bessere wollte.
b. Weil ich sie so hässlich finde.
c. Weil seine Familie aus Polen stammt.
d. Weil sie ihn nett findet.
e. Weil er die ganze Nacht bellt.
f. Weil ich den ganzen Sommer arbeiten muss.

Wir freuen uns auf ein
Wiedersehn
Gute Reise

11-25 Was machen diese Leute? Ergänzen die Präpositionen und die passenden Objekte!

1. Anna freut sich
   _____ _____.

2. Frau Klein ärgert
   sich _____ _____.

3. Maria freut sich
   _____ _____.

4. Heike regt sich
   _____ _____ auf.

5. Martin interessiert sich
   _____ _____.

6. Peter hat sich _____ _____
   verliebt.

stubborn	ihren dickköpfigen° Sohn	ihre Eins in Geschichte	alte Maschinen
	ihre Reise nach Italien	Stephanie	Toms doofen Haarschnitt

4 Asking questions about people or things

Wo-compounds

The question words **wem** and **wen** refer to persons. If a preposition is involved, it precedes the question word.

Vor wem hast du Angst?   *Who are you afraid of?*
An wen denkst du?   *Who are you thinking of?*

The question word **was** refers to things or ideas. If a preposition is involved, a **wo**-compound is used.

Wovor hast du Angst?   *What are you afraid of?*
Woran denkst du?   *What are you thinking of?*

Note that an **r** is added to **wo** if the preposition begins with a vowel: **woran, worauf, worüber,** etc.

11-26 Was für Leute sind Karin und Bernd?

S1: Wofür interessiert sich Karin   **S2:** Für Politik und Geschichte.
am meisten?

	KARIN	BERND
Wofür interessiert sich Karin/Bernd am meisten?		Für Computer und das Internet.
Woran arbeitet sie/er gerade so intensiv?		An einer Website für die Firma seines Vaters.
Worüber hat sie/er sich gestern so aufgeregt?		Über einen defekten Scanner.
Worauf wartet sie/er denn so sehr?		Auf einen Brief von seiner Freundin.
Worüber freut sie/er sich am meisten?		Über tolle, neue Software.
Wovor hat sie/er manchmal Angst?		Vor einem besonders cleveren Virus.

11-27 Klatsch°.   Erzählen Sie einander den neuesten Klatsch über Günter!   *gossip*

▶ Günter war gestern mit Bernds Freundin im Kino.

Weißt du, _____ Günter gestern im Kino war?   _____ denn?
Mit _____.

S1: Weißt du, mit wem Günter gestern im Kino war?   **S2:** Mit wem
Mit Bernds Freundin.   denn?

1. Für sein Studium interessiert sich Günter sehr wenig.

   Weißt du, _____ sich Günter sehr wenig interessiert?   _____ denn?
   Für _____.

2. Auf seine Zensuren freut sich Günter gar nicht.

   Weißt du, _____ sich Günter gar nicht freut?   _____ denn?
   Auf _____.

3. Die schlechteste Zensur bekommt Günter von Professor Weber.

   Weißt du, _____ Günter die schlechteste Zensur bekommt?   _____ denn?
   Von _____.

4. Vor der Klausur in Geschichte hat Günter am meisten Angst.

   Weißt du, _____ Günter am meisten Angst hat?   _____ denn?
   Vor _____.

5. Ich weiß das alles von Helga.

   Weißt du, _____ ich das alles weiß?   _____ denn?
   Von _____.

11-28 Ein paar persönliche Fragen. Stellen Sie einander die folgenden Fragen und berichten Sie dann, was Sie herausgefunden haben!

- Wofür interessierst du dich?
- Hast du manchmal Angst? Wovor?
- Ärgerst du dich manchmal? Worüber oder über wen? Warum?
- Worauf freust du dich im Moment am meisten? Warum?
- Bist du zur Zeit verliebt? In wen?

5 Talking about things without naming them

Da-compounds

In German, personal pronouns that are objects of prepositions can refer only to people. For things or ideas, **da**-compounds must be used. As with the **wo**-compounds, an **r** is added if the preposition begins with a vowel: **daran, darauf, darüber.**

Was hast du denn **gegen Klaus?**	*What do you have **against Klaus?***
Ich habe gar nichts **gegen ihn.**	*I have nothing at all **against him.***
Was hast du denn **gegen meinen Vorschlag?**	*What do you have **against my suggestion?***
Ich habe überhaupt nichts **dagegen.**	*I have nothing at all **against it.***

11-29 Person oder Sache? Verwenden Sie in den Antworten **da**-Formen oder Präpositionen mit Personalpronomen!

S1:

1. Kommt ihr zu unserer Fete?
2. Schreibst du deinen Eltern oft?
3. Hast du meinen Brief bekommen?
4. Wollt ihr wirklich ohne Ralf wegfahren?
5. Warum fliegt Frau Maier denn nie?
6. Warum rufst du Tobias nicht an?
7. Warst du auf Jennifers Fete?
8. Läuft dein Wagen jetzt wieder?
9. Weißt du, dass wir in der Schweiz waren?

S2:

Ja, wir freuen uns schon sehr _____.

Nein, aber ich denke oft _____.

Ja, ich habe mich sehr _____ gefreut.

Ja, wir haben lange genug _____ gewartet.

Sie hat Angst _____.

Weil ich mich _____ geärgert habe.

Nein, ich wußte nichts _____.

Nein, ich arbeite immer noch _____.

Ja, Brigitte hat mir _____ erzählt.

Die Europäische Union und der Euro

Die Europäische Union (EU) nahm ihren Anfang im Jahr 1957, als Deutschland, Frankreich, Italien und die Beneluxländer (die Niederlande, Belgien und Luxemburg) die Europäische Wirtschaftsgemeinschaft[1] gründeten[2]. Heute gehören 15 europäische Staaten zur EU und viele osteuropäische Staaten möchten Mitglieder[3] werden. In der EU der Zukunft leben dann fast 500 Millionen Menschen, und schon jetzt hat die EU das größte Bruttosozialprodukt[4] der Welt. Jedes EU-Mitglied hat sein eigenes Parlament, schickt aber auch Abgeordnete[5] ins Europäische Parlament in Straßburg, Frankreich. Die Fahne[6] der EU zeigt einen Kreis von 12 goldenen Sternen auf blauem Hintergrund, und die Europa-Hymne[7] ist die *Ode an die Freude* aus Beethovens Neunter Sinfonie.

   Schon jetzt können Mitgliedstaaten der EU ihre Waren und Produkte ohne Beschränkungen[8] in andere Mitgliedstaaten exportieren, und jeder EU-Bürger kann in jedem Mitgliedstaat arbeiten und leben. Das Europa der Zukunft soll nun auch noch eine einheitliche Währung[9] bekommen: den Euro. Vom 1. Januar 2002 ab sollen Euronoten und -münzen[10] die nationalen Währungen wie Mark, Franc, Schilling, Gulden, Peseta usw. ersetzen[11].

[1]*European Economic Community* [2]*founded* [3]*members* [4]*Gross National Product* [5]*representatives* [6]*flag* [7]*anthem* [8]*restrictions* [9]*currency* [10]*coins* [11]*replace*

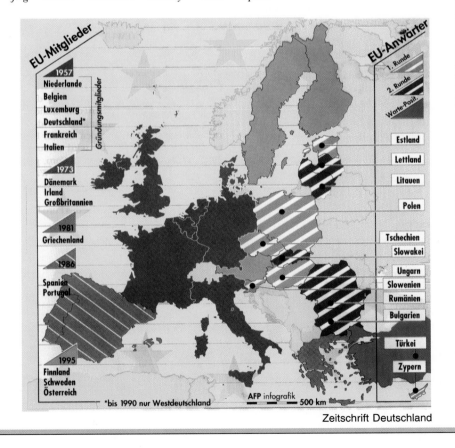

Zeitschrift Deutschland

ZUSAMMENSCHAU

 ## Mein Bruder hat grüne Haare

von Monika Seck-Agthe

Vor dem Lesen 1

imagine

11-30 Ich habe grüne Haare. Stellen Sie sich vor°, Sie haben sich beim Friseur die Haare grün färben lassen und kommen dann nach Hause. Wie wird Ihre Familie wohl reagieren?

11-31 Was ist das auf Englisch?

1. Mein Bruder Johannes hat sich eine **Haarsträhne** grün färben lassen.
2. Als er dann vor der Familie **erschienen ist,** gab es eine ziemliche Szene.
3. Tante Vera wurde **immer wütender.**
4. Sie fing richtig an zu **kreischen.**
5. „Ihr wisst **vor lauter Wohlstand** nicht mehr", schrie sie, „was ihr noch machen sollt."
6. „Als ich fünfzehn war, war Krieg, und wir waren so hungrig, dass wir bei Bauern um ein paar Rüben **gebettelt haben.**"
7. „Und nachts haben wir dann im **Luftschutzkeller** gesessen."

a. for all your affluence
b. begged
c. scream
d. strand of hair
e. more and more furious
f. air-raid shelter
g. appeared

TEIL I

Gestern hat sich mein Bruder Johannes eine Haarsträhne grün färben lassen. Die restlichen Haare hat er mit Baby-Öl eingeschmiert, dann hat er sich ganz schwarz angezogen und sich an den Kaffeetisch gesetzt. Mein Bruder ist fünfzehn und ich bin dreizehn. Er sagt, er ist

5 jetzt *ein Punk.* Wenn ich ihn frage, was das ist, weiß er das selbst nicht genau.

Jedenfalls[1] gab's einen ziemlichen Krach[2], als er vor der versammelten[3] Familie erschienen ist. Meine Eltern haben sich noch nicht mal aufgeregt, aber dann war da noch meine Tante Vera. Und die ist fast

10 vom Stuhl gefallen, als der Johannes in dem Aufzug[4] reingekommen ist.

„Bist du eigentlich übergeschnappt[5]? Ihr seid ja wohl heute alle total verrückt geworden!" hat sie sich aufgeregt. Der Johannes ist ganz ruhig geblieben, hat einfach nichts gesagt und angefangen, Kuchen zu essen.

15 Das hat meine Tante natürlich nur noch wütender gemacht. Sie fing richtig an zu kreischen: „Kannst du nicht wenigstens deinen Schnabel[6] aufmachen, wenn man dich was fragt? – Ich versteh euch aber auch nicht!" Sie funkelte[7] meine Eltern an. „Lasst ihr die Kinder denn alles machen, was ihnen in den Kopf kommt?" Mein Vater sagte bloß: „Der

20 Junge ist doch alt genug! Der muss schon wissen, was er tut." – „Alt genug? Fünfzehn Jahre ist der alt! Ein ganz grünes Bürschchen[8]!" Als Tante Vera das Wort *grün* sagte, mussten wir alle auf die grüne Haarsträhne gucken[9] und lachen. Nur eben Tante Vera, die musste nicht lachen. Sie hat auch gar nicht kapiert[10], dass wir über die Haare

25 gelacht haben, sondern dachte natürlich, wir lachen über sie und ärgerte sich schrecklich[11]. „Die wissen doch vor lauter Wohlstand nicht mehr, was sie noch machen sollen! Wisst ihr eigentlich, was wir mit fünfzehn gemacht haben? Mitten im Krieg! Wir sind bei Bauern betteln gegangen! Um ein paar Rüben! Weil wir gehungert haben!"

30 „Lass das doch, Vera! Die Kinder leben doch heute in einer ganz anderen Welt als wir damals." Meine Mutter stand auf und räumte die Kaffeetassen weg.

Aber Tante Vera war in Fahrt[12]. „Im Luftschutzkeller haben wir gesessen! Und wussten nicht, ob wir da je wieder lebendig

35 rauskommen! Und ihr färbt euch die Haare grün! Und schmiert euch Öl auf den Kopf! Guckt mal lieber in eure Schulbücher!"

---

[1]*at any rate* [2]Szene [3]ganzen [4]Kostüm [5]verrückt [6]Mund [7]*lit into* [8]*snotty kid* [9]schauen
[10]verstanden [11]*terribly* [12]*in full swing*

Sprachnotizen	*Der, das,* and *die* used as pronouns; the verb *lassen*

In colloquial German, the definite articles **der, das,** and **die** are frequently used as pronouns. In this function, they usually appear at the beginning of a sentence.

Der Junge ist alt genug. **Der** muss schon wissen, was er tut. — *The boy is old enough. **He** must know what he's doing.*

When the verb **lassen** is used with the infinitive of another verb, it expresses *to have something done.*

Ich **lasse** mir die Haare **färben.** — *I **have** my hair **dyed.***

In the perfect tense **lassen** does not take the regular past participle.

Ich **habe** mir die Haare **färben lassen.** — *I **had** my hair **dyed.***

Vor dem Lesen 2

11-32 Was ist das auf Englisch?

1. Johannes sagte: „Deine blöden Kriegsgeschichten **hängen mir zum Hals heraus,** Tante Vera."
2. Dann tat er, **als müsste er** auf seinen Teller **kotzen.**
3. Johannes tat ganz cool, aber seine Hände **haben** ganz schön **gezittert,** und dann ist er einfach rausgegangen.
4. Ich bin auch rausgegangen, habe aber noch gehört, wie Tante Vera meinen Bruder einen **Rotzlümmel** nannte.
5. Aus Johannes' Zimmer **dröhnte** laute Rockmusik.
6. Ich **habe** seine Tür **zugepfeffert** und bin in mein Zimmer gegangen.
7. Abends im Bett war ich sehr glücklich, dass wir jetzt **Frieden** haben.

a. were shaking
b. slammed shut
c. I'm so sick of
d. was booming
e. peace
f. as if he had to puke
g. snotty-nosed brat

TEIL II

„Hör doch bloß auf mit deinen blöden Kriegsgeschichten. Die hängen mir absolut zum Hals heraus, Mensch!" Johannes tat, als müsste er auf seinen Teller kotzen. Dann sagte er noch: „Versuch doch einfach mal einigermaßen[1] cool zu bleiben, Vera."

5 Das war zu viel für meine Tante. „Seit wann nennst du mich Vera? Bin ich irgendein Pipimädchen[2], das neben dir die Schulbank drückt[3]? Das ist doch unerhört[4]! Blöde Kriegsgeschichten hat er gesagt! Euch geht's doch einfach zu gut! Euch ist das doch gar nicht bewusst[5], was das heißt, im Frieden zu leben! Begreift[6] ihr überhaupt, was das ist?"

10 Johannes tat weiter ganz cool. Aber ich hab gesehen, dass seine Hände ganz schön zitterten. Dann ist er aufgestanden und hat gesagt: „Vom Frieden hast du wohl selbst nicht allzu viel kapiert[7]. Sonst würdest[8] du hier nämlich nicht einen Tanz machen." Dann ging er einfach raus.

Tante Vera kriegte einen knallroten[9] Kopf und fing an zu heulen[10].

15 Mein Vater holte die Kognakflasche aus dem Schrank. Meine Mutter sagte zu mir: „Du, geh mal für 'n Moment in dein Zimmer, ja?" Mir war alles plötzlich richtig peinlich[11]. Im Flur hab ich Tante Vera noch weiter heulen gehört. Die konnte kaum noch reden. „Wie wir damals gelitten[12] haben! Was wir durchgemacht[13] haben! Und da sagt dieser

20 Rotzlümmel ,blöde Kriegsgeschichten'!" Ich bin raufgegangen. Aus Johannes' Zimmer dröhnte knalllaute Musik. Mit einem Mal[14] hab ich eine Riesenwut[15] gekriegt auf den, bin in sein Zimmer gerannt und hab gebrüllt[16]: „Setz dir wenigstens deine Kopfhörer auf, wenn du schon so 'ne Scheißmusik hörst!"

25 Johannes hat mich groß angeguckt und gesagt: „Jetzt fängst du auch noch an auszurasten[17]! Was ist hier überhaupt los? Der totale Krieg, oder was?"

Mir war's zu blöd, ich hab die Tür zugepfeffert und mich in mein Zimmer verzogen[18].

30 Abends im Bett musste ich nochmal über alles nachdenken. Auch über das, was Tante Vera gesagt hatte. Über die Luftschutzkeller und dass sie Angst gehabt hat und so. Und dass sie meint, wir würden nicht begreifen, was das ist: Frieden. So richtig im Frieden leben wir, glaub ich, auch gar nicht. Aber natürlich auch nicht richtig im Krieg. Wir
35 können schon eine Menge[19] machen, was die damals nicht konnten. Und vieles, was die machen und aushalten[20] mussten, das passiert uns eben nicht, dass wir zum Beispiel hungern müssen oder Angst haben, ob wir den nächsten Tag noch erleben. Da bin ich eigentlich auch unheimlich[21] froh[22] darüber. Aber trotzdem: bloß weil kein Krieg ist,
40 ist noch lange kein richtiger Frieden. Dazu gehört, glaub ich, noch eine Menge mehr.

[1]ein bisschen   [2]dummes kleines Mädchen   [3]in der Schule sitzt   [4]unglaublich   [5]ihr wisst doch gar nicht   [6]versteht   [7]verstanden   [8]*would*   [9]sehr roten   [10]laut zu weinen   [11]*embarrassing* [12]*suffered*   [13]*went through*   [14]plötzlich   [15]*terrible rage*   [16]laut geschrieen   [17]verrückt zu werden [18]gegangen   [19]sehr viel   [20]*endure*   [21]sehr   [22]glücklich

Arbeit mit dem Text

11-33 Wer sagt das?   Schreiben Sie M (Mutter), V (Vater), T (Tante Vera), S (Schwester) oder J (Johannes)!

1. _____ Lasst ihr die Kinder denn alles machen, was ihnen in den Kopf kommt?
2. _____ Der Junge ist doch alt genug! Der muss schon wissen, was er tut.
3. _____ Lass das doch, Vera! Die Kinder leben doch heute in einer ganz anderen Welt als wir damals.
4. _____ Hör doch bloß auf mit deinen blöden Kriegsgeschichten.
5. _____ Bin ich irgendein Pipimädchen, das neben dir die Schulbank drückt?
6. _____ Du, geh mal für 'n Moment in dein Zimmer, ja?
7. _____ Setz dir wenigstens deine Kopfhörer auf, wenn du schon so 'ne Scheißmusik hörst!
8. _____ Jetzt fängst du auch noch an auszurasten!

11-34 Was passt zusammen?

1. Als Johannes mit seinen grünen Haaren ins Zimmer kam,
2. Als Tante Vera den Johannes ein ganz grünes Bürschchen nannte,
3. Als Tante Vera mit ihren Kriegsgeschichten anfing,
4. Als Tante Vera anfing zu heulen,
5. Als Johannes' Schwester in ihr Zimmer raufging,
6. Als Johannes' Schwester abends im Bett lag,

a. mussten alle auf die grüne Haarsträhne gucken und lachen.
b. tat Johannes, als müsste er auf seinen Teller kotzen.
c. dröhnte aus dem Zimmer ihres Bruders knalllaute Musik.
d. fiel Tante Vera fast vom Stuhl.
e. dachte sie: bloß weil kein Krieg ist, ist noch lange kein richtiger Frieden.
f. holte der Vater die Kognakflasche aus dem Schrank.

LEUTE

Ulrike und Matthias Sperber: ein Leben in zwei Welten

Vor dem Lesen

11-35 Eine andere Welt.

1. Haken Sie ab, was Sie mit dem Leben in einem kommunistischen Land assoziieren.

_____ Es gibt keine Arbeitlosen.
_____ Es gibt sehr reiche und sehr arme Menschen.
_____ Alle Religionen werden toleriert.
_____ Viele Menschen leben in Angst vor der Polizei.
_____ Jeder Mensch darf leben, wie er will.
_____ Man kann nicht alles kaufen, was man will.

_____ Man darf den Staat nicht kritisieren.
_____ Man darf sagen und lesen was man will.
_____ Alles wird zentral geplant.
_____ Die meisten Menschen arbeiten für den Staat.
_____ Wenn man mehr arbeitet, verdient man auch mehr.
_____ Der Staat kontrolliert die Presse.

2. Welche Länder kennen Sie, die kommunistisch sind oder waren?

11-36 Was ist das auf Englisch?

1. In der DDR bezahlte der Staat sogar für den **Lebensunterhalt** der Studenten.
2. Alle Zahnärzte arbeiteten in **staatlichen** Zahnkliniken.
3. Sie verdienten etwa 900 Mark im Monat, **egal** ob sie viele oder wenige Patienten hatten.
4. Nach der Wiedervereinigung mussten die Ostdeutschen **marktwirtschaftliches** Denken lernen.
5. Ein Zahnarzt hatte jetzt seine eigene Praxis und musste sie mit moderner zahnmedizinischer Technik **ausrüsten.**
6. Viele Ostdeutsche fanden es sehr schwer, **sich an** westliches Denken **zu gewöhnen.**

a. no matter
b. to get used to
c. living expenses
d. equip
e. free enterprise
f. state-run

Die Zahnärzte Ulrike und Matthias Sperber sind beide in der ehemaligen DDR geboren, haben sich als Studenten kennen gelernt und haben gleich nach dem Studium geheiratet. Weil in der DDR der Staat für die Ausbildung und sogar für den Lebensunterhalt der Studenten bezahlte, hat das Studium sie fast nichts gekostet. Nach der Ausbildung arbeiteten sie wie alle Zahnärzte in der DDR in einer staatlichen Zahnklinik. Sie verdienten je[1] 900 Mark im Monat, egal ob sie viele oder wenige Patienten behandelten[2]. Ihre Wohnung in einem der riesigen und für die DDR so typischen Hochhäuser war nach westlichem Standard winzig und primitiv, aber sie bezahlten dafür auch nur

60 Mark im Monat. Nach einer Wartezeit von fünfzehn Jahren konnten sie endlich einen Trabant bekommen, das winzige Standardauto der DDR. Damit fuhren sie im Urlaub an die Ostsee, in die Tschechoslowakei, nach Ungarn oder nach Bulgarien. Reisen in die BRD und in andere westliche Länder waren verboten. Es war ein bescheidenes[3] Leben, besonders verglichen[4] mit dem, was sie täglich in westdeutschen Fernsehprogrammen zu sehen bekamen. Weil die beiden den kommunistischen Staat nicht offen kritisierten, war es aber auch ein stress- und risikofreies Leben.

Ein Trabant

   Nach der Wiedervereinigung im Jahr 1990 wurde die ostdeutsche Zahnmedizin privatisiert und Ulrike und Matthias mussten Räume für eine eigene Praxis mieten, sie renovieren und mit modernster zahnmedizinischer Technik ausrüsten. Sie brauchten dazu Kredite von über 300 000 Mark und möglichst viele Patienten, um diese Kredite zurückzahlen zu können. Weil sie marktwirtschaftliches Denken nie gelernt hatten, war das ein großer Schock für sie, und besonders Matthias hatte manchmal große Angst und tiefe Depressionen.

   Inzwischen[5] haben sich die beiden an westliches Denken gewöhnt. Sie arbeiten jetzt viel mehr und ihr Leben ist oft ziemlich stressig, aber auch viel interessanter. Sie verdienen viel mehr, sie fahren einen VW Passat, und seit ein paar Jahren haben sie sogar ein schönes Einfamilienhaus. Im Urlaub fahren sie jetzt nach Westeuropa oder fliegen auch schon mal in die USA, und wie die meisten Bürger der ehemaligen DDR sind sie sehr froh, dass Deutschland wieder ein Land ist.

[1]*each* [2]*treated* [3]*modest* [4]*compared* [5]*in the meantime*

Arbeit mit dem Text

11-37 Ein Leben in zwei Welten. Für Ulrike und Matthias hat sich nach der Wiedervereinigung vieles verändert°. Ergänzen Sie die Tabelle mit passenden Wörtern und Ausdrücken aus dem Text!

changed

	VOR DER WIEDERVEREINIGUNG	NACH DER WIEDERVEREINIGUNG
Arbeitsplatz		
Wohnung		
Auto		
Leben		
Urlaubsziele		

Wort, Sinn und Klang

Words as chameleons: *gleich*

As an adjective, **gleich** means *same.*

> Monika und ich sind im **gleichen** Jahr geboren.
>
> *Monika and I were born in the **same** year.*

As an adverb, **gleich** has three meanings:

a. Expressing the idea of sameness, **gleich** means *equally.*

> Monika und ich sind beide **gleich** intelligent.
>
> *Monika and I are both **equally** intelligent.*

b. Expressing time, **gleich** means *right (away), immediately.*

> Ich komme **gleich** nach dem Mittagessen.
>
> *I'm coming **right** after lunch.*
>
> Ich komme **gleich.**
>
> *I'm coming **right away (immediately)**.*

c. Expressing location, **gleich** means *right, directly.*

> Die Bank ist **gleich** neben dem Postamt.
>
> *The bank is **right** beside the post office.*

Bei Dunkelheit
KRÖTENWANDERUNG
auf 200 mtr.
Bitte aufmerksam fahren

mistakes

11-38 Was bedeutet *gleich?* *Same, equally, right (right away),* or *right (directly)?*

1. Der Tennisplatz ist gleich hinter dem Studentenheim.
2. Die Jeans waren so billig, dass ich gleich zwei Paar gekauft habe.
3. Du hast ja genau das gleiche Kleid an wie ich!
4. Ich wohne gleich neben der Bäckerei Biehlmaier.
5. Steh gleich auf, Holger! Es ist schon zehn nach zehn.
6. Meine Schwester und ich spielen gleich gut Klavier.
7. Meine Freundin hat für den gleichen Pulli zwanzig Mark mehr bezahlt als ich.
8. Möchtest du die hundert Mark gleich jetzt?
9. Sind die beiden Hotels gleich teuer?
10. Mach doch nicht immer die gleichen Fehler°!

Predicting gender

All nouns with the suffixes **-heit** and **-keit** are *feminine* and most are derived from adjectives. The suffix **-keit** is used whenever an adjective ends in **-lich** or **-ig.** Both suffixes frequently correspond to the English suffix *-ness.*

krank	*ill, sick*	**die** Krank**heit**	*illness, sickness*
freundlich	*friendly*	**die** Freundlich**keit**	*friendliness*
richtig	*right, correct*	**die** Richtig**keit**	*rightness, correctness*

Note that the German suffixes **-heit** and **-keit** do not always correspond to the English suffix *-ness*.

wichtig	*important*	**die** Wichtig**keit**	*importance*
schön	*beautiful*	**die** Schön**heit**	*beauty*

Some adjectives are extended with **-ig** before the suffix **-keit** is added.

arbeitslos	*unemployed*	**die** Arbeitslos**igkeit**	*unemployment*

11-39 Was ist das?   Form nouns from the following adjectives and give their English meanings. Adjectives marked with an asterisk must be extended with **-ig** before adding the suffix **-keit.**

1.	dunkel	*dark*	6.	klug	*intelligent*
2.	hell*	*light, bright*	7.	dumm	*stupid*
3.	gesund	*healthy*	8.	schnell*	*fast*
4.	klar	*clear*	9.	wirklich	*real*
5.	frei	*free*	10.	genau*	*exact, accurate*

Zur Aussprache

The consonant clusters *pf* and *kn*

In the German consonant clusters **pf** and **kn**, both consonants are pronounced.

11-40 Hören Sie gut zu und wiederholen Sie!

Pfanne	A**pf**el	Dam**pf**	
Pfennig	im**pf**en°	Ko**pf**	*to vaccinate*
Pfeffer	klo**pf**en	To**pf**	
Pflaume	tro**pf**en°	Kno**pf**°	*to drip / button*
Pfund	Schnu**pf**en°	Strum**pf**°	*sniffles / stocking*

Nimm diese Tro**pf**en für deinen Schnu**pf**en.
A**pf**el**pf**annkuchen mit **Pf**efferminztee? **Pf**ui!

Knast°	**kn**abbern°	**Kn**äckebrot°	*jail / to nibble / crisp bread*
Kneipe	**kn**ipsen°	**Kn**oblauch°	*to snap a photo / garlic*
Knödel	**kn**utschen°	**Kn**ackwurst	*to smooch*

Herr **Kn**opf sitzt im **Kn**ast und **kn**abbert **Kn**äckebrot.

Nomen

die Aussicht, -en	view
die Gegend, -en	area
die Küste, -n	coast
der Schnee	snow
der Fehler, -	mistake; error
der Klatsch	gossip
die Kopfhörer *(pl)*	headphones
der Raum, ⸚e	space; room
der Schlafsack, ⸚e	sleeping bag
der Vogel, ⸚	bird
der Schnabel, ⸚	beak
der Vorschlag, ⸚e	suggestion; proposal

Verben

an·bieten, bot an, hat angeboten	to offer
begreifen, begriff, hat begriffen	to understand
schaufeln	to shovel
reagieren	to react
verbieten, verbot, hat verboten	to forbid
arbeiten an *(+ dat)*	to work on
sich ärgern über *(+ acc)*	to be annoyed with
sich auf·regen über *(+ acc)*	to get excited about; to get upset about
denken an *(+ acc)*	to think of, about
sich freuen auf *(+ acc)*	to look forward to
sich freuen über *(+ acc)*	to be happy about; to be pleased with
sich gewöhnen an *(+ acc)*	to get used to
sich interessieren für	to be interested in

sich verlieben in *(+ acc)*	to fall in love with
warten auf *(+ acc)*	to wait for
wissen von	to know about

Andere Wörter

bescheiden	modest
deprimiert	depressed
dickköpfig	stubborn
peinlich	embarrassing
schrecklich	terrible
wütend	furious
inzwischen	in the meantime
jedenfalls	at any rate
jederzeit	(at) any time

Ausdrücke

Angst haben vor *(+ dat)*	to be afraid of
Einverstanden?	Agreed?
Es hängt mir zum Hals heraus!	I'm totally sick of it!

Das Gegenteil

hoch ≠ tief	high ≠ low; deep
regelmäßig ≠ unregelmäßig	regular ≠ irregular
der Krieg ≠ der Frieden	war ≠ peace

Synonyme

die See	=	das Meer	=	der Ozean
begreifen	=	verstehen	=	kapieren
brüllen		=		schreien
heulen		=		weinen
herrlich		=		wunderbar
günstig		=		billig
froh		=		glücklich
verrückt		=		übergeschnappt
eine Menge		=		viel
ums Leben kommen		=		sterben

Leicht zu verstehen

die Attraktion, -en	die Website, -s
die Depression, -en	privatisieren
die Mitternacht	renovieren
der Schock	transportieren
der Scanner, -	clever
die Software	ideal
der Virus, Viren	

Angeln, zelten und Feuer machen wird dennoch strengstens verboten! rundum gemacht

Wörter im Kontext

11-41 Was passt zusammen?

1. Wenn man mit sehr wenig zufrieden ist,
2. Wenn man immer nur das macht, was man selbst will,
3. Wenn man in einer Klausur eine gute Zensur bekommt,
4. Wenn man in einer Klausur eine Menge dumme Fehler macht,

a. ist man deprimiert.
b. ist man froh.
c. ist man bescheiden.
d. ist man dickköpfig.

11-42 Was passt in jeder Gruppe zusammen?

1. die Küste
2. der Berg
3. der Schlafsack
4. der Vogel

a. die Aussicht
b. das Meer
c. der Schnabel
d. das Zelt

5. Kopfhörer
6. Einen Vorschlag
7. Ein altes Haus
8. Schnee

e. schaufelt man.
f. setzt man auf.
g. macht man.
h. renoviert man.

11-43 Florian hat grüne Haare.   Ergänzen Sie die passenden Wörter!

wütend / inzwischen / peinlich / Frieden / brüllte / aufregt / gewöhnt / übergeschnappt

Mein Bruder Florian hat sich letzte Woche die Haare grün färben lassen. Als er nach Hause kam, war Vater schrecklich _____ und _____: „Du bist wohl _____, Florian!" Mir war diese Szene sehr _____, weil mein neuer Freund gerade bei uns war. _____ haben wir uns aber alle an Florians grüne Haare _____ und ich bin froh, dass Vater sich nicht mehr _____ und dass in unserem Haus wieder _____ ist.

11-44 Studentenleben.   Was passt in jeder Gruppe zusammen?

1. An das Leben im Studentenheim
2. Über die laute Musik im Nachbarzimmer
3. Über die lieben Briefe von zu Hause
4. Auf den Scheck von meinen Eltern
5. Für meinen Deutschkurs

a. ärgere ich mich aber manchmal sehr.
b. warte ich oft lang vor Ende des Monats.
c. interessiere ich mich sehr.
d. habe ich mich schnell gewöhnt.
e. freue ich mich sehr.

6. Vor den Klausuren im Deutschkurs
7. An meinen Referaten
8. An meine Kindheit und meine Schulzeit
9. Auf die Sommerferien
10. In meinen deutschen Freund

f. denke ich oft zurück.
g. habe ich mich übers Internet verliebt.
h. habe ich eigentlich nie Angst.
i. arbeite ich oft tagelang.
j. freue ich mich schrecklich.

KAPITEL 12

So ist das Leben

Kommunikationsziele

Talking about relationships
Discussing equal rights for
  women and men
Juggling careers and family
  obligations
Talking about your dreams for
  the future
Expressing feelings, emotions,
  and regret

Strukturen

Present-time subjunctive
The subjunctive after **als ob**
The subjunctive in polite
  requests
Past-time subjunctive
Genitive prepositions
The relative pronoun in the
  genitive case

Kultur

Frauen im Beruf

Leute: **Doris Zieger**

Berlin: Markt auf dem Winterfeldtplatz.

Vorschau

Die Erzählerin ist mit ihrem Freund auf einer Fete. Im folgenden Monolog berichtet sie, was sie denkt, als ihr Freund und Kirsten miteinander flirten.

Eifersucht

von Tanja Zimmermann

Diese Tussi! Denkt wohl, sie wäre die Schönste. Juhu, die Dauerwelle wächst schon raus. Und die Stiefelchen von ihr sind auch zu
5 albern. Außerdem hat sie sowieso keine Ahnung.

Von nix und wieder nix hat die 'ne Ahnung.

Immer, wenn sie ihn sieht, schmeißt
10 sie die Haare zurück wie 'ne Filmdiva.

Das sieht doch ein Blinder, was die für 'ne Show abzieht.

Ja, O.K., sie kann ganz gut tanzen. Besser als ich. Zugegeben. Hat auch 'ne ganz gute Stimme, schöne Augen, aber dieses ständige Getue. Die geht einem ja schon nach fünf Minuten auf die Nerven.

15 Und der redet mit der ... stundenlang. Extra nicht hingucken. Nee, jetzt legt er auch noch den Arm um die. Ich will hier weg! Aber aufstehen und gehen, das könnte der so passen.

Damit die ihren Triumph hat.

Auf dem Klo sehe ich in den Spiegel, finde meine Augen widerlich,
20 und auch sonst, ich könnte kotzen. Genau, ich müsste jetzt in Ohnmacht fallen, dann wird ihm das schon Leid tun, sich stundenlang mit der zu unterhalten.

Als ich aus dem Klo komme, steht er da: „Sollen wir gehen?"

Ich versuche es betont gleichgültig mit einem Wenn-du-Willst, kann gar
25 nicht sagen, wie froh ich bin. An der Tür frage ich, was denn mit Kirsten ist. „O Gott, eine Nervtante, nee, vielen Dank!" ...

„Och, ich find die ganz nett, eigentlich", murmle ich.

ZUM HÖREN

12-1 Ja oder nein? Sie hören Tanja Zimmermanns *Eifersucht* und dann sechs Aussagen über Kirsten. Denkt die Erzählerin das **(Ja),** oder denkt sie das nicht **(Nein)?**

	JA	NEIN		JA	NEIN		JA	NEIN
1.	_____	_____	3.	_____	_____	5.	_____	_____
2.	_____	_____	4.	_____	_____	6.	_____	_____

12-2 Anders gesagt. Unterstreichen Sie in Tanja Zimmermanns *Eifersucht* die Aussagen, die ungefähr dasselbe bedeuten.

1. Kirsten glaubt bestimmt, dass sie schöner ist als alle anderen.
2. Und die Schuhe, die sie trägt, sind ganz unmöglich.
3. Ich tanze nicht so gut wie sie.
4. Er spricht sehr lang mit ihr.
5. Wenn ich aufstehe und gehe, freut sie sich nur.
6. Denn dann hat sie gewonnen.
7. Mein Augen sind so hässlich.
8. Beim Hinausgehen frage ich, was er von Kirsten denkt.

12-3 Eifersucht. Was ist die richtige Reihenfolge?

___1___ Die Erzählerin und ihr Freund sind in der Disco.

_____ Als die Erzählerin aus dem Klo kommt, wartet ihr Freund auf sie, um mit ihr heimzugehen.

_____ Die Erzählerin ist eifersüchtig und findet viel Negatives an Kirsten, aber leider auch Positives.

_____ Die Erzählerin ist ganz glücklich, als ihr Freund Kirsten eine Nervtante nennt.

_____ Kirsten ist auch dort.

_____ Die Erzählerin sieht, wie Kirsten mit ihrem Freund flirtet.

_____ Die Erzählerin geht aufs Klo, schaut in den Spiegel und findet sich ziemlich hässlich.

_____ Die Erzählerin sieht, wie ihr Freund lang mit Kirsten redet und dann sogar seinen Arm um sie legt.

12-4 Warum sind diese Leute so neidisch° auf Maria und Paul? *envious*

S1: Warum ist Stefan so neidisch auf Maria?

S2: Weil Maria immer so gute Zensuren bekommt.

	MARIA	PAUL
Stefan		Paul hat so ein tolles Motorrad.
Ann		
Florian	Marias Eltern schicken ihr so viel Geld.	Paul hat so viele Freundinnen.
Laura	Maria hat so einen netten Freund.	
Daniel		Paul ist so groß und sieht so gut aus.
Sophia	Maria wird zu so vielen Feten eingeladen.	

12-5 Bist du manchmal neidisch? Wenn wir ehrlich° sind, müssen wir zugeben°, dass wir alle manchmal auf andere Leute neidisch sind. Erzählen Sie einander, auf wen Sie manchmal neidisch sind und warum.

honest
admit

S1: Auf wen bist du manchmal neidisch? Warum?

S2: Auf meine Schwester.

Weil sie so gut Klavier spielt.

S2: Auf wen ...?

S3: Auf ...

meine Schwester.
meinen Bruder.
meine Kusine.
meinen Vetter.
meine Freundin.
meinen Freund.
meine Zimmerkollegin.
mein Zimmerkollege.
...

Sie/Er spielt so gut Klavier, Squash, Tennis, usw.).
Sie/Er hat so eine tolle Figur.
Sie/Er bekommt immer eine Eins für ihre/seine Referate.
Sie/Er verdient so viel Geld.
Sie/Er hat so einen interessanten Job.
Sie/Er ...

Frauen im Beruf

Zu Beginn des 20. Jahrhunderts arbeiteten vor allem Frauen aus der Arbeiterklasse. Sie mussten arbeiten, weil ihre Männer nicht genug verdienten, um die Familie zu ernähren[1]. Heute arbeiten immer mehr Frauen, weil sie arbeiten wollen. Sie möchten finanziell unabhängig[2] sein, der Beruf macht ihnen Spaß und sie mögen den Kontakt mit anderen Menschen.

Das Grundgesetz[3] der BRD verbietet, dass Frauen schlechter bezahlt werden als Männer. Trotzdem zeigt die Statistik auch heute noch einen ziemlichen Unterschied[4] in der Bezahlung von Männern und Frauen. Ein Grund dafür ist, dass vor allem ältere Frauen oft keine so gute Ausbildung haben wie Männer und dass sie deshalb für besser bezahlte Berufe nicht qualifiziert sind. Aber auch jüngere und besser ausgebildete Frauen, die verheiratet sind und

Kinder haben, bekommen selten höhere Positionen. Die Geburt und die Betreuung[5] der Kinder unterbricht[6] ihre Karriere und wenn sie nach ein paar Jahren wieder an den Arbeitsplatz zurückkommen, beginnen sie dort, wo sie aufgehört haben. Sie haben in den stressigen Jahren, in denen sie Familie und Kinder betreuten[7], vieles gelernt, was in höheren Positionen sehr wichtig sein kann. Aber das spielt leider keine Rolle.

Genau wie viele Männer möchten viele Frauen beides, Beruf und Familie. Solange Frauen aber die meisten Aufgaben in Haushalt und Familie übernehmen, wird Gleichberechtigung[8] im Berufsleben Utopie bleiben.

[1] feed [2] independent [3] constitution [4] difference [5] care
[6] interrupts [7] took care of [8] equal rights

12-6 Der „kleine Unterschied".   Das Schaubild zeigt, dass Männer und Frauen in vielen Ländern immer noch sehr unterschiedlich bezahlt werden. Sehen Sie sich das Schaubild an und beantworten Sie die Fragen!

1. Welche drei von diesen vier Wörtern sind Synonyme: Bezahlung, Unterschied, Lohn, Verdienst?
2. In welchem Land ist der Unterschied in der Bezahlung von Männern und Frauen am größten und in welchem Land ist er am kleinsten?
3. Wo ist der Unterschied beim Lohn von Frauen und Männern größer, in den USA oder in Deutschland?

12-7 Wer macht in Deutschland den Haushalt?
Das Schaubild zeigt, wie viel Prozent der Arbeit im Haushalt von Frauen oder Männern gemacht wird und wie viel Prozent Frauen und Männer zusammen machen.

1. In wie viel Prozent aller Haushalte übernimmt der Vater die Kontakte mit den Lehrern seiner Kinder?
2. In wie viel Prozent der Haushalte machen Mann und Frau die Haushaltsfinanzen zusammen?
3. In wie viel Prozent der Haushalte macht der Mann das Essen?
4. In wie viel Prozent der Haushalte tun Mann und Frau gleich viel für Großeltern oder andere Verwandte, die Hilfe brauchen?
5. In wie viel Prozent der Haushalte repariert die Frau alles, was man selbst reparieren kann?

Der „kleine Unterschied" beim Lohn
Durchschnittlicher Verdienst von **Frauen** in der Industrie in Prozent des Verdienstes von Männern

Männer = 100 %

Land	%
Japan	43 %
Südkorea	54
Luxemburg	60
Österreich	64
USA	65
Spanien	67
Schweiz	68
Großbritannien	68
Deutschland*	73
Belgien	74
Niederlande	77
Frankreich	79
Griechenland	79
Dänemark	84
Schweden	89

jeweils letzter verfügbarer Stand

Globus
9846

Wer macht den Haushalt?
Aufgabenverteilung im Haushalt in %

	FRAU	beide	MANN
		18%	1%
Putzen	81%	19	2
Kochen	79	33	3
Schulkontakte	64	32	5
Einkaufen	63	37	2
Kinderbetreuung	61	37	3
Verwandte pflegen	60	41	22
Behördengänge	37	59	9
Haushaltskasse	32		41
Renovierung	16	43	66
Reparaturen	11	23	

Quelle: DJI

© Globus 8675

Nomen

die Dauerwelle	perm
die Eifersucht	jealousy
der Stiefel, -	boot
die Stimme, -n	voice
die Aufgabe, -n	task
die Geburt, -en	birth
die Gleichberechtigung	equal rights; equality
das Grundgesetz	constitution
der Unterschied, -e	difference

Müde Wanderstiefel

Verben

murmeln	to mutter
übernehmen (übernimmt), übernahm, hat übernommen	to take on, to assume
unterbrechen (unterbricht), unterbrach, hat unterbrochen	to interrupt
unterstreichen, unterstrich, hat unterstrichen	to underline
wachsen (wächst), wuchs, ist gewachsen	to grow
zu·geben (gibt zu), gab zu, hat zugegeben	to admit

Andere Wörter

ständig	constant; constantly
unabhängig	independent
widerlich	disgusting; repulsive
solange	as long as

Ausdrücke

Sie hat keine Ahnung.	She doesn't have a clue. She has no idea.
eifersüchtig sein auf (+ acc)	to be jealous of
neidisch sein auf (+ acc)	to be envious of
den Haushalt machen	to do household chores
in Ohnmacht fallen	to faint
Das passt mir gar nicht.	That doesn't suit me at all.

Das Gegenteil

ehrlich ≠ unehrlich	honest ≠ dishonest
unterschiedlich ≠ gleich	different ≠ same; equal

Synonyme

der Lohn	=	der Verdienst, die Bezahlung
gucken	=	schauen, sehen
albern	=	dumm, doof, blöd
Sie ist eine Nervtante.	=	Sie nervt mich. Sie geht mir auf die Nerven.

Leicht zu verstehen

die Arbeiterklasse	der Triumph, -e
die Finanzen (pl)	die Utopie, -n
die Karriere, -n	flirten
der Kontakt, -e	blind
die Position, -en	finanziell
das Prozent, -e	qualifiziert
die Statistik, -en	

Wörter im Kontext

12-8 Mit anderen Worten. Ergänzen Sie die Sätze in der rechten Spalte°   *column*
so, dass sie ungefähr dasselbe bedeuten wie die Sätze in der linken Spalte!

Ahnung / Haushalt / Stimme / gewachsen / unabhängig / widerlich

1. Robert ist viel größer geworden.   Robert ist sehr _____.
2. Maria singt sehr gut.   Maria hat eine sehr schöne _____.
3. Eva weiß nicht, dass ich komme.   Eva hat keine _____, dass ich komme.
4. Ich mag Paul gar nicht.   Ich finde Paul _____.
5. Laura ist sehr reich.   Laura ist finanziell _____.
6. Wer kocht und putzt bei euch?   Wer macht bei euch den _____?

12-9 Was passt zusammen?

1. Wenn Lisas Freund mit einer anderen Studentin flirtet,
2. Wenn Lisas Freund bessere Zensuren bekommt als sie,
3. Wenn Lisa in einem Artikel etwas sehr wichtig findet,
4. Wenn Lisas Dauerwelle anfängt rauszuwachsen,
5. Wenn Lisas Mutter zu viel zu tun hat,
6. Wenn es im Winter sehr viel geschneit hat,
7. Wenn Lisa einen Fehler gemacht hat,
8. Wenn Lisa Blut sieht,

a. wird Lisa neidisch.
b. wird Lisa eifersüchtig.
c. übernimmt Lisa den Haushalt.
d. fällt sie in Ohnmacht.
e. unterstreicht sie es.
f. gibt sie es zu.
g. zieht Lisa Stiefel an.
h. geht sie zum Friseur.

12-10 Mit anderen Worten. Ergänzen Sie die Sätze in der rechten Spalte
so, dass sie ungefähr dasselbe bedeuten wie die Sätze in der linken Spalte!

Aufgabe / Karriere / unterbrichst / qualifiziert / ständig

1. Warum lässt du mich denn nie fertig reden?   Warum _____ du mich denn immer?
2. Sag doch nicht immer dasselbe!   Sag doch nicht _____ dasselbe!
3. Was soll ich tun?   Was ist meine _____?
4. Lisa hat eine sehr gute Ausbildung.   Lisa ist hoch _____.
5. Lisa bekommt sicher mal eine hohe Position.   Lisa macht bestimmt mal _____.

Kommunikation und Formen

1 Expressing hypothetical situations

Present-time subjunctive

To express wishful thinking, you use different verb forms than when you are talking about facts.

FACT	WISHFUL THINKING
*I **have** only fifty dollars.*	*If only I **had** a million dollars!*

The form *had* in the example under wishful thinking is not the simple past and does not refer to past time. It is a subjunctive form of the verb *to have* and it refers to the present. By using subjunctive forms, the speaker indicates that what she/he says is contrary-to-fact or hypothetical.

FACTUAL	HYPOTHETICAL
*I **don't have** a car.*	*If only I **had** a car!*
*Peter **isn't** here.*	*If only Peter **were** here!*
*Martin **has to** work and **can't** help us.*	*If Martin **didn't have to** work, he **could** help us.*
*Günter **doesn't know** much.*	*Günter acts as if he **knew** everything.*

The subjunctive forms that German uses to express hypothetical situations are also very similar to the simple past. As in English, they do not refer to the past, but to present time.

FACTUAL

Ich **habe** keinen Wagen.
Peter **ist** nicht hier.
Martin **muss** arbeiten und **kann**
    uns nicht helfen.
Günter **weiß** nicht viel.

HYPOTHETICAL

Wenn ich nur einen Wagen **hätte!**
Wenn Peter nur hier **wäre!**
Wenn Martin nicht arbeiten
    müsste, könnte er uns helfen.
Günter tut, als ob er alles **wüsste.**

The forms of the present-time subjunctive are derived from the second principal part, i.e., the simple past. Below are the subjunctive forms of **haben, sein, werden,** the modals, and **wissen.** Except for **sollte** and **wollte,** these forms are all umlauted.

infinitive	simple past	subjunctive
haben	hatte	**hätte**
sein	war	**wäre**
werden	wurde	**würde**
dürfen	durfte	**dürfte**
können	konnte	**könnte**
mögen	mochte	**möchte**
müssen	musste	**müsste**
sollen	sollte	**sollte**
wollen	wollte	**wollte**
wissen	wusste	**wüsste**

English equivalents for these forms often include the auxilary verb *would.*

Ich **wüsste** gern, was du denkst.

*I **would** like to **know** what you are thinking.*

Ich **hätte** gern einen neuen Computer.

*I **would** like to **have** a new computer.*

Das **wäre** toll.

*That **would be** fantastic.*

In the subjunctive, all verbs have the following set of personal endings:

singular		plural	
ich	hätte	wir	hätt**en**
du	hätt**est**	ihr	hätt**et**
er/es/sie	hätte	sie	hätt**en**
	Sie	hätt**en**	

Note: The **e** in the personal ending of the **du-** and **ihr-**forms of **sein** is frequently omitted: **du wärst, ihr wärt.**

12-11 Wünsche°.

S1: Was hätte Laura gern? **S2:** Sie hätte gern ein neues Fahrrad.

	WAS HÄTTE ... GERN?	WO WÄRE ... JETZT GERN?	WAS WÜSSTE ... GERN?
Laura		beim Skilaufen in den Alpen	was für eine Zensur sie für ihr Referat bekommt
Paul	eine Million Dollar		
Lisa		auf einer sonnigen Südseeinsel	
Bernd	ein tolles, neues Motorrad		was für eine Zensur er in diesem Kurs bekommt

S1: Was hättest du gern? **S2:** Ich hätte gern ...
Wo wärst du jetzt gern? Ich wäre jetzt gern ...
Was wüsstest du gern? Ich wüsste gern, ...

12-12 Was passt zusammen?

1. Wenn ich viel Geld hätte,
2. Wenn Maria hier wäre,
3. Wenn ich ein Handy hätte,
4. Wenn ich krank würde,
5. Wenn ich Pauls Adresse wüsste,
6. Wenn Stefan kein Fieber hätte,
7. Wenn Moritz nicht so arrogant wäre,

a. könntest du mich jederzeit anrufen.
b. hätte er bestimmt mehr Freunde.
c. dürfte er aufstehen.
d. könnte ich ihm schreiben.
e. müsste ich die Klausur nicht schreiben.
f. könnte ich mit ihr zu Mittag essen.
g. wollte ich gern mal eine Weltreise machen.

12-13 Wenn das Leben nur nicht so kompliziert wäre! Ergänzen Sie Konjunktivformen!

1. Holger **hat** kein Fahrrad und **will** deshalb immer mein Fahrrad leihen. Ich mag das gar nicht, aber ich **kann** nicht nein sagen.

   Wenn Holger nur ein Fahrrad _____!
   Wenn Holger nur nicht immer mein Fahrrad leihen _____!
   Wenn ich nur nein sagen _____!

2. Es ist Winter und es **wird** schon um fünf dunkel. Ich **habe** bis halb sechs Vorlesungen und **muss** zu Fuß nach Hause.

   Wenn es nur nicht so früh dunkel _____!
   Wenn ich nur nicht bis halb sechs Vorlesungen _____!
   Wenn ich nur nicht zu Fuß nach Hause _____!

3. Es **ist** sehr heiß, aber weil ich erkältet **bin, darf** ich nicht schwimmen gehen.

Wenn es nur nicht so heiß _____!
Wenn ich nur nicht erkältet _____!
Wenn ich nur schwimmen gehen _____!

4. Ich **werde** immer so schnell müde. Ich möchte gern **wissen,** was mit mir los ist, aber ich **habe** keine Zeit, zum Arzt zu gehen.

Wenn ich nur nicht immer so schnell müde _____!
Wenn ich nur _____, was mit mir los ist!
Wenn ich nur Zeit _____, zum Arzt zu gehen!

12-14 Unglückliche Liebe!   Ergänzen Sie Konjunktivformen!

1. TILMANN DENKT: Schade°, dass ich Nicoles Telefonnummer nicht weiß!   *too bad*

Wenn ich ihre Nummer _____, _____ ich sie anrufen. (wissen / können)
Wenn sie zuviel Hausaufgaben _____, _____ ich ihr helfen.
   (haben / können)
Wenn wir die Hausaufgaben dann fertig _____, _____ wir zusammen
   fernsehen und eine Pizza essen. (haben / können)

2. NICOLE DENKT: Gut, dass Tilmann meine Telefonnummer nicht weiß!

Wenn er meine Nummer _____, _____ er mich anrufen. (wissen / können)
Wenn er dann kommen _____, _____ ich lügen und sagen, ich _____ zu viel
   Hausaufgaben. (wollen / müssen / haben)
Und was _____ ich sagen, wenn er mir bei den Hausaufgaben helfen
   _____?(können / wollen)

Würde + infinitive

To express a hypothetical or contrary-to-fact situation, colloquial German commonly uses the subjunctive forms for **haben, sein, werden,** the modals, and **wissen.** All other verbs tend to appear in a construction that is parallel to English *would + infinitive:* **würde** + *infinitive.*

Was **würdest** du **tun,** wenn du so schreckliche Kopfschmerzen hättest?	*What **would** you **do** if you had such a terrible headache?*
Ich **würde** sofort den Arzt **anrufen.**	*I **would call** the doctor immediately.*

singular		plural	
ich	**würde** anrufen	wir	**würden** anrufen
du	**würdest** anrufen	ihr	**würdet** anrufen
er/es/sie	**würde** anrufen	sie	**würden** anrufen
		Sie	**würden** anrufen

interest

12-15 Wenn es nur wahr wäre!

S1: Was würde Claudia tun, wenn sie eine Million Mark gewinnen würde?

S2: Sie würde das Geld investieren und von den Zinsen° leben.

Claudia	
Martin	Er würde sich einen Porsche kaufen.
Stephanie und Peter	Sie würden heiraten und sich ein schönes Haus kaufen.
Herr und Frau Ziegler	
Robert	
Nina	Sie würde damit den Menschen in der Dritten Welt helfen.

12-16 Was würdest du mit all dem Geld tun?

S1: Was würdest du tun, wenn du eine Million Dollar gewinnen würdest?

S2: Ich würde das Geld auf die Bank legen und von den Zinsen leben.

S2: Und du? Was würdest du tun?

S3: Ich würde ...

12-17 Um Rat fragen.

▶ Ich bin immer so müde.   zum Arzt gehen

S1: Was würdest du tun, wenn du immer so müde wärst?

S2: Ich würde zum Arzt gehen.

1. Ich kann nachts nicht schlafen.
2. Ich weiß Anitas Telefonnummer nicht.
3. Ich habe kein Geld mehr.
4. Ich will nicht auf Davids Party gehen.

information

mir einen Job suchen eine Schlaftablette nehmen	die Auskunft° anrufen ihm sagen, dass ich ein Referat fertigschreiben muss

5. Ich darf in meinem Zimmer keine laute Musik spielen.
6. Ich bin immer so nervös.
7. Ich kann kein Zimmer finden.
8. Ich habe Halsschmerzen.

mit Salzwasser gurgeln weniger Kaffee trinken	eine Anzeige in die Zeitung setzen mir ein Paar Kopfhörer kaufen

The subjunctive after *als ob*

The conjunction **als ob** (*as if, like*) frequently introduces clauses expressing
that someone is pretending. Since pretending is contrary to fact, the verb in
these clauses must be in the subjunctive.

Warum tut Bernd, **als ob** er schreckliche Kopfschmerzen **hätte?**	*Why does Bernd act **as if** he **had** a terrible headache?*

12-18 So tun, als ob. Ergänzen Sie in den Fragen **hätte, wäre** oder **würde!**

▶ Warum tut Bernd, als ob er
schreckliche Kopfschmerzen
_____?

    Weil ...
    Er möchte nicht in die
    Vorlesung.

S1: Warum tut Bernd, als ob er
schreckliche Kopfschmerzen
hätte?

    S2: Weil er nicht in die
    Vorlesung möchte.

1. Warum tut Moritz, als ob er keinen
Hunger _____?

    Weil ...

2. Warum tut Laura, als ob sie schwer
krank _____?

    Weil ...

3. Warum tut Laura, als ob sie
plötzlich wieder ganz gesund _____?

    Weil ...

4. Warum tut Paul, als ob er seine
Mathehausaufgaben nicht
verstehen _____?

    Weil ...

Er will, dass du ihm hilfst.   Sie möchte mit ihrem Freund in ein Rockkonzert.
Er mag keine Brokkoli.   Sie hat heute Vormittag eine Klausur.

12-19 Was ist denn mit Nina und Robert Ziegler los? Ergänzen Sie in
den Fragen **könnte, müsste, wüsste** oder **würde!**

▶ Warum tut Nina, als ob sie
nichts mehr essen _____?

    Weil ...
    Sie möchte schlank bleiben.

S1: Warum tut Nina, als ob sie
nichts mehr essen könnte?

    S2: Weil sie schlank bleiben
    möchte.

1. Warum tut Robert, als ob er von
dem kaputten Fenster bei Maiers
nichts _____?

    Weil ...

2. Warum tut Nina, als ob sie sich für
Motorräder interessieren _____?

    Weil ...

3. Warum tut Robert, als ob er kaum
gehen _____?

    Weil ...

4. Warum tut Nina, als ob sie die
halbe Nacht lernen _____?

    Weil ...

Er will den Rasen nicht mähen.   Sie will ihren Freund Alex beeindrucken°.   *impress*
Er will es nicht bezahlen.   Sie will das Geschirr nicht abwaschen.

12-20 So tun, als ob. Tun Sie auch manchmal, als ob? Schauen Sie sich den folgenden Modellsatz an und schreiben Sie einen ähnlichen° Satz über eine Situation aus Ihrem Leben. Lesen Sie dann Ihren Mitstudenten vor, was Sie geschrieben haben.

> **S:** Wenn ich den Vater meiner Freundin beeindrucken will, tue ich, als ob ich mich für Politik interessieren würde.

The subjunctive in polite requests

In *Kapitel 4* you learned that **ich möchte** expresses wishes or requests more politely than **ich will,** and you have since used the **möchte**-forms without realizing that they are subjunctive forms.

Ich **will** ein Glas Bier.	*I **want** a glass of beer.*
Ich **möchte** ein Glas Bier.	*I **would like** a glass of beer.*

Another frequently used way of expressing wishes or requests is **hätte + gern.**

Was **hätten** Sie **gern** zu trinken?	*What **would** you **like** to drink?*
Ich **hätte gern** ein Glas Bier.	*I **would like** a glass of beer.*

Other verbs are also used in the subjunctive to express requests more politely.

Könnten Sie mir bitte sagen, wo die Apotheke ist?	***Could** you please tell me where the pharmacy is?*
Wäre es möglich, statt der Suppe Salat zu bekommen?	***Would** it be possible to get salad instead of soup?*

12-21 Höflichkeitsformen. Drücken Sie die folgenden Fragen höflicher aus. Ihr Partner gibt eine passende Antwort.

S1:

1. Darf ich Ihnen noch ein Stück Kuchen anbieten?
2. Hast du Lust, mit uns nach Schwerin zu fahren?
3. Bis wann muss ich dir sagen, ob ich mitkomme?
4. Ist es möglich, mit Professor Kuhn zu sprechen?
5. Musst du nicht deine Eltern anrufen?
6. Kannst du mir fünf Mark leihen?
7. Haben Sie vielleicht ein gutes Buch über Berlin?

S2:

a. Leider nicht. Ich habe selbst fast kein Geld mehr.
b. Über diese Stadt haben wir viele gute Bücher.
c. Ja, gleich nach seiner letzten Vorlesung.
d. Danke, nein. Ich kann wirklich nichts mehr essen.
e. Ja, aber sie sind erst nach fünf zu Hause.
f. Bis Montag.
g. Klar! Wann fahrt ihr denn?

Sprachnotiz   *Kommen* **and** *gehen* **in present-time subjunctive**

Instead of **würde** + *infinitive* you will also commonly read and hear present-time subjunctive forms of verbs other than **haben, sein, werden, wissen,** and the modals. The most frequent are:

ich **käme** = ich würde kommen
ich **ginge** = ich würde gehen

ZWISCHENSPIEL

ZUM HÖREN

Karrieren

Julia und Dieter leben in Köln. Julia hat eine gute Position bei einer Exportfirma und Dieter ist Motorenkonstrukteur bei Ford. Sein Traum° ist aber, bei Porsche in Stuttgart zu arbeiten. Weil Dieter heute vor Julia zu Hause ist, kocht er gerade das Abendessen.

dream

NEUE VOKABELN

riechen	*to smell*	**träumen von**	*to dream about*
Champignons	*mushrooms*	**die Abteilungsleiterin**	*department manager*
die Stellung	*job; position*		

12-22 Globalverstehen. Haken Sie die richtigen Antworten ab!

	JULIA	DIETER
1. Wer hat nächste Woche Geburtstag?	_____	_____
2. Wer hat heute gut verkauft?	_____	_____
3. Wer hat Kerzen auf den Tisch gestellt?	_____	_____

	IN KÖLN	IN STUTTGART
4. Wo möchte Dieter arbeiten?	_____	_____
5. Wo könnte Julia Abteilungsleiterin werden?	_____	_____
6. Wo müsste Julia von unten anfangen?	_____	_____

12-23 Detailverstehen. Hören Sie das Gespräch noch einmal und schreiben Sie dann die Antworten zu den folgenden Fragen!

1. Warum würde ein Glas Wein Julia so gut tun? *Weil ...*
2. Wann hat Julia Geburtstag?
3. Was findet Julia so romantisch? *Dass ...*
4. Warum bietet Porsche Dieter eine Stellung an? *Weil ...*
5. Warum will Julia nicht nach Stuttgart? *Weil ...*
6. Warum will Dieter jetzt nicht mehr weiterdiskutieren? *Weil ...*

12-24 Ein ernster° Konflikt. Nach dem Abendessen diskutieren Julia und Dieter weiter. Übernehmen Sie die Rolle von Dieter und versuchen Sie, Julia zu überreden°, mit Ihnen nach Stuttgart zu ziehen. Die Rollenbeschreibung für Julia ist im *Anhang*. Ein paar Argumente, die Sie verwenden könnten:

serious

persuade

- Die Arbeit bei Porsche wäre viel interessanter als die Arbeit hier bei Ford.
- Ich habe schon als Kind davon geträumt, bei Porsche Motoren zu bauen.
- Bei Porsche würde ich viel mehr verdienen als hier bei Ford.

Kommunikation und Formen

2 More on expressing hypothetical situations

Past-time subjunctive

In past-time hypothetical situations, the verb appears as a past participle with the auxiliary in the subjunctive (**wäre, hätte**).

FACTUAL	HYPOTHETICAL
Ich **bin** zu schnell **gefahren** und **habe** einen Strafzettel **bekommen.**	Wenn ich nicht zu schnell **gefahren wäre, hätte** ich keinen Strafzettel **bekommen.**
*I **was driving** too fast and **got** a ticket.*	*If I **hadn't been driving** too fast, I **wouldn't have gotten** a ticket.*

Note that in past-time subjunctive, German never uses **würde:**

Meine Freundin **wäre** nicht zu schnell **gefahren.**	*My girlfriend **wouldn't have driven** too fast.*
Sie **hätte** keinen Strafzettel **bekommen.**	*She **wouldn't have gotten** a ticket.*

12-25 Wenn ich nur nicht so dumm gewesen wäre!   Ergänzen Sie die passenden Partizipien und **hätte** oder **wäre!**

1. Gestern Abend **bin** ich zu Stefan **gegangen,** wir **haben** die halbe Nacht Karten **gespielt,** aber unsere Hausaufgaben **haben** wir nicht **gemacht.**

   Wenn ich nur nicht zu Stefan _____ _____!
   Wenn wir nur nicht die halbe Nacht Karten _____ _____!
   Wenn wir nur unsere Hausaufgaben _____ _____!

2. Gestern **bin** ich nicht in meine Vorlesungen **gegangen,** sondern **habe** Günter **angerufen** und **habe** den ganzen Nachmittag mit ihm Billard **gespielt.**

   Wenn ich nur in meine Vorlesungen _____ _____!
   Wenn ich nur Günter nicht _____ _____!
   Wenn ich nur nicht den ganzen Nachmittag mit Günter Billard _____ _____!

3. Gestern Nachmittag **habe** ich mich auf die Couch **gelegt** und **bin** gleich **eingeschlafen.** Deshalb **habe** ich mein Referat wieder nicht fertig **gekriegt.**

   Wenn ich mich nur nicht auf die Couch _____ _____!
   Wenn ich nur nicht _____ _____!
   Wenn ich nur mein Referat fertig _____ _____!

4. Gestern **bin** ich nicht um sieben **aufgestanden,** sondern **bin** bis zehn im Bett **geblieben.** Ich **bin** deshalb leider mal nicht joggen **gegangen.**

Wenn ich nur um sieben _____ _____!
Wenn ich nur nicht bis zehn im Bett _____ _____!
Wenn ich nur joggen _____ _____!

12-26 Was hättest du getan, wenn ...?

▶   Jemand hat deinen Wagen gestohlen.   ... sofort zur Polizei gegangen.

S1: Was hättest du getan, wenn jemand deinen Wagen gestohlen hätte?   **S2:** Ich wäre sofort zur Polizei gegangen.

1. Du hast eine Geldtasche mit 500 Mark gefunden.
2. Professor Huber hat dir eine viel zu schlechte Zensur gegeben.
3. Die Verkäuferin hat dir zehn Mark zu viel herausgegeben.
4. Deine Heidelberger Freunde haben dich am Frankfurter Flughafen nicht abgeholt.
5. Dir ist in Europa das Geld ausgegangen.
6. Du hast in Europa deinen Pass verloren.

... mit dem Zug nach Heidelberg gefahren.	... mit ihm darüber gesprochen.
... sofort zum nächsten Konsulat gegangen.	... damit zur Polizei gegangen.
... sie ihr sofort zurückgegeben.	... meine Eltern angerufen.

Haben and *sein* in past-time subjunctive

When **haben** and **sein** are the main verbs in past-time hypothetical situations, they appear as past participles with the auxiliaries in the subjunctive (**hätte gehabt, wäre gewesen**).

Wenn ich heute keine Klausur **gehabt hätte, wäre** ich gestern auch auf Lisas Fete **gewesen.**   *If I **hadn't had** a test today, I **would have been** at Lisa's party yesterday too.*

12-27 Was hättest du gemacht, wenn ...? Ergänzen Sie **wäre, hätte** oder **hättest!**

► ..., wenn es gestern nicht so heiß gewesen _____?

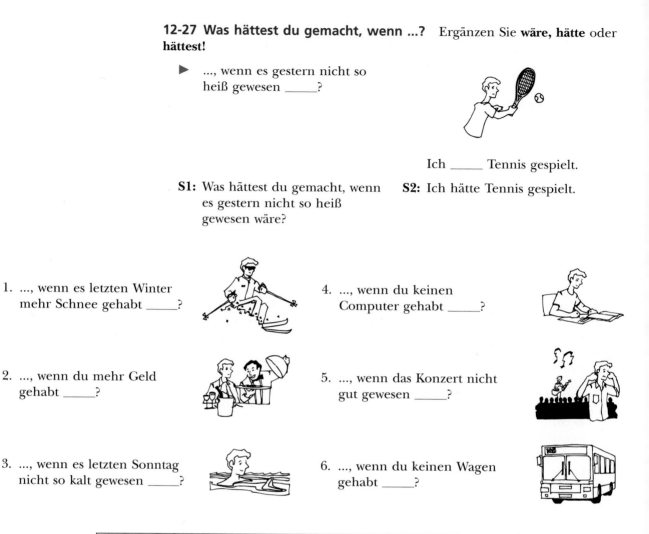

Ich _____ Tennis gespielt.

S1: Was hättest du gemacht, wenn es gestern nicht so heiß gewesen wäre?

S2: Ich hätte Tennis gespielt.

1. ..., wenn es letzten Winter mehr Schnee gehabt _____?

4. ..., wenn du keinen Computer gehabt _____?

2. ..., wenn du mehr Geld gehabt _____?

5. ..., wenn das Konzert nicht gut gewesen _____?

3. ..., wenn es letzten Sonntag nicht so kalt gewesen _____?

6. ..., wenn du keinen Wagen gehabt _____?

Ich _____ in einem teuren Restaurant gegessen.	Ich _____ den Bus genommen.
Ich _____ mein Referat von Hand geschrieben.	Ich _____ Ski laufen gegangen.
Ich _____ aufgestanden und rausgegangen.	Ich _____ baden gegangen.

regret

12-28 Wenn ich das nur getan oder nicht getan hätte! Jeder Mensch tut manchmal Dinge, die er später bereut°. Erzählen Sie Ihren Mitstudenten ein paar Dinge, die Sie bereuen!

S1: Wenn ich nur meine Hausaufgaben gemacht hätte!
S2: Wenn ich nur gestern Nacht nicht so lange aufgeblieben wäre!
S3: ...

Expressing cause, opposition, alternatives, and simultaneity

Genitive prepositions

The following prepositions require an object in the genitive case.

wegen	*because of*	**Wegen des Schneesturms** waren gestern keine Vorlesungen.
trotz	*in spite of*	Lisa ist **trotz des Schneesturms** in die Bibliothek gegangen.
statt	*instead of*	Sie hat aber **statt einer Jacke** einen dicken Wintermantel angezogen.
während	*during*	Lisa war **während des ganzen Sturms** in der Bibliothek.

12-29 *Wegen, trotz, statt* **oder** *während?*

1. Warum rufst du Bernd nicht an?
   Weil er _____ des Tages nicht zu Hause ist.

2. Warum war Eva heute nicht in der Vorlesung?
   Weil sie _____ einer schweren Erkältung im Bett bleiben musste.

3. Warum ist Laura im Krankenhaus?
   Weil sie _____ ihrer Erkältung schwimmen gegangen ist.

4. Fährt Ralf immer noch seinen alten VW?
   Nein, er hat jetzt ein Motorrad _____ eines Wagens.

5. Warum spielst du dienstags nie mit uns Tennis?
   Weil ich _____ der Woche zu viel zu tun habe.

6. Möchtest du auch einen Teller Suppe?
   Nein, ich nehme lieber Salat _____ der Suppe.

7. Warum kaufst du deine Milch in Flaschen statt in Kartons?
   _____ der Umwelt°.   *environment*

8. Warum seid ihr denn so nass?
   Weil wir _____ des Regens zu Fuß zur Uni gegangen sind.

Giving information about people, places, and things

The relative pronoun in the genitive case

In *Kapitel 9* and *Kapitel 10,* you learned that relative clauses are used to give information about people, places, and things. Because relative clauses are dependent clauses, they are marked off by commas, and the conjugated verb appears at the end of the clause.

Der Wagen, **den Peter gekauft hat,** hat nur 2000 Mark gekostet.

*The car **that Peter bought** cost only 2000 marks.*

A relative pronoun in the genitive case expresses a relationship of possession or belonging together between the antecedent and the noun following the relative pronoun. Its gender and number is determined by its antecedent. Its English equivalent is *whose*.

Der Student, **dessen** Wagen ich gekauft habe, studiert jetzt in den USA.

*The student **whose** car I bought is studying in the USA now.*

Die zwei Jungen, **deren** Foto auf meinem Schreibtisch steht, sind meine Neffen.

*The two boys **whose** photo is on my desk are my nephews.*

forms of the relative pronoun				
	MASCULINE	NEUTER	FEMININE	PLURAL
NOMINATIVE	der	das	die	die
ACCUSATIVE	den	das	die	die
DATIVE	dem	dem	der	denen
GENITIVE	**dessen**	**dessen**	**deren**	**deren**

Note that the relative pronoun has the same forms as the definite article except in the dative plural and the genitive.

12-30 Weißt du das? Sie möchten wissen, was diese Wörter bedeuten. Finden Sie dann mit Ihrer Partnerin/Ihrem Partner auch die englischen Äquivalente.

S1: Was ist ein Witwer?

S2: Das ist ein Mann, dessen Frau gestorben ist.

		WAS IST DAS AUF ENGLISCH?
ein Witwer		*a widower*
eine Witwe	Das ist eine Frau, deren Mann gestorben ist.	
ein Strohwitwer		
ein Waisenkind	Das ist ein Kind, dessen Eltern gestorben sind.	
eine Erbtante	Das ist eine unverheiratete Tante, deren Geld mal ihre Nichten und Neffen bekommen.	
Zwillinge (pl)		
ein Dunkelmann	Das ist ein Mann, dessen Aktivitäten immer leicht illegal sind.	
ein Blindenhund		

ZUSAMMENSCHAU

Meine Zukunft *von Nina Achminow*

⟨ Meine Zukunft ⟩

Vor dem Lesen

12-31 Meine Zukunft°. Geben Sie Stichwörter°, die Ihr Leben in zehn oder fünfzehn Jahren charakterisieren könnten. Was werden Sie alles haben?

future / key words

12-32 Versicherungen. Ergänzen Sie die Namen der folgenden Versicherungen°.

insurances

die Lebensversicherung
die Rentenversicherung

die Zusatz°-Krankenversicherung
die Vollkaskoversicherung

supplementary

1. Wenn ich genug Geld haben will, um im Krankenhaus für ein Privatzimmer bezahlen zu können, brauche ich eine _____.
2. Wenn ich will, dass meine Familie genug Geld hat, wenn ich sterbe, brauche ich eine _____.
3. Wenn ich will, dass mein Auto auch dann voll versichert ist, wenn ich es selbst kaputtfahre, brauche ich eine _____.
4. Wenn ich für mein Alter genug Geld haben will, brauche ich eine _____.

Ein Schulabschluss[1]
ein paar wilde Jahre
ein Haufen[2] Idealismus
ein Beruf
5 eine Hochzeit[3]
eine Wohnung
ein paar Jahre weiterarbeiten
eine Wohnzimmergarnitur[4]
ein Kind
10 eine wunderbare komfortable Einbauküche
noch 'n Kind
ein Mittelklassewagen[5]
ein Bausparvertrag[6]
ein Farbfernseher
15 noch 'n Kind
ein eigenes Haus
eine Lebensversicherung
eine Rentenversicherung
eine Zusatz-Krankenversicherung
20 ein Zweitwagen mit Vollkaskoversicherung
und so weiter ...
und so weiter ...
Hoffentlich bin ich stark[7] genug,
meiner Zukunft zu entgehen[8]!

---

[1]Abitur [2]viel; eine Menge [3]Heirat [4]Wohnzimmermöbel [5]mittelgroßer Wagen
[6]*home savings plan* [7]*strong* [8]*escape*

Arbeit mit dem Text

12-33 Anders gesagt. Welche Zeile° oder Zeilen in Nina Achminows Gedicht *Meine Zukunft* sagen ungefähr dasselbe?

<u>8,10,14</u> Man macht es sich schön in der Wohnung.

_____ Man hat Angst davor, plötzlich zu sterben.

_____ Man heiratet und mietet eine Wohnung

_____ Man will die Welt verbessern.

_____ Man macht das Abitur.

_____ Man ist rebellisch, trinkt zu viel und raucht vielleicht auch mal Marihuana.

_____ Man beginnt, ans Alter zu denken.

_____ Man hat Kinder.

_____ Man findet einen Job.

_____ Man beginnt, an ein eigenes Haus zu denken.

_____ Man kauft einen Wagen, in dem auch die ersten beiden Kinder Platz haben.

_____ Man kauft noch einen Wagen und versichert ihn so gut wie möglich.

_____ Man hat Angst davor, krank zu werden.

_____ Man baut oder kauft ein Einfamilienhaus.

12-34 Traumberufe der deutschen Jugend. Studieren Sie das Schaubild auf der nächsten Seite und beantworten Sie die Fragen! Schreiben Sie die Antworten zu Fragen drei bis sechs in die Tabelle!

NEUE VOKABELN

der Betriebswirt, -e	*business administrator*
der Volkswirt, -e	*economist*
der Naturwissenschaftler, -	*scientist*
der Jurist, -en	*lawyer*
Heil-, Pflegeberufe	*nursing professions*
die Dozentin, -nen	*(female) lecturer*
die Kauffrau, -en	*business woman*

1. Welche Altersgruppe wurde hier befragt?
2. Was wollen die meisten deutschen Frauen und Männer werden?
3. Bei wie vielen Traumberufen von Frauen spielen menschliche Kontakte eine *besonders* wichtige Rolle?
4. Bei wie vielen Traumberufen von Männern spielen menschliche Kontakte eine *besonders* wichtige Rolle?
5. Wie viele Traumberufe von Frauen sind technisch orientiert?
6. Wie viele Traumberufe von Männern sind technisch orientiert?

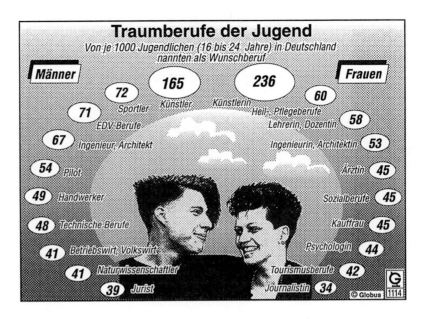

Traumberufe der Jugend
Von je 1000 Jugendlichen (16 bis 24 Jahre) in Deutschland nannten als Wunschberuf

Männer		Frauen
72 Sportler	165 Künstler · 236 Künstlerin	60
71 EDV-Berufe		Heil-, Pflegeberufe
67 Ingenieur, Architekt		Lehrerin, Dozentin 58
54 Pilot		Ingenieurin, Architektin 53
49 Handwerker		Ärztin 45
48 Technische Berufe		Sozialberufe 45
41 Betriebswirt, Volkswirt		Kauffrau 45
41 Naturwissenschaftler		Psychologin 44
39 Jurist		Tourismusberufe 42
		Journalistin 34

© Globus 1114

	FRAUEN	MÄNNER
Zahl der kontaktorientierten Traumberufe		
Zahl der technisch orientierten Traumberufe		

12-35 Unsere Traumberufe. Finden Sie die Traumberufe Ihrer Mitstudenten heraus und machen Sie ein ähnliches Schaubild! Finden Sie auch heraus wie viele von den Frauen und Männern in Ihrer Klasse mehr kontaktorientiert oder mehr technisch orientiert sind!

12-36 Mein Leben in zehn Jahren. Schreiben Sie über dieses Thema! Die folgenden Fragen könnten Ihnen dabei helfen.

- Wie alt werden Sie in zehn Jahren sein?
- Wo würden Sie am liebsten leben?
- Wie möchten Sie dort wohnen?
- Was für eine Arbeit hätten Sie gern?
- Werden Sie wohl verheiratet sein oder mit jemand zusammenleben?
- Wie stellen Sie sich Ihre Partnerin/Ihren Partner vor°?
- Hätten Sie gern Kinder? Wie viele?
- ...

stellen ... vor: *imagine . . . to be*

Doris Zieger: Eine Frau für Frauenfragen

Vor dem Lesen

social assistance

12-37 Sozialhilfe. Wer sollte nach Ihrer Meinung Sozialhilfe° bekommen und wer nicht?

- alleinstehende Mütter/Väter?

handicapped
- Menschen, die nicht arbeiten können, weil sie krank oder behindert° sind?
- Studenten, die nach dem Studium keine Arbeit finden können?
- ...

12-38 Was ist das auf Englisch?

1. Doris Zieger ist **Frauenbeauftragte** in der süddeutschen Stadt Ravensburg.
2. Sie erzählt von einem typischen **Fall** aus ihrer Praxis.
3. Eine junge Frau kommt zu ihr. Sie war verheiratet und hat zwei kleine Kinder, ist aber jetzt **geschieden.**
4. Weil sie ein Auto hat, will das **Sozialamt** ihr keine Sozialhilfe mehr geben.
5. Ihr Problem: Ohne das Auto kann sie nicht zu ihrer Ausbildung kommen, und wird deshalb **ewig** ein Sozialfall bleiben.

a. forever
b. welfare office
c. women's advocate
d. divorced
e. case

In vielen deutschen Städten gibt es offizielle Beauftragte für Frauenfragen. Ihre Aufgabe ist, Frauen zu der Gleichberechtigung zu verhelfen, die das Grundgesetz ihnen schwarz auf weiß garantiert. Eine von diesen Frauenbeauftragten ist Doris Zieger in der süddeutschen Stadt Ravensburg. Im Folgenden ein Fall, in dem sie helfen konnte:

Eine junge Frau, geschieden, mit zwei kleinen Kindern und ohne Ausbildung und Einkommen lebt von der Sozialhilfe. Um eigenes Geld zu verdienen, müsste sie in der nächsten größeren Stadt eine Ausbildung

Die Frauenbeauftragte Doris Zieger

machen. Weil die Stadt von ihrem Dorf aus mit dem Bus nur schwer zu erreichen[1] ist, müsste sie mit dem Auto fahren. Aber das Auto soll sie verkaufen, argumentiert das Sozialamt, denn wer ein Auto hat, bekommt keine Sozialhilfe. Die junge Frau weiß nicht, was sie tun soll, und geht zur Frauenbeauftragten. „Ohne Auto komme ich nicht zur Ausbildung und ohne Ausbildung bleibe ich ewig ein Sozialfall", erzählt sie dort. Doris Zieger hört sich die Probleme der jungen Frau an und macht Notizen. Dann telefoniert sie so lang mit verschiedenen Leuten auf dem Sozialamt, bis das Sozialamt in diesem Fall mal eine Ausnahme[2] macht.

In solchen Fällen zu helfen ist Doris Ziegers liebste Aufgabe. Aber leider kommen bei weitem[3] nicht alle Frauen, die Hilfe brauchen, in ihre Sprechstunden[4]. Sie fährt deshalb oft von Ort zu Ort, besucht Frauengruppen und versucht, diese Gruppen zu aktivieren und zu Kontakt und Zusammenarbeit zu bringen. „Frauenprobleme", sagt Doris Zieger, „sind vielen Männern noch immer suspekt, und auch beruflich sind wir Frauen immer noch diskriminiert. Dass es aber in immer mehr deutschen Städten offizielle Frauenbeauftragte gibt, sollte uns Frauen Hoffnung geben."

[1]*to get to* [2]*exception* [3]*by far* [4]*office hours*

Arbeit mit dem Text

12-39 Was sind die richtigen Antworten?

1. Wer garantiert den Frauen in der BRD, dass sie die gleichen Rechte haben wie die Männer?
   _____ Das Sozialamt.
   _____ Das Grundgesetz.
2. Warum lebt die junge Frau mit ihren beiden kleinen Kindern von der Sozialhilfe?
   _____ Weil sie keine Ausbildung und kein Einkommen hat.
   _____ Weil sie geschieden ist.
3. Warum soll sie ihr Auto verkaufen?
   _____ Weil sie Sozialhilfe bekommt.
   _____ Weil sie keine Ausbildung hat.
4. Wozu braucht sie das Auto?
   _____ Um damit zur ihrer Ausbildung zu kommen.
   _____ Um damit ihre Kinder zur Schule zu fahren.
5. Warum gibt es in der BRD immer mehr Frauenbeauftragte?
   _____ Weil bei weitem nicht alle Frauen Hilfe brauchen.
   _____ Weil Frauen noch immer diskriminiert sind.

Wort, Sinn und Klang

The adjective suffix *-los*

In *Kapitel 2* you learned that German creates many adjectives with the suffixes **-ig, -lich,** and **-isch,** and that the English equivalents of these adjectives often end in *-y, -ly,* and *-ish.* Many German adjectives with the suffix **-los** have English equivalents ending in *-less.* With the knowledge of and feeling for German that you now have, you should have no trouble with the English equivalents of the adjectives in the following exercise.

12-40 Was ist das auf Englisch?

bartlos	fleischlos	hoffnungslos	selbstlos
baumlos	formlos	klassenlos	schlaflos
bedeutungslos	geschmacklos	leblos	sprachlos
bodenlos	gottlos	lieblos	taktlos
danklos	haarlos	kinderlos	vaterlos
endlos	harmlos	mutterlos	zahllos
farblos	herzlos	namenlos	zahnlos
fensterlos	hilflos	schamlos	ziellos

The adjective suffix *-bar*

By attaching the suffix **-bar** to verb stems, German creates hundreds of adjectives. The English equivalents of **-bar** are often *-able* and *-ible.* These suffixes give the idea that the action expressed by the verb can be done.

    machen   **machbar**   *to **do***   ***doable***

In contrast to German, English sometimes attaches the suffix not to the Germanic verb stem, but to its Latin-based counterpart.

    hören   **hörbar**   *to **hear***   ***audible***

To show that the action expressed by the verb can *not* be done, German attaches the prefix **un-** to the adjective. The English equivalents of this prefix are *un-* or *in-*.

bewohnen   **unbewohnbar**   *to inhabit*   *uninhabitable*

12-41 Man kann es, oder man kann es nicht. Write the German adjectives and their English equivalents.

	DEUTSCH	ENGLISCH
1. Man kann es trinken.	_____	_____
2. Man kann es essen.	_____	_____
3. Man kann es erklären.	_____	_____
4. Man kann es verwenden.	_____	_____
5. Man kann es waschen.	_____	_____
6. Man kann es nicht denken.	_____	_____
7. Man kann es nicht definieren.	_____	_____
8. Man kann es nicht kontrollieren.	_____	_____
9. Man kann es nicht übersetzen.	_____	_____
10. Man kann es sich nicht vorstellen.	_____	_____

Zur Aussprache

The glottal stop

In order to distinguish *an ice boat* from *a nice boat* in pronunciation, you use a glottal stop, i.e., you momentarily close and then reopen the vocal chords before saying the word *ice*. The glottal stop is much more frequent in German than in English. It occurs before words and syllables that begin with a vowel.

12-42 Hören Sie gut zu und wiederholen Sie!

1. _Onkel _Alfred _ist _ein _alter _Esel!
2. Tante _Emma will _uns _alle _ent_erben°!   *disinherit*
3. Be_eilt _euch! _Esst _euer _Eis _auf!
4. Lebt _ihr _in _Ober_ammergau _oder _in _Unter_ammergau?

Nomen

das Einkommen	income
der Fall, ⸚e	case
die Hoffnung, -en	hope
die Kopfschmerzen *(pl)*	headache
die Sozialhilfe	social assistance; welfare
die Sprechstunde, -n	office hour
der Strafzettel, -	(traffic) ticket
die Umwelt	environment
die Versicherung	insurance
der Witwer, -	widower
die Witwe, -n	widow
der Wunsch, ⸚e	wish
der Zwilling, -e	twin
die Zinsen *(pl)*	(bank) interest
die Zukunft	future

Verben

beeindrucken	to impress
bereuen	to regret
riechen, roch, hat gerochen	to smell
träumen	to dream
sich etwas vorstellen	to imagine something

Andere Wörter

ähnlich	similar
behindert	handicapped
ewig	forever
geschieden	divorced
statt *(+ gen)*	instead of
trotz *(+ gen)*	in spite of
während *(+ gen)*	during
wegen *(+ gen)*	because of

Ausdrücke

eine alleinstehende Mutter	a single mother
Schade!	Too bad!
schwarz auf weiß	in black and white

Das Gegenteil

ernst ≠ lustig	serious ≠ funny; humorous
stark ≠ schwach	strong ≠ weak

Synonyme

die Auskunft	=	die Information
ein Haufen	=	eine Menge; viel
die Heirat	=	die Hochzeit
die Rente	=	die Pension
die Stellung, -en	=	die Position; der Job

Leicht zu verstehen

der Idealismus	die Tablette, -n
der Konflikt, -e	argumentieren
das Konsulat, -e	offiziell
die Polizei	wild
der Sturm, ⸚e	

Wörter im Kontext

12-43 Was passt wo?

Stellung / Sozialhilfe / Strafzettel / Zinsen / Rente / Kopfschmerzen

1. Wenn man zu schnell fährt, bekommt man einen _____.
2. Wenn man Geld auf dem Sparkonto hat, bekommt man _____.
3. Wenn man zu viel trinkt, bekommt man _____.
4. Wenn man behindert ist und nicht arbeiten kann, bekommt man _____.
5. Wenn man eine gute Ausbildung hat, bekommt man hoffentlich auch eine gute _____.
6. Wenn man ein Leben lang gearbeitet hat, bekommt man eine _____.

12-44 Was sind in jeder Gruppe die richtigen Antworten?

1. Warum denkst du, wir sind Zwillinge?
2. Warum warst du denn nicht beim Arzt?
3. Wie lange lebt ihr schon in Düsseldorf?
4. Warum nimmst du denn Aspirin?
5. Wann gehst du einkaufen?
6. Warum verkaufst du deinen Wagen?
7. Wie stellst du dir deine Zukunft vor?

a. Wegen meiner Kopfschmerzen.
b. Wegen der Umwelt.
c. Weil ihr einander so ähnlich seht.
d. Schon ewig.
e. Ich möchte bei der Polizei arbeiten.
f. Weil er heute keine Sprechstunde hat.
g. Während der Mittagspause.

8. Hätten Sie lieber Tee statt Kaffee?
9. Warum nimmt Osman einen Kochkurs?
10. Weißt du Marias Telefonnummer?
11. Bist du wieder so oft aufgewacht?
12. Sind Sie Witwer?
13. Warum kaufst du keinen Wagen?
14. Ich kann leider nicht zu deiner

h. Nein, aber ruf doch die Auskunft an.
i. Schade.
j. Um seine Freundin zu beeindrucken.
k. Ja, meine Frau ist letztes Jahr gestorben.
l. Ja, trotz der Schlaftabletten.
m. Ja, aber bitte keinen so starken.
n. Weil die Versicherung so teuer ist. Fete kommen.

12-45 Was ist hier identisch? Welche zwei Sätze in jeder Gruppe bedeuten ungefähr dasselbe?

1. Wie viel Zinsen bekommen Sie?
   Wie hoch ist Ihr Einkommen?
   Wie viel verdienen Sie?

2. Sie hat Kinder und keinen Mann.
   Sie ist eine geschiedene Frau.
   Sie ist eine alleinstehende Mutter.

3. Wann war eure Hochzeit?
   Seit wann seid ihr verheiratet?
   Wann heiratet ihr?

4. Tut ihm das nicht Leid?
   Bereut er das nicht?
   Er tut es leider nicht.

ANHANG

INFORMATION GAP ACTIVITIES AND ROLE PLAYS

Erste Kontakte

E-14 Weißt du das? *(Do you know this?)* You **(S2)** and a friend **(S1)** are sharing some information about mutual acquaintances at the University of Munich. The information you have is on this page.

S1: Woher kommt Asha?   S2: Aus Bombay.

S2: Was ist Ashas Adresse?   S1: Bismarckstraße 17.

S2: Bismarck? Wie schreibt   S1: B-i-s-m-a-r-c-k
man das?°

S1: Was ist Ashas Telefonnummer?   S2: 27 30 81.

How do you spell that?

	WOHER?	ADRESSE HIER IN MÜNCHEN	TELEFONNUMMER
Asha	Bombay		27 30 81
Daniel		Schellingstraße 138	
Heather	Los Angeles		45 89 58
Philipp		Kellerstraße 224	
Sahika	Ankara		77 99 33

Kapitel 1

1-30 *Ja* oder *nein?*

S1: Ist der Wein gut?
S2: Sind die Bananen süß?

S2: Ja, er ist sehr gut.
S1: Nein, sie sind nicht sehr süß.

	+ = Ja − = Nein
Wein / gut	+
die Bananen (pl) / süß	
der Kaffee / heiß	
die Butter / frisch	+
die Äpfel (pl) / sauer	
das Wetter / schön	−
die Professorin / fair	
die Vorlesungen (pl) / interessant	
der Film / lang	−
die Rockgruppe / gut	−
das Buch / interessant	

1-36 Pläne. Ask your partner what the people listed are doing at certain times.

S1: Was macht Tanja heute Abend?
S2: ...
S1: Was machst du heute Abend?
S2: ...

S2: Heute Abend geht sie ...
S1: ...
S2: Heute Abend ...
S1: ...

	HEUTE ABEND	MORGEN ABEND	AM FREITAG	NÄCHSTEN SOMMER
Tanja	geht ins Fitnesscenter			geht campen
Bernd und Lukas		gehen ins Theater	spielen Fußball	
Florian	lernt Deutsch			arbeitet im Hotel Astoria
Lisa und Laura		gehen tanzen	gehen Mountainbiking	
Ich				
Mein(e) Partner(in)				

Kapitel 2

2-17 Günters Stundenplan. You and your partner complete Günter's timetable. Take turns asking your questions.

S1: Was hat Günter montags von acht bis zehn?

S2: Was hat Günter montags von drei bis sechs?

S2: Da hat er eine Matheübung°.

math lab

S1: ...

2. Was hat Günter montags von drei bis sechs?
4. Was hat Günter mittwochs von neun bis elf?
6. Was hat Günter donnerstags von acht bis zehn?
8. Was hat Günter freitags von acht bis zehn?
10. Was macht Günter freitags von zwölf bis zwei?
12. Was macht Günter samstags?
14. Wie viele Freundinnen hat Günter?

	Mo	Di	Mi	Do	Fr	Sa	So
8.00	Mathe-übung						
9.00							
10.00		Botanik					
11.00			mit Helga Tennis		Mathe		
12.00							bei Tina
13.00			Zoologie				
14.00							
15.00							
16.00				Botanik-übung			
17.00							

2-20 Was machen diese Leute gern?

S1: Was für Sport treibt Anna gern? **S2:** Sie geht gern schwimmen.

S2: Was für Musik hört Anna gern? **S1:** Sie hört gern ...

S1: Was für Spiele spielt Anna gern? **S2:** Sie spielt gern ...

...

S1: Was für Sport treibst du gern? **S2:** Ich gehe (höre, spiele) gern ...

... ...

	SPORT	MUSIK	SPIELE
Anna	schwimmen		Scrabble
Peter	Fußball	klassische Musik	
Maria			Schach
Moritz		Rock	
Ich			
Mein(e) Partner(in)			

 2-34 Wir spielen Trivial Pursuit. In each response, use the appropriate form of the indefinite article.

S1: Wer ist Tom Cruise? **S2:** Tom Cruise ist ein amerikanischer Filmschauspieler.

... ...

LEUTE (WER?)		GETRÄNKE (WAS?)		GEOGRAPHIE (WAS?)	
Tom Cruise	amerikanischer Filmschauspieler	Löwenbräu		Angola	
Margaret Atwood	kanadische Autorin	Chianti	italienischer Rotwein	Salzburg	österreichische Stadt
Tony Blair		Fanta	deutsche Limonade	die Wolga	
Maria Callas	griechische Opernsängerin	Budweiser		Brandenburg	deutsches Bundesland
Ludwig van Beethoven		Benedictine	französischer Likör	der Vesuv	

Kapitel 3

3-12 Was kauft Claudia bei Karstadt und was kauft sie bei Hertie?

Claudia needs the items listed, but she doesn't have much money. You know Hertie's prices and your partner knows Karstadt's prices. Compare the prices for each item listed and decide where Claudia will get the better buy.

S1: Wie viel kostet der Rock bei Hertie?

S2: Wie viel kostet der Rock bei Karstadt?

S2: Wo kauft Claudia den Rock?

S2: Wieviel kostet das Kleid ...

S2: Bei Hertie kostet der Rock 90 Mark.

S1: Bei Karstadt kostet der Rock 75 Mark.

S1: Claudia kauft den Rock bei Karstadt.

KLEIDUNGSSTÜCK	PREIS BEI KARSTADT	WAS KAUFT CLAUDIA WO?
der Rock		den Rock bei _____
das Kleid		das Kleid bei _____
die Jacke		die Jacke bei _____
die Bluse		die Bluse bei _____
der Mantel		den Mantel bei _____
das Sweatshirt		das Sweatshirt bei _____
die Schuhe		die Schuhe bei _____
der Gürtel		den Gürtel bei _____
die Socken		die Socken bei _____

3-40 Was machen diese Leute gern? Was machen sie lieber?

S1: Isst Maria gern Spaghetti? **S2:** Nein, sie isst lieber Makkaroni.
S2: Isst Thomas gern Nudeln? **S1:** Ja, er isst sehr gern Nudeln.

	MARIA	THOMAS	TINA UND LISA
essen		Nudeln?	
	Nein, ... Makkaroni.		Nein, ... Pizza.
lesen	Comics?		Sciencefiction?
		Nein, ... Magazine.	
sehen	Horrorfilme?		
		Ja, ...	Nein, ... Talkshows.
sprechen		Deutsch?	
	Ja, ...		Ja, ...
fahren	Rad?		Inline Skates?
		Nein, ... Motorrad.	
tragen		Pullover?	Bermudashorts?
	Nein, ... lange Röcke.		

Kapitel 4

4-22 Verkehrszeichen. Ask each other what these German traffic signs mean.

S1: Was bedeutet Verkehrszeichen Nummer 1?

S2: Hier kommt gleich eine scharfe Rechtskurve.

1. Hier kommt gleich eine scharfe Rechtskurve.	2.	3. Diese Straße hört bald auf.
4. Hier darf man nicht unter 60 fahren.	5. Berlin	6.
7. Hier hört die Autobahn auf.	8.	9. Hier darf man nur 60 fahren.
10.	11.	12. Hier muss man langsam fahren, denn hier spielen oft Kinder.

4-36 Fragen, Fragen, Fragen. Begin the responses to your partner's requests for information with the conjunctions provided.

S1: Warum geht Florian nicht ins Kino?

S2: Weil er ein Referat schreiben muss.

S2: Warum geht Kathrin nicht ins Kino?

S1: Weil ...

		KATHRIN	FLORIAN	FRAU ÖZAL
Warum geht ... nicht ins Kino?	weil		Er muss ein Referat schreiben.	
Geht ... heute schwimmen?	wenn	Es regnet nicht.		Sie muss nicht arbeiten.
Wann geht ... nach Hause?	sobald			Sie hat ihre Arbeit fertig.
Wie lange schläft ... sonntags?	bis	Es ist Zeit zum Mittagessen.	Seine Freundin ruft an.	
Wann sieht ... gern fern?	bevor		Er isst zu Abend.	Sie geht ins Bett.
Warum arbeitet ...?	damit			Ihre Familie hat genug Geld.

Kapitel 5

5-10 Die Geschmäcker sind verschieden. Maria and Moritz have different tastes. Find out what they think about the hairstyles and jewelry of some of their acquaintances. Some of the expressions Maria and Moritz use are new to you: **flott = schick; todschick = sehr schick; bescheuert = doof; altmodisch ≠ modern.**

S1: Wie findet Maria Toms Schnurrbart?

S2: Wie findet Moritz Toms Schnurrbart?

S2: Sie findet ihn echt flott.

S1: Er ...

	MARIA	MORITZ
Toms Schnurrbart (m)	echt flott	
Annas Frisur (f)		todschick
Julias Armband (n)	sehr elegant	
Philipps Haarschnitt (m)		nicht so besonders
Sophias Ohrringe (pl)	echt toll	
Florians Bart (m)		echt doof

5-16 Weißt du das?   In your questions and responses, use the comparative of the adjectives given and **als.**

S1: Ist der Rhein länger als die Donau?

S2: Nein, der Rhein ist kürzer als die Donau.

FRAGEN	ANTWORTEN
	kurz: Nein, der Rhein ist ... die Donau.
	klein: Nein, die Schweiz ist ... Österreich.
kalt: Ist es in Island ... in Grönland?	
	klein: Nein, Deutschland ist ... Kalifornien.
	viel: Nein, in Deutschland leben ... Menschen° ... in Kalifornien.
viel: Regnet es in Zürich ... in Hamburg?	
kalt: Ist der Winter in Holland ... in Schweden?	
	dunkel: Nein, der Mars ist ... die Venus.
weit: Ist es zum Mars ... zum Jupiter?	
viel: Hat der Mars ... Monde ... der Jupiter?	

people

5-40 Gehst du mit?   In this role play, a friend tries to persuade you to join her/him and some other friends for a movie and a beer. Below are your responses. Feel free to add your own ideas to your role.

Rolle 2-1: Sie antworten, dass Sie leider nicht können. Sie müssen heute Abend für eine Klausur in Physik lernen.

R 2-2: Sie antworten, dass sie übermorgen früh ist.

R 2-3: Sie antworten, dass Sie morgen sehr wenig Zeit haben. Sie haben den ganzen Tag Vorlesungen und am Abend müssen Sie in die Bibliothek und ein Referat fertig schreiben.

R 2-4: Sie antworten „Vielleicht hast du Recht" und sagen, Sie gehen mit, aber Sie müssen vor Mitternacht zu Hause sein. (oder: Sie bleiben aber doch lieber hier und lernen für Ihre Klausur.)

Kapitel 6

6-5 Was steht in Lauras Pass? You want to know what Thomas and Bettina look like and your partner wants information about Laura and Philipp.

S1: Ist Laura groß oder klein?
Was für eine Form hat ihr/sein Gesicht?
Was für Augen hat sie/er?
Was für Haar hat sie/er?

S2: Sie/Er ist ...
Sie/Er hat ein ___es Gesicht.

Sie/Er hat ___e Augen.
Sie/Er hat ___es, ___es Haar.

	LAURA	THOMAS	BETTINA	PHILIPP
Größe	mittelgroß			nicht sehr groß
Gesichtsform	oval			oval
Augen	graugrün			schwarz
Haar	lang, rotbraun			schwarz, glatt

6-12 Was haben Yusuf, Maria und Jennifer gestern gemacht?

S1: Was hat Yusuf gestern Vormittag gemacht?

S2: Gestern Vormittag hat er sein Motorrad repariert.

	MARIA	YUSUF	JENNIFER
gestern Vormittag		sein Motorrad repariert	
gestern Nachmittag	ihr Fahrrad geputzt	Fußball gespielt	
gestern Abend			Reisebroschüren studiert

6-15 Was haben Julia, Moritz und Lisa gestern gemacht?

S1: Was hat Julia gestern Vormittag gemacht?

S2: Gestern Vormittag hat sie eine Torte gebacken.

	JULIA	MORITZ	LISA
gestern Vormittag	eine Torte gebacken	bis zwölf im Bett gelegen und geschlafen	
gestern Nachmittag			mit Professor Weber gesprochen
gestern Abend	stundenlang vor dem Fernseher gesessen	seine Wäsche gewaschen	

6-38 Peter Ackermann sucht einen Ferienjob. In this role play you are Peter Ackermann. You are looking for a summer job, so you go to the employment office at the **Studentenwerk** and knock at the door of Ms. Borg, the employment counselor. Feel free to add your own ideas to your role.

Rolle 2-1: Sie gehen hinein und sagen „Guten Tag."

R 2-2: Sie sagen, dass Sie einen Ferienjob suchen.

R 2-3: Sie sagen Ihren Namen, Ihre Adresse (Zennerstraße 16, 81679 München) und Ihre Telefonnummer (98 58 43).

office help **R 2-4:** Letzten Sommer im Reisebüro Fischer als Bürohilfe° gearbeitet. Schon oft als Gitarrist in Rockgruppen mitgespielt, meistens Country Rock.

computer experience **R 2-5:** Gute EDV-Kenntnisse°.
Kann auch sehr gut Englisch.

interrupt / notes **R 2-6:** Sie unterbrechen° mit Fragen und machen Notizen°.

	RODEO ROCK	KÜHNE EXPORT
Wo ist das?	_____	_____
Was ist die Arbeitszeit?	_____	_____
Was ist die Bezahlung?	_____	_____

finally Dann sagen Sie, welchen Job Sie nehmen, den bei Rodeo Rock oder den bei Kühne Export. Zum Schluss° sagen Sie „Und vielen Dank auch für Ihre Hilfe."

Kapitel 7

7-14 Weihnachtsgeschenke.

S1: Was schenkt Laura ihren Eltern?

S2: Ihren Eltern schenkt sie ein schönes Bild.

	LAURA	FLORIAN	MARIA UND STEFAN
ihren/seinen Eltern	ein schönes Bild		
ihrer/seiner Schwester	einen schicken Pulli		ein vegetarisches Kochbuch
ihrem/seinem Bruder		die neueste CD von Celine Dion	

S2: Was schenkst du deinen Eltern (deiner Schwester, deinem Bruder)?

S1: Meinen Eltern (Meiner Schwester, Meinem Bruder) schenke ich ...

7-16 Weihnachtsgeschenke.

S1: Weißt du, was Sophia ihren Eltern schenkt?

S2: Ich glaube, sie schenkt ihnen einen neuen Toaster.

	SOPHIA	DANIEL	JULIA UND PAUL
ihren/seinen Eltern	ihnen einen neuen Toaster		
ihrer/seiner Schwester		ihr ein Paar warme Skisocken	ihr eine schöne Zimmerpflanze
ihrem/seinem Bruder	ihm einen ganz lauten Wecker		ihm einen tollen Rucksack

7-28 Im Blumengeschäft.
Sie sind Verkäuferin in einem Blumengeschäft. Ein Kunde möchte seiner Freundin Blumen zum Geburtstag schenken. Er kommt herein und grüßt. Sie können Ihre Rolle auch gern variieren.

R 2-1: Sie sagen „Guten Tag!" und fragen den Kunden, was er wünscht.

R 2-2: Sie sagen, dass Sie heute besonders schöne frische Rosen haben, rosarote, gelbe und rote.

R 2-3: Sie sagen, dass die roten Rosen fünf Mark das Stück kosten.

R 2-4: Sie sagen, dass diese roten Rosen aber auch ganz besonders schön sind. Dann fragen Sie, wie viele Rosen der Kunde denn möchte. Zehn? Fünfzehn?

R 2-5: Sie fragen, ob Sie der Freundin die Rosen schicken dürfen.

R 2-6: Sie sagen „Aber Moment! Warten Sie!" denn Sie möchten die Rosen doch noch schön einschlagen.

R 2-7: Sie schlagen die Rosen ein, geben sie dem Kunden und sagen „Vielen Dank und auf Wiedersehen!"

asks **7-31 Was weißt du von diesen Leuten?** Ihre Partnerin/Ihr Partner stellt°
Fragen über Sabine und Osman, und Sie möchten Information über Wendy
und Jan.

S2: Woher kommt Wendy?   **S1:** Aus den USA.
　　Wo arbeitet sie?   ...

	SABINE	WENDY	OSMAN	JAN
Woher kommt _____?	Aus der Schweiz.		Aus der Türkei.	
Wo arbeitet sie/er?	Bei der Bank.		Bei der Post.	
Seit wann arbeitet sie/er dort?	Seit einem Jahr.		Seit einem halben Jahr.	
Wie kommt sie/er zur Arbeit?	Mit dem Fahrrad.		Mit dem Bus.	
Wohin geht sie/er im nächsten Urlaub?	Zu ihrem Freund nach Zürich.		Zu seiner Familie nach Ankara.	
Woher weißt du das alles?	Von ihr selbst.		Von seinem Bruder.	

Stellen Sie diese Fragen jetzt Ihrer Partnerin/Ihrem Partner!

S2: Woher kommt deine   **S1:** Aus ...
　　Mutter/dein Vater?
　　Wo arbeitet sie/er?   Bei ...
　　...

7-46 Im Kaufhaus. Sie sind Verkäuferin/Verkäufer bei Karstadt. Eine Kundin/Ein Kunde kommt zu Ihnen und möchte eine Jacke umtauschen°. *exchange* Sie können Ihre Rolle auch gern variieren.

R 2-1: Sie sagen, Sie können das gut verstehen. Die Jacke ist wirklich sehr altmodisch und gar nicht für junge Leute. Dann fragen Sie, ob die Tante vielleicht den Kassenzettel° mitgeschickt hat. *sales slip*

R 2-2: Sie schauen den Kassenzettel an und sagen, dass die Tante viel Geld ausgegeben hat. Für 170 Mark können Sie aber bestimmt eine viel flottere Jacke finden. Sie fragen auch, welche Größe die Kundin/der Kunde hat.

R 2-3: Sie sagen „Größe achtunddreißig und in Blau." Sie finden eine sehr elegante Jacke, zeigen sie der Kundin/dem Kunden und fragen, ob die nicht toll ist?

R 2-4: Sie sagen „Aber natürlich", helfen der Kundin/dem Kunden in die Jacke und sagen, dass die Jacke der Kundin/dem Kunden wirklich ganz ausgezeichnet steht.

R 2-5: Sie sagen, das ist kein Problem und man kann die Ärmel leicht kürzer machen.

R 2-6: Sie sagen, sie kostet 195 Mark.

R 2-7: Sie sagen, dass diese Jacke aber auch viel schöner ist.

R 2-8: Sie antworten, dass sie morgen Nachmittag fertig ist.

R 2-9: Sie sagen auch „Auf Wiedersehen!" und „Dann bis morgen!"

Kapitel 8

8-2 Wo und wie wohnen diese Studenten?

S2: Wo wohnt Cindy?   **S1:** Sie wohnt in einer WG.
Wie gefällt es ihr dort?   ...

		MAGDA	CINDY	PIETRO	KEVIN
Wo wohnt _____?		Sie wohnt im Studentenheim.		Er wohnt noch zu Hause.	
Wie gefällt es ihr/ihm dort?		Sie findet es ganz toll.		Es gefällt ihm gar nicht gut.	
Warum gefällt es ihr/ihm dort (nicht)?		Weil es da viele Partys gibt.		Weil er zu viel helfen muss.	
Wie kommt sie/er zur Uni?		Sie geht zu Fuß.		Er hat einen Wagen.	

to rent (out)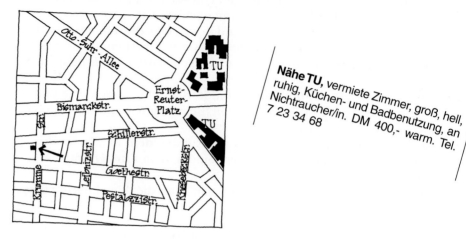

8-18 Zimmer zu vermieten°. Sie sind Jill/Jim Wilson, kommen aus den USA und studieren an der TU (Technischen Universität) in Berlin Architektur. Sie haben diese Anzeige in der BZ (Berliner Zeitung) gesehen. Sie haben gerade dort angerufen und eine Frau Häusermann hat geantwortet. Sie können Ihre Rolle auch gern variieren.

Nähe TU, vermiete Zimmer, groß, hell, ruhig, Küchen- und Badbenutzung, an Nichtraucher/in. DM 400,- warm. Tel. 7 23 34 68

R 2-1: Sie sagen „Wilson" und dass Sie die Anzeige in der BZ gesehen haben. Sie fragen, ob das Zimmer noch frei ist.

R 2-2: Sie sagen, dass Sie aus Amerika kommen und dass Sie seit einem Jahr hier an der TU Architektur studieren.

R 2-3: Sie antworten, dass Sie in einer WG wohnen, dass es dort aber oft so laut ist, dass Sie nicht richtig lernen können.

R 2-4: Sie sagen, dass Sie Nichtraucher/in sind, ganz bestimmt.

R 2-5: Sie antworten, dass Sie nur klassische Musik hören, und gar nicht laut. Und für Partys haben Sie fast nie Zeit. Dann fragen Sie, wie weit es von Frau Häusermanns Wohnung zur TU ist.

R 2-6: Sie sagen, Sie möchten es sehr gern anschauen. Dann fragen Sie, wie Sie zu Frau Häusermanns Wohnung kommen.

repeat **R 2-7:** Sie wiederholen° „von der TU auf der Schillerstraße bis zur Krumme Straße."

R 2-8: Sie sagen „Gut" und dass Sie in zehn Minuten dort sind.

8-26 In der WG. Sie wohnen in einer WG und fragen einander, was Ihre Mitbewohner mit diesen Dingen machen wollen.

S1: Wozu° braucht Benedikt den Staubsauger?

S2: Um in unserem Wohnzimmer den Fußboden sauber° zu machen.

what . . . for
clean

	SABRINA	BENEDIKT
der Staubsauger		in unserem Wohnzimmer den Fußboden sauber machen
der Dosenöffner	eine Dose Tomatensuppe aufmachen	
das Bügeleisen	ihr blaues Kleid bügeln	
die Nähmaschine		das Loch in seiner Jacke flicken
die Kaffeemaschine		für seine neue Freundin eine Tasse Kaffee machen
der Korkenzieher	eine Flasche Wein aufmachen	
die Waschmaschine	ihre vielen Jeans waschen	

Kapitel 9

name plates / entrance

9-10 Wer ist das? Sie und Ihre Freundin/Ihr Freund sind in ein neue Wohnung gezogen. Sie stehen vor den Namensschildern° am Hauseingang° und fragen einander, was für Menschen zu diesen Namen gehören.

S1: Wer ist denn dieser Ergül Ertem?

S2: Das ist der Mann, dem der tolle BMW dort gehört.

S2: Wer sind denn diese Paul und Lisa Borg?

S1: Das sind die Leute, ...

Ergül Ertem 🔔	dem der tolle BMW dort gehört
Paul u. Lisa Borg 🔔	
Maria Schulz 🔔	
Manuel Lima 🔔	der die laute spanische Musik spielt

Monika Stroinska 🔔	
Hans Maier 🔔	den gestern Abend die Polizei abgeholt hat
Karl u. Anna Weiler 🔔	
Teresa Venitelli 🔔	der jemand immer rote Rosen schickt

after

9-17 Da ist ein Haar in der Suppe! Sie sind Kellnerin/Kellner im Gasthof Fraundorfer und bedienen zwei Studenten. Nachdem° Sie den beiden das Essen und die Getränke gebracht haben, rufen die Studenten Sie wieder zurück und sagen, dass etwas nicht in Ordnung ist.

Ein paar Ideen, wie Sie reagieren könnten:

- Das tut mir aber Leid!
- Das ist doch nicht möglich!
- Ich bringe Ihnen gleich ein__ ander__ ...
- Möchten Sie vielleicht etwas anderes bestellen?
- Soll ich Ihnen die Speisekarte noch einmal bringen?
- ...

9-19 Was macht Otilia um sieben Uhr zehn?

S1: Was macht Otilia um sieben
Uhr zehn?

S2: Da schminkt sie sich.

	OTILIA	BERND	MORITZ UND JENS
7.10	Da schminkt sie sich.		Da waschen sie sich.
7.25		Da rasiert er sich.	
20.30		Da badet er sich.	Da ziehen sie sich aus.

Kapitel 10

10-13 Wann war das? Wann wird das sein?

S1: Wann hat Maria Rad fahren gelernt? **S2:** Als sie fünf war.

	MARIA	BERND
hat Rad fahren gelernt	Als sie fünf war.	
hat schwimmen gelernt		Als er sieben war.
macht ihren/seinen Führerschein		Wenn er sich ein Auto kaufen kann.
hat ihren Freund/seine Freundin kennen gelernt	Als sie letzten Sommer bei Hertie arbeitete.	
will heiraten	Wenn ihr Freund einen besseren Job findet.	
hat so gut Englisch gelernt		Als er ein halbes Jahr durch die USA reiste.

Kapitel 11

11-7 Was weißt du von Mario und Ann?

cell phone

S1: Warum will Mario ein Handy° kaufen? **S2:** Weil er so oft angerufen wird.

MARIO		ANN	
	Weil er so oft angerufen wird.		Weil sie dort sehr gut bezahlt wird.
Warum wohnt Mario wieder zu Hause?		Warum ist Ann nicht in ihrem Büro?	
Wozu braucht Mario eine Alarmanlage?			Weil ihr Wagen repariert wird.
	Weil er immer eingeladen wird.	Warum zieht Ann schon ihren Mantel an?	

11-26 Was für Leute sind Karin und Bernd?

S1: Wofür interessiert sich Karin am meisten?   S2: Für Politik und Geschichte.

	KARIN	BERND
Wofür interessiert sich Karin/Bernd am meisten?	Für Politik und Geschichte.	
Woran arbeitet sie/er gerade so intensiv?	An einem Projekt über die ehemalige DDR.	
Worüber hat sie/er sich gestern so aufgeregt?	Über die laute Musik im Nachbarzimmer.	
Worauf wartet sie/er denn so sehr?	Auf einen Scheck von ihren Eltern.	
Worüber freut sie/er sich am meisten?	Über gute Zensuren.	
Wovor hat sie/er manchmal Angst?	Vor der Zeit nach dem Studium.	

Kapitel 12

12-4 Warum sind diese Leute so neidisch° auf Maria und Paul?   *envious*

S1: Warum ist Stefan so neidisch auf Maria?   S2: Weil Maria immer so gute Zensuren bekommt.

	MARIA	PAUL
Stefan	Maria bekommt immer so gute Zensuren.	
Ann	Maria hat so schöne Haare.	Paul hat so eine schöne Wohnung.
Florian		
Laura		Paul hat so einen tollen Ferienjob gefunden.
Daniel	Maria spielt so gut Tennis.	
Sophia		Paul wird nächstes Jahr in Innsbruck studieren.

12-11 Wünsche.

S1: Was hätte Laura gern?   **S2:** Sie hätte gern ein neues Fahrrad.

	WAS HÄTTE ... GERN?	WO WÄRE ... JETZT GERN?	WAS WÜSSTE ... GERN?
Laura	ein neues Fahrrad		
Paul		bei seiner Freundin in Hannover	wann der Scheck von seinen Eltern kommt
Lisa	eine schönere Wohnung		wo sie einen guten Ferienjob finden kann
Bernd		zu Hause vor seinem Computer	

S2: Was hättest du gern?   **S1:** Ich hätte gern ...
Wo wärst du jetzt gern?   Ich wäre jetzt gern ...
Was wüsstest du gern?   Ich wüsste gern, ...

interest

12-15 Wenn es nur wahr wäre!

S1: Was würde Claudia tun, wenn sie eine Million Mark gewinnen würde.   **S2:** Sie würde das Geld investieren und von den Zinsen° leben.

Claudia	Sie würde das Geld investieren und von den Zinsen leben.
Martin	
Stephanie und Peter	
Herr und Frau Ziegler	Sie würden erst mal eine Weltreise machen.
Robert	Er würde seinen Eltern eine Villa an der Riviera kaufen.
Nina	

12-24 Ein ernster° Konflikt.   Nach dem Abendessen diskutieren Julia und   *serious*
Dieter weiter. Übernehmen Sie die Rolle von Julia und versuchen Sie, Dieter
zu überzeugen°, dass es besser wäre, hier in Köln zu bleiben. Ein paar   *convince*
Argumente, die Sie verwenden könnten:

- Ich finde meine Arbeit hier in Köln sehr interessant. In Stuttgart würde ich
  so etwas nicht finden.

- Außerdem werde ich hier bald Abteilungsleiterin und dort müsste ich
  wieder ganz von unten anfangen.

- Ich würde in Stuttgart viel weniger verdienen. Zusammen hätten wir dann
  bestimmt weniger Geld als hier.

12-30 Weißt du das?   Sie möchten wissen, was diese Wörter bedeuten.
Finden Sie dann mit Ihrer Partnerin/Ihrem Partner auch die englischen
Äquivalente.

S1: Was ist ein Witwer?   **S2:** Das ist ein Mann, dessen Frau
                            gestorben ist.

		WAS IST DAS AUF ENGLISCH?
ein Witwer	Das ist ein Mann, dessen Frau gestorben ist.	a widower
eine Witwe		
ein Strohwitwer	Das ist ein Mann, dessen Frau gerade eine Reise macht.	
ein Waisenkind		
eine Erbtante		
Zwillinge (pl)	Das sind Menschen, deren Bruder oder Schwester kurz vor oder kurz nach ihnen geboren ist.	
ein Dunkelmann		
ein Blindenhund	Das ist ein Hund, dessen Aufgabe es ist, blinden Menschen den Weg zu zeigen.	

TRANSLATIONS OF VORSCHAU DIALOGUES, CHAPTERS 1–9

Note that these are not literal, word-for-word translations, but idiomatic English equivalents.

Erste Kontakte

Beim Studentenwerk *(At the student center)*

– Hi, my name is Christian, Christian Lohner.
– And I'm Asha Singh. Where do you come from, Christian?
– I come from Hamburg. And where are you from?
– I'm from Bombay.

Im Studentenheim *(In the dormitory)*

– Excuse me, are you Heike Fischer?
– Yes. And what's your name?
– I'm Yvonne Harris from Pittsburgh.
– Oh, hello Yvonne. How are you?
– Fine, thanks.

Im Hörsaal *(In the lecture hall)*

MARTIN: *(to Claudia and Stephanie)* Hi, you two! How are you?
CLAUDIA: Fine, thanks. Peter, this is Stephanie, my roommate.
PETER: Hi, Stephanie.
STEPHANIE: Hi, Peter.
MARTIN: Are you going to the cafeteria too?
CLAUDIA: No, not yet.
MARTIN: Well then, so long, you two.

Im Büro *(In the office)*

– Hello. My name is O'Brien.
– Pardon? What is your name?
– My name is O'Brien.
– Oh, you're Mr. O'Brien from Dublin. I'm Brigitte Ziegler. How are you, Mr. O'Brien?
– Fine, thanks.

Kapitel 1

Badewetter *(Weather for swimming)*

Claudia and Martin are good friends. Stephanie and Peter also do a lot of things together.

MARTIN: Wow, is it ever hot!
PETER: Yes, almost thirty degrees (Celsius)! – Say, are you going swimming too?
MARTIN: Of course, right after Claudia's lecture.
PETER: We're going right now. Stephanie is coming in five minutes.
MARTIN: Well then, see you later.

Herbstwetter *(Fall weather)*

Mrs. Ziegler is standing at the window. Mr. Ziegler is still in bed.

MR. ZIEGLER: What's the weather like?
MRS. ZIEGLER: Not at all nice. The sky is gray and it's raining.
MR. ZIEGLER: Is it cold?
MRS. ZIEGLER: The thermometer reads ten degrees (Celsius).
MR. ZIEGLER: Only ten degrees! What rotten weather!

Semesterbeginn *(Beginning of semester)*

Stephanie and Claudia are sitting together at breakfast.

CLAUDIA: Are you going to your lecture now, Stephanie?
STEPHANIE: Yes, and after that to the foreign students' office.
CLAUDIA: My lectures don't start until tomorrow.
STEPHANIE: And what are you doing today?
CLAUDIA: Not much. First I'll write a few postcards, and this afternoon I'm going to buy my books.
STEPHANIE: Well then, see you later.
CLAUDIA: So long, Stephanie.

Kapitel 2

Freundschaften *(Friendships)*

Nina says: This is my boyfriend Alexander. He's tall and slim, dances really well, and has a fantastic motorcycle. Alex has lots of hobbies: he plays tennis and squash very well, he likes to swim, he plays the guitar really well, he collects stamps, he also likes to cook, and he's good at it. By the way, Alex is also a very good student.

Robert says: I think Alexander is stupid. He often talks on the phone with Nina for hours, and in the evenings he's often over at our place till ten or eleven and plays his dumb guitar. Why does my sister think this guy is so great? I just think his motorcycle is great.

Mrs. Ziegler says: This is Beverly Harper. She's a journalist and my best friend. She works for American newspapers and writes articles about the political scene in Europe. Beverly is not only very intelligent, but also very athletic, and Mondays from 7 p.m to 9 p.m. we always play tennis together. By the way, Beverly is also very elegant and likes to buy very chic clothes.

Mr. Ziegler says: I don't like to play tennis with Beverly because she plays much better than I do. But she is a good journalist and writes very interesting articles. We often drink a glass of wine here at our house and have long discussions together.

Kapitel 3

Verwandte *(Relatives)*

Grandma Ziegler says: This is my daughter Bettina. She isn't married and she has no children, but she's a very good physiotherapist. Bettina likes to buy expensive clothes, has a much too expensive car, and she often drives too fast too. And why does Bettina travel so much all the time?

Nina says: Aunt Bettina is my favorite aunt. She has a really fantastic life: lots of money, chic clothes, big trips (also to North America, because she speaks English really well), and a red sport coupe.

Mr. Ziegler says: This is my brother Alfred. He's a bank manager, earns a lot of money, and drives a big gray Mercedes. He likes to eat well, drinks expensive wines, and wears very expensive gray suits.

Robert says: Uncle Alfred is not my favorite uncle. He almost never laughs, and his suits are as gray and boring as his big gray Mercedes. And why does he always read those stupid stock market reports?

Kapitel 4

So bin ich eben *(That's just the way I am)*

MARTIN: *(gets up and yawns)* What?! You're up already? What time is it?

PETER: Almost eight o'clock. I have to finish writing my report for Professor Weber. The seminar begins at eleven.

MARTIN: *(laughs)* Right, you and your reports: lots of stress, lots of coffee, no breakfast. Why don't you eat a slice of bread? And here's some butter, cold cuts, and cheese to go with it.

PETER: I can't, I have to write.

MARTIN: You're really stupid, Peter. Why do you always start so late?

PETER: I need the stress, Martin. That's just the way I am.

Morgen, morgen, nur nicht heute ... *(Why do today what you can put off until tomorrow . . .)*

STEPHANIE: Our room looks like a pigsty! Can't you tidy up a bit for a change, Claudia?

CLAUDIA: Of course! But not today. Today I have far too much to do.

STEPHANIE: That's what you always say, and then I have to tidy up.

CLAUDIA: You don't have to do that at all. Tomorrow I have lots of time.

STEPHANIE: You always say that too.

CLAUDIA: Yes, but this time it's true. Tomorrow I'll be home all morning, I'll get up early, and by twelve everything will be in tiptop shape here.

STEPHANIE: Well, we'll see.

Stephanie schreibt nach Hause *(Stephanie writes home)*

Munich, December 2, 1999

Dear Mom and Dad,

I've been here in Munich for almost two months now and everything is still really great: the university, the city, and above all, my new friends. Claudia is still my best friend. By the way, she's a fabulous cook, and she makes really delicious dishes with lots of vegetables and salad, and not much meat (meat is very expensive here). But she also likes my good tomato sauce with noodles or spaghetti. By the way, they often eat cold cuts and cheese for breakfast here. But I usually eat a bowl of cornflakes, just like at home, and sometimes I also make my favorite breakfast, my pancakes. Peter, a friend of Claudia's boyfriend Martin, thinks they're really great. By the way, Peter is really nice. He comes over a lot and also calls often . . .

Kapitel 5

Ein freier Tag *(A free day)*

Claudia tells Stephanie what she has planned for tomorrow.

STEPHANIE: What are you doing tomorrow, Claudia?

CLAUDIA: First I'm going to sleep until eleven or eleven thirty and then I'll call Martin.

STEPHANIE: And he'll pick you up and drag you to the *Deutsche Museum* again.

CLAUDIA: That's what you think! We've been there often enough now. Today we're doing what I want for a change.

STEPHANIE: And what's that?

CLAUDIA: First we'll go eat veal sausages at the Donisl at St. Mary's Square . . .

STEPHANIE: Mmm, they're really delicious there.

CLAUDIA: Then we'll go to the *Alte Pinakothek* and look at paintings by Rembrandt.

STEPHANIE: Poor Martin!

CLAUDIA: And then we'll take the bus to the English Garden.

STEPHANIE: Are you going to go swimming there?

CLAUDIA: No, we're going for a walk. The *Eisbach* is still way too cold.

STEPHANIE: And where are you going to have dinner?

CLAUDIA: Tomorrow we're going to spend a lot of money for a change and go to Mövenpick.

Ferienpläne *(Vacation plans)*

Mrs. Ziegler doesn't want to do what her children want to do, but Mr. Ziegler finds a good solution.

NINA: Summer vacation begins in mid-July, Dad. Are we going to Grundl Lake again? The campground there was really great.

FATHER: But you know that Mom doesn't want to go camping anymore. She didn't even want to go last year anymore.

ROBERT: But we had so much fun there.

MOTHER: Fun? With rain almost every day and everything wet in the tent. And that primitive cooking! You know, Robert, that's no vacation for me.

NINA: But Robert and I had such good friends. They're sure to be there again this year.

MOTHER: I know, I know, but I need a vacation too and would really prefer to stay in a hotel. And please, not in the cheapest one, Klaus.

FATHER: Even if it's at Grundl Lake?

MOTHER: If it's nice, even at Grundl Lake.

FATHER: I know a small but very nice hotel there, less than half a kilometer from the campground. Then the kids will have their friends, I can go to the lake to fish . . .

MOTHER: And I'll finally get a rest too.

Kapitel 6

Ein bisschen Familiengeschichte *(A bit of family history)*

It's the beginning of October, Stephanie arrived in Munich yesterday, and Claudia wants to know why her American roommate has a German name.

CLAUDIA: *(is writing and reads)* ". . . letter to follow soon. Love, Claudia" – There! The postcard is done! – Stephanie, have you written home yet?

STEPHANIE: But Claudia, I haven't even unpacked my suitcases yet!

CLAUDIA: A postcard with "Have arrived safely, letter to follow soon" won't even take five minutes.

STEPHANIE: My parents don't want a postcard, but a long letter. They want to know where and how I live, my roommate's name, and how old she is, where she's from, and what she's like. And I don't even know all of that yet.

CLAUDIA: No problem, Stephanie. You know my name is Claudia, Claudia Maria Berger. I'm from Hamburg and I'm very, very nice. – You know, you're actually much more interesting, Stephanie: an American from Chicago, young, pretty, slim . . .

STEPHANIE: Oh, nonsense!

CLAUDIA: And then that name, "Stephanie Braun"! So typically American! – Tell me, is your father German? Did he emigrate?

STEPHANIE: No, my father was born in America. But my grandfather is from Germany and emigrated to America in 1930. As you know, there were many millions of people out of work in Germany at that time. My grandfather was also out of work, and that's why he came to America.

Kapitel 7

Das Geburtstagsgeschenk (*The birthday present*)

NICOLE: Hey, Maria, what should I give my little brother for his birthday?

MARIA: Give him a watch. Or a CD. What does he like to listen to? Or buy him a computer game. Yes! Nowadays you buy computer games for thirteen-year-olds!

NICOLE: David already has all of that, and besides, a good computer game is much too expensive for me.

MARIA: Then let's go to the KaDeWe! When we see everything they've got, I'm sure we'll think of something.

NICOLE: Good idea, Maria!

Beim KaDeWe (*At the KaDeWe*)

At the KaDeWe the winter sale has just begun and all prices have been drastically reduced. So the two friends quickly go to the women's department before they look for a gift for David. Maria buys a chic warm winter jacket there, and Nicole spends almost all of her money on an elegant black sweater. Then she looks into her wallet a bit shamefacedly and says: "How am I supposed to buy my brother a birthday present with these few marks?" But Maria has a good idea: "Buy him a funny birthday card, and enclosed with the card send him an IOU with the words: 'Dear David, I owe you a birthday present. You'll get it as soon as I have money again.'"

Kapitel 8

Die möblierte Wohnung (*The furnished apartment*)

Mrs. Wild is flying to her son's place in Texas for a year. Martin and Peter have rented her apartment and have just moved in. Claudia has come for a visit to see what her two friends' apartment is like.

MARTIN: Well, Claudia, how do you like the apartment? Completely furnished for only 800 marks a month!

CLAUDIA: Not bad, only – the furniture is all in the wrong place.

MARTIN: Sorry, but we promised not to rearrange it.

CLAUDIA: Hasn't Mrs. Wild's flight left already?

PETER: Yes, I think it left yesterday afternoon at two thirty.

CLAUDIA: Well, then we can get started. You just mustn't forget where everything was.

PETER: No problem, I never forget anything.

CLAUDIA: Then take the floor lamp, Peter, and put it behind the armchair. And Martin, you take the rug here, and put it in front of the couch! And that ugly old clock there on the desk, take it into the kitchen, Peter, and put it on the fridge. There, that looks a lot better already.

MARTIN: Come on, let's go out onto our balcony now, Claudia.

CLAUDIA: (*on the balcony*) Hey, those are gorgeous geraniums next door.

PETER: They belong to the Pleikes. Mrs. Wild says they're really nice neighbors.

MARTIN: Hey, Peter, who is that woman down there? She almost looks like Mrs. Wild.

PETER: That can't be! That *is* Mrs. Wild and she's coming up here! Quick, put the clock back on the desk and the floor lamp in the corner! And I'll put the rug back . . .

Kapitel 9

Im Gasthaus *(At the Restaurant)*

Beverly Harper's niece Shauna is an exchange student and is staying with the Zieglers. Shauna and Nina are standing in front of a restaurant and studying the menu that's hanging outside in a small display case.

SHAUNA: I feel like having something typically German. Here, marinated roast beef with red cabbage and potato dumplings. That's what I'm going to order.

NINA: Good, then let's go inside.

SHAUNA: Hey, it's completely full. There isn't a single empty table anymore.

NINA: There are still two empty seats by that couple with the little boy and the dog.

SHAUNA: Do you know those people?

NINA: No, but that doesn't matter. Come on, or someone else will sit there. – Excuse me, are these two places still free?

MAN: Yes, please sit here with us. Our dog won't hurt you.

WOMAN: Here's the menu too. Then you can look for something good until the waiter comes.

Im Supermarkt *(At the supermarket)*

After the meal Nina and Shauna have to buy a few groceries.

NINA: Get the shopping cart that's standing over there. *(Reads her shopping list)* Milk, potatoes, head lettuce, tomatoes.

SHAUNA: Why did you bring this shopping bag along, Nina?

NINA: Because I don't want to pay for a plastic bag.

SHAUNA: What?! You have to pay for plastic bags?

NINA: Of course. The plastic bags you get in the supermarket cost 10 cents apiece. – Here are the potatoes, the lettuce, and the tomatoes. There, now we just need two bottles of 1.5% milk.

SHAUNA: Milk in bottles? Why is that?

NINA: Because you can return them for reuse.

SHAUNA: *(at the checkout)* Why are you packing everything yourself? At home (in America) the cashier does that.

NINA: Different strokes for different folks.

SUPPLEMENTARY WORD SETS

Studienfächer

American studies	**Amerikanistik**
art history	**Kunstgeschichte**
biology	**Biologie**
biochemistry	**Biochemie**
business	**Betriebswirtschaft**
chemistry	**Chemie**
chemical engineering	**Chemotechnik**
communications	**Kommunikationswissenschaft**
computer science	**Informatik**
economics	**Volkswirtschaft**
education	**Pädagogik/**
	Erziehungswissenschaften
electrical engineering	**Elektrotechnik**
English language and literature	**Anglistik**
finance	**Finanzwirtschaft**
genetics	**Genetik**
geography	**Geographie**
geology	**Geologie**
history	**Geschichtswissenschaft**
humanities	**Geisteswissenschaften**
journalism	**Publizistik**
law	**Jura**
linguistics	**Linguistik**
mathematics	**Mathematik**
mechanical engineering	**Maschinenbau**
media studies	**Medienkunde**
medicine	**Medizin**
nursing	**Krankenpflege**
philosophy	**Philosophie**
physical education	**Sport**
physics	**Physik**
political science	**Politikwissenschaft**
psychology	**Psychologie**
religious studies	**Religionswissenschaft**
Romance languages and literatures	**Romanistik**
sociology	**Soziologie**

Berufe

accountant	**Wirtschaftsprüfer/**
	Wirtschaftsprüferin
architect	**Architekt/Architektin**
artist	**Künstler/Künstlerin**
bookkeeper	**Buchhalter/Buchhalterin**
bus driver	**Busfahrer/Busfahrerin**
business man/ business woman	**Kaufmann/Kauffrau**
chemist	**Chemiker/Chemikerin**
computer programmer	**Programmierer/ Programmiererin**
dentist	**Zahnarzt/Zahnärztin**
doctor	**Arzt/Ärztin**
electrician	**Elektriker/Elektrikerin**
engineer	**Ingenieur/Ingenieurin**
factory worker	**Fabrikarbeiter/ Fabrikarbeiterin**
teacher	**Lehrer/Lehrerin**
housewife/house husband	**Hausfrau/Hausmann**
journalist	**Journalist/Journalistin**
lawyer	**Rechtsanwalt/ Rechtsanwältin**
mechanic	**Mechaniker/Mechanikerin**
musician	**Musiker/Musikerin**
nurse	**Krankenpfleger/ Krankenschwester**
pharmacist	**Apotheker/Apothekerin**
plumber	**Klempner/Klempnerin; Flaschner/Flaschnerin**
police officer	**Polizist/Polizistin**
politician	**Politiker/Politikerin**
professor	**Professor/Professorin**
salesperson	**Verkäufer/Verkäuferin**
scientist	**Wissenschaftler/ Wissenschaftlerin**
secretary	**Sekretär/Sekretärin**
social worker	**Sozialarbeiter/ Sozialarbeiterin**
stock broker	**Börsenmakler/ Börsenmaklerin**
veterinarian	**Tierarzt/Tierärztin**

Musikinstrumente

I play . . .	**Ich spiele ...**
the accordion	**Akkordeon**
bass	**Bass**
the cello	**Cello**
drums, percussion	**Schlagzeug**
the flute	**Flöte**
the guitar	**Gitarre**
keyboard	**Keyboard**
the organ	**Orgel**
the piano	**Klavier**

the recorder	**Blockflöte**
the saxophone	**Saxophon**
the trombone	**Posaune**
the trumpet	**Trompete**
the viola	**Bratsche**
the violin	**Geige, Violine**

Hobbys

to cook	**kochen**
(I like to cook.)	**(Ich koche gern.)**
to ski	**Ski laufen**
(I like to ski.)	**(Ich laufe gern Ski.)**
to go dancing	**tanzen gehen**
(I like to go dancing.)	**(Ich gehe gern tanzen.)**
to play cards	**Karten spielen**
(I like to play cards.)	**(Ich spiele gern Karten.)**
to bake	**backen**
to read	**lesen**
to sing	**singen**
to travel	**reisen**
to collect stamps	**Briefmarken sammeln**
to take photos	**fotografieren**
to go swimming	**schwimmen gehen**
to go hiking	**wandern gehen**
to go windsurfing	**windsurfen gehen**
to go to concerts	**ins Konzert gehen**
to go to movies	**ins Kino gehen**
to go to the theater	**ins Theater gehen**
to play chess	**Schach spielen**
to play soccer	**Fußball spielen**
to play hockey	**Eishockey spielen**
to play tennis	**Tennis spielen**
to play table tennis	**Tischtennis spielen**

Essen und Trinken

I drink . . .	**Ich trinke ...**
a glass of apple juice	**ein Glas Apfelsaft**
a glass of tomato juice	**ein Glas Tomatensaft**
a cup of coffee	**eine Tasse Kaffee**
a cup of tea	**eine Tasse Tee**
a can of cola	**eine Dose Cola**
a can of soda pop	**eine Dose Limonade**
a bottle of beer	**eine Flasche Bier**

I eat . . .	**Ich esse ...**
muesli	**Müsli**
cornflakes	**Cornflakes**
toast	**Toast**
with butter	**mit Butter**
with jam	**mit Marmelade**
with honey	**mit Honig**
with peanut butter	**mit Erdnussbutter**

a hamburger	**einen Hamburger**
a hotdog	**ein Hotdog**
a cheese sandwich	**ein Käsebrot**
a liverwurst sandwich	**ein Leberwurstbrot**
a ham sandwich	**ein Schinkenbrot**

a cutlet	**ein Schnitzel**
a steak	**ein Steak**
rice	**Reis**
noodles	**Nudeln**
fried potatoes	**Bratkartoffeln**
French fries	**Pommes frites**
a pizza	**eine Pizza**
potato salad	**Kartoffelsalat**
coleslaw	**Krautsalat**
vegetables	**Gemüse**
carrots	**Karotten**
peas	**Erbsen**
beans	**Bohnen**
corn	**Mais**

a piece of apple pie	**ein Stück Apfelkuchen**
a piece of cheese cake	**ein Stück Käsekuchen**
a piece of (layer) cake	**ein Stück Torte**
with whipped cream	**mit Schlagsahne**
a cup of yogurt with fruit	**einen Becher Fruchtjoghurt**
a dish of ice cream	**einen Becher Eis**
fruit	**Obst**
an apple	**einen Apfel**
a banana	**eine Banane**
an orange	**eine Apfelsine**
a peach	**einen Pfirsich**
a pear	**eine Birne**
a plum	**eine Pflaume**
strawberries	**Erdbeeren**
raspberries	**Himbeeren**

Länder

The names of most countries are neuter and are not preceded by an article. However, when the name of a country is masculine, feminine, or plural, the article must be used.

Argentinien
Australien
Belgien
Brasilien
die Bundesrepublik Deutschland
    (die BRD)
Chile
China
Dänemark
Deutschland
England
Estland
Finnland
Frankreich
Griechenland
Indien
der Iran
Irland
Israel
Italien
Japan
Kanada
Kroatien
Kolumbien
Korea

Kuba
Lettland
Litauen
Mexiko
Neuseeland
die Niederlande *(pl)*
Norwegen
Österreich
Pakistan
Peru
Polen
Portugal
Rumänien
Russland
Schottland
Schweden
die Schweiz
Serbien
die Slowakei
Spanien
Tschechien
die Türkei
die Ukraine
Ungarn
die Vereinigten Staaten, die USA *(pl)*

Sprachen

Sie/Er spricht

Arabisch
Chinesisch
Dänisch
Deutsch
Englisch
Estnisch
Finnisch
Französisch
Griechisch
Hebräisch
Hindi
Holländisch
Italienisch
Japanisch
Koreanisch
Kroatisch

Lettisch
Litauisch
Norwegisch
Polnisch
Portugiesisch
Rumänisch
Russisch
Schwedisch
Serbisch
Slovakisch
Spanisch
Tschechisch
Türkisch
Ukrainisch
Ungarisch
Urdu

GRAMMATICAL TABLES

 **Der-words**

The **der**-words are **der, das, die** *(the)*, **dieser** *(this)*, **jeder** *(each, every)*, **welcher** *(which)*.

	MASCULINE	NEUTER	FEMININE	PLURAL
NOMINATIVE	der	das	die	die
	dieser	dieses	diese	diese
ACCUSATIVE	den	das	die	die
	diesen	dieses	diese	diese
DATIVE	dem	dem	der	den
	diesem	diesem	dieser	diesen
GENITIVE	des	des	der	der
	dieses	dieses	dieser	dieser

 **Ein-words**

The **ein**-words are **ein** *(a, an)*, **kein** *(not a, not any, no)*, and the possessive adjectives **mein** *(my)*, **dein** *(your)*, **sein** *(his)*, **sein** *(its)*, **ihr** *(her)*, **unser** *(our)*, **euer** *(your)*, **ihr** *(their)*, **Ihr** *(your)*.

	MASCULINE	NEUTER	FEMININE	PLURAL
NOMINATIVE	ein	ein	eine	—
	mein	mein	meine	meine
ACCUSATIVE	einen	ein	eine	—
	meinen	mein	meine	meine
DATIVE	einem	einem	einer	—
	meinem	meinem	meiner	meinen
GENITIVE	eines	eines	einer	—
	meines	meines	meiner	meiner

3 Pronouns

a. Personal pronouns

NOM.	SUBJ.	ACC.	DIR. OBJ.	DAT.	IND. OBJ.
ich	*I*	mich	*me*	mir	*me*
du	*you*	dich	*you*	dir	*you*
er	*he, it*	ihn	*him, it*	ihm	*him, it*
es	*it*	es	*it*	ihm	*it*
sie	*she, it*	sie	*her, it*	ihr	*her, it*
wir	*we*	uns	*us*	uns	*us*
ihr	*you*	euch	*you*	euch	*you*
sie	*they*	sie	*them*	ihnen	*them*
Sie	*you*	Sie	*you*	Ihnen	*you*

b. Reflexive pronouns

	ACC.	DAT.	DIR. OBJ./IND. OBJ.
ich	mich	mir	*myself*
du	dich	dir	*yourself*
er	sich	sich	*himself, itself*
es	sich	sich	*itself*
sie	sich	sich	*herself, itself*
wir	uns	uns	*ourselves*
ihr	euch	euch	*yourselves*
sie	sich	sich	*themselves*
Sie	sich	sich	*yourself*
			yourselves

c. Interrogative pronouns

	FOR PERSONS	FOR THINGS
NOMINATIVE	wer	was
ACCUSATIVE	wen	was
DATIVE	wem	—
GENITIVE	wessen	—

d. Relative pronouns

	MASCULINE	NEUTER	FEMININE	PLURAL
NOMINATIVE	der	das	die	die
ACCUSATIVE	den	das	die	die
DATIVE	dem	dem	der	den**en**
GENITIVE	des**sen**	des**sen**	der**en**	der**en**

4 Adjective endings

a. After *der*-words

	MASCULINE	NEUTER	FEMININE	PLURAL
NOM.	der junge Mann	das liebe Kind	die junge Frau	die lieben Kinder
ACC.	den jungen Mann	das liebe Kind	die junge Frau	die lieben Kinder
DAT.	dem jungen Mann	dem lieben Kind	der jungen Frau	den lieben Kindern
GEN.	des jungen Mannes	des lieben Kindes	der jungen Frau	der lieben Kinder

b. After *ein*-words

	MASCULINE	NEUTER	FEMININE	PLURAL
NOM.	ein junger Mann	ein liebes Kind	eine junge Frau	keine lieben Kinder
ACC.	einen jungen Mann	ein liebes Kind	eine junge Frau	keine lieben Kinder
DAT.	einem jungen Mann	einem lieben Kind	einer jungen Frau	keinen lieben Kindern
GEN.	eines jungen Mannes	eines lieben Kindes	einer jungen Frau	keiner lieben Kinder

c. For unpreceded adjectives

	MASCULINE	NEUTER	FEMININE	PLURAL
NOM.	guter Käse	gutes Brot	gute Wurst	gute Äpfel
ACC.	guten Käse	gutes Brot	gute Wurst	gute Äpfel
DAT.	gutem Käse	gutem Brot	guter Wurst	guten Äpfeln

5 *N*-nouns

All **n**-nouns are masculine. They are listed in dictionaries as follows:
der Student, -en, -en.

	SINGULAR	PLURAL
NOMINATIVE	der Student	die Studenten
ACCUSATIVE	den Studenten	die Studenten
DATIVE	dem Studenten	den Studenten
GENITIVE	des Studenten	der Studenten

Prepositions

WITH ACC.	WITH DAT.	WITH ACC. OR DAT.	WITH GEN.
durch	aus	an	statt
für	außer	auf	trotz
gegen	bei	hinter	während
ohne	mit	in	wegen
um	nach	neben	
	seit	über	
	von	unter	
	zu	vor	
		zwischen	

 # Adjectives and adverbs with irregular comparatives and superlatives

BASE FORM	COMPARATIVE	SUPERLATIVE
gern	lieber	liebst-
gut	besser	best-
groß	größer	größt-
hoch	höher	höchst-
nah	näher	nächst-
viel	mehr	meist-

 # A summary of negation

Position of *nicht*

Nicht precedes words or expressions that are specifically negated.

Peter kommt **nicht aus Hamburg.**

Es ist **nicht kalt.**

Es ist **nicht sehr** windig.

Ich gehe **nicht in die Disco.**

Ich gehe **nicht oft** in die Disco.

Ich gehe **nicht mit Bernd** in die Disco.

Claudia kommt **nicht heute Abend,** sondern morgen Abend.

Ich finde den Pullover **nicht schön.**

Ich möchte **nicht das blaue Sweatshirt,** sondern das rote.

If no word or expression is specifically negated, **nicht** stands at the end of the sentence.

Claudia kommt heute Abend **nicht.**

Martin kommt auch **nicht.**

Heute scheint die Sonne **nicht.**

Ich kaufe den Pullover **nicht.**

Ich kaufe auch das blaue Sweatshirt **nicht.**

Kein is used to negate

- a noun preceded by **ein**

- a noun without an article

Das ist **kein** Restaurant, sondern eine Kneipe.

Ich möchte heute mal **keinen** Kaffee.

Das sind **keine** Weingläser, das sind Kognakgläser.

Position of *nicht* in sentences with modal verbs

If no word or expression is specifically negated, **nicht** becomes the second-to-last element. It stands directly before the infinitive since the infinitive must stand at the end of the sentence.

Warum kommt ihr **nicht?**

Warum könnt ihr **nicht kommen?**

But

Ich will **nicht jeden Samstag** arbeiten.

Position of *nicht* in sentences with separable-prefix verbs or combinations that function like separable-prefix verbs

If no word or expression is specifically negated, **nicht** becomes the second-to-last element. It stands directly before the separable prefix. If a modal is present, **nicht** stands directly before the infinitive.

Ich gehe heute Abend **nicht aus.**

Ich möchte heute Abend **nicht ausgehen.**

Ich spiele heute Abend **nicht Tennis.**

Ich möchte heute Abend **nicht spazieren gehen.**

But

Ich gehe **nicht jeden Samstag** aus.

Ich spiele **nicht gern** Tennis.

Position of *nicht* in sentences in the perfect tense

If no word or expression is specifically negated, **nicht** stands directly before the past participle.

Alex hat seine Hausaufgaben **nicht gemacht.**

Er hat auch seine Freundin Nina **nicht angerufen.**

But

Alex hat heute **nicht viel** getan.

Position of *nicht* in sentences in the future tense

If no word or expression is specifically negated, **nicht** stands directly before the infinitive.

Ich werde dich heute Abend **nicht besuchen.**

But

Heute werde ich mal **nicht so spät** ins Bett gehen.

Position of *nicht* in sentences in the passive voice

If no word or expression is specifically negated, **nicht** stands directly before the past participle.

Ich werde heute Abend **nicht abgeholt.**

But

Du wirst heute **nicht von Martin** abgeholt, sondern von Peter.

 **Verbs**

a. Indicative mood

Present tense

	lernen[1]	**arbeiten**[2]	**reisen**[3]	**geben**[4]	**backen**[5]	**laufen**[6]
ich	lerne	arbeite	reise	gebe	backe	laufe
du	lernst	arbeit**est**	reist	gibst	bäckst	läufst
er/es/sie	lernt	arbeit**et**	reist	gibt	bäckt	läuft
wir	lernen	arbeiten	reisen	geben	backen	laufen
ihr	lernt	arbeit**et**	reist	gebt	backt	lauft
sie	lernen	arbeiten	reisen	geben	backen	laufen
Sie	lernen	arbeiten	reisen	geben	backen	laufen

[1]Regular verbs
[2]Verbs with expanded endings
[3]Verbs with contracted endings
[4]Irregular verbs with stem vowel change **e** to **i** (**ie**)
[5]Irregular verbs with stem vowel change **a** to **ä**
[6]Irregular verbs with stem vowel change **au** to **äu**

Present tense of the auxiliaries *haben, sein, werden*

	haben	sein	werden
ich	habe	bin	werde
du	hast	bist	wirst
er/es/sie	hat	ist	wird
wir	haben	sind	werden
ihr	habt	seid	werdet
sie	haben	sind	werden
Sie	haben	sind	werden

Present tense of the modal verbs

	dürfen	können	mögen	(möcht-)	müssen	sollen	wollen
ich	darf	kann	mag	(möchte)	muss	soll	will
du	darfst	kannst	magst	(möchtest)	musst	sollst	willst
er/es/sie	darf	kann	mag	(möchte)	muss	soll	will
wir	dürfen	können	mögen	(möchten)	müssen	sollen	wollen
ihr	dürft	könnt	mögt	(möchtet)	müsst	sollt	wollt
sie	dürfen	können	mögen	(möchten)	müssen	sollen	wollen
Sie	dürfen	können	mögen	(möchten)	müssen	sollen	wollen

Simple past tense

	REGULAR VERBS		IRREGULAR VERBS
ich	lernte	arbeitete	ging
du	lerntest	arbeitetest	gingst
er/es/sie	lernte	arbeitete	ging
wir	lernten	arbeiteten	gingen
ihr	lerntet	arbeitetet	gingt
sie	lernten	arbeiteten	gingen
Sie	lernten	arbeiteten	gingen

Perfect tense

	REGULAR VERBS				IRREGULAR VERBS			
ich	habe	gelernt	bin	gereist	habe	gesungen	bin	gegangen
du	hast	gelernt	bist	gereist	hast	gesungen	bist	gegangen
er/es/sie	hat	gelernt	ist	gereist	hat	gesungen	ist	gegangen
wir	haben	gelernt	sind	gereist	haben	gesungen	sind	gegangen
ihr	habt	gelernt	seid	gereist	habt	gesungen	seid	gegangen
sie	haben	gelernt	sind	gereist	haben	gesungen	sind	gegangen
Sie	haben	gelernt	sind	gereist	haben	gesungen	sind	gegangen

Past perfect tense

	REGULAR VERBS				IRREGULAR VERBS			
ich	hatte	gelernt	war	gereist	hatte	gesungen	war	gegangen
du	hattest	gelernt	warst	gereist	hattest	gesungen	warst	gegangen
er/es/sie	hatte	gelernt	war	gereist	hatte	gesungen	war	gegangen
wir	hatten	gelernt	waren	gereist	hatten	gesungen	waren	gegangen
ihr	hattet	gelernt	wart	gereist	hattet	gesungen	wart	gegangen
sie	hatten	gelernt	waren	gereist	hatten	gesungen	waren	gegangen
Sie	hatten	gelernt	waren	gereist	hatten	gesungen	waren	gegangen

Future tense

ich	werde	lernen
du	wirst	lernen
er/es/sie	wird	lernen
wir	werden	lernen
ihr	werdet	lernen
sie	werden	lernen
Sie	werden	lernen

b. Imperative mood

FAMILIAR SINGULAR	Lern(e)!	Gib!	Sei!
FAMILIAR PLURAL	Lernt!	Gebt!	Seid!
FORMAL	Lernen Sie!	Geben Sie!	Seien Sie!

c. Subjunctive mood

Present-time subjunctive

	haben	sein	können	wissen
ich	hätte	wäre	könnte	wüsste
du	hättest	wär(e)st	könntest	wüsstest
er/es/sie	hätte	wäre	könnte	wüsste
wir	hätten	wären	könnten	wüssten
ihr	hättet	wär(e)t	könntet	wüsstet
sie	hätten	wären	könnten	wüssten
Sie	hätten	wären	könnten	wüssten

For verbs other than **haben, sein, werden, wissen** and the modals, use **würde** + infinitive.

ich	würde	lernen
du	würdest	lernen
er/es/sie	würde	lernen
wir	würden	lernen
ihr	würdet	lernen
sie	würden	lernen
Sie	würden	lernen

Past-time subjunctive

ich	hätte	gelernt	wäre	gegangen
du	hättest	gelernt	wär(e)st	gegangen
er/es/sie	hätte	gelernt	wäre	gegangen
wir	hätten	gelernt	wären	gegangen
ihr	hättet	gelernt	wär(e)t	gegangen
sie	hätten	gelernt	wären	gegangen
Sie	hätten	gelernt	wären	gegangen

Passive voice

	PRESENT TENSE		SIMPLE PAST TENSE	
ich	werde	abgeholt	wurde	abgeholt
du	wirst	abgeholt	wurdest	abgeholt
er/es/sie	wird	abgeholt	wurde	abgeholt
wir	werden	abgeholt	wurden	abgeholt
ihr	werdet	abgeholt	wurdet	abgeholt
sie	werden	abgeholt	wurden	abgeholt
Sie	werden	abgeholt	wurden	abgeholt

PRINCIPAL PARTS OF IRREGULAR AND MIXED VERBS

The following list contains the principal parts of the irregular and mixed verbs in *Treffpunkt Deutsch*. With a few exceptions, compound verbs are not listed.

INFINITIVE	IRR. PRESENT	SIMPLE PAST	PERFECT TENSE	
anfangen	(fängt an)	fing an	hat angefangen	*to begin*
backen	(bäckt)	backte	hat gebacken	*to bake*
beißen		biss	hat gebissen	*to bite*
beginnen		begann	hat begonnen	*to begin*
bekommen		bekam	hat bekommen	*to get; to receive*
beweisen		bewies	hat bewiesen	*to prove*
bieten		bot	hat geboten	*to offer*
bitten		bat	hat gebeten	*to ask*
bleiben		blieb	ist geblieben	*to stay; to remain*
bringen		brachte	hat gebracht	*to bring*
denken		dachte	hat gedacht	*to think*
einladen	(lädt ein)	lud ein	hat eingeladen	*to invite*
empfangen	(empfängt)	empfing	hat empfangen	*to welcome; to greet*
empfehlen	(empfiehlt)	empfahl	hat empfohlen	*to recommend*
entscheiden		entschied	hat entschieden	*to decide*
essen	(isst)	aß	hat gegessen	*to eat*
fahren	(fährt)	fuhr	ist gefahren	*to drive*
fallen	(fällt)	fiel	ist gefallen	*to fall*
fangen	(fängt)	fing	hat gefangen	*to catch*
finden		fand	hat gefunden	*to find*
fliegen		flog	ist geflogen	*to fly*
fliehen		floh	ist geflohen	*to flee*
fließen		floss	ist geflossen	*to flow*
fressen	(frisst)	fraß	hat gefressen	*to eat (of animals)*
frieren		fror	hat gefroren	*to be cold*
geben	(gibt)	gab	hat gegeben	*to give*
gehen		ging	ist gegangen	*to go*
gelten	(gilt)	galt	hat gegolten	*to be regarded*
geschehen	(geschieht)	geschah	ist geschehen	*to happen*
gewinnen		gewann	hat gewonnen	*to win*
gießen		goss	hat gegossen	*to water*
haben	(hat)	hatte	hat gehabt	*to have*
halten	(hält)	hielt	hat gehalten	*to hold; to stop*
hängen		hing	hat gehangen	*to be hanging*
heißen		hieß	hat geheißen	*to be called*
helfen	(hilft)	half	hat geholfen	*to help*
kennen		kannte	hat gekannt	*to know (be acquainted with)*
kommen		kam	ist gekommen	*to come*
laden	(lädt)	lud	hat geladen	*to load*
lassen	(lässt)	ließ	hat gelassen	*to let; to leave*
laufen	(läuft)	lief	ist gelaufen	*to run*
leihen		lieh	hat geliehen	*to lend*

continued

lesen	(liest)	las	hat gelesen	to read
liegen		lag	hat gelegen	to lie; to be situated
lügen		log	hat gelogen	to tell a lie
nehmen	(nimmt)	nahm	hat genommen	to take
nennen		nannte	hat genannt	to call; to name
reiten		ritt	ist geritten	to ride
rennen		rannte	ist gerannt	to run
riechen		roch	hat gerochen	to smell
rufen		rief	hat gerufen	to call
saufen	(säuft)	soff	hat gesoffen	to drink heavily
scheinen		schien	hat geschienen	to shine; to seem
schieben		schob	hat geschoben	to push
schlafen	(schläft)	schlief	hat geschlafen	to sleep
schließen		schloss	hat geschlossen	to close
schneiden		schnitt	hat geschnitten	to cut
schreiben		schrieb	hat geschrieben	to write
schreien		schrie	hat geschrieen	to shout
schwimmen		schwamm	ist geschwommen	to swim
sehen	(sieht)	sah	hat gesehen	to see
sein	(ist)	war	ist gewesen	to be
singen		sang	hat gesungen	to sing
sinken		sank	ist gesunken	to sink
sitzen		saß	hat gesessen	to sit
spinnen		spann	hat gesponnen	to spin; to be crazy
sprechen	(spricht)	sprach	hat gesprochen	to speak
springen		sprang	ist gesprungen	to jump
stehen		stand	hat gestanden	to stand
stehlen	(stiehlt)	stahl	hat gestohlen	to steal
steigen		stieg	ist gestiegen	to climb
sterben	(stirbt)	starb	ist gestorben	to die
stinken		stank	hat gestunken	to stink
streichen		strich	hat gestrichen	to paint
tragen	(trägt)	trug	hat getragen	to carry; to wear
treffen	(trifft)	traf	hat getroffen	to meet
trinken		trank	hat getrunken	to drink
tun		tat	hat getan	to do
verbieten		verbot	hat verboten	to forbid
verbinden		verband	hat verbunden	to link
vergessen	(vergisst)	vergaß	hat vergessen	to forget
vergleichen		verglich	hat verglichen	to compare
verlieren		verlor	hat verloren	to lose
vermeiden		vermied	hat vermieden	to avoid
vorschlagen	(schlägt vor)	schlug vor	hat vorgeschlagen	to suggest
waschen	(wäscht)	wusch	hat gewaschen	to wash
werden	(wird)	wurde	ist geworden	to become
werfen	(wirft)	warf	hat geworfen	to throw
wissen	(weiß)	wusste	hat gewusst	to know (a fact)
ziehen		zog	hat gezogen	to pull

Modal verbs

dürfen	(darf)	durfte	hat gedurft	to be allowed to
können	(kann)	konnte	hat gekonnt	to be able to
mögen	(mag)	mochte	hat gemocht	to like
müssen	(muss)	musste	hat gemusst	to have to
sollen	(soll)	sollte	hat gesollt	to be supposed to
wollen	(will)	wollte	hat gewollt	to want to

GERMAN-ENGLISH VOCABULARY

This German-English vocabulary includes all the words and expressions used in *Treffpunkt Deutsch* except numbers and names of countries. The latter are listed in the Supplementary Word Sets. Each item is followed by the number of the chapter (and E for *Erste Kontakte*) in which it first occurs. Chapter numbers followed by -1 or -2 (e.g., 1–1 or 1–2) refer to items listed in the first or second vocabulary list in each chapter (*Wortschatz 1* or *Wortschatz 2*).

Nouns are listed with their plural forms: **die Studentin, -nen.** If no plural entry is given, the plural is rarely used or is nonexistent. When two entries follow a noun, the first one indicates the genitive and the second the plural: **der Student, -en, -en.**

Irregular, mixed, and modal verbs are listed with their principal parts. Vowel changes in the present tense are noted in parentheses and auxiliaries for the perfect tense are given: **lesen (liest), las, hat gelesen.** Separable prefixes are indicated by a raised dot between the prefix and the verb stem: **an·fangen.**

The following abbreviations are used:

acc	accusative	*gen*	genitive	
adj	adjective	*pl*	plural	
adv	adverb	*prep*	preposition	
conj	conjunction	*sing*	singular	
dat	dative			

A

der **Abend, -e** evening
  Guten Abend! 'n Abend! Good evening! (E-1)
  heute Abend this evening (1)
  zu Abend essen to have supper (4-1)
abends in the evening (2)
das **Abendessen** supper, evening meal (4-1)
  zum Abendessen for supper, for dinner (4-1)
aber but (1-2)
ab·fahren (fährt ab), fuhr ab, ist abgefahren to leave, to depart (4-2)
der/die **Abgeordnete, -n** delegate, representative (11)
ab·haken to check off (7)
ab·holen to pick up (5-1)
das **Abitur** high school diploma (E)
die **Abkürzung, -en** abbreviation (E)
ab·lehnen to refuse (7)
ab·reißen, riss ab, hat abgerissen to tear off (11)
der **Abschied** farewell (11)
der **Absatz, ̈e** paragraph (12)
die **Abteilung, -en** department (7-1)
der **Abteilungsleiter, -/die Abteilungsleiterin, -nen** department manager (12)

die **Abwanderung** moving away; migration (11)
der **Abwasch** dirty dishes (7)
  den Abwasch machen to do the dishes (7-1)
die **Adresse, -n** address (E)
der **Adventskalender, -** Advent calendar (7)
der **Affe, -n, -n** ape, monkey (2)
afrikanisch *(adj)* African (8)
der **Agent, -en, -en/die Agentin, -nen** agent (5)
ähnlich similar (12-2)
Ahnung: Sie hat keine Ahnung. She has no idea. She doesn't have a clue. (12-1)
Aids AIDS (9)
aktivieren to activate (12)
albern silly (12-1)
der **Alkohol** alcohol (4-2)
allein alone (7-2)
alleinstehend: eine alleinstehende Mutter a single mother (12-2)
alles everything; all (3-2)
  Es ist alles für die Katz. It's all for nothing. (10)
vor allem above all (4-1)
die **Alliierten** the Allies (11-1)
das **Alltagsleben** everday life (4)

die **Alltagsszene, -n** everday scene (4)
die **Alpen** Alps (1)
als than (2); as (3); when *(conj)* (9, 10-1); but (10)
  als Kind as a child (5-2)
  besser als better than (2-2)
  nichts als Ärger nothing but trouble (10)
also well then (2)
alt old (1, 3-2)
die **Alte Pinakothek** *art gallery in Munich* (5)
das **Altenheim, -e** old people's home (10-2)
das **Alter** age (5); old age (12)
die **Altersgruppe, -n** age group (12)
altmodisch old-fashioned (5-2)
(das) **Amerika** America (6)
der **Amerikaner, -/die Amerikanerin, -nen** American *(person)* (1-1)
amerikanisch *(adj)* American (2-1)
an at; to *(the side of)*; on *(a vertical surface)* (2)
an·bieten, bot an, hat angeboten to offer (11)
ander different, other (1)
ändern to change (4)
anders different, differently (2, 4-2)
  jemand anders somebody else (9-1)

an·fahren (fährt an), fuhr an, hat angefahren to hit (with a vehicle) 11

der Anfang, ⁻e beginning (5)

Anfang Juli the beginning of July (5-1)

an·fangen (fängt an), fing an, hat angefangen to begin (4-1)

an·funkeln to light into (11)

an·geben (gibt an), gab an, hat angegeben to brag (4)

das Angebot, -e offer (10)

angeln to fish (5-1)

der Angler, -/die Anglerin, -nen fisher (5-1)

die Angst, ⁻e fear (10-1)

Angst kriegen to get scared (10-1)

Angst haben um to be afraid for (9-2)

Angst haben vor (+ dat) to be afraid of (10-2)

Keine Angst! Don't worry! (6)

an·halten (hält an), hielt an, hat angehalten to stop (10-1)

anhand by means of, using (10)

an·hören to listen to (4-2)

an·kommen, kam an, ist angekommen to arrive (4-2)

die Ankunft, ⁻e arrival (9)

an·probieren to try on (4-2)

der Anrufbeantworter, - answering machine (9)

an·rufen, rief an, hat angerufen to call (on the telephone) (4-1)

an·schauen to look at (5-1)

anstatt instead of (8-2)

der Anteil, -e share (4)

die Antwort, -en answer (1-2)

antworten to answer (1-2)

die Anzeige, -n newspaper ad (7-2)

an·ziehen, zog an, hat angezogen to put on, to wear (7-2)

sich an·ziehen to dress (9-2)

der Anzug, ⁻e (men's) suit (2-2)

der Apfel, ⁻ apple (1)

Der Apfel fällt nicht weit vom Stamm. Like father, like son. (7)

der Apfelkuchen apple pie (4)

die Apotheke, -n pharmacy (9-2)

der Apotheker, -/die Apothekerin, -nen pharmacist (9)

der Apparat, -e apparatus, appliance (9, 10-2)

der Appetit appetite (9)

Guten Appetit! Enjoy your meal! (9-1)

der April April (1-2)

die Arbeit work (2-2)

arbeiten to work (1-2)

arbeiten an (+ dat) to work on (11-2)

der Arbeiter, -/die Arbeiterin, -nen worker (5)

die Arbeiterklasse working class (12-1)

der Arbeitgeber, -/die Arbeitgeberin, -nen employer (9)

die Arbeitserfahrung, -en work experience (6-2)

der Arbeitskollege, -n, -n/die Arbeitskollegin, -nen colleague from work (2)

arbeitslos unemployed (6-1)

der/die Arbeitslose, -n unemployed person (6-1)

die Arbeitslosigkeit unemployment (11)

der Arbeitsplatz place of work (7)

der Architekt, -en, -en/die Architektin, -nen architect (8)

die Architektur architecture (1)

der Ärger annoyance, trouble (10)

ärgern to annoy (10)

sich ärgern über (+ acc) to be annoyed with (11-2)

argumentieren to argue (12-2)

arm poor (5-1)

der Arm, -e arm (1, 6-1)

das Armband, ⁻er bracelet (3, 5-2)

die Armbanduhr, -en wristwatch (7-1)

die Armee, -n army (7, 9-2)

der Ärmel, - sleeve (7)

arrogant arrogant (5-2)

der Artikel, - article (2-1)

der Arzt, ⁻e/die Ärztin, -nen physician (1, 5-2)

asiatisch (adj) Asian, Asiatic (8)

der Assistent, -en, -en/die Assistentin, -nen assistant (5)

der Athlet, -en, -en/die Athletin, -nen athlete (9-2)

die Attraktion, -en attraction (5, 11-2)

auch also (E, 1-1)

Claudia kommt auch nicht. Claudia isn't coming either. (1-2)

der Audi, -s Audi (car) (4)

auf up (4); on, onto (6); to; on (a horizontal surface) (8)

auf sein to be up (4)

auf·essen (isst auf), aß auf, hat aufgegessen to eat up (11)

die Aufgabe, -n task (11, 12-1)

aufgeregt excited (8-2)

auf·hören to end, to stop (4-2)

auf·listen to list (10)

auf·legen to hang up (the receiver) (8)

auf·machen to open (7-2)

auf·passen to pay attention (4-2)

auf·räumen to tidy up (4-1)

sich auf·regen to get excited; to get upset (9-2)

sich auf·regen über (+ acc) to get excited about; to get upset about (11-2)

auf·runden to round up (9)

auf·setzen to put on (one's head) (11)

auf·stehen, stand auf, ist aufgestanden to get up; to stand up (4-1)

der Auftrag, ⁻e orders (6)

auf·wachen to wake up (4-2)

der Aufzug costume, get-up (11)

das Auge, -n eye (2, 6-1)

kein Auge zu tun not to sleep a wink (6)

unter vier Augen in private (9)

der August August (1-2)

aus from, out of (E-1); over (4)

aus·bilden to train, to educate (6)

die Ausbildung, -en job training; education (6-2)

aus·geben (gibt aus), gab aus, hat ausgegeben to spend (money) (5-1)

aus·gehen, ging aus, ist ausgegangen to go out (4-2)

ausgezeichnet excellent (3-2)

aus·halten (hält aus), hielt aus, hat ausgehalten to endure (11)

die Auskunft (telephone) information (12-2)

der Ausländer, -/die Ausländerin, -nen foreigner (2)

ausländisch foreign (10)

das Auslandsamt foreign students' office (E)

die Ausnahme, -n exception (12)

aus·packen to unpack (6-1)

aus·probieren to try out (4-2)

aus·rasten to go off the deep end (11)

die Ausrede, -n excuse (5-2)

die Ausreise (9)

die Erlaubnis zur Ausreise permission to leave the country (9)

die Aussage, -n statement (7)

aus·sehen (sieht aus), sah aus, hat ausgesehen to look like, to appear (4-1); to look (8)

außen outside (9-1)

außer except for (7)

Sie war außer sich. She was beside herself. (10-2)

außerdem besides; in addition (7-1)

die Aussicht, -en view (11-2)

die Aussprache pronunciation (E)

die Ausstellung, -en exhibition (8)

aus·suchen to choose, to pick out (9-1)

sich etwas aus·suchen to pick something out (9)

der Austauschschüler, -/die Austauschschülerin, -nen exchange student (high school) (9-1)

australisch (adj) Australian (8)

die Auswahl choice (10)

der Auswanderer, - emigrant (6-1)

aus·wandern to emigrate (6-1)

aus·ziehen, zog aus, ist ausgezogen to move out (8-1)

sich aus·ziehen to undress (9-2)

der/die Auszubildende, -n apprentice (6)

der Auszug, ⁻e excerpt (6)

das Auto, -s car (1, 2-2)

Auto fahren (fährt Auto), fuhr Auto, ist Auto gefahren to drive (4)

die Autobahn, -en freeway, expressway (4-2)

der Automechaniker, -/die Automechanikerin, -nen (auto) mechanic (1) der **Autor, -en**/die **Autorin, -nen** author (2-2)

der/die **Azubi, -s** (*abbr of*) **Auszubildende** apprentice (6)

B

das **Baby, -s** baby (1)

das **Baby-Öl** baby oil (11)

der **Babysitter, -**/die **Babysitterin, -nen** babysitter (4)

backen (bäckt), backte, hat gebacken to bake (3-2)

der **Bäcker, -** baker (E)

die **Bäckerei, -en** bakery (7-2)

das **Bad, -̈er** bath; bathroom (2, 8-1)

der **Badeanzug, -̈e** bathing suit (4)

die **Bademöglichkeit, -en** swimming facility (5-1)

baden to swim; to bathe (5-1)

(sich) **baden** to bathe, to have a bath (9-2)

das **Badewetter** swimming weather (1)

die **Badewanne, -n** bathtub (8-1)

das **Badezimmer, -** bathroom (3, 8-1)

die **Bahnfahrt, -en** train trip (6)

der **Bahnhof, -̈e** train station (4-2)

bald soon (2-2)

so bald wie möglich as soon as possible (4)

der **Balkon, -e** balcony (8-1)

der **Ball, -̈e** ball (1)

der **Balletttänzer, -**/die **Balletttänzerin, -nen** ballet dancer (2)

die **Banane, -n** banana (1)

die **Band, -s** band (2)

die **Bank, -en** bank (3-1)

der **Bankdirektor, -en** bank manager (3)

der **Bankräuber, -** bank robber (11)

bankrott bankrupt (7)

der **Bär, -en, -en** bear (7, 9-2)

einen Bärenhunger haben to be famished (10)

das **Barometer, -** barometer (1)

der **Bart, -̈e** beard (5-2)

bartlos beardless (12)

der **Bau** construction (10)

der **Bauch, -̈e** stomach, belly (6-1)

sich die Beine in den Bauch stehen to stand until one is ready to drop (9)

bauen to build (5, 8-1)

Auf ihn kannst du Häuser bauen. He's absolutely dependable. (8)

der **Bauer, -n, -n**/die **Bäuerin, -nen** farmer (9, 10-1)

der **Baum, -̈e** tree (5-1)

baumlos treeless (12)

der **Bausparvertrag, -̈e** home savings plan (12)

bayerisch Bavarian (5)

(das) **Bayern** Bavaria (5)

beantworten to answer (7)

der/die **Beauftragte, -n** advocate (12)

der **Becher, -** beaker; cup (4-1)

ein Becher Jogurt a carton of yogurt (4-1)

bedeckt cloudy (1)

bedeuten to mean (6-2)

die **Bedeutung, -en** meaning (12)

bedeutungslos (12)

bedienen to serve (*guests in a restaurant*) (9-1)

die **Bedienung** server (*in a restaurant*) (9)

das **Bedienungsgeld** service charge (9-1)

sich **beeilen** to hurry (9-2)

beeindrucken to impress (12-2)

beenden to end (11-1)

befragen to ask (12)

der **Beginn** beginning (1)

zu Beginn at the beginning (12)

beginnen, begann, hat begonnen to begin (1-1)

begreifen, begriff, hat begriffen to understand (11-2)

behandeln to treat (10)

behindert handicapped (12-2)

bei at (E); for; near (7)

bei uns, bei Zieglers at our house, at the Zieglers (2-1)

beide both, two (2-2)

das **Bein, -e** leg (6-1)

Hals- und Beinbruch! Break a leg! Good luck! (6-2)

sich die Beine in den Bauch stehen to stand until one is ready to drop (9)

das **Beisel, -n** (*Austrian*) pub (2)

das **Beispiel, -e** example (6-2)

zum Beispiel (z.B.) for example (e.g.) (6-2)

beißen, biss, hat gebissen to bite (7)

der **Beistelltisch, -e** end table (8)

beizen to stain wood (9)

bekannt well-known (10-2)

bekannt geben (gibt bekannt), gab bekannt, hat bekannt gegeben to announce (11)

der/die **Bekannte, -n** acquaintance (8)

bekommen, bekam, hat bekommen to get, to receive (3-2)

beladen loaded (11)

belgisch Belgian (7)

beliebt popular, well-loved (10-2)

bellen to bark (11)

sich **benehmen (benimmt sich), benahm sich, hat sich benommen** to behave (9-2)

das **Beneluxland, -̈er** Benelux country (11)

bengalisch (*adj*) Bengali (8)

benutzen to use (8-2)

das **Benzin** gas (3, 4-2)

bereits already (11-1)

bereuen to regret (12-2)

der **Berg, -e** mountain (5-1)

die **Bergwelt** alpine world (5)

berichten to report (7)

die **Bermudashorts** Bermuda shorts (3)

der **Beruf, -e** profession, occupation (1)

Er ist Koch von Beruf. He's a cook by trade. (3)

Was sind Sie von Beruf? What's your occupation? (3-2)

beruflich professionally (12)

die **Berufsschule, -n** vocational school (6)

berühmt famous (5-2)

die **Besatzungszone, -n** occupation zone (7)

beschämt embarrassed (7)

bescheiden modest (11-2)

die **Bescherung** gift giving (at Christmas) (7)

bescheuert stupid (5)

die **Beschränkung, -en** restriction (11)

beschreiben, beschrieb, hat beschrieben to describe (6-1)

die **Beschreibung, -en** description (3)

beschuldigen to blame (10)

besonders especially (4-2); particularly (7)

besser better (1)

besser als better than (2-2)

best best (2)

das **Besteck** silverware, cutlery (9-1)

bestellen to order (9-1)

bestimmt definitely, for sure (4, 5-1)

bestreuen to sprinkle (9)

beträufeln to drizzle (9)

der **Besuch, -e** visit (3)

zu Besuch kommen to come to visit (8-1)

besuchen to visit (2-2)

der **Besucher, -** visitor (5)

betonen to stress (12)

betreuen to care for (12)

die **Betreuung** care (12)

das **Bett, -en** bed (1, 8-1)

ins Bett to bed (1-2)

betteln (um) to beg (for) (10)

die **Bevölkerung** population (11-1)

bevor before (*conj*) (4-2)

die **Bewegung, -en** movement (11)

sich in Bewegung setzen to begin moving (11)

bewölkt cloudy (1)

bewundern to admire (8)

bewusst conscious

euch ist nicht bewusst you don't realize (11)

bezahlen to pay (3-2)

die **Bezahlung** pay, wages (6-2)

bezaubernd enchanting (10)

der **Bezirk, -e** district (8)

die **Bibel, -n** bible (10-1)

die **Bibliothek, -en** library (1)

in die Bibliothek to the library (1-2)

die **Biene, -n** bee (10)

das **Bier** beer (1, 2-1)

der **Bierbauch, -̈e** beer belly (5)

der **Biergarten, ⁻** beer garden (5)
der **Bierstein, -e** beer stein (7)
das **Bild, -er** picture (5-1)
der **Bildschirm, -e** TV screen (10-2)
billig cheap (5)
die **Biochemie** biochemistry (2)
die **Biologie** biology (1)
bis until *(prep)*(1); *(conj)* (4-2)
  Bis später! See you later! (1-1)
  von ... bis from . . . to (1-2)
bisschen: ein bisschen a bit (1-2)
bitte please (E, 1-1)
  Wie bitte? Pardon? (E-1)
  Bitte schön! You're welcome. (6-2)
der **Bizeps** biceps (9)
blau blue (1-1)
  in Blau in blue (3)
bleiben, blieb, ist geblieben to stay
  (4-2)
blind blind (12-1)
der **Blindenhund, -e** guide dog (12)
blitzen: es blitzt it's lightning (1)
die **Blockade, -n** blockade (11-1)
blockieren to block (11-1)
blöd stupid (2-1)
blond blond (3-2)
bloß just, only (11-1)
die **Blume, -n** flower (1, 6-2)
das **Blumengeschäft, -e** flower shop (7)
die **Bluse, -n** blouse (1, 2-2)
das **Blut** blood (1)
die **Bockwurst, ⁻e** smoked sausage (9)
bodenlos bottomless (12)
der **Bodensee** Lake Constance (5)
die **Bohne, -n** bean (10)
das **Boot, -e** boot (1)
Bord: an Bord on board (6-2)
der **Börsenbericht, -e** stockmarket
  report (7)
die **Botanik** botany (2)
brandneu brand new (4-2)
der **Braten, -** roast meat, roast (9-1)
brauchen to need (3-2); to take
  (of time) (4)
braun brown (1-1)
die **Bremse, -n** brake (4-2)
das **Brett, -er** board
  das schwarze Brett bulletin board
  (8-2)
  am schwarzen Brett on the bulletin
  board (6-2)
die **Brezel, -n** pretzel (9)
der **Brief, -e** letter (E, 6-1)
die **Briefmarke, -n** stamp (2-1)
der **Briefträger, -/die Briefträgerin,**
  -nen letter carrier (7-2)
die **Brille, -n** *(eye)*glasses (4, 5-2)
bringen, brachte, hat gebracht to bring
  (5, 6-2)
die **Brokkoli** *(pl)* broccoli (3)
die **Brosche, -n** brooch (7)
die **Broschüre, -n** brochure (5-1)
das **Brot, -e** bread; sandwich (1, 4-1)
das **Brötchen, -** roll (4-1)

die **Brücke, -n** bridge (11-1)
der **Bruder, ⁻** brother (1, 3-1)
brüllen to yell (11-2)
der **Brunch, -es** brunch (7-1)
brünett brunette (3-2)
die **Brust, ⁻e** breast, chest (6-1)
das **Bruttosozialprodukt** Gross National
  Product (11)
das **Buch, ⁻er** book (1-1)
der **Buchdruck** printing (10)
die **Buche, -n** beech tree (11)
buchen to book (5-2)
der **Buchenwald, ⁻er** beech forest (11)
das **Bücherregal, -e** bookcase (8-1)
der **Buchhalter, -/die Buchhalterin,**
  -nen bookkeeper (1)
buchstabieren to spell (4)
das **Büffet, -s** buffet (8-1)
das **Bügeleisen, -** iron (8-2)
bügeln to iron (8-2)
der **Bulle, -n, -n** bull (1)
das **Bündel, -** bundle (10-1)
der **Bundeskanzler** federal chancellor
  (11-1)
das **Bundesland, ⁻er** German state (2)
die **Bundesrepublik Deutschland (die**
  BRD) the Federal Republic of
  Germany (the FRG) (1-1)
der **Bundestag** German parliament (7)
das **Büro, -s** office (E)
die **Bürohilfe** office help (6)
der **Bursche, -n** boy (11)
bürsten to brush (9)
der **Bus, -se** bus (E, 2-2)
der **Busch, ⁻e** bush (10-1)
buschig bushy (2)
die **Bushaltestelle, -n** bus stop (10-2)
die **Buslinie, -n** bus route (5)
die **Butter** butter (1, 4-1)
  Es ist alles in Butter. Everything's
  A-okay. (7)

C

der **Camembert** Camembert *(cheese)*
  (10)
campen to camp (5-1)
  campen gehen to go camping (1)
das **Camping** camping (5)
der **Campingplatz, ⁻e** campsite (5-1)
die **CD, -s** compact disc, CD (2, 7-1)
der **CD-Spieler, -** CD-player (3, 7-1)
der **Cent, -** cent (6)
der **Champagner** champagne (7)
der **Champignon, -s** mushroom (12)
charakterisieren to characterize (8)
der **Cheddar** cheddar (cheese) (7)
der **Chef, -s/die Chefin, -nen** boss
  (5-2)
chemiefrei chemical free (9)
chinesisch Chinese (4)
die **Chorprobe, -n** choir practice (5)
die **Chronik** chronicle (11)
die **City** city center (5)

clever smart, clever (11-2)
die **Cola, -s** cola (2-1)
das **College, -s** college (7)
die **Comics** comics (3)
der **Computer, -** computer (1)
das **Computerspiel, -e** computer game
  (4, 7-1)
die **Couch, -es** couch (8-1)
der **Couchtisch, -e** coffee table (8-1)
die **Currywurst** curry sausage (9)

D

d.h., das heißt i.e., that is (9-1)
da there (E); then (5)
das **Dach, ⁻er** roof (8-1)
  eins aufs Dach kriegen to be bawled
  out (8)
damals then, at that time (6-1)
die **Dame, -n** lady (2)
  Dame spielen to play checkers (2)
die **Damenabteilung, -en** women's
  department (7-1)
damit so that (4-2)
der **Damm, ⁻e** dam (11)
der **Dampf, ⁻e** steam (11)
die **Dampflokomotive, -n** steam engine
  (11)
danach afterwards (11-1); accordingly
  (10)
dänisch Danish (2)
der **Dank** thanks
  Gott sei Dank! Thank God! (10-2)
danke thank you (E, 1-1)
  Danke, gut. Fine, thanks. (E-1)
danken *(+ dat)* to thank (2, 7-2)
danklos thankless (12)
dann then (E, 1-1)
das this; that (1)
dass that *(conj)* (5)
das **Datum, die Daten** date (7)
dauern to take *(time);* to last (6)
die **Dauerwelle, -n** perm (12-1)
der **Daumen, -** thumb (6-1)
die **Decke, -n** ceiling (8-1)
defekt defective (10-2)
dein, dein, deine your (2)
die **Dekoration, -en** decoration (8-2)
die **Demokratie** democracy (1, 11-1)
denken, dachte, hat gedacht to think
  (2-2)
  denken an *(+ acc)* to think of, about
  (11-2)
  denkste that's what you think (5)
denn because, for (1-2)
die **Depression, -en** depression (11-2)
deprimiert depressed (11-2)
derselbe, dasselbe, dieselbe the same
  (7, 9-2)
deshalb therefore (2-2)
der **Designer, -s** designer (8-2)
deutsch *(adj)* German (1)
das **Deutsch** German *(language)* (1)
auf Deutsch in German (7)

der/die **Deutsche, -n** German (*person*) (1-1)

(das) **Deutschland** Germany (1)

deutschsprachig German-speaking (2, 9-1)

die **Deutschstunde, -n** German class (6)

der **Dezember** December (1-2)

der **Dialekt, -e** dialect (10-1)

der **Dialog, -e** dialogue (4)

dick thick; fat (2-2)

dickköpfig stubborn (11-2)

der **Dienstag** Tuesday (1-2)

  am Dienstagabend on Tuesday evening (2)

dieser, dieses, diese this (2)

diesmal this time (4-1)

die **Diktatur, -en** dictatorship (5, 11-1)

das **Ding, -e** thing (2, 3-1)

das **Diplom** diploma (1)

  das Diplom machen to do or take one's diploma (1)

der **Diplomat, -en, -en** diplomat (11)

direkt directly (6)

der **Direktor, -en**/die **Direktorin, -nen** director (3-1)

die **Disco, -s** disco (1)

  in die Disco to the disco (1-2)

die **Diskette, -n** disk (1)

diskriminiert sein to be discriminated against (12)

die **Diskussion, -en** discussion (2-1)

diskutieren to discuss (2-1)

doch but; anyway (4)

das **Dokument, -e** document (5)

der **Dokumentarfilm, -e** documentary film (3)

der **Dollar, -s** dollar (6)

  fünfundzwanzig Dollar twenty-five dollars (6)

die **Donau** Danube (*river*) (1)

der **Donner** thunder (2)

donnern: es donnert it's thundering (1)

der **Donnerstag** Thursday (1-2)

doof stupid (2-1)

doppelt double (3)

das **Dorf, ̈er** village (5-1)

dort there (1-2)

  dort drüben over there (9-1)

die **Dose, -n** can (8-2)

der **Dosenöffner, -** can opener (7, 8-2)

der **Dozent, -en, -en**/die **Dozentin, -nen** lecturer (12)

das **Drama, Dramen** drama (10-1)

dran: Jetzt bist du dran. Now it's your turn. (9-2)

die **Dreiergruppe, -n** group of three (10)

das **Dreivierteljahr** nine months (7)

dritt third (6)

  die Dritte Welt the Third World (12)

die **Droge, -n** drug (9-2)

die **Drogerie, -n** drugstore (9-2)

dröhnen to boom (11)

drucken to print (10-1)

drücken to press (11)

  die Schulbank drücken to sit in school (11)

die **Druckerei** printing works (*pl*) (10)

dual dual (6)

dumm stupid (2-1)

der **Dummkopf, ̈e** dimwit (3)

dunkel dark (1-2)

der **Dunkelmann, ̈er** shady character (12)

dünn thin (2-1)

durch through (2)

durch·lesen (liest durch), las durch, hat durchgelesen to read through (4)

durch·machen to go through (11)

die **Durchsage, -n** announcement (10)

der **Durchschnitt, -e** average (10)

  im Durchschnitt on average (10-2)

dürfen (darf), durfte, hat gedurft to be allowed to, be permitted to, may (4)

der **Durst** thirst (5)

  Ich habe Durst. I'm thirsty. (5-2)

die **Dusche, -n** shower (4, 8-1)

sich **duschen** to take a shower (9-2)

E

eben: So bin ich eben. That's just the way I am. (4-1)

echt real, really (3)

  Das ist echt toll. That's really fantastic. (3-1)

die **Ecke, -n** corner (5)

EDV = Elektronische Datenverarbeitung data processing (6)

  die **EDV-Kenntnisse** (*pl*) computer experience (6-2)

egal: Das ist mir egal. I don't care. (7-2)

ehemalig former (11-1)

das **Ehepaar, -e** married couple (9-1)

ehrlich honest (12-1)

das **Ei, -er** egg (4-1)

  Er gleicht ihm wie ein Ei dem anderen. They are as alike as two peas in a pod. (7)

die **Eifersucht** jealousy (12-1)

eifersüchtig sein auf (*+ acc*) to be jealous of (12-1)

eigen own (8, 10-2)

eigentlich actually (6-1)

die **Eigentumswohnung, -en** condominium (8-2)

die **Eile** hurry (10)

  Es hat keine Eile. There's no rush. (10)

ein, ein, eine a; an; one (1)

einander each other, one another (E)

die **Einbauküche, -n** built-in kitchen (12)

eineinhalb one and a half (4)

einfach simple; ordinary (1, 7-2)

ein·fallen (fällt ein), fiel ein, ist eingefallen (7)

Mir fällt nichts ein. I can't think of anything. (7-2)

das **Einfamilienhaus, ̈er** single family dwelling (8-2)

der **Einfluss, ̈e** influence (10-2)

der **Eingang, ̈e** entrance (10)

die **Einheit, -en** unity, whole (7)

einheitlich common (11)

das **Einhorn, ̈er** unicorn (1)

einigermaßen somewhat; a bit (11)

ein·kaufen to shop, to go shopping (5-2)

das **Einkaufen** shopping (4)

die **Einkaufsgewohnheit, -en** shopping habit (9)

die **Einkaufsliste, -n** shopping list (9-1)

die **Einkaufstasche, -n** shopping bag (9-1)

der **Einkaufswagen, -** shopping cart (9-1)

das **Einkommen** income (12-2)

ein·laden (lädt ein), lud ein, hat eingeladen to invite (4-2)

einmal once (7-2)

  noch einmal again (7-2)

der **Einmarsch, ̈e** invasion (9)

ein·marschieren to invade (9)

ein·packen to pack (4)

ein·schlafen (schläft ein), schlief ein, ist eingeschlafen to fall asleep (4-2)

ein·schlagen (schlägt ein), schlug ein, hat eingeschlagen to wrap (7)

ein·schmieren to rub in (11)

ein·tauchen to dip (9)

Einverstanden? Agreed? (11-2)

einverstanden sein to agree (11-2)

der **Einwanderer, -** immigrant (6-1)

ein·wandern to immigrate (6-1)

die **Einwanderung** immigration (6)

der **Einwohner, -** inhabitant (2)

ein·ziehen, zog ein, ist eingezogen to move in (8-1)

einzig single; only (9-1)

das **Eis** ice; ice cream (4-1)

der **Eiserne Vorhang** Iron Curtain (11-1)

das **Eishockey** hockey (1, 2-1)

eisig icy (2)

der **Elefant, -en, -en** elephant (9-2)

elegant elegant (2-2)

elektrisch electric (9)

das **Element, -e** element (5)

der **Ellbogen, -** elbow (1)

die **Eltern** parents (2, 3-1)

der **Emigrant, -en, -en**/die **Emigrantin, -nen** emigrant (6-1)

emigrieren to emigrate (8)

empfangen (empfängt), empfing, hat empfangen to greet; to receive (11)

empfehlen (empfiehlt), empfahl, hat empfohlen to recommend (10-2)

das **Ende, -n** end (1)

  Ende Januar (at) the end of January (1-2)

zu Ende sein to be over (2-2)
enden to end (11)
endlich finally, at last (4-2)
endlos endless (12)
englisch *(adj)* English (7)
das **English** English *(language)* (1)
auf Englisch in English (1)
der **Enkel, -** grandson, grandchild (3-1)
die **Enkelin, -nen** granddaughter (3-1)
enorm enormous (8-2)
enterben to disinherit (12)
entgegen·kommen, kam entgegen, ist entgegengekommen to approach, to come towards (11)
entgehen, entging, ist entgangen to escape (12)
entlang along (11)
entlassen (entlässt), entließ, hat entlassen to fire (11)
die **Entscheidung, -en** decision (5)
sich **entschuldigen** to apologize (9-2)
Entschuldigung! Excuse me! (E-1)
entwerfen (entwirft), entwarf, hat entworfen to design (8)
die **Erbtante, -n** rich aunt (12)
die **Erde** earth; ground (10-2)
das **Erdgeschoss** first (ground) floor (10-2)
im Erdgeschoss on the first (ground) floor (10-2)
die **Erfahrung, -en** experience (10)
erfassen to seize (7)
die **Erfindung, -en** invention (10-1)
der **Erfolg, -e** success (7)
die **Erfüllung** fulfilment (11)
in Erfüllung gehen to be fulfilled (11-1)
ergänzen to complete (1)
sich **erkälten** to catch a cold (9-2)
erkältet sein to have a cold (12)
die **Erkältung, -en** cold (12)
eine schwere Erkältung a bad cold (12)
erkennen, erkannte, hat erkannt to recognize (3)
erklärbar explicable (12)
erklären to explain; to declare (5, 6-2)
die **Erlaubnis** permission (9)
erleben to experience (9-2)
das **Erlebnis, Erlebnisse** experience (11-1)
ermorden to murder (11-1)
ernähren to feed (12)
ernst serious (12-2)
erobern to conquer (7)
erraten (errät), erriet, hat erraten to guess (9-1)
erreichen to reach (12)
erscheinen, erschien, ist erschienen to appear (10)
ersetzen to replace (11)
erst not until (1-1); first; only (2-2)
der **Erstklässler, -/die Erstklässlerin, -nen** first grader (11)

ertrinken, ertrank, ist ertrunken to drown (6)
der/die **Erwachsene, -n** adult (10-2)
erzählen to tell *(a story)* (2-2)
erzählen von to tell about (11)
der **Erzähler, -/die Erzählerin, -nen** narrator (10-1)
die **Erzählung, -en** story, narrative (6, 10-2)
der **Erzbischof, ⁻e** archbishop (3)
der **Esel, -** donkey (3)
die **Eselsbrücke, -n** mnemonic device (10)
essbar edible (12)
essen (isst), aß, hat gegessen to eat (3-2)
zu Mittag essen to have lunch (4-1)
das **Essen** meal, food (7)
der **Essig** vinegar (9-2)
der **Esslöffel, -** tablespoon (9-1)
das **Esszimmer, -** dining room (8-1)
etwa approximately (9-2)
etwas something (5-2)
euer, euer, eure your (2)
der **Euro, -s** euro *(common European currency)* (11)
(das) **Europa** Europe (1)
europäisch *(adj)* European (11)
die Europäische Union (die EU) the European Union (the EU) (11)
die Europäische Wirtschaftsgemeinschaft (die EG) the European Economic Community (the EEC) (11)
ewig forever (12-1)
das **Exemplar, -e** copy *(of a book, etc.)* (10)
exotisch exotic (6-1)
das **Experiment, -e** experiment (5-2)
exportieren to export (11)
extravagant extravagant (5)
die **Extrawurst** (7)
eine Extrawurst wollen to want special treatment (7)

F ──────────────

die **Fabel, -n** fable (10)
fabelhaft fabulous (4-1)
die **Fabrik, -en** factory (7-2)
das **Fach, ⁻er** field of study, subject (2-2)
die **Fachhochschule, -n** technical college (6-2)
die **Fahne, -n** flag (7)
fahren (fährt), fuhr, ist gefahren to drive, to go (3-2)
der **Fahrer, -/die Fahrerin, -nen** driver (5)
der **Fahrplan, ⁻e** train or bus schedule (4-2)
das **Fahrrad, ⁻er** bicycle (2-2)
der **Fahrradhelm, -e** cycling helmet (7-1)

der **Fahrradverleih, -e** bike rental (5-1)
die **Fahrt, -en** ride (6)
in Fahrt sein to be in full swing (11)
das **Fahrzeug, -e** vehicle (2-2)
fair fair (1)
faktisch factually (11)
der **Fall, ⁻e** case (12-2)
fallen (fällt), fiel, ist gefallen to fall (6)
Der Apfel fällt nicht weit vom Stamm. Like father, like son. (7)
Er ist nicht auf den Kopf gefallen. He's no fool. (6)
in Ohnmacht fallen to faint (12-1)
fällen to fell (11)
falsch wrong, incorrect, false (E, 1-1)
die **Familie, -n** family (E, 3-1)
das **Familienbrunch** family brunch (7)
der **Familienname, -ens, -en** last name (3-2)
fangen (fängt), fing, hat gefangen to catch (10-1)
der **Fangzahn, ⁻e** canine tooth (8)
die **Fantasie** imagination (3-1)
fantastisch fantastic (4-2)
die **Farbe, -n** color (1)
färben to color (11)
färben lassen to have colored (11)
der **Farbfernseher, -** color TV (10)
das **Farbfoto, -s** color photo (7)
farblos colorless (12)
die **Farm, -en** farm (6)
der **Farmer, -** farmer (6)
die **Fassade** façade (10)
fast almost (1-1)
faul lazy (7-2)
das **Fax, -e** fax (10-1)
der **Februar** February (1-2)
die **Feder, -n** feather (2)
der **Federball** badminton bird(1)
Federball spielen to play badminton (1)
der **Fehler, -** mistake, error (11-2)
feiern to celebrate (7-1)
der **Feiertag, -e** holiday (7-1)
das **Feinkostgeschäft, -e** fine foods store (2, 3-2)
der **Feinschmecker, -/die Feinschmeckerin, -nen** gourmet (7)
das **Feld, -er** field (5-1)
das **Fenster, -** window (1, 8-1)
fensterlos windowless (12)
die **Ferien** (pl) vacation *(generally of students)* (5-1)
Ferien machen to go on vacation (5-1)
das **Ferienhaus, ⁻er** summer cottage (7-2)
der **Ferienjob, -s** summer job (6-2)
die **Ferienzeit** holiday time (5)
das **Fernsehprogramm, -e** TV show (3)
fern·sehen (sieht fern), sah fern, hat ferngesehen to watch TV (4-2)
das **Fernsehen** TV (7)
der **Fernseher, -** television set (4-2)

vor dem Fernseher in front of the TV (4-2)

fertig ready; finished (4-1) *(with verbs)* finish (4)

  fertig lesen (liest fertig), las fertig, hat fertig gelesen to finish reading (76)

  fertig schreiben, schrieb fertig, hat fertig geschrieben to finish writing (4)

das **Fest, -e** special day; holiday (7-1)

die **Fete, -n** party (7-2)

das **Fett** fat (9)

fettig fatty (2)

fett gedruckt in bold type (7)

das **Fieber** fever (7-2)

fieberhaft feverishly (3)

der **Film, -e** film (1, 2-2)

der **Filmstar, -s** filmstar (1)

der **Filmschauspieler, -** film actor (2)

die **Finanzen** finances (5, 12-1)

finanziell financial (12-1)

finanzieren to finance (5-2)

finden, fand, hat gefunden to find (1-2)

der **Finger, -** finger (1, 6-1)

der **Fingernagel, ⁻** finger nail (1)

die **Firma, Firmen** business, company (4, 6-2)

der **Fisch, -e** fish (1, 4-1)

fischen to fish (2)

fit fit (4)

das **Fitnesscenter, -** fitness center (5-1)

das **Fitness Studio, -s** fitness studio (1)

der **Fitnessfreak, -s** fitness freak (5)

die **Flasche, -n** bottle (5-2)

der **Flaschner, -** plumber (9)

das **Fleisch** meat (2, 4-1)

der **Fleischer, -** butcher (9)

die **Fleischerei, -en** butcher shop (7)

fleischlos meatless (12)

fleißig hard-working (7-2)

flicken to mend (7-2)

die **Flickwolle** mending yarn (7)

fliegen, flog, ist geflogen to fly (1-2)

flirten to flirt (12-1)

die **Flöte, -n** flute (7)

die **Flötenstunde, -n** flute lesson (7)

flott stylish, chic (5-2)

der **Flug, ⁻e** flight (3-2)

der **Flughafen** *(international)* airport (3-2)

die **Flugnummer, -n** flight number (3-2)

der **Flugplatz, ⁻e** airport (11-1)

das **Flugzeug, -e** airplane (3-2)

der **Flur, -e** hall (8-1)

der **Fluss, ⁻e** river (2, 5-1)

folgen to follow (6-1)

folgend following (6)

der **Fön, -e** blow-dryer (9-2)

die **Form, -en** shape (6-1)

formlos shapeless (12)

fort away (7)

das **Foto, -s** photo (4-2)

das **Fotogeschäft, -e** photo store (2)

die **Fotografie, -n** photograph (8)

fotografieren to photograph (2-1)

das **Fotomodell, -e** model (2)

der **Foxterrier, -s** fox terrier (3)

die **Frage, -n** question (1-2)

  eine Frage beantworten to answer a question (7-1)

  eine Frage stellen to ask a question (7-2)

  Das kommt nicht in Frage! That's out of the question! (9-2)

fragen to ask (1-2)

der **Franc, -s** *(French)* franc (11)

französisch *(adj)* French (7)

Frau Mrs., Ms. (E-1)

die **Frau, -en** woman, wife (1, 2-2)

die **Frauenbeauftragte, -n** women's advocate (12)

das **Fräulein, -** Miss (5)

frei free (5-1)

  Heute habe ich frei. Today I have a day off. (5)

der **Freitag** Friday (1-2)

die **Freizeit** leisure time (5-1)

fressen (frisst), fraß, hat gefressen to eat *(of animals)* (2)

die **Freude, -n** joy (11)

sich **freuen auf** *(+ acc)* to look forward to (11-2)

sich **freuen über** *(+ acc)* to be happy about; to be pleased with (11-2)

der **Freund, -e** *(male)* friend, boyfriend (1-1)

der **Freundeskreis** circle of friends (7)

die **Freundin, -nen** *(female)* friend, girlfriend (1-1)

freundlich friendly (2, 3-1)

die **Freundlichkeit** friendliness (11)

die **Freundschaft, -en** friendship (2-1)

der **Frieden** peace (11-2)

frieren, fror, hat gefroren to be cold (10-1)

frisch fresh (1)

der **Friseur, -e**/die **Friseurin, -nen** barber; hair stylist; hairdresser (5-2)

die **Frisur, -en** hairdo, hair style (5-2)

froh happy (11-2)

fromm pious (10-1)

die **Frucht, ⁻e** fruit (2)

früh early (4-1)

  morgen früh tomorrow morning (2-2)

das **Frühjahr** spring (7)

der **Frühling** spring (1)

das **Frühstück** breakfast (1, 4-1)

  zum Frühstück for breakfast (4-1)

frühstücken to have breakfast (4-1)

der **Fuchs, ⁻e** fox (1)

fühlen: sich wohl fühlen to feel well (9-2)

der **Führerschein, -e** driver's license (10-2)

füllen to fill (9-1)

für for (1)

die **Furche, -n** furrow (10)

der **Fuß, ⁻e** foot (1, 6-1)

  Hand und Fuß haben to make sense (6)

  zu Fuß gehen to go on foot, to walk (7-2)

der **Fußball, ⁻e** soccer ball (1)

  Fußball spielen to play soccer (1)

das **Fußballmatch, -es** soccer game (4)

das **Fußballspiel, -e** soccer game (5)

das **Fußballstadion, -stadien** soccer stadium (5)

der **Fußboden, ⁻** floor (8-1)

die **Fußgängerzone, -n** pedestrian area (9-2)

füttern to feed (6-2)

G

die **Gabel, -n** fork (9-1)

gähnen to yawn (4)

galoppieren to gallop (10-1)

die **Gans, ⁻e** goose (7)

ganz quite; very; all; whole (3); absolutely; completely (10)

  die ganze Familie the whole family (3-2)

  ganz kurz very short (3-2)

gar tender (9)

gar nicht not at all (1-1)

gar nichts nothing at all (6)

die **Garage, -n** garage (8-1)

die **Garderobe, -n** front hall closet (8-1)

der **Garten, ⁻** garden (1, 5-1)

die **Gartenterrasse, -n** garden terrace (8)

der **Gärtner, -**/die **Gärtnerin, -nen** gardener (E)

der **Gast, ⁻e** guest; customer *(in a restaurant)* (7-2)

das **Gasthaus, ⁻er** restaurant (8, 9-1)

die **Gastronomie** gastronomy (9-1)

das **Gebäude, -** building (8-2)

geben (gibt), gab, hat gegeben to give (3-2)

  es gibt *(+ acc)* there is, there are (3-2)

  Das gibt's doch nicht! That's impossible! (8-1)

das **Gebiet, -e** area (11)

der/die **Gebildete, -n** educated person (10)

das **Gebirge** mountain range (5-1)

geblümt flowered (11)

geboren born (2)

  Wann bist du geboren? When were you born? (6-1)

die **Geburt, -en** birth (12-1)

der **Geburtsort, -e** birthplace (6-1)

der **Geburtstag, -e** birthday (4-2)

  zum Geburtstag for one's birthday (6, 7-1)

Herzliche Glückwünsche zum Geburtstag! Happy Birthday! (7-1)

das **Geburtstagsgeschenk, -e** birthday present (7)

die **Geburtstagskarte, -n** birthday card (7)

das **Gedicht, -e** poem (10-1)

geeignet suitable (10)

gefallen (gefällt), gefiel, hat gefallen (+ dat) to like (7)

gefallen an (+ dat) to like about (7)

Diese Jacke gefällt mir. I like this jacket. (7-2)

gegen against; around (5)

die **Gegend, -en** area (11-2)

gegenüber across (from) (8)

gehen, ging, ist gegangen to go (1-1)

Wie geht es Ihnen?/Wie geht's? How are you? (E-1)

gehören (+ dat) to belong to (7-2)

der **Geiger, -/die Geigerin, -nen** violinist (5)

gekleidet dressed (10-1)

gelb yellow (1-1)

das **Geld** money (1, 2-2)

Mir ist das Geld ausgegangen. I ran out of money. (12)

die **Geldtasche, -n** wallet (7-1)

geliebt beloved (5)

gelten (gilt), galt, hat gegolten to be considered (9)

gemein in common (9); common (10)

das **Gemüse** (sing) vegetables (4-1)

genau exact, exactly (4-1)

genauso gut just as good (9-2)

der **General, -e** general (10)

die **Generation, -en** generation (7)

die **Genetik** genetics (2)

genial brilliant (3)

genug enough (4-2)

die **Geographie** geography (1)

geometrisch geometric (8)

gerade just, just now (7-1)

geradezu really (11)

die **Geranie, -n** geranium (8)

das **Gerät, -e** device, appliance (10-2)

das **Gericht, -e** dish (3)

gern (lieber, am liebsten) gladly (2)

jemanden gern haben to like somebody (2) **Ich koche gern.** I like to cook. (2-1)

das **Geschäft, -e** business, store (3-2)

der **Geschäftspartner, -/die Geschäftspartnerin, -nen** business partner (4)

das **Geschenk, -e** present (7-1)

die **Geschichte, -n** history; story (6-1)

geschieden divorced (12-2)

das **Geschirr** (sing) dishes, china (9-1)

die **Geschirrspülmaschine, -n** dishwasher (8-1)

geschlitzt slit (11)

der **Geschmack** (sing) taste (5)

geschmacklos tasteless (5-2)

geschmackvoll tasteful (5-2)

die **Geschwister** sisters and brothers, siblings (3-1)

die **Gesellschaft, -en** company (5)

das **Gesicht, -er** face (6-1)

das **Gespräch, -e** conversation (1)

die **Gestalt** stature, build (6)

gestern yesterday (3-2)

gestern Mittag yesterday noon (2)

gestern Nacht yesterday night (2)

gestreift striped (11)

gesund healthy (3-2)

das **Getränk, -e** beverage (2-1)

getrennt separate (9)

das **Getue** carrying on (12)

gewinnen, gewann, hat gewonnen to win (10-2)

sich gewöhnen an (+ acc) to get used to (11-2)

gießen, goss, hat gegossen to water (6-2)

die **Gießkanne, -n** watering can (7-2)

die **Giraffe, -n** giraffe (9)

die **Gitarre, -n** guitar (2-1)

der **Gitarrist, -en, -en/die Gitarristin, -nen** guitarist (5)

das **Glas, ¨er** glass (1, 4-1)

ein Glas Orangensaft a glass of orange juice (4-1)

die Nase zu tief ins Glas stecken to drink too much (6)

glatt straight; smooth (3-2)

glauben to believe, to think (1-2)

gleich right away, immediately; in a minute (1-1); right; directly (11); same; equally (11, 12-1)

gleich um die Ecke right around the corner (5)

die **Gleichberechtigung** equal rights, equality (12-1)

gleichgültig indifferent (12)

das **Gleis, -e** (train) track (5)

glitzern to glitter (3)

das **Glück** luck (10-1)

viel Glück! lots of luck! (10-1)

glücklich happy (7-2)

der **Glückwunsch, ¨e** congratulations, best wishes (pl) (7)

Herzliche Glückwünsche zum Geburtstag! Happy birthday! (7-1)

die **Glückwunschkarte, -n** congratulatory card (10)

das **Gold** gold (2)

golden gold (3)

der **Goldschmied** goldsmith (6)

(das) **Golf** golf (2-1)

(der) **Gott** God (10)

Gott sei Dank! Thank God! (10-2)

gottlos godless (12)

das **Grab, ¨er** grave (2)

der **Grabstein, -e** gravestone, tombstone (10)

der **Grad, -** degree (E)

das **Gramm** gram (9-1)

das **Gras, ¨er** grass (1)

gratulieren (+ dat) to congratulate (7-2)

grau gray (1-1)

grausam cruel, gruesome (10-2)

die **Grausamkeit, -en** cruelty (10)

die **Grenze, -n** border (4, 11-1)

grenzen an (+ acc) to border on (11-1)

die **Grenzöffnung** border opening (11)

der **Grenzübergang, ¨e** border crossing (11)

der **Grieche, -n, -n/die Griechin, -nen** Greek person (9)

griechisch (adj) Greek (7)

groß big, tall (2-1)

die **Größe, -n** height; size (5, 6-1)

die **Großeltern** grandparents (3-1)

die **Großmutter, ¨** grandmother (3-1)

der **Großvater, ¨** grandfather (3-1)

großzügig generous (7)

Grüezi! Hello! (Swiss dialect) (E)

grün green (E, 1-1)

ein grünes Bürschchen a greenhorn (11)

der **Grund, ¨e** reason (10-2)

gründen to found (8)

das **Grundgesetz** constitution (12-1)

die **Grundschule, -n** elementary school (6-2)

grunzen to grunt (3)

die **Gruppe, -n** group (4)

der **Gruß, ¨e** greeting (6)

Herzliche Grüße; Liebe Grüße "Love" (closing of letter) (6)

grüßen to greet, to say hello (10-1)

Grüß dich! Hello! Hi! (E-1)

Grüß Gott! Hello! (in Southern Germany and Austria) (E)

die **Grußformel, -n** greeting (E)

gucken to look (11, 12-1)

der **Gulden, -** (Dutch) guilder (11)

günstig reasonable (in price), inexpensive (11-2)

gurgeln to gargle (12)

die **Gulaschsuppe** goulash soup (9)

der **Gürtel, -** belt (2-2)

gut good, well (E, 1-2)

Guten Tag! Hello! Hi! (E-1)

Mach's gut! Take care! (1-2)

die **Güter** (pl) goods (11)

der **Gutschein, -e** voucher (7-1)

das **Gymnasium, Gymnasien** college track high school (E, 6-2)

H

das **Haar, -e** hair (1, 6-1)

ein Haar in der Suppe finden to find fault with something (9)

die **Haarbürste, -n** hairbrush (9-2)

haarig hairy (2)

haarlos hairless (12)

der **Haarschnitt, -e** haircut (5-2)

die **Haarsträhne, -n** strand of hair (11)

haben (hat), hatte, hat gehabt to have (E, 2-1)
  jemanden gern haben to like somebody (2)
der **Hahn, ˙-e** rooster (4)
der **Hai, -e** shark (10)
halb half (5-1)
  halb zwei half past one (5-2)
Hallo! Hello! Hi! (E-1)
der **Hals, ˙-e** neck (6-1)
  Das hängt mir zum Hals heraus! I'm totally sick of it! (11-2)
  Hals- und Beinbruch! Break a leg! Good luck! (6-2)
die **Halskette, -n** necklace (5-2)
die **Halsschmerzen** (pl) sore throat (12)
halten (hält), hielt, hat gehalten to hold; to stop (3-2)
der **Hamburger, -** hamburger (10-2)
der **Hammer, -** hammer (1)
der **Hamster, -** hamster (10)
die **Hand, ˙-e** hand (1, 6-1)
  Hand und Fuß haben to make sense (6)
das **Handy, -s** cell phone (11)
handgestrickt hand-knit (11)
die **Handschrift, -en** handwriting (10)
der **Handschuh, -e** glove (7-2)
das **Handtuch, ˙-er** towel (9-2)
der **Handwerker** craftsperson, tradesperson (8)
hängen, hing, hat gehangen to hang (8)
  Das hängt mir zum Hals heraus! I'm totally sick of it! (11-2)
die **Harfe, -n** harp (2)
harmlos harmless (12)
hart hard (1)
der **Harz** Harz Mountains (pl) (1)
der **Hase, -n, -n** rabbit (9)
  Mein Name ist Hase, ich weiß von nichts. Don't ask me. I don't know anything about it. (10)
hassen to hate (3)
hässlich ugly (8-1)
hauen to hit
  jemanden übers Ohr hauen to cheat someone (9)
der **Haufen, -** pile, a lot of (12-2)
das **Hauptgericht** main course (9-2)
die **Hauptschule, -n** junior high school (6)
der **Hauptschulabschluss** junior high school diploma (6)
die **Hauptstadt, ˙-e** capital city (1, 5-2)
das **Haus, ˙-er** house (1, 2-2)
  Auf ihn kannst du Häuser bauen. He's absolutely dependable. (8)
  nach Hause gehen to go home (4-1)
  zu Hause sein to be at home (2, 4-1)
der **Hausarzt, ˙-e**/die **Hausärztin, -nen** family doctor (8)

die **Hausaufgabe, -n** homework assignment (4-2)
Häuschen: aus dem Häuschen sein to be all excited (8)
der **Hauseingang** main entrance to a home (9)
die **Hausfrau, -en** housewife (3-2)
der **Haushalt, -e** household (12)
  den Haushalt machen to do household chores (12-1)
der **Hausmann, ˙-er** house husband (3-2)
der **Hausmeister, -** janitor (8)
die **Hausnummer, -n** house number (1)
der **Hausschuh, -e** slipper (7-2)
die **Hecke, -n** hedge (6-2)
  die Hecke schneiden to clip the hedge (6)
der **Heilberuf, -e** nursing profession (12)
Heiliger Abend Christmas Eve (7)
die **Heimat, - en** home (country) (8)
heim·kommen, kam heim, ist heimgekommen to come home (4-2)
der **Heimtrainer, -** exercise bike (7-1)
der **Heimweg, -e** way home (10)
die **Heirat, -en** marriage (12-2)
heiraten to marry (2, 3-2)
heiß hot (1-1)
heißen, hieß, hat geheißen to be called (E); to mean (11)
  das heißt (d.h.) that is (i.e.) (9-1)
  Ich heiße ... My name is . . . (E-1)
  Wie heißen Sie?/Wie heißt du? What's your name? (E-1)
heiter: es ist heiter it's sunny with some cloud (1)
heizen to heat (9)
helfen (hilft), half, hat geholfen (+ dat) to help (2, 7-2)
hell light; bright (1-2)
das **Hemd, -en** shirt (2-2)
der **Henkel, -** handle (9)
herauf·ziehen, zog herauf, hat heraufgezogen to pull up (6)
heraus·finden, fand heraus, hat herausgefunden to find out (9)
heraus·geben (gibt heraus), gab heraus, hat herausgegeben to give (change) (12)
heraus·kommen, kam heraus, ist herausgekommen to come out (6)
heraus·ziehen, zog heraus, hat herausgezogen to pull out (4)
der **Herbst** fall, autumn (1)
der **Herd, -e** stove (8-1)
Herein! Come in! (9)
herein·kommen, kam herein, ist hereingekommen to come in (6)
her·fahren (fährt her), fuhr her, ist hergefahren to come here, to get here (6)

Herr Mr. (E-1)
  Herr Ober! Waiter! (9)
der **Herr, -n, -en** gentleman (9-2)
die **Herrenabteilung, -en** men's department (7-1)
herrlich wonderful (11-2)
herüber·springen, sprang herüber, ist herübergesprungen to jump across (6)
herum·sitzen, saß herum, hat herumgesessen to sit around (10)
herum·tanzen: jemand auf der Nase herumtanzen: to walk all over someone (9)
herunter·fallen (fällt herunter), fiel herunter, ist heruntergefallen to fall down (6)
herzlich warm, hearty (11)
  Herzliche Glückwünsche zum Geburtstag! Happy Birthday! (7-1)
herzlos heartless (12)
heulen to cry, to howl (11-2)
heute today (1-1)
  heute Abend tonight (1)
  heute Morgen this morning (2)
  heute Nachmittag this afternoon (1-1)
heutzutage nowadays (7-1)
hier here (E, 1-2)
die **Hilfe** help (6, 7-2)
hilflos helpless (7)
hilfsbereit helpful (10)
der **Himmel** sky (1-1)
  Himmel und Hölle hopscotch (10)
hinein·fahren (fährt hinein), fuhr hinein, ist hineingefahren to drive in (4)
hinaus·gehen, ging hinaus, ist hinausgegangen to go out (6)
hinein·gehen, ging hinein, ist hineingegangen to go in (6)
hin·fahren (fährt hin), fuhr hin, ist hingefahren to drive there (5)
hin·gucken to look (12)
sich hin·setzen to sit down (9)
hinter behind (8)
der **Hintergrund** background (11)
hinterlassen (hinterlässt), hinterließ, hat hinterlassen to leave behind (7)
hinüber·springen, sprang hinüber, ist hinübergesprungen to jump across (6)
hinunter·fallen (fällt hinunter), fiel hinunter, ist hinuntergefallen to fall down (6)
hinunter·schauen to look down (8)
die **Hitze** heat (3)
das **Hobby, -s** hobby (2-1)
hoch (hoh-) high (5-2)
hochelegant very elegant (11)
das **Hochhaus, ˙-er** high-rise (8-2)
hochmodern very modern (11)
die **Hochschule, -n** university (6-2)
die **Hochzeit, -en** wedding (12-2)

der **Hocker,** - stool (9)
der **Höcker,** - hump *(of a camel)* (9)
der **Hockeyschläger,** - hockey stick (7-2)
hoffen to hope (2, 9-2)
hoffentlich hopefully, I hope (6-2)
die **Hoffnung** hope (12-2)
hoffnungslos hopeless (12)
höflich polite (7-2)
holen to get, to fetch (5, 9-1); to summon (5)
holländisch *(adj)* Dutch (7)
der **Holocaust** holocaust (11)
höllisch hellish (2)
das **Holz** wood (11)
der **Holzfäller,** - lumberjack (6)
der **Honig** honey (4-1)
hörbar audible (12)
hören to hear (2-2); to listen to (1)
der **Hörer,** - receiver *(of a telephone)* (9)
das **Horn, ̈er** horn *(of an animal)* (8)
der **Horrorfilm** horror film (3)
der **Hörsaal, Hörsäle** lecture hall (E)
die **Hose, -n** pants (2-2)
das **Hotdog, -s** hotdog (3)
das **Hotel, -s** hotel (1, 5-1)
hübsch pretty (2-2)
das **Huhn, ̈er** hen (4)
  Da lachen ja die Hühner! What a joke! (10)
human humane (7)
der **Humor** humor (3-1)
der **Hund, -e** dog (2, 3-1)
das **Hundefutter** dog food (6)
das **Hundewetter** rotten weather (1)
der **Hunger** hunger (5)
  Ich habe Hunger. I'm hungry. (5-2)
hungern to go hungry (10-1)
hungrig hungry (10-1)
der **Hut, ̈e** hat (7-2)
die **Hymne, -n** hymn (11)

ICE Inter City Express (5)
ideal ideal (5-1)
der **Idealismus** (12-2)
die **Idee, -n** idea (4-2)
identisch identical (9)
der **Igel,** - hedgehog (10)
ihr, ihr, ihre her (1), their (2)
Ihr, Ihr, Ihre your (2)
die **Ikone, -n** icon (8)
die **Illustration, -en** illustration (6)
immer always (2-1)
  immer noch still (3)
  immer mehr more and more (5)
der **Immigrant, -en, -en**/die **Immigrantin, -nen** immigrant (6-1)
impfen to vaccinate (11)
der **Import, -e** import (7)
in in (E, 8), into; to (1, 8)
der **Individualist, -en**/die **Individualistin, -nen** individualist (8)

industrialisiert industrialized (9)
die **Information** information (12-2)
das **Informationszeitalter** information age (10-1)
informiert informed (10)
der **Ingenieur, -e** engineer (4)
inklusive inclusive of (9)
die **Inline Skates** inline skates (3)
innen inside (9-1)
die **Innovation, -en** innovation (4)
das **Insekt, -en** insect (2, 10-2)
die **Insel, -n** island (5-1)
der **Inspektor, -en**/die **Inspektorin, -nen** inspector (5)
das **Instrument, -e** instrument (2)
intelligent intelligent, smart (1, 2-1)
interessant interesting (1-2)
interessieren to interest (6)
sich **interessieren für** to be interested in (11-2)
interkulturell intercultural (2)
international international (9-1)
das **Internet** the Internet (10-1)
das **Interview, -s** interview (3-2)
investieren to invest (1)
inzwischen in the meantime (11-2)
der **IQ** IQ (8)
irgendein, irgendein, irgendeine some . . . or other (11)
irgendetwas something or other (11)
irgendjemand somebody or other (11)
irgendwann sometime or other (11)
irgendwie somehow or other (11)
irgendwo someplace or other (11)
irisch *(adj)* Irish (2)
israelisch *(adj)* Israeli (7)
der **Italiener, -**/die **Italienerin, -nen** Italian *(person)* (9)
italienisch *(adj)* Italian (3)

J

ja yes (E-1)
die **Jacke, -n** jacket (1, 2-2)
der **Jäger,** - hunter (7)
das **Jahr, -e** year (1-2)
  auf ein Jahr for a year (8)
  letztes Jahr last year (5)
jährlich yearly (2)
die **Jahreszeit, -en** season (1-2)
das **Jahrhundert, -e** century (3, 10-1)
der **Januar** January (1-2)
der **Japaner, -**/die **Japanerin, -nen** Japanese *(person)* (4)
der **Jazz** jazz (2)
die **Jeans, -** *(f or pl)* jeans (2-2)
je each (11)
jedenfalls at any rate (11-2)
jeder, jedes, jede each, every (1)
jederzeit (at) any time (11-2)
jemand somebody, someone (3-2)
  jemand anders somebody else (9-1)
jetzt now (1-1)
der **Job, -s** job (5-2)

jobben to work *(part-time or in vacation)* (1)
die **Jobliste, -n** list of jobs (6)
der **Jockey, -s** jockey (2)
joggen to jog (2, 4-2)
die **Jogginghose, -n** jogging pants (3)
der **Jogginganzug, ̈e** jogging suit (3)
der **Jogurt** yogurt (4-1)
der **Journalist, -en, -en**/die **Journalistin, -nen** journalist (2-1)
der **Jude, -n, -n**/die **Jüdin, -nen** Jew (11)
jüdisch Jewish (11)
die **Jugend** youth (5)
die **Jugendherberge, -n** youth hostel (5-1)
jugendlich youthful (4)
der **Juli** July (1-2)
jung young (1, 5-1)
der **Junge, -n, -n** boy (5-2)
der **Juni** June (1-2)
das **Junkfood** junk food (4)
der **Jurist, -en**/die **Juristin, -nen** lawyer (12)

K

der **Kaffee** coffee (1, 2-1)
die **Kaffeekanne, -n** coffee pot (1, 9-1)
die **Kaffeemaschine, -n** coffee maker (7-1)
der **Käfig, -e** cage (10)
der **Kaiser, -**/die **Kaiserin, -nen** emperor/empress (3)
das **Kalb, ̈er** calf (2)
der **Kalender,** - calendar (5)
(das) **Kalifornien** California (5)
kalt cold (1-1)
das **Kamel, -e** camel (9-2)
die **Kamera, -s** camera (3)
der **Kamm, ̈e** comb (9-2)
sich **kämmen** to comb one's hair (9-2)
(das) **Kanada** Canada (1-1)
der **Kanadier, -**/die **Kanadierin, -nen** Canadian *(person)* (1-1)
der **Kanal, ̈e** channel (6)
der **Kanarienvogel, ̈** canary (11)
das **Känguru, -s** kangaroo (8)
das **Kännchen,** - little pot (9)
die **Kantate, -n** cantata (3)
der **Kanzler, -**/die **Kanzlerin, -nen** chancellor (10)
kapieren to understand (11-2)
kaputt broken (7, 10-2)
kaputt·fahren (fährt kaputt), fuhr kaputt, hat kaputtgefahren to drive to pieces (12)
kaputt·machen to break; to ruin (7-1)
der **Karfreitag** Good Friday (7)
kariert plaid (7)
die **Karikatur, -en** caricature (7)
der **Karneval** Mardi Gras (1)
die **Karotte, -n** carrot (1)
die **Karriere, -n** career (12-1)

die **Karte, -n** card (1-1); ticket (5); map (11)
die **Kartoffel, -n** potato (4-1)
die **Kartoffelchips** potato chips (7-2)
der **Karton, -s** box, carton (8)
der **Käse,** cheese (E, 4-1)
  Das ist alles Käse. That's all baloney. (7)
der **Käsekuchen, -** cheese cake (4)
die **Kasse, -n** checkout (9-1)
der **Kassenzettel, -** sales slip (7)
die **Kassette, -n** cassette (1)
der **Kassettenrecorder, -** cassette recorder (3)
der **Kassierer, -/die Kassiererin, -nen** cashier (9-1)
das **Kassler Rippchen, -** (das **Kassler**) smoked pork chop (9)
der **Kasten,** ⁻ box; case (9-1)
die **Katze, -n** cat (1, 3-1)
  Es ist alles für die Katz. It's all for nothing. (10)
kaufen to buy (1-1)
der **Käufer, -/die Käuferin, -nen** buyer (9)
das **Kaufhaus,** ⁻er department store (3-2)
kaum scarcely, hardly (10-2)
der **Kaviar** caviar (3)
kein, kein, keine not a, not any, no (1)
der **Keller, -** cellar, basement (8-2)
der **Kellner, -/die Kellnerin, -nen** server, waiter/waitress (9-1)
kennen, kannte, hat gekannt to know; to be acquainted with (3-1)
  kennen lernen to get to know (E, 4-2)
die **Kenntnisse** *(pl)* experience; knowledge (6)
die **Kerze, -n** candle (7-2)
der **Kessel, -** kettle (3)
das **Keyboard, -s** keyboard (3)
der **Kilometer, -** kilometer (1)
das **Kind, -er** child (1, 3-1)
  als Kind as a child (5-2)
die **Kinderabteilung, -en** children's department (10)
der **Kindergarten,** ⁻ kindergarten (1)
die **Kinderlähmung** polio (7)
kinderlos childless (12)
kindisch childish (2)
kindlich childlike (2)
das **Kinn, -e** chin (6-1)
das **Kino, -s** movie theater (1)
  ins Kino to the movies (1-2)
die **Kirche, -n** church (9, 10-1)
die **Klamotten** *(pl)* clothes (10-2)
die **Klapper, -n** rattle (8)
die **Klapperschlange** rattlesnake (8)
Klar! Of course! (1-1)
die **Klarinette, -n** clarinet (2)
die **Klasse, -n** class, classroom (3-2)
klassenlos classless (12)
der **Klatsch** gossip (11-2)
die **Klausur, -en** test (5-2)

das **Klavier** piano (2)
  Klavier spielen to play the piano (2)
das **Klavierkonzert, -e** piano concerto (3)
der **Klavierlehrer, -/die Klavierlehrerin, -nen** piano teacher (7)
kleben to stick (10)
das **Kleid, -er** dress; *(pl)* clothes (2-2)
kleiden to dress (10)
das **Kleidergeschäft, -e** clothing store (3-2)
das **Kleidungsstück, -e** article of clothing (2-2)
klein little, small; short (1, 2-1)
die **Kleinbahn, -en** narrow-gauge railway (11)
klingeln to ring (8-2)
das **Klischee, -s** cliché (1)
das **Klo, -s** toilet; washroom, bathroom (8-1)
klopfen to knock (6)
der **Klub, -s** club (10)
klug smart, intelligent (10-2)
der **Klumpen, -** lump (10)
knabbern to nibble (11)
das **Knäckebrot** crispbread (11)
die **Knackwurst,** ⁻e knackwurst (5)
knalllaut very loud (11)
knallrot beet red (11)
der **Knast** jail (11)
die **Kneipe, -n** pub (1)
  in die Kneipe to a pub (1-2)
das **Knie, -** knee (1, 6-1)
knipsen to click (11)
der **Knoblauch** garlic (11)
der **Knödel, -** dumpling (9-1)
der **Knopf,** ⁻e button (11)
knutschen to smooch (11)
der **Koch,** ⁻e cook (3)
das **Kochbuch,** ⁻er cookbook (7-1)
kochen to cook (2-1)
die **Kocherei,** *(constant)* cooking (5)
der **Kochkurs, -e** cooking lessons (5)
das **Koffein** caffeine (2)
der **Koffer, -** suitcase (2, 6-1)
der **Kofferraum** trunk *(of a car)* (4)
der **Kognak** cognac (1)
die **Kohle, -n** coal (9)
der **Kolchos, -en** collective farm (9)
der **Kollege, -en, -en/die Kollegin, -nen** colleague (2, 9-2)
(das) **Köln** Cologne (12)
der **Kolonist, -en, -en/die Kolonistin, -nen** colonist, settler (9)
kombinieren to combine (4)
komfortabel comfortable (4, 5-1)
kommen, kam, ist gekommen to come (E, 1-1)
  Das kommt nicht in Frage! That's out of the question! (9-2)
  ums Leben kommen to die (11)
die **Kommode, -n** dresser (8-1)
kommunistisch communist (11)
die **Komödie, -n** comedy (3)

das **Kompliment, -e** compliment (5-2)
kompliziert complicated (10-1)
der **Komponist, -en, -en** composer (2, 5-1)
die **Komposition, -en** composition (3)
der **Konflikt, -e** conflict (12-2)
der **König, -e** king (1)
können (kann), konnte, hat gekonnt to be able to, can (4)
konservativ conservative (5-2)
das **Konsulat, -e** consulate (12-2)
der **Kontakt, -e** contact (E, 12-1)
die **Kontaktlinse, -n** contact lense (5-2)
kontaktorientiert contact oriented (12)
der **Kontext, -e** context (1)
der **Kontinent, -e** continent (2)
das **Konzept, -e** concept (4)
das **Konzert, -e** concert (1, 2-2)
  ins Konzert to a concert, to concerts (1-2)
der **Kopf,** ⁻e head (6-1)
  den Kopf schütteln to shake one's head (10-2)
  Er ist nicht auf den Kopf gefallen. He's no fool. (6)
  Mir raucht der Kopf. I can't think straight anymore. (9)
der **Kopfhörer, -** headphone (11-2)
der **Kopfsalat, -e** head lettuce (9)
die **Kopfschmerzen** *(pl)* headache (12-2)
kopieren to copy (10-1)
der **Kork, -en** cork (9)
der **Korkenzieher, -** corkscrew (8-2)
der **Körper, -** body (6-1)
der **Körperteil, -e** part of the body (2, 6-1)
kosten to cost (1-2)
kotzen to puke, to throw up (11)
krabbeln to crawl (8)
der **Krach** row, scene (11)
der **Krampf,** ⁻e cramp (3)
krank sick (3-2)
das **Krankenhaus,** ⁻er hospital (6)
die **Krankenversicherung, -en** health insurance (12)
die **Krankheit, -en** illness, sickness (7-2)
kränklich sickly (2)
die **Krawatte, -n** tie (7-2)
der **Kredit, -e** credit; loan (11)
die **Kreditkarte, -n** credit card (5-2)
der **Kreis, -e** circle (11)
kreischen to screech (11)
das **Kreuz, -e** cross (1)
der **Krieg, -e** war (7, 11-1)
kriegen to get, to receive (8)
  eins aufs Dach kriegen to be bawled out (8)
der **Krimi, -s** detective story (3)
der **Kritiker, -** critic (10)
kritisch critical (5)
kritisieren to criticize (3-2)
die **Krone, -n** crown (1)

krumm crooked, bent (10-2)
die **Küche, -n** kitchen (8-1)
der **Kuchen, -** cake (3, 4-1)
  ein Stück Kuchen a piece of cake (3, 4-1)
die **Küchenbenutzung** kitchen privileges (8)
die **Kuckucksuhr, -en** cuckoo clock (2)
der **Kugelschreiber, -** ballpoint pen (7-2)
die **Kuh, ⁻e** cow (1)
kühl cool (5-2)
der **Kühlschrank, ⁻e** refrigerator (7, 8-1)
der **Kulturschock** culture shock (9)
der **Kunde, -n, -n**/die **Kundin, -nen** customer (7-1)
die **Kunst, ⁻e** art (5-2)
der **Künstler, -**/die **Künstlerin, -nen** artist (8-2)
der **Kurs, -e** course (5-2)
kurz short (2-2)
kuschelig cuddly (7-2)
die **Kusine, -n** *(female)* cousin (3-1)
die **Küste, -n** coast (11-2)
die **Kutsche, -n** *(horse-drawn)* carriage (3)

L ──────────

lachen to laugh (3-1)
  Da lachen ja die Hühner! What a joke! (10)
der **Lachs** smoked salmon, lox (3)
laden (lädt), lud, hat geladen to load (6)
die **Lage, -n** location (11)
das **Lager, -** camp (9)
lahm lame (2)
das **Lama, -s** llama (2)
das **Lamm, ⁻er** lamb (1)
die **Lampe, -n** lamp (1, 8-1)
das **Land, ⁻er** country (2-2); state (6-1)
landen to land (6-2)
die **Landschaft, -en** landscape (5-1)
das **Landschaftsbild, -er** landscape painting (8)
die **Landung, -en** landing (6)
lang long (1, 2-2)
  Das ist schon lange her. That's a long time ago. (11-1)
langsam slow (3-1)
längst: schon längst a long time ago (9)
langweilig boring (3-1)
die **Lasagne** *(pl)* lasagna (7)
lassen (lässt), ließ, hat gelassen to let; to leave (3-2); to have (something) done (11)
  Lass mich in Ruhe! Stop bothering me! (4-2)
der **Lastwagen, -** truck (10-2)
(das) **Latein** Latin *(language)* (6)
laufen (läuft), lief, ist gelaufen to run (3-2)
die **Laus, ⁻e** louse (1)

lausig lousy (2)
laut loud (1, 3-2)
der **Lautsprecher, -** loudspeaker (5)
leben to live *(in a country or a city)* (2-2)
das **Leben, -** life (3-1)
  ums Leben kommen to lose one's life (11)
das **Lebensjahr** year of *(one's)* life (3)
die **Lebensmittel** *(pl)* food; groceries (9-1)
der **Lebensstil, -e** lifestyle (4, 5-2)
die **Lebensversicherung, -en** life insurance (12)
der **Lebensunterhalt** living expenses (11)
lebenswichtig essential (11)
die **Leberwurst, ⁻e** liver sausage (10)
leblos lifeless (12)
lecker delicious (4, 5-1)
das **Leder** leather (2)
leer empty (7-1)
leeren to empty (7-1)
legen to lay *(down)*, to put *(in a horizontal position)* (8-1)
die **Lehne, -n** back *(of a chair)* (9)
die **Lehre, -n** apprenticeship (6)
der **Lehrer, -**/die **Lehrerin, -nen** teacher, instructor (2-1)
der **Lehrling, -e** apprentice (6)
der **Lehrplan** curriculum (8)
leicht easy, light (6-2)
Leid: Es tut mir Leid. I'm sorry. (7-2)
leiden, litt, hat gelitten to suffer (11)
leider unfortunately (5-2)
leihen, lieh, hat geliehen to lend (7-2)
die **Leine, -n** leash (10)
leisten to achieve (7)
lernen to learn; to study (1-2)
lesen (liest), las, hat gelesen to read (3-2)
letzt last (3-2)
  in letzter Zeit recently (6)
die **Leute** people (1)
das **Licht, -er** light (8)
die **Lichthupe, -n** flashing headlights (11)
lieb dear (4-1)
  Liebe Grüße Love *(closing in a letter)* (6)
die **Liebe** love (2)
lieben to love (2, 5-2)
lieber rather (2)
der **Liebling, -e** darling, favorite (3-1)
die **Lieblings-CD** favorite CD (5)
die **Lieblingsfarbe** favorite color (3-1)
der **Lieblingsonkel, -** favorite uncle
das **Lieblingsprogramm** favorite program (5)
der **Lieblingssport** favorite sport (5)
die **Lieblingstante, -n** favorite aunt (3)
lieblos loveless (12)
liebst: Wo machst du am liebsten Ferien? What's your most favorite vacation spot? (5-1)

liegen, lag, hat gelegen to lie, to be lying (3)
der **Likör, -e** liqueur (2)
die **Lilie, -n** lily (1)
die **Limonade, -n** soft drink (2, 9-1)
die **Linie, -n** line (8)
links left; to the left (4-2)
die **Lippe, -n** lip (1)
der **Lippenstift, -e** lipstick (3, 9-2)
lispeln to lisp (8)
die **Liste, -n** list (6)
der **Liter, -** liter (9-1)
die **Literatur, -en** literature (5-2)
der **Lkw, -s (Lastkraftwagen)** truck (10-2)
das **Loch, ⁻er** hole (7-2)
lockig curly (3-2)
der **Löffel, -** spoon (9-2)
der **Lohn, ⁻e** wages, pay (12-1)
los
  Was ist denn los? What's up? (8-2)
  Was ist mit dir los? What's the matter with you? (12)
löschen to delete; to extinguish (10)
lösen to solve (4)
die **Lösung, -en** solution (5-1)
die **Luft** air (11-1)
die **Luftbrücke** airlift (11)
die **Luftbrückengüter** goods transported by air lift (11)
der **Luftschutzkeller, -** air-raid shelter (11)
die **Lüge, -n** lie (9-1)
lügen, log, hat gelogen to lie (10-1)
der **Lumpen, -** rag (10-1)
die **Lüneburger Heide** Lüneburg Heath (1)
die **Lust** enjoyment (8)
  Ich habe keine Lust. I don't feel like it. (8-2)
  Ich habe Lust auf eine Tafel Schokolade. I feel like having a chocolate bar. (10-2)
lustig funny, humorous; happy (7-1)
der **Luxus** luxury (8-2)

M ──────────

machbar doable (12)
machen to make; do (1-1)
  Das macht nichts! That doesn't matter! (9-1)
  Mach's gut! Take care! (1-2)
das **Mädchen, -** girl (5-2)
das **Magazin, -e** magazine (2-2)
mähen to mow (6-2)
der **Mai** May (1-2)
die **Makkaroni** *(pl)* macaroni (3)
das **Mal, -e** *(occurrence)* time (7)
  das letzte Mal the last time (10)
  jedes Mal every time (10)
  mit einem Mal suddenly (11)
  zum ersten Mal for the first time (7-2)

mal, einmal once; for a change (5)
  nicht mal not even (10)
malen to paint *(a picture)* (8)
der **Maler, -** painter, artist (6)
die **Malerei** painting *(as an activity)* (8)
man one, you (E, 4-1)
  Wie macht man das? How does one
    do that? How do you do that? (4-1)
mancher, manches, manche many a;
  (pl) some (10-1)
manchmal sometimes (4-1)
die **Mandarine, -n** mandarin (orange)
  (1)
der **Mann, ̈er** man, husband (1, 2-2)
der **Mantel, ̈** coat (2-2)
das **Märchen, -** fairy tale (4, 10-2)
der **Märchenkönig, -e** fairy-tale king (5)
die **Märchenstadt, ̈e** fairy-tale city (5)
die **Märchenwelt** wonderland (5)
die **Mark, -** mark *(German currency)* (1)
  fünf Mark das Stück five marks
    apiece (7)
der **Markt, ̈e** market (4)
der **Marktplatz, ̈e** market square (5-1)
marktwirtschaftlich free enterprise (11)
die **Marmelade, -n** jam (4-1)
der **Mars** Mars (5)
marschieren to march (5)
der **März** March (1-2)
die **Maschine, -n** machine (4)
das **Massenprodukt, -e** mass product (4)
die **Mathe** math (2)
die **Mathematik** mathematics (9)
die **Mauer, -n** wall (7, 11-1)
die **Maus, ̈e** mouse (1)
maximal a maximum of (8-2)
das **Medikament, -e** medicine (9)
das **Meer, -e** ocean, sea (8, 11-2)
das **Mehl** flour (9-1)
mehr more (3-2)
  nicht mehr no longer, not any more
    (3-2)
die **Mehrzahl** majority (6)
mein, mein, meine my (E)
meinen to think, to mean (10)
die **Meinung, -en** opinion (5)
  meiner Meinung nach in my opinion
    (8-2)
meist most (3)
meistens mostly, usually (4-1)
die **Menge, -n** lot, great deal (11-2)
  eine Menge a lot (11)
die **Mensa** university cafeteria *(for full
  meals)* (E, 1-1)
  in die Mensa to the cafeteria (1-2)
der **Mensch, -en, -en** human being,
  person; *(pl)* people (5-2)
  Mensch! Wow! Boy! (1-1)
die **Menschheit** humanity (10-2)
menschlich human (12)
der **Mercedes** Mercedes (3)
merken to realize; to notice (9)
die **Messe, -n** trade fair (1)
  auf die Messe to the trade fair (1)

das **Messer, -** knife (5, 9-1)
der **Meter, -** meter (1)
der **Methodist, -en, -en**/die
  Methodistin, -nen Methodist (3)
die **Miete, -n** rent (2)
mieten to rent (6-2)
das **Mietshaus, ̈er** apartment building
  (2)
die **Mikrobiologie** microbiology (2)
das **Mikroskop, -e** microscope (1, 10-2)
der **Mikrowellenherd, -e** microwave
  oven (8-1)
die **Milch** milk (1, 2-1)
mindestens at least (6-2)
das **Mineralwasser** mineral water
  (3, 9-1)
der **Minister, -/** die **Ministerin, -nen**
  minister *(in government)* (5)
der **Ministerpräsident, -en, -en** prime
  minister (10)
die **Minute, -n** minute (1, 2-1)
miserabel miserable (10-2)
der **Mist** manure (6)
mit with (1); *(as verb prefix)* along (4)
der **Mitbewohner, -/**die
  Mitbewohnerin, -nen housemate
  (8-2)
**mit·bringen, brachte mit, hat
  mitgebracht** to bring along (4)
das **Mitbringsel, -** small gift *(for a host)*
  (7)
der **Mitbürger, -/**die **Mitbürgerin, -nen**
  fellow citizen (9-2)
miteinander with each other (2)
**mit·fahren (fährt mit), fuhr mit, ist
  mitgefahren** to go along (4)
mit·gehen, ging mit, ist mitgegangen to
  go along (4)
das **Mitglied, -er** member (11)
**mit·kommen, kam mit, ist
  mitgekommen** to come along (4-2)
**mit·lesen (liest mit), las mit, hat
  mitgelesen** to read along (4)
**mit·nehmen (nimmt mit), nahm mit,
  hat mitgenommen** to take along (4)
mit·singen, sang mit, hat mitgesungen
  to sing along (4)
der **Mitstudent, -en, -en**/die
  Mitstudentin, -nen classmate (8-2)
der **Mittag** noon (2)
  gestern Mittag yesterday noon (2)
  zu Mittag essen to have lunch (4-1)
das **Mittagessen** lunch, noon meal
  (4-1)
  zum Mittagessen for lunch (4-1)
mittags at noon (2)
die **Mitte, -n** middle (2)
  Mitte Juli (in) the middle of July (5-1)
mittel average, medium (2)
mittelgroß average height (6)
die **mittlere Reife** tenth grade diploma
  (6)
der **Mittelklassewagen, -** medium-sized
  car (12)

mitten: mitten im Winter in the middle
  of (3)
die **Mitternacht** midnight (4, 11-2)
der **Mittwoch** Wednesday (1-2)
die **Möbel** *(pl)* furniture (8-1)
das **Möbelstück** piece of furniture (10)
möbliert furnished (8-1)
das **Modell, -e** model (4)
die **Modenschau** fashion show (11)
modern modern (2-1)
modisch fashionable (10-2)
mögen (mag), mochte, hat gemocht to
  like (4)
  ich möchte I would like (3)
möglich possible (4-2)
  so bald wie möglich as soon as
    possible (4)
  so schnell wie möglich as quickly as
    possible (10)
  so viel wie möglich as much as
    possible (9)
die **Möglichkeit** possibility (5)
möglichst viel as much as possible (11)
mollig plump (2-1)
der **Moment, -e** moment (7)
die **Monarchie, -n** monarchy (11-1)
der **Monat, -e** month (1-2)
monatlich monthly (2)
der **Mond** moon (1)
der **Montag** Monday (1-2)
  am Montagnachmittag on Monday
    afternoon (2)
montags on Mondays (2)
morgen tomorrow (1-1)
  morgen früh tomorrow morning
    (2-2)
  morgen Nachmittag tomorrow
    afternoon (2)
der **Morgen, -** morning (E)
  Guten Morgen! Morgen! Good
    morning! (E-1)
  heute Morgen this morning (1-2)
morgens in the morning (2)
die **Morgentoilette** morning rituals (9)
der **Moskito, -s** mosquito (2)
der **Most** cider (8)
der **Motor, -en** motor (5)
das **Motorboot, -e** motorboat (4)
der **Motorenkonstrukteur, -e** engine
  designer (12)
das **Motorrad, ̈er** motorcycle (2-2)
das **Mountainbike, -s** mountain bike
  (3-2)
Mountainbiking gehen to go mountain
  biking (1)
der **Mozzarella** mozzarella *(cheese)* (10)
müde tired (5-2)
der **Mülleimer, -** garbage pail (7-1)
(das) **München** Munich (5)
der **Mund, ̈er** mouth (6-1)
  den Mund voll nehmen to talk big (6)
die **Münze, -n** coin (11)
murmeln to mutter (12-1)
das **Museum, Museen** museum (5-1)

die **Musik** music (1)
musikalisch musical (2-1)
der **Musiker, -**/die **Musikerin, -nen** musician (3)
das **Müsli** muesli *(cold, whole grain cereal with nuts and fruit)* (4-1)
  eine Schüssel Müsli (4-1)
das **Muss** must (11)
müssen (muss), musste, hat gemusst to have to, must (4)
die **Mutter, ⁻** mother (E, 3-1)
mütterlich motherly (2)
mutterlos motherless (12)
mütterlicherseits on one's mother's side (3, 6-1)
der **Muttertag, -e** Mother's Day (7-2)
die **Mutti** mom (5)
mysteriös mysterious (5)

N

na well (E)
nach after; to (1-2); according to (8)
  nach Claudias Vorlesung after Claudia's lecture (1-2)
  nach Florida to Florida (1-2)
der **Nachbar, -n, -n**/die **Nachbarin, -nen** neighbor (2-2)
nachdem after *(conj)* (9)
nach·füllen to refill (9)
nach·galoppieren to gallop after (10)
nachher after; afterwards (6-1)
der **Nachmittag, -e** afternoon (1)
  heute Nachmittag this afternoon (1)
  morgen Nachmittag tomorrow afternoon (2)
der **Nachmittagskaffee** afternoon coffee (4-1)
nachmittags in the afternoon (2)
das **Nachrichtenmagazin, -e** news magazine (10)
nächst next (1)
  nächstes Jahr next year (1, 3-2)
die **Nacht, ⁻e** night (2)
  bei Nacht at night (2)
  gestern Nacht last night (2)
  Gute Nacht! Good night! (E)
der **Nachteil, -e** disadvantage (8)
der **Nachtisch, -e** dessert (3, 4-1)
  zum Nachtisch for dessert (3, 4-1)
nachts at night (2)
der **Nachttisch, -e** night table (8-1)
die **Nachttischlampe, -n** bedside lamp (8)
nah near (5-1)
die **Nähe** vicinity (8)
  in der Nähe der Uni near the university (8-2)
die **Nähmaschine, -n** sewing machine (8-2)
der **Name, -ens, en** name (E-1)
namenlos nameless (12)
das **Namensschild, -er** name plate (9)
nämlich you see (5)

der **Narr, -en, -en** jester (10)
die **Nase, -n** nose (6-1)
  die Nase zu tief ins Glas stecken to drink too much (6)
  jemand auf der Nase herumtanzen to walk all over someone (9)
das **Nashorn** rhinoceros, rhino (9)
nass wet (5-1)
der **Nationalfeiertag, -e** national holiday (7)
die **Nationalität, -en** nationality (1)
die **Natur** nature (9)
natürlich of course (9, 10-1)
der **Naturwissenschaftler, -e**/die **Naturwissenschaftlerin, -nen** natural scientist (12)
neben beside, next to (8)
nebenan next door (8-1)
der **Nebensatz, ⁻e** dependent clause (10)
neblig foggy (1)
der **Neffe, -n, -n** nephew (7-2)
negativ negative (1)
nehmen (nimmt), nahm, genommen to take (3-2)
neidisch jealous, envious (12)
  neidisch sein auf *(+ acc)* to be envious of (12-1)
nein no (E-1)
die **Nektarine, -n** nectarine (2)
nennen, nannte, hat genannt to call, to name (6)
der **Nerv, -en** nerve (12)
  Sie geht mir auf die Nerven. She goes on my nerves. (12-1)
nerven to get on one's nerves (4, 8-2)
nervös nervous, on edge (4-2)
Nervtante: Sie ist eine Nervtante. She goes on my nerves. (12-1)
nett nice; pleasant (2-1)
das **Netz, -e** net (3)
neu new (3-2)
die **Neue Pinakothek** *(art gallery in Munich)* (5)
die **Neuerung, -en** innovation (4)
Neujahr New Year (6)
neuseeländisch *(adj)* New Zealand (7)
nicht not (1-1)
  gar nicht not at all (1-1)
  nicht mal not even (10)
  nicht mehr no longer, not any more (3-2)
  noch nicht not yet (E)
  überhaupt nicht not at all (11)
die **Nichte, -n** niece (7-2)
nichts nothing (1-2)
  Er tut dir nichts. He won't hurt you. (9-1)
nie never (2-2)
niemals never (11-1)
niemand nobody, no one (3-2)
nieseln: es nieselt it's drizzling (1)
noch still (1-1)
  immer noch still (3)

noch einmal (over) again, once more (3-2)
noch mal (over) again, once more (2, 3-2)
noch nicht not yet (E)
das **Nomen, -** noun (1)
(das) **Nordamerika** North America (3)
nordamerikanisch *(adj)* North American (8)
(das) **Norddeutschland** Northern Germany (3)
der **Norden** north (6)
nördlich (von) north (of) (11)
die **Nordsee** North Sea (1)
die **Note, -n** grade, mark (12); *(bank)*note (11)
die **Notiz, -en** note (E)
der **November** November (1-2)
die **Nudel, -n** noodle (2, 4-1)
die **Nummer, -n** number (E)
nur only (1-1)
die **Nuss, ⁻e** nut (3)

O

ob whether *(conj)* (5)
  tun, als ob to act like (12)
oben above (10-2)
ober upper (10)
der **Ober, -** *(head)*waiter (9)
  Herr Ober! Waiter! (9)
das **Obst** *(sing)* fruit (4-1)
obwohl although, even though *(conj)* (4-2)
der **Ochse, -n, -n** ox (1)
die **Ode, -n** ode (11)
oder or (1-2)
offen open (2, 3-2)
offiziell official (12-2)
öffnen to open (11)
oft often (1-1)
ohne without (E, 5-2)
die **Ohnmacht**
  in Ohnmacht fallen to faint (12-1)
das **Ohr, -en** ear (6-1)
  jemand übers Ohr hauen to cheat someone (9)
der **Ohrring, -e** earring (5-2)
der **Oktober** October (1-2)
das **Oktoberfest** Octoberfest (1)
das **Öl, -e** oil (9-2)
die **Olive, -n** olive (2)
das **Olivenöl** olive oil (2)
die **Oma, -s** grandma (3-1)
der **Onkel, -** uncle (3-1)
der **Opa, -s** grandpa (3-1)
die **Oper, -n** opera (2-2)
der **Opersänger, -**/die **Opersängerin, -nen** opera singer (2)
optimistisch optimistic (3-1)
die **Orange, -n** orange (1)
der **Orangensaft** orange juice (4-1)
das **Orchester, -** orchestra (3)
ordentlich decent (2); neat (4-2)

die **Ordnung** order (9)
  Ist alles in Ordnung? Is everything OK? (9-2)
orientiert oriented (12)
das **Ornament, -e** ornament (5)
der **Ort, -e** place (6-1)
der **Osten** east (8)
der **Osterhase, -n** Easter bunny (7-1)
der **Ostermontag** Easter Monday (7)
Ostern Easter (7-1)
(das) **Österreich** Austria (1-1)
der **Österreicher, -/die Österreicherin, -nen** Austrian *(person)* (1-1)
der **Ostersonntag** Easter Sunday (7)
osteuropäisch Eastern European (11)
östlich (von) east (of) (11)
die **Ostsee** Baltic Sea (1)
das **Outfit, -s** outfit (4)
der **Ozean, -e** ocean (11-2)

P

das **Paar** pair, couple (6)
paar: ein paar a couple of, a few (1, 4-2)
packen to pack (4, 6-1)
die **Packung, -en** package (5)
das **Paket, -e** parcel (7-2)
der **Papierkorb, ⁻e** wastepaper basket (8-1)
das **Paradies** paradise (10)
der **Paragraph, -en, -en** paragraph (11)
das **Parfüm, -s** perfume (7)
der **Park, -s** park (1)
parken to park (4)
das **Parlament, -e** parliament (11)
der **Partner, -/die Partnerin, -nen** partner (2)
die **Party, -s** party (7)
der **Pass, ⁻e** passport (5-2)
passen to fit (E); to suit (12)
  Das passt mir gar nicht. That doesn't suit me at all. (12-1)
  Der Mantel passt dir nicht. That coat doesn't fit you. (6-2)
passend appropriate (7)
  etwas Passendes something suitable (10)
passieren, passierte, ist passiert to happen (6-2)
passioniert ardent (5-1)
der **Patient, -en, en/die Patientin, -nen** patient (6)
die **Pause, -n** break (12)
peinlich embarrassing (11-2)
die **Pension, -en** pension (12-2)
die **Person, -en** person, individual (3-2)
der **Personalchef, -s/die Personalchefin, -nen** personnel manager (6-2)
das **Personalpronomen, -** personal pronoun (7)
der **Personenwagen, -** car (10-2)

persönlich personal (5)
die **Peseta, Peseten** *(Spanish)* peseta (11)
pessimistisch pessimistic (3-1)
der **Pfad, -e** path (3)
die **Pfanne, -n** pan (3, 9-1)
der **Pfeffer** pepper (1, 9-2)
der **Pfefferminztee** peppermint tea (11)
die **Pfeife, -n** pipe (3)
der **Pfennig, -e** penny (3)
das **Pferd, -e** horse (10-1)
  Da bringen mich keine zehn Pferde hin. Wild horses couldn't drag me there. (10)
Pfingsten Pentecost (7)
die **Pflanze, -n** plant (3)
das **Pflaster, -** band-aid (9)
die **Pflaume, -n** plum (11)
der **Pflegeberuf, -e** nursing profession (12)
pflegeleicht easy to care for (10)
pflücken to pick (11)
pflügen to plough (11)
der **Pfosten, -** post (3)
die **Pfote, -n** paw (9)
das **Pfund, -e** pound (3)
Pfui! Yuck! (11)
die **Philharmonie** philharmonic orchestra (1)
die **Physik** physics (1)
der **Physiotherapeut, -en, -en/die Physiotherapeutin, -nen** physiotherapist (3)
der **Pianist, -en, -en/die Pianistin, -nen** pianist (3)
das **Picknick, -s** picnic (4)
das **Pipimädchen, -** stupid little girl (11)
die **Pistazie, -n** pistachio (2)
die **Pistole, -n** pistol (7)
die **Pizzeria, -s** pizzeria (9)
der **Pkw, -s (Personenkraftwagen)** car (10-2)
der **Plan, ⁻e** plan (1, 5-1)
planen to plan (7, 8-1)
das **Plastik, -s** plastic (9-1)
die **Plastiktasche, -n** plastic bag (9)
der **Platz, ⁻e** place; seat (4, 9-1); city square (5)
die **Platzkarte, -n** seat reservation (7)
die **Platzreservierung, -en** seat reservation (7)
plötzlich suddenly, all of a sudden (6-2)
poetisch poetic (10)
die **Politik** politics (5)
der **Politiker, -/die Politikerin, -nen** politician (2)
politisch political (2-1)
die **Polizei** police (4, 12-2)
der **Polizist, -en, -en/die Polizistin, -nen** police officer (2, 9-2)
polnisch *(adj)* Polish (2)
die **Pommes frites** French fries (4-1)
populär popular (10-2)

die **Position, -en** position (12-1)
die **Post** post office; mail (8)
das **Postamt, ⁻er** post office (10)
das **Poster, -** poster (8)
die **Postkarte, -n** postcard (6-1)
die **Postleitzahl, -en** zip code, postal code (E)
praktisch practical (2-1)
die **Praline, -n** chocolate praline (2)
der **Präsident, -en, -en/die Präsidentin, -nen** president (5)
das **Präteritum** simple past (10)
die **Praxis** office (*e.g., medical*); work experience (11)
das **Präzisionsinstrument** precision instrument (11)
der **Preis, -e** price (3-2)
primitiv primitive 5-1)
das **Privathaus, ⁻er** private home (8)
privatisieren to privatize (11-2)
pro per (6)
das **Problem, -e** problem (3-1)
das **Produkt, -e** product (10-2)
der **Produzent, -en** producer (4)
produzieren to produce (4)
der **Professor, -en/die Professorin, -nen** professor (1)
der **Programmierer, -/die Programmiererin, -nen** programmer (1)
das **Projekt, -e** project (5)
der **Projektor, -en** projector (5)
proklamieren to proclaim (11-1)
protzig swanky, showy (10)
die **Provinz, -en** province (5)
das **Prozent, -e** percent (1, 12-1)
der **Psychiater, -** psychiatrist (9)
der **Pudding, -s** pudding (3, 4-1)
der **Pudel, -n** poodle (2)
der **Pulli, -s** sweater (5)
der **Pullover, -** sweater (1, 2-2)
der **Punk, -s** punk (11)
der **Punkt, -e** dot; period (4)
  Punkt halb zwei at half past one on the dot (3-2)
pünktlich punctual, on time (5-2)
die **Puppe, -n** doll (10)
putzen to clean (4, 6-2)

Q

der **Quadratfuß, -** square foot (8)
der **Quadratmeter, -** square meter (5)
qualifiziert qualified (12-1)
Quatsch! nonsense (6-1)

R

das **Rad, ⁻er** bike; wheel (2-2)
  Rad fahren (fährt Rad), fuhr Rad, ist Rad gefahren to ride a bike, to go cycling (4-2)
das **Radio, -s** radio (6)
die **Radtour, -en** bicycle trip (2-2)

der **Radwanderführer,** - cycling tour guidebook (11)

die **Radwanderkarte, -n** cycling tour map (11)

rasen to race (10)

der **Rasen,** - lawn (6-2)

der **Rasenmäher,** - lawnmower (6-2)

der **Rasierapparat, -e** shaver (9-2)

(sich) **rasieren** to shave (9-2)

rasseln to rattle (3)

Rast machen to stop over (11)

das **Rathaus, ̈er** city hall (8)

der **Ratschlag, ̈e** piece of advice (5)

die **Ratte, -n** rat (1)

rauchen to smoke (4-2)

  Mir raucht der Kopf. I can't think straight anymore. (9)

das **Rauchen** smoking (7)

der **Raum, ̈e** space; room (11-2)

raus·gehen, ging raus, ist rausgegangen to go out (8)

raus·kommen, kam raus, ist rausgekommen to come out (6)

raus·wachsen (wächst raus), wuchs raus, ist rausgewachsen to grow out (12)

reagieren (auf + acc) to react (to) (11-2)

die **Realschule, -n** college track secondary school (6)

die **Rechnung, -en** bill (9-1)

recht

  es allen recht machen trying to please everybody (10)

  Es ist nicht recht, ... It's not right . . . (10)

das **Recht** right

  Du hast Recht. You're right. (4-2)

rechts right; to the right (4-2)

die **Rechtskurve, -n** right curve (4)

rechtzeitig on time (9-2)

die **Rede, -n** speech, talk (11-1)

  eine Rede halten to give a speech (11-1)

reden to speak (4, 9-2)

reduziert reduced (7)

das **Referat, -e** report, paper (4-2)

das **Reformhaus, ̈er** health food store (8, 9-2)

regelmäßig regular (11-2)

der **Regen** rain (4, 5-1)

der **Regenschirm, -e** (5)

die **Region, -en** region (6-1)

regnen to rain (1-1)

  Es regnet. It's raining. (1)

reich rich (1, 5-1)

reif ripe (2)

die **Reihenfolge** sequence (7)

rein·gehen, ging rein, ist reingegangen to go in (6)

der **Reis** rice (4-1)

die **Reise, -n** trip (2, 3-1)

  eine Reise machen to take a trip (5-1)

der **Reisebegleiter, -/die Reisebegleiterin, -nen** travel guide (6)

die **Reisebroschüre, -n** travel brochure (5)

das **Reisebüro, -s** travel agency (5-2)

reisen to travel (1-2)

der **Reisescheck, -s** traveler's check (5-2)

reiten, ritt, ist geritten to ride (a horse) (10-1)

der **Reiter,** - horseback rider (10)

die **Reklametafel, -n** billboard (8)

die **Relativitätstheorie** theory of relativity (6)

rennen, rannte, ist gerannt to run (6-2)

renovieren to renovate (11-2)

die **Rente, -n** pension (12-1)

die **Rentenversicherung, -en** pension plan (12)

reparieren to repair (4)

die **Republik, -en** republic (11-1)

das **Requiem, Requien** requiem (3)

reservieren to reserve (4)

das **Restaurant, -s** restaurant (1)

restlich rest of the, remaining (11)

revolutionär revolutionary (4)

das **Rezept, -e** recipe (9-1)

rezeptfrei prescription free (drugs) (9)

rezeptpflichtig prescription (drug) (9)

der **Rhein** Rhine (river) (1)

das **Rheintal** Rine valley (1)

richtig right; true (1-1); correct (4)

die **Richtigkeit** rightness, correctness (11)

die **Richtung, -en** direction (11-1)

riechen, roch, hat gerochen to smell (5, 12-2)

riesig huge (10-2)

der **Ring, -e** ring (1, 7-2)

der **Ringfinger,** - ring finger (6)

der **Rock** rock music (2)

der **Rock, ̈e** skirt (2-2)

das **Rockfest, -e** rock festival (1)

die **Rockgruppe, -n** rock group (1)

der **Rockstar, -s** rock star (2)

die **Rolle, -n** role (5)

die **Rollenbeschreibung, -en** role description (9)

der **Rollstuhl, ̈e** wheel chair (7-2)

der **Roman, -e** novel (5-2)

romantisch romantic (5-2)

rosarot pink (1-1)

die **Rose, -n** rose (1, 7-2)

rostig rusty (2)

rot red (1-1)

(das) **Rotkäppchen** Little Red Riding Hood (10)

der **Rotkohl** red cabbage (9)

der **Rotwein, -e** red wine (3)

der **Rotzlümmel,** - snotty-nosed brat (11)

die **Rübe, -n** turnip (4)

der **Rücken,** - back (6-1)

der **Rucksack, ̈e** backpack (7-1)

rufen, rief, hat gerufen to call (9, 10-1)

die **Ruhe** calm, peace

  in aller Ruhe in peace and quiet (10)

  Lass mich in Ruhe! Stop bothering me! (4-2)

ruhig calm, quiet (8-1)

der **Rum** rum (9-1)

rund round (6)

  rund um around (10)

der **Rüssel,** - trunk (of an elephant) (9)

russisch (adj) Russian (7)

der **Rutsch: Einen guten Rutsch ins neue Jahr!** Happy New Year! (7-1)

S

der **Saal, Säle** hall (9)

die **Sache, -n** thing (4)

säen to sow (4)

der **Saft, ̈e** juice (4)

saftig juicy (10-2)

die **Säge, -n** saw (tool) (10)

sagen to say, to tell (2-1)

  Sag mal say, tell me (1)

die **Salami, -s** salami (2)

der **Salat, -e** salad (4-1)

das **Salz** salt (1, 9-2)

salzig salty (2)

sammeln to collect (2-1)

die **Sammlung, -en** collection (6)

der **Samstag** Saturday (1-2)

die **Sandale, -n** sandal (3-2)

sandig sandy (2)

der **Sänger, -/die Sängerin, -nen** singer (5)

der **Sankt Nikolaus** Saint Nicholas (7)

die **Sardine, -n** sardine (8)

satt: Ich habe es satt. I'm sick of it. (8-2)

satteln to saddle (10-1)

der **Satz, ̈e** statement (7)

sauber clean (8-2)

sauer sour (1-2)

der **Sauerbraten** marinated beef roast (9)

das **Sauerkraut** sauerkraut (4)

die **Sauna, -s** sauna (5-1)

das **Sauwetter** rotten weather (9)

die **S-Bahn** (commuter train) (4)

der **Scanner,** - scanner (11-2)

(das) **Schach** chess (2)

  Schach spielen to play chess (2)

Schade! Too bad! (12-2)

das **Schaf, -e** sheep (10)

der **Schal, -s** scarf (8)

schamlos shameless (12)

scharf sharp (2); spicy, hot (9)

schattig shady (2)

das **Schaubild, -er** diagram; graph (11)

schauen to look (7-1)

schaufeln to shovel (11-2)

der **Schaukelstuhl, ̈e** rocking chair (8-2)

der **Scheck, -s** check (11)

die **Scheibe, -n** slice (4-1)

  eine Scheibe Brot a slice of bread (4-1)

scheinen, schien, hat geschienen to shine (1-1)
schenken to give (a gift) (7-1)
schick chic (2-2)
schicken to send (6-2)
schießen, schoss, hat geschossen to shoot (7)
das Schiff, -e ship (2)
der Schilling, - shilling (Austrian currency) (2)
die Schinkenwurst ham sausage (9)
schlafen (schläft), schlief, hat geschlafen to sleep (3-2)
schlaflos sleepless (12)
der Schlafsack, ̈e sleeping bag (12-2)
die Schlaftablette, -n sleeping pill (12)
das Schlafzimmer, - bedroom (8-1)
schlagen (schlägt), schlug, hat geschlagen to hit; to beat (9-1)
schlank slim (2-1)
schlau crafty (10-1)
schlecht bad (1-2)
schleimig slimy (2)
schleppen to drag (5-1)
schließlich finally (10-2)
Schlittschuh laufen to (ice) skate (1)
das Schloss, ̈er castle (5-1)
der Schlosser, - toolmaker (6)
schlüpfrig slippery (2)
schmal slim, narrow ; (face) thin (6)
schmecken to taste (9-2)
der Schmerz, -en pain (12)
sich schminken to put on make-up (9-2)
der Schmuck jewelry (7-2)
schmutzig dirty (8-2)
der Schnabel, ̈ beak; mouth (slang) (11-2)
der Schnaps, ̈e schnapps; hard liquor (10)
schnarchen to snore (4)
die Schnecke, -n snail (9)
der Schnee snow (11-2)
der Schneesturm, ̈e snowstorm (12)
schneeweiß snow-white (11)
schneiden, schnitt, hat geschnitten to cut (6-2)
der Schneider, - tailor (7)
die Schneiderin, -nen seamstress (7)
schneien to snow (1, 5-2)
schnell fast, quick (E, 3-1)
der Schnellimbiss, -e fast food stand (5-2)
das Schnitzel, - cutlet (7)
das Wiener Schnitzel breaded veal cutlet (7)
der Schnupfen cold (11)
der Schnurrbart, ̈e moustache (5-2)
der Schock shock (9, 11-2)
schockiert shocked (7-2)
die Schokolade chocolate (2, 4-1)
eine Tafel Schokolade a chocolate bar (10)

schon already (2-2)
schon wieder again (E)
schön nice; beautiful (E, 1-1)
die Schönheit beauty (11)
der Schopf top (of a turnip) (4)
der Schoß lap (9)
der Schrank, ̈e closet (8-1)
nicht alle Tassen im Schrank haben to be crazy (8)
der Schrebergarten, ̈ garden plot at the edge of town (8)
schrecklich awful, terrible (11-2)
schreiben, schrieb, hat geschrieben to write (E, 1-1)
der Schreiber, - scribe (10)
der Schreibtisch, -e desk (8-1)
schreien, schrie, hat geschrieen to scream; to shout (10-2)
die Schrift, -en writing (10)
schriftlich in writing (4)
der Schuh, -e shoe (1, 2-2)
das Schuhgeschäft, -e shoe store (2)
der Schuhmacher, - shoemaker (10-1)
der Schulabschluss high school graduation (12)
die Schulbank: die Schulbank drücken to sit in school (11)
der Schulbeginn beginning of school (1)
schulden to owe (7-1)
die Schuld, -en debt (3-2)
der Schuldschein, -e I.O.U. (7)
die Schule, -n school (1, 2-1)
der Schüler, -/die Schülerin, -nen pupil; student in a high school (2-1)
die Schulter, -n shoulder (1, 6-1)
die Schulzeit schooldays (pl) (7)
die Schüssel, -n bowl (4-1)
eine Schüssel Müsli a bowl of muesli (4-1)
schütteln to shake (10)
den Kopf schütteln to shake one's head (10)
der Schutz protection (11)
schwach weak (12-2)
der Schwan, ̈e swan (1)
der Schwanz, ̈e tail (8)
schwarz black (1-1)
schwarz auf weiß in black and white (12-2)
das Schwarzbrot rye bread (7)
der Schwarzwald Black Forest (1)
die Schwarzwälder Kirschtorte Black Forest cake (10)
schwedisch Swedish (2)
das Schwein, -e pig (10)
Du hast Schwein gehabt. You were lucky. (10)
der Schweinebraten pork roast (9)
der Schweinestall, ̈e pigsty (4)
Was für ein Schweinestall! What a pigsty! (4-1)
der Schweiß sweat (9)
die Schweiz Switzerland (1-1)

der Schweizer, -/die Schweizerin, -nen Swiss (person) (1-1)
schwer hard; heavy (6-2)
eine schwere Erkältung a bad cold (12)
die Schwester, -n sister (1, 3-1)
schwimmen, schwamm, ist geschwommen to swim (1, 2-1)
schwimmen gehen to go swimming (1)
schwül humid (1)
das Schwyzerdütsch Swiss German (8)
die Sciencefiction science fiction (3)
der See, -n lake (5-1)
die See, -n sea (11-2)
seekrank seasick (6)
segeln to sail (1, 2-1)
sehen (sieht), sah, hat gesehen to see (3-2)
sehenswert worth seeing (11)
sehr very (1-2)
die Seife, -n soap (9-2)
die Seifenoper, -n soap opera (5-2)
sein, sein, seine his, its (2)
sein (ist), war, ist gewesen to be (E)
seit since (2); for (7)
die Seite, -n page (7); side (8)
der Sekretär, -e/die Sekretärin, -nen secretary (5)
die Sekunde, -n second (1, 2-1)
selbst myself; yourself; herself; etc. (2, 6-2)
von selbst by one's self (7)
selbstlos selfless (12)
der Selbstmord, -e suicide (11-1)
selten seldom, rarely (2, 4-2)
das Semester, - semester (1-1)
die Semesterferien (pl) vacation (7)
das Seminar, -e seminar (4-2)
der Senf mustard (7, 9-2)
das Seniorenheim, -e senior citizens' home (10-2)
die Sensation, -en sensation (3)
sentimental sentimental (5-2)
der September September (1-2)
der Service service (10-2)
servieren to serve (5, 9-1)
die Serviette, -n napkin, serviette (9-1)
Servus! Hello! Hi! Good-bye! So long! (Austrian) (E)
der Sessel, - armchair (8-1)
setzen to set (3)
in Bewegung setzen to begin moving (11)
sich setzen to sit down (9-2)
das Shampoo shampoo (9-2)
die Shorts shorts (3-2)
siamesisch (adj) Siamese (8)
sicher sure, certainly; probably (5, 8-2)
signieren to sign (7)
das Silber silver (4)
silbern silver (3)
Silvester New Year's Eve (7-1)
die Sinfonie, -n symphony (8)
singen, sang, hat gesungen to sing (1)

sinken, sank, ist gesunken to sink (4)

die **Sitte, -n** custom (9)

der **Sitz, -e** seat (3)

sitzen, saß, hat gesessen to sit (1-2)

der **Sitzplatz, ⸚e** seat (7)

(das) **Skandinavien** Scandinavia (11)

der **Skelettsatz, ⸚e** skeleton sentence (8)

der **Sketch, -es** skit (10-1)

der **Ski, -er** ski (1)

  Ski laufen (läuft Ski), lief Ski, ist Ski gelaufen to ski (1)

die **Skulptur, -en** sculpture (8-2)

so so, such (1)

so ... wie as . . . as (2-2)

sobald *(conj)* as soon as (4-2)

die **Socke, -n** sock (2-2)

sofort immediately, right away; in a minute (6-2)

das **Softeis** soft ice cream (10)

die **Software** software (11-2)

sogar even (7-2)

so genannt so-called (11-1)

der **Sohn, ⸚e** son (1, 3-1)

solange as long as (10, 12-1); in the meantime (10)

solcher, solches, solche such (7)

sollen, sollte, hat gesollt to be supposed to, should (4)

der **Sommer, -** summer (1)

die **Sommerferien** *(pl)* summer holidays (5)

der **Sommerschlussverkauf, ⸚e** summer sale (7-1)

sondern but, but rather; on the contrary (1-2)

die **Sonne** sun (1-1)

die **Sonnenbrille** sunglasses (7-1)

die **Sonnencreme, -s** sun cream (4)

sonnig sunny (2)

der **Sonntag, -e** Sunday (1-2)

sonst apart from that (12); otherwise, or else (9)

  was ... sonst what else (8)

sooft as often as (10)

sorgfältig careful (10-2)

die **Soße, -n** sauce (4, 9-1)

sowieso anyway (4)

die **Sowjetunion** Soviet Union (9)

das **Sozialamt, ⸚er** welfare office (12)

der **Sozialarbeiter, -/die Sozialarbeiterin, -nen** social worker (2)

der **Sozialfall, ⸚e** welfare case (12)

die **Sozialhilfe** welfare, social assistance (12-2)

die **Spaghetti** *(pl)* spaghetti (3)

die **Spalte, -n** column (12)

spalten to split (11)

(das) **Spanisch** Spanish *(language)* (4)

spanisch *(adj)* Spanish (2)

sparen to save (6-2)

sparsam thrifty (5)

der **Spaß** fun, enjoyment (1)

  Es macht mir Spaß. I enjoy it. (8-2)

  Spaß haben to have fun (5-1)

spät late (4-1)

  Wie spät ist es? What time is it? (2-2)

der **Spaziergang, ⸚e** walk (7)

spazieren gehen, ging spazieren, ist spazieren gegangen to go for a walk (4-2)

die **Speisekarte, -n** menu (9-1)

spekulieren to speculate (7)

das **Sperrgebiet -e** prohibited area (11)

die **Spezialität, -en** specialty (3)

der **Spiegel, -** mirror (9-2)

spielen to play (1-2)

die **Spielwaren** toys (7)

die **Spielwarenfabrik, -en** toy factory (7)

das **Spielwarengeschäft, -e** toy store (7)

der **Spinat** spinach (4)

spinnen, spann, hat gesponnen to be crazy (8)

der **Sport** sport(s), athletics (1-2)

  Was für Sport treibst du? What sport do you do? (1-2)

die **Sportabteilung, -en** sporting goods department (10)

das **Sportcoupé, -s** sport coupe (3)

das **Sportgeschäft, -e** sporting goods store (2)

sportlich athletic (1-2)

die **Sportreportage** sports report (3)

die **Sprache, -n** language (3-2)

sprechen (spricht), sprach, hat gesprochen to speak, to talk (2, 3-2)

die **Sprechstunde, -n** office hour (12-2)

springen, sprang, ist gesprungen to jump (8)

das **Spülbecken, -** sink (8-1)

(das) **Squash** squash *(sport)* (2)

der **Staat, -en** state (5)

staatlich state-run (11)

der **Staatschef, -s** head of state (11-1)

die **Staatskasse, -n** state treasury (10)

der **Stacheldraht** barbed wire (11-1)

das **Stadion, Stadien** stadium (5)

die **Stadt, ⸚e** city (1, 2-2)

  in die Stadt to town (3)

der **Stadtplan, ⸚e** map of the city (8-2)

das **Stadtzentrum** city center (5)

der **Stahl** steel (8)

der **Stall, ⸚e** stable (10-1)

der **Stamm, ⸚e** tree trunk (7)

  der Apfel fällt nicht weit vom Stamm. Like father, like son. (7)

der **Stammbaum, ⸚e** family tree (6-1)

stammen aus to originate from (11-1)

ständig constant (12-1)

stark strong (12-2)

  stark reduziert sharply reduced (7-1)

der **Starnberger See** *(lake south of Munich)* (4)

starten to take off *(of airplanes)* (6-2)

die **Statistik, -en** statistic (1, 12-1)

statt instead of (7, 8-2); *(+ gen)* (12-2)

der **Stau, -s** traffic jam (11-1)

der **Staubsauger, -** vacuum cleaner (8-2)

das **Steak, -s** steak (10-2)

stecken to put, to stick (10-1)

  die Nase zu tief ins Glas stecken to drink too much (6)

stehen, stand, hat gestanden to stand (1, 8-1)

  Diese Jacke steht dir. This jacket looks good on you. (7-2)

stehen bleiben, blieb stehen, ist stehen geblieben to stop (walking) (10-1)

die **Stehlampe, -n** floor lamp (8-1)

stehlen (stiehlt), stahl, hat gestohlen to steal (11)

steif stiff (9-1)

steigen, stieg, ist gestiegen to climb (10-1)

stellen to put *(in an upright position)*, to stand (8-1)

  eine Frage stellen to ask a question (7-2)

die **Stelle, -n** place (12)

die **Stellung, -en** job, position (12-2)

sterben (stirbt), starb, ist gestorben to die (6-2)

die **Stereoanlage, -n** stereo (8-1)

der **Stern, -e** star (11)

das **Stichwort, ⸚er** key word (12)

der **Stiefel, -** boot (12-2)

die **Stiefmutter, ⸚** stepmother (3-1)

der **Stiefvater, ⸚** stepfather (3-1)

der **Stil, -e** style (8)

die **Stimme, -n** voice (12-2)

stimmen to be right (4)

  Das stimmt. That's right. (4-1)

stinkig stinky (2)

stinklangweilig deadly boring (3)

das **Stinktier, -e** skunk (8)

die **Stirn, -en** forehead (6-1)

der **Stock, Stockwerke** floor, story (10-2)

  im ersten Stock on the second floor (10)

der **Stock, ⸚e** stick (10)

der **Stoffbär, -en, -en** stuffed toy bear (7)

das **Stofftier, -e** stuffed toy animal (7-2)

stoppen to stop (11)

stören to disturb (8-2)

der **Strafzettel, -** *(traffic)* ticket (12-2)

der **Strand, -e** beach (1, 5-1)

die **Straße, -n** street (E, 2-2)

streichen, strich, hat gestrichen to paint (6-2)

streiken to strike, to go on strike (11)

der **Stress** stress (4-2)

stressig stressful (8)

strikt strict (8)

die **Strohwitwe, -n** grass widow (12)

der **Strohwitwer, -** grass widower (12)

der **Strumpf, ⸚e** stocking (11)

das **Stück, -e** piece (3, 4-1)

  ein Stück Kuchen a piece of cake (3, 4-1)

fünf **Mark das Stück** five marks apiece (7)

Stück für Stück bit by bit (11)

der **Student, -en, -en**/die **Studentin, -nen** student (1-1)

der **Studentenausweis, -e** student ID (5-2)

der **Studentenchor, ⁝e** student choir (6)

das **Studentenheim, -e** dormitory, student residence (E, 2-2)

das **Studentenleben** student life (6)

das **Studentenwerk** student centre (E, 6-2)

das **Studienfach, ⁝er** field of study; subject (2-2)

studieren to study (*i.e., to attend college or university*) (1-1)

der **Stuhl, ⁝e** chair (2, 8-1)

jemand den Stuhl vor die Tür setzen to throw somebody out (8)

die **Stunde, -n** hour (2-1)

eine Stunde lang for an hour (4)

stundenlang for hours (2-1)

der **Stundenplan, ⁝e** timetable (2-2)

der **Sturm, ⁝e** storm (12-2)

stürmisch stormy (6)

stürzen to fall; to plunge (10)

suchen to look for (2-2)

süddeutsch (*adj*) Southern German (7)

der **Süden** south (8)

südlich (von) south (of) (11)

die **Südseeinsel, -n** south sea island (9)

super super (4)

supermodern very modern (11)

der **Superlativ, -e** superlative (5)

der **Supermarkt, ⁝e** supermarket (7-2)

die **Suppe, -n** soup (1)

ein Haar in der Suppe finden to find fault with something (8)

das **Surfbrett, -er** surfboard (4)

surfen gehen to go surfing (1)

suspekt suspicious (12)

süß sweet (1-2)

das **Sweatshirt, -s** sweatshirt (1, 2-2)

das **Symbol, -e** symbol (4)

die **Synagoge, -n** synagogue (11)

das **Synonym, -e** synonym (10)

das **System, -e** system (6-2)

die **Szene, -n** scene (2-1)

T ⎯⎯⎯⎯⎯⎯⎯⎯⎯

der **Tabak** tobacco (5, 10-2)

die **Tabelle, -n** chart, table (10)

die **Tablette, -n** pill, tablet (12-2)

die **Tafel, -n** blackboard (4-2)

eine Tafel Schokolade a chocolate bar (10)

der **Tag, -e** day (E, 1-2)

eines Tages one day (10-2)

Guten Tag! Tag! Hello! (E-1)

Tag der Arbeit Labor Day (7)

Tag der Deutschen Einheit (7)

Tag der Fahne Flag Day (7)

vierzehn Tage two weeks (1, 5-1)

das **Tagebuch, ⁝er** diary (6-2)

der **Tagesjob, -s** job for a day (6)

täglich daily (2)

taktlos tactless (12)

das **Tal, ⁝er** valley (5-1)

das **Talent, -e** talent (10-2)

die **Talkshow, -s** talk show (3)

das **Tandem, -s** tandem bicycle (9)

der **Tango, -s** tango (2)

die **Tante, -n** aunt (3-1)

tanzen to dance (1-2)

der **Tänzer, -/**die **Tänzerin, -nen** dancer (2)

die **Tasche, -n** bag; pocket (9)

der **Taschenrechner, -** calculator (E)

die **Tasse, -n** cup (4-1)

eine Tasse Kaffee a cup of coffee (4-1)

nicht alle Tassen im Schrank haben to be crazy (8)

die **Tätigkeit, -en** activity (4)

der **Tausendfüßler, -** millipede (9)

der **Taxi, -s** taxi (4)

die **Technik** technology (8-2)

technisch technical (12)

der **Teddybär, -en, -en** teddy bear (2)

der **Tee** tea (2-1)

die **Teekanne, -n** teapot (1, 9-1)

der **Teekessel, -** tea kettle (1, 7-2)

der **Teelöffel, -** teaspoon (9-1)

der **Teenager, -** teenager (4)

der **Teig** batter; dough (9-1)

der **Teil, -e** part, area (11)

teilen to divide (11-1)

das **Telefon, -e** telephone (E)

das **Telefonbuch, ⁝er** telephone book (E)

das Telefongespräch, -e telephone conversation (5)

telefonieren (mit) to talk on the phone (with) (2-1)

die **Telefonnummer, -n** telephone number (E)

das **Teleskop, -e** telescope (1)

der **Teller, -** plate (5, 9-1)

die **Temperatur, -en** temperature (5)

(das) **Tennis** tennis (1)

Tennis spielen to play tennis (2-1)

der **Tennisklub, -s** tennis club (10)

das **Tennismatch, -es** tennis match (10)

der **Tennisplatz, ⁝e** tennis court (11)

der **Tennisschläger, -** tennis racquet (7-2)

der **Tennisschuh, -e** tennis shoe (3)

der **Tenor, ⁝e** tenor (2)

der **Teppich, -e** carpet, rug (8-1)

die **Terrasse, -n** terrace, patio (8-1)

der **Terrorist, -en, -en**/die **Terroristin, -nen** terrorist (11)

teuer expensive (5)

der **Teufel, -** devil (8)

den Teufel an die Wand malen to speak of the devil (8)

der **Text, -e** text (7)

das **Theater, -** theater (1)

ins Theater to the theater (1-2)

die **Theaterkarte, -n** theater ticket (4)

das **Theaterstück, -e** play (8)

das **Thema, Themen** topic (10-2)

das **Thermometer, -** thermometer (1)

tief deep (11-2)

die Nase zu tief ins Glas stecken to drink too much (6)

das **Tier, -e** animal (4, 10-2)

der **Tiger, -** tiger (8)

tipptopp spotless (4)

der **Tisch, -e** table (5, 8-1)

den Tisch decken to set the table (7-1)

der **Titel, -** title (7-2)

der **Toast** toast (4-1)

der **Toaster, -** toaster (7)

die **Tochter, ⁝** daughter (1, 3-1)

der **Tod** death (5)

der **Todesstreifen** death strip (11)

todschick very stylish, snazzy (5)

die **Toilette, -n** lavatory (8-1)

toll fantastic (1-1)

Das ist echt toll. That's really fantastic. (3-1)

die **Tomate, -n** tomato (1)

die **Tomatensoße** tomato sauce (5)

der **Ton, ⁝e** tone; sound; note (2)

die **Tonne, -n** ton (11-1)

der **Topf, ⁝e** pot (9-1)

die **Torte, -n** layer cake (4-1)

tot dead (3-2)

total completely (1)

der **Tourist, -en, -en**/die **Touristin, -nen** tourist (2, 5-2)

die **Touristenattraktion, -en** tourist attraction (9)

die **Tracht, -en** traditional costume (9)

tragen (trägt), trug, hat getragen to wear (3-2); to carry (8)

transportieren to transport (11-2)

der **Traum, ⁝e** dream (11-1)

der **Traumberuf, -e** job of one's dreams (12)

träumen to dream (12-2)

(sich) **treffen (trifft), traf, hat getroffen** to meet (9-2)

treiben, trieb, hat getrieben (4)

Sport treiben to be active in sports (4-2)

trennen to separate (11-2)

die **Treppe, -n** staircase (8-1)

trinkbar drinkable (12)

trinken, trank, hat getrunken to drink (2-2)

das **Trinkgeld, -er** tip (9-1)

der **Triumph, -e** triumph (12-1)

trocken dry (5-1)

die **Trompete, -n** trumpet (2)

tropfen to drip (11)

trotz (*+ gen*) in spite of (12-2)

trotzdem anyway, nevertheless (5-2)

das **T-Shirt, -s** T-shirt (3-2)
Tschüs! Good-bye! So long! (E-1)
die **Tulpe, -n** tulip (1)
tun, tat, hat getan to do (1-2)
  tun, als ob to act as if (12)
  Er tut dir nichts. He won't hurt you. (9-1)
  Es tut mir Leid. I'm sorry. (7-2)
die **Tür, -en** door (8-1)
  jemand den Stuhl vor die Tür stellen to throw someone out (8)
der **Türke, -n, -n**/die **Türkin, -nen** Turkish (*person*) (2)
türkisch (*adj*) Turkish (2)
der **Typ, -en** guy (7-2)
typisch typical (4-2)

U

üben to practice (6-2)
über about (2); across (1); over, above (6); via (6)
überfahren (überfährt), überfuhr, hat überfahren to run over (11)
überfluten to flood (11)
der **Übergang, -̈e** crossing (11)
übergeschnappt crazy (11-2)
überhaupt at all; anyway (11)
  überhaupt nicht not at all (11-1)
  überhaupt nichts nothing at all (11-1)
übermorgen the day after tomorrow (3)
übernachten to spend the night; to stay overnight (5-2)
die **Übernachtung, -en** overnight accommodation (6)
übernehmen (übernimmt), übernahm, hat übernommen to take on, to assume (12-1)
die **Überraschung, -en** surprise (7-1)
überreden to persuade (12)
überregional national, nationwide (10)
über·schnappen, ist übergeschnappt to go crazy (11-2)
übersetzen to translate (6-1)
der **Übersetzer, -/**die **Übersetzerin, -nen** translator (9)
die **Übersetzung, -en** translation (10-1)
überzeugen to convince (12)
übrigens by the way (1-2)
die **Übung, -en** exercise; seminar; lab (2-2)
die **Uhr, -en** clock; watch (2-1)
  zehn Uhr ten o'clock (2-1)
  um wie viel Uhr? (at) what time? (2-2)
  Wie viel Uhr ist es? What time is it? (2-2)
die **Uhrzeit, -en** time of day (7)
um at (2); around (5)
  um zehn at ten o'clock (2-2)
  ums Leben kommen to die (11-2)
um ... zu in order to (8)
die **Umfrage, -n** survey, poll (5, 10-2)

sich **um·schauen (nach)** to look around (for) (10)
um·siedeln to resettle (9)
die **Umsiedlung, -en** resettlement (9)
um·steigen, stieg um, ist umgestiegen to change trains (4)
um·stellen to rearrange (8-1)
um·tauschen to exchange (7-2)
die **Umwelt** environment (12)
um·ziehen, zog um, ist umgezogen to move (8-1)
sich **um·ziehen** to change (*one's clothes*) (9-2)
unabhängig independent (12-1)
unbewohnbar uninhabitable (12)
und and (E, 1-2)
undankbar unthankful (12)
undefinierbar indefinable (12)
uneben uneven (2)
unehrlich dishonest (12-1)
unerhört outrageous (11)
der **Unfall, -̈e** accident (11)
ungefähr approximately (E)
ungesund unhealthy (4-2)
unglücklich unhappy (7-2)
unheimlich tremendously, immensely (11)
unhöflich impolite (7-2)
die **Uni, -s** university (1-1)
  zur Uni to the university (2-2)
die **Universität, -en** university (1-1)
die **Universitätsstadt, -̈e** university town (8)
unkontrollierbar uncontrollable (12)
unkultiviert uncultivated (9)
unmöglich impossible (4-2)
unordentlich messy (4-2)
unregelmäßig irregular (11-2)
unser, unser, unsere our (2)
unten below (8, 10-2)
  von unten from the bottom (12)
unter under, below (4)
unterbrechen (unterbricht), unterbrach, hat unterbrochen to interrupt (12-1)
sich **unterhalten (unterhält sich), unterhielt sich, hat sich unterhalten** to talk; to converse (10-2)
die **Unterkunft** living accommodation (8)
der **Unterschied, -e** difference (12-1)
unterschiedlich different (12-1)
unterschreiben, unterschrieb, hat unterschrieben to sign (2)
unterstreichen, unterstrich, hat unterstrichen to underline (12-1)
die **Unterschrift, -en** signature (6)
die **Untertasse, -n** saucer (9-1)
unterwegs on the way (10-2)
unübersetzbar untranslatable (12)
unvergesslich unforgettable (11-1)
unvorstellbar unimaginable (12)
unzufrieden dissatisfied (10-2)
uralt ancient (10)

die **Urgroßmutter, -̈** great-grandmother (6-1)
der **Urgroßvater, -̈** great-grandfather (6-1)
der **Urlaub** vacation (*generally of people in the work force*) (5-1)
  Urlaub machen to go on vacation (5-1)
ursprünglich originally (10)
usw. (und so weiter) etc. (et cetera, and so on) (E, 1-1)
die **Utopie, -n** utopia (12-1)
die **UV-Strahlen** UV-rays (7)

V

das **Vanilleeis** vanilla ice cream (9)
die **Vanillesoße** vanilla sauce (9)
die **Vase, -n** vase (1)
der **Vater, -̈** father (E, 3-1)
väterlich fatherly (2)
väterlicherseits paternal (6-1)
vaterlos fatherless (12)
der **Vati** dad (5)
der **Vegetarier, -** vegetarian (4, 10-2)
vegetarisch vegetarian (7)
(das) **Venedig** Venice (10)
die **Venus** Venus (5)
sich **verändern** to change (*one's behavior*) (11)
verbessern to improve; to correct (6-2)
verbieten, verbot, hat verboten to forbid (11-2)
verbittert bitter, embittered (5)
verbringen, verbrachte, hat verbracht to spend (*time*) (7-1)
verdanken to thank (10)
verdienen to earn (3-1)
der **Verdienst** wages, pay (12-1)
die **Vereinigten Staaten (die USA)** the United States (the USA) (1-1)
Verflixt! Darn it! (10-2)
vergessen (vergisst), vergaß, hat vergessen to forget (3, 4-2)
der **Vergleich, -e** comparison (5)
vergleichen, verglich, hat verglichen to compare (10-2)
vergnügt happy, in a good mood (10)
verhaften to arrest (11)
verheiratet married (3-1)
jemandem zu etwas verhelfen (verhilft), verhalf, hat verholfen to help somebody to get something (12)
verkaufen to sell (2, 3-2)
der **Verkäufer, -/**die **Verkäuferin, -nen** sales clerk, salesman/saleslady (3-2)
die **Verkehrsampel, -n** traffic light (9-2)
das **Verkehrszeichen, -** traffic sign (4)
verlassen (verlässt), verließ, hat verlassen to leave (8)

sich **verlieben in** (+ acc) to fall in love with (11-2)

verlieren, verlor, hat verloren to lose (9-2)

vermieten to rent (out) (8-2)

der **Vermieter, -**/die **Vermieterin, -nen** landlord/landlady (9)

verrecken to croak, to die (8)

verrückt crazy, insane (5-2)

versalzen oversalted (9-2)

versammeln to gather (11)

verschieben, verschob, hat verschoben to postpone (10-2)

verschieden different (5, 7-1)

verschwenderisch wasteful (5)

versichern to insure (12)

die **Versicherung, -en** insurance (12-2)

versorgen to supply (11)

sich **verspäten** to be late (9-2)

versprechen (verspricht), versprach, hat versprochen to promise (8-1)

verstecken to hide (10-2)

(das) **Verstecken** hide-and-seek (10)

verstehen, verstand, hat verstanden to understand (3-1)

verstümmelt crippled (6)

versuchen to try (5-2)

vertreten to represent (6)

der/die **Verwandte, -en** relative (3-1)

die **Verwandtschaft** relatives (12)

verwendbar usable (12)

verwenden to use (9-1)

verwirrt confused (9)

verwundert amazed (6)

sich **verziehen, verzog sich, hat sich verzogen** to withdraw (11)

der **Vetter, -n** (male) cousin (3-1)

das **Video, -s** video (3)

die **Videokamera, -s** video camera (10)

der **Videorecorder, -** video recorder (10)

viel much; a lot (E, 1-1)

viel zu viel far too much (3-1)

vielleicht perhaps (2-2)

viert: wir kommen zu viert the four of us are coming (8)

das **Viertel** quarter (2)

Viertel nach elf quarter after eleven (2)

Viertel vor elf quarter to eleven (2)

die **Viertelstunde** quarter hour (8)

die **Villa, Villen** villa (10)

violett purple (1-1)

der **Violinist, -en, -en**/die **Violinistin, -nen** violinist (3)

der **Virus, Viren** virus (11-2)

das **Visum, Visen** visa (11-1)

das **Vitamin, -e** vitamin (4)

der **Vogel, ⸚** bird (11-2)

die **Vokabeln** (pl) vocabulary (1)

das **Volkslied, -er** folk song (9)

der **Volkstanz, ⸚e** folk dance (9)

der **Volkswirt, -e**/die **Volkswirtin, -nen** economist (12)

voll full (1, 7-1)

den Mund voll nehmen to talk big (6)

(der) **Volleyball** volleyball (1)

die **Vollkaskoversicherung, -en** comprehensive auto insurance (12)

vollständig complete (8)

von from (E); of (7)

von ... bis from . . . to (1-2)

von Montag ab from Monday on (4-2)

von jetzt ab from now on (6)

vor in front of; before (4); ago (7)

vor allem above all (4-1)

vor dem Fernseher in front of the TV (2)

vorbei sein to be over (10)

der **Vorfahr, -en, -en** ancestor (6-1)

vorgestern the day before yesterday (3-2)

vor·haben (hat vor), hatte vor, hat vorgehabt to plan, to have planned (4-2)

der **Vorhang, ⸚e** curtain (11)

der **Eiserne Vorhang** the Iron Curtain (11)

vorher before (6-1)

vor·lesen (liest vor), las vor, hat vorgelesen to read to (10)

die **Vorlesung, -en** lecture (1-1)

in die Vorlesung to lectures (1-2)

der **Vormittag, -e** morning (4)

vormittags in the morning (2)

der **Vorname, -ens, -en** first name (3-2)

der **Vorsatz, ⸚e** resolution (9)

der **Vorschlag, ⸚e** suggestion, proposal (7, 11-2)

die **Vorschau** preview (1)

die **Vorspeise, -n** hors d'oeuvre (9-2)

sich (etwas) **vor·stellen** to imagine something (11, 12-2)

der **Vorteil, -e** advantage (8-2)

die **Vorwahl** area code (E)

der **Vulkan, -e** volcano (2)

W

die **Waage, -n** weigh scales (10)

das **Wachs** wax (5)

wachsen (wächst), wuchs, ist gewachsen to grow (12-1)

der **Wagen, -** car (2-2)

wahr true (5-2)

während (+ gen) during (12-2); while (conj) (9-1)

die **Wahrheit, -en** truth (5-2)

die **Währung, -en** currency (11)

das **Waisenkind, -er** orphan (12)

der **Wald, ⸚er** forest, woods (5-1)

der **Walzer, -** waltz (1)

die **Wand, ⸚e** wall (8-1)

den Teufel an die Wand malen to speak of the devil (8)

wandern to hike (2-1); to wander, roam (5)

wandern gehen to go hiking (1)

der **Wanderschuh, -e** hiking boot (5)

der **Wanderstiefel, -** hiking boot (12)

wann when (1)

die **Ware, -n** merchandise (11)

warm warm (1)

warnen to warn (6-2)

die **Warnung, -en** warning (6-2)

warten to wait (6-2)

warten auf (+ acc) to wait for (11-2)

die **Wartezeit, -en** waiting period (11)

warum why (1)

die **Warze, -n** wart (3)

was what (E)

Was für ein Hundewetter! What rotten weather! (1)

Was für Sport treibst du gern? What sports do you like to do? (1-2)

was ... sonst what else (8)

waschbar washable (12)

das **Waschbecken, -** wash basin (8-1)

die **Wäsche** wash, laundry (5)

waschen (wäscht), wusch, hat gewaschen to wash (3-2)

der **Waschlappen, -** washcloth (9-2)

die **Waschmaschine, -n** washer (4)

der **Waschsalon, -s** laundromat (6-2)

das **Wasser** water (1, 2-1)

der **Wasserbüffel, -** water buffalo (8)

wässerig watery (2)

die **Website, -s** Web site (11-2)

wecken to wake (someone) up (6-2)

der **Wecker, -** alarm clock (7-1)

weder ... noch neither . . . nor (10-2)

weg away; gone (6)

der **Weg, -e** way (5)

wegen (+ gen) because of (12-2)

weg·fahren (fährt weg), fuhr weg, ist weggefahren to drive away (4-2)

weg·fliegen, flog weg, ist weggeflogen to fly away (4)

weg·gehen, ging weg, ist weggegangen to go away (4)

weg·laufen (läuft weg), lief weg, ist weggelaufen to run away (4)

weg·nehmen (nimmt weg), nahm weg, hat weggenommen to take away (4)

weg·räumen to clear away (11)

weg·rennen, rannte weg, ist weggerannt to run away (6)

weg·sehen (sieht weg), sah weg, hat weggesehen to look away (4)

weg·schwimmen, schwamm weg, ist weggeschwommen to swim away (4)

Weihnachten Christmas (7-1)

Frohe Weihnachten! Merry Christmas! (7-1)

zu Weihnachten at, for Christmas (7-1)

der **Weihnachtsbaum, ⸚e** Christmas tree (7-1)

der **Weihnachtsfeiertag** Christmas Day (7)

die **Weihnachtsferien** Christmas vacation (5)

die **Weihnachtsgans, ⸚e** Christmas goose (7)

das **Weihnachtsgeschenk, -e** Christmas present (7)

der **Weihnachtsmarkt, ⸚e** Christmas market (7)

weil because *(conj)* (4-2)

der **Wein, -e** wine (1, 2-1)

weinen to cry (10-1)

das **Weinglas, ⸚er** wine glass (1)

der **Weinkenner, -** wine connoisseur (9)

weiß white (1-1)

der **Weißwein, -e** white wine (3)

die **Weißwurst, ⸚e** veal sausage (5)

weit far (4, 5-1)

weiter *(as verb prefix)* to continue (4); additional, further (8)

weiter·arbeiten to keep on working (4)

weiter·essen (isst weiter), aß weiter, hat weitergegessen to continue eating (4)

weiter·fahren (fährt weiter), fuhr weiter, ist weitergefahren to keep on driving (4)

weiter·geben (gibt weiter), gab weiter, hat weitergegeben to pass along (10)

weiter·schlafen (schläft weiter), schlief weiter, hat weitergeschlafen to continue sleeping (4)

weiter·schreiben, schrieb weiter, hat weitergeschrieben to continue writing (4)

weiter·studieren to continue studying (4)

welcher, welches, welche which (1)

die **Welt, -en** world (4, 5-2)

die Dritte Welt Third World (12)

die **Weltfirma, -en** worldwide company (7)

der **Weltkrieg, -e** world war (11-1)

die **Weltreise, -n** trip around the world (4)

wenig little (1-2)

wenigstens at least (6-2)

wenn when *(conj);* if *(conj)* (4-2)

wer who (1)

werden (wird), wurde, ist geworden to become, to be (3-2)

Er wird Koch. He's going to be a cook. (3)

Sie wird einundzwanzig. She's going to be twenty-one. (3-2)

das **Werk, -e** work (4)

die **Werkstatt, ⸚en** workshop (6)

das **Werkzeug, -e** tool (10-2)

der **Westen** west (8)

westlich (von) west (of) (11)

der **Wettbewerb, -e** contest (11-1)

die **Wette, -n** bet (10)

um die Wette laufen to run a race (10)

wetten to bet (10-2)

das **Wetter** weather (1-1)

Wie ist das Wetter? What's the weather like? (1)

die **Wetterkarte, -n** weather map (1)

der **Wettlauf, ⸚e** race (10)

einen Wettlauf machen to run a race (10)

die **WG, -s** shared housing (8-2)

wichtig important (4, 5-2)

die **Wichtigkeit** importance (11)

widerlich disgusting, repulsive (12-1)

wie how (E)

Wie bitte? Pardon? (E-1)

Wie geht es Ihnen?/Wie geht's? How are you? (E-1)

Wie heißen Sie?/Wie heißt du? What's your name? (E-1)

Wie ist das Wetter? What's the weather like? (1)

Wie ist Ihr Name und Ihre Adresse? What's your name and your address? (3)

Wie spät ist es? What time is it? (2-2)

wie like (3)

wie ein König like a king (3)

Wie ist Ihre Wohnung? What's your apartment like? (3)

wieder again (1-2)

wiederholen to repeat (E)

Wiederhören! Auf Wiederhören! Good-bye *(on the telephone)* (E-1)

wieder·sehen (sieht wieder), sah wieder, hat wiedergesehen to see again (E)

Auf Wiedersehen! Wiedersehen! Good-bye! (E-1)

die **Wiedervereinigung** reunification (11-1)

(das) **Wien** Vienna (1)

das Wiener Schnitzel breaded veal cutlet (7)

wie viel how much (E)

Wie viel Uhr ist es? What time is it? (2-2)

wie viele how many (1)

der **Wievielte** (6)

am Wievielten on what date (6)

Den Wievielten haben wir heute? What's the date today? (6-2)

Der Wievielte ist heute? What's the date today? (6-2)

wild wild (12-2)

windig windy (1-1)

windsurfen gehen to go windsurfing (2-1)

windstill windless, calm (1)

winken to wave (11-1)

der **Winter, -** winter (1)

die **Winterjacke, -n** winter jacket (7)

der **Wintermantel, ⸚** winter-coat (10)

der **Winterschlussverkauf, ⸚e** winter sale (7-1)

winzig tiny (10-2)

wirklich really (9-2)

die **Wirklichkeit** reality (11)

das **Wirtschaftswunder** economic miracle (2)

wissen (weiß), wusste, hat gewusst to know (E, 5-1)

wissen von to know about (11-2)

die **Witwe, -n** widow (12-2)

der **Witwer, -** widower (12-2)

der **Witz, -e** joke (5)

witzig witty, funny (7-2)

wo where *(in what place)* (E)

die **Woche, -n** week (1-2)

die **Wochentage** days of the week (1-2)

wöchentlich weekly (2)

das **Wochenende, -n** weekend (2-2)

das **Wochenendhaus, ⸚er** cottage (8)

der **Wochenmarkt, ⸚e** open air market (8-2)

die **Wochenzeitung, -en** weekly newspaper (11)

woher where . . . from (E-1)

wohin where *(to what place)* (1)

wohl probably; perhaps (7-2)

sich wohl fühlen to feel well (9-2)

der **Wohlstand** affluence (11)

vor lauter Wohlstand for all their affluence (11)

wohnen to live *(in a building or a street)* (2-2)

die **Wohngemeinschaft, -en (die WG, -s)** shared housing (8-2)

das **Wohnhaus, ⸚er** residential building (8)

der **Wohnort, -e** place of residence (1, 5-1)

die **Wohnung, -en** apartment (2-2)

das **Wohnzimmer, -** living room (8-1)

die **Wohnzimmergarnitur, -en** living room set (12)

wollen (will), wollte, hat gewollt to want to (4)

die **Wolke, -n** cloud (5-1)

die **Wolle** wool (10)

das **Wort, ⸚er** word (1, 7-1)

das **Wörterbuch, ⸚er** dictionary (7-1)

der **Wortschatz, ⸚e** vocabulary (1)

wozu what . . . for (8-2)

der **Wühltisch, -e** bargain table (10)

wunderbar wonderful (2-2)

das **Wunderkind, -er** child prodigy (3)

wunderschön very beautiful (3-2)

wundervoll marvelous (5)

der **Wunsch, ⸚e** wish (12-2)

wünschen to wish (7)

Sie wünschen? May I help you? (7-2)

der **Wurm, ⸚er** worm (1)

wurmig wormy (2)

die **Wurst, ⸚e** sausage; cold cuts (4-1)

Das ist mir Wurst. I could care less. (7)

die **Wut** anger, rage (11)

wütend furious (11-2)

Z

die **Zahl, -en** number (7)
zählen to count (10)
zahllos countless (12)
der **Zahn, ⸚e** tooth (6-1)
der **Zahnarzt, ⸚e**/die **Zahnärztin, -nen** dentist (7-2)
die **Zahnbürste, -n** toothbrush (5, 9-2)
die **Zahnklinik, -en** dental clinic (11)
zahnlos toothless (12)
zahnmedizinisch dental (11)
die **Zahnpasta** toothpaste (9-2)
die **Zahnschmerzen** *(pl)* toothache (7-2)
der **Zar, -en, -en**/die **Zarin, -nen** czar/czarina (9)
der **Zaun, ⸚e** fence (6-2)
das **Zebra, -s** zebra (8)
die **Zehe, -n** toe (6-1)
zeichnen to draw; to draft (8-2)
die **Zeichung, -en** drawing (9)
zeigen to show (1, 7-2)
  Das Thermometer zeigt zehn Grad. The thermometer reads ten degrees. (1-1)
die **Zeile, -n** line *(on a page)* (12)
die **Zeit, -en** time (2-1)
  zur Zeit at the moment (11)
das **Zeitalter** age (10)
die **Zeitung, -en** newspaper (2-1)
das **Zelt, -e** tent (5-1)
zelten to camp (9)
die **Zensur, -en** grade (4-2)
das **Zentrum, Zentren** center (5)
zerstören to destroy (11-1)
ziehen, zog, hat gezogen to pull (4); to move (10)
das **Ziel, -e** goal, aim; destination (10-2)
ziellos aimless (12)
ziemlich quite, rather (5-2)
die **Zigarre, -n** cigar (10)

die **Zigarette, -n** cigarette (4-2)
das **Zimmer, -** room (1-2)
der **Zimmerkollege, -n, -n**/die **Zimmerkollegin, -nen** roommate (E, 1-2)
die **Zimmerpflanze, -n** house plant (6-2)
der **Zimt** cinnamon (9)
die **Zinsen** *(pl) (bank)* interest (12-2)
das **Zitat, -e** quote (11)
zittern to tremble (11)
die **Zone, -n** zone (11)
die **Zoologie** zoology (2)
zu to; too (1); for (7)
  zu Hause (at) home (2, 4-1)
  zu viel too much (1)
der **Zucker** sugar (4-1)
zuerst first (1-1)
zufrieden satisfied (10-2)
der **Zug, ⸚e** train (2-2)
zu·geben (gibt zu), gab zu, hat zugegeben to admit (12-1)
der **Zugvogel, ⸚** migratory bird (11)
zu·hören to listen (E)
die **Zukunft** future (11, 12-2)
zuletzt last; finally (4)
zu·machen to close (7-2)
die **Zunge, -n** tongue (3)
zu·pfeffern to slam shut (11)
zurück back (4)
zurück·bekommen, bekam zurück, hat zurückbekommen to get back (9)
zurück·bringen, brachte zurück, hat zurückgebracht to bring back (4)
zurück·fahren (fährt zurück), fuhr zurück, ist zurückgefahren to drive back (4)
zurück·geben (gibt zurück), gab zurück, hat zurückgegeben to give back (4)

zurück·gehen (geht zurück), ging zurück, ist zurückgegangen to go back (4)
zurück·kommen, kam zurück, ist zurückgekommen to come back (4-2)
zurück·nehmen (nimmt zurück), nahm zurück, hat zurückgenommen to take back (4)
zurück·rufen, rief zurück, hat zurückgerufen to call back (4)
zurück·schmeißen, schmiss zurück, hat zurückgeschmissen to throw back (12)
zurück·zahlen to pay back (11)
zusammen together (1-2)
die **Zusammenarbeit** cooperation (12)
zusammen·binden, band zusammen, hat zusammengebunden to tie together (10)
zusammen·passen to go together (1)
zusammen·rufen, rief zusammen, hat zusammengerufen to call together (10)
die **Zusammenschau** summary (1)
der **Zusatz** supplement (12)
die **Zusatz-Krankenversicherung** supplementary medical insurance (12)
zuvor before(hand) (10)
zu·winken to wave to (11)
zwar ... aber it's true . . . but (10)
zweieinhalb two and a half (9)
der **Zweisitzer, -** two-seater (4)
der **Zweitwagen, -** second car (12)
der **Zwilling, -e** twin (12-2)
zwischen between (8)
die **Zwischenprüfung, -en** exam after two years of university (1)
das **Zwischenspiel, -e** interlude (1)

ENGLISH-GERMAN VOCABULARY

This English-German vocabulary does not include words referring to fields of study, occupations, musical instruments, countries, and nationalities. You will find these items in the Supplementary Word Sets in the *Anhang*.

A

a lot (of) viel; eine Menge; ein Haufen
able: to be able to können (kann), konnte, hat gekonnt
about über (+ *acc or dat*)
above (*prep*) über (+ *acc or dat*); (*adv*) oben
  above all vor allem
absolutely absolut; ganz
accident der Unfall, ⁻e
according to nach (+ *dat*)
accordingly danach
acquaintance der/die Bekannte, -n
acquainted: to be acquainted with kennen, kannte, hat gekannt
across (from) gegenüber
act: to act like tun, als ob
to **activate** aktivieren
active aktiv
  to **be active in sports** Sport treiben, trieb, hat getrieben
actually eigentlich
and und
ad die Anzeige, -n
addition: in addition außerdem
additional weiter
address die Adresse, -n
  What's your address? Wie ist Ihre Adresse?
to **admire** bewundern
to **admit** zu·geben (gibt zu), gab zu, hat zugegeben
adult der/die Erwachsene, -n
advantage der Vorteil, -e
afraid
  to **be afraid (of)** Angst haben (vor + *dat*)
  to **be afraid for** Angst haben um
African-American der Afro-Amerikaner, -/die Afro-Amerikanerin, -nen
after (*prep*) nach (+ *dat*); (*conj*) nachdem; (*adv*) nachher
afternoon der Nachmittag, -e
  in the afternoon nachmittags
  this afternoon heute Nachmittag
afterwards danach; nachher
again wieder
(over) again noch einmal; noch mal
against gegen (+ *acc*)

age das Alter
age group die Altersgruppe, -n
ago vor (+ *dat*)
to **agree** einverstanden sein
AIDS Aids
aim das Ziel, -e
aimless ziellos
air die Luft
airplane das Flugzeug, -e
airport (*international*) der Flughafen, ⁻; (*regional*) der Flugplatz, ⁻e
alarm clock der Wecker, -
alcohol der Alkohol
alike: They're as alike as two peas in a pod. Er gleicht seinem Bruder wie ein Ei dem anderen.
all (the) alle
  at all überhaupt
  It's all for nothing. Es ist alles für die Katz.
Allies die Alliierten
allowed: to be allowed to dürfen (darf), durfte, hat gedurft
almost fast
alone allein
along entlang
Alps die Alpen
already schon; bereits
also auch
although obwohl
always immer
America (das) Amerika
American (*adj*) amerikanisch
American (*person*) der Amerikaner, -/die Amerikanerin, -nen
among unter (+ *acc or dat*)
ancestor der Vorfahr, -en, -en
and und
anger die Wut
animal das Tier, -e
to **announce** bekannt geben (gibt bekannt), gab bekannt, hat bekannt gegeben
to **annoy** ärgern
annoyance der Ärger
annoyed: to be (get) annoyed (with, about) sich ärgern (über + *acc*)
another (*different*) ander; (*in addition*) noch ein
answer die Antwort, -en

to **answer** antworten (+ *dat*)
  to **answer a question** eine Frage beantworten
answering machine der Anrufbeantworter, -
anyway sowieso; trotzdem; doch
apart from that sonst
apartment die Wohnung, -en
to **apologize** sich entschuldigen
apparatus der Apparat, -e
to **appear** erscheinen, erschien, ist erschienen
appetite der Appetit
apple der Apfel, ⁻
apple pie der Apfelkuchen, -
appliance der Apparat, -e; das Gerät, -e
apprentice der/die Auszubildende, -n; (*abbr*) der/die Azubi, -s
approximately etwa, ungefähr
April der April
area das Gebiet, -e; die Gegend, -en; (*of a city*) der Teil, -e
area code die Vorwahl
argument das Argument, -e
to **argue** argumentieren
arm der Arm, -e
armchair der Sessel, -
around (*place*) um, rund um (+ *acc*); (*time*) gegen (+ *acc*)
  around five o'clock gegen fünf
arrival die Ankunft
to **arrive** an·kommen, kam an, ist angekommen
arrogant arrogant
art die Kunst, ⁻e
article der Artikel, -
  article of clothing das Kleidungsstück, -e
as
  as a child als Kind
  as ... as so ... wie
  as long as (*conj*) solange
  as often as (*conj*) sooft
  as soon as (*conj*) sobald
Asian, Asiatic asiatisch
to **ask** (*a question*) fragen
  to **ask a question** eine Frage stellen
assistant der Assistent, -en, -en/die Assistentin, -nen

to **assume** *(take on)* übernehmen (übernimmt), übernahm, hat übernommen
at bei *(+ dat)*; *(time)* um *(+ acc)*; *(a vertical surface)* an *(+ acc or dat)*;
　at the Zieglers bei Zieglers
athlete der Athlet, -en, -en/die Athletin, -nen; der Sportler, -/die Sportlerin, -nen
athletic sportlich
athletics der Sport
attraction die Attraktion, -en
audible hörbar
August der August
aunt die Tante, -n
Australian *(adj)* australisch
Austrian *(adj)* österreichisch
author der Autor, -en/die Autorin, -nen
(auto) mechanic der Automechaniker, -/die Automechanikerin, -nen
autumn der Herbst
average der Durchschnitt, -e; *(adj)* durchschnittlich
　of average height mittelgroß
　on average im Durchschnitt
away fort; weg
awful schrecklich

B

baby das Baby, -s
babysitter der Babysitter, -/die Babysitterin, -nen
back der Rücken, -; *(of a chair)* die Lehne, -n; *(adv)* zurück
backpack der Rucksack, ⁼e
bad schlecht
　Too bad! Schade!
badminton: to play badminton Federball spielen
bag die Tasche, -n
to **bake** backen (bäckt), backte, hat gebacken
baker der Bäcker, -
bakery die Bäckerei -en
balcony der Balkon, -e
ball der Ball, ⁼e
ballpoint pen der Kugelschreiber, -
baloney: That's all baloney. That's all baloney.
banana die Banane, -n
band die Band, -s
band-aid das Pflaster, -
bank die Bank, -en
bank manager der Bankdirektor, -en/die Bankdirektorin, -nen
bank robber der Bankräuber, -
bankrupt bankrott
barber der Friseur, -e/die Friseurin, -nen
to **bark** bellen
barometer das Barometer, -
basement der Keller, -
bath das Bad, ⁼er

to **bathe, to have a bath** (sich) baden
bathing suit der Badeanzug, ⁼e
bathroom das Badezimmer, -; das Bad, ⁼er; das Klo, -s
bathtub die Badewanne, -n
batter der Teig
bawled out: to be bawled out eins aufs Dach kriegen
Bavaria (das) Bayern
Bavarian *(adj)* bayerisch
to **be** sein (ist), war, ist gewesen; *(become)* werden (wird), wurde, ist geworden
　He's going to be a cook. Er wird Koch.
　That's just the way I am. So bin ich eben.
beach der Strand, ⁼e
beaker der Becher, -
bean die Bohne, -n
bear der Bär, -en, -en
beard der Bart, ⁼e
beardless bartlos
to **beat** schlagen (schlägt), schlug, hat geschlagen
beautiful schön
　very beautiful wunderschön
beauty die Schönheit, -en
because *(sub conj)* weil; *(coord conj)* denn
because of wegen *(+ gen)*
to **become** werden (wird), wurde, ist geworden
bed das Bett, -en
　to **go to bed** ins Bett gehen
bee die Biene, -n
bedroom das Schlafzimmer, -
bedside lamp die Nachttischlampe, -n
beer das Bier
beer belly der Bierbauch, ⁼e
beer garden der Biergarten, ⁼
beer stein der Bierstein, -e
before *(prep)* vor *(+ acc or dat)*; *(conj)* bevor; *(adv)* vorher
to **begin** an·fangen (fängt an), fing an, hat angefangen; beginnen, begann, hat begonnen
beginning der Anfang, ⁼e, der Beginn
　at the beginning zu Beginn
　(at) the beginning of Juli Anfang Juli
　beginning of school der Schulbeginn
to **behave** sich benehmen (benimmt sich), benahm sich, hat sich benommen
behind hinter *(+ acc or dat)*
Belgian *(adj)* belgisch
to **believe** glauben
belly der Bauch, ⁼e
to **belong to** gehören *(+ dat)*
beloved geliebt
below unter *(+ acc or dat)*
belt der Gürtel, -
bent krumm
Bermuda shorts die Bermudashorts

beside neben *(+ acc or dat)*
　She was beside herself. Sie war außer sich.
besides außerdem
best best
to **bet** wetten
better besser
between zwischen *(+ acc or dat)*
beverage das Getränk, -e
bible die Bibel, -n
bicycle das Fahrrad, ⁼er
bicycle trip die Radtour, -en
big groß
bike das Rad, ⁼er
bike rental der Fahrradverleih, -e
biking: to go biking Rad fahren (fährt Rad), fuhr Rad, ist Rad gefahren
bill die Rechnung, -en
bird der Vogel, ⁼
birth die Geburt, -en
birth place der Geburtsort, -e
birthday der Geburtstag, -e
　for one's birthday zum Geburtstag
　Happy Birthday! Herzlichen Glückwunsch zum Geburtstag!
birthday card die Geburtstagskarte, -n
birthday present das Geburtstagsgeschenk, -e
birthplace der Geburtsort, -e
bit
　a bit ein bisschen; einigermaßen
　bit by bit Stück für Stück
to **bite** beißen, biss, hat gebissen
black schwarz
　in black and white schwarz auf weiß
Black Forest der Schwarzwald
Black Forest cake die Schwarzwälder Kirschtorte
blackboard die Tafel, -n
to **blame** beschuldigen
blind blind
to **block** blockieren
blond blond
blood das Blut
blouse die Bluse, -n
blow-dryer der Fön, -e
blue blau
　in blue in Blau
board das Brett, -er
　on board an Bord
boat das Boot, -e
body der Körper, -
　part of the body der Körperteil, -e
book das Buch, ⁼er
to **book** buchen
bookcase das Bücherregal, -e
bookkeeper der Buchhalter, -/die Buchhalterin, -nen
boot der Stiefel, -
border die Grenze, -n
to **border on** grenzen an *(+ acc)*
boring langweilig
　dead boring stinklangweilig
born geboren

When were you born? Wann bist du
  geboren?
boss der Chef, -s/die Chefin, -nen
both beide
bottle die Flasche, -n
bottle opener der Flaschenöffner, -
bottomless bodenlos
bowl die Schüssel, -n
box der Karton, -s; die Schachtel, -n
boy der Junge, -n, -n
  Boy! Mensch!
boyfriend der Freund, -e
bracelet das Armband, ̈er
to **brag** an·geben (gibt an), gab an,
  hat angegeben
brake die Bremse, -n
brand new brandneu; nagelneu
bread das Brot, -e
  a slice of bread eine Scheibe Brot
break die Pause, -n
to **break** kaputt·machen
breakfast das Frühstück
  for breakfast zum Frühstück
  to **have breakfast** frühstücken
breast die Brust, ̈e
bridge die Brücke, -n
bright hell
brilliant genial
to **bring** bringen, brachte, hat gebracht
to **bring along** mit·bringen, brachte
  mit, hat mitgebracht
broccoli die Brokkoli *(pl)*
brochure die Broschüre, -n
broken kaputt
brooch die Brosche, -n
brother der Bruder, ̈
brown braun
brunch der Brunch, -es
brunette brünett
to **brush** bürsten
buffet das Büffet, -s
to **build** bauen
building das Gebäude, -
bulletin board das schwarze Brett
  on the bulletin board am schwarzen
  Brett
bundle das Bündel, -
bus der Bus, -se
bus route die Buslinie, -n
bus stop die Bushaltestelle, -n
bush der Busch, ̈e
bushy buschig
business die Firma, Firmen; das
  Geschäft, -e
but aber; *(in the sense of* **but rather, on**
  the contrary) sondern; doch
  nothing but trouble nichts als Ärger
butcher der Fleischer, -
butcher shop die Fleischerei, -en
butter die Butter
button der Knopf, ̈e
to **buy** kaufen
by *(near)* an *(+ acc or dat)*

C

cafeteria *(for full meals)* die Mensa
  to the cafeteria in die Mensa
caffeine das Koffein
cake der Kuchen, -
  a piece of cake ein Stück Kuchen
  layer cake die Torte, -n
calculator der Taschenrechner, -
calendar der Kalender, -
California (das) Kalifornien
to **call** rufen, rief, hat gerufen; *(on the*
  telephone) an·rufen, rief an, hat
  angerufen; *(name)* nennen, nannte,
  hat genannt
called: to be called heißen, hieß, hat
  geheißen
calm ruhig; *(weather)* windstill
camera die Kamera, -s
to **camp** campen; *(in a tent)* zelten
camping das Camping
  to go camping campen gehen
campsite der Campingplatz, ̈e
campus der Campus
can *(to be able to)* können (kann),
  konnte, hat gekonnt
can die Dose, -n
can opener der Dosenöffner, -
Canadian *(adj)* kanadisch
candle die Kerze, -n
capital city die Hauptstadt, ̈e
car das Auto, -s; der Wagen, -; der
  Personenwagen, -; der Pkw, -s
  (Personenkraftwagen)
card die Karte, -n
  credit card die Kreditkarte, -n
care die Sorge, -n
  I don't care. Das ist mir egal.
  I could care less. Das ist mir Wurst.
career die Karriere, -n
careful sorgfältig
  to **be careful** auf·passen
carpet der Teppich, -e
carrot die Karotte, -n
to **carry** tragen (trägt), trug, hat
  getragen
carton der Karton, -s
  a carton of yogurt ein Becher Jogurt
case der Fall, ̈e; *(box)* der Kasten, ̈
cashier der Kassierer, -/die Kassiererin,
  -nen
cassette die Kassette, -n
cassette recorder der
  Kassettenrecorder, -
castle das Schloss, ̈er
cat die Katze, -n
to **catch** fangen (fängt), fing, hat
  gefangen
  to **catch a cold** sich erkälten
CD die CD, -s
CD player der CD-Spieler, -
ceiling die Decke, -n
to **celebrate** feiern
cell phone das Handy, -s

cellar der Keller, -
cent der Cent, -
center das Zentrum, Zentren
century das Jahrhundert, -e
certain sicher; bestimmt
chair der Stuhl, ̈e
champagne der Champagner
change: for a change mal, einmal
to **change** ändern; *(one's clothes)* sich
  um·ziehen, zog sich um, hat sich
  umgezogen; *(trains)* um·steigen,
  stieg um, ist umgestiegen
cheap billig
to **cheat someone** jemanden übers Ohr
  hauen
check der Scheck, -s
checkout die Kasse, -n
to **check off** ab·haken
checkers: to play checkers Dame
  spielen
cheddar der Cheddar
cheese der Käse, -
chemical free chemiefrei
chess das Schach
chest die Brust, ̈e
chic schick, flott
child das Kind, -er
  as a child als Kind
childish kindisch
childless kinderlos
childlike kindlich
chin das Kinn, -e
china das Geschirr *(sing)*
Chinese *(adj)* chinesisch
chocolate die Schokolade
  a chocolate bar eine Tafel
  Schokolade
choice die Auswahl
choir der Chor, ̈e
  choir practice die Chorprobe, -n
to **choose** aus·suchen
Christmas Weihnachten
  at Christmas an (zu) Weihnachten
  for Christmas zu Weihnachten
  Merry Christmas! Frohe
  Weihnachten!
Christmas Day der erste
  Weihnachtsfeiertag
Christmas Eve der Heilige Abend,
  Heiliger Abend
Christmas present das
  Weihnachtsgeschenk, -e
Christmas tree der Weihnachtsbaum, ̈e
Christmas vacation die
  Weihnachtsferien
church die Kirche, -n
cigarette die Zigarette, -n
circle der Kreis, -e
  circle of friends der Freundeskreis, -e
city die Stadt, ̈e
  city center die City; das Stadtzentrum
  city hall das Rathaus, ̈er
  city park der Stadtpark
class, classroom die Klasse, -n

classless klassenlos
classmate der Mitstudent, -en, -en/die Mitstudentin, -nen
clean sauber
to **clean** putzen
clever clever
to **climb** steigen, stieg, ist gestiegen
clock die Uhr, -en
to **close** zu·machen
closet der Schrank, ⁻e
clothes die Kleider, die Klamotten
clothing store das Kleidergeschäft, -e
cloud die Wolke, -n
cloudy bedeckt; bewölkt
clue: She doesn't have a clue. She hat keine Ahnung.
coast die Küste, -n
coat der Mantel, ⁻
coffee der Kaffee
coffee maker die Kaffeemaschine, -n
coffee pot die Kaffeekanne, -n
coffee table der Couchtisch, -e
cola die Cola, -s
cold kalt; (*illness*) die Erkältung, -en; der Schnupfen, -
  a bad cold eine schwere Erkältung
  cold cuts die Wurst (*sing*); der Aufschnitt (*sing*)
  to **be cold** frieren, fror, hat gefroren
  to **catch a cold** sich erkälten
  to **have a cold** erkältet sein
colleague der Kollege, -n, -n/die Kollegin, -nen; (*from work*) der Arbeitskollege, -n, -n/die Arbeitskollegin, -nen
to **collect** sammeln
collection die Sammlung, -en
college das College, -s
Cologne (das) Köln
color die Farbe, -n
to **color** färben
color photo das Farbfoto, -s
color TV der Farbfernseher, -
colorless farblos
comb der Kamm, ⁻e
to **comb one's hair** sich kämmen
to **come** kommen, kam, ist gekommen
  to **come to visit** zu Besuch kommen
to **come along** mit·kommen, kam mit, ist mitgekommen
to **come back** zurück·kommen
to **come in** herein·kommen, kam herein, ist hereingekommen
  Come in! Herein!
to **come out** heraus·kommen, kam heraus, ist herausgekommen
comfortable komfortabel
comics die Comics
common gemein
compact disc die CD, -s
company die Firma, Firmen; die Gesellschaft, -en
to **compare** vergleichen, verglich, hat verglichen

complete total; ganz; vollständig
complicated kompliziert
compliment das Kompliment, -e
composer der Komponist, -en, -en
computer der Computer, -
  computer game das Computerspiel, -e
  computer experience EDV-Kenntnisse (*pl*)
concert das Konzert, -e
  to a concert, to concerts ins Konzert
condominium die Eigentumswohnung, -en
conflict der Konflikt, -e
to **congratulate** gratulieren (+ *dat*)
congratulations der Glückwunsch, ⁻e
  Congratulations! Herzliche Glückwünsche!
conservative konservativ
considered: to be considered gelten (gilt), galt, hat gegolten
constant ständig
consulate das Konsulat, -e
contact der Kontakt, -e
contact lense die Konkaktlinse, -n
contest der Wettbewerb, -e
continue (*as verb prefix*) weiter
to **continue studying** weiter·studieren
contrary: on the contrary aber
to **converse** sich unterhalten (unterhält sich) unterhielt sich, hat sich unterhalten
conversation das Gespräch, -e
cook der Koch, ⁻e
to **cook** kochen
cookbook das Kochbuch, ⁻er
cooking lessons der Kochkurs, -e
cool kühl; cool
to **copy** kopieren
corkscrew der Korkenzieher, -
corner die Ecke, -n
correct richtig
to **correct** verbessern
to **cost** kosten
cottage das Wochenendhaus, ⁻er
couch die Couch, -es
to **count** zählen
countless zahllos
country das Land, ⁻er
couple das Paar, -e
  a couple of ein paar
  married couple das Ehepaar, -e
course der Kurs, -e
  main course (*of a meal*) das Hauptgericht
  Of course! Klar!
cousin (*female*) die Kusine, -n; (*male*) der Vetter, -n
crafty schlau
crazy verrückt; übergeschnappt
  to **be crazy** spinnen
  to **go crazy** über·schnappen
credit card die Kreditkarte
critical kritisch
to **criticize** kritisieren

crooked krumm
cruel grausam
cruelty die Grausamkeit, -en
to **cry** weinen; heulen
cuddly kuschelig
cup die Tasse, -n; der Becher, -
  a cup of coffee eine Tasse Kaffee
curly lockig
curtain der Vorhang, ⁻e
custom die Sitte, -n
customer der Kunde, -n, -n/die Kundin, -nen; (*in a restaurant*) der Gast, ⁻e
to **cut** schneiden, schnitt, hat geschnitten
cutlery das Besteck
cycling: to go cycling Rad fahren (fährt Rad), fuhr Rad, ist Rad gefahren
cycling helmet der Fahrradhelm, -e
cycling trip die Radtour, -en
  to **go on a cycling trip** eine Radwanderung (Radtour) machen

D

dad der Vati, -s
daily täglich
to **dance** tanzen
Danish (*adj*) dänisch
Danube (*river*) die Donau
dark dunkel
darling der Liebling, -e
Darn it! Verflixt!
data processing EDV (Elektronische Datenverarbeitung)
date das Datum, Daten
  on what date? am Wievielten?
  What's the date today? Den Wievielten haben wir heute? Der Wievielte ist heute?
daughter die Tochter, ⁻
day der Tag, -e
  by the day tageweise
  day of the week der Wochentag, -e
  one day eines Tages
  the day after tomorrow übermorgen
  Today I have a day off. Heute habe ich frei.
dead tot
dear lieb
death der Tod
debt die Schuld, -en
December der Dezember
decent ordentlich
decision die Entscheidung, -en
deep tief
defective defekt
definite bestimmt
degree der Grad, -
  ten degrees Celsius zehn Grad Celsius
decoration die Dekoration, -en
delicious lecker
democracy die Demokratie

to **depart** ab·fahren (fährt ab), fuhr ab, ist abgefahren
department die Abteilung, -en
department manager der Abteilungsleiter, -/die Abteilungsleiterin, -nen
department store das Kaufhaus, ⸚er
dependable: He's absolutely dependable. Auf ihn kannst du Häuser bauen.
depressed deprimiert
depression die Depression, -en
to **describe** beschreiben, beschrieb, hat beschrieben
description die Beschreibung, -en
designer der Designer, -/die Designerin, -nen
desk der Schreibtisch, -e
dessert der Nachtisch, -e
  for dessert zum Nachtisch
destination das Ziel, -e
detective story der Krimi, -s
to **destroy** zerstören
device das Gerät, -e
devil der Teufel
  to **speak of the devil** den Teufel an die Wand malen
dialect der Dialekt, -e
dialogue der Dialog, -e
diary das Tagebuch, ⸚er
dictatorship die Diktatur
dictionary das Wörterbuch, ⸚er
to **die** sterben (stirbt), starb, ist gestorben; ums Leben kommen
difference der Unterschied, -e
different *(adj)* ander; verschieden; *(adv)* anders
dimwit der Dummkopf, ⸚e
dining room das Esszimmer, -
diploma das Diplom, -e
  to **do or take one's diploma** das Diplom machen
direct direkt
director der Direktor, -en/die Direktorin, -nen
dirty schmutzig
disadvantage der Nachteil, -e
disco die Disco, -s
  to the disco in die Disco
discriminated: to be discriminated against diskriminiert sein
to **discuss** diskutieren
discussion die Diskussion, -en
dish *(food)* das Gericht, -e
dishes das Geschirr *(sing)*
  dirty dishes der Abwasch *(sing)*
  to **do the dishes** den Abwasch machen
disgusting widerlich
dishonest unehrlich
dishwasher die Geschirrspülmaschine, -n
disk die Diskette, -n

dissatisfied unzufrieden
to **disturb** stören
to **divide** teilen
divorced geschieden
to **do** machen; tun, tat, hat getan
doable machbar
doctor der Arzt, ⸚e/die Ärztin, -nen
document das Dokument, -e
documentary film der Dokumentarfilm, -e
dog der Hund, -e
dog food das Hundefutter
doll die Puppe, -n
dollar der Dollar, -s
  twenty-five dollars fünfundzwanzig Dollar
door die Tür, -en
dormitory das Studentenheim, -e
dot: at eleven on the dot Punkt elf
double doppelt
dough der Teig
to **drag** schleppen
drama das Drama, Dramen
to **draw** zeichnen
drawing die Zeichnung, -en
dream der Traum, ⸚e
to **dream** träumen
to **dress** sich an·ziehen, zog sich an, hat sich angezogen
dress das Kleid, -er
dressed gekleidet
dresser die Kommode, -n
to **drink** trinken, trank, hat getrunken
  to **drink too much** die Nase zu tief ins Glas stecken
drinkable trinkbar
to **drive** fahren (fährt), fuhr, ist gefahren; Auto fahren
to **drive in** hinein·fahren (fährt hinein), fuhr hinein, ist hineingefahren
driver der Fahrer, -/die Fahrerin, -nen
driver's license der Führerschein, -e
to **drizzle** beträufeln; *(rain)* nieseln
to **drown** ertrinken, ertrank, ist ertrunken
drug die Droge, -n
drugstore die Drogerie, -n
dry trocken
dumpling der Knödel, -
during während *(+ gen)*
Dutch *(adj)* holländisch

E

each jeder, jedes, jede
  each other einander
ear das Ohr, -en
early früh
to **earn** verdienen
earring der Ohrring, -e
earth die Erde
east der Osten
  east of östlich von *(+ dat)*
Easter Ostern

Easter bunny der Osterhase, -n
easy leicht
  easy to care for pflegeleicht
to **eat** essen (isst), aß, hat gegessen; *(of animals)* fressen (frisst), fraß, hat gefressen
to **eat up** auf·essen (isst auf), aß auf, hat aufgegessen
economy die Wirtschaft, -en
edible essbar
to **educate** aus·bilden
education die Ausbildung
egg das Ei, -er
either: Claudia isn't coming either. Claudia kommt auch nicht.
elbow der Ellbogen, -
electric elektrisch
elefant der Elefant, -en, -en
elegant elegant
else
  or else sonst
  what else was ... sonst
elementary school die Grundschule, -n
embarrassed beschämt
embarrassing peinlich
emigrant der Auswanderer, -; der Emigrant, -en, -en/ die Emigrantin, -nen
to **emigrate** aus·wandern; emigrieren
employer der Arbeitgeber, -/die Arbeitgeberin, -nen
empty leer
to **empty** leeren
enchanting bezaubernd
end das Ende, -n
  (at) the end of January Ende Januar
end table der Beistelltisch, -e
to **end** auf·hören; enden; beenden
endless endlos
to **endure** aus·halten (hält aus), hielt aus, hat ausgehalten
English *(adj)* englisch
English *(language)* Englisch
  in English auf Englisch
enjoy
  Enjoy your meal! Guten Appetit!
  I enjoy it. Es macht mir Spaß.
enjoyment der Spaß; die Lust
enormous enorm
enough genug
entrance der Eingang, ⸚e
envious neidisch
  to **be envious of** neidisch sein auf *(+ acc)*
environment die Umwelt
equal gleich
equal rights die Gleichberechtigung
error der Fehler, -
especially besonders
essential lebenswichtig
etc. (et cetera, and so on) usw. (und so weiter)
European europäisch
even sogar

even though obwohl
evening der Abend, -e
  evening meal das Abendessen, -
  Good evening! Guten Abend! 'n Abend!
  in the evening abends
  this evening heute Abend
every jeder, jedes, jede
  every two weeks alle vierzehn Tage
  every time jedes Mal
  every year Jahr für Jahr
everybody alle
everyday life das Alltagsleben
everyday scene die Alltagsszene, -n
everything alles
exact(ly) genau
example das Beispiel, -e
  for example (e.g.) zum Beispiel (z.B.)
excellent aufgezeichnet
except for außer (+ dat)
exception die Ausnahme, -n
to exchange um·tauschen
exchange student der Austauschstudent, -en/die Austauschstudentin, -nen; (high school) der Austauschschüler, -/die Austauschschülerin, -nen
excited aufgeregt
  to get excited (about) sich auf·regen (über + acc)
excuse die Ausrede, -n
  Excuse me! Entschuldigung!
exercise die Übung, -en
exercise bike der Heimtrainer, -
exhibition die Ausstellung, -en
exotic exotisch
expensive teuer
experience die Erfahrung, -en; das Erlebnis, Erlebnisse; (knowledge) die Kenntnisse (pl)
to experience erleben
experiment das Experiment, -e
to explain erklären
explicable erklärbar
expressway die Autobahn, -en
eye das Auge, -n

F

fabulous fabelhaft
face das Gesicht, -er
factory die Fabrik, -en
to faint in Ohnmacht fallen
fair fair
fairy tale das Märchen, -
fall (season) der Herbst
  in fall im Herbst
to fall fallen (fällt), fiel, ist gefallen
to fall asleep ein·schlafen (schläft ein), schlief ein, ist eingeschlafen
to fall down hinunter·fallen (fällt hinunter) fiel hinunter, ist hinuntergefallen

to fall in love with sich verlieben in (+ acc)
family die Familie, -n
family doctor der Hausarzt, ⸚e/die Hausärztin, -nen
family tree der Stammbaum, ⸚e
famished: to be famished einen Bärenhunger haben
famous berühmt
fantastic toll, fantastisch
  That's really fantastic. Das ist echt toll.
far weit
  far too much viel zu viel
farewell der Abschied
farm die Farm, -en
farmer der Bauer, -n, -n/die Bäuerin, -nen; der Farmer, -
fashion show die Modenschau
fashionable modisch
fast schnell
fast food stand der Schnellimbiss, -e
fat dick; (noun) das Fett
father der Vater, ⸚
  Like father, like son. Der Apfel fällt nicht weit vom Stamm.
fatherly väterlich
fatty fettig
fault (blame) die Schuld
  to find fault with something ein Haar in der Suppe finden
favorite der Liebling, -e
  favorite CD die Lieblings-CD
  favorite program das Lieblingsprogramm
fax das Fax, -e
fear die Angst, ⸚e
February der Februar
to feed füttern
feel
  I don't feel like it. Ich habe keine Lust.
  I feel like having a chocolate bar. Ich habe Lust auf eine Tafel Schokolade.
to feel well sich wohl fühlen
fellow citizen der Mitbürger, -/die Mitbürgerin, -nen
fellow student der Mitstudent, -en, -en/die Mitstudentin, -nen
fence der Zaun, ⸚e
fever das Fieber
fieberhaft feverishly
few ein paar
field das Feld, -er
field of study das Fach, ⸚er, das Studienfach, ⸚er
to fill füllen
film der Film, -e
finally endlich; schließlich; zuletzt
to finance finanzieren
finances die Finanzen
financial finanziell
to find finden, fand, hat gefunden

to find fault with something ein Haar in der Suppe finden
to find out heraus·finden, fand heraus, hat herausgefunden
finger der Finger, -
fingernail der Fingernagel, ⸚
to finish fertig machen
to finish reading fertig lesen (liest fertig), las fertig, hat fertig gelesen
to finish writing fertig schreiben, schrieb fertig, hat fertig geschrieben
finished fertig
to fire entlassen (entlässt), entließ, hat entlassen
first (adj) erst; (adv) zuerst
  for the first time zum ersten Mal
first grader der Erstklässler, -/die Erstklässlerin, -nen
first name der Vorname, -ens, -en
fish der Fisch, -e
to fish angeln; fischen
fit fit
to fit passen
  That coat doesn't fit you. Der Mantel passt dir nicht.
fitness center das Fitnesscenter, -
fitness freak der Fitnessfreak, -s
fitness studio das Fitness Studio
flag die Fahne, -n
flight der Flug, ⸚e
flight number die Flugnummer, -n
to flirt flirten
floor der Fußboden, ⸚; (story) der Stock, Stockwerke
  first floor das Erdgeschoss
  on the first floor im Erdgeschoss
  on the second floor im ersten Stock
floor lamp die Stehlampe, -n
flour das Mehl
flower die Blume, -n
flower shop das Blumengeschäft, -e
flowered geblümt
flute die Flöte, -n
to fly fliegen, flog, ist geflogen
foggy neblig
to follow folgen
food das Essen; die Lebensmittel (pl)
fool: He's no fool. Er ist nicht auf den Kopf gefallen.
foot der Fuß, ⸚e
  to go on foot zu Fuß gehen
for (prep) für (+ acc); (prep) seit (+ dat); (coord conj) denn
  I've known him for years. Ich kenne ihn seit Jahren.
to forbid verbieten, verbot, hat verboten
forehead die Stirn, -en
foreign ausländisch
foreign students' office das Auslandsamt
foreigner der Ausländer, -/die Ausländerin, -nen

forest der Wald, ⸚er
forever ewig
to **forget** vergessen (vergisst), vergaß, hat vergessen
fork die Gabel, -n
form die Form, -en
former ehemalig
free frei
freeway die Autobahn, -en
French (adj) französisch
French fries die Pommes frites
fresh frisch
Friday der Freitag, -e
friend der Freund, -e/die Freundin, -nen
friendliness die Freundlichkeit
friendly freundlich
friendship die Freundschaft, -en
from (a city, country) aus (+ dat); (an institution) von (+ dat)
  from now on von jetzt ab
  from . . . to von ... bis
front: in front of vor (+ acc or dat)
front hall closet die Garderobe, -n
fruit das Obst (sing); die Frucht, ⸚e
full voll
fun der Spaß
  That's fun. Das macht Spaß.
  to **have fun** Spaß haben
funny lustig; witzig
furious wütend
furnished möbliert
furniture die Möbel (pl)
future die Zukunft

G

to **gallop** galoppieren
garage die Garage, -n
garbage pail der Mülleimer, -
garden der Garten, ⸚
garden terrace die Gartenterrasse, -n
gardener der Gärtner, -/die Gärtnerin, -nen
gas das Benzin
generation die Generation, -en
generous großzügig
gentleman der Herr, -n, -en
German (adj) deutsch
German (language) Deutsch
  in German auf Deutsch
German-speaking deutschsprachig
German class die Deutschstunde, -n
German parliament der Bundestag
German state das Bundesland, ⸚er
to **get** (fetch) holen; (receive) bekommen, bekam, hat bekommen; kriegen
to **get up** auf•stehen, stand auf, ist aufgestanden
to **get to know** kennen lernen
gift giving (at Christmas) die Bescherung
girl das Mädchen, -

girlfriend die Freundin, -nen
to **give** geben (gibt), gab, hat gegeben; (a gift) schenken; (change) heraus•geben (gibt heraus), gab heraus, hat herausgegeben
to **give back** zurück•geben (gibt zurück), gab zurück, hat zurückgegeben
gladly gern (lieber, am liebsten)
glass das Glas, ⸚er
  a glass of orange juice ein Glas Orangensaft
glasses (eye) die Brille, -n
glove der Handschuh, -e
to **go** gehen, ging, ist gegangen; (by car, bus, train) fahren (fährt), fuhr, ist gefahren
to **go along** mit•gehen, ging mit, ist mitgegangen; mit•fahren (fährt mit), fuhr mit, ist mitgefahren
to **go away** weg•gehen, ging weg, ist weggegangen
to **go in** hinein•gehen, ging hinein, ist hineingegangen
to **go out** aus•gehen, ging aus, ist ausgegangen; hinaus•gehen
goal das Ziel, -e
God (der) Gott
  Thank God! Gott sei Dank!
gold das Gold
golf das Golf
gone weg
good gut
  Good evening! Guten Abend! 'n Abend!
  Good morning! Guten Morgen! Morgen!
  Good night! Gute Nacht!
  just as good genauso gut
Good-bye! Auf Wiedersehen! Wiedersehen! Tschüs! (on the telephone) Auf Wiederhören!
gossip der Klatsch
gourmet der Feinschmecker, -/die Feinschmeckerin, -nen
grade die Zensur, -en; die Note, -n
gram das Gramm
grandchild das Enkelkind, -er; der Enkel, -
granddaughter die Enkelin, -nen
grandfather der Großvater, ⸚
grandma die Oma, -s
grandmother die Großmutter, ⸚
grandpa der Opa, -s
grandparents die Großeltern
grandson der Enkel, -
grass das Gras, ⸚er
gray grau
great großartig, toll
great-grandfather der Urgroßvater, ⸚
great-grandmother die Urgroßmutter, ⸚
Greek (adj) griechisch
green grün
to **greet** grüßen

greeting der Gruß, ⸚e
groceries die Lebensmittel
ground die Erde
group die Gruppe, -n
  group of three die Dreiergruppe, -n
to **grow** wachsen (wächst), wuchs, ist gewachsen
gruesome grausam
to **guess** erraten (errät), erriet, hat erraten
guest der Gast, ⸚e
guide dog der Blindenhund, -e
guitarist der Gitarrist, -en, -en/die Gitarristin, -nen
guy der Typ, -en

H

hair das Haar, -e
hairbrush die Haarbürste, -n
haircut der Haarschnitt, -e
hairdo die Frisur, -en
hairdresser der Friseur, -e/die Friseurin, -nen
hairless haarlos
hairy haarig
half halb
  half past one halb zwei
hall, hallway der Flur, -e
hamburger der Hamburger, -
hamster der Hamster, -
hand die Hand, ⸚e
handicapped behindert
hand-knit handgestrickt
handwriting die Handschrift, -en
to **hang** (be in a hanging position) hängen, hing, hat gehangen; (put in a hanging position) hängen
to **hang up** (the receiver) auf•legen
to **happen** passieren, passierte, ist passiert
  What's happening? Was ist los?
happy glücklich; froh; vergnügt
  to **be happy (about)** sich freuen (über + acc)
  Happy Birthday! Herzliche Glückwünsche zum Geburtstag!
  Happy New Year! Einen guten Rutsch ins neue Jahr!
hard hart; (difficult) schwer
hardly kaum
hard-working fleißig
harmless harmlos
hat der Hut, ⸚e
to **hate** hassen
to **have** haben (hat), hatte, hat gehabt
to **have to** müssen (muss), musste, hat gemusst; (something done) lassen
head der Kopf, ⸚e
headache die Kopfschmerzen (pl)
head lettuce der Kopfsalat, -e
headphone der Kopfhörer, -
health food store das Reformhaus, ⸚er
healthy gesund

to **hear** hören
heartless herzlos
hearty herzlich
heat die Hitze
heavy schwer
hedge die Hecke, -n
height die Größe, -n
  of average height mittelgroß
Hello! Hallo! Grüß dich! Guten Tag!
  Tag!
help die Hilfe
to **help** helfen (hilft), half, hat
  geholfen (+ *dat*)
  May I help you? (*to a customer*) Sie
  wünschen?
helpful hilfsbereit
helpless hilflos
her ihr, ihr, ihre
here hier
Hi! Grüß dich! Hallo! Guten Tag! Tag!
to **hide** verstecken
  hide-and-seek (das) Verstecken
high hoch (hoh-)
high school (*college track*) das
  Gymnasium, Gymnasien
high school diploma das Abitur
high-rise das Hochhaus, ̈er
to **hike** wandern; wandern gehen
hiking boot die Wanderstiefel, -; der
  Wanderschuh, -e
his sein, sein, seine
history die Geschichte
to **hit** hauen; schlagen (schlägt),
  schlug, hat geschlagen
hobby das Hobby, -s
hockey das Eishockey
hockey stick der Hockeyschläger, -
to **hold** halten (hält), hielt, hat
  gehalten
hole das Loch, ̈er
holiday der Feiertag, -e; das Fest, -e
home (*country*) die Heimat, -en
  at home zu Hause
  to **go home** nach Hause gehen
  to **come home** nach Hause kommen;
  heim·kommen
homework assignment die
  Hausaufgabe, -n
honest ehrlich
honey der Honig
hope die Hoffnung
to **hope** hoffen
  I hope hoffentlich
hopefully hoffentlich
hopeless hoffnungslos
hopscotch Himmel und Hölle
hors d'oeuvre die Vorspeise, -n
horse das Pferd, -e
  Wild horses couldn't drag me there.
  Da bringen mich keine zehn Pferde
  hin.
hospital das Krankenhaus, ̈er
hot heiß; (*taste*) scharf
hotdog das Hotdog, -s

hotel das Hotel, -s
hour die Stunde, -n
  for an hour eine Stunde lang
  for hours stundenlang
house das Haus, ̈er
  at our house bei uns
household der Haushalt, -e
  to **do household chores** den Haushalt
  machen
  household garbage der Hausmüll
house husband der Hausmann, ̈er
housemate der Mitbewohner, -/die
  Mitbewohnerin, -nen
house number die Hausnummer, -n
house plant die Zimmerpflanze, -n
housewife die Hausfrau, -en
how wie
How are you? Wie geht's?/Wie geht es
  Ihnen?
how many wie viele
how much wie viel
to **howl** heulen
huge riesig
human menschlich
human being der Mensch, -en, -en
humanity die Menschheit
humid schwül
humor der Humor
humorous lustig
hunger der Hunger
hungry hungrig
  I'm hungry. Ich habe Hunger.
  to **go hungry** hungern
to **hurry** sich beeilen
hurt: He won't hurt you. Er tut dir
  nichts.
husband der Mann, ̈er
hymn die Hymne, -n

■ **I**

i.e., that is d.h., das heißt
ice das Eis
ice cream das Eis
icy eisig
idea die Idee, -n
  She has no idea. Sie hat keine
  Ahnung.
ideal ideal
idealism der Idealismus
if wenn; (*whether*) ob
illness die Krankheit, -en
to **imagine** (something) sich (etwas)
  vor·stellen
imagination die Fantasie
immediately gleich; sofort
immigrant der Einwanderer, -/die
  Einwanderin, -nen, der Immigrant,
  -en, -en/die Immigrantin, -nen
to **immigrate** ein·wandern
immigration die Einwanderung
impolite unhöflich
importance die Wichtigkeit
important wichtig

impossible unmöglich
  That's impossible Das gibt's doch
  nicht!
to **impress** beeindrucken
to **improve** verbessern
in, into in (+ *dat or acc*)
income das Einkommen
incorrect falsch
independent unabhängig
indifferent gleichgültig
individual die Person, -en; der Mensch,
  -en
inexpensive billig; günstig
influence der Einfluss, ̈e
information die Information, -en;
  (*telephone*) die Auskunft
information age das
  Informationszeitalter
informed informiert
inhabitant der Einwohner, -
inline skates die Inline Skates
insect das Insekt, -en
inside innen
instead of anstatt, statt (+ *gen*)
instructor der Lehrer, -/die Lehrerin,
  -nen
instrument das Instrument, -e
insurance die Versicherung, -en
intelligent intelligent, klug
interest (*money*) die Zinsen (*pl*)
to **interest** interessieren
interested: to be interested in sich
  interessieren für (+ *acc*)
interesting interessant
international international
Internet das Internet
to **interrupt** unterbrechen
  (unterbricht), unterbrach, hat
  unterbrochen
interview das Interview, -s
invention die Erfindung, -en
to **invest** investieren
to **invite** ein·laden (lädt ein), lud ein,
  hat eingeladen
Irish (*adj*) irisch
iron das Bügeleisen, -
to **iron** bügeln
irregular unregelmäßig
island die Insel, -n
Israeli (*adj*) israelisch
Italian (*adj*) italienisch
its sein, sein, seine

■ **J**

jacket die Jacke, -n
jam die Marmelade, -n
January der Januar
jazz der Jazz
jealous: to be jealous of eifersüchtig
  sein auf (+ *acc*)
jealousy die Eifersucht
jeans die Jeans, -(*f or pl*)
Jewish (*adj*) jüdisch

jewelry der Schmuck
job die Stellung, -en; der Job, -s
  job for a day der Tagesjob, -s
to **jog** joggen
jogging pants die Jogginghose, -n
jogging suit der Jogginganzug, ¨e
joke der Witz, -e
  What a joke! Da lachen ja die
    Hühner!
journalist der Journalist, -en, -en/die
  Journalistin, -nen
joy die Freude, -n
juice der Saft, ¨e
juicy saftig
July der Juli
to **jump** springen, sprang, ist
  gesprungen
June der Juni
junk food das Junkfood
just nur; bloß; *(time)* gerade
  just as good genauso gut
  just now gerade

K

keyboard *(instrument)* das Keyboard, -s
kilometer der Kilometer, -
kind: What kind of music do you like
  to listen to? Was für Musik hörst du
  gern?
kindergarten der Kindergarten, ¨
king der König, -e
kitchen die Küche, -n
kitchen privileges die
  Küchenbenutzung *(sing)*
knackwurst die Knackwurst, ¨e
knee das Knie, -
knife das Messer, -
to **knock** klopfen
to **know** *(a fact)* wissen (weiß), wusste,
  hat gewusst; *(be acquainted with)*
  kennen, kannte, hat gekannt
to **know about** wissen von *(+ dat)*

L

lab die Übung, -en
Lake Constance der Bodensee
lady die Dame, -n
lake der See, -n
lamp die Lampe, -n
to **land** landen
landlord/landlady der Vermieter, -/die
  Vermieterin, -nen
landscape die Landschaft, -en
language die Sprache, -n
language lab das Sprachlabor, -s
lasagna die Lasagne *(pl)*
to **last** *(take time)* dauern
last letzt; zuletzt
  at last endlich
late spät
  to **be late** sich verspäten
to **laugh** lachen

laundromat der Waschsalon, -s
laundry die Wäsche
lavatory die Toilette, -n
lawn der Rasen, -
lawnmower der Rasenmäher, -
to **lay** *(down)* legen
lazy faul
to **learn** lernen
least: at least wenigstens; mindestens
to **leave** *(depart)* ab·fahren (fährt ab),
  fuhr ab, ist abgefahren; *(let)* lassen
  (lässt), ließ, hat gelassen
lecture die Vorlesung, -en
  to a lecture, to lectures in die
    Vorlesung
lecture hall der Hörsaal, Hörsäle
lecturer der Dozent, -en, -en/die
  Dozentin, -nen
left; to the left links
leg das Bein, -e
  Break a leg! Hals- und Beinbruch!
leisure time die Freizeit
to **lend** leihen, lieh, hat geliehen
lesson: piano lesson die Klavierstunde, -n
to **let** lassen (lässt), ließ, hat gelassen
letter der Brief, -e; *(of the alphabet)* der
  Buchstabe, -n, -n
letter carrier der Briefträger, -/die
  Briefträgerin, -nen
library die Bibliothek, -en
  to the library in die Bibliothek
lie die Lüge, -n
to **lie** *(tell a lie)* lügen, log, hat gelogen;
  (be situated) liegen, lag, hat gelegen
life das Leben, -
lifeless leblos
lifestyle der Lebensstil, -e
light das Licht, -er
light hell; *(weight)* leicht
lightning: it's lightning es blitzt
like wie
  like a king wie ein König
  What's your apartment like? Wie ist
    Ihre Wohnung?
to **like** mögen (mag), mochte, hat
  gemocht; gefallen (gefällt), gefiel,
  hat gefallen *(+ dat)*
  to **like about** gefallen an *(+ dat)*
  to **like somebody** jemanden gern
    haben
  I like this jacket. Diese Jacke gefällt
    mir.
  I like to cook. Ich koche gern.
  I would like . . . Ich möchte ...
lip die Lippe, -n
lipstick der Lippenstift, -e
list die Liste, -n
to **listen** zu·hören
to **listen to** hören
liter der Liter, -
literature die Literatur, -en
little *(size)* klein; *(amount)* wenig
to **live** *(in a country or a city)* leben; *(in
  a street or building)* wohnen

living: What do you do for a living?
  Was sind Sie von Beruf?
living accomodation die Unterkunft
living expenses der Lebensunterhalt
living room das Wohnzimmer, -
to **load** laden (lädt), lud, hat geladen
location die Lage, -n
long lang
  a long time ago schon lange her;
    schon längst
to **look** schauen; *(appear)* aus·sehen
  (sieht aus), sah aus, hat ausgesehen
to **look at** an·schauen
to **look for** suchen
to **look forward to** sich freuen auf
  (+ acc)
to **lose** verlieren, verlor, hat verloren
lot die Menge, -n
  a lot viel; eine Menge
loud laut
loudspeaker der Lautsprecher, -
love die Liebe; *(as closing of a letter)*
  Herzliche Grüße, Liebe Grüße
  to **fall in love with** sich verlieben in
    (+ acc)
to **love** lieben
loveless lieblos
lox der Lachs
luck das Glück
  Good luck! Hals-und Beinbruch!
  Lots of luck! Viel Glück!
lucky: You're lucky! Du hast Glück! Du
  hast Schwein!
lunch das Mittagessen
  for lunch zum Mittagessen
  to **have lunch** zu Mittag essen
luxury der Luxus

M

macaroni die Makkaroni *(pl)*
machine die Maschine, -n
magazine das Magazin, -e
mail die Post
main course das Hauptgericht, -e
major *(field of study)* das Hauptfach, ¨er
majority die Mehrzahl
to **make** machen
make-up: to put on make-up (sich)
  schminken
man der Mann, ¨er
many viele
many a mancher, manches, manche
map die Karte, -n
  map of the city der Stadtplan, ¨e
to **march** marschieren
March der März
mark *(German currency)* die Mark, -;
  (grade) die Zensur, -en; die Note, -n
  five marks apiece fünf Mark das
    Stück
market der Markt, ¨e; der
  Wochenmarkt, ¨e
marriage die Ehe, -n

married verheiratet
to marry heiraten
marvelous wundervoll
maternal mütterlicherseits
math die Mathe
matter
  That doesn't matter! Das macht doch nichts!
  What's the matter with you? Was ist mit dir los?
May der Mai
may: to be allowed to dürfen (darf), durfte, hat gedurft
  May I help you? *(to a customer)* Sie wünschen?
meal das Essen
  Enjoy your meal! Guten Appetit!
to mean meinen; bedeuten; heißen, hieß, hat geheißen
meaning die Bedeutung, -en
meaningless bedeutungslos
meantime: in the meantime inzwischen
meat das Fleisch
meatless fleischlos
medicine das Medikament, -e
medium-sized car der Mittelklassewagen, -
to meet (sich) treffen (trifft), traf, hat getroffen
member das Mitglied, -er
men's department die Herrenabteilung, -en
to mend flicken
menu die Speisekarte, -n
messy unordentlich
meter der Meter, -
microwave oven der Mikrowellenherd, -e; die Mikrowelle
middle die Mitte, -n
  in the middle of mitten in
  (in) the middle of July Mitte Juli
midnight die Mitternacht
milk die Milch
mineral water das Mineralwasser
minute die Minute, -n
  in a minute gleich; sofort
mirror der Spiegel, -
miserable miserabel
to miss vermissen
Miss das Fräulein, -
mistake der Fehler, -
modern modern
modest bescheiden
mom die Mutti, -s
moment der Moment, -e
  at the moment zur Zeit
Monday der Montag, -e
  on Monday afternoon am Montagnachmittag
  on Mondays montags
money das Geld
month der Monat, -e
monthly monatlich
mood: in a good mood vergnügt

moon der Mond
more mehr
  more and more immer mehr
  not any more nicht mehr
  once more noch einmal; noch mal
morning der Morgen, -; der Vormittag, -e
  Good morning! Guten Morgen! Morgen!
  in the morning morgens; vormittags
  tomorrow morning morgen früh
  this morning heute Morgen
mosquito der Moskito, -s
most meist
mostly meistens
mother die Mutter, ⁻
  on one's mother's side mütterlicherseits
  Mother's Day der Muttertag, -e
motherless mutterlos
motherly mütterlich
motor der Motor, -en
motorboat das Motorboot, -e
motorcycle das Motorrad, ⁻er
mountain der Berg, -e
mountain range das Gebirge
mountain bike das Mountainbike, -s
mountain biking: to go mountain biking Mountainbiking gehen
moustache der Schnurrbart, ⁻e
mouth der Mund, ⁻er
to move *(change place of residence)* um·ziehen, zog um, ist umgezogen
to move in ein·ziehen, zog ein, ist eingezogen
to move out aus·ziehen, zog aus, ist ausgezogen
movie theater das Kino, -s
  to the movies ins Kino
to mow mähen
mozzarella der Mozzarella
Mr. Herr
Mrs., Ms. Frau
much viel
  far too much viel zu viel
muesli das Müsli
  a bowl of muesli eine Schüssel Müsli
Munich (das) München
to murder ermorden
museum das Museum, Museen
mushroom der Champignon, -s
music die Musik
musical musikalisch
must: to have to müssen (muss), musste, hat gemusst
mustard der Senf, -e
to mutter murmeln
my mein, mein, meine
myself, yourself, herself, etc. selbst, selber

N ————————

name der Name, -ens, -en
  first name der Vorname, -ens, -en

last name der Familienname, -ens, -en
  My name is . . . Ich heiße ...
  What's your name? Wie heißen Sie?/Wie heißt du? Wie ist Ihr Name?
to name nennen, nannte, hat genannt
nameless namenlos
narrator der Erzähler, -/die Erzählerin, -nen
narrow schmal
napkin die Serviette, -n
nationality die Nationalität, -en
nature die Natur
natural natürlich
near bei; nah
  near the university in der Nähe der Uni
neat ordentlich
neck der Hals, ⁻e
necklace die Halskette, -n
neat ordentlich
to need brauchen
negative negativ
neighbor der Nachbar, -n, -n/die Nachbarin, -nen
neither . . . nor weder ... noch
nephew der Neffe, -n, -n
nervous nervös
nerves
  She goes on my nerves. Sie geht mir auf die Nerven. Sie nervt mich. Sie ist eine Nervtante.
never nie; niemals
nevertheless trotzdem
new neu
New Year Neujahr
  Happy New Year! Einen guten Rutsch ins neue Jahr!
  New Year's Eve der Silvesterabend, -e, Silvester
newspaper die Zeitung, -en
newspaper ad die Anzeige, -n
New Zealand *(adj)* neuseeländisch
next nächst; *(to)* neben (+ *acc or dat*)
  next door nebenan
  next year nächstes Jahr
nice *(pleasant)* nett; *(beautiful)* schön
niece die Nichte, -n
night die Nacht, ⁻e
  at night bei Nacht; nachts
  Good night! Gute Nacht!
  last night gestern Nacht
night table der Nachttisch, -e
no nein; *(neg indef art)* kein, kein, keine
  no longer nicht mehr
no one niemand
nobody niemand
Nonsense! Quatsch!
noodle die Nudel, -n
noon der Mittag
  at noon mittags

north der Norden
  north of nördlich von (+ *dat*)
North America (das) Nordamerika
North American (*adj*)
  nordamerikanisch
nose die Nase, -n
not nicht
  not any more nicht mehr
  not at all gar nicht; überhaupt nicht
  not even nicht mal
  not until erst
  not yet noch nicht
not a, not any, no kein, kein, keine
note die Notiz, -en
nothing nichts
  It's all for nothing. Es ist alles für die
  Katz.
  nothing at all gar nichts; überhaupt
  nichts
  nothing but trouble nichts als Ärger
to **notice** merken
novel der Roman, -e
November der November
now jetzt
  from now on von jetzt ab
nowadays heutzutage
number die Nummer, -n; die Zahl, -en
nut die Nuss, -̈e

O

ocean das Meer, -e; der Ozean, -e
occupation der Beruf, -e
  What's your occupation? Was sind Sie
  von Beruf?
o'clock: at one o'clock um ein Uhr;
  um eins
October der Oktober
of von (+ *dat*)
  Of course! Natürlich! Klar!
offer das Angebot, -e
to **offer** an·bieten, bot an, hat
  angeboten
office das Büro, -s
office help die Bürohilfe
often oft
oil Öl, -e
ok in Ordnung
  Everthing's A-okay. Alles ist in Butter.
old alt
old age das Alter
old people's home das Altenheim, -e
olive die Olive, -n
on, onto (*a vertical surface*) an (+ *acc or
  dat*); (*a horizontal surface*) auf (+ *acc
  or dat*)
once einmal
  once more noch einmal, noch mal
one (*you*) man
  one and a half eineinhalb
  one another einander
  by one's self von selbst
only bloß; nur; erst; (*single*) einzig
to **open** auf·machen; öffnen

opera die Oper, -n
opinion die Meinung, -en
  in my opinion meiner Meinung nach
optimistic optimistisch
or oder
  or else sonst
orange die Orange, -n
orange juice der Orangensaft
orchestra das Orchester, -
order die Ordnung
  in order . . . to um ... zu
to **order** bestellen
ordinary einfach
to **originate from** stammen aus (+ *dat*)
other ander
otherwise sonst
our unser, unser, unsere
out of aus (+ *dat*)
outfit das Outfit, -s
outside außen
oven der Backofen, -̈
over über (+ *acc or dat*)
  to **be over** zu Ende sein; vorbei sein
overnight accommodation die
  Übernachtung, -en
  to **stay overnight** übernachten
oversalted versalzen
to **owe** schulden
own eigen

P

to **pack** packen; ein·packen
package die Packung, -en
packaging die Verpackung, -en
page die Seite, -n
pain der Schmerz, -en
to **paint** (*a picture*) malen; (*a house*)
  streichen, strich, hat gestrichen
painter der Maler, -
pair das Paar, -e
pan die Pfanne, -n
pants die Hose, -n
paper (report) das Referat, -e
paragraph der Absatz, -̈e; der
  Paragraph, -en, -en
parcel das Paket, -e
Pardon? I beg your pardon? Wie
  bitte?
parents die Eltern
park der Park, -s
to **park** parken
part der Teil, -e
particularly besonders
partner der Partner, -/die Partnerin,
  -nen
party die Party, -s; die Fete, -n
passport der Pass, -̈e
paternal väterlicherseits
patio die Terrasse, -n
pay die Bezahlung; der Lohn, -̈e
to **pay** bezahlen
to **pay attention** auf·passen

peace der Frieden; die Ruhe
  in peace and quiet in aller Ruhe
pedestrian area die Fußgängerzone, -n
penny der Pfennig, -e
people die Leute (*pl*); die Menschen
  (*pl*)
pepper der Pfeffer
percent das Prozent, -e
perfume das Parfüm, -s
perhaps vielleicht; wohl
perm die Dauerwelle, -n
permission die Erlaubnis
permitted: to be permitted dürfen
  (darf), durfte, hat gedurft
person die Person, -en; der Mensch,
  -en
personal persönlich
personnel manager der Personalchef,
  -s/die Personalchefin, -nen
to **persuade** überreden
pessimistic pessimistisch
pharmacy die Apotheke, -n
photo das Foto, -s; die Fotografie, -n
photo store das Fotogeschäft, -e
to **photograph** fotografieren
piano teacher der Klavierlehrer, -/die
  Klavierlehrerin, -nen
to **pick out** aus·suchen
to **pick up** ab·holen
picnic das Picknick, -s
picture das Bild, -er
piece das Stück, -e
  a piece of cake ein Stück Kuchen
  piece of furniture das Möbelstück
pig das Schwein, -e
pigsty der Schweinestall, -̈e
  What a pigsty! Was für ein
  Schweinestall!
pile der Haufen, -
pill die Tablette, -n
pink rosarot
pious fromm
pizzeria die Pizzeria, -s
place der Ort, -e; der Platz, -̈e; die
  Stelle, -n
  place of residence der Wohnort, -e
  place of work der Arbeitsplatz, -̈e
plaid kariert
plan der Plan, -̈e
to **plan** planen
to **plan, to have planned** vor·haben
  (hat vor), hatte vor, hat vorgehabt
plant die Pflanze, -n
plastic das Plastik, -s
plastic bag die Plastiktasche, -n
plate der Teller, -
play das Theaterstück, -e
to **play** spielen
pleasant nett
please bitte
pleased: to be pleased (with) sich
  freuen (über + *acc*)
plump mollig
pocket die Tasche, -n

poem das Gedicht, -e
police die Polizei (sing)
Polish (adj) polnisch
polite höflich
political politisch
politics die Politik
poll die Umfrage, -n
poor arm
popular beliebt; populär
population die Bevölkerung
position die Position, -en
possibility die Möglichkeit
possible möglich
  as much (quickly, soon) as possible
    so viel (schnell, bald) wie möglich
post office die Post; das Postamt, ⁻er
postal code die Postleitzahl, -en
postcard die Postkarte, -n
poster das Poster, -
to **postpone** verschieben, verschob, hat
  verschoben
pot der Topf, ⁻e
potato die Kartoffel, -n
potato chips die Kartoffelchips
pound das Pfund, -e
practical praktisch
to **practice** üben
present das Geschenk, -e
president der Präsident, -en, -en/die
  Präsidentin, -nen
pretty hübsch
pretzel die Brezel, -n
price der Preis, -e
primitive primitiv
to **print** drucken
printer der Drucker, -
private: in private unter vier Augen
private home das Privathaus, ⁻er
probably wohl; sicher
problem das Problem, -e
to **produce** produzieren
product das Produkt, -e
profession der Beruf, -e
professionally beruflich
project das Projekt, -e
to **promise** versprechen (verspricht),
  versprach, hat versprochen
pronunciation die Aussprache
province die Provinz, -en
pub die Kneipe, -n; (Austria) das
  Beisel, -
  to a pub in die Kneipe
pudding der Pudding, -s
to **pull** ziehen, zog, hat gezogen
to **pull up** herauf·ziehen, zog herauf,
  hat heraufgezogen
to **pull out** heraus·ziehen, zog heraus,
  hat herausgezogen
punctual pünktlich
punk der Punk, -s
purple violett
to **put** (in an upright position) stellen;
  (stick) stecken; (in a horizontal
  position) legen

to **put on** an·ziehen, zog an, hat
  angezogen; (one's head) auf·setzen
to **put on make-up** sich schminken

Q

qualified qualifiziert
quarter das Viertel, -
  quarter after eleven Viertel nach elf
  quarter to eleven Viertel vor elf
question die Frage, -n
  to **ask (answer) a question** eine Frage
    stellen (beantworten)
  That's out of the question! Das
    kommt gar nicht in Frage!
quick schnell
quiet ruhig
quite ganz; ziemlich

R

to **race** rasen
radio das Radio, -s
rag der Lumpen, -
rage die Wut
rain der Regen
to **rain** regnen
rare selten
rate: at any rate jedenfalls
rather ziemlich
to **reach** erreichen
to **react (to)** reagieren (auf + acc)
to **read** lesen (liest), las, hat gelesen
  The thermometer reads ten degrees.
    Das Thermometer zeigt zehn Grad.
to **read through** durch·lesen (liest
  durch), las durch, hat durchgelesen
to **read to** vor·lesen (liest vor), las vor,
  hat vorgelesen
ready fertig
real echt
reality die Wirklichkeit
to **realize** merken
really wirklich; echt; geradezu
  That's really fantastic. Das ist echt
    toll.
to **rearrange** um·stellen
reason der Grund, ⁻e
reasonable (price) günstig
to **receive** bekommen, bekam, hat
  bekommen; kriegen
receiver (of a telephone) der Hörer, -
recently in letzter Zeit
recipe das Rezept, -e
to **recognize** erkennen, erkannte, hat
  erkannt
to **recommend** empfehlen (empfiehlt),
  empfahl, hat empfohlen
red rot
red wine der Rotwein, -e
reduced reduziert
  sharply reduced stark reduziert
refrigerator der Kühlschrank, ⁻e
to **regret** bereuen

regular regelmäßig
relative der/die Verwandte, -n;
  relatives die Verwandschaft
to **renovate** renovieren
rent die Miete, -n
to **rent** mieten
to **rent out** vermieten
to **repair** reparieren
to **repeat** wiederholen
to **replace** ersetzen
report das Referat, -e
to **report** berichten
residence (place of) der Wohnort, -e;
  (student) das Studentenheim, -e
restaurant das Gasthaus, ⁻er; das
  Restaurant, -s
reunification die Wiedervereinigung
Rhine (river) der Rhein
rice der Reis
rich reich
ride die Fahrt, -en
to **ride** (a horse) reiten, ritt, ist geritten
to **ride** (a bike) Rad fahren (fährt Rad),
  fuhr Rad, ist Rad gefahren
right richtig; das Recht, -e
  right around the corner gleich um
    die Ecke
  right away gleich; sofort
  It's not right that . . . Es ist nicht
    recht, dass ...
  You're right. Du hast Recht.
  to **be right** stimmen
  That's right. Das stimmt.
right, to the right rechts
ring der Ring, -e
to **ring** klingeln
ripe reif
ripped zerrissen
river der Fluss, ⁻e
roast der Braten, -
rock festival das Rockfest, -e
rock group die Rockgruppe, -n
rock music der Rock
rock star der Rockstar, -s
rocking chair der Schaukelstuhl, ⁻e
role die Rolle, -n
roll das Brötchen, -
romantic romantisch
roof das Dach, ⁻er
room das Zimmer, -; der Raum, ⁻e
roommate der Zimmerkollege, -n,
  -n/die Zimmerkollegin, -nen
rose die Rose, -n
round rund
rug der Teppich, -e
to **ruin** kaputt·machen
to **run** rennen, rannte, ist gerannt;
  laufen (läuft), lief, ist gelaufen
  I ran out of money. Mir ist das Geld
    ausgegangen.
rush: There's no rush. Es hat keine
  Eile.
Russian (adj) russisch
rye bread das Schwarzbrot

S

to **saddle** satteln
to **sail** segeln
salad der Salat, -e
salami die Salami, -s
salesperson der Verkäufer, -/die Verkäuferin, -nen
sales slip der Kassenzettel, -
salt das Salz
salty salzig
same gleich; derselbe, dasselbe, dieselbe
sandal die Sandale, -n
sandwich das Brot, -e
sandy sandig
satisfied zufrieden
Saturday der Samstag, -e
sauce die Soße, -n
saucer die Untertasse, -n
sauna die Sauna, -s
sausage die Wurst, ¨e
to **save** sparen
to **say** sagen
  Say . . . Sag mal ...
scanner der Scanner, -
scared: to get scared Angst kriegen
scarcely kaum
scarf der Schal, -s
scene die Szene, -n
schedule *(train or bus)* der Fahrplan, ¨e
school die Schule, -n
schooldays die Schulzeit
science fiction die Sciencefiction
to **scream** schreien, schrie, hat geschrieen
sea das Meer, -e; die See, -n
seasick seekrank
season die Jahreszeit, -en
seat der Sitz, -e; der (Sitz)platz, ¨e
second die Sekunde, -n; *(ordinal)* zweit
secretary der Sekretär, -e/die Sekretärin, -nen
to **see** sehen (sieht), sah, hat gesehen
  See you later! Bis später!
to **see again** wieder·sehen (sieht wieder), sah wieder, hat wiedergesehen
seldom selten
to **sell** verkaufen
semester das Semester, -
seminar das Seminar, -e; die Übung, -en
to **send** schicken
senior citizens' home das Seniorenheim, -e
sense: to make sense Hand und Fuß haben
sentimental sentimental
separate getrennt
to **separate** trennen
September der September
serious ernst
to **serve** servieren; *(guests in a restaurant)* bedienen

server der Kellner, -/die Kellnerin, -nen; die Bedienung
service der Service
service charge das Bedienungsgeld
serviette die Serviette, -n
to **set** setzen
to **set the table** den Tisch decken
to **sew** nähen
sewing machine die Nähmaschine, -n
to **shake** schütteln
  to **shake one's head** den Kopf schütteln
shameless schamlos
shampoo das Shampoo, -s
shape die Form, -en
shapeless formlos
shared housing die Wohngemeinschaft, -en; die WG, -s
sharp scharf
to **shave** (sich) rasieren
shaver der Rasierapparat, -e
shilling *(Austrian currency)* der Schilling, -
to **shine** scheinen, schien, hat geschienen
ship das Schiff, -e
shirt das Hemd, -en
shock der Schock
to **shock** schockieren
shoe der Schuh, -e
shoe store das Schuhgeschäft, -e
shopping das Einkaufen
  to **go shopping** ein·kaufen gehen
shopping bag die Einkaufstasche, -n
shopping cart der Einkaufswagen, -
shopping list die Einkaufsliste, -n
short kurz; *(stature)* klein
shorts die Shorts
should *(to be supposed to)* sollen, sollte, hat gesollt
shoulder die Schulter, -n
to **shout** schreien, schrie, hat geschrieen
to **show** zeigen
showy protzig
shower die Dusche, -n
to **shower** sich duschen
siblings die Geschwister
sick krank
  I'm sick of it. Ich habe es satt.
  I'm totally sick of it! Das hängt mir zum Hals heraus!
sickly kränklich
sickness die Krankheit, -en
side die Seite, -n
to **sign** unterschreiben, unterschrieb, hat unterschrieben
silly albern
silver das Silber
silverware das Besteck *(sing)*
similar ähnlich
simple einfach
since *(prep)* seit (+ *dat);* *(conj)* seit
to **sing** singen, sang, hat gesungen

single einzig; *(unmarried)* ledig
  a single mother eine alleinstehende Mutter
  single family dwelling das Einfamilienhaus, ¨er
sink das Spülbecken, -
to **sink** sinken, sank, ist gesunken
sister die Schwester, -n
sisters and brothers die Geschwister
to **sit** sitzen
to **sit down** sich setzen; sich hin·setzen
size die Größe, -n
ski der Ski, -er
to *(ice)* **skate** Schlittschuh laufen
to **ski** Ski laufen (läuft Ski), lief Ski, ist Ski gelaufen
skirt der Rock, ¨e
skit der Sketch, -es
sky der Himmel
to **sleep** schlafen (schläft), schlief, hat geschlafen
  not to sleep a wink keine Auge zu·tun
sleeping bag der Schlafsack, ¨e
sleeping pill die Schlaftablette, -n
sleepless schlaflos
sleeve der Ärmel, -
slice die Scheibe, -n
  a slice of bread eine Scheibe Brot
slim schlank; schmal
slipper der Hausschuh, -e
slit geschlitzt
slow langsam
small klein
smart klug; intelligent; clever
to **smell** riechen, roch, hat gerochen
to **smoke** rauchen
smooth glatt
to **snore** schnarchen
snow der Schnee
snowstorm der Schneesturm, ¨e
to **snow** schneien
so so
  So long! Tschüs!
  so that *(conj)* damit
  so-called so genannt
soap die Seife, -n
soap opera die Seifenoper, -n
soccer: to play soccer Fußball spielen
soccer ball der Fußball, ¨e
soccer game das Fußballspiel, -e; das Fußballmatch, -es
soccer stadium das Fußballstadion, -stadien
sock die Socke, -n
soft drink die Limonade
soft ice cream das Softeis
software die Software
solution die Lösung, -en
to **solve** lösen
some manche
  some . . . or other irgendein, irgendein, irgendeine
somebody, someone jemand

somebody else jemand anders
somebody or other irgendjemand
somehow or other irgendwie
someplace or other irgendwo
something etwas
  something or other irgendetwas
sometime or other irgendwann
sometimes manchmal
somewhat einigermaßen
son der Sohn, ⁻e
  Like father, like son. Der Apfel fällt nicht weit vom Stamm.
soon bald
  as soon as possible so bald wie möglich
sore throat die Halsschmerzen *(pl)*
sorry: I'm sorry. Es tut mir Leid.
soup die Suppe, -n
sour sauer
south der Süden
  south of südlich von *(+ dat)*
space der Raum, ⁻e
spaghetti die Spaghetti *(pl)*
Spanish *(adj)* spanisch
to **speak** sprechen (spricht), sprach, hat gesprochen; reden
special
  special day das Fest, -e
  special of the day das Tagesmenü, -s
  to **want special treatment** eine Extrawurst wollen
speech die Rede, -n
  to give a speech eine Rede halten
to **spell** buchstabieren
to **spend** *(money)* aus·geben (gibt aus), gab aus, hat ausgegeben; *(time)* verbringen, verbrachte, hat verbracht; *(the night)* übernachten
spicy scharf
spinach der Spinat
spite: in spite of trotz *(+ gen)*
spoon der Löffel, -
sport coupe das Sportcoupé, -s
sport(s) der Sport
  What sport(s) do you do? Was für Sport treibst du?
sporting goods store das Sportgeschäft, -e
spotless tipptopp
spring der Frühling; das Frühjahr
  in spring im Frühling (Frühjahr)
to **sprinkle** bestreuen
square foot der Quadratfuß, -
squash *(sport)* das Squash
stable der Stall, ⁻e
stadium das Stadion, Stadien
staircase die Treppe, -n
stamp die Briefmarke, -n
to **stand** stehen, stand, hat gestanden; *(put in an upright position)* stellen; *(endure)* aus·halten (hält aus), hielt aus, hat ausgehalten
  to **stand until one is ready to drop** sich die Beine in den Bauch stehen

to **stand up** auf·stehen, stand auf, ist aufgestanden
star der Stern, -e
to **start** an·fangen (fängt an), fing an, hat angefangen; beginnen, begann, hat begonnen; starten
state der Staat, -en; das Land, ⁻er
statement die Aussage, -n
statistic die Statistik, -en
to **stay** bleiben, blieb, ist geblieben
to **stay overnight** übernachten
steak das Steak, -s
to **steal** stehlen (stiehlt), stahl, hat gestohlen
stepfather der Stiefvater, ⁻
stepmother die Stiefmutter, ⁻
stereo die Stereoanlage, -n
to **stick** stecken
stiff steif
still noch; immer noch
stinky stinkig
stocking der Strumpf, ⁻e
stomach der Bauch, ⁻e
stool der Hocker, -
to **stop** halten (hält), hielt, hat gehalten; an·halten (hält an), hielt an, hat angehalten; stoppen; *(doing something)* auf·hören; *(walking)* stehen bleiben, blieb stehen, ist stehen geblieben
  Stop bothering me! Lass mich in Ruhe!
store das Geschäft, -e
  fine foods store das Feinkostgeschäft, -e
storm der Sturm, ⁻e
stormy stürmisch
story die Geschichte, -n; die Erzählung, -en
stove der Herd, -e
straight glatt
street die Straße, -n
stress der Stress
to **stress** betonen
stressful stressig
striped gestreift
strong stark
stubborn dickköpfig
student *(university)* der Student, -en, -en/die Studentin, -nen; *elem. or high school* der Schüler, -/die Schülerin, -nen
student choir der Studentenchor, ⁻e
student centre das Studentenwerk
student ID der Studentenausweis, -e
student residence das Studentenheim, -e
to **study** *(i.e., to attend college or university)* studieren; *(to spend time studying)* lernen
stuffed toy animal das Stofftier, -e
stupid dumm; doof; blöd; bescheuert
stylish flott
subject *(of study)* das Fach, ⁻er; das Studienfach, ⁻er

success der Erfolg, -e
such solcher, solches, solche
  such a so ein
suddenly plötzlich; mit einem Mal
sugar der Zucker
suggestion der Vorschlag, ⁻e
suicide der Selbstmord, -e
suit *(men's)* der Anzug, ⁻e
  jogging suit der Jogginganzug, ⁻e
to **suit** passen; stehen
  That doesn't suit me at all. Das passt mir gar nicht.
suitable geeignet; passend
  something suitable etwas Passendes
suitcase der Koffer, -
summer der Sommer, -
  in summer im Sommer
summer cottage das Ferienhaus, ⁻er
summer vacation die Sommerferien *(pl)*
summer job der Ferienjob, -s
summer sale der Sommerschlussverkauf, ⁻e
sun die Sonne
sun cream die Sonnencreme, -s
Sunday der Sonntag, -e
sunglasses die Sonnenbrille, -n
sunny sonnig
super super
supermarket der Supermarkt, ⁻e
supper das Abendessen, -
  for supper zum Abendessen
  to **have supper** zu Abend essen
supposed: to be supposed to sollen, sollte, hat gesollt
sure, surely sicher
  for sure bestimmt
surfboard das Surfbrett, -er
surfing: to go surfing surfen gehen
surprise die Überraschung, -en
survey die Umfrage, -n
swanky protzig
sweater der Pulli, -s; der Pullover, -
sweatshirt das Sweatshirt, -s
Swedish *(adj)* schwedisch
sweet süß
to **swim** schwimmen, schwamm, ist geschwommen
to **go swimming** baden gehen; schwimmen gehen
swimming pool der Swimmingpool, -s; *(indoor)* das Hallenbad, ⁻er; *(outdoor)* das Freibad, ⁻er
Swiss *(adj)* schweizerisch
symphony die Sinfonie, -n
synagogue die Synagoge, -n
system das System, -e

T ——————————————————

T-shirt das T-Shirt, -s
table der Tisch, -e
  to **set the table** den Tische decken
tablet die Tablette, -n

tablespoon der Esslöffel, -

tactless taktlos

to **take** nehmen (nimmt), nahm, genommen; *(time)* dauern, brauchen

Take care! Mach's gut!

to **take along** mit·nehmen (nimmt mit), nahm mit, hat mitgenommen

to **take on** *(assume)* übernehmen (übernimmt), übernahm, hat übernommen

to **take off** *(airplane)* ab·fliegen (flog ab), ist abgeflogen; starten

talent das Talent, -e

talk die Rede, -n

to **talk** sprechen (spricht), sprach, hat gesprochen; reden; *(converse)* sich unterhalten (unterhält sich), unterhielt sich, hat sich unterhalten

to **talk big** den Mund voll nehmen

to **talk on the phone (with)** telefonieren (mit)

tall groß

task die Aufgabe, -n

taste der Geschmack

to **taste** schmecken

tasteful geschmackvoll

tasteless geschmacklos

taxi das Taxi, -s

tea der Tee

tea kettle der Teekessel, -

teacher der Lehrer, -/die Lehrerin, -nen

teapot die Teekanne, -n

teaspoon der Teelöffel, -

to **tear off** ab·reißen, riss ab, hat abgerissen

teddy bear Teddybär, -en, -en

technical college die Fachhochschule, -n

teenager der Teenager, -

telephone das Telefon, -e

telephone number die Telefonnummer, -n

television set der Fernseher, -; der Fernsehapparat, -e

to **tell** sagen; *(a story)* erzählen

Tell me . . . Sag mal ...

to **tell about** erzählen von *(+ dat)*

tender gar

tennis: to play Tennis Tennis spielen

tennis court der Tennisplatz, ¨e

tennis racquet der Tennisschläger, -

tent das Zelt, -e

terrible schrecklich

test die Klausur, -en

than als

better than besser als

to **thank** danken *(+ dat)*

Thank God! Gott sei Dank!

thank you danke; danke schön

thankful dankbar

thankless danklos

that *(conj)* dass

that is (i.e.) das heißt (d.h.)

theater das Theater, -

to the theater ins Theater

their ihr, ihr, ihre

then dann; da; *(at that time)* damals

there dort; da

over there dort drüben

there is, there are es gibt

therefore deshalb

thermometer das Thermometer, -

The thermometer reads ten degrees. Das Thermometer zeigt zehn Grad.

thick dick

thin dünn; *(face)* schmal

thing das Ding, -e; die Sache, -n

to **think** denken, dachte, hat gedacht; glauben; meinen

I can't think of anything. Mir fällt nichts ein.

I can't think straight anymore. Mir raucht der Kopf.

that's what you think denkste

to **think of (about)** denken an *(+ acc)*

third dritt

Third World die Dritte Welt

thirst der Durst

I'm thirsty. Ich habe Durst.

this dieser, dieses, diese

thrifty sparsam

through durch *(+ acc)*

thumb der Daumen, -

thunder der Donner

to **thunder** donnern

Thursday der Donnerstag, -e

ticket die Karte, -n; *(traffic)* der Strafzettel, -

to **tidy up** auf·räumen

tie die Krawatte, -n

time die Zeit, -en; *(occurrence)* das Mal, -e

at any time jederzeit

at that time damals

(at) what time um wie viel Uhr

every time jedes Mal

for the first time zum ersten Mal

on time rechtzeitig; pünktlich

the last time das letzte Mal

this time diesmal

What time is it? Wie spät ist es? Wie viel Uhr ist es?

time of day die Uhrzeit

timetable der Stundenplan, ¨e

tiny winzig

tip das Trinkgeld, -er

tired müde

dead tired todmüde

title der Titel, -

to **zu**; *(a city or country)* nach; *(an institution)* auf *(+ acc or dat)*; *(a vertical surface)* an *(+ acc or dat)*; in *(+ acc or dat)*

toast der Toast

toaster der Toaster, -

today heute

toe die Zehe, -n

together zusammen

to **go together** zusammen·passen

toilet das Klo, -s

tomato die Tomate, -n

tomorrow morgen

the day after tomorrow übermorgen

tomorrow afternoon morgen Nachmittag

tomorrow morning morgen früh

tongue die Zunge, -n

tonight heute Abend

too zu

tool das Werkzeug, -e

tooth der Zahn, ¨e

toothache die Zahnschmerzen *(pl)*

toothbrush die Zahnbürste, -n

toothless zahnlos

toothpaste die Zahnpasta

topic das Thema, Themen

to **touch** an·fassen

tough zäh

tourist der Tourist, -en, -en/die Touristin, -nen

towel das Handtuch, ¨er

town die Stadt, ¨e

to town in die Stadt

toy das Spielzeug, -e

trade: He's a cook by trade. Er ist Koch von Beruf.

traffic jam der Stau, -s

traffic light die Verkehrsampel, -n

train der Zug, ¨e

to **train** aus·bilden

train trip die Bahnfahrt, -en

train station der Bahnhof, ¨e

training die Ausbildung

to **translate** übersetzen

translation Übersetzung, -en

to **travel** reisen

travel agency das Reisebüro, -s

travel brochure die Reisebroschüre, -n

traveler's check der Reisescheck, -s

to **treat** behandeln

tree der Baum, ¨e

treeless baumlos

trip die Reise, -n

to **go on a trip** eine Reise machen

trouble der Ärger

nothing but trouble nichts als Ärger

truck der Lastwagen, -; der Lastkraftwagen, -; der Lkw, -s

true wahr; richtig

trunk *(of a car)* der Kofferraum

truth die Wahrheit, -en

to **try** versuchen

to **try out** aus·probieren

to **try on** an·probieren

Tuesday der Dienstag, -e

on Tuesday evening am Dienstagabend

turn: It's your turn. Du bist dran.

Turkish *(adj)* türkisch

TV der Fernseher, -; der Fernsehapparat, -e

TV screen der Bildschirm, -e
TV show das Fernsehprogramm, -e
twin der Zwilling, -e
two zwei; beide
typical typisch

U

ugly hässlich
umbrella der Regenschirm, -e
uncle der Onkel, -
under unter *(+ acc or dat)*
to **understand** verstehen, verstand, hat
  verstanden; begreifen, begriff, hat
  begriffen; kapieren
to **underline** unsterstreichen,
  unterstrich, hat unterstrichen
to **undress** sich aus·ziehen, zog sich
  aus, hat sich ausgezogen
unemployed arbeitslos
unemployed person der/die
  Arbeitslose, -n
unemployment die Arbeitslosigkeit
unforgettable unvergesslich
unfortunately leider
unhappy unglücklich
unhealthy ungesund
university die Universität, -en, die Uni,
  -s, die Hochschule, -n
  to the university zur Uni
university cafeteria die Mensa *(for full
  meals)*
university town die Universitätsstadt, -̈e
to **unpack** aus·packen
until bis *(+ acc)*
  not until erst
up
  to be up auf sein
  What's up? Was ist denn los?
upset: to get upset (about) sich
  auf·regen (über + *acc*)
usually meistens
to **use** benutzen; verwenden
used: to get used to sich gewöhnen an
  (+ acc)

V

vacation *(generally of students)* die Ferien
  (pl); *(generally of people in the work
  force)* der Urlaub
  to go on vacation Ferien (Urlaub)
  machen
vacuum cleaner der Staubsauger, -
valley das Tal, -̈er
vase die Vase, -n
vegetables das Gemüse *(sing)*
vegetarian der Vegetarier, -/die
  Vegetarierin, -nen; *(adj)* vegetarisch
vehicle das Fahrzeug, -e
very sehr
  very elegant hochelegant
  very short ganz kurz
  very stylish todschick

via über *(+ dat or acc)*
vicinity die Nähe
video das Video, -s
video camera die Videokamera, -s
Vienna (das) Wien
view die Aussicht, -en
village das Dorf, -̈er
vinegar der Essig
violinist der Geiger, -/die Geigerin,
  -nen, der Violinist, -en/die Violistin,
  -nen
visa das Visum, Visen
visit der Besuch, -e
  to come to visit zu Besuch kommen
to **visit** besuchen
visitor der Besucher, -
vitamin das Vitamin, -e
vocabulary die Vokabeln *(pl)*; der
  Wortschatz, -̈e
voice die Stimme, -n
volleyball der Volleyball, -̈e
voucher der Gutschein, -e

W

wages die Bezahlung; der Lohn, -̈e
to **wait** warten
to **wait for** warten auf *(+ acc)*
waiter der Ober, -; der Kellner, -
  Waiter! Herr Ober! Bedienung!
waitress die Kellnerin, -nen
to **wake up** auf·wachen
to **wake up** *(someone)* wecken
walk der Spaziergang, -̈e
  to go for a walk spazieren gehen,
  ging spazieren, ist spazieren
  gegangen; einen Spaziergang
  machen
  to walk all over someone jemand auf
  der Nase herumtanzen
to **walk** gehen, ging, ist gegangen; zu
  Fuß gehen
wall die Mauer, -n; *(of a room)* die
  Wand, -̈e
wallet die Geldtasche, -n
to **want to** wollen (will), wollte, hat
  gewollt
war der Krieg, -e
  World War der Weltkrieg, -e
warm warm; herzlich
to **warn** warnen
warning die Warnung, -en
wash die Wäsche
washable waschbar
to **wash** waschen (wäscht), wusch, hat
  gewaschen
wash basin das Waschbecken, -
wash cloth der Waschlappen, -
washer die Waschmaschine, -n
wastepaper basket der Papierkorb, -̈e
watch die Armbanduhr, -en; die Uhr,
  -en
  to watch TV fern·sehen (sieht fern),
  sah fern, hat ferngesehen

water das Wasser
watering can die Gießkanne, -n
watery wässerig
to **water** gießen, goss, hat gegossen
to **wave** winken
way der Weg, -e
  by the way übrigens
  on the way unterwegs
  That's just the way I am. So bin ich
  eben.
weak schwach
to **wear** tragen (trägt), trug, hat
  getragen; *(put on)* an·ziehen, zog
  an, hat angezogen
weather das Wetter
  rotten weather das Hundewetter
  What's the weather like? Wie ist das
  Wetter?
weather map die Wetterkarte, -n
Web site die Website, -s
wedding die Hochzeit, -en
Wednesday der Mittwoch, -e
week die Woche, -n
  day of the week der Wochentag, -e
  two weeks vierzehn Tage
weekend das Wochenende, -n
weekly wöchentlich
  weekly newspaper die
  Wochenzeitung, -en
Welcome! Willkommen!
  You're welcome. Bitte schön!
welfare die Sozialhilfe
well gut
well-known bekannt
well-loved beliebt
west der Westen
  west of westlich von *(+ dat)*
wet nass
what was
  what . . . for wozu
  what else was ... sonst
wheel das Rad, -̈er
wheel chair der Rollstuhl, -̈e
when *(conj)* wenn; *(conj)* als; *(question
  word)* wann
where *(to what place)* wohin; *(in what
  place)* wo
  where . . . from woher
whether ob
which welcher, welches, welche
while während
white weiß
white wine der Weißwein, -e
who wer
whole ganz
why warum
  that's why deshalb
widow die Witwe, -n
widower der Witwer, -
wife die Frau, -en
wild wild
to **win** gewinnen, gewann, hat
  gewonnen
wind der Wind, -e

windless windstill
window das Fenster, -
windowless fensterlos
windsurfing: to go windsurfing
   windsurfen gehen
windy windig
wine der Wein, -e
wine glass das Weinglas, ̈er
winter der Winter, -
   in winter im Winter
winter sale der Winterschlussverkauf,
   ̈e
wish der Wunsch, ̈e
to wish wünschen
with mit *(+ dat)*
without ohne *(+ acc)*
witty witzig
woman die Frau, -en
women's advocate die
   Frauenbeauftragte, -n
women's department die
   Damenabteilung, -en
wonderful wunderbar; herrlich
wood das Holz
woods der Wald, ̈er
wool die Wolle

word das Wort, ̈er
work die Arbeit
work experience die Arbeitserfahrung,
   -en
to work arbeiten; *(part-time or in
   vacation)* jobben
to work on arbeiten an *(+ dat)*
worker der Arbeiter, -/die Arbeiterin,
   -nen
world die Welt, -en
worn *(of clothes)* abgetragen; *(of shoes)*
   abgelaufen
worry: Don't worry! Keine Angst!
   Mach dir keine Sorgen!
Wow! Mensch!
wristwatch die Armbanduhr, -en
to write schreiben, schrieb, hat
   geschrieben
writing die Schrift, -en
   in writing schriftlich
wrong falsch

Y ───────────────

to yawn gähnen
year das Jahr, -e

for a year auf ein Jahr
   last year letztes Jahr
yearly jährlich
to yell brüllen
yellow gelb
yes ja
yesterday gestern
   yesterday noon gestern Mittag
   the day before yesterday vorgestern
yet: not yet noch nicht
yogurt der Jogurt
young jung
your dein, dein, deine; Ihr, Ihr, Ihre;
   euer, euer, eure
youth die Jugend
youth hostel die Jugendherberge, -n
youthful jugendlich
Yuck! Pfui!

Z ───────────────

zip code die Postleitzahl, -en

INDEX

CREDITS

Text material

p. 365: "Ein Traum ging in Erfüllung" by Manuela Ide. From *Plötzlich ist alles ganz anders* © Regina Rusch, ed. – Frankfurt am Main: Eichborn, 1992. **p. 366**: Excerpts from "Damit man wusste, wo DDR war" by Vera Gaserow. From *Die Zeit, Nr. 41, 04.10.1996*. Zeit-Verlag, Hamburg. **p. 388**: "Mein Bruder hat grüne Haare" by Monika Seck-Agthe. © Monika Seck-Agthe. **p. 399**: "Eifersucht" by Tanja Zimmermann. In *Total Verknallt*, rotfuchs 356 © 1984 by Rowohlt Verlag GmbH, Reinbek. **p. 419**: "Meine Zukunft" by Nina Achminow. In *Morgen beginnt heute. Jugendliche schreiben über die Zukunft*, ed. Biedermann/Böseke/Burkert. Beltz Verlag, Weinheim und Basel, 1981.

Photos and realia

Photographs are by the authors except for the following photos and realia:
p. 8: Volkswagen Canada; BMW Canada; Allgemeiner Deutscher Automobil-Club e.V.; CDU-Bundesgeschäftsstelle.
p. 9: Deutsche Postreklame GmbH. **p. 16**: (left) German National Tourist Office, Toronto; (right) Fred Dahms.
p. 17: (upper left) German National Tourist Office, Toronto; (lower left) Austrian National Tourist Office, Toronto; (right) Swiss National Tourist Office, Toronto. **p. 31**: Schwäbische Zeitung, Leutkirch. **p. 42**: Rick Strange/Picture Cube. **p. 48**: Spencer Grant/Photo Researchers, Inc. **p. 51**: Brunner Welt der Tausend Uhren, Titisee. **p. 64**: Tourismus Verband Linz. **p. 73**: Granitsas/The Image Works. **p. 80**: David Simson/Stock Boston. **p. 86** (photo and chart): Presse- und Informationsamt der Bundesregierung. **p. 102**: Quelle Schickedanz AG & Co. **p. 108**: Presse- und Informationsamt der Bundesregierung. **p. 109**: Austrian National Tourist Office, Toronto. **p. 111**: Erich Lessing/Art Resource, NY. **p. 122** (top): Sports Illustrated/Life Magazine, Time Warner, Inc; (bottom, soccer club logos): Karlsruher Sportclub; Erster Fußballclub Kaiserslautern; Erster Fußballsportverein Mainz 05; Sportclub Freiburg; Fußballclub Schalke 04; Fußballclub Hansa Rostock. **p. 132**: Stackelberg/DPA. **p. 134**: Fußballclub Bayern Sport-Werbe GmbH; Eintracht Frankfurt Marketing/Sponsoring. **p. 145**: Swiss National Tourist Office, Toronto. **p. 146** (upper): Micro Compact Car Entwicklungsgesellschaft für Automobile Systeme mbH; (lower): Jon Simon/Gamma Liaison, Inc. **p. 152**: Swiss National Tourist Office, Toronto. **p. 155**: German National Tourist Office, Toronto. **p. 156** (top): German National Tourist Office, Toronto; (bottom): Regionaler Fremdenverkehrsverband Erzgebirge e.V.
p. 157: Regionaler Fremdenverkehrsverband Erzgebirge e.V. **p. 180** (map): Deutscher Wanderverlag – Dr. Mair und Schnabel & Co. **p. 183**: German National Tourist Office, Toronto. **p. 188**: Bremer Landesmuseum für Kunst- und Kulturgeschichte. **p. 192**: Culver Pictures, Inc; (masthead): Deutsche Presse, Toronto. **p. 193**: Ausländerbeauftragte des Senats von Berlin. Graph: Dr. H.-J. Kämmer. **p. 211**: Lang. **p. 224**: Fred Dahms. **p. 227**: Verlag Dominique GmbH.
p. 229: Residence Hotel, Potsdam. **p. 254** (upper and lower): Margarete Steiff GmbH. **p. 264**: Fred Dahms. **p. 287**: Presse- und Informationsamt des Landes Berlin. **p. 288**: Bauhaus-Archiv/Museum für Gestaltung. **p. 297** (top): Inter Nationes; (bottom): Kreislandfrauenverband im Bauernverband Wangen e.V. **p. 315** (bottom) M. Knüttel. **p. 328**: Peter Menzel/Stock Boston. **p. 333**: Bildarchiv Preußischer Kulturbesitz. **p. 339** (mastheads): Frankfurter Allgemeine Zeitung GmbH; Axel Springer Verlag AG; Gruner & Jahr; SPIEGEL-Verlag. **p. 346** (top right): Katharina Richter.
p. 354: Droemersche Verlagsanstalt. Th. Knaur Nachf. München. **p. 364**: Reggis Bossu/Sygma. **p. 365**: Regina Rusch.
p. 366: Presse- und Informationsamt des Landes Berlin. **p. 368**: Erich Schmidt Verlag, Berlin. **p. 369** (upper left): Norman Currie/Corbis-Bettmann. (upper right): P. Piel/Liaison Agency, Inc. (lower left): UPI/Bettmann. **p. 380**: Stadtverwaltung Bad Doberan. **p. 381**: Fink, Kümmerley und Frey GmbH, Ostfildern. **p. 387**: Zeitschrift Deutschland.
p. 398: German National Tourist Office, Toronto. **p. 403** (top and bottom): Globus Kartendienst GmbH. **p. 421**: Globus Kartendienst GmbH.
Endpaper maps: Carto-Graphics.

EUROPA

ISLAND

EUROPÄISCHES NORDMEER

⭐ Reykjavik

SCHW

NORWEGEN

Oslo ⭐

Stock

ATLANTISCHER OZEAN

NORDSEE

DÄNEMARK

⭐ Kopenhagen

IRLAND

Dublin ⭐

GROSS-
BRITANNIEN

NIEDERLANDE

Berlin ⭐

London ⭐

Amsterdam ⭐

Brüssel ⭐

BELGIEN

DEUTSCHLAND

Prag ⭐

P

TSCHECH

LUXEMBURG

Paris ⭐

Luxemburg ⭐

SLO

Wien ⭐

FRANKREICH

Bern ⭐ Vaduz

Bratisla

SCHWEIZ

ÖSTERREICH

B

LIECHTENSTEIN

Ljubljana ⭐ SLOVE

UN

⭐ Z

KROA

BOSN

HERZEGOW

PORTUGAL

Madrid ⭐

ITALIEN

Sa

Lissabon ⭐

SPANIEN

Rom ⭐

AL

MITTELMEER

Algier ⭐

⭐ Rabat

Tunis ⭐

MAROKKO

ALGERIEN

TUNESIEN